Le Tradizioni del Profeta Muhammad (ﷺ)
Sahīh Al-Bukhārī

Imam Muhammad al-Bukhārī

Volume IV

Traduzione ed edizione a cura di Sabrina Lei

Tawasul International

Centre for Publishing, Research and Dialogue

Titolo: Le Tradizioni del Profeta Muhammad (ﷺ), Sahīh al-Bukhārī Autore: Imam Muhammad al-Bukhārī

Traduzione, edizione e note a cura di Sabrina Lei
©Tawasul International Centre for Publishing, Research and Dialogue
Roma, 2023
ISBN: 9791281473089

Indice

L'attività letteraria ed educativa nel primo secolo dell'era islamica

Contrariamente a quanto si ritenga solitamente[1], possediamo fonti storiche attendibili che testimoniano la presenza di una cospicua attività letteraria nell'Arabia pre-islamica[2]. I centri maggiormente interessati da questo fenomeno erano la Mecca, Tā'if, Anbār, Hira e Medina ed i temi di maggiore interesse letterario erano costituiti dalle composizioni poetiche[3] e dai racconti delle gesta dei fondatori o dei capi più famosi delle diverse tribù.

Quest'attività venne coltivata e sviluppata ulteriormente dopo l'avvento dell'Islam. Nella stessa *sirāt* del Profeta (pbsl) sono riportati degli episodi significativi che illustrano quale peso avesse la scolarizzazione nella comunità islamica nascente. Per esempio, molto prima dell'*Hijrah*, il Profeta (ﷺ) inviò a Medina due compagni, Mus'ab ibn 'Umair e Ibn Umm Maktūm, al fine d'impartire ai nuovi musulmani i valori dell'Islam e d'insegnare i versetti del Corano che erano stati

---

[1] Cfr. Muhammad Mustafa Azmi, *Studies in Early Hadith Literature* (Lahore: Suhail Academy 2001), 2: "È stato affermato che al tempo dell'avvento dell'Islam vi erano solo diciassette persone alla Mecca che sapevano leggere e scrivere. Quest'affermazione però appare piuttosto strana, se si considera il fatto che la Mecca era una città cosmopolita, mercantile ed il crocevia delle rotte carovaniere".

[2] Cfr. Al-Balādhūrī, *Futūh al-Buldān*, Ibn 'Abd al-Barr, *al-Qasd wa al-Umam*, Ibn Habīb, *Al-Muhabbar*. Presso la tribù degli Hudhail, per esempio, i fanciulli, sia maschi che femmine, imparavano sia a leggere che a scrivere. Cfr. Al-Balādhūrī, *Futūh*, 583.

[3] Cfr. Nāsir al-Asad, *Masādir al-Shi 'r al-Jāhilī*, 107-133.

fino a quel momento rivelati[4]. Poi, subito dopo l'*Hijrah*, venne costruita una moschea, che veniva utilizzata anche come scuola. Ci è stato tramandato che come insegnante venne scelto un altro compagno del Profeta (ﷺ), Abdullāh ibn al-'Ās[5]. Successivamente, quando la comunità islamica di Medina crebbe, furono costruite altre nove moschee che, probabilmente, venivano utilizzate come centri in cui non solo s'insegnava a leggere e scrivere, ma venivano anche impartiti gli insegnamenti dell'Islam[6].

La maggior parte dei musulmani dell'epoca erano analfabeti ed il bisogno avvertito dal Profeta (ﷺ) di elevare la loro condizione culturale si evince anche dalla decisione presa in seguito alla battaglia di Badr (624 d.C.)[7]. Venne stabilito che sarebbero stati liberati senza il pagamento di un riscatto tutti quei prigionieri di guerra che avessero insegnato a leggere e scrivere ai bambini[8]. Ci è stato anche tramandato[9] che il Profeta (ﷺ), nel corso di una *khutbah*, esortò gli illetterati ad imparare da coloro che invece sapevano leggere e scrivere e, nello stesso tempo, comandò a quest'ultimi di insegnare ai loro vicini analfabeti, concentrando l'attenzione in maniera particolare sull'arte dello scrivere[10].

Dalle fonti sappiamo inoltre che l'opera di scolarizzazione non era condotta solo ed esclusivamente a Medina, ma anche in altri luoghi della penisola arabica, i cui abitanti si convertivano all'Islam. Per esempio, nel nono anno dell'*Hijrah*

---

[4] Cfr. Al-Fasawī, III, 193b.

[5] Cfr. *Isābah*, 1777.

[6] Cfr. *Amwal*, 116; Sa'd, II, 14; Hanbal, I, 14; Hanbal, I, 247; *Mustadrak*, II, 140.

[7] La battaglia di Badr avvenne durante il mese del *Ramaḍān* del secondo anno dell'*Hijrah*.

[8] Cfr. *Amwāl*, 116, Sa'd, II, 14, Hanbal I, 14; Hanbal I, 247; *Mustadrak*, II, 140.

[9] Cfr. Al-Kattānī, *Tarātīb al-Idāriyah*, II, 239-240.

[10] Poco dopo l'*Hijrah* è stato rivelato il versetto coranico che ordinava la scrittura di ogni transazione economica e commerciale alla presenza di due testimoni. Cfr. Il Sacro Corano 2:282.

e precedentemente il Profeta (ﷺ) inviò degli insegnanti nei territori di Najran ed in Yemen. Egli inoltre domandava alle delegazioni che si recavano a Medina, d' impartire presso le loro tribù gli insegnamenti dell'Islam, dopo essere ritornati nei loro territori[11].

L'ampliamento della comunità islamica al di fuori della stessa Medina e la necessità di comunicare e stringere trattati con le diverse tribù sparse per tutto il territorio della penisola araba, promosse una discreta attività letteraria, in modo particolare in ambito amministrativo. A questo proposito, ci sono stati tramandati infatti i nomi di cinquanta segretari del Profeta (ﷺ) e sappiamo anche che molti dei compagni possedevano delle copie delle lettere da lui inviate ai diversi capi tribù o alle autorità politiche dell'epoca al di fuori dello stesso territorio arabo[12]. Siamo anche in possesso di una lista, che risale molto probabilmente al tempo stesso del Profeta (ﷺ), in cui sono stati registrati i nomi di 1500 persone che erano entrate a far parte della comunità islamica[13]. A questa lista si aggiungono quelle dei nomi di coloro che avevano partecipato alle spedizioni militari[14].

Dopo la morte del Profeta (ﷺ), la consuetudine di conservare i documenti relativi alle spedizioni militari ed ai trattati stipulati con le diverse tribù continuò anche all'epoca dei califfi 'Umar ed 'Uthmān. 'Umar ibn al-Khattāb infatti era solito conservare i documenti in una scatola, in arabo *Tabuk*[15],

---

[11] Il Profeta (ﷺ) impartì questo specifico ordine a Mālik ibn al-Huwairith. Inoltre, una delegazione domandò al Profeta (ﷺ) di consigliare loro il modo migliore per impartire e diffondere gli insegnamenti dell'Islam. Invece, le delegazioni provenienti dalle zone più periferiche venivano affidate agli abitanti di Medina affinché venissero loro impartiti gli insegnamenti del Corano e della *sunna*.

[12] Cfr. Azmi, *Studies in Early Hadith Literature*, 5-7.

[13] Cfr. Sahīh al-Bukhārī, *Kitāb al-Jihād*, 181.

[14] Cfr. Sahīh al-Bukhārī, *Kitāb al-Jihād*, 140.

[15] Cfr. Al-Marqrīzī, *Khitat*, I, 295.

mentre ci è stato tramandato che, accanto alla residenza del califfo 'Uthmān, vi era una sorta di dependance in cui venivano conservati i documenti di governo[16], in arabo *qirtas*.

Possediamo inoltre delle testimonianze relative anche all'esistenza di biblioteche durante il periodo omayyade. Ad esempio, nella prima metà del I secolo dell'era islamica Abd al-Hakam ibn 'Amr al-Jumahi fondò una biblioteca aperta al pubblico, che conteneva dei volumi dedicati a diversi soggetti, in arabo *kurrasat*[17].

Nello stesso periodo, inoltre, Ibn Abu Laila fondò una biblioteca, che sembra contenesse quasi esclusivamente delle copie del Corano che venivano messe a disposizione delle persone per la lettura e la recitazione[18]. Un'ulteriore prova a sostegno della presenza di una discreta attività letteraria ai tempi del Profeta (ﷺ) ed il suo sviluppo successivo a quelli dei califfi ben guidati e poi degli omayyadi, è la straordinaria attività artistica e letteraria che si sviluppò al tempo degli stessi Abbasidi[19].

Gli *hadīth* del Profeta Muhammad (pbsl)

Il termine *hadīth* non era sconosciuto nell'Arabia pre-islamica ma, come molti altri termini arabi, con l'avvento dell'Islam venne impiegato in un contesto diverso da quello originario. La parola *hadīth*, se utilizzata come aggettivo, significa letteralmente "nuovo", e si trova in una relazione di opposizione con il termine *qādim* che significa invece "antico". In epoca pre-islamica era impiegato anche come

---

[16] Lo storico Al-Tabarī, parlando dell'assassinio di 'Amr ibn Sa'īd, avvenuto nel 69 A.H., fa riferimento ad una *Bayt al-Qaratis*, ossia una sorta di ufficio in cui venivano conservati i documenti relativi all'amministrazione dello Stato.

[17] Cfr. Aghani, IV, 253.

[18] Cfr. Sa'd, VI, 75.

[19] Cfr. Azmi, *Studies in Early Hadith Literature*, 16-17.

sostantivo per indicare un racconto sia leggendario che storico[20], senza considerarne l'autenticità o meno. Successivamente, invece, il termine, che compare anche nella rivelazione coranica, cominciò ad indicare unicamente i detti ed i racconti delle azioni del Profeta Muhammad (ﷺ)[21].

Prima di discutere più dettagliatamente degli *hadīth* del Profeta (ﷺ) e della modalità di trasmissione, è necessario spiegare il significato dei termini arabi impiegati nel contesto della trasmissione e conservazione delle tradizioni profetiche[22] quali: *tadwīn, tasnīf* e *kitābah*. I primi due termini, infatti, non indicano semplicemente l'atto di scrivere al fine di conservare delle informazioni, ma stanno a significare rispettivamente due precise modalità di sistemazione del materiale conservato in forma scritta, in quanto indicano rispettivamente una "collezione" ed una "classificazione secondo diversi soggetti". A questi termini se ne aggiungono altri due, ossia: *haddathanā* e *akhbaranā*, che erroneamente sono stati ritenuti relativi ad un processo di trasmissione prevalentemente orale. In realtà con questi due verbi s'intende la lettura di un libro delle tradizioni del Profeta (ﷺ). Nel caso in cui uno studente legga alla presenza del suo insegnante, viene utilizzato il termine *akhbaranā*, mentre nel caso in cui l'insegnante legga alla presenza dei suoi studenti, viene invece impiegato il termine *haddathanā*[23]. L'impiego dei due termini nel senso precedentemente indicato è testimoniato[24] in molti *hadīth*. Per esempio, Bukhārī riporta

---

[20] Il termine *huddath* veniva invece impiegato per indicare i cantastorie.

[21] Cfr. Il Sacro Corano 39:23, 68:44, 6:68, 20:9.

[22] Cfr. Azmi, *Studies in Early Hadith Literature*, 19-22.

[23] Questa distinzione comunque non viene sempre rispettata ed in alcuni casi i due sostantivi vengono utilizzati come sinonimi.

[24] I riferimenti presenti nelle collezioni di *hadīth* sono molteplici, anche se in questo contesto ne riportiamo unicamente un paio. Per un esame più approfondito delle questioni relative all'impiego dei termini *haddhatanā, akhbaranā* e *'an*, rimandiamo ad Azmi, *Studies in Early Hadith Literature*, Appendix I, 293-300. Dopo aver esaminato attentamente le fonti a sua

una tradizione incompleta sull'autorità di 'Amr, che a sua volta citava sull'autorità di Muhammad ibn Ja'far. Bukhārī [25], che lascia uno spazio bianco nel testo stesso dell'*hadīth*, si giustifica affermando di citare 'Amr stesso, secondo il quale lo spazio bianco si trovava nel libro di Muhammad ibn Ja'far. Nell'*isnād* del suddetto *hadīth* viene utilizzato proprio il termine *haddathanā*. In un passo[26] riportato da Ibn Hanbal, Yahya afferma che 'Abd Allāh ibn Idrīs gli aveva dettato dal suo libro. Anche in questo contesto, in cui viene impiegato un libro dal quale vengono dettate le tradizioni del Profeta (ﷺ), viene utilizzato il verbo *haddathanā*.

Il fraintendimento del significato di questi termini insieme alla concezione della cultura araba come prevalentemente orale, cui si aggiunge il pregiudizio della critica orientalista verso l'autenticità ed il valore storico degli *hadīth* del Profeta (ﷺ), ha condotto molti studiosi ad ipotizzare che le tradizioni siano state trasmesse esclusivamente in forma orale per circa un secolo.

Al-Khatīb al-Baghadādī nell'opera intitolata *Taqyīd al-'Ilm* discute la questione relativa al se il Profeta (ﷺ) avesse disapprovato o meno la trascrizione delle sue parole, riportando anche i nomi di quei compagni[27] e successori[28] che

---

disposizione, Azmi conclude che i suddetti termini indicano rispettivamente: 1-L'atto di copiare da un documento scritto; 2-L'atto di ricopiare da una fonte scritta sotto dettatura; 3-L'atto di leggere un documento scritto da parte di un insegnante; 4-L'atto di leggere un documento scritto da parte di uno studente; 5-L'atto di trasmettere oralmente un documento, che viene poi trasformato in un testo scritto dagli studenti.

[25] Cfr. Sahīh al-Bukhārī, *Kitāb al-Adab*, 14, (vol. IV, 112-113).

[26] Cfr. Ibn Hanbal, I, 418.

[27] I compagni citati da al-Khatīb sono: Abū Sa'īd al-Khudrī, 'Abd Allah ibn Mas'ūd, Abū Mūsa al-Ash 'arī, Abū Hurairah, 'Abd Allāh ibn 'Abbās, 'Abd Allāh ibn 'Umar.

[28] I successori citati da al-Khatīb sono i seguenti: Al-A'mash, 'Abīdah, Abū al-'Āliyah, 'Amr ibn Dinār, Al-Dahhāk, Ibrāhīm al-Nakha'ī, Abu Idris, Mansūr,

si mostrarono contrari alla scrittura degli *hadīth*. In realtà, molti dei citati possedevano raccolte dei detti del Profeta (ﷺ) che poi diffondevano anche tra gli altri compagni.

A questo proposito è necessario esaminare i tre *hadīth* in cui sembra che lo stesso Profeta (ﷺ) abbia sconsigliato ai suoi compagni di trascrivere le sue parole. Due di queste tradizioni sono state giudicate *daīf* dagli studiosi[29] e, quindi, non possono essere utilizzate come prova. Nella terza tradizione, tramandata invece da Abū Sa ʿīd al-Khudrī[30], si afferma che il Profeta (ﷺ) disse: "Non mettete per iscritto nulla, se non il Corano. Chiunque abbia scritto qualcosa di diverso proferito da me, che non sia il Corano, dovrebbe cancellarlo". In realtà, queste parole[31] del Profeta (ﷺ) potrebbero essere interpretate diversamente da quanto abbia fatto la critica orientalista. Probabilmente il Profeta (ﷺ) ha voluto dissuadere i suoi compagni dal trascrivere le sue parole ed il testo coranico nel medesimo luogo, al fine di evitare possibili confusioni[32]. Quest'interpretazione sembra ancora più plausibile se si considera che il Profeta (ﷺ) pronunciò queste parole nel periodo in cui il Corano non era ancora stato rivelato nella sua totalità e, quindi, i rischi legati alla confusione e corruzione del testo originale erano piuttosto alti. Molto probabilmente, quando la rivelazione del Sacro Corano era ancora in corso, il Profeta (ﷺ), temendo che le sue parole potessero confondersi con quelle della rivelazione, ne proibì la trascrizione o nel medesimo luogo in cui era stato scritto il testo del Corano oppure del tutto.

Muhammad ibn Sīrīn, Mughīrah, Al-Qāsim ibn Muhammad, ʿUbaid Allāh ibn ʿAbd Allāh.

[29] Cfr. M. M. Azmi, *Studies in Early Hadith Literature*, 22.

[30] Cfr. Al-Khatīb al-Baghdādī, *Taqyd al-ʿIlm*, 29-32.

[31] Bukhārī ed altri studiosi hanno espresso l'opinione secondo la quale nella tradizione, che è stata solo erroneamente attribuita al Profeta (ﷺ), si fa riferimento ad un pensiero dello stesso Abū Saʿīd.

[32] Cfr. Ibn Hajar, *Fath al-Bārī*, I, 218.

Questa proibizione però va letta alla luce ed in concomitanza di altri dati, uno dei quali è relativo alla cura prestata dal Profeta (ﷺ) nell'insegnare ai suoi compagni[33]. Ci è stato tramandato che il Profeta (ﷺ) era solito sedersi in cerchio con loro[34], dedicando tempo ed impegno all'insegnamento dell'Islam e dei suoi principi. Ci sono stati tramandati anche degli *hadīth* in cui i diversi compagni descrivevano in che modo il Profeta (ﷺ) aveva insegnato loro individualmente la recitazione del Corano. Però, non è improbabile ritenere che, durante queste sessioni educative, i compagni tenessero a mente le parole ed i gesti del Profeta (ﷺ), al fine di raccontarli poi nel dettaglio agli assenti[35]. È anche probabile che molti dei compagni trascrissero le sue parole ed i suoi insegnamenti, quando era ancora in vita[36]. Ci è stato infatti tramandato che Abū Hurairah, che visse per circa tre anni in compagnia del Profeta (ﷺ), era solito dedicare 1/3 della notte alla memorizzazione delle parole da lui pronunciate nelle diverse circostanze. Molto probabilmente Abū Hurairah possedeva anche degli appunti

---

[33] Cfr. M. M. Azmi, *Studies in Early Hadith Literature*, Chapter IV, *Tahammul al-'Ilm*, 183-199.

[34] A questo proposito ci è stato tramandato che Anas ibn Mālik ha affermato: "Sedevamo in compagnia del Profeta (ﷺ). Eravamo circa sessanta persone, quando lui ci insegnava le tradizioni. Successivamente, quando il Profeta (ﷺ) si allontanava, eravamo soliti memorizzarle tra di noi e, quando arrivava per lui il momento di andare via, ormai le avevano riposte nei nostri cuori", Cfr. Al-Khatīb, *Al-Jami*, 43a.

[35] Cfr. Ibn Mājah, *Introduction*, 17, *Hadīth* 229; Sahīh al-Bukhārī, *Kitab al-'Ilm*, 8.

[36] Ci è stato tramandato che un certo Abu Shah, di origine yemenita, domandò che fosse trascritto il discorso tenuto dal Profeta (ﷺ) in occasione della conquista della Mecca (8 A.H.). Il Profeta (ﷺ) ordinò che fosse accontentato. Cfr. Hanbal II, 238; Sahīh al-Bukhārī, *Kitab al-Ilm*, 39; Sahīh Muslim, *Hajj*, 447; Tirmidhi, II, 110; Abū Dāwūd, *Hadīth*, no. 4505.

scritti[37] delle tradizioni stesse. Questa pratica venne poi seguita da eminenti compagni quali: 'Umar ibn al-Khattāb, Abū Musā al-Asharī, Ibn 'Abbās e Zayd ibn Arqam. 'Umar ibn al-Khattāb, ad esempio, viveva lontano da Medina e, per questo motivo, non poteva trascorrere ogni giorno in compagnia del Profeta (ﷺ). Per superare questa difficoltà, si accordò con uno degli ansari, che aveva il medesimo problema. Decisero, quindi, che si sarebbero intrattenuti in compagnia del Profeta (ﷺ) a giorni alterni e che poi si sarebbero raccontati a vicenda quanto avevano udito ed imparato da lui[38].

Paradigmatico inoltre è anche il caso di 'Abd Allāh ibn 'Abbās (3 B.H.-68 A.H.), cugino del Profeta (ﷺ), che dopo la morte di quest'ultimo si dedicò interamente alla ricerca della conoscenza. Ci è stato tramandato che era solito interrogare i compagni in merito ai detti e alle azioni del Profeta (ﷺ) nelle più diverse circostanze, arrivando persino a domandare a trenta compagni diversi di raccontargli il medesimo aneddoto. Successivamente costui si dedicò anche all'insegnamento, scegliendo dei giorni specifici per i diversi soggetti di studio[39].

Tra gli altri compagni[40], che memorizzarono, trascrissero e si dedicarono all'insegnamento e alla diffusione degli *hadīth*

---

[37] 'Abdullāh ibn 'Amr ibn al-'Ās trascrisse e memorizzò quanto aveva udito dal Profeta (ﷺ). Questa pratica venne seguita anche da Abū Shihāb, Zayd e Ziyad Azib. Quest'ultimo, per esempio, quando si trovò alla presenza di Abū Bakr, che gli comandò di portare un messaggio ad al-Bara, affermò che non se ne sarebbe andato se prima non gli avesse narrato quando aveva udito dal Profeta (ﷺ) in occasione dell'*Hijrah* dalla Mecca a Medina.

[38] Cfr. Sahīh al-Bukhārī, *Kitab al-Ilm*, b. al-Tanawub, I, 19.

[39] Cfr. Azmi, *Studies in Early Hadith Literature*, 40.

[40] Per un resoconto completo dei compagni, che trasmisero gli *hadīth* del Profeta (ﷺ), rimandiamo a d Azmi, *Studies in Early Hadith Literature*, 28-60.

possiamo menzionare: ‘Abd Allāh ibn ‘Amr ibn al-‘Ās[41], ‘Abdullāh ibn ‘Umar ibn al-Khattāb[42], ‘Abdullāh ibn al-Zubayr[43], ‘Āishah bint Abū Bakr (*Umm al-muminīn*)[44], ‘Alī ibn Abī Tālib[45] e Anas ibn Mālik[46].

Ci sono stati riportati inoltre degli *hadīth* in cui il Profeta (ﷺ) stesso invita i compagni a diffondere gli insegnamenti che avevano ricevuto da lui[47]. Tra le tradizioni più famose ricordiamo quelle in cui il Profeta (ﷺ) disse: "Diffondete gli insegnamenti da me impartiti, anche se dovesse trattarsi di

---

[41] Ci è stato tramandato che costui ricevette dal Profeta (ﷺ) il permesso di mettere per iscritto i suoi detti e le sue azioni nelle diverse circostanze, che poi raccolse in un volume intitolato *al-Sahīfah al-Sādiqah*. Cfr. Sa'd IV, II, 8-9.

[42] Famoso per la sua stretta adesione alla *sunna* del Profeta (pbsl), raccolse una grande quantità di tradizioni. La sua collezione venne conservata in forma scritta rispettivamente da Jamīl ibn Zaid al-Tā'ī, Nafi', Sa'īd ibn Jubair, ‘Abd al-‘Azīz ibn Marwān, ‘Abd al-Mālik ibn Marwān, ‘Ubaid Allāh ibn ‘Umar, ‘Umar ibn ‘Ubaid Allāh. Cfr. Azmi, *Studies in Early Hadith Literature*, 45-46.

[43] Scrisse una lettera ad ‘Abd Allāh ibn ‘Utbah su alcune questioni legali, nella quale sono citati alcuni *hadith* del Profeta (ﷺ). Cfr. Ibn Hanbal, IV, 4; Azmi, *Studies in Early Hadith Literature*, 46.

[44] Trasmise una grande quantità di *hadīith* del Profeta (pbsl). Ci è stato tramandato che sia Muāwiya che ‘Urwah, suo nipote, ottennero da lei delle raccolte scritte di *hadīth*. Cfr. Ibn Hanbal, VI, 87.

[45] Cugino del Profeta (ﷺ) e quarto califfo, spesso assunse le funzioni di scriba e segretario, quando il Profeta (ﷺ) era ancora in vita. Possedeva due *kitāb* del Profeta (ﷺ) relativi alla *Zakāt* e alle modalità di tassazione dei beni. Molto spesso incoraggiò gli studenti a conservare gli *hadith* in forma scritta. Cfr. Azmi, *Studies in Early Hadith Literature*, 48.

[46] Servì il Profeta (ﷺ) durante gli anni in cui visse a Medina. Dopo la sua morte, si dedicò alla diffusione e all'insegnamento delle sue tradizioni. La sua cerchia di studenti era molto ampia. Ci è stato tramandato che non tenesse in gran conto una conoscenza che non fosse conservata in forma scritta. Cfr. Azmi, *Studies in Early Hadith Literature*, 49.

[47] Ci è stato tramandato inoltre che il Profeta (ﷺ), per consentire ai suoi compagni di comprendere e memorizzare le sue parole, ripeteva la medesima frase tre volte. Solitamente poi, dopo aver impartito i suoi insegnamenti, era solito domandare ai compagni di ripeterli al fine di controllare che li avessero appresi correttamente.

un solo versetto"[48] ; "O Dio, dona la luce a colui che presta ascolto alle mie parole, le conserva con accortezza nella memoria e le trasmette agli altri"[49].

La metodologia d'insegnamento utilizzata dal Profeta (ﷺ) venne successivamente riproposta anche dai compagni, in quanto sappiamo che nei primi anni dell'era islamica le tradizioni venivano insegnate dagli *Sheikh*[50] che impartivano delle vere e proprie lezioni sia collettive che individuali. Successivamente però, le modalità d'insegnamento divennero più variegate. Infatti, la pratica della recitazione orale di una tradizione iniziò a divenire desueta a partire dal secondo secolo, quando cominciarono ad essere impiegati metodi non più legati alla trasmissione orale ma piuttosto fondati su di un supporto testuale. I nuovi metodi, infatti, coinvolgevano la lettura da parte sia dell'insegnante che dello studente delle tradizioni compilate in forma scritti[51].

---

[48] Cfr. Sahīh al-Bukhārī, *Kitāb Anbiya'*, 50.

[49] Cfr. Hanbal I, 437.

[50] Per quel che riguarda la pratica dell'insegnamento degli *hadīth* è stato acutamente notato che: "La persona, che si dedicava allo studio delle tradizioni sotto la guida di un insegnante, cominciava come semplice studente. Quando però attraverso lo studio accresceva la propria conoscenza, diveniva giudice del suo stesso maestro. Dopo aver udito, per esempio, un singolo *hadīth* da sei narratori diversi, ciascuno dei quali era a sua volta studente di un particolare trasmettitore, diveniva in grado di giudicare i suoi stessi contemporanei". A questo proposito Ayyūb al-Sakhtiyānī, uno dei successori (68-131 A.H.), ha scritto: "Se si desidera conoscere gli errori del proprio insegnante, si deve sedere in compagnia anche degli altri insegnanti"; Ibn al-Mubārak (118-181 A.H.) ha invece aggiunto: "Per controllare l'autenticità di una tradizione è necessario paragonare tra loro le parole degli studiosi".

[51] I metodi utilizzati possono essere descritti nel modo seguente: 1-Lettura da parte dell'insegnante del libro da lui stesso redatto; 2-Lettura dell'insegnante dal libro dello studente, a sua volta una copia o una sezione copiata dal libro dell'insegnante stesso; 3-Lettura degli studenti alla presenza dell'insegnante. Gli altri studenti confrontavano gli *hadīth* letti con quelli scritti sui loro libri; 4-L'insegnamento degli *hadīth* veniva

Per indicare un testo scritto venivano impiegati i seguenti termini arabi: *nuskhah, sahīfah, kurrasah, risālah* e *qirtas.* Il primo termine significa "copia". In questo periodo, infatti, iniziò a diffondersi la figura professionale dei *warraqun,* ossia gli scribi che copiavano i libri su commissione altrui. Le copie dei testi degli insegnanti di *hadīth* venivano effettuate o direttamente dagli studenti o dagli scribi, anche se, ad opera ultimata, le copie trascritte dai *warraqun* venivano controllate ulteriormente[52].

Con il termine *sahīfah,* plurale *suhuf,* s'intendono dei fogli non necessariamente cuciti insieme a formare un libro, indicato nella lingua araba rispettivamente con i termini *kurrasah, risālah* e *kitāb.* Il termine *qirtas* indica invece specificatamente la "carta del papiro", che gli arabi conoscevano prima dell'avvento dell'Islam, così come testimoniano i riferimenti presenti sia nella poesia araba pre-islamica che nello stesso Corano. Anche se non è possibile attestare con sicurezza che il papiro venne impiegato nella trascrizione del Corano o degli *hadīth* in modo esclusivo o accanto o in sostituzione di materiali quali pelle ed ossa levigate, è certo che il suo utilizzo su scala più ampia avvenne dopo la conquista dell'Egitto nel 35 A.H.

Gli *hadīth* e la nozione di *sunna* del Profeta (ﷺ)

Le tradizioni del Profeta (ﷺ) sono strettamente legate alla nozione di *sunna*[53]. Il termine *sunna* deriva dalla radice araba

---

impartito nella forma della domanda-riposta, 5-Le tradizioni del Profeta (ﷺ) venivano dettate o dalla memoria dell'insegnante o da un supporto testuale.

[52] Cfr. Azmi, *Studies in Early Hadith Literature,* 29-30.

[53] Nel Sacro Corano si fa riferimento anche alla *sunna* di Dio nei seguenti versetti: "Questa è la *sunna* di Dio nei confronti di coloro che vissero precedentemente. Non troverai alcun cambiamento nella *sunna* di Dio",

snn, indicante un processo[54], una continuità che dal passato si estende verso il futuro. Il termine *sunna* si pone così in netta opposizione con il termine *bi'dah*, solitamente tradotto con innovazione. La radice del termine *bi'dah*, ossia *bdh*, indica qualsiasi cosa che si pone in una relazione di discontinuità con il passato, non riconoscendo di conseguenza un modello paradigmatico. Per questa ragione il termine *sunna* non viene mai utilizzato per indicare un atto singolo nella propria individualità, ma un atto paradigmatico che come tale può essere virtualmente ripetuto.

In riferimento al ruolo del Profeta (ﷺ) come guida della comunità nel Sacro Corano è scritto: "In verità tu sei uno degli inviati su una retta via"[55]; "E così facemmo di voi una comunità equilibrata, affinché siate testimoni di fronte ai popoli e il Messaggero sia testimone di fronte a voi"[56]; "Ed è così che ti abbiamo rivelato uno spirito [che procede] dal Nostro ordine. Tu non conoscevi né la Scrittura né la fede. Ne abbiamo fatto una luce per mezzo della quale guidiamo chi vogliamo tra i Nostri servi. In verità tu guiderai sulla retta via, la via di Dio, Colui cui appartiene tutto quel che è nei cieli e sulla terra. Sì, ritornano a Dio tutte le cose"[57]; "Avete nel messaggero di Dio un bell'esempio per voi, per chi spera in Dio

---

33:62; "La loro superbia sulla terra e le loro trame malvagie. Ma la trama malvagia non fa che avvolgere i suoi artefici. Si aspettano un'altra *sunna* [diversa] da quella che fu adottata per i loro avi? Non troverai mai un cambiamento nella *sunna* di Dio, non troverai deviazione alcuna nella *sunna* di Dio", 35:43.

[54] A questo proposito vedi il termine arabo *sanan*, derivante dalla medesima radice, che indica "il cammino dritto del viaggiatore". Ibn Durayd nell'opera intitolata *Jamharah* sostiene che il significato principale del verbo *sana* è appunto "sawwara al-shay'a", che indica l'atto stesso di produrre qualcosa che serva da modello per il futuro. L'espressione araba "sanan al-Tariq" può essere poi tradotta come "cammino senza deviazione".

[55] Il Sacro Corano 36:3-4. L'espressione araba, che è stata resa in italiano come "retta via", è *Sirāt al-mustaqīm*.

[56] Il Sacro Corano 2:143.

[57] Il Sacro Corano 42:52-53.

e nell'Ultimo Giorno e ricorda Dio frequentemente"[58]; "Obbedite a Dio e al Messaggero e state attenti"[59]; "Chi obbedisce al Messaggero obbedisce a Dio"[60].

Questi versetti coranici invitavano i credenti a seguire gli insegnamenti del Profeta (ﷺ) e ad applicarli nella loro vita quotidiana al fine di migliorare il proprio comportamento, avvicinandosi sempre di più a Dio nel rispetto dei Suoi comandamenti e delle Sue leggi. Di conseguenza, sulla base di questo comando generale, i compagni del Profeta (ﷺ) hanno assimilato i suoi insegnamenti ed hanno cercato di metterli in pratica nei diversi ambiti sia durante la sua vita che successivamente. La personalità del Profeta (ﷺ) era tale da destare un profondo interesse sia nei suoi nemici che nei suoi seguaci. Inoltre coloro che avevano abbracciato la causa dell'Islam alla Mecca e successivamente a Medina, avevano legato indissolubilmente il proprio destino a quello del Profeta (ﷺ), mettendo a disposizione del messaggio islamico le loro vite ed i loro beni. È quindi del tutto normale pensare che i suoi seguaci lo ritenessero un modello da seguire persino nelle normali attività quotidiane[61]. L'amore mostrato dai

---

[58] Il Sacro Corano 3:164.

[59] Il Sacro Corano 5:92.

[60] Il Sacro Corano 4:80.

[61] A questo proposito ci sono stati tramandati degli episodi significativi che illustrano questa disposizione. Per esempio ci è stato tramandato che Zayd ibn Khālid trascorse un'intera notte presso la porta del Profeta (ﷺ) per osservare in che modo assolveva alla preghiera notturna. Cfr. Sahīh al-Bukhārī, *Kitāb al-I'tisām*, IV, 166. Abū Sa'īd al-Khudrī, invece, si dedicò ad una lunga osservazione di quanto a lungo il Profeta (ﷺ) rimaneva in piedi durante le preghiere del pomeriggio. Cfr. Abū Dawūd, *Sunan*, "Istighfar", I, 119. Ibn 'Umar contò quante volte il Profeta (ﷺ) domandava perdono a Dio in una sola preghiera. Cfr. Abū Dawūd, *Sunan*, "Takhfif al-Ukhrayayn", I, 124. Ci è stato, inoltre, tramandato che i compagni volevano imitare il Profeta (ﷺ) nell'assolvere la preghiera a mezzanotte e nel digiunare a giorni alterni. Il Profeta (ﷺ) dovette dissuaderli dal compiere queste azioni ripetutamente al fine che non fossero considerate un comando valido per

Compagni verso il Profeta (ﷺ), di cui ci sono state tramandante molteplici testimonianze, giustifica pienamente l'atto di annotare le sue parole e le sue azioni nelle più diverse circostanze.

A questo proposito lo *sheikh* Abūl Hasan 'Alī Nadwi ha scritto: "L'ambiente intellettuale e spirituale in cui i compagni del Profeta (ﷺ) trascorsero le loro vite è stato conservato nella sua originaria purezza attraverso gli *hadīth*. Attraverso gli *hadīth* infatti è divenuto possibile per i musulmani delle successive generazioni uscire dal proprio ambiente e cominciare a vivere in quello del Profeta (ﷺ), ascoltandolo mentre parla ai suoi compagni che prestano grande attenzione ad ogni sua parola o gesto. Le azioni e gli insegnamenti, le parole ed i sentimenti stessi del Profeta (ﷺ) costituiscono un ambiente nel quale è possibile formarsi un'idea del tipo di azioni e di morale originatasi dalla fede ed il tipo di vita caratterizzato dalla tensione verso l'altro mondo. Gli *hadīth* costituiscono una finestra aperta, attraverso la quale è possibile scorgere chiaramente la vita del Profeta (ﷺ) nell'ambito della sua stessa famiglia, il tipo di casa in cui abitava, il modo in cui trascorreva la notte ed il livello di benessere materiale di cui godeva insieme alla sua famiglia"[62].

La centralità ed il ruolo dei compagni del Profeta (ﷺ) è stato invece descritto nei seguenti versetti del Sacro Corano: "Voi siete la migliore comunità che si stata suscitata tra gli uomini, raccomandate le buone consuetudini e proibite ciò che è riprovevole e credete in Dio"[63]; "Dio si è compiaciuto

---

tutti i credenti, ma solo ed esclusivamente degli atti di adorazione privati del Profeta (ﷺ), che sarebbe stato troppo gravoso per i musulmani seguire. Cfr. Sahīh al-Bukhārī, *Kitāb al-Tahajjud*, I, 136.

[62] Cfr. Syed Abul Hasan Ali Nadwi, "Hadith Its relevance to the Modern Times", *Hadith and Sunnah, Ideals and Realities*, ed. P. K. Koya, (Lahore: Suhail Academy, 2005), 252.

[63] Il Sacro Corano 3:110.

dell'avanguardia degli Emigrati e degli Ausiliari e di coloro che li hanno seguiti fedelmente, ed essi sono compiaciuti di Lui. Per loro ha preparato Giardini in cui scorrono i ruscelli dove rimarranno in perpetuo. Questo è il successo immenso"[64]; "Già Dio si è compiaciuto dei credenti quando ti giurarono [fedeltà] sotto l'albero. Sapeva quello che c'era nei loro cuori e fece scendere su di loro la Pace: li ha ricompensati con un'imminente vittoria..."[65]; "[Appartiene] inoltre agli emigrati bisognosi che sono stati scacciati dalle loro case e dai loro beni poiché bramavano la grazia ed il compiacimento di Dio, ausiliari di Dio e del Suo Inviato: essi sono i sinceri; e [appartiene] a quanti prima di loro abitavano il paese e [vivevano] nella fede, che amano quelli che emigrarono presso di loro e non provano in cuore invidia alcuna per ciò che hanno ricevuto e che [li] preferiscono a loro stessi nonostante siano nel bisogno"[66].

I compagni del Profeta (ﷺ) furono coloro che nei primi anni dell'avvento dell'Islam condivisero insieme a lui le persecuzioni di cui i politeisti lo avevano fatto oggetto nella Mecca e poi, al tempo dell'*Hijrah* a Medina, emigrarono insieme con lui e lo supportarono, dedicando le loro vite ed i loro beni alla causa della diffusione del messaggio islamico. Quando poi, dopo essere giunti a Medina, furono testimoni della nascita del primo nucleo dello stato islamico e successivamente, dopo la morte del Profeta (ﷺ), s'impegnarono nella difesa dell'Islam e nella diffusione del messaggio coranico e dei suoi insegnamenti che, alla fine del primo secolo dell'era islamica, raggiunse diverse parti del mondo, quali: Siria, Palestina, Egitto, Persia, Marocco e Spagna. Inoltre, il messaggio del Corano e della *sunna*

---

[64] Il Sacro Corano 9:100.
[65] Il Sacro Corano 48:18.
[66] Il Sacro Corano 59:9.

raggiunse nello stesso periodo la stessa India, prima ancora che fosse conquistata dagli eserciti musulmani[67].

Invece, sui compagni rimasti a Medina gravò il peso e la responsabilità di amministrare lo Stato e la giustizia secondo i dettami basilari ed i principi dell'insegnamento coranico e della *sunna* del Profeta[68] (ﷺ). Azmi a questo proposito ha affermato: "I compagni furono tra i primi amministratori della legge islamica. Per poter ottemperare a quest'impegno, dovevano necessariamente possedere una piena comprensione della giurisprudenza islamica sia in teoria che in pratica, sulla base della loro esperienza della vita e degli insegnamenti del Profeta (ﷺ). Per questa ragione alle loro opinioni veniva dato il giusto peso, quando alcune delle affermazioni del Profeta (ﷺ) avevano bisogno di un'interpretazione"[69].

La critica orientalista, rappresentata in modo particolare da Schacht ed Anderson[70], ha sostenuto che per tutto il primo secolo dell'era islamica non vi fosse nulla che potesse essere definito "legge islamica", in quanto l'amministrazione della giustizia avveniva prevalentemente attraverso l'applicazione degli usi, costumi e consuetudini dell'Arabia pre-islamica, che erano rimasti sostanzialmente invariati al tempo stesso del Profeta (ﷺ). Questo punto di vista si fonda sulla negazione del ruolo del Profeta Muhammad (ﷺ) in ambito legislativo e sulla posizione critica assunta rispetto alla circolazione degli *hadīth*

---

[67] Cfr. Muhammad Ishāq, *India's Contribution to the Study of Hadith Literature*, (Dacca: University of Dacca, 1955).

[68] A questo proposito Von Kremer ha acutamente osservato: "La vita del Profeta, i suoi discorsi ed i suoi detti, le sue azioni e la sua silenziosa approvazione e anche la sua acquiescenza mostrata in determinate circostanze, costituivano, accanto al Corano, la seconda più importante fonte legislativa per il giovane impero musulmano", Cfr. Alfred von Kremer, *Orient under the Caliphs* (Calcutta: University of Calcutta, 1920), 260.

[69] Cfr. Azmi, *Studies in Early Hadith Literature*, 45.

[70] Cfr. Jacob Nelson Anderson, "Recent Developments in Shari'ah Law", *Muslim World* 40 (1950), 245.

nel primo secolo dell'era islamica. In realtà, come abbiamo spiegato precedentemente, vi sono molti versetti coranici che fanno riferimento al ruolo educativo del Profeta Muhammad (ﷺ), inteso come leader spirituale della *umma* islamica. È, infatti, assurdo che il contenuto della rivelazione coranica[71], introducendo dei cambiamenti radicali nella visione del mondo degli arabi dell'Età dell'ignoranza, non abbia avuto impatto alcuno in ambito legislativo. Se questo fosse accaduto, in realtà avrebbe causato serie difficoltà nell'amministrazione della giustizia ai tempi stessi del Profeta (ﷺ). Nello stesso tempo però è possibile sostenere che i cambiamenti attuati dal Profeta (ﷺ), in accordo con la rivelazione coranica, siano stati alquanto graduali al fine di non causare pericolosi squilibri sociali. L'insegnamento del Profeta (ﷺ) dal carattere prevalentemente morale era prima di tutto focalizzato alla riforma etica della prima società islamica attraverso gli insegnamenti del Corano[72] e l'esempio della *sunna*. Però, se quest'impegno non si fosse accompagnato a quello di riformulare la legislazione secondo i dettami dei principi di giustizia presenti nella rivelazione coranica, sarebbe rimasto del tutto incompleto e avrebbe gettato pericolose basi per futuri disordini sociali.

Prima dell'avvento dell'Islam il territorio dell'Arabia era diviso tra le diverse tribù e, quindi, era del tutto assente un organo centrale preposto all'amministrazione della giustizia, e tutte le dispute venivano risolte nel contesto tribale di appartenenza. A questo proposito Coulson nota: "La stessa rivelazione coranica pone delle questioni, che debbono essere state di interesse immediato per la comunità islamica e che il Profeta, in quanto suprema autorità in ambito sia politico che

---

[71] Cfr. Il Sacro Corano 7:54, 7:57, 16:116, 45:18.

[72] Cfr. Noel J. Coulson, *A History of Islamic Law* (Edinburgh: Edinburgh University Press, 1964), 20; Shelomo Dov Goitein, *Studies in Islamic History and Institution* (Leiden: E. J. Brill, 1968), 129-130.

legale, dovette risolvere. Invece, la tesi di Schacht, secondo la quale la prova di tradizioni legali risale a non prima del 100 A.H. (719 d.C.), finisce per negare qualsiasi pretesa di azione legislativa da parte del Profeta (ﷺ), creando di fatto un vuoto nell'ambito dello sviluppo della legge nella prima società islamica"[73].

Inoltre ci è stato tramandato che il Profeta (ﷺ) stesso diede dettagliate spiegazioni di alcuni comandi coranici relativi alla *Zakāt*, al Pellegrinaggio (*Hajj*), e alle diverse transazioni commerciali, che nei versetti del Corano erano espressi solo in termini generali[74], e nello stesso tempo inviò diversi compagni in diverse zone dell'Arabia con il compito di amministrare la giustizia[75]. Dopo la morte del Profeta (ﷺ), al tempo dei primi califfi, i compagni esperti nella legge e nella *sunna* vennero mandati nei diversi territori posti sotto il controllo del governo islamico per amministrare la giustizia[76]. Nella stessa Mecca, a Medina, a Basra, a Kūfa, a Damasco e a Fustāt vennero istituite importanti scuole legali, con cui il califfo manteneva una continua corrispondenza e con cui si confrontava relativamente alle più diverse questioni.

Il ruolo delle tradizioni del Profeta (ﷺ) in ambito legislativo è fondamentale, anche se le diverse scuole si rapportarono in modo diverso alla *sunna*. Questo non significa però che i giuristi evitassero di prendere in considerazione le tradizioni del Profeta (ﷺ), come invece ha sostenuto Schacht, secondo

---

[73] Cfr. Coulson, *A History of Islamic Law*, 64-65.

[74] Cfr. Ibn al-Tallā', *Aqdīyat Rasūlillāh*, (I giudizi del Profeta). In quest'opera Ibn Talla (404-497 A.H.), ha collezionato in un unico testo diversi casi di giudizi emessi dal Profeta (ﷺ) su questioni diverse. Le fonti utilizzate da Ibn Talla risalgono al II e III secolo dell'era islamica.

[75] 'Abdullāh ibn Mas'ūd, Abū Mūsa al-Ash'arī, 'Alī ibn Abī Tālib, 'Amr ibn al-'Ās, 'Amr ibn Hazm, 'Attāb ibn Asīd, Dihya al-Kalbī, Hudhaifa ibn al-Yamān, Ha'qal Yadar al-Muzanī, Mu'ādh ibn Jabal, Ubai ibn Kab, 'Umar ibn al-Khattāb, Uqba ibn 'Āmir al-Juhanī, Zayd ibn Thābit.

[76] Ci sono state tramandate molte lettere inviate da *Amīr al-muminīn* proprio in queste città.

il quale le antiche scuole di legge hanno assunto tutte un'attitudine critica verso gli *hadīth*. Tradizionalmente gli studiosi distinguono i primi giuristi in due categorie principali: gli *ahl al-Sunnah* e gli *ahl al-Ray*, ossia rispettivamente il "popolo della *sunna*" ed il "popolo dell'opinione".

I primi sono identificati prevalentemente con gli studiosi appartenenti alla scuola di Kūfa, in Iraq, mentre i secondi con la scuola di Medina, nello Hijāz. In realtà, entrambi gli orientamenti tenevano nella debita considerazione gli *hadīth* nel ragionamento giurisprudenziale, anche se differivano nella metodologia impiegata nell'ambito del *Fiqh*. Con il termine arabo *Fiqh* s'intende la comprensione dei comandi divini e della *sunna* all'interno della giurisprudenza islamica. Attraverso il ragionamento giurisprudenziale, infatti, i giuristi si pronunciavano su determinate questioni legali basandosi sugli insegnamenti generali contenuti nel Corano e sugli esempi tratti dalla vita e dai detti del Profeta (ﷺ). Le diverse condizioni storiche, sociali ed economiche dell'Iraq domandarono da parte dei giuristi un atteggiamento più aperto al ragionamento per potersi pronunciare secondo la finalità dei comandi coranici e degli esempi tratti dalla *sunna*. Invece, nel caso dell'Hijāz, la regione stessa in cui il Profeta (ﷺ) aveva condotto la sua missione, era possibile applicare in modo più letterale gli esempi presenti negli *hadīth*.

L'Imam Mālik ibn Anas[77], esponente degli *ahl al-Sunna*, nel ragionamento giurisprudenziale preferì un approccio centrato sulla *sunna* e sulla pratica della comunità di Medina, intesa come comunità originaria in cui furono per la prima volta messi in pratica sia gli insegnamenti coranici che del Profeta (ﷺ).

---

[77] L'Imam Mālik nacque nel 92 A.H, quindi i suoi insegnanti ebbero la possibilità di studiare direttamente con i compagni del Profeta (ﷺ).

Dalle testimonianze in nostro possesso si evince che il concetto stesso di *sunna*, intesa come pratica sia del Profeta (ﷺ) che della comunità, era ampiamente diffuso tra la prima generazione di musulmani[78]. Ad esempio, ci è stato tramandato che all'epoca del califfato di Abū Bakr (13 A.H), ossia immediatamente dopo la morte del Profeta (ﷺ), si aprì una discussione relativa alla questione sul se una nonna avesse diritto o meno ad una quota dell'eredità del proprio nipote. Abū Bakr, quando sorse la disputa, rispose che non era a conoscenza di nessuna disposizione presente nel Corano o nella *sunna* del Profeta[79] (ﷺ). Quando però venne informato da Mughīra, un compagno, che, secondo la disposizione del Profeta (ﷺ), ad una nonna spettava 1/6 dell'eredità, gliela concesse.

Una situazione simile si verificò al tempo del Califfo ʿUmar, che assunse al califfato dopo Abū Bakr. Costui si trovò nella

---

[78] Ad esempio, Marwān intendeva applicare la punizione *hudūd* per uno schiavo che aveva sottratto la scorza di un albero di palma. Però, quando lo informarono in merito ad una tradizione del Profeta (ﷺ), nella quale si affermava che tale pena non deve essere applicata in caso di questo tipo di furto, desistette dall'applicare la punizione.

[79] In riferimento all'utilizzo del termine *sunna* da parte dei compagni possiamo prendere in considerazione gli esempi seguenti. Ci è stato tramandato che ʿUmar ibn al-Khattab affermò: "Per Allah, se lo avessi fatto, sarebbe diventata una *sunna*". In questo contesto il termine compare come sinonimo di "norma" stabilita. In un'altra occasione, ci è stato tramandato che Ibn ʿUmar disse: "Questa non è la *sunna* della preghiera. Assumo questa posizione solo a causa del dolore che avverto alla gamba". In questo caso con il termine *sunna* s'intende la pratica stabilita e condivisa relativa ai diversi movimenti da compiersi durante la *Salāt*. In un'altra occasione lo stesso Ibn ʿUmar scrisse ad Abdul Mālik: "Ho ascoltato e ti ubbidisco in accordo con la *sunna* di Dio e del Suo Messaggero per quanto mi sia possibile". Ci è stato poi tramandato che ʿĀishah, quando le venne domandato il significato del versetto 4:3 del Sacro Corano, rispose: "Questo versetto si riferisce ad una ragazza che, dopo essere rimasta orfana, vive sotto la custodia di un guardiano, il quale a sua volta, pur essendo attratto verso la sua bellezza e ricchezza, tuttavia vorrebbe sposarla pagando un *Mahr* inferiore alla *sunna* per le donne del suo rango".

situazione di non saper come comportarsi con una comunità residente nella regione di Hajar, che professava la religione zoroastriana. Quando però un compagno, 'Abdur Rahmān ibn 'Auf, lo mise al corrente dell'esistenza di una tradizione del Profeta (ﷺ) a questo proposito, *Amīr al-muminīn* accordò loro lo status di *dhimmī*, ossia di "comunità protetta all'interno dello stato islamico", e accettò da loro il pagamento della *jizya*.

I criteri per stabilire l'autenticità di un *hadīth*

Gli studiosi hanno discusso molto sui criteri stabiliti per determinare l'autenticità degli *hadīth*, focalizzando l'attenzione prevalentemente sul se siano stati utilizzati fin dall'inizio della loro compilazione e circolazione oppure se siano invece un prodotto molto più tardo. Uno dei criteri basilari per determinare l'autenticità delle tradizioni del Profeta (ﷺ) è quella di rendere nota la catena dei trasmettitori, in arabo *isnād*[80]. La maggior parte degli studiosi orientalisti ritiene però che la compilazione delle *isnād* sia un prodotto molto più tardo[81] e che, comunque, abbiano un carattere del tutto arbitrario[82]. Una voce dissonate a questo riguardo è quella dell'orientalista Robson secondo il quale: "Durante la metà del I secolo dell'Islam ci si aspetterebbe qualcosa come l'*isnād*. A quel tempo, molti dei compagni erano morti e le persone, che non avevano conosciuto il Profeta (ﷺ), potevano mettere in circolazione le sue tradizioni. Era quindi del tutto naturale domandare loro

---

[80] In realtà sembra che l'*isnād* fosse utilizzata anche in epoca pre-islamica nell'ambito del genere letterario della poesia.

[81] Secondo il Caetani la pratica dell'*isnād* cominciò in un periodo piuttosto tardo, ossia tra 'Urwah (94 A.H) ed Ibn Ishāq (151 A.H.).

[82] Secondo Schacht le *isnād* costituiscono la pratica più arbitraria delle tradizioni sviluppatasi in seguito alle divisioni politiche e settarie nella comunità islamica. Cfr. J. Schacht, *The Origins of Muhammadan Jurisprudence*, (Oxford: Clarendon Press 1959), 163-164.

l'autorità con la quale diffondevano i detti ed i fatti del Profeta (ﷺ). Lo sviluppo di questo sistema di verificazione deve comunque aver avuto un carattere graduale"[83].

Studiosi orientalisti come, ad esempio, Schacht, utilizzano una citazione di Ibn Sīrīn come prova a supporto della tesi dell'introduzione tarda delle *isnād* in seguito ai disordini politici e sociali sorti nella comunità al tempo del Califfo Walīd ibn Yazīd, intorno al primo ventennio del secondo secolo dell'era islamica[84]. La citazione tratta da Ibn Sīrīn è la seguente[85]: <<Non domandavano l'*isnād* ma, dopo che scoppiò la guerra civile, dissero: "Nominate i vostri uomini". Le tradizioni che appartenevano agli *ahl al-sunnah* venivano accettate, mentre quelle degli innovatori erano invece trascurate>>.

In realtà, l'interpretazione di Schacht appare piegata ai suoi personali paradigmi interpretativi per i seguenti motivi. Infatti, Ibn Sīrīn nel testo non afferma che la pratica dell'*isnād* fosse sconosciuta, ma solo ed esclusivamente che le persone comuni probabilmente non vi prestavano una grande attenzione. Probabilmente la pratica di trasmissione degli *hadīth* attraverso le *isnād* era riservata nei primi tempi ai circoli degli studiosi e dei loro studenti. Successivamente però, quando sorsero le diverse rivalità politiche e dinastiche all'interno della comunità, diffondere la pratica di rendere note le catene dei trasmettitori di ogni singola tradizione del Profeta (ﷺ) divenne un bisogno comune a tutti i credenti e non solo agli studiosi.

Il termine utilizzato da Ibn Sīrīn è *fitnah*, che Schacht colloca come riferimento all'assassinio del Califfo Walīd ibn Yazīd. In realtà, prima di questo periodo nella comunità islamica si

---

[83] Cfr. James, Robson, "The Isnad in Muslim Traditions", *Glasgow University Oriental Society Transaction* 15 (1955), 21.

[84] Cfr. Joseph Schacht, *The Origins of Muhammadan Jurisprudence* (London: Oxford University Press, 1959), 36-37.

[85] Cfr. Muslim, Introduction, 15.

scatenarono altri disordini politici e sociali, comunemente indicati con lo stesso termine. Il riferimento è diretto prevalentemente alla guerra civile tra ʿAlī e Muʿāwiyah e tra ibn al-Zubayr e ʿAbd al-Mālik bin Marwān nel 70 A.H. Robson nota che, facendo riferimento alla data di nascita dello stesso Ibn Sīrīn, probabilmente con il termine *fitnah* ci si riferisce specificatamente proprio al periodo del conflitto tra ibn al-Zubayr e Abd al-Malik, intorno alla fine del primo secolo. Questa tesi sembra poi avvalorata dal fatto che nel *Muwatta* dell'Imam Malik ci si riferisce a questo periodo proprio con il termine *fitnah*[86].

È stato inoltre notato che, dal momento che le *isnād* delle tradizioni messe in circolazione nel II secolo dell'era islamica sono caratterizzate da trasmettitori provenienti da diverse zone dell'impero, "non sarebbe stato possibile per tutte queste persone consultarsi le une con le altre per dare forma simile e senso alla trasmissione di un'unica tradizione"[87]. Quindi, "se una particolare tradizione viene trasmessa da molte persone con forma e senso simile, allora la sua genuinità non può essere messa in dubbio"[88].

Al-Shāfiʿī indica nel passo di seguito riportato le caratteristiche che un trasmettitore di *hadīth* del Profeta (ﷺ) deve possedere al fine di essere considerato veritiero ed attendibile: "Deve possedere una fede salda. Deve essere riconosciuto per la veridicità di quanto riporta. Deve comprenderne il contenuto ed essere consapevole che il mutamento di un'espressione potrebbe avere effetto anche sulle idee espresse. Deve riportare *verbatim* ciò che ha imparato dai suoi insegnanti e non deve narrare con parole proprie il senso di quanto ha appreso. Deve possedere una buona memoria ed essere capace di riportare correttamente

---

[86] Cfr. Robson, *The Isnad in Muslim Traditions*, 22.
[87] Cfr. Azmi, *Studies in Early Hadith Literature*, 230.
[88] Cfr. Azmi, *Studies in Early Hadith Literature*, 230.

dal suo libro, se ne utilizza uno. Ciò che riporta deve inoltre trovarsi in accordo con ciò che è stato riportato da coloro che sono stati riconosciuti come dotati di buona memoria, anche se non hanno trasmesso queste tradizioni"[89].

Ibn al-Mubārak[90] invece elenca le seguenti caratteristiche che un narratore di tradizioni del Profeta (ﷺ) deve possedere per essere considerato attendibile: 1-Deve essere noto per la sua partecipazione assidua alla preghiera in congregazione; 2-Deve essere del tutto astemio; 3-Deve condurre una vita regolare, 4-Deve essere conosciuto per la veridicità del suo eloquio; 5-Non deve soffrire di alcun difetto o forma di ritardo mentale, che ne possa compromettere le facoltà intellettuali[91]. Nell'ambito dell'*Usūl al-Hadīth*, ossia nella scienza delle tradizioni del Profeta (ﷺ), è stato fissato anche il seguente criterio di base per determinare la genuinità di una narrazione, ossia "ogni *hadīth* che riporta un evento accaduto alla presenza di molte persone, deve essere originariamente trasmesso da un cospicuo numero di narratori che ne costituiscono i testimoni veri e propri".

In parallelo alla scienza degli *hadīth* si è sviluppata un'ampia letteratura biografica dedicata ai compagni del Profeta (ﷺ), ai loro studenti e successori, contenenti cronologie piuttosto precise e dettagliate, nota con l'espressione araba di *Asma ul-Rijal*[92]. L'attenzione verso la cronologia degli eventi appartiene agli albori stessi dell'avvento dell'Islam. Secondo alcuni studiosi infatti fu lo stesso Profeta (ﷺ) ad introdurre il sistema di datazione delle lettere ufficiali. Successivamente, il

---

[89] Cfr. Al-Shāfi'ī, *al-Risālah*, 99.

[90] Cfr. Al-Khatīb, *Al-Kifayah*, 79.

[91] I narratori degli *hadīth* del Profeta (ﷺ) dovevano essere accettabili secondo i dettami del codice etico islamico.

[92] Cfr. M. Zubayr Siddīqī, "The Science and Critique of Hadith", *Hadith and Sunnah, Ideals and Realities*, ed. P. K. Koya, (Lahore: Suhail Academy, 2005), 37-67.

califfo 'Umar ibn al-Khattāb[93] introdusse un sistema cronologico che faceva iniziare l'era islamica dalla migrazione da Mecca a Medina (622 d.C.). Questo nuovo sistema di datazione, calcolato a partire dall'*Hijrah*, venne stabilito circa 16 anni dopo la migrazione, e 5 anni dopo la morte stessa del Profeta (ﷺ).

Questo tipo di opere[94] cominciarono ad essere redatte alla metà del secondo secolo e solitamente erano strutturate in modo da contenere per ogni persona citata le informazioni relative alla genealogia, alla data approssimata della nascita e della morte e alcuni cenni biografici, cui veniva aggiunta una breve critica sulla loro attendibilità in base all'opinione espressa dagli studiosi di tradizioni. Nello stesso periodo cominciarono a venire redatti anche dei dizionari che contenevano note biografiche relative ai compagni del Profeta (ﷺ), ai narratori di tradizioni che vissero o soggiornarono per un luogo periodo in una provincia particolare, ed ai trasmettitori di *hadīth* che invece facevano parte di particolari scuole di legge. Le opere redatte in epoca più tarda venivano poi utilizzate dagli studiosi successivi che, comunque, erano soliti rapportarsi alle fonti in modo abbastanza critico. Ad esempio, al-Bukhārī, quando scrisse nel III secolo il dizionario dedicato alle biografie dei compagni del

---

[93] *Amīr al-muminīn* ha ampiamente utilizzato un principio cronologico nell'ambito della distribuzione delle pensioni dando la precedenza a coloro che avevano abbracciato l'Islam prima degli altri.

[94] Tra le opere principali dedicate a questo soggetto ricordiamo: 1-Il *Tabaqīt di Ibn Sa'd*, in cui sono conservate le biografie di più di 4000 narratori di tradizioni; 2-Il *Ta'rīkh di Al-Bukhārī*, che contiene informazioni su più di 42.000 narratori di Tradizioni; 3-*Al-Khatīb al-Baghdādī* in cui vengono riportate brevi notizie biografiche su più di 7831 persone; 4-Il *Tahdhīb al-Tahdhīb* di Ibn Hajar, nel quale vengono riportate notizie biografiche su circa 12415 persone; 5-Il *Mizan al-I'tidal* in cui vengono riportate brevi note biografiche su circa 14343 persone; 6-*La Storia di Damasco* di Ibn 'Asākir; 7-*Tabaqat al-Huffāz* di Dhahabi, in cui sono contenute delle notizie su una classe particolare di persone.

Profeta (ﷺ), utilizzò del materiale piuttosto composito[95] vagliato con attenzione. La conoscenza della data di nascita e morte dei diversi trasmettitori, espressa in arabo con il termine *Ta'rīkh*, è fondamentale per determinare la genuinità[96] o meno di un'*isnād*. Gli *hadīth*[97] poi possono essere divisi in due categorie sulla base del numero dei trasmettitori[98]: *mutawātir* e *mashhūr*. Gli *hadīth mutawātir* sono costituiti da quelle tradizioni tramandate da un cospicuo[99] numero di persone durante le prime tre generazioni di musulmani. In questa categoria possono essere incluse poche tradizioni, che riguardano per la maggior parte le pratiche legate ai cinque pilastri dell'Islam. Gli *hadīth mashhūr*[100] sono invece quelle tradizioni originariamente trasmesse da 2, 3 o 4 narratori della prima generazione dei compagni, e successivamente tramandate, sull'autorità dei primi, da un numero più cospicuo nelle generazioni successive.

---

[95] Per la compilazione del dizionario biografico sui Compagni del Profeta (ﷺ) al-Bukhārī utilizzò le seguenti tipologie di testi: letteratura dedicata alla biografia del Profeta (ﷺ), monografie dedicate al primo periodo della storia islamica, materiale biografico relativo ai compagni e opere biografiche sui narratori di tradizioni del Profeta (ﷺ).

[96] Hafs Ghiyath (160 A.H.) ha affermato: "Quando si nutre un dubbio verso qualche narratore, il controllo deve essere effettuato attraverso la data di nascita e di morte"; Sufyān al-Thawrī ha invece affermato: "Quando i narratori tramandano false tradizioni, possiamo utilizzare la cronologia contro di loro"; Hasan ibn Zayd: "Contro i falsari di *hadith* non abbiamo mezzo più efficace del *Ta'rikh*".

[97] Per uno studio più approfondito: Cfr. Muhammad Mustafa Azmi, *Studies in Hadith Methodology and Literature* (Oak Brook: American Trust Publication, 2012), 67.

[98] A queste due categorie deve essere aggiunta una terza, ossia quella degli *hadīth āhād*, espressione con cui s'indicano quelle tradizioni riportate sull'autorità delle prime tre generazioni di musulmani solo da 1 a 4 narratori. Questo tipo di tradizioni sono state a loro volta divise nelle seguenti sottoclassi: a- Le tradizioni narrate *verbatim* da tutti i narratori; b- Le tradizioni, il cui contenuto è stato riportato dai narratori.

[99] Il numero oscilla tra le 40 e le 70 persone.

[100] Le tradizioni *mashhūr* sono note anche con il termine *mustafīd*.

Relativamente all'attendibilità e genuinità complessiva, le tradizioni sono state poi distinte in tre categorie principali: *sahīh*, *hasan* e *daīf*. Gli *hadīth sahīh* (genuini) e *hasan* (buoni) sono costituiti da quelle tradizioni che rispondono ai canoni di autenticità precedentemente elencati[101]. Gli *hadīth daīf* invece sono deboli in termini di autenticità e, quindi, solitamente vengono considerati spuri ed inattendibili[102].

L'esame dell'*isnād* dei trasmettitori costituisce una condizione necessaria ma non sufficiente per determinare la genuinità di un *hadīth*. Gli studiosi hanno infatti indicato tutta una serie di caratteristiche relative al testo delle stesse narrazioni, in arabo *matn*. Il testo di un *hadīth* per poter essere giudicato genuino[103] non deve esprimere concezioni contrarie a quelle di altre narrazioni considerate attendibili dagli studiosi o ai dettami della ragione, della legge naturale e della comune esperienza. A questi due criteri generali si aggiungono anche i seguenti criteri specifici[104] secondo i quali il testo di una narrazione non può essere considerato attendibile se: 1-Nel testo vengono citati diversi compagni come testimoni oculari dell'evento narrato o delle

---

[101] Gli *hadīth* sono a loro volta distinti nelle seguenti sub-categorie: 1-*Ahādīth mu'allaq*: tradizioni sospese; 2-*Ahādīth maqtū*: tradizioni interrotte; 3- *Ahadīth munqati'*: tradizioni tronche; 4- *Ahādīth mursal*: tradizioni incomplete; 5- *Ahādīth musahhaf*: tradizioni in cui è presente un errore nella catena dei trasmettitori o nel testo stesso; 6- *Ahādīth shadh*: tradizioni con una buona *isnād* ma contrari nel contenuto ad un'altra tradizione ben attestata.

[102] A questa categoria è necessario aggiungere quella degli *ahādīth mawdu'*, ossia le tradizioni fabbricate per scopi specifici, la cui falsità è riconosciuta quasi all'unanimità dai diversi studiosi.

[103] Ibn Abū Hatim al-Rāzī ha affermato: "L'autenticità di una tradizione si basa sulla veridicità dei narratori e sul contenuto che deve essere degno della personalità di un profeta"; Ibn al-Jawzi ha affermato che: "Se si trova un *hadīth* contrario alla ragione, a quanto precedentemente riportato o che si pone contro i principi accettati, si deve riconoscere che è stato fabbricato".

[104] Questi criteri sono stati formulati da Ibn al-Qayyim.

affermazioni pronunciate dal Profeta (ﷺ), ma nessuno di loro compare nell'*isnād*; 2- Nel testo vengono riportate affermazioni attribuite al Profeta (ﷺ), che però sono abbastanza dissonanti con le affermazioni riportate in altri *hadīth*; 3-Nel testo vengono riportate affermazioni in contraddizione con gli insegnamenti del Sacro Corano; 4-Nel testo è evidente una certa inadeguatezza dello stile.

Debbono inoltre essere considerati del tutto inattendibili e falsi gli *hadīth* in cui vengono riportate affermazioni relative rispettivamente a: 1-A grandi ricompense per il compimento di azioni abbastanza insignificanti; 2-Alle virtù insite in determinate parti o sure del Corano; 3-Lodi eccessive rivolte a persone individuali o a tribù.

Comunque, l'atteggiamento critico verso le tradizioni del Profeta (ﷺ) sembra aver contrassegnato l'attitudine degli stessi compagni, i quali, quando veniva loro riportata una tradizione di cui non erano a conoscenza, domandavano dei requisiti ulteriori di veridicità. Per esempio, ci è stato tramandato che 'Umar ibn al-Khattāb, nel caso in cui gli venisse riportato un *hadīth* del Profeta (ﷺ) di cui lui stesso non era a conoscenza, domandava un'ulteriore testimonianza a sostegno. Nel caso in cui, invece, il contenuto della tradizione riportata si poneva in netto contrasto con gli insegnamenti contenuti nel Sacro Corano, *Amīr al-muminīn* preferiva non agire in accordo con le direttive contenute nell'*hadīth* in questione, in quanto il narratore avrebbe potuto commettere un errore nel riportare le parole pronunciate dal Profeta (ﷺ), oppure potrebbe aver omesso dei particolari rilevanti relativi al contesto di riferimento. Ci è stato inoltre tramandato che una volta Āishah, la sposa del Profeta (ﷺ), domandò a suo nipote 'Urwah di recarsi da 'Abdullāh ibn 'Amr per chiedergli di ripetere una tradizione del Profeta (ﷺ) da lui conosciuta, di cui però Āishah stessa non aveva mai sentito parlare. L'*hadīth* in questione era relativo alla modalità in cui nei tempi ultimi la conoscenza scomparirà dalla faccia della terra. Āishah però non era molto convinta di quanto 'Abdullāh ibn 'Amr avesse riportato e così, dopo un anno, inviò di nuovo suo nipote 'Urwah per farsi ripetere la medesima tradizione. Quando 'Urwah le disse che 'Abdullāh aveva riportato l'*hadīth* con le medesime parole utilizzate l'anno precedente, Āishah osservò: "Non posso evitare di ritenere che sia corretto, in quanto non ha aggiunto né tolto nulla"[105].

Ci è stato inoltre tramandato che, quando Muhammad ibn Muslim e al-Fadl ibn Abbas erano intenti allo studio degli *hadīth* alla presenza di Abū Zur'ah[106], Muhammad riportò una tradizione sulla quale al-Fadl si trovava invece in disaccordo. Dopo aver discusso tra loro, decisero di rivolgersi ad Abū Zur'ah che, conseguentemente alla consultazione di un testo in suo possesso, affermò che nella tradizione riportata da Muhammad ibn Muslim vi fosse un errore[107].

Il significato spirituale e morale della *sunna* del Profeta (pbsl)

Muhammad Asad, riflettendo sul significato della *sunna* del Profeta (ﷺ) nel mondo islamico contemporaneo, osserva: "La *sunna* costituisce la chiave per comprendere l'avvento dell'Islam più di quattro secoli fa, perché allora non dovrebbe costituire la chiave per comprendere anche la presente degenerazione? L'osservanza della *sunna* è sinonimo del

---

[105] Cfr. Sahīh Muslim, *Kitāb al-'Ilm*, 14.

[106] Nel Al-*Kāmil* di Ibn 'Adī (365 A.H.) ci è stato tramandato che alcuni compagni del Profeta (pbsl), quali 'Abdullāh ibn Abbās, Ubadah ibn al-Samit e Anas, criticarono alcuni narratori di *hadīth*. Questa pratica venne poi seguita anche da alcuni dei successori, quali A'mash, Shu'bah e Malik, che ritennero attendibili alcuni narratori.

[107] Cfr. Razi, *Introduction*, 337. Cfr. Azmi, *Studies in Hadith Methodology and Literature*, 61.

progresso e dell'esistenza dell'Islam. Trascurare la *sunna*, invece, è sinonimo della decadenza stessa dell'Islam"[108].

Il significato della *sunna* del Profeta (ﷺ), anche se coinvolge importanti questioni legate alla giurisprudenza, non viene esaurito completamente nell'ambito del *Fiqh*, bensì si situa in una cornice prima di tutto spirituale. Infatti, per comprendere la portata reale della *sunna* del Profeta (ﷺ) e del suo ruolo profondamente educativo agli albori della comunità islamica è necessario ampliare il concetto stesso di *sunna*, che si colloca all'interno di un processo di adesione costante e continua agli insegnamenti della rivelazione coranica.

Nel Sacro Corano si fa riferimento al ruolo del Profeta (ﷺ) nei versetti seguenti: "a coloro che seguono il Messaggero, il Profeta illetterato che trovano chiaramente menzionato nella *Torah* e nell'*Ingil*, colui che ordina le buone consuetudini e proibisce ciò che è riprovevole, che dichiara lecite le cose buone e vieta quelle cattive, che li libera del loro fardello e dei legami che li opprimono. Coloro che crederanno in lui, lo onoreranno, lo assisteranno e seguiranno la luce che è scesa con lui, invero prospereranno. Dì: "Uomini, io sono un Messaggero di Dio a voi tutti inviato da Colui al Quale appartiene la sovranità dei cieli e della terra. Non c'è altro dio all'infuori di Lui. Dà la vita e la morte. Credete in Dio e nel Suo Messaggero, il Profeta illetterato che crede in Dio e nelle Sue parole. Seguitelo, affinché possiate essere sulla retta via"[109].

Il comportamento del Profeta (ﷺ) costituisce di fatto un modello per ogni musulmano. Nel Sacro Corano è scritto: "Avete nel Messaggero di Dio un bell'esempio per voi, per chi spera in Dio e nell'Ultimo Giorno e ricorda Dio frequentemente"[110]; "Egli è Colui che ha inviato tra gli

---

[108] Cfr. Muhammad Asad, "*Social and Cultural Realities of the Sunna*", *Hadith and Sunnah, Ideals and Realities*, ed. P. K. Koya, (Lahore: Suhail Academy, 2005), 199.

[109] Il Sacro Corano 7:157.

[110] Il Sacro Corano 33:21.

illetterati un Messaggero della loro gente, che recita i Suoi versetti, li purifica ed insegna loro il Libro e la Saggezza, anche se in precedenza erano in errore evidente"[111]; "No, per il tuo Signore, non saranno credenti finché non ti avranno eletto giudice delle loro discordie e finché non avranno accettato senza recriminare quello che avrai deciso, sottomettendosi completamente"[112].

Il ruolo educativo della *sunna* del Profeta (ﷺ) in modo particolare rispetto ai suoi compagni è relativo prevalentemente all'acquisizione di una determinata disposizione spirituale, per mezzo della quale è possibile per il credente vivere in una condizione di auto-controllo e continuo esame delle proprie azioni e dei propri atteggiamenti, per modellare sempre di più la propria esistenza individuale nello spirito stesso del Corano[113]. A questo proposito ricordiamo una famosa tradizione secondo la quale, quando venne domandato a Āishah del carattere del Profeta Muhammad (ﷺ), lei rispose: "Il suo carattere era il Corano"[114]. Il termine utilizzato in arabo, qui reso con "carattere", è *khuluq*[115] il quale sembra indicare quasi una sorta di seconda natura, modellata appunto sugli

---

[111] Il Sacro Corano 62:2.

[112] Il Sacro Corano 4:65.

[113] A questo proposito lo *sheikh* al-Ghazali ha osservato: "Gli insegnamenti morali del Profeta Muhammad () mostrano che la missione dell'Islam è quella d'illuminare la vita dei credenti con la luce della virtù e di riempire i loro cuori con le perle della buona condotta. Le singole tappe, che conducono al raggiungimento di questo grande obiettivo, sono state esemplificate nel modo migliore dal Profeta (pace e benedizioni su di lui) durante tutta la sua vita", Cfr. Mohammed al-Ghazali, *Il carattere ideale nell'Islam, una guida per il musulmano basata sull'esempio del Profeta Muhammad (pbsl)*, Titolo originale: *Khuluq al-Muslim*, Trad. a cura di S. Lei, (Roma: Tawasul Europe 2009), 11.

[114] Saḥīḥ al-Bukhārī.

[115] Il termine arabo *khuluq* si avvicina molto nel significato a quello latino *habitus*.

insegnamenti del Corano. Per questo motivo, è importante ricordare che il Profeta (ﷺ) nell'interazione quotidiana con i propri compagni non impartiva loro solo insegnamenti dal carattere generale, ma piuttosto con l'esempio stesso della sua vita mostrava un modello[116] che, pur nelle più apparentemente insignificanti azioni di ogni giorno, era incentrato su dei nobili insegnamenti morali[117].

A questo proposito lo *Sheikh* Muhammad al-Ghazali ha osservato: "L'insegnamento migliore può essere impartito solo da un uomo la cui personalità, in forza della sua moralità, sia capace di creare un senso di profonda ammirazione nei suoi seguaci che per questo motivo possono lodare la sua nobiltà d'animo e sentire la spinta irresistibile di trarre beneficio dall'esempio della sua vita. Dal momento che il

---

[116] Uno scrittore contemporaneo ha descritto la personalità del Profeta Muhammad (ﷺ) nel modo seguente: "Il Profeta Muhammad, fin dall'infanzia, ha mostrato di possedere una personalità forte ed eccelsa e, quando crebbe, la statura morale della sua persona fece un'impressione profonda e duratura su tutti coloro che entravano in contatto con lui. Possedeva un'educazione e gentilezza innate e, per questo motivo, chiunque lo incontrasse non poteva fare a meno di rispettarlo e di amarlo. Caratteristici del suo carattere erano la tolleranza, la veridicità, una straordinaria capacità di comprendere la natura umana e d'immedesimarsi nelle difficoltà di coloro che lo circondavano. Possedeva una personalità equilibrata, che può essere indicata come un esempio di nobiltà e grandezza", Cfr. Maulana Wahiduddin Khan, *Il carattere ideale del Profeta Muhammad (pbsl)*, in *Muhammad, il Profeta dell'Islam*, ed. a cura di S. Lei, (Roma: Tawasul Europe 2010), 20.

[117] Sul tema dell'importanza del carattere morale ci sono stati tramandati molteplici *hadīth* del Profeta (ﷺ). Tra questi possiamo citare anche i seguenti. Ci è stato tramandato che Ibn 'Umar disse: "Ho udito il Profeta (ﷺ) affermare che un musulmano, che osserva la moderazione in materia di culto, grazie al suo carattere raggiunge la medesima posizione di colui che osserva il digiuno e recita i versetti di Dio durante la preghiera notturna". Cfr. Ahmad; ci è stato tramandato che Abdullah ibn 'Umar ha affermato: "Il Profeta Muhammad (ﷺ) non ha mai mostrato una condotta rude o volgare ed era solito affermare che i migliori di noi erano quelli in possesso di una buona disposizione morale", Cfr. Sahīh al-Bukhārī.

mondo intero sentirà improvvisamente la necessità di seguire le sue orme e al fine di sviluppare una buona disposizione morale nei suoi seguaci, è necessario che il leader possegga un carattere forte ed eccelso. La condotta del Profeta Muhammad (ﷺ) ha costituito il migliore esempio per i suoi compagni, perché prima di invitarli a vivere in accordo con dei principi morali con sermoni e consigli, aveva piantato i semi della buona condotta attraverso il suo esempio"[118]. Invece, lo *sheikh* Abūl Hasan ‘Alī Nadwi, riferendosi proprio a questo aspetto, ha sottolineato: "I detti e le azioni del Profeta (ﷺ) non solo sono di completamento al Corano ma, essendo gli autentici resoconti sulla sua vita, conducono i suoi seguaci alla fonte della rivelazione e danno loro accesso alla dimensione interiore e spirituale della vita del Profeta"[119].

Ci è stato infatti tramandato sull'autorità di ‘Abdullāh ibn ‘Amr: "Ho udito il Profeta (ﷺ) affermare: <<Posso dirvi chi tra di voi è colui che mi è più caro? E colui che mi sarà più vicino nel Giorno del Giudizio?". Dopo che il Profeta (ﷺ) ebbe ripetuto questa domanda tre volte, i presenti gli chiesero di dire loro chi fosse, ed egli rispose: "Colui che tra di voi possiede la migliore disposizione morale"[120]. Ci è stato inoltre tramandato sull'autorità di Abū Hurairah che il Profeta (ﷺ) disse: "La nobiltà di un credente risiede nella sua religiosità, nella sua tolleranza, nella sua intelligenza ed il suo lignaggio nella bontà del suo carattere"[121].

Invece, se la *sunna* del Profeta (ﷺ) viene snaturata del proprio carattere originale, che si colloca in una dimensione eminentemente etica, si trasforma in un insieme di atteggiamenti meccanicamente ripetuti mancanti però dello

---

[118] Cfr. Muhammad al-Ghazali, *Il carattere ideale nell'Islam*, 13.

[119] Cfr. Syed Abul Hasan ‘Alī Nadwī, "Hadith- Its relevance to the Modern Times", *Hadith and Sunnah, Ideals and Realities*, ed. P. K. Koya, (Lahore: Suhail Academy, 2005), 245.

[120] Cfr. Ahmad.

[121] Cfr. Hakim.

spirito vitale degli insegnamenti coranici. Per questo motivo è importante che la *sunna* venga interpretata nella sua totalità secondo il carattere del Profeta (ﷺ). La chiave di lettura che apre la porta della comprensione della qualità fondamentale della *sunna* è il seguente versetto coranico, in cui si afferma del Profeta Muhammad (ﷺ): "Non ti mandammo se non come misericordia[122] per il creato"[123]. Sull'autorità di Āishah ci è stato tramandato che il Profeta (ﷺ) disse: "Dio è misericordioso ed ama i cuori misericordiosi. Per questa ragione la ricompensa del cuore misericordioso non è concessa a chi ha il cuore insensibile"[124].

La personalità del Profeta (ﷺ), sia prima che dopo aver ricevuto la rivelazione, era stata un esempio di nobiltà, onestà e veridicità[125], e per questa ragione i suoi contemporanei lo avevano soprannominato *al-Amīn*, ossia il "Veritiero". Ci è stato tramandato che sua moglie Khadīja, quando il Profeta (ﷺ) ricevette per la prima volta la rivelazione divina e le confessò di provare un inteso timore, gli disse: "No! Dio non ti umilierà mai! Tu rispetti i doveri verso i membri della tua famiglia, supporti i deboli, aiuti coloro che sono nel bisogno, sei generoso verso l'ospite e porgi il tuo aiuto a coloro che si

---

[122] Il termine arabo per misericordia è *Rahma*.

[123] Il Sacro Corano 21:107.

[124] Cfr. Sahīh Muslim. Sull'autorità di Jarīr ci è stato tramandato che il Profeta (pbsl) disse: "La ricompensa che Dio concede al cuore sensibile non è senza ragione e, quando Dio sceglie un servo come il Suo favorito, Egli gli dona la sensibilità. Le famiglie che sono private della sensibilità sono private di ogni virtù", Cfr. Al-Tabarānī.

[125] A questo proposito ci è stato tramandato che il Profeta Muhammad (ﷺ) ha affermato: "Aderisci alla verità, perché la verità ti mostrerà la strada della rettitudine e la rettitudine quella del Paradiso. Un uomo che dice la verità regolarmente e agisce onestamente è ricordato da Dio come un uomo onesto. Tenetevi lontani dalla falsità, perché conduce alla malvagità e quindi all'Inferno. Una persona, che racconta delle menzogne regolarmente e aderisce alla falsità, comparirà davanti a Dio come un bugiardo", Cfr. Sahīh al-Bukhārī.

trovano veramente in difficoltà"[126]. Invece, 'Alī ibn Abī Ṭālib ha descritto la persona del Profeta (ﷺ) nel modo seguente: "Egli era, tra tutti gli uomini, il più generoso, coraggioso, veritiero, leale, equilibrato e nobile nell'amicizia. Coloro che lo vedevano per la prima volta lo temevano. Coloro che, invece, entravano in un rapporto di confidenza con lui, lo amavano. In verità, non ho mai visto un uomo come lui".

Dal punto di vista invece della società nella sua totalità, la *sunna* del Profeta (ﷺ) promuove la fratellanza, la coesione, il reciproco aiuto ed il sostegno tra i diversi membri della comunità. A questo proposito Muhammad Asad ha notato acutamente: "Libera da una confusione dialettica e fondata sulla solida base della *Sharī'ah* e della *sunna* del Profeta, la società islamica potrebbe concentrare tutte le sue forze sul *welfare* materiale ed intellettuale, aprendo la strada per l'individuo nel suo progresso spirituale"[127]. Ci è stato tramandato che il Profeta Muhammad (ﷺ) ha affermato: "Per ogni musulmano il proprio fratello è sacro nel suo onore, nella sua famiglia e nella sua proprietà. Dio non guarda al vostro aspetto o alle vostre azioni, ma guarda ai vostri cuori"[128].

Seguire la *sunna* del Profeta Muhammad (ﷺ) non significa assumere un atteggiamento teso alla riforma della società in un ambito unicamente esteriore, perché la vera portata rivoluzionaria del messaggio islamico -sia al tempo dell'Arabia immersa nell'Età dell'ignoranza sia nella nostra epoca contemporanea- si trova nell'invito alla purificazione dell'intenzione con la quale vengono compiute le diverse azioni, comprese quelle legate al culto islamico stesso. Per questa ragione un atteggiamento di falso moralismo o di eccessivo attaccamento alla forma esteriore degli atti potrebbe divenire un mezzo che impedisce la riforma morale

---

[126] Cfr. Saḥīḥ al-Bukhārī, 3.
[127] Cfr. Asad, *Social and Cultural Realities of the Sunna*, 215.
[128] Cfr. Saḥīḥ al-Bukhārī, Saḥīḥ Muslim.

della società, suscitando invece un sentimento di rivolta verso le forme esteriori della religione. La *sunna* del Profeta (ﷺ), pur curandosi dell'aspetto e della modalità esteriore di determinate azioni, propone una purificazione dell'individuo e della società sulla base di una nuova disposizione morale che favorisca la crescita spirituale del singolo e dell'intera società di cui è parte.

L'Islam, infatti, insegna al credente l'importanza della moderazione e del raggiungimento di un equilibrio tra i bisogni fisici e spirituali, attraverso il quale l'essere umano può realizzare al pieno la natura donatagli dal Creatore[129]. Nell'Islam la vita spirituale non si pone in contrasto con quella dei bisogni fisici, sociali ed emotivi bensì, proponendo il loro equilibrio, prepara la condizione per la realizzazione piena delle potenzialità umane. Una società islamica[130], quindi, secondo queste premesse, è quella che promuove il benessere materiale, l'equa distribuzione della ricchezza ed il *welfare* non come fini in se stessi, ossia come obiettivi finali della società, bensì come una preparazione alla realizzazione delle più alte aspirazioni dell'individuo. Una società, anche se libera dai pressanti bisogni economici, non può dirsi fondata sui principi dell'Islam, se non promuove nello stesso tempo la crescita spirituale dell'individuo e la sua libertà intellettuale. E, allo stesso modo, una società che si cura solo ed unicamente della "crescita" spirituale di un individuo, trascurando il suo

---

[129] A questo proposito Muhammad Asad ha osservato: "L'Islam abbraccia la vita nella sua totalità tenendo in considerazione questo mondo e l'Altro, l'anima ed il corpo, l'individuo e la società. L'Islam considera nello stesso tempo non solo le più alte e nobili possibilità della vita umana, ma anche i suoi limiti e debolezze. Per questo motivo non impone l'impossibile, ma c'insegna come utilizzare correttamente le nostre potenzialità...", Cfr. Asad, *Social and Cultural Realities of the Sunnah*, 216.

[130] A questo proposito dobbiamo ricordare che la nuova società islamica venne di fatto fondata sui seguenti tre elementi, difficilmente separabili gli uni dagli altri, ossia: la rivelazione coranica, la personalità del Profeta Muhammad (ﷺ), i suoi detti, le sue azioni ed i suoi insegnamenti.

benessere economico e la giustizia sociale, non può dirsi basata sui principi dell'Islam o la *sunna* del Profeta (ﷺ), in quanto trascura le condizioni fondamentali per la realizzazione di quanto promuove[131].

A questo proposito lo *sheikh* Muhammad al-Ghazālī ha osservato: "La società è strutturata in modo tale che le persone per vivere hanno bisogno di cooperare le une con le altre. Inoltre, fino a quando il potere e la debolezza, la ricchezza e la povertà staranno fianco a fianco nella società, è necessario, al fine di mantenere la pace e la sicurezza, che il forte tratti con gentilezza il debole ed il ricco soccorra il povero e colui che si trova nel bisogno. Quando le persone dimenticano di vivere in una società e quando si preoccupano esclusivamente del soddisfacimento dei propri desideri, commettono un grave peccato agli occhi di Dio, che ha stabilito che gli uomini debbano vivere insieme aiutandosi gli uni con gli altri, in quanto questa costituisce anche una prova della loro fede. Una comunità può essere vittoriosa solo se le relazioni tra i suoi individui si mantengono ferme e forti. Nessun membro della società deve essere così socialmente svantaggiato da rischiare una vita di stenti e nessun ricco dovrebbe mostrarsi così gretto da spendere la sua ricchezza solo per il soddisfacimento dei propri piaceri personali"[132].

Sull'autorità di Jarīr ci è stato tramandato: "Una mattina sedevamo in compagnia del Profeta (ﷺ), quando alcune persone vestite di stracci, che appartenevano alla tribù dei Banū Madhar, si presentarono al suo cospetto. Quando il Profeta Muhammad (ﷺ) vide la loro situazione disperata, il suo volto cambiò colore. Andò in casa sua e chiese a Bilāl di chiamare i fedeli alla preghiera. I musulmani si recarono alla

---

[131] "La povertà ed il bisogno sono due condizioni che rendono un uomo misero, perché lo scacciano dalla posizione che Dio gli ha assegnato nel mondo e lo privano di quella libertà per la quale Dio lo ha dichiarato la migliore delle creature". Cfr. al-Ghazali, *Il carattere ideale nell'Islam*, 33.

[132] Cfr. M. al-Ghazali, *Il carattere ideale nell'Islam*, 32.

preghiera ed egli li guidò. Poi parlò citando i seguenti due versetti del Corano: "Uomini, temete il vostro Signore, che vi ha creati da un solo essere e da esso ha creato la sposa sua, e da loro ha tratto molti uomini e donne. E temete Dio, in nome del Quale rivolgete l'un l'altro le vostre richieste e rispettate i legami di sangue. Invero Dio veglia su di voi"[133]; "Dio conosce l'invisibile dei cieli e della terra e Dio ben osserva quello che fate"[134]. Poi aggiunse: "Ognuno di voi dovrebbe dare in carità un abito, dei datteri, del denaro e del grano. Date a coloro che hanno bisogno, anche se dovesse essere solo il nocciolo di un dattero". Dopo che il Profeta (ﷺ) ebbe finito di parlare, un uomo portò un sacco così pieno di beni che si ruppe prima di poter essere condotto alla presenza del Profeta (ﷺ). Anche gli altri musulmani portarono dei beni e furono ammassati due grandi mucchi di merci ed abiti. A quel tempo notai che il volto del Profeta (ﷺ) era radioso di gioia. Poi egli disse: "Chiunque introduce nell'Islam un buon esempio, riceverà per questo una ricompensa anche per coloro che lo seguiranno, senza che quest'ultimi vedano diminuire la loro. Però, colui che introduce nell'Islam una pratica malvagia, riceverà la punizione per quest'azione e anche per coloro che la seguiranno, senza che per quest'ultimi vi sia una riduzione della pena che meritano"[135].

---

[133] Il Sacro Corano 4:1.
[134] Il Sacro Corano 49:18.
[135] Cfr. Sahīh Muslim.

Il libro dei lasciti e dei testamenti

(1) Capitolo. *Al-Wasāyā*

Relativamente all'affermazione del Profeta (ﷺ): "Una persona dovrebbe scrivere il proprio testamento e tenerlo pronto insieme con lui".

Relativamente ai versetti: <<Vi è comandato, quando per ognuno di voi si avvicina il momento della morte, se possiede qualche bene da lasciare in eredità, di fare testamento a favore dei genitori e dei parenti stretti, secondo un utilizzo ragionevole. Questo è un dovere per coloro che temono Dio. Se qualcuno muta qualcosa del testamento, dopo averlo udito, la colpa ricadrà sui responsabili della modifica. Dio ode e conosce ogni cosa. Però, se qualcuno teme la parzialità o l'ingiustizia da parte di colui che ha scritto il testamento e cerca di mediare la pace tra le due parti, non vi sarà alcun male. Dio è Perdonatore, Misericordioso>>[1].

2738. 'Abdullāh bin 'Umar (che Dio si compiaccia di lui) ci ha tramandato che il Profeta di Dio (ﷺ) ha affermato: "Non è permesso a nessun musulmano, che ha qualcosa da lasciare in eredità, far passare due notti senza che il testamento venga scritto e conservato".

2739. 'Amr bin Al-Harīth, il fratello della moglie del Profeta di Dio (ﷺ) Juwairiya bint Al-Harīth[2]: <<Quando il Profeta di Dio

---

[1] Il Sacro Corano 2:180-182.

[2] Costei era la figlia di al-Hārith ibn Abi Dirar, capo della tribù dei Banū Mustaliq, che attaccarono le forze musulmane nel 627 d.C. In seguito alla loro sconfitta, Juwairiya venne fatta prigioniera e si appellò al Profeta (ﷺ) al fine che ne salvaguardasse lo status sociale. Il Profeta (ﷺ) le propose di

(ﷺ) lasciò questo mondo, non lasciò nessun Dirham o Dīnār, uno schiavo o una schiava o niente altro che un mulo bianco[3], le sue armi[4] ed un pezzo di terra che aveva dato in carità[5]>>.

---

diventare sua moglie, proposta che lei accettò di buon grado. In questo modo Juwairiya garantì la libertà a suo padre ed ai membri della sua tribù, che successivamente si convertirono all'Islam.

[3] Secondo la tradizione il nome dell'animale era Duldul. Cfr. Sahīh al-Bukhārī, *Kitāb al-Jizya*, 2, 3161. Abū Humaid As-Sā 'idī (che Dio si compiaccia di lui) ci ha tramandato: <<Accompagnammo il Profeta (ﷺ) nella battaglia di Tabūk ed il re di 'Aila inviò un mulo bianco ed un mantello come doni al Profeta (ﷺ), che siglò con lui un trattato di pace in cui gli concedeva di mantenere l'autorità politica sul suo paese>>.

[4] L'armatura del Profeta (ﷺ) era stata ipotecata per far fronte alle spese della sua famiglia. Cfr. Sahīh al-Bukhārī, *Kitāb al-Jihād*, 89, 2916. Āishah (che Dio si compiaccia di lei) ci ha tramandato: <<Il Profeta di Dio (ﷺ) morì e la sua armatura era stata ipotecata ad un ebreo per trenta *Sā'* di orzo>>.

[5] Secondo una tradizione ci si riferisce ad un appezzamento di terreno situato a Khaybar. Cfr. Sahīh al-Bukhārī, *Kitāb al-Jihād*, 86, 2912. 'Amr bin Al-Hārith ci ha tramandato: <<Il Profeta (ﷺ), dopo la sua morte, non ha lasciato altro che le sue armi, il suo mulo bianco ed un appezzamento di terra a Khaibar che dispose venisse dato in carità>>. Il Profeta (ﷺ) possedeva anche l'oasi di Fadak, luogo situato tra Madinah e Khaybar. Nel 7 a.H. la tribù ebraica che abitava l'oasi domandò al Profeta (ﷺ) il permesso di lasciare pacificamente il paese. Quando le terre di Fadak entrarono in possesso del Profeta (ﷺ), egli ne utilizzò le entrate per coprire le spese dei poveri viaggiatori. Cfr. Sahīh al-Bukhārī, *Kitāb al-Khumus*, 1, 3092. 'Āishah (che Dio si compiaccia di lui), la madre dei credenti, ci ha tramandato: <<Dopo la morte del Profeta di Dio (ﷺ), Fatima (che Dio si compiaccia di lei), la figlia del Profeta (ﷺ), domandò ad Abū Bakr As-Siddīq di consegnarle la sua parte di eredità da quello che il Profeta (ﷺ) aveva lasciato del *Faī'* (bottino acquistato senza combattere) concessogli da Dio>>; 3093. Abū Bakr le disse: <<Il Profeta di Dio (ﷺ) ha affermato: "La nostra proprietà non sarà ereditata. Tutto quello che noi profeti lasciamo, è una *Sadaqa*". Fatima, la figlia del Profeta di Dio (ﷺ), si adirò e smise di parlare con Abū Bakr e mantenne quest'attitudine fino alla morte. Fatima rimase in vita sei mesi dopo la morte del Profeta di Dio (ﷺ). Costei era solita domandare ad Abū Bakr la sua parte della proprietà del Profeta (ﷺ) che aveva lasciato a Khaybar, a Fadak ed a Medina. Abū Bakr si rifiutò di darle quella proprietà e disse: "Non lascerò nulla di quanto il Profeta di Dio (ﷺ) era solito

Kitāb al-Wasāyā

(Il libro dei lasciti e dei testamenti)

2740. Tahla bin Musarrif ci ha tramandato: <<Ho domandato ad 'Abdullāh bin Abū Aūfa (che Dio si compiaccia di lui) se il Profeta (ﷺ) avesse fatto testamento. Quando lui rispose negativamente, gli domandai: "Allora per quale motivo è stato reso obbligatorio per le persone fare testamento?"; lui rispose: "Il Profeta (ﷺ) ha lasciato in eredità il Libro di Dio)">>.

2741. Al-Aswad ci ha tramandato: <<Alcune persone menzionarono, alla presenza di Āishah (che Dio si compiaccia di lei), che il Profeta (ﷺ) aveva designato attraverso una *Wasāyā*, 'Alī come suo successore. Lei allora domandò: "Quando lo avrebbe designato attraverso un testamento? Quando morì, il Profeta (ﷺ) era adagiato sul mio petto (o disse: sul mio grembo)[6]. Domandò che gli venisse portato un

____

compiere in quanto temo che, se lo facessi, sarei indotto a deviare". (Successivamente), 'Umar diede la proprietà del Profeta (ﷺ) presso Medina ad 'Alī e ad 'Abbās, ma mantenne quella di Khaibar e di Fadak sotto la sua custodia e disse: "Queste due proprietà costituiscono la *Sadaqa* che il Profeta di Dio (ﷺ) era solito utilizzare per le sue spese e per i bisogni urgenti. Ora, la loro gestione deve essere affidata a chi detiene il potere" (Az-Zuhrī disse: "Queste proprietà sono state gestite in questo modo fino ad oggi")>>.

[6] Cfr. Sahīh al-Bukhārī, *Kitāb Al-Janā 'iz*, 96, 1389. 'Āishah (che Dio si compiaccia di lei) ci ha tramandato: <<Il Profeta di Dio (ﷺ), durante la sua malattia, domandava ripetutamente: "Dove mi trovo oggi? Dove sarò domani?" e stava aspettando il giorno del mio turno (con impazienza). Poi, quando il mio turno giunse, Dio prese la sua anima, mentre si trovava tra il mio petto e le braccia. Venne poi sepolto in casa mia>>; 3, 1241, 1242. 'Āishah (che Dio si compiaccia di lei) ci ha tramandato: <<Abū Bakr (che Dio si compiaccia di lui) giunse sul suo cavallo dalla sua residenza in As-Suhn. Dopo essere sceso, entrò nella moschea e non parlò con nessuno fino a quando non giunse presso di me e si diresse direttamente dal Profeta (ﷺ) che era coperto con una stoffa su cui vi erano dei segni. Abū Bakr scoprì il suo volto e, dopo essersi inginocchiato, lo baciò e poi piangendo disse: "Che mio padre e mia madre siano sacrificati per te, o Profeta di Dio! Dio non ti imporrà due morti. Ora hai sofferto la morte che era stata scritta per te".

catino e, poi mentre si trovava in quella condizione, ha avuto un collasso. Non mi sono nemmeno accorta che fosse deceduto. Quando lo avrebbe designato attraverso un testamento?">>.

(2) Capitolo. Sarebbe meglio lasciare i propri eredi in una condizione economica prospera invece che destituiti e nella condizione di dover elemosinare presso gli altri.

2742. Sa 'd bin Abī Waqqās (che Dio si compiaccia di lui) ci ha tramandato: <<Il Profeta (ﷺ) venne a visitarmi, mentre ero malato alla Mecca, ('Āmir, il sub-narratore disse che costui non voleva morire in una terra da cui era emigrato). Il Profeta (ﷺ) gli disse: "Che Dio mostri misericordia verso Ibn 'Afrā' (Sa 'd bin Khaula)". Dissi: "O Profeta di Dio (ﷺ) posso lasciare tutti i miei beni in carità?", lui rispose negativamente. Quando domandai: "Allora la metà?"; ed ancora una volta lui rispose negativamente. Quando domandai: "Allora 1/3?", lui disse: "Sì

Abū Salama ci ha tramandato: <<Ibn 'Abbās (che Dio si compiaccia di lui) ha affermato: "Abū Bakr uscì mentre 'Umar si stava rivolgendo alle persone. Gli disse di sedersi, ma 'Umar rifiutò. Poi Abū Bakr recitò il *Tashah-hud* e le persone si volsero verso Abū Bakr e distolsero l'attenzione da 'Umar. Allora Abū Bakr disse: "*Ammā Ba 'du*, chi tra di voi adora Muhammad, sappia che Muhammad è morto. Chi invece adora Dio, sappia che Egli è vivo e mai muore. Dio ha affermato: "Muhammad è solo un messaggero. Molti sono i messaggeri che sono passati prima di lui. Se morisse o fosse ucciso, tornerete forse sui vostri passi? Se qualcuno di voi si voltasse indietro, non farebbe nessun danno a Dio. Però, Dio velocemente ripagherà coloro che Lo servono con gratitudine". (Il narratore ha aggiunto: "Per Allah, sembrava quasi che le persone non sapessero che Dio avesse rivelato questo versetto prima che Abū Bakr lo ebbe recitato. Allora chiunque lo udiva, iniziava a recitarlo").

1/3 ed è anche troppo. È meglio per te lasciare i tuoi eredi in una prospera condizione economica invece di lasciarli nella povertà elemosinando presso gli altri. Tutto quello che spendi per amore di Dio sarà considerato un atto di carità, persino un boccone di cibo che poni nella bocca di tua moglie. Che Dio possa allungare il tuo tempo in modo che alcune persone possano tranne beneficio da te ed altre essere invece danneggiate". A quel tempo Sa'd aveva solo una figlia>>.

(3) Capitolo. Relativamente a fare testamento su 1/3 della propria proprietà

Al-Hasan ha affermato: "Ad un *Dhimmī*[7] non è concesso lasciare in eredità più di 1/3 della sua proprietà. Dio ha affermato: <<Lui ti comanda: "Giudica tra loro secondo ciò che Dio ha rivelato e non seguire i loro vani desideri, ma stai attento che non ti allontanino dall'insegnamento che Dio ti ha inviato. E se si voltano indietro, stai sicuro che Dio ha

---

[7] Ossia gli "Ahl al-Dhimma". Cfr. S. Lei, *Le comunità religiose non-musulmane nel mondo islamico, un'introduzione storica*, Roma 2019, 21-22: <<Nella tradizione arabo-islamica le comunità religiose non musulmane, che risiedono in un territorio controllato politicamente dai musulmani, sono apostrofate con il nome di "Dhimmī". Questo termine deriva dall'arabo *Dhimmah* che indica nello stesso tempo sia un patto (*ahd*) sia la sua sacralità (*hurmah*) per coloro che lo hanno stipulato. L'utilizzo di questo termine in riferimento a queste comunità -con un particolare riferimento a quella ebraica e cristiana- è giustificato dalla presenza di un patto di protezione siglato con il governo musulmano, in seguito alle conquiste militari degli eserciti musulmani, implicante un corpus stabilito di diritti e di doveri. La nozione di *Dhimmah*, così come altri termini arabi impiegati in ambito islamico, ha le sue radici nella società araba pre-islamica, in cui la sacralità di un patto insieme alla protezione accordata ai più deboli costituivano alcuni degli aspetti fondamentali della nozione di *muruwah*>>.

intenzione di punirli per alcuni dei loro crimini. In verità, la maggior parte di loro sono dei ribelli">>[8].

2743. Ibn 'Abbās (che Dio si compiaccia di lui) ci ha tramandato: <<Consiglio alle persone di ridurre la porzione di quanto hanno lasciato in eredità attraverso un testamento a ¼ (dell'intera eredità) perché il Profeta (ﷺ) ha affermato: "1/3 eppure anche 1/3 è troppo">>.

2744. Sa 'd (che Dio si compiaccia di lui) ci ha tramandato: <<Mi sono ammalato ed il Profeta (ﷺ) è venuto a visitarmi. Gli dissi: "O Profeta di Dio! Invoca Dio che non mi faccia morire nella terra da cui sono emigrato!". Egli disse: "Che Dio ti conceda la salute e che le persone traggano beneficio da te". Dissi: "Voglio lasciare in eredità la mia proprietà ed ho un'unica figlia. Vorrei donare metà dei miei beni in carità"; il Profeta (ﷺ) disse: "Metà è troppo!". Quando dissi: "Allora 1/3", lui rispose: "1/3 anche se è troppo">>. (Il narratore ha aggiunto: "Così le persone cominciarono a lasciare in eredità 1/3 della loro proprietà e questo venne loro concesso").

(4) Nel caso in cui colui che fa testamento dica all'esecutore testamentario "Occupati di mio figlio" e quanto l'esecutore può reclamare per sé.

2745. Āishah (che Dio si compiaccia di lei), la sposa del Profeta (ﷺ), ci ha tramandato: <<'Utba bin Abī Waqqās affidò il proprio figlio al fratello Sa 'd Abī Waqqās dicendo: "Il figlio della schiava di Zam'a è mio. Prendilo in custodia". Così, durante l'anno della conquista (della Mecca)[9], Sa 'd prese il

---

[8] Il Sacro Corano 5:49.
[9] Ossia il 630 d.C.

bambino e disse: "Questo è il figlio di mio fratello che mi è stato affidato da lui". 'Abd bin Zam 'a si alzò e disse: "Costui è mio fratello ed il figlio della schiava di mio padre. Costui è nato sul letto di mio padre". Poi entrambi si presentarono al cospetto del Profeta di Dio (ﷺ) e Sa 'd disse: "O Profeta di Dio! Questo è il figlio di mio fratello che lui mi ha affidato". Allora 'Abd bin Zam 'a si alzò e disse: "Questo è mio fratello e figlio della schiava di mio padre". Il Profeta di Dio (ﷺ) disse: "O 'Abd bin Zam'a! Questo è tuo fratello perché il bambino appartiene al letto (in cui è nato) e per l'adultera vi è la pietra". Poi il Profeta (ﷺ) disse a sua moglie Sauda bint Zam 'a[10]: "Velati davanti a questo ragazzo", quando vide la somiglianza con 'Utba. Da quel giorno il ragazzo non vide più Sauda fino a quando non morì">>.

(5) Capitolo. Se una persona malata fa un cenno evidente annuendo (può essere considerata una prova valida)?

2746. Anas (che Dio si compiaccia di lui) ci ha tramandato: <<Un ebreo stritolò il capo di una ragazza tra due pietre. Quando le venne domandato: "Chi ti ha fatto questo? Tale e tale? O tale e tale?" fino a quando non venne menzionato il nome dell'uomo e lei fece un segno di assenso. Così l'ebreo venne preso (in custodia) ed interrogato fino a quando non ha confessato. Il Profeta (ﷺ) allora ordinò che gli venisse riservato il medesimo supplizio>>.

---

[10] Cfr. V. Salierno, *Dizionario dell'Islam*, Roma 2018: << Sawdā, bint Zam'a, coreiscita, prima delle nove mogli del Profeta dopo Khadījah (v. voce), morì nel 674>>.

(6) Capitolo. Un erede legale non ha alcun diritto di ereditare attraverso un lascito testamentario

2747. Ibn 'Abbās (che Dio si compiaccia di lui) ci ha tramandato: << (Nell'epoca pre-islamica) era costume che la proprietà del deceduto venisse ereditata dalla sua discendenza, mentre i suoi genitori avrebbero ereditato attraverso un lascito testamentario. Poi Dio ha cancellato da quel costume quello che ha voluto ed ha stabilito per il maschio il doppio dell'eredità rispetto alla femmina[11], 1/6 per ogni genitore (dell'intero lasciato) ed 1/8 per la propria sposa. Nel caso in cui la defunta fosse una donna, ¼ per i genitori e la metà o ¼ per il marito>>.

(7) Capitolo. Sul donare del denaro in carità al sopraggiungere della morte

2748. Abū Hurairah (che Dio si compiaccia di lui) ci ha tramandato: <<Un uomo domandò al Profeta (ﷺ): "O Profeta di Dio, quale è la migliore carità?", lui rispose: "Donare in

---

[11] Cfr. M. Iqbal, *La ricostruzione del pensiero religioso nell'Islam*, trad. italiana a cura di S. Lei, Roma 2018, 187: <<La parte, che spetta ad una figlia, è determinata non dalla sua inferiorità rispetto ad un figlio maschio, ma in vista delle sue opportunità economiche e del posto che occupa nella struttura sociale di cui è parte. Secondo la stessa ammissione del poeta, il ruolo dell'eredità deve essere considerato non come un fattore isolato nella distribuzione della ricchezza, ma come un fattore tra gli altri che operano insieme in vista dello stesso fine. La figlia, secondo la legge, ha diritto al possesso della proprietà datale da suo padre e dal marito al momento del suo matrimonio. La sposa ha diritto al denaro della dote che le può essere consegnato subito o dopo, secondo la sua scelta; nello stesso tempo fino al pagamento può reclamare il possesso dell'intera proprietà del marito, su cui ricade interamente la responsabilità del suo mantenimento. Se si giudica il ruolo dell'eredità da questo punto di vista, si può dedurre che non vi sia una grande differenza tra la posizione economica di una figlia e di un figlio.....>>.

carità quando si è ricchi ed avidi, preda del desiderio di essere benestanti ed il timore di diventare poveri. Non rimandare di donare in carità fino a quando non sarai sul letto di morte e dirai: "Date tanto al tale e tanto al tal altro" perché a quel tempo la tua proprietà non è più tua, ma appartiene (ai tuoi eredi)">>.

(8) Capitolo. Relativamente al versetto: <<Dio vi istruisce relativamente all'eredità da consegnare ai vostri figli. Al figlio spetta una porzione uguale a quella di due donne. Se avete solo figlie, due o più, a loro spettano 2/3 dell'eredità. Se ne possedete solo una, a costei spetta metà del patrimonio. Per quanto riguarda i genitori, spetta ad ognuno di loro 1/6 dell'eredità, se il deceduto lascia anche dei figli. Però, se non lascia dei figli, e i suoi genitori sono gli unici eredi, alla madre spetta 1/3. Se il deceduto lascia fratelli o sorelle, alla madre spetta 1/6. La distribuzione, in ogni caso, deve avvenire dopo il pagamento dei legati e dei debiti. Non sapete se i vostri genitori o i vostri figli sono più vicini a voi in termini di benefici. Queste sono le porzioni ordinate da Dio. Egli è Onnisciente, Saggio>>[12].

È stato tramandato che Shuraih, 'Umar bin 'Abdul-'Azīz, Tāwūs, 'Atā' ed Ibn Udhaina consideravano valido il riconoscimento di un debito da parte di un uomo malato. Al-Hasan disse: "La forma di carità maggiormente valida è quella che viene donata nell'ultimo giorno della vita presente e nel primo di quella a venire (ossia nel giorno in cui si muore)". Ibrāhīm ed Al-Hakam hanno affermato: "Se una persona malata assolve un erede da un debito, l'erede deve essere considerato tale". Rāfi' bin Khadīj lasciò nella sua disposizione

---

[12] Il Sacro Corano 4:11.

testamentaria che sua moglie Fazārīyya non avrebbe dovuto consentire a nessuno di condividere con lei quanto era contenuto in casa sua. Al-Hasan disse: <<Se qualcuno sul letto di morte dice al proprio schiavo: "Ti ho liberato, la manomissione deve essere considerata valida". Ash-Sha'bī ha affermato: <<Se una donna sul letto di morte afferma: "Mio marito ha pagato quando mi doveva ed io lo ho ricevuto", la sua affermazione è valida>>. Alcune persone affermano: "La confessione di una persona morente (relativamente ad un debito verso qualcuno dei suoi eredi) non è valida in quanto solleva dei sospetti". Costoro approvano una confessione relativa a qualcosa che è stato affidato, a dei beni e ad una silente collaborazione, ma il Profeta (ﷺ) ha affermato: "Evitate il sospetto che è il peggiore dei racconti falsi">>. Non è consentito consumare (ingiustamente) la proprietà di un musulmano perché il Profeta (ﷺ) ha affermato: "Il segno di un ipocrita è che, quando gli viene affidato qualcosa, si mostra sleale". Dio ha affermato: "Dio vi comanda di dare indietro i depositi a coloro a cui sono dovuti e, quando giudicate, fatelo secondo giustizia. In verità, quanto eccellente è l'insegnamento che Egli vi impartisce! Dio ode e vede tutte le cose"[13], senza limitare questo comando agli eredi o a qualche altra persona>>.

2749. Abū Hurairah (che Dio si compiaccia di lui) ci ha tramandato che il Profeta (ﷺ) ha affermato: "I segni di un ipocrita sono tre: 1) Ogni volta che parla, pronuncia una menzogna, 2) Ogni volta che gli viene affidato qualcosa, si mostra sleale, 3) Ogni volta che promette, infrange la propria promessa".

---

[13] Il Sacro Corano 4:58.

(9) Capitolo. Relativamente al versetto: "Dell'eredità delle vostre mogli, a voi spetta la metà, se non lasciano alcun bambino. Però, se lasciano un bambino, a voi spetta 1/4, dopo il pagamento dei legati e dei debiti. Le vostre spose hanno diritto ad 1/4 di ciò che lasciate, se non avete figli. Però, se lasciate dei figli, spetta loro 1/8, dopo il pagamento dei legati e dei debiti. Se l'uomo o la donna, la cui eredità è in questione, non lascia né ascendenti né discendenti, ma ha un fratellastro o una sorellastra, ad ognuno dei due spetta 1/6. Però, se sono più di due, spetta loro 1/3 dopo il pagamento dei legati e dei debiti, affinché nessuno subisca alcuna perdita. Questo è ordinato da Dio. Egli è Onnisciente, Saggio"[14].

Ci è stato tramandato che il Profeta (ﷺ) ha stabilito che un debito debba essere estinto prima dell'esecuzione di un lascito testamentario.

Relativamente al versetto: "Dio vi comanda di dare indietro i depositi a coloro a cui sono dovuti e, quando giudicate, fatelo secondo giustizia. In verità, quanto eccellente è l'insegnamento che Egli vi impartisce! Dio ode e vede tutte le cose"[15].

La remissione di quanto è stato affidato deve avere la precedenza sull'esecuzione di un lascito testamentario. Il Profeta (ﷺ) ha affermato: "Non è raccomandabile dare in carità a meno che non si sia ricchi". Ibn 'Abbās ha affermato: "Uno schiavo non può fare un lascito testamentario senza il consenso del proprio padrone". Il Profeta (ﷺ) ha affermato: "Uno schiavo è il custode della proprietà del suo padrone">>.

---

[14] Il Sacro Corano 4:12.
[15] Il Sacro Corano 4:58.

2750. ʿUrwa bin Az-Zubair ci ha tramandato: <<Hakīm bin Hizām (che Dio si compiaccia di lui) ha affermato: "Domandai qualcosa al Profeta di Dio (ﷺ) ed egli me la concesse; gli rivolsi una nuova richiesta ed anche questa volta mi diede quanto domandavo e disse: "O Hakīm! Questa ricchezza è verde e dolce. Colui che la prende senza avidità ne trarrà una benedizione; colui che la prende con avidità, non ne viene benedetto ed è come qualcuno che mangia e non è mai sazio. La mano che dona è migliore di quella che riceve". Hakīm ha aggiunto di aver affermato: "O Profeta di Dio! Per Colui che ti ha inviato con la Verità, non domanderò nulla a nessuno dopo di te fino a quando morirò". Successivamente, Abū Bakr era solito chiamare Hakīm per donargli qualcosa, ma costui rifiutava sempre di accettare. Allora ʿUmar lo chiamò per dargli qualcosa, ma anche in questo caso si rifiutò. Allora ʿUmar disse: "O musulmani, ho offerto a costui la parte che Dio ha stabilito per lui da questo bottino e lui si è rifiutato di prenderla". Così Hakīm non domandò nulla a nessun dopo il Profeta (ﷺ) fino a quando non morì- che Dio gli conceda la Sua misericordia>>.

2751. Ibn ʿUmar (che Dio si compiaccia di lui) ci ha tramandato: <<Ho udito il Profeta (ﷺ) affermare: "Ognuno di voi è custode e responsabile di quanto gli è stato affidato; colui che detiene il comando è custode e responsabile per i suoi sudditi; un uomo è custode e responsabile della sua famiglia e per i suoi doveri; una donna è responsabile per la casa di suo marito e per i suoi doveri; un servitore è custode della proprietà del suo signore ed è responsabile per i suoi doveri". Penso che abbia anche affermato: "Un uomo è guardino della proprietà di suo padre">>.

(Il libro dei lasciti e dei testamenti)

(10) Capitolo. È permesso ad una persona fare un lascito ai propri parenti per mezzo di un testamento? Chi deve essere considerato un suo parente.

Anas (che Dio si compiaccia di lui) ci ha tramandato che il Profeta (ﷺ) disse ad Abū Talha: "Dona il tuo giardino ai più poveri tra i tuoi parenti" e così lo diede ad Hassān ed Ubaī bin Ka ʻb[16].

In un'altra tradizione Anas ha aggiunto: "E così lo diede ad Hassān ed Ubaī bin Ka ʻb che erano più vicini a lui in termini di parentela di me". La relazione di parentela di Hassān e Ubaī rispetto ad Abū Talha era la seguente. Il nome di Abū Talha era Zaid, figlio di Sahl, a sua volta figlio di Al-Aswad, figlio di Harām, figlio di ʻAmr, figlio di Zaid Manāt, figlio di ʻAdī, il

---

[16] Cfr. Sahīh al-Bukhārī, *Kitāb al-Tafsīr al-Kur'ān*, 5, 4554. Anas bin Mālik (che Dio si compiaccia di lui) ci ha tramandato: "Tra tutti gli Ansari, che vivevano a Medina, Abū Talha possedeva il più ampio numero di palmeti e la proprietà che gli era più cara era il giardino di Bairuhā che si trovava davanti alla moschea. Il Profeta di Dio (ﷺ) era solito entrarvi e berne l'acqua fresca. Quando venne rivelato: "In nessun modo diventerete giusti a meno che non doniate liberamente ciò che amate e qualsiasi cosa doniate, Dio conosce bene la verità". Abū Talha si alzò e disse: "O Profeta di Dio (ﷺ), Dio ha affermato: "In nessun modo diventerete giusti..."[16] e la proprietà che amo di più è il giardino di Bairūhā. La dono quindi in carità per la causa di Dio e spero di ricevere la sua ricompensa da Dio. O Profeta di Dio! Disponi di essa nel modo in cui Dio ti ordina!". Il Profeta di Dio (ﷺ) disse: "Bravo! Questa è una proprietà piuttosto fruttuosa! Questa è una proprietà fruttuosa! Ho sentito quanto hai affermato e penso che sarebbe meglio se tu distribuissi (questo giardino) tra i tuoi parenti". Abū Talha allora distribuì quella proprietà tra i suoi parenti e cugini">>. Yahyā bin Yahyā ci ha tramandato: "Ho imparato da Mālik: "...una proprietà fruttuosa".

figlio di 'Amr, figlio di Mālik, figlio di An-Najjār. Hassān era il figlio di Thabit, figlio di Al-Mundhir, il figlio di Haram. Questo significa che Abū Talha ed Hasan avevano in comune il bisnonno (ossia Haram). Hassān, Abū Talha ed Ubaī avevano un antenato comune, 'Amr bin Mālik, il sesto nella linea genealogica, in quando Ubaī era figlio di Ka 'b. figlio di Qais, figlio di Ubaī, figlio di Zaid, figlio di Mu 'āwiya, figlio di 'Amr, figlio di Mālik, il figlio di An-Najjār. Alcuni studiosi affermano: "Se qualcuno vuole lasciare in eredità una parte della sua ricchezza ad un parente, costui deve far parte di coloro che condividono un antenato musulmano comune>>.

2752. Anas (che Dio si compiaccia di lui) ci ha tramandato: <<Il Profeta (ﷺ) disse ad Abū Talha: "Ti consiglio di dividere (questo giardino) tra i tuoi parenti". Abū Talha disse: "O Profeta di Dio! Lo farò" e così divise (la proprietà) tra i suoi parenti e cugini. Ibn 'Abbās disse: <<Quando è stato rivelato il versetto: "Ammonisci i tuoi parenti più stretti"[17], il Profeta (ﷺ) cominciò a chiamare i diversi clan dei Quraysh: "O Banī Fihr! O Banī 'Adī!">>. Abū Hurairah ha affermato: <<Quando è stato rivelato "Ammonisci i tuoi parenti più stretti"[18], il Profeta (ﷺ) ha affermato (a voce alta): "O popolo dei Quraysh!">>.

(11) Capitolo. I bambini e le donne rientrano nella categoria dei parenti (per quel che concerne un lascito testamentario)

2753. Abū Hurairah (che Dio si compiaccia di lui) ci ha tramandato: <<Quando Dio ha rivelato il versetto "Ammonisci

---

[17] Il Sacro Corano 26:214.
[18] Il Sacro Corano 26:214.

i tuoi parenti più stretti"[19], il Profeta di Dio (ﷺ) si alzò e disse: "O popolo dei Quraysh (o un termine simile)! Salvatevi dal (Fuoco dell'Inferno) perché io non posso proteggervi dalla Sua punizione. O Banī 'Abd Manāf, non posso salvarvi dalla punizione divina; o 'Abbās bin 'Abdul Muttalib, non posso salvarvi dalla punizione di Dio; o Safīyya, zia del Profeta di Dio, non posso salvarti dalla punizione di Dio. O Fātima bint Muhammad, domandami qualsiasi cosa della mia proprietà, ma non posso salvarti dalla punizione divina>>[20].

(12) Capitolo. È concesso al fondatore di un fondo trarre beneficio da esso?

'Umar (che Dio si compiaccia di lui) ha stabilito che l'amministratore di un fondo può mangiare dal suo raccolto. Colui che lo ha fondato o qualcun altro può essere il suo amministratore fiduciario. In modo simile, se qualcuno offre un *Badana*[21] o qualcos'altro per la causa di Dio, può beneficarne come gli altri, anche se non lo ha stipulato.

---

[19] Il Sacro Corano 26:214.

[20] Cfr. Sahīh al-Bukhārī, *Kitāb al-Tafsīr al-Kur'ān*, 111, 4917. Ibn 'Abbās (che Dio si compiaccia di lui), ci ha tramandato: <<Quando venne rivelato il versetto: "Ammonisci i tuoi parenti più stretti", il Profeta di Dio (ﷺ) uscì e, dopo essere salito sulla collina di As-Safā , gridò: "Ya Sabāhāh!". Le persone dissero: "Che cosa è questo?"; allora si riunirono intorno a lui ed egli disse: "Vedete? Se vi informassi che una cavalleria si sta avvicinando dal lato della montagna, mi credereste?"; risposero: "Non ti abbiamo mai udito pronunciare una menzogna"; allora egli disse: "Sono un semplice ammonitore dell'incombere di un severo castigo"; Abū Lahab disse: "Che tu possa perire! Ci hai fatto venire qui sono per questo motivo?". Poi Abū Lahab si allontanò e venne rivelata la sura *Al-Masad*: "Che periscano le mani di Abū Lahab! Che egli perisca!".

[21] Animale che viene sacrificato il giorno dell' *'Eīd ul-Adhā* in ricordo del sacrificio di Ibrāhīm. Cfr. Il Sacro Corano 37:100-119: <<O Signore,

2754. Anas (che Dio si compiaccia di lui) ci ha tramandato: <<Il Profeta (ﷺ) ha visto un uomo che conduceva un *Badana* e gli disse: "Utilizzalo come cavalcatura!". Quando l'uomo disse: "O Profeta di Dio (ﷺ) è un *Badana*", il Profeta (ﷺ) ripeté il suo ordine e la terza e la quarta volta aggiunse: "Utilizzalo come cavalcatura, guai a te!" o disse: "Che Dio si misericordioso verso di te">>.

2755. Abū Hurairah (che Dio si compiaccia di lui) ci ha tramandato: <<Il Profeta di Dio (ﷺ) vide un uomo che conduceva un *Badana* e gli disse: "Utilizzalo come cavalcatura!" ed alla seconda o terza volta aggiunse: "Guai a te">>.

(13) Capitolo. Nel caso in cui qualcuno dichiari la volontà di istituire un fondo, quest'ultimo è valido anche prima della sua cessione (a coloro per i quali era stato pensato).

'Umar (che Dio si compiaccia di lui) istituì un fondo e disse che il suo amministratore non avrebbe commesso peccato se avesse mangiato dal suo raccolto, ma non ha specificato se lui o qualcuno altro l'avrebbe amministrato. Il Profeta (ﷺ) disse

concedimi un figlio giusto". Così gli demmo la buona novella di un figlio gentile. Quando [il bambino] fu abbastanza grande per lavorare insieme a lui, disse: "Figlio mio, ho visto in sogno che debbo sacrificarti. Che cosa ne pensi?". Egli disse: "Padre mio, fai quanto ti è stato ordinato. Se Dio vuole, mi troverai paziente". Quando però entrambi si erano sottomessi a [ciò che credevano fosse] la volontà di Dio, e [Abramo] aveva fatto stendere [suo figlio] su un lato, Lo chiamammo: "Abramo, hai prestato obbedienza alla visione". In questo modo, Noi ricompensiamo coloro che compiono il bene. Questa fu chiaramente una prova severa e lo abbiamo riscattato con un grande sacrificio. Abbiamo poi lasciato che le generazioni successive dicessero di lui: "Sia pace su Abramo">>.

ad Abū Talha: "Ti raccomando di dividere (il giardino) tra i tuoi parenti". Abū Talha si disse d'accordo e lo distribuì tra i suoi parenti e cugini.

(14) Capitolo. Nel caso in cui qualcuno affermi: "La mia dimora è una *Sadaqa* per la causa di Dio" senza però specificare se sia per i poveri o per qualcun altro, la *Sadaqa* è valida e può essere assegnata ai suoi parenti o a chiunque desideri.

Il Profeta (ﷺ) diede il permesso ad Abū Talha quando costui disse: "La proprietà che amo di più è (il giardino di) Bairuhā e desidero donarlo in carità per amore di Dio". Il Profeta (ﷺ) ha considerato la sua azione valida. Alcuni dicono che non possa essere considerata tale se non viene specificato a chi la *Sadaqa* debba essere data. La prima affermazione è però più corretta>>.

(15) Capitolo. Se qualcuno afferma: "La mia terra o il mio giardino sono una *Sadaqa* per la causa di Dio da parte di mia madre", la sua *Sadaqa* è valida anche se non viene specificato a chi sarà data.

2756. Ibn 'Abbās (che Dio si compiaccia di lui) ci ha tramandato: <<La madre di Sa 'd bin 'Ubāda morì in assenza di Sa 'd, il quale disse: "O Profeta di Dio, mia madre è morta in mia assenza; potrebbe esserle di beneficio se faccio della *Sadaqa* al suo posto?"; quando il Profeta (ﷺ) rispose affermativamente, Sa 'd disse: "Ti rendo testimone che ho donato il mio giardino, chiamato Al-Mikhrāf, in carità a suo nome">>.

(16) Capitolo. È concesso ad una persona dare in carità parte della sua ricchezza, alcuni dei suoi schiavi o degli animali, o come un fondo.

2757. Ka'b bin Mālik (che Dio si compiaccia di lui) ci ha tramandato: <<Dissi: "O Profeta di Dio! Per l'accettazione del mio pentimento, desidero donare tutta la mia proprietà in carità per amore di Dio attraverso il Suo Profeta (ﷺ)"; lui rispose: "È meglio che tu conservi parte della tua proprietà per te stesso". Allora dissi: "Terrò la mia parte [che si trova] in Khaybar">>.

(17) Capitolo. Relativamente a colui che consegna ad un suo rappresentante qualcosa da donare in carità, ma quest'ultimo gliela riconsegna.

2758. Anas (che Dio si compiaccia di lui) ci ha tramandato: <<Quando venne rivelato il versetto "In nessun modo diventerete giusti a meno che non doniate liberamente ciò che amate e qualsiasi cosa doniate, Dio conosce bene la verità"[22], Abū Talha si recò dal Profeta (ﷺ) e disse: "O Profeta, Dio, l'Eccelso ed il Benedetto, ha affermato nel suo libro: 'In nessun modo diventerete giusti a meno che non doniate liberamente ciò che amate e qualsiasi cosa doniate, Dio conosce bene la verità'[23], e la proprietà che amo di più è quella di Bairuhā (che era un giardino in cui il Profeta (ﷺ) era solito recarsi per sedersi alla sua ombra o bere dalla sua acqua). Lo dono a Dio ed al Suo Profeta sperando nella ricompensa di Dio

---

[22] Il Sacro Corano 3:92.
[23] Il Sacro Corano 3:92.

nell'Altra vita. O Profeta di Dio, fanne l'utilizzo che Dio ti ordinerà". Il Profeta di Dio (ﷺ) disse: "O Abū Talha è una proprietà produttiva. L'abbiamo accettata ed adesso te la riconsegniamo. Distribuiscila tra i tuoi parenti". Così Abū Talha la distribuì tra i suoi parenti, tra i quali vi erano anche 'Ubaī ed Hassān. Quando Hassān vendette la sua parte a Mu'āwiya, gli venne domandato: "Come puoi vendere la *Sadaqa* di Abū Talha?", lui rispose: "Perché non dovrei vendere un *Sā'* di datteri per un *Sā'* di denaro?". Il giardino era situato nel cortile del palazzo dei Banī Jadīla costruito da Mu 'āwiya>>.

(18) Capitolo. Relativamente al versetto: "Però, se al momento della divisione sono presenti altri parenti o orfani o poveri, date loro qualcosa e rivolgetevi loro con parole di gentilezza e di giustizia"[24].

2759. Ibn 'Abbās (che Dio si compiaccia di lui) ci ha tramandato: <<Alcuni ritengono che la disposizione contenuta nel versetto precedente sia stata abrogata. Non è stata abrogata, ma le persone hanno cessato di agire in accordo con essa. Ci sono due tipi di custodi (cui viene affidata l'eredità). Il primo è colui che eredita; una persona dovrebbe dare (da quello che ha ereditato ai parenti) agli orfani ed ai bisognosi; il secondo è colui che non eredita (ossia il tutore degli orfani). Costui dovrebbe esprimersi con gentilezza e comunicare (a coloro che sono presenti al momento della distribuzione): "Non posso darvi nulla (dal momento che la ricchezza appartiene agli orfani)".

---

[24] Il Sacro Corano 4:8.

(19) Capitolo. Si raccomanda di dare qualcosa in carità a nome di una persona che muore improvvisamente. Relativamente al compimento dei voti di una persona deceduta.

2760. Āishah (che Dio si compiaccia di lei) ci ha tramandato: <<Un uomo disse al Profeta (ﷺ): "Mia madre è morta improvvisamente e penso che, se avesse potuto esprimere (la sua volontà), avrebbe dato qualcosa in carità. Posso farlo a suo nome?". Il Profeta (ﷺ) disse: "Si! Dona in carità a suo nome">>.

2761. Ibn ʻAbbās (che Dio si compiaccia di lui) ci ha tramandato: <<Sa ʻd bin ʻUbāda (che Dio si compiaccia di lui) domandò al Profeta (ﷺ): "Mia madre è morta ed aveva pronunciato un voto che non è riuscita ad adempiere". Il Profeta (ﷺ) disse: "Adempilo a suo nome">>.

(20) Capitolo. I testimoni dell'istituzione di un fondo o del donare in carità

2762. Ibn ʻAbbās (che Dio si compiaccia di lui) ci ha tramandato che la madre di Sa ʻd bin ʻUbāda (che Dio si compiaccia di lui), un membro dei Banī Sāʻida, era morta in assenza di Saʻd, che si recò dal Profeta (ﷺ) dicendo: "O Profeta di Dio! Mia madre è morta in mia assenza. Le sarà di beneficio se farò della carità a suo nome?". Quando il Profeta (ﷺ) rispose affermativamente, Sa ʻd disse: "Sii testimone che dono il mio giardino di Al-Mikhrāf in carità a suo nome">>.

(21) Capitolo. Relativamente ai versetti: <<Quando hanno raggiunto l'età appropriata, riconsegnate agli orfani le loro proprietà. Non sostituite i loro beni con cose di nessun valore e non divorate le loro sostanze confondendole con la vostra. Questo è, in verità, un grande peccato. Se avete paura di non potervi comportare secondo giustizia con le orfane, sposate donne di vostra scelta, due, tre o quattro. Però, se temete di non essere capaci di comportarvi con loro secondo giustizia, solo una o [una schiava] in vostro possesso. In questo modo non devierete dalla retta via>>[25].

2763. Az-Zuhrī ci ha tramandato: <<'Urwa bin Az-Zubair ha affermato di aver domandato ad Āishah (che Dio si compiaccia di lei) relativamente al significato del versetto coranico "Quando hanno raggiunto l'età appropriata, riconsegnate agli orfani le loro proprietà. Non sostituite i loro beni con cose di nessun valore e non divorate le loro sostanze confondendole con la vostra. Questo è, in verità, un grande peccato. Se avete paura di non potervi comportare secondo giustizia con le orfane, sposate donne di vostra scelta, due, tre o quattro. Però, se temete di non essere capaci di comportarvi con loro secondo giustizia, solo una o [una schiava] in vostro possesso. In questo modo non devierete dalla retta via"[26]. Āishah disse: "Questo versetto si riferisce ad un'orfana posta sotto la tutela del suo guardiano che si sente attratto da lei a causa della sua bellezza e ricchezza ed intende sposarla con un *Mahr*[27] minore

---

[25] Il Sacro Corano 4:2-3.

[26] Il Sacro Corano 4:2-3.

[27] Cfr. V. Salierno, *Dizionario dell'Islam*, Roma 2018: <<*Mahr*, dote nuziale, possesso personale della moglie, che può disporne senza chiedere alcun permesso vigendo la divisione completa dei beni>>; Il Sacro Corano, 4:4: <<Date alle donne al momento del matrimonio la dote come un dono, ma se

di quello che viene dato alle donne del suo lignaggio. Ai tutori veniva quindi proibito di sposare le orfane a meno che non abbiano dato loro un *Mahr* appropriato. In caso contrario veniva loro ordinato di sposare altre donne. Successivamente le persone rivolsero delle domande al Profeta (ﷺ) relativamente a questo versetto e così Dio ha rivelato: "Ti domandano su come comportarsi con le donne. Di': Dio vi ha istruito a loro riguardo e ricordate ciò che è stato recitato nel Libro, relativamente alle orfane a cui non date ciò che spetta, o che desiderate sposare o i bambini deboli ed oppressi. Dovete essere giusti con gli orfani. Non c'è una buona azione, da voi compiuta, della quale Dio non sia bene a conoscenza"[28]. In questo versetto invece Dio ha indicato che, nel caso in cui l'orfana fosse stata piacente e ricca, il suo tutore avrebbe potuto nutrire il desiderio di sposarla senza darle il *Mahr* appropriato alle donne del suo rango. Nel caso in cui, al contrario, fosse stata poco attraente sia per mancanza di bellezza che di denaro, il medesimo tutore non avrebbe tentato di domandarla in sposa, ma avrebbe cercato di sposare un 'altra donna. Così, dal momento che non l'ha sposata quando non ha provato alcuna attrazione verso di lei, non ha il diritto di farlo nemmeno quando nutre interesse a meno che non la tratti con giustizia donandole un *Mahr* appropriato e rispettando i suoi diritti">>.

---

costoro, secondo la loro stessa volontà, ve ne riconsegnano una parte, prendetela e godetela di buon animo>>.

[28] Il Sacro Corano 4:127.

(22) Capitolo. Relativamente ai versetti: <<Mettete alla prova gli orfani, fino a quando non raggiungano l'età del matrimonio. Se poi trovate il loro una sana capacità di giudizio, riconsegnate la proprietà in loro possesso, ma non diminuitela o sperperatela prima che siano cresciuti. Se il loro guardino possiede dei mezzi, che non chieda alcuna remunerazione, ma se è povero, che prenda solo ciò che è giusto e ragionevole. Quando riconsegnate loro la proprietà dovuta, fatelo davanti a dei testimoni, anche se Dio è sufficiente a prenderne atto. Di ciò che è stato lasciato dai genitori e dai parenti stretti, c'è una parte per gli uomini e una parte per le donne, indipendentemente dall'ammontare della proprietà>>[29].

Capitolo. Il modo in cui un guardiano deve rapportarsi con la ricchezza di un orfano e che cosa può consumare in ragione della sua opera.

2764. Ibn 'Umar (che Dio si compiaccia di lui) ci ha tramandato: <<Al tempo del Profeta di Dio (ﷺ), 'Umar donò in carità una parte della sua proprietà, ossia un giardino di palmizi chiamato Thamgh. 'Umar disse: "O Profeta di Dio! Possiedo una proprietà cui attribuisco un grande valore e vorrei donarla in carità". Il Profeta (ﷺ) disse: "Donala in carità (come un fondo) con la sua terra e gli alberi a condizione che entrambi non saranno mai venduti o regalati, e nemmeno lasciati in eredità, ma i suoi frutti saranno spesi in carità". Così 'Umar donò la proprietà per la causa di Dio, l'emancipazione degli schiavi, per i poveri, per gli ospiti, per i viaggiatori e per i membri della sua famiglia. Colui che

---

[29] Il Sacro Corano 4:6-7.

amministra (un fondo) può trarne sostentamento in modo ragionevole e giusto, e potrebbe lasciare fare lo stesso ad un amico, ammesso che non abbia alcuna intenzione di diventare ricco per mezzo suo>>.

2765. Āishah (che Dio si compiaccia di lei) ci ha tramandato: <<Il versetto "Mettete alla prova gli orfani, fino a quando non raggiungano l'età del matrimonio. Se poi trovate in loro una sana capacità di giudizio, riconsegnate la proprietà in loro possesso, ma non diminuitela o sperperatela prima che siano cresciuti. Se il loro guardino possiede dei mezzi, che non chieda alcuna remunerazione, ma se è povero, che prenda solo ciò che è giusto e ragionevole. Quando riconsegnate loro la proprietà dovuta, fatelo davanti a dei testimoni, anche se Dio è sufficiente a prenderne atto"[30] è stato rivelato relativamente al tutore di un orfano. Qualora il tutore sia povero, può detrarre quanto è giusto e ragionevole (secondo il lavoro svolto) dalla parte di eredità ricevuta dall'orfano>>.

(23) Capitolo. Relativamente al versetto: <<Coloro che divorano ingiustamente la proprietà degli orfani, mangiano il fuoco nei loro stessi corpi. Presto dovranno sopportare un fuoco ardente!>>[31].

2766. Abū Hurairah (che Dio si compiaccia di lui) ci ha tramandato che il Profeta di Dio (ﷺ) ha affermato: <<Evitate di commettere sette peccati maggiori dal potere altamente distruttivo>>. Quando le persone domandarono: <<O Profeta di Dio, quali sono questi peccati?>>, lui rispose: "1) Adorare

---

[30] Il Sacro Corano 4:6.
[31] Il Sacro Corano 4:10.

altri da Dio[32], 2) Praticare la magia[33], 3) Uccidere una vita che Dio ha reso sacra eccetto che per una giusta ragione (secondo la giurisprudenza islamica)[34], 4) Consumare il frutto dell'usura[35], 5) Consumare la ricchezza di un orfano[36], 6)

---

[32] Cfr. Il Sacro Corano 7:33: <<Di': "Il mio Signore ha proibito gli atti vergognosi, compiuti sia apertamente che in segreto, i peccati e la ribellione contro la verità o la ragione, assegnare a Dio dei consimili, per cui non avete ricevuto alcuna autorità, e pronunciare cose riguardo a Dio di cui non possedete alcuna conoscenza">>.

[33] Cfr. Il Sacro Corano 2:102: <<Seguono ciò che i malvagi hanno praticato al tempo del regno di Salomone. Non fu lui il negatore della verità, ma quei malvagi che insegnarono agli uomini l'arte del sortilegio e ciò che è stato diffuso in Babilonia da Harut e Marut. Costoro non hanno mai insegnato nulla senza prima affermare: "Siamo una tentazione a compiere il male. Non siate negatori della verità divina". Da loro impararono il modo in cui seminare discordia tra moglie e marito. Non hanno mai potuto danneggiare nessuno, senza il permesso di Dio. Quello che hanno imparato nuoce loro, senza recare alcun beneficio. Coloro che acquistano questa conoscenza non avranno alcuna porzione nell'Altra vita. Hanno venduto le loro anime ad un prezzo vile. Se solo lo sapessero>>.

[34] Cfr. Il Sacro Corano 25:68: <<Coloro che, oltre a Dio, non invocano nessun' altra divinità, non tolgono la vita -quella vita che Egli ha voluto sacra- eccetto che per una giusta causa, né commettono adulterio e sanno che colui che lo compie non solo va incontro ad una punizione>>.

[35] Cfr. Il Sacro Corano 2:275: << Coloro che praticano l'usura, si comportano come quelli che Satana ha tormentato con il suo tocco. Dicono: "Vendere equivale ad un tipo di usura". Dio però ha permesso il commercio, ma ha vietato l'usura. Coloro che, dopo aver ricevuto una direzione dal loro Signore, si astengono, saranno perdonati per quanto hanno compiuto in passato. Spetterà a Dio giudicarli. Quanti però ritornano al medesimo peccato, sono i Compagni del Fuoco, ove sarà la loro dimora (eterna)>>.

[36] Cfr. Il Sacro Corano 2:117: <<La vera pietà non si trova nel volgere il volto verso Oriente o Occidente. La vera pietà consiste nel credere in Dio, nell'ultimo giorno, negli angeli, nel libro e nei profeti. La vera pietà consistere nello spendere i propri beni per amore di Lui, per la famiglia, gli orfani, i bisognosi, i viandanti, per coloro che chiedono e per la liberazione degli schiavi. La vera pietà sta nella costanza nella preghiera, nella pratica regolare della carità e nel rispetto dei patti. La vera pietà sta nella fermezza e nella paziente perseveranza nel dolore, nelle avversità e nel timore. Costoro sono i veritieri; costoro sono i timorati di Dio>>.

Mostrare la schiena al nemico e fuggire dal campo di battaglia[37], 7) Accusare donne caste[38], che non hanno mai nemmeno pensato a qualcosa che possa mettere in pericolo la loro castità e che sono delle brave credenti>>.

(24) Capitolo. Relativamente al versetto: <<Ti domandano degli orfani. Di': "La cosa migliore è fare quanto giova loro. Se amministrate i loro affari insieme ai vostri, (ricordate che) sono vostri fratelli. Dio conosce la differenza tra colui che migliora le cose e chi invece le corrompe. Se questa fosse stata la Sua volontà, Dio avrebbe potuto mettervi in difficoltà. Egli è Onnipotente, Saggio">>[39].

2767. Nāfi' ha affermato: <<Ibn 'Umar non ha mai rifiutato di essere nominato tutore". Ibn Sīrīn considerava la cosa migliore per la ricchezza di un orfano che i suoi tutori e mentori si fossero riuniti per decidere che cosa fosse meglio per lui. Quando veniva domandato a Tawūs relativamente agli interessi di un orfano, recitava: "La cosa migliore è fare quanto giova loro. Se amministrate i loro affari insieme ai vostri, (ricordate che) sono vostri fratelli. Dio conosce la differenza tra colui che migliora le cose e chi invece le corrompe. Se questa fosse stata la Sua volontà, Dio avrebbe

---

[37] Cfr. Il Sacro Corano 8:15-16 <<O credenti, quando incontrate i miscredenti nel campo di battaglia, non voltate mai loro le spalle. Se uno di voi volge loro le spalle in questo giorno -a meno che non sia uno stratagemma di guerra o per ritirarvi nella truppa [di appartenenza] - si attira l'ira di Dio e la sua dimora sarà l'Inferno, invero un triste rifugio>>.

[38] Cfr. Il Sacro Corano 24:23: <<Coloro che calunniano donne caste, indiscrete ma credenti, sono maledetti in questa vita e nell'Altra. Per costoro è in serbo un castigo doloroso>>.

[39] Il Sacro Corano 2:220.

potuto mettervi in difficoltà. Egli è Onnipotente, Saggio"[40]. 'Atā', relativamente ad alcuni orfani ha affermato: "Il guardiano deve provvedere per i bisogni degli orfani, sia giovani che vecchi, dalla loro quota di eredità".

(25) Capitolo. Relativamente all'impiego di un orfano sia in viaggio che a casa, ammesso che gli sia di beneficio. (È obbligatorio) per la madre ed il padre acquisito di un orfano occuparsi di lui (anche se non sono i suoi tutori).

2768. Anas (che Dio si compiaccia di lui) ci ha tramandato: <<Quando il Profeta di Dio (ﷺ) giunse a Medina, non aveva alcun servitore. Abū Talha mi condusse dal Profeta (ﷺ) e gli disse: "O Profeta di Dio, Anas è un ragazzo intelligente. Accettalo come servitore". Così mi occupai di lui sia a casa che durante i viaggi. Se facevo qualcosa, non me ne domandava mai il motivo; se mi astenevo dal fare qualcosa, non ne domandava mai la ragione">>.

(26) Capitolo. Se una persona dona un pezzo di terra come fondo, anche se non segna i suoi confini, il fondo è ancora valido. Lo stesso principio si applica ai beni mobili dati in carità.

2769. Anas bin Mālik (che Dio si compiaccia di lui) ci ha tramandato: <<Abū Talha possedeva la maggiore ricchezza tra gli Ansari di Medina relativamente ai palmizi e, tra tutte le sue proprietà, attribuiva un valore speciale (al palmizio) di Bairuhā, che era situato davanti alla moschea. Il Profeta (ﷺ)

---

[40] Il Sacro Corano 2:220.

era solito entrarvi e bere la sua acqua fresca. Quando venne rivelato "In nessun modo diventerete giusti a meno che non doniate liberamente ciò che amate e qualsiasi cosa doniate, Dio conosce bene la verità"[41], Abū Talha si alzò dicendo: "O Profeta, Dio ha affermato: *In nessun modo diventerete giusti a meno che non doniate liberamente.....*, ed io attribuisco un valore speciale a Bairuhā rispetto al resto della mia ricchezza e voglio donarla in carità per amore di Dio sperando nella Sua ricompensa. La puoi utilizzare nel modo in cui Dio ti suggerirà". Il Profeta (ﷺ) allora disse: "Questa è una proprietà prospera (o peritura). (Ibn Maslama non è sicuro quale parola sia quella giusta). Ho udito quello che hai affermato e ti consiglio di distribuirla tra i tuoi parenti". Allora Abū Talha disse: "O Profeta di Dio! Farò (come mi hai suggerito)". Così Abū Talha ha distribuito quel giardino tra i suoi parenti e cugini">>.

2770. Ibn 'Abbās (che Dio si compiaccia di lui) ci ha tramandato che un uomo disse al Profeta di Dio (ﷺ): <<Mia madre è morta. Le potrà essere di beneficio se dono qualcosa in carità a suo nome?". Quando il Profeta (ﷺ) rispose affermativamente, l'uomo disse: "Possiedo un giardino e sii testimone che lo dono in carità a suo nome">>.

(27) Capitolo. Se un gruppo di persone donano come fondo un pezzo di terra di cui condividono la proprietà, la donazione è valida.

2771. Anas (che Dio si compiaccia di lui) ci ha tramandato: <<Quando il Profeta (ﷺ) ha ordinato che venisse costruita la

---

41 Il Sacro Corano 3:92.

moschea, disse: "O Banī An-Najjār, comunicatemi il prezzo del vostro giardino". Risposero: "Per Allah! Non ne domanderemo il prezzo a nessun altro che a Dio">>.

(28) Capitolo. In che modo deve essere registrata una donazione.

2772. Ibn 'Umar (che Dio si compiaccia di lui) ci ha tramandato: <<Quando 'Umar ebbe un pezzo di terra a Khaibar, si recò dal Profeta (ﷺ) dicendo: "Posseggo un pezzo di terra migliore di tutta quella abbia mai avuto. Che cosa mi consigli a questo riguardo?"; il Profeta (ﷺ) disse: "Se lo desideri, puoi tenerla come un fondo da utilizzare per fini caritatevoli". Così 'Umar donò la terra in carità a condizione che non sarebbe mai stata venduta, regalata o lasciata in eredità e che (il suo rendimento) sarebbe stato utilizzato per i poveri, i parenti, per l'emancipazione degli schiavi, per l'impegno strenuo sulla via di Dio, per gli ospiti e per i viaggiatori[42]. Colui che lo amministra avrebbe potuto trarne del sostentamento in modo giusto e ragionevole ed anche nutrire i propri amici senza comunque avere l' intenzione di arricchirsi per mezzo suo">>.

---

[42] Cfr. Il Sacro Corano 59:7: <<Quanto Dio ha concesso al Suo Messaggero, togliendolo a coloro che abitavano la città, appartiene a Dio, al Suo Messaggero, ai famigliari, agli orfani, a coloro che si trovano nel bisogno e ai viandanti. Che non siano distribuiti esclusivamente tra i ricchi. Così prendete ciò che il Profeta vi ha assegnato e astenetevi da ciò che non vi ha concesso. Temete Dio, perché Egli è severo nella punizione>>.

(29) Capitolo. Il rendimento di un fondo può essere speso per i benestanti, i poveri e gli ospiti.

2773. Ibn ʻUmar (che Dio si compiaccia di lui) ci ha tramandato: <<ʻUmar (che Dio si compiaccia di lui) aveva della proprietà presso Khaibar e si recò dal Profeta (ﷺ) per informarlo. Il Profeta (ﷺ) gli disse: "Se lo desideri puoi donare la tua proprietà in carità". ʻUmar diede il terreno in carità ed il suo rendimento doveva essere utilizzato per gli *Al-Fuqarā*[43], gli *Al-Masākīn*,[44] i parenti e gli ospiti>>.

(30) Capitolo. L'istituzione di un fondo di un terreno per la costruzione di una moschea

2774. Anas bin Mālik (che Dio si compiaccia di lui) ci ha tramandato: <<Quando il Profeta (ﷺ) giunse a Medina, ordinò che venisse costruita la moschea e disse: "O Banī An-Najjār, comunicatemi il prezzo di questo vostro giardino", risposero: "Per Allah, domanderemo il suo prezzo solo a Dio">>.

(31) Capitolo. Relativamente al donare degli animali, in modo particolare i cavalli, la proprietà, l'oro e l'argento come fondo.

Venne domandato ad Az-Zuhrī: <<Se qualcuno istituisce un fondo di mille Dīnār e consegna la somma al proprio figlio, che è un mercante, affinché la investa e dichiara che il profitto sarà dato in carità ai poveri ed ai parenti, costui ha il diritto di

---

[43] Persone che vivono in povertà pur avendo qualche limitata risorsa economica con la quale non riescono comunque a coprire i loro bisogni.
[44] Persone che vivono in povertà estrema. Questo termine potrebbe essere tradotto in italiano anche con "indigenti".

utilizzare una parte del profitto (anche se minima)? E se non assegna il profitto ai poveri?"; Az-Zuhrī disse: "Costui non ha il diritto di utilizzare nulla (in entrambi i casi)">>.

2775. Ibn 'Umar (che Dio si compiaccia di lui) ci ha tramandato: <<Una volta 'Umar ha donato un cavallo in carità al fine che venisse utilizzato per la causa di Dio. L'animale gli era stato dato dal Profeta (ﷺ). 'Umar lo donò in carità ad un uomo affinché venisse impiegato per la causa di Dio. Quando venne informato che quell'uomo aveva messo in vendita il cavallo, 'Umar domandò al Profeta (ﷺ) se avesse potuto comprarlo. Il Profeta (ﷺ) però rispose: "Non dovresti né comprare né riprendere indietro quanto hai donato in carità">>.

(32) Il salario dell'amministratore di un fondo

2776. Abū Hurairah (che Dio si compiaccia di lui) ci ha tramandato che il Profeta di Dio (ﷺ) ha affermato: <<I miei eredi non erediteranno né Dīnār né Dirham perché tutto quello che lascio, escluso il supporto adeguato alle mie spose ed il salario di coloro che sono stati al mio servizio, deve essere donato in carità>>.

2777. Ibn 'Umar (che Dio si compiaccia di lui) ci ha tramandato: <<Quando 'Umar ha istituito un fondo, ha stabilito che il suo amministratore avrebbe potuto mangiare dei suoi frutti e darne anche ai suoi amici, senza però nutrire alcuna intenzione di mettere da parte nulla per se stesso al fine di diventare ricco>>.

(33) Capitolo. Se qualcuno mantiene un pezzo di terra o un pozzo come fondo, o stabilisce che potrebbe trarre beneficio dalla sua acqua come fanno anche gli altri musulmani

Anas tenne un'abitazione come fondo e, ogni volta che si recava a Medina, era solito soggiornarvi.

Az-Zubair diede in carità la propria casa e disse alle figlie divorziate di abitarvi senza provocare o subire alcun danno. Se una di loro si fosse risposata, non avrebbe più avuto alcun diritto di dimorarvi.

Ibn 'Umar stabilì che la sua parte della casa di suo padre dovesse essere abitata dai membri indigenti della sua famiglia.

2778. Abū 'Abdur-Rahmān ci ha tramandato: <<Quando 'Uthmān (che Dio si compiaccia di lui) venne accerchiato (dai ribelli)[45], li guardò dall'alto e disse: "Vi domando per Allah - domando a nessun'altro che ai compagni del Profeta (ﷺ)- non sapete che il Profeta di Dio (ﷺ) ha affermato: 'Sarà garantito il Paradiso a colui che ha scavato il pozzo di Rūma, ed io lo ho

---

[45] Cfr. V. Salierno, *Dizionario dell'Islam*, Roma 2018: <<'Uthmān, ibn 'Affan, terzo califfo (644-656), genero del Profeta di cui aveva sposato le due figlie, Ruqayyah e Umm Khultum; fu uno dei primi ad abbracciare la causa dell'Islam, cui si convertì nel 611, subito dopo essere venuto a conoscenza della missione del Profeta. Fu califfo dal 644 al 656 d.C. ; durante il suo califfato l'Impero islamico inglobò l'Iran, alcune zone del Khorasan (651) e venne completata anche la conquista dell'Armenia, iniziata nel 640 d.C. A lui si deve la seconda compilazione del testo coranico-la prima era stata completata al tempo del califfato di Abū Bakr- nota con il nome di mushaf di 'Uthmān, il cui testo, che coincideva con quello raccolto al tempo del primo califfo, venne successivamente diffuso in tutto il mondo islamico. In seguito ad una rivolta scoppiata in diverse zone dell'Impero, che aveva il suo epicentro rispettivamente in Egitto ed Iraq, 'Uthmān venne assassinato a Medina il 17 Giugno del 656, mentre era intento nella lettura del Corano>>.

fatto?' Non sapete che egli ha affermato: 'Sarà garantito il Paradiso a chi finanzia l'equipaggiamento dell'esercito di 'Usra (ossia la Ghazwa di Tabūk)[46]' ed io lo ho fatto?". Attestarono tutto quello che aveva affermato. Quando 'Umar istituì il suo fondo, disse: "Il suo amministratore può trarre da esso il sostentamento". La gestione del fondo può essere assunta dallo stesso fondatore o ogni altra persona. Entrambe le opzioni sono lecite>>.

(34) Capitolo. È concesso a colui che istituisce un fondo affermare: "Domanderemo il suo prezzo solo a Dio".

2779. Anas (che Dio si compiaccia di lui) ci ha tramandato che il Profeta (ﷺ) ha affermato (al tempo della costruzione della moschea): <<O Banī An-Najjār! Comunicatemi il prezzo del vostro giardino". Risposero: "Domanderemo il suo prezzo solamente a Dio">>.

(35) Capitolo. Relativamente ai versetti: <<O voi che credete, quando la morte si avvicina a qualcuno di voi, scegliete dei testimoni quando fate testamento -due uomini giusti della vostra stessa comunità o altri stranieri, se vi trovate in viaggio

---

[46] Tabūk, località a nord di Medina, luogo di una spedizione guidata dal Profeta nel 630 d.C. al confine con la Siria. La spedizione ebbe luogo in seguito al diffondersi di notizie relative ad un probabile attacco imminente da parte delle forze bizantine e dei Ghassanidi che avevano sconfitto precedentemente a Mu 'ta (629 d.C.) le forze musulmane. Quando le truppe musulmane guidate dal Profeta (ﷺ) raggiunsero i confini con la Siria, le notizie di un imminente attacco si rivelarono del tutto infondate. 'Uthmān contribuì a questa spedizione con migliaia di cammelli ed una somma di circa mille *dinars*.

e siete in pericolo di vita. Tratteneteli insieme dopo la preghiera e, se dubitate della loro veridicità, lasciate che entrambi giurino: "Non desideriamo alcun profitto terreno, anche se il beneficiario fosse un nostro parente. Non nasconderemo l'evidenza davanti a Dio. Se lo facessimo, che su di noi sia il peccato". Però, se si viene a conoscenza che erano dei spergiuri, che vengano scelti altri due al loro posto, che sono più vicini nella parentela tra coloro che ne reclamano il diritto. Fai che giurino per Dio: "Giuriamo che la nostra testimonianza è più veritiera di quella degli altri due e che non abbiamo passato i limiti della verità. Se lo facessimo, che il peccato ricada su di noi". È probabile che costoro si mostrino veritieri nella testimonianza perché potrebbero temere che gli altri inizino a rifiutare i loro giuramenti. Però temete Dio e ascoltate (il Suo consiglio), perché Egli non guida un popolo di ribelli>>[47].

2780. Ibn 'Abbās (che Dio si compiaccia di lui) ha affermato: <<Uno uomo dalla tribù dei Banī Sahm uscì in compagnia di Tamīm Ad-Dārī e di 'Adī bin Badda. L'uomo dei Banī Sahm morì in una terra dove non vi erano musulmani. Quando Tamīm ed 'Adī tornarono riportando la proprietà del deceduto, affermarono di aver perduto una ciotola di argento con delle incisioni d'oro. Il Profeta di Dio (ﷺ) domandò loro di pronunciare un giuramento (a supporto di quanto avevano affermato), ma poi la ciotola venne trovata alla Mecca in possesso di alcune persone che affermavano di averla acquistata da Tamīm ed 'Adī. Allora due testimoni dei parenti del deceduto si alzarono e giurarono che la loro testimonianza fosse più valida di quella di 'Adī e Tamīm e che quell'utensile apparteneva al loro parente deceduto. Così, in relazione a

---

[47] Il Sacro Corano 5:106-108.

questo caso, venne rivelato il seguente versetto: "O voi che credete, quando la morte si avvicina a qualcuno di voi, scegliete dei testimoni quando fate testamento -due uomini giusti della vostra stessa comunità o altri stranieri, se vi trovate in viaggio e siete in pericolo di vita. Tratteneteli insieme dopo la preghiera e, se dubitate della loro veridicità, lasciate che entrambi giurino: "Non desideriamo alcun profitto terreno, anche se il beneficiario fosse un nostro parente. Non nasconderemo l'evidenza davanti a Dio. Se lo facessimo, che su di noi sia il peccato"[48]>>.

(36) Capitolo. Il pagamento dei debiti del deceduto da parte dell'esecutore (del testamento) in assenza di altri eredi.

2781. Jābir bin 'Abdullāh Al-Ansari (che Dio si compiaccia di lui) ci ha tramandato: <<Mio padre venne martirizzato nel giorno di Uhud[49] e lasciò sei figlie ed alcuni debiti. Quando giunse il tempo di cogliere i frutti degli alberi di palma, mi recai dal Profeta di Dio (ﷺ) e dissi: "O Profeta di Dio! Tu sai che mio padre è stato martirizzato durante la Battaglia di Uhud ed aveva dei debiti ingenti. Desidero che tu incontri i creditori". Il Profeta (ﷺ) disse: "Vai a raccogliere i vari tipi di datteri e riponili separatamente in cumuli distinti". Dopo aver

---

[48] Il Sacro Corano 5:106.

[49] Cfr. V. Salierno, *Dizionario dell'Islam*, Roma 2018: <<Uḥud, pianura di fronte a Medīna dove nel 625 avvenne uno scontro tra i Meccani e i seguaci del Profeta; nella battaglia, perduta dai musulmani, fu ferito lo stesso Profeta. Nel Corano, III, 155, si attribuisce la sconfitta all'indisciplina e alla viltà di alcuni combattenti: "E quelli di voi che, il dì che si scontrarono gli eserciti, si trassero indietro, fu Satana a farli cadere, per qualche colpa che avevano commesso; ma Dio ha loro perdonato, perché Dio è clemente e indulgente">>.

fatto quanto mi aveva domandato, lo chiamai. Quando lo videro, i creditori cominciarono a reclamare i loro diritti in modo più pressante. Quando il Profeta (ﷺ) vide in che modo si comportavano, girò intorno al cumulo più grande per tre volte e, dopo essersi seduto su di esso, disse: "Chiama i tuoi compagni". Poi cominciò a misurare ed a dare loro, fino a quando Dio non ha saldato tutti i debiti di mio padre. Per Allah, sarei stato compiaciuto se Dio avesse saldato tutti i debiti di mio padre, anche se non avessi consegnato un solo dattero alle mie sorelle. Per Allah, tutti i cumuli erano pieni e, quando rivolsi lo sguardo al cumulo dove era seduto il Profeta di Dio (ﷺ), notai che sembrava che non fosse stato tolto nemmeno un dattero>>. Dio ha affermato: "Così abbiamo seminato tra di loro odio ed inimicizia">>.

Il libro della Jihād[1]

(22) Capitolo. Il Paradiso si trova sotto le lame delle spade.

Al-Mughīra bin Shu ʻba ci ha tramandato: <<Il nostro Profeta (ﷺ) ci ha comunicato il messaggio del nostro Signore secondo cui: "....chi di voi è stato ucciso, andrà in Paradiso". ʻUmar domandò al Profeta (ﷺ): "Non è forse vero che i nostri uomini che sono stati uccisi andranno in Paradiso ed i loro all'Inferno?"; il Profeta (ﷺ) rispose: "Sì">>.

2818. ʻAbdullāh bin Abī Aufā (che Dio si compiaccia di lui) ci ha tramandato che il Profeta di Dio (ﷺ) ha affermato: "Sappiate che il Paradiso si trova sotto l'ombra delle spade"[2].

---

[1] Cfr. M. H. Kamali, *Le nozioni di "pace" e "pluralismo" nell'Islam*, Roma 2018, 26: <<I riferimenti alla *Jihad* compaiono in ventiquattro versetti del Corano e per la maggior parte sono relativi alla perseveranza nella fede, alla prontezza a sacrificarsi per la sua causa, alla pacifica diffusione degli insegnamenti islamici e ad un sacrificio personale e finanziario>>. Cfr. Il Sacro Corano 29:6: << Se s'impegnano strenuamente, lo fanno a beneficio delle anime loro>>; 29:69: <<Certamente guideremo sul retto cammino coloro che si sforzano per la nostra causa>>; 25:59: << Non ascoltare coloro che rifiutano il vero, ma sforzati contro di loro strenuamente>>; 6:110: << In verità, il tuo Signore è Perdonatore e Misericordioso verso coloro che lasciano le loro case, dopo prove e persecuzioni, s'impegnano strenuamente, combattono per la fede e perseverano con pazienza>>.

[2] Cfr. K. Armstrong, *Muhammad, a biography of the Prophet*, London 1991, 168: <<Muhammad and the first Muslims were fighting for their lives and they had also undertaken a project in which violence was inevitable. No radical social and political change has even been achieved without bloodshed, and, because Muhammad was living in a period of confusion and disintegration, peace could be achieved only by the sword. Muslims look back on their Prophet's years in Medina as a Golden Age, but they were also years of sorrow, terror and bloodshed. The umma was able to put an end to the dangerous violence of Arabia only by means of a relentless effort.....The *Jihad* is not one of the five pillars of Islam. It is not the central prop of the

(23) Capitolo. (La ricompensa di colui che) desidera generare un figlio affinché s'impegni strenuamente sulla via di Dio.

2819. Abū Hurairah (che Dio si compiaccia di lui) ci ha tramandato che il Profeta di Dio (ﷺ) ha affermato: <<Una

---

religion, despite the common Western view. But it was and remains a duty for Muslims to commit themselves to a struggle on all fronts -moral, spiritual and political- to create a just and decent society, where the poor and vulnerable are not exploited, in the way that God had intended man to live. Fighting and warfare might sometimes be necessary, but it was only a minor part of the whole *Jihad* or struggle>>.

Kitāb al-Jihād

(Il libro della Jihād)

volta Sulaiman[3], figlio di Dāwūd[4], disse: "Questa notte consumerò un rapporto sessuale con cento o novantanove

---

[3] Salomone, Sulaymān, uno dei più importanti profeti anche per l'Islām e marito di Bilqis, la famosa "regina di Sabā'". Cfr. Il Sacro Corano 4:163: <<Noi ti abbiamo inviato l'ispirazione, così come l'abbiamo inviata a Noè e ai messaggeri dopo di lui, ad Abramo, ad Ismaele, ad Isacco, a Giacobbe e ai suoi discendenti, a Gesù, Giobbe, Jonah, Aronne, Salomone ed a Davide abbiamo dato i Salmi>>; 34:12-14: <<Abbiamo reso per Salomone obbediente il vento: il suo corso al mattino copriva la distanza di un mese di viaggio e il suo corso alla sera copriva la medesima distanza. Abbiamo fatto sì che una fonte di ottone fuso fluisse per lui. Vi erano *Jinn* che lavoravano per lui con il permesso del suo Signore. Se uno di loro si fosse allontanato dal Nostro ordine, gli avremmo fatto provare la pena del fuoco ardente. Costoro lavoravano per lui secondo il suo desiderio, facendo archi, immagini, vassoi, grandi come bacini idrici e calderoni per cucinare: "Lavorate, o figli di Davide, con gratitudine!". Però pochi dei Miei servi mostrano gratitudine! Poi, quando abbiamo decretato la morte di Salomone, nulla la mostrò loro tranne un piccolo verme della terra, che lentamente corrose il suo bastone. Così, quando cadde a terra, i *Jinn* videro chiaramente che, se avessero conosciuto l'invisibile, non avrebbero continuato a sopportare l'umiliante schiavitù>>; 38:30: <<A Davide abbiamo dato come figlio Salomone. È stato un servo eccellente! Pronto sempre a volgersi verso di Noi>>; 38:35: <<Egli disse: "O mio Signore, perdonami! Assicurami un regno che non potrà essere posseduto da nessuno dopo di me. Tu sei Colui che concede ogni grazia senza misura">>; 2:102: <<Seguono ciò che i malvagi hanno praticato al tempo del regno di Salomone. Non fu lui il negatore della verità, ma quei malvagi che insegnarono agli uomini l'arte del sortilegio e ciò che è stato diffuso in Babilonia da Hārūt e Mārūt. Costoro non hanno mai insegnato nulla senza prima affermare: "Siamo una tentazione a compiere il male. Non siate negatori della verità divina". Da loro impararono il modo in cui seminare discordia tra moglie e marito. Non hanno mai potuto danneggiare nessuno, senza il permesso di Dio. Quello che hanno imparato nuoce loro, senza recare alcun beneficio. Coloro che acquistano questa conoscenza non avranno alcuna porzione nell'Altra vita. Hanno venduto le loro anime ad un prezzo vile. Se solo lo sapessero>>.
[4] Davide, considerato dal Corano, XXXVIII, 26, un profeta e un vicario di Dio (khalīfa). Cfr. Il Sacro Corano 4:163: <<Noi ti abbiamo inviato l'ispirazione, così come l'abbiamo inviata a Noè e ai messaggeri dopo di lui, ad Abramo, ad Ismaele, ad Isacco, a Giacobbe e ai suoi discendenti, a Gesù, Giobbe, Jonah, Aronne, Salomone ed a Davide abbiamo dato i Salmi>>; 34:10-11: <<Abbiamo concesso la grazia a Davide: "O montagne! Cantate le lodi di Dio insieme a

donne, ognuna delle quali partorirà un cavaliere che combatterà per la causa di Dio". Il suo compagno gli disse di affermare: "*In shā Allah*", ma lui non lo fece. Nessuna delle donne rimase incinta, tranne una che partorì un bambino menomato. Per Colui nelle cui mani si trova l'anima di Muhammad, se (Sulaiman) avesse detto: "*In shā Allah*", (avrebbe generato dei figli) e tutti loro sarebbero divenuti dei cavalieri che combattono per la causa di Dio>>.

(24) Capitolo. Relativamente al coraggio ed alla codardia in battaglia

2820. Anas (che Dio si compiaccia di lui) ci ha tramandato: <<Il Profeta (ﷺ) era la persona migliore, la più coraggiosa e la più generosa. Una volta gli abitanti di Medina si spaventarono molto, ma il Profeta (ﷺ) in sella ad un cavallo li precedette e disse: "Questo cavallo è veramente veloce">>.

2821. Muhammad bin Jubair ci ha tramandato: <<Jubair bin Mut 'īm mi disse che, mentre si trovava in compagnia del Profeta di Dio (ﷺ) con le persone di ritorno da Hunain[5], alcuni

---

lui! E anche voi uccelli! Abbiamo reso il ferro flessibile per lui, comandandogli: "Fabbrica cotte di maglia e stringile bene". Fate il bene. Sono consapevole di tutte le vostre azioni>>.

[5] Hunain è una località che si trova sulla strada di Tā'if dalla Mecca a circa 22 km ad est della Mecca. Immediatamente dopo la conquista della Mecca (a.H. 8), i pagani idolatri si riunirono vicino a Tā'if per pianificare di attaccare il Profeta (ﷺ). Le tribù di Hawāzin e di Thaqif assunsero la leadership e prepararono una grande spedizione diretta alla Mecca. In quell'occasione i pagani erano circa 4000, mentre i musulmani oscillavano tra i 10 ed i 12 mila uomini. I pagani tesero un'imboscata all'avamposto dei musulmani e molti di loro rimasero uccisi. Le forze musulmane furono colte così da terrore e confusione, ma il Profeta (ﷺ) riuscì a riorganizzare la loro file ed a condurli alla vittoria. Il Sacro Corano 9:25-26: <<Dio vi ha aiutato in

beduini si avvicinarono al Profeta (ﷺ) e cominciarono a pregarlo così tanto che dovette sostare sotto un albero spinoso[6] ed il suo mantello gli venne tolto. Il Profeta (ﷺ) si fermò e disse: "Datemi il mio mantello. Se avessi tanti cammelli quanti questi alberi spinosi, li avrei distribuiti tra di voi e non sarei stato verso di voi né avaro, né menzognero e nemmeno bugiardo">>.

(25) Capitolo. Sul cercare rifugio in Dio dalla mancanza di coraggio

2822. 'Amr bin Maimūn Al-Audī ci ha tramandato: <<Sa 'd era solito insegnare ai suoi figli le seguenti parole allo stesso modo in cui un maestro insegna ai suoi alunni l'arte dello scrivere, ed affermava che il Profeta (ﷺ) per mezzo di esse cercava rifugio in Dio al termine di ciascuna preghiera. Quelle parole erano: "O Dio, mi rifugio in Te dalla mancanza di coraggio, dall'essere ridotto all'età senile e mi rifugio in te dalle prove e dalle afflizioni del mondo e dalla punizione della tomba>>.

2823. Anas bin Mālik (che Dio si compiaccia di lui) ci ha tramandato: <<Il Profeta (ﷺ) era solito affermare: "O Dio, cerco rifugio in Te dalla disperazione, dalla pigrizia, dalla

---

molti campi di battaglia. Nel giorno di Hunain, il vostro grande numero vi ha fatto esultare, ma non vi è stato di aiuto alcuno. La terra con tutta la sua ampiezza vi strinse e vi siete voltati indietro in ritirata. Dio ha fatto scendere la Sua pace sul Messaggero e sui credenti e ha inviato forze che non siete capaci di percepire. Egli ha punito i miscredenti. Così Egli ricompensa coloro che mancano della fede>>.

[6] L'albero di Samurah.

codardia e dall'età senile. Mi rifugio in Te dalla *Fitnah*[7] della vita e della morte e dalla punizione della tomba>>.

---

[7] Il termine *Fitnah* deriva dalla radice araba *Fa Ta Na* indicante una prova o tribolazione. Cfr. Ibn Fāris, *Maqāyīs Al-Lughah* 4/472. Secondo Al-Azharī, il termine deriverebbe dall'espressione araba "fatantu al-fiddah wa'l-dhahab", relativa all'atto di testare la consistenza ed il valore dell'oro e dell'argento". Cfr. Il Sacro Corano 51:13-14: <<Proveranno quel giorno quando vedranno il Fuoco. [Sarà detto loro]: "Gustate la vostra prova. Questo è ciò verso cui vi affrettavate">>. Cfr. Al-Azharī, *Tahdhīb al-Lughah*, 14/196. Il termine *Fitnah* nel Sacro Corano compare in molteplici versetti secondo diverse sfumature di significato quali: prova, tribolazione, persecuzione, opposizione, menzogna, tentazione, assassinio, rivolta e discordia. Cfr. Il Sacro Corano 29:2: <<Pensano forse che saranno lasciati soli, dopo aver detto: "Crediamo" e che non saranno sottoposti a delle prove?>>; 5:49: <<-Lui ti comanda: "Giudica tra loro secondo ciò che Dio ha rivelato e non seguire i loro vani desideri, ma stai attento che non ti allontanino dall'insegnamento che Dio ti ha inviato. E se si voltano indietro, stai sicuro che Dio ha intenzione di punirli per alcuni dei loro crimini. In verità, la maggior parte di loro sono dei ribelli">>; 16:110: <<In verità, il tuo Signore è perdonatore e misericordioso verso quanti lasciano le loro case, dopo prove e persecuzioni, s'impegnano, combattono per la fede e perseverano con pazienza>>; 2:193: <<Combattili fino a quando non ci sia più né tumulto né oppressione e prevalga la giustizia e la fede in Dio. Però, se cessano, che non ci siano ostilità eccetto contro coloro che praticano l'oppressione>>; 57:14: <<Grideranno: "Non eravamo forse con voi?". E gli altri risponderanno: "Vero! Però vi siete lasciati condurre alla tentazione. Avete anticipato la vostra rovina. Avete dubitato della promessa di Dio e i vostri falsi desideri vi hanno ingannato, fino a quando il comando di Dio non si è realizzato. E l'ingannatore vi ha ingannato relativamente a Dio>>; 8:73: <<I miscredenti sono protettori gli uni degli altri. Se non vi proteggeste gli uni con gli altri, ci sarebbe tumulto ed oppressione sulla terra e grande corruzione>>; 5:41: <<O Profeta, non lasciarti addolorare da coloro che corrono verso la miscredenza, da coloro che dicono "crediamo" con le loro labbra, ma nel cuore non hanno alcuna fede, o dagli ebrei, uomini che darebbero ascolto ad ogni bugia, e a coloro che non ti hanno mai incontrato. Costoro distorcono il significato delle parole estrapolandole dal contesto ed affermano: "Se ciò vi è stato dato, accettatelo, altrimenti state in guardia". Se Dio vuole che qualcuno sia tentato dal male, tu non puoi fare nulla. Dio non intende purificare i loro cuori. Per costoro c'è la disgrazia in questa vita e nell'Altra un doloroso castigo>>; 4:101: <<Quando viaggiate attraverso la

(26) Capitolo. Relativamente a colui che ha descritto quello di cui è stato testimone in guerra

2824. As-Sā'ib bin Yazīd ci ha tramandato: <<Ero in compagnia di Talha bin Ubaidullāh, Sa 'd, Al-Miqdād bin Al-Aswad ed 'Abdur-Rahmān bin Aūf (che Dio si compiaccia di tutti loro) e non ho udito nessuno di loro raccontare qualcosa dal Profeta di Dio (ﷺ). Talha stava parlando del giorno della battaglia di Uhud>>.

(27) Capitolo. L'obbligo di partecipare all'impegno strenuo sulla via di Dio quando si viene chiamati e che tipo di impegno e quali intenzioni sono obbligatorie

Relativamente ai versetti:

<<Andate avanti, sia con un equipaggiamento leggero che pesante, impegnatevi e lottate con i vostri beni e le vostre persone per la causa di Dio. Questo è meglio per voi, se solo sapeste. Se ci fosse stato un guadagno immediato e il viaggio fosse stato facile, senza dubbio ti avrebbero seguito tutti, ma la distanza era lunga e pesante da percorrere. Sarebbero stati

---

terra, non potrete essere biasimati, se rendete le vostre preghiere più brevi per il timore che i miscredenti possano attaccarvi. I miscredenti invero sono i vostri nemici giurati>>; 9:47: <<Se fossero usciti insieme a voi, non avrebbero aggiunto nulla alla vostra forza, ma avrebbero solo creato disordine, correndo di qua e di là tra di voi, seminando sedizione. Alcuni tra di voi avrebbero prestato loro ascolto. Però Dio conosce bene coloro che commettono ingiustizia>>; 85:10: <<Coloro che perseguitano i credenti, uomini e donne, e non si volgono in pentimento, avranno la pena del Fuoco dell'Inferno. Avranno la pena del Fuoco ardente>>.

pronti a giurare nel nome di Dio: "Se solo avessimo potuto, saremo sicuramente venuti con te". Così porteranno alla dannazione le anime loro perché Dio sa che proferiscono menzogne>>[8]; <<O credenti, che cosa vi accade, dunque, quando vi viene domandato di avanzare per la causa di Dio? Perché rimanete come aggrappati alla terra? Preferite la vita di questo mondo o dell'Altro? Piccolo è il bene di questo mondo, se paragonato a quello dell'Altra vita. Se non avanzerete, Egli vi punirà con un doloroso castigo e porrà altri al posto vostro, anche se non riuscirete in nessun modo a nuocerGli perché Egli detiene il potere su tutte le cose>>[9].

2825. Ibn 'Abbās (che Dio si compiaccia di lui) ci ha tramandato: <<Nel giorno della conquista della Mecca, il Profeta (ﷺ) ha affermato: "Dopo la conquista della Mecca non vi è alcuna *Hijrah*, ma l'impegno strenuo sulla via di Dio e le intenzioni. Quando siete chiamati all'impegno strenuo sulla via di Dio, rispondete immediatamente">>.

(28) Capitolo. Relativamente ad un miscredente che uccide un musulmano, ma successivamente abbraccia l'Islam e comincia a compiere delle buone opere e viene ucciso.

2826. Abū Hurairah (che Dio si compiaccia di lui) ci ha tramandato che il Profeta di Dio (ﷺ) ha affermato: <<Dio darà il benvenuto con il sorriso a due uomini, uno dei quali uccide l'altro ed entrambi vengono ammessi in Paradiso. Uno combatte per la causa di Dio e viene ucciso. Successivamente

---

[8] Il Sacro Corano 9:41-42.
[9] Il Sacro Corano 9:38-39.

(Il libro della Jihād)

Dio perdona l'uccisore, (che dopo essersi convertito all'Islam), va incontro al martirio (per la causa di Dio)>>.

2827. Abū Hurairah (che Dio si compiaccia di lui) ci ha tramandato: <<Andai dal Profeta di Dio (ﷺ) mentre si trovava a Khaibar, dopo che era stata conquistata dai musulmani. Gli dissi: "O Profeta di Dio! Assegnami una quota (della terra di Khaibar")". Uno dei figli di Sa 'īd bin Al-'Ās ha affermato: "O Profeta di Dio! Non dargli alcuna quota". Io dissi: "Costui è l'assassino di Ibn Qauqal". Il figlio di Sa 'īd bin Al-'Ās allora disse: "Che strano! Un *Wabr*[10] che è giunto presso di noi dalla montagna di Qadum mi rimprovera per aver ucciso un musulmano, a cui è stata concessa la superiorità attraverso di me. Dio non mi ha condannato attraverso le sue mani">>. (Il sub-narratore ha affermato: "Non so se il Profeta (ﷺ) gli abbia assegnato una quota o meno")>>.

(29) Capitolo. Relativamente a colui che preferisce l'impegno strenuo sulla via di Dio rispetto al digiuno

2828. Anas bin Mālik (che Dio si compiaccia di lui) ci ha tramandato: <<Al tempo del Profeta (ﷺ), Abū Talha non assolveva al digiuno a causa dell'impegno strenuo sulla via di Dio. Dopo che il Profeta (ﷺ) morì, non lo ho mai visto

---

[10] Ossia "porcellino d'india".

tralasciare di assolvere al digiuno tranne che nei giorni dell' *'Eīd-ul-Fitr*[11] e dell' *'Eīd-ul-Adhā*[12]>>.

---

[11] Segna la fine del mese del Ramadān. Il sacro mese del *Ramadān* è nel calendario musulmano un mese speciale, portatore di gioia e pace nella vita di ogni credente. Durante questo mese infatti, più di quattrocento anni fa, il Profeta Muhammad (ﷺ) ricevette la prima rivelazione del Sacro Corano, l'ultimo libro rivelato, guida per coloro che desiderano incamminarsi con fede sul sentiero di Dio. Il digiuno durante il mese del *Ramadān* è uno dei cinque pilastri dell'Islam e costituisce un obbligo per ogni credente in quanto nel Sacro Corano è scritto: "È nel mese del *Ramadān* che abbiamo fatto scendere il Corano, guida per gli uomini e prova di retta direzione e distinzione. Chi di voi ne testimoni [l'inizio] digiuni. E chiunque è malato o in viaggio assolva [in seguito] altrettanti giorni. Dio vi vuole facilitare e non procuravi disagio, affinché completiate il numero dei giorni e proclamiate la grandezza di Dio Che vi ha guidato. Forse sarete riconoscenti" (Il Sacro Corano 2:185). Nel Sacro Corano è anche scritto: "O voi che credete, vi è prescritto il digiuno come era stato prescritto a coloro che vi hanno preceduto. Forse diventerete timorati" (Il Sacro Corano 2:183). Questo versetto spiega che il fine principale del digiuno, che costituisce un dovere per ogni musulmano adulto e in salute, è la pratica dell'autocontrollo. Durante il digiuno, ci si astiene dal mangiare, dal bere, dal fumare e dalle relazioni sessuali dall'alba al tramonto. Questo è il modo in cui il Profeta Muhammad (ﷺ) compiva il suo digiuno ed a lui i veri musulmani guardano come esempio nelle loro pratiche di devozione. Però, dal momento che il digiuno può risultare alquanto difficile, Dio nella Sua misericordia ha esentato i malati, i bambini e coloro che si trovano in viaggio. Le donne, che allattano o sono incinte, sono esentate dal digiunare, sebbene alcune di loro pratichino il digiuno anche in queste condizioni come segno della loro devozione a Dio. Coloro invece, che non hanno potuto digiunare durante il *Ramadān* anche se per una ragione valida, debbono recuperare i giorni in cui non si è digiunato nell'arco dell'anno. Invece coloro, che non possono digiunare a causa dell'età avanzata o di una malattia cronica, devono donare per ogni giorno di mancato digiuno quanto è necessario per nutrire un povero. Anche se la pratica del digiuno può essere considerata un mezzo per purificare il corpo, la sua funzione principale è quella di purificare l'anima. Il musulmano, infatti, per mezzo del digiuno cerca di ringraziare Dio per le grazie innumerevoli di cui ci ha beneficati: la più grande dei quali è la rivelazione del Sacro Corano. Questo è il più grande regalo di Dio all'umanità, perché il suo messaggio è rimasto privo di corruzione fino ai nostri giorni e serve come guida per milioni di esseri umani che vogliono

adorare solo Dio, credendo nella Sua infinta misericordia e nella Sua Assoluta Unità. Il digiuno nel mese del *Ramadān* , oltre che ad aiutare gli esseri umani ad essere grati a Dio per tutte le Sue benedizioni, sia materiali sia spirituali, ha il fine di disciplinare sia il corpo sia l'anima e dà l'opportunità ad ogni musulmano, qualunque sia la sua condizione socio-economica, di sentire sul proprio corpo i dolori della fame e della sete. In questo modo il credente non solo diviene maggiormente grato a Dio, che è il solo Creatore di tutto ciò che esiste, ma lo incoraggia anche a divenire più sensibile verso i poveri e coloro che sono meno fortunati. Per questo motivo i credenti sono invitati, durante questo mese, ad essere più caritatevoli e ad aiutare tutti coloro che si trovano nel bisogno. La routine diurna durante il mese del *Ramadān* comincia prima dell'alba, quando i musulmani consumano un pasto prima di iniziare il digiuno e dopo pregano il *Fajr*, la prima preghiera obbligatoria della giornata. Prima di rompere il digiuno i musulmani si riuniscono nella Moschea, dove ognuno è benvenuto, oppure a casa delle famiglie e degli amici. Sedendo insieme nel modo tradizionale, rompono il digiuno ringraziando Dio per le Sue benedizioni e per aver dato loro la forza di affrontare e sopportare le fatiche del giorno. Durante il mese del *Ramadān* però, oltre alle cinque preghiere obbligatorie, il fedele è invitato ad offrire delle preghiere notturne in congregazione note con il nome di *Tarawēh*. Durante il *Tarawēh* i musulmani pregano Dio cercando il Suo aiuto e il Suo perdono. Il fine di questa preghiera volontaria è quello di riempire il cuore dell'amore per Dio, per incoraggiare le labbra a muoversi nel ricordo di Lui e per ricordarci della nostra debolezza, per prosternarci e chiedere perdono al Misericordioso, cercando la pace in questa vita e nell'Altra. Durante la preghiera i musulmani in lunghe file stanno in piedi dietro l'*Imām*. S'inchinano e si prosternano, toccando il suolo con la fronte, e poi si rialzano. Mentre la congregazione sta in piedi all'inizio di ogni preghiera, si ode l'*Imām* recitare intere sure del Corano. La recitazione melodiosa è seguita dall'atto di inchinarsi e di prosternarsi perché i musulmani, quando pregano, agiscono in completa consapevolezza della presenza divina, come se Dio fosse presente di fronte ai loro occhi. Durante le ultime dieci notti del mese del *Ramadān* i fedeli attendono la notte, che secondo la rivelazione coranica è migliore di mille notti: la *Laylatul Qadr*, durante la quale l'Altissimo ha rivelato per la prima volta il Sacro Corano al Profeta Muhammad (pace e benedizioni su di lui). Dal momento che nessun conosce con esattezza quando cada la *Laylatul Qadr*, durante le ultime dieci notti del mese, nelle Moschee vengono organizzate delle preghiere in congregazione, note con il nome di *Qiyām Al-Layl*. Tutti gli atti di adorazione debbono essere condotti con la purezza dell'intenzione e il fedele deve avere come fine delle proprie azioni esclusivamente quello di fare la volontà dell'Altissimo, compiendo gli atti di adorazione sulla base della fede in Dio

e dell'amore per Lui, nella speranza del Suo perdono e nel timore della Sua ira. Per questo motivo, se vissuto in piena correttezza e seguendo l'esempio del Profeta (ﷺ), il Sacro Mese del *Ramadān* aiuta i musulmani a purificare la loro intenzione in ogni loro azione per porre Dio al centro di ogni loro atto.
[12] Cade nel decimo giorno del mese del Pellegrinaggio. Cfr. V. Salierno, *Dizionario dell'Islam*, Roma 2018: <<*Hajj*, il grande pellegrinaggio, che ha luogo dal settimo al decimo giorno del mese di *dhū al hijja*, il dodicesimo mese del calendario islamico (v. voce). È menzionato nel Corano, II, 125: "E quando facemmo della Santa Casa luogo di riunione e di sicuro rifugio per gli uomini (prendete dunque il luogo dove ristette Abramo, per oratorio!) ed ingiungemmo ad Abramo e ad Ismaele: purificate la mia Casa per coloro che attorno vi correranno venerabondi, vi pregheranno devoti, vi s'inchineranno e si prostreranno reverenti". Ogni musulmano in grado di farlo è tenuto all' *hajj* almeno una volta in vita; prima di partire per la Mecca il pellegrino deve saldare tutti i propri debiti ed assicurarsi che la famiglia, durante la sua assenza, non manchi di nulla. Giunto ai confini del territorio sacro della Mecca, dove solo i musulmani possono entrare, compie altri riti indossando un abito speciale (*ihrām*) formato da due pezzi di stoffa senza cuciture, uno per i lombi fino alle ginocchia e l'altro per coprirsi le spalle e un paio di sandali. Da questo momento il pellegrino è in stato di consacrazione; la sua frase, ripetuta, è: "Vengo a te, mio Signore, vengo a te" (*labbaika, ya Rabbi, labbaika*). Giunto alla Mecca, si reca alla moschea passando da una delle porte che immettono sulla grande piazza e si dirige verso la Pietra Nera (v. *Ka'ba*) che bacerà o toccherà; fa quindi sette volte il giro della *Ka'ba* pronunciando formule pie; dopo una preghiera presso uno dei quattro *maqām* (v. voci), esce dalla moschea e prende la strada che unisce i due poggi di *al-Ṣafā'* e di *al-Marwa*, compiendo il percorso (*sa'y*) (v. voce) a passo svelto per sette volte. Il periodo di quattro giorni è così impiegato: primo giorno (7 del mese), predica del *qadi* (v. voce); secondo giorno (8 del mese), visita alla piana di *'Arafāt* (v. voce); terzo giorno (9 del mese), sosta (*wuqūf*) durante la quale il pellegrino, diritto al cospetto di Dio, recita formule pie sotto la direzione di un imam(v. voce), che pronuncia una delle quattro prediche solenni. Al calar del sole il pellegrino si reca di corsa (*ifāda*) a Muzdalifa, località tra *'Arafa* e Minā, dove trascorre la notte e al levar del sole si reca a Minā; quarto giorno (10 del mese), è il giorno dei sacrifici (*'īd al-adhā*) (v. voce), celebrato non solo dai pellegrini ma in tutto il mondo musulmano. Dopo un'ultima *tawāf* attorno alla *Ka'ba*, il pellegrinaggio termina>>. Condizioni per compiere il Pellegrinaggio: 1-Essere musulmano 2-Essere nel pieno delle proprie facoltà mentali. 3-Essere fisicamente sano. 4-Essere fisicamente maturo. 5-Trovarsi nella condizione

(30) *Capitolo. Ci sono sette martiri oltre quelli che vengono uccisi sulla via di Dio.*

2829. Abū Hurairah (che Dio si compiaccia di lui) ci ha tramandato che il Profeta di Dio (ﷺ) ha affermato: <<Cinque persone sono considerate dei martiri: 1-Coloro che muoiono per una pestilenza, 2) Coloro che muoiono per un male addominale, 3) Coloro che muoiono affogati, o 4) Schiacciati da un edificio e 5) I martiri per la causa di Dio>>.

2830. Anas bin Mālik (che Dio si compiaccia di lui) ci ha tramandato che il Profeta (ﷺ) ha affermato: <<La pestilenza è la ragione del martirio di ogni musulmano (che muore a causa di essa)>>[13].

---

economica per supportare la sua famiglia durante la propria assenza. 6-Trovarsi nella condizione economica per pagare il viaggio.

[13] Cfr. Sahih al-Bukhari, *Kitāb Al-Tibb*, 30, 5729. ‘Abdullāh bin ‘Abbās (che Dio si compiaccia di lui) ci ha tramandato: <<‘Umar bin Al-Khattāb (che Dio si compiaccia di lui) partì per lo Shām e, quando raggiunse Sargh, i comandanti dell'esercito (musulmano), Abū Ubaida bin Al-Jarrah ed i suoi compagni gli vennero incontro e gli dissero che nello Shām era scoppiata una pestilenza. ‘Umar disse: "Mandate a chiamare i *Muhājirūn*". ‘Umar li mandò a chiamare, li consultò e li informò che nello Shām era scoppiata una pestilenza. Quelle persone differivano relativamente alle loro opinioni. Alcuni dissero: "Siamo partiti per uno scopo e non pensiamo che sia opportuno rinunciarvi", mentre altri dissero (ad ‘Umar): "Hai con te altre persone ed i compagni del Profeta di Dio (ﷺ). Non è consigliabile condurli in quest'epidemia". ‘Umar disse loro: "Lasciatemi adesso". Poi disse: "Chiamate gli Ansari per me". Li chiamai, li consultai e loro, proprio come i *Muhājirūn*, espressero diverse opinioni. (‘Umar) dissero loro: "Lasciatemi adesso" e aggiunse: "Chiamate gli anziani dei Quraysh che sono emigrati nell'anno della conquista della Mecca". Li chiamai e loro espressero un'opinione unanime dicendo: "Riteniamo che tu debba tornare indietro con le persone e non condurle in un luogo, in cui è scoppiata un'epidemia". Allora ‘Umar fece un annuncio: "Al mattino tornerò a Medina e voi dovreste

(31) Capitolo. Relativamente ai versetti: <<Non sono uguali quei credenti che siedono in casa e non corrono alcun pericolo e coloro che invece s' impegnano e lottano per la causa di Dio con i loro beni e le loro persone. Egli ha garantito un grado più alto a coloro che s'impegnano e lottano con i loro beni e le loro persone rispetto a quelli che siedono in casa. A tutti comunque Dio ha promesso il bene. Però, Egli ha distinto quelli che si impegnano e lottano da coloro che siedono a casa e li ha resi degni di una speciale ricompensa: ranghi speciali da Lui concessi, il perdono e la misericordia. Dio è Perdonatore, Misericordioso>>[14].

2831. Al-Barā' (che Dio si compiaccia di lui) ci ha tramandato: <<Quando venne rivelato: "Non sono uguali quei credenti che siedono in casa e non corrono alcun pericolo e coloro che invece s' impegnano e lottano per la causa di Dio con i loro beni e le loro persone...", il Profeta (ﷺ) mandò a chiamare Zaid (bin Thābit), che giunse con un osso di spalla e vi scrisse

---

fare lo stesso". Abū 'Ubaida bin Al-Jarrāh disse (ad 'Umar): "Stai forse fuggendo da quanto Dio ha ordinato?"; 'Umar disse: "Vorrei che qualcuno altro avesse pronunciato queste parole, o Abū Ubaida! Sì, stiamo fuggendo da quanto Dio ha ordinato verso quanto Dio ha ordinato. Non sei d'accordo sul fatto che, se avessi dei cammelli che sono discesi in una valle in cui vi sono due pasture, una verde e l'altra secca, li manderesti a pascolare in quella verde solo se Dio lo avesse ordinato, e li manderesti in quella secca solo se Dio lo avesse ordinato?". A quel tempo, 'Abdur-Rahmān bin 'Auf, che era stato assente a causa di un'incombenza, giunse e disse: "Posseggo una conoscenza relativamente a questa questione in quanto ho udito il Profeta di Dio (ﷺ) affermare: "Se vieni a sapere (dello scoppiare di una pestilenza) in una terra, non entratevi. Se invece la pestilenza scoppia in un paese in cui vi trovate, non fuggite via da esso". 'Umar ringraziò Dio e tornò a Medina">>.

[14] Il Sacro Corano 4:95-96.

sopra. Ibn Umm Maktūm[15] si lamentò della sua cecità ed allora venne rivelato il seguente versetto: "Non sono uguali quei credenti che siedono in casa e non corrono alcun pericolo e coloro che invece s' impegnano e lottano per la causa di Dio con i loro beni e le loro persone. Egli ha garantito un grado più alto a coloro che s'impegnano e lottano con i loro beni e le loro persone rispetto a quelli che siedono in casa. A tutti comunque Dio ha promesso il bene. Però, Egli ha distinto quelli che si impegnano e lottano da coloro che siedono a casa e li ha resi degni di una speciale ricompensa"[16].

2832. Sahl bin Sa 'd As-Sā 'idī ci ha tramandato: <<Vidi Marwān bin Al-Hakam seduto nella moschea. Allora andai a sedermi al suo fianco. Costui ci ha raccontato che Zaid bin Thābit gli aveva detto che il Profeta di Dio (ﷺ) gli aveva dettato il seguente versetto: "Non sono uguali quei credenti che siedono in casa e non corrono alcun pericolo e coloro che invece s' impegnano e lottano per la causa di Dio con i loro beni e le loro persone...". Zaid disse: "Ibn Umm Maktūm giunse alla presenza del Profeta (ﷺ), mentre mi stava dettando questo stesso versetto. Ibn Umm Maktūm allora disse: "O Profeta di Dio! Se ne avessi la capacità, sicuramente avrei preso parte alle battaglie sulla via di Dio". Costui era un uomo cieco. Dio allora inviò la rivelazione al Suo Profeta (ﷺ)

---

[15] Compagno cieco del Profeta (ﷺ), relativamente al quale vennero rivelati i primi dieci versetti della sura 'Abasa, di 42 versetti, rivelata alla Mecca. Cfr. Il Sacro Corano 80:1-10: <<Il Profeta si acciglió e si voltò indietro, quando si avvicinò a lui l'uomo cieco [interrompendolo]. Chi può dire se forse desiderava purificarsi? Forse potrebbe ricevere un'ammonizione e l'insegnamento essere per lui una fonte di purificazione? Mentre a colui, che si dimostra indifferente, a costui presti attenzione, anche se non ti sarà imputato se non si purifica. Invece, di colui che è venuto da te sforzandosi strenuamente con la paura nel cuore, non ti sei curato>>.
[16] Il Sacro Corano 4:95.

mentre la sua coscia era sulla mia, e divenne così pesante che temevo che si sarebbe spezzata. Quando quella condizione del Profeta (ﷺ) fu ormai passata, Dio ha rivelato: "Non sono uguali quei credenti che siedono in casa e non corrono alcun pericolo e coloro che invece s' impegnano e lottano per la causa di Dio con i loro beni e le loro persone. Egli ha garantito un grado più alto a coloro che s'impegnano e lottano con i loro beni e le loro persone rispetto a quelli che siedono in casa. A tutti comunque Dio ha promesso il bene. Però, Egli ha distinto quelli che si impegnano e lottano da coloro che siedono a casa e li ha resi degni di una speciale ricompensa"[17]>>.

(32) Capitolo. La pazienza al tempo del conflitto

2833. Sālim Abū An-Nadr ci ha tramandato: <<'Abdullāh bin Abī Aufā scrisse ed io lessi quello che aveva scritto...ossia quello che il Profeta di Dio (ﷺ) ha affermato: "Quando li incontrate, mostratevi pazienti">>.

(33) Capitolo. Relativamente all'esortare le persone alla battaglia

Relativamente al versetto: <<O Profeta, sprona i credenti alla battaglia. Se tra di voi ve ne sono venti pazienti e perseveranti, ne sconfiggeranno duecento; se ce ne sono cento, ne sconfiggeranno mille perché costoro non hanno alcuna capacità di comprensione>>[18].

---

[17] Il Sacro Corano 4:95.
[18] Il Sacro Corano 8:65.

2834. Anas (che Dio si compiaccia di lui) ci ha tramandato: <<Il Profeta di Dio (ﷺ) si diresse verso Khandaq e vide sia i *Muhājirūn*[19] che gli Ansari scavare in un mattino molto freddo, in quanto non avevano degli schiavi che potessero farlo al loro posto. Quando notò la loro fatica e fame, disse: "O Dio! La vera vita è quella dell'Altro mondo. Concedi il Tuo perdono agli Ansari ed ai *Muhājirūn*". Costoro risposero: "Noi siamo coloro che hanno dato la loro *Bai 'a* a Muhammad secondo cui c'impegneremo strenuamente sulla via di Dio per tutto il corso della durata della nostra vita">>.

(34) Capitolo. Lo scavo del Khandaq[20]

2835. Anas (che Dio si compiaccia di lui) ci ha tramandato: <<I *Muhājirūn* e gli Ansari hanno iniziato a scavare il fossato intorno a Medina portando la terra sulle loro schiene e dicendo: "Siamo coloro che hanno dato la *Bai 'a* a Muhammad per cui c'impegneremo strenuamente sulla via di Dio durante

---

[19] I *Muhājirūn* sono coloro che hanno compiuto l'*Hijrah* da Mecca a Medina insieme al Profeta di Dio (ﷺ), mentre gli Ansari solo gli originari abitanti di Medina che, dopo essersi convertiti all'Islam, li hanno accolti, stretto con loro un patto di fratellanza, ospitati e sostentati durante il primo periodo del loro arrivo. Cfr. Il Sacro Corano 9:100: <<Dio è compiaciuto dell'avanguardia [dell'Islam]: dei primi tra coloro che hanno lasciato le loro case, tra coloro che li hanno aiutati e che li hanno seguiti in tutte le buone azioni. Dio è soddisfatto di loro proprio come loro lo sono di Lui. Per costoro Egli ha preparato giardini sotto i quali scorrono i ruscelli, per dimorarvi per sempre. Questa è la felicità suprema>>.

[20] Ossia il fossato. Riferimento alla battaglia del Fossato (dal nome di un fossato difensivo scavato intorno a Medina secondo il consiglio di Salmān al-Fārisī) tenutasi nel Marzo del 627 d.C. tra i musulmani, che vennero assediati per circa trenta giorni, e le forze dei confederati composte dai pagani della Mecca e le tribù loro alleate. Il lungo assedio indebolì le forze avversarie che dovettero ritirarsi dopo che il loro campo venne distrutto da un forte vento.

l'intero corso della nostra vita". Il Profeta (ﷺ) continuò ad affermare: "O Dio, non vi è alcun bene se non nell'Altra vita. Concedi le Tue benedizioni agli Ansari ed ai *Muhājirūn*">>.

2836. Al-Barā' (che Dio si compiaccia di lui) ci ha tramandato: <<Il Profeta (ﷺ) continuò a portare (la terra) e ad affermare: "Senza di Te, non avremo avuto alcuna guida!">>.

2837. Al-Barā' (che Dio si compiaccia di lui) ci ha tramandato: <<Nel giorno (della battaglia) dell'*Al-Ahzāb*[21], ho visto il Profeta (ﷺ) portare della terra, che copriva la bianchezza del suo addome, mentre affermava: "Senza di Te, (o Dio), non avremo avuto alcuna guida, non avremo donato nulla in carità e non avremo assolto alla preghiera. Per favore, benedicici con la tranquillità e rendi fermi i nostri piedi, quando incontriamo i nostri nemici. Costoro si sono ribellati contro di noi, ma non cederemo mai, se cercheranno di portare tra di noi la *Fitnah*">>.

(35) Capitolo. (La ricompensa) di colui che viene trattenuto dall'impegno strenuo sulla via di Dio da un motivo lecito

2838. Anas (che Dio si compiaccia di lui) ci ha tramandato: <<Quando tornammo dalla *Ghazwa* di Tabūk[22] insieme al Profeta (ﷺ)>>.

---

[21] Dei coalizzati, altro nome della battaglia del Fossato. Il termine si riferisce ad una potente coalizione composta dai Quraysh della Mecca, i beduini dell'Arabia centrale, gli Ebrei di Medina e gli ipocriti guidati da 'Abdullāh ibn Ubayy decise di attaccare i musulmani nel 5 a.Ha.
[22] Tabūk, località a nord di Medina, luogo di una spedizione guidata dal Profeta nel 630 d.C. al confine con la Siria. La spedizione ebbe luogo in seguito al diffondersi di notizie relative ad un probabile attacco imminente da parte delle forze bizantine e dei Ghassanidi che avevano sconfitto

2839. Anas (che Dio si compiaccia di lui) ci ha tramandato: <<Mentre si trovava in una *Ghazwa*, il Profeta di Dio (ﷺ) disse: "Alcune persone sono rimaste dietro di noi a Medina e non abbiamo mai attraversato un sentiero di montagna o una valle senza che costoro si trovassero con noi, in quando sono stati trattenuti da un motivo reale">>.

(36) Capitolo. La superiorità di osservare il digiuno per la Causa di Dio

2840. Abū Sa 'īd (che Dio si compiaccia di lui) ci ha tramandato di aver udito il Profeta (ﷺ) affermare: <<Dio terrà lontano il volto dal fuoco (per una distanza di) settanta anni di colui che osserva il digiuno per un giorno per la Sua causa>>.

(37) Capitolo. Relativamente alla superiorità di spendere per la causa di Dio

2841. Abū Hurairah (che Dio si compiaccia di lui) ci ha tramandato: <<Il Profeta (ﷺ) ha detto: "Colui che spende due cose per la causa di Dio, sarà chiamato dai guardiani del Paradiso che diranno: "O tale e tale, vieni qui"; Abū Bakr (che Dio si compiaccia di lui) ha affermato: "O Profeta di Dio! Queste persone non andranno mai incontro alla distruzione". Il Profeta (ﷺ) ha affermato: "Spero che tu sia uno di loro">>.

---

precedentemente a Mu 'ta (629 d.C.) le forze musulmane. Quando le truppe musulmane guidate dal Profeta (ﷺ) raggiunsero i confini con la Siria, le notizie di un imminente attacco si rivelarono del tutto infondate.

2842. Abū Sa 'īd Al-Khudrī (che Dio si compiaccia di lui) ci ha tramandato: <<Il Profeta di Dio (ﷺ) è asceso sul pulpito ed ha affermato: "Niente mi preoccupa di quanto vi accadrà dopo di me, tranne la tentazione delle benedizioni terrene che vi saranno concesse". Poi ha menzionato i piaceri terreni. Ha iniziato con le benedizioni ed ha continuato con i piaceri. Un uomo si alzò e disse: "O Profeta di Dio! Può il bene condurre al male?"; il Profeta (ﷺ) rimase in silenzio e pensammo che fosse divinamente ispirato e così tutte le persone rimasero in silenzio con timore. Il Profeta (ﷺ) rimosse il sudore dal volto e domandò: "Dove si trova la persona che ha rivolto la domanda precedentemente?". "Pensate che la ricchezza sia un bene?", lo ripeté tre volte, aggiungendo: "Senza dubbio, il bene non porta altro che il bene. Però è come qualcosa che cresce sulle rive di un fiume che o uccide o quasi uccide gli animali che se ne nutrono in ragione della loro golosità, tranne quelli vegetariani che mangiano fino ad essere sazi e poi, dopo essersi sistemati sotto il sole, defecano ed urinano, per poi iniziare di nuovo a ruminare. Questa proprietà terrena è una dolce vegetazione. La ricchezza di un musulmano è eccellente, se la mette insieme attraverso dei mezzi legali e la spende per la causa di Dio per gli orfani, i poveri ed i viaggiatori. Colui che invece non l'acquista in modo lecito assomiglia a qualcuno che mangia, ma non è mai soddisfatto, e la sua ricchezza testimonierà contro di lui nel giorno della resurrezione">>.

(38) Capitolo. La superiorità di qualcuno che prepara un *Ghāzi*[23] o si occupa dei suoi dipendenti durante la sua assenza

2843. Zaid bin Khālid (che Dio si compiaccia di lui) ci ha tramandato che il Profeta di Dio (ﷺ) ha affermato: "Colui che prepara un *Ghāzi* che combatte sulla via di Dio è degno della sua ricompensa. Colui che si si occupa di quanti dipendono da un *Ghāzi* che combatte sulla via di Dio, sarà degno della medesima ricompensa".

2844. Anas (che Dio si compiaccia di lui) ci ha tramandato: <<Il Profeta (ﷺ) non entrava in nessuna casa posta a Medina tranne in quella di Umm Sulaim[24], (oltre che nelle dimore delle sue spose). Quando gli venne domandato il motivo, costui rispose: "Ho avuto pietà di lei, in quanto suo fratello è stato ucciso mentre si trovava in mia compagnia">>.

(39) Capitolo. Relativamente all'applicazione dell'*Hanūt* durante una battaglia

2845. Ibn 'Aūn ci ha tramandato: <<Una volta Mūsa bin Anas, mentre stava descrivendo la battaglia di Yamāma, disse: "Anas bin Mālik si recò da Thābit bin Qais, che aveva tirato la sua veste fino sopra le cosce e stava applicando dell'*Hanūt* sul

---

[23] Ossia qualcuno che combatte e s'impegna strenuamente per la causa di Dio.

[24] Fu tra le prime donne ad aver abbracciato l'Islam ed a quel tempo era sposata con Malik ibn an-Nadr, da cui ebbe Anas, il famoso compagno del Profeta (ﷺ). Dopo essere rimasta vedova, sposò in seconde nozze Abū Talhah, dopo che quest'ultimo si convertì all'Islam. Umm Sulaym partecipò alla difesa della comunità prendendosi cura dei feriti e portando l'acqua sul campo di battaglia. Durante la battaglia di Hunayn, quando era al settimo mese di gravidanza, si distinse per il coraggio con cui si prese cura dei feriti.

suo corpo. Anas domandò: "O zio! Che cosa ti sta trattenendo (dalla battaglia)?"; rispose: "Nipote mio! Sto arrivando!", e continuò a profumare il suo corpo con dell'*Hanūt*. Poi giunse e si sedette (nella schiera). Anas poi menzionò che le persone fuggirono dal campo di battaglia e Thābit disse: "Apritemi la strada per combattere il nemico. Non ci saremmo mai comportati in questo modo in compagnia del Profeta di Dio (ﷺ). Dai vostri nemici avete acquisito delle pessime abitudini!">>.

(40) Capitolo. La superiorità di qualcuno che si reca in perlustrazione

2846. Jābir (che Dio si compiaccia di lui) ci ha tramandato che il Profeta (ﷺ) ha affermato: <<Chi mi recherà delle informazioni relative al nemico nel giorno della battaglia di *Al-Ahzāb*?>>; Az-Zubair disse: <<Lo farò io>>. Il Profeta (ﷺ) chiese di nuovo: <<Chi mi recherà delle informazioni relative al nemico?>> ed Az-Zubair disse di nuovo: <<Lo farò io>>. Il Profeta (ﷺ) poi disse: <<Ogni messaggero ha un *Hawārī*[25] ed il mio è Az-Zubair>>.

(41) Capitolo. Qualcuno che si reca in perlustrazione può andare da solo?

2847. Jābir bin 'Abdullāh (che Dio si compiaccia di lui) ci ha tramandato: <<Quando il Profeta (ﷺ) chiamò le persone

---

[25] Ossia qualcuno che gli presta aiuto.

(*Sadaqa*[26], un sub narratore, disse: "Molto probabilmente questo avvenne nel giorno di Al-Khandaq"), Az-Zubair rispose alla chiamata. Il Profeta (ﷺ) chiamò di nuovo le persone ed Az-Zubair rispose alla chiamata. Il Profeta (ﷺ) poi disse: "Ogni profeta ha un *Hawārī* ed il mio è Az-Zubair bin Al-'Awwām">>.

(42) Capitolo. Nel caso in cui due persone intraprendano insieme un viaggio

2848. Mālik bin Al-Huwairith ci ha tramandato: <<Quando stavamo per partire, il Profeta (ﷺ) disse a me e ad uno dei miei compagni: "Pronunciate l'*Adhān*[27] e l'*Iqāma*[28] per la preghiera. Poi che il più anziano di voi conduca la preghiera">>.

---

[26] Cfr. V. Salierno, *Dizionario dell'Islam*, Roma 2018: <<ṣadaqa, l'elemosina volontaria, non regolata da specifiche disposizioni come la zakāt (v. voce)>>.

[27] La chiamata alla preghiera con cui il credente è invitato a compiere le cinque preghiere obbligatorie. Durante l'*Ādhān*, il muezzin recita: "(*Allāhu Akbar, Allāhu Akbar*) Allah è più Grande, Allah è più Grande; (*Ach-hadu anna lā ilāha illa-l-lāh*) Io testimonio che non c'è dio, se non Allah; (*Ach-hadu anna Muhammad r-rasūlu-l-lāh*) Io testimonio che Muhammad è l'Inviato di Allah; (*Hayya ʿala-s-salāt*), Venite alla preghiera; (*Hayya ʿala-l-falāh*) Venite al successo! (*As-salātu Khayru min an-naūm*) la preghiera è migliore del sonno (solo nella preghiera del *Fajr*); (*Allāhu Akbar, Allāhu Akbar*) Allah è più Grande, Allah è più Grande, (*Lā ilāha illa-l-lāh*) non c'è dio, se non Allah".

[28] L'*Iqāma* viene recitato quando le persone sono disposte in ranghi e pronte per assolvere alla preghiera.

(43) Capitolo. Il bene rimarrà (come una qualità permanente) nei ciuffi dei cavalli fino al giorno della resurrezione.

2849. 'Abdullāh bin 'Umar (che Dio si compiaccia di lui) ci ha tramandato che il Profeta di Dio (ﷺ) ha affermato: <<Il bene rimarrà nei ciuffi dei cavalli fino al giorno della resurrezione>>.

2850. 'Urwa bin Al-Ja 'd ci ha tramandato che il Profeta (ﷺ) ha affermato: <<Il bene rimarrà (come una qualità permanente) nei ciuffi dei cavalli fino al giorno della resurrezione>>.

2851. Anas bin Mālik (che Dio si compiaccia di lui) ci ha tramandato che il Profeta di Dio (ﷺ) ha affermato: <<Vi è una benedizione nei ciuffi dei cavalli>>.

(44) Capitolo. La chiamata all'impegno strenuo sulla via di Dio da parte di un sovrano musulmano -qualsiasi siano le sue qualità morali- per virtù dell'affermazione del Profeta (ﷺ): <<Il bene rimarrà nei ciuffi dei cavalli fino al giorno della resurrezione>>.

2852. 'Urwa Al-Bāriqī ci ha tramandato che il Profeta (ﷺ) ha affermato: <<Il bene rimarrà nei ciuffi dei cavalli fino al giorno della resurrezione perché recano una ricompensa (nell'Altra vita) ed un bottino (in questo mondo)>>.

(45) Capitolo. Relativamente a chi alleva un cavallo secondo il seguente versetto: <<Contro di loro preparate la vostra forza nella sua forma migliore, inclusi i destrieri da guerra, per gettare il terrore nei cuori dei nemici di Dio, dei vostri e anche di altri, che forse non conoscete, ma che Egli ben conosce. Qualunque cosa spenderete nella causa di Dio, vi sarà ripagata e non sarete trattati ingiustamente>>[29].

2853. Abū Hurairah (che Dio si compiaccia di lui) ci ha tramandato che il Profeta (ﷺ) ha affermato: "Se qualcuno alleva un cavallo per la causa di Dio, motivato dalla fede in Lui e nella Sua promessa, sarà ricompensato nel giorno della resurrezione per tutto quello che quel cavallo ha mangiato e bevuto, e per il suo sterco e la sua urina, come delle buone azioni nel suo resoconto".

(46) Capitolo. Relativamente al nominare un cavallo ed un asino

2854. 'Abdullāh bin Abī Qatāda ci ha tramandato: <<Abū Qatāda si recò in viaggio con il Profeta di Dio (ﷺ), ma venne lasciato indietro con alcuni dei suoi compagni che avevano assunto l'*Ihrām*[30]. Costui però non lo aveva indossato. (I suoi compagni) videro un asino selvatico prima che lui potesse vederlo. Quando videro l'onagro però non dissero nulla fino a quando lo stesso Abū Qatāda non se ne accorse. Poi montò sul

---

[29] Il Sacro Corano 8:60.
[30] Cfr. V. Salierno, *Dizionario dell'Islam*, Roma 2018: <<*Ihrām*, abito speciale indossato per il pellegrinaggio alla Mecca; per gli uomini è composto di due pezzi di stoffa senza cuciture, uno per i lombi fino alle ginocchia, l'altro per coprirsi le spalle; per le donne si prescrive una normale *abaya* ed *hijāb*, che però deve lasciare il volto scoperto>>.

suo cavallo di nome Al-Jarāda e domandò loro di porgergli la sua frusta, ma loro si rifiutarono. Allora lui stesso la prese e poi, dopo aver attaccato (ed ucciso) l'asino selvatico, lo macellò. Ne mangiò la carne e lo stesso fecero i suoi compagni, ma poi se ne dispiacquero. Quando incontrarono il Profeta (ﷺ), gliene fecero menzione e lui domandò: "Vi è rimasto un poco di carne?"; quando Abū Qatāda rispose: "Sì, abbiamo con noi la sua zampa", il Profeta (ﷺ) la prese e ne mangiò>>.

2855. Sahl ci ha tramandato: <<Nel nostro giardino, vi era un cavallo che apparteneva al Profeta (ﷺ) ed era chiamato Al-Luhaif o Al-Lukhaīf>>.

2856. Mu 'ādh (che Dio si compiaccia di lui) ci ha tramandato: <<Viaggiavo dietro al Profeta (ﷺ) su di un asino chiamato 'Ufair. Il Profeta di Dio (ﷺ) domandò: "O Mu 'ādh! Sai quale è il diritto di Dio sui suoi servi?"; risposi: "Dio ed il Suo Profeta (ﷺ) ne sanno di più". Egli disse: "Il diritto di Dio sui Suoi servi è che devono riservare l'adorazione a Lui solo e a null'altro oltre Lui. Il diritto dei servi rispetto a Dio è che non dovrebbe punirli, se riservano l'adorazione solo per Lui". Dissi: "O Profeta di Dio! Dovrei informare le persone di queste buone nuove?"; disse: "Non informarli, altrimenti farebbero affidamento (solamente) su questo">>.

2857. Anas bin Mālik (che Dio si compiaccia di lui) ci ha tramandato: <<Una volta in Medina si diffuse un senso di paura tra le persone, e così il Profeta (ﷺ) prese in prestito un cavallo di nostra proprietà di nome Mandūb (e cavalcò via su di lui). (Quando il Profeta ﷺ ritornò), disse: "Non ho visto nulla di terribile, ma ho trovato questo cavallo molto veloce">>.

(47) Capitolo. Che cosa si afferma relativamente al cattivo presagio di un cavallo.

2858. 'Abdullāh bin 'Umar (che Dio si compiaccia di lui) ci ha tramandato di aver udito il Profeta (ﷺ) affermare: "Un cattivo presagio si trova in tre cose: un cavallo, una donna o una casa".

2859. Sahl bin Sa 'd As-Sā 'idī (che Dio si compiaccia di lui) ci ha tramandato che il Profeta di Dio (ﷺ) ha affermato: "Se un cattivo presagio si trova in qualcosa, allora si trova in una donna, in un cavallo ed in una casa">>[31].

---

[31] Cfr. J. Auda, *Reclamando la moschea, il ruolo delle donne nel luogo di culto islamico*, trad. a cura di S. Lei, Roma 2021, 39-40: << Un altro esempio di queste tradizioni popolari ma inautentiche è quella riportata in Bukhari, nella quale ci viene tramandato che Abu Hurairah avrebbe affermato: "La tua cattiva fortuna si trova in casa tua e nella tua donna". Molti commentatori hanno interpretato questa tradizione affermando che un uomo si trova sotto l'effetto della sfortuna, se la sua abitazione si trova lontano dalla moschea o la propria donna è sterile. È interessante notare inoltre che molti giuristi, sia del passato che del presente, approvano questa tradizione semplicemente perché si trova nella collezione di Bukhari, anche se lui stesso ha riportato in altri *Hadith* che non vi è nulla come "un cattivo presagio". Commentando la narrazione di Abu Hurairah, Aishah ha affermato: "Abu Hurairah non ricorda in modo corretto. Il Profeta (pbsl) stava pregando contro coloro che affermano che un cattivo auspicio si trova in una casa, in una donna ed in un cavallo. Abu Hurairah giunse tardi ed ha udito solo l'ultima parte della tradizione e non la prima". Nei termini della scienza degli *Hadith*, Aishah ha respinto la tradizione di Abu Hurairah sulla base della debolezza del suo contenuto (*matn*) piuttosto che su quella della sua catena di narratori (*isnad*). Abu Hurairah ha commesso un errore in questa narrazione, ma questo non diminuisce il suo status di uno dei più importanti compagni del Profeta (pbsl). Abu Hurairah semplicemente non ha ascoltato l'intera tradizione, anche se pensava di averlo fatto. Ibn Al-Jawzi sorprendentemente ha commentato: "Come può Aishah rifiutare una tradizione autentica?" ed Ibn Al-Arabi ha aggiunto: "Il rifiuto di Aishah della tradizione non ha alcun senso". A mio parere, Ibn Al-Jawzi ed Ibn al-Arabi erano entrambi accecati dal *taqlid* per poter accettare il parere di

(48) Capitolo. I cavalli vengono allevati per tre finalità. Relativamente al versetto: <<Ha poi creato i cavalli, i muli e gli asini con cui potete cavalcare e di cui potete farvi un vanto. Egli continua a creare anche cose di cui non possedete alcuna conoscenza>>[32].

2860. Abū Hurairah (che Dio si compiaccia di lui) ci ha tramandato che il Profeta di Dio (ﷺ) ha affermato: <<I cavalli sono allevati per uno di questi tre scopi. Per alcuni costituiscono una fonte di ricompensa, per altri sono un mezzo di sostentamento e per altri ancora una fonte di peccati. Colui per il quale costituiscono una fonte di ricompensa, alleva un cavallo per la causa di Dio legandolo ad una corda molto lunga in un prato o in un giardino. Se [l'animale] dovesse rompere la sua corda e saltare su una o due colline allora tutto il suo sterco e le sue impronte saranno annoverati per costui come delle buone azioni; se poi passa accanto ad un fiume e ne beve dell'acqua, anche se non aveva avuto l'intenzione di abbeverarlo, sarà ricompensato per l'acqua che ha bevuto. I cavalli sono invece una fonte di peccato per colui che li alleva per orgoglio, per esibirli e per mostrare inimicizia verso i musulmani". Quando venne domandato al Profeta di Dio (ﷺ) relativamente agli asini, rispose: "Non mi è stato rivelato nulla relativamente a loro tranne questo unico versetto dal significato generale: Colui

---

Aishah in merito a questa strana narrazione. Badruddin al-Zarkashi e Jalaluddin al-Suyuti hanno invece accettato la sua opinione e ciascuno di loro ha scritto un testo interamente dedicato alle critiche ed alle correzioni di Aishah relativamente alle tradizioni riportate dai Compagni, in cui vengono citate molteplici tradizioni che includono anche quella relativa ai "cattivi presagi">>.

[32] Il Sacro Corano 16:8.

che ha compiuto un atomo di bene, lo vedrà. Colui che ha compiuto un atomo di male, lo vedrà">>[33].

(49) Capitolo. Quando qualcuno colpisce leggermente l'animale di qualcun altro durante una battaglia

2861. Abū 'Aqīl ci ha tramandato che Abū Al-Mutawakkil An-Nājī ha affermato: <<Ho chiamato Jābir bin 'Abdullāh Al-Ansari e gli ho detto: "Raccontami quello che hai udito dal Profeta di Dio (ﷺ)"; mi disse: "Lo ho accompagnato nel corso di uno dei suoi viaggi". (Abū 'Aqīl disse: "Non so se quel viaggio fosse per una spedizione militare o per la *Umra*[34]"). Jābir continuò: "Quando stavamo ritornando il Profeta (ﷺ) disse: 'Chi desidera tornare presto dalla propria famiglia, dovrebbe affrettarsi'. Partimmo ed io mi trovavo su di un cammello nero-rossiccio privo di difetti e le persone si trovavano dietro di me. Mentre mi trovavo in quella condizione, il cammello si fermò improvvisamente (a causa della stanchezza). Il Profeta (ﷺ) allora mi disse: "Jābir aspetta!"; poi lo colpì una volta con la mia frusta e l'animale cominciò a muoversi a passo svelto. Poi mi disse: "Mi venderesti il cammello?" ed io risposi affermativamente. Quando arrivammo a Medina ed il Profeta (ﷺ) si recò alla moschea con i suoi compagni, anche io andai con lui dopo aver legato il cammello all'entrata della moschea. Poi gli dissi: "Questo è il tuo cammello". Il Profeta (ﷺ) uscì e cominciò ad esaminare l'animale e ad affermare: "Il cammello è nostro".

---

[33] Il Sacro Corano 99:7-8.
[34] Cfr. V. Salierno, *Dizionario dell'Islam*, Roma 2018: << 'Umra, il piccolo pellegrinaggio alla Mecca che può effettuarsi in qualunque periodo dell'anno>>.

Poi il Profeta (ﷺ) inviò una somma (*Awāq*) di oro dicendo: "Consegnalo a Jābir" e poi domandò: "Hai preso la somma (pagata per il cammello)?"; risposi affermativamente e lui disse: "Sia il prezzo che il cammello sono per te">>.

(50) Capitolo. Relativamente al cavalcare un animale bizzoso o uno stallone

Rāshid bin Sa'd ha affermato: <<I primi musulmani preferivano utilizzare degli stalloni come cavalcatura perché sono più veloci e più audaci>>.

2862. Anas bin Mālik (che Dio si compiaccia di lui) ci ha tramandato: <<Vi era un sentimento di intenso timore in Medina e così il Profeta (ﷺ) prese in prestito un cavallo di nome Mandūb, che apparteneva ad Abū Talha, e vi salì sopra. (Al suo ritorno), disse: "Non ho visto nulla di spaventoso ed ho trovato questo cavallo molto veloce">>.

(51) Capitolo. La quota del cavallo (dal bottino)

Mālik ha affermato: <<Una quota del bottino deve essere spesa per i cavalli inclusi gli *Al-Baradhin* (ossia i cavalli non arabi) in virtù del seguente versetto: "Ha poi creato i cavalli, i muli e gli asini con cui potete cavalcare e di cui potete farvi un vanto. Egli continua a creare anche cose di cui non possedete alcuna conoscenza"[35]>>.

2863. Ibn 'Umar (che Dio si compiaccia di lui) ci ha tramandato: <<Il Profeta di Dio (ﷺ) ha fissato due quote per un cavallo ed una è per il suo cavaliere>>.

---

[35] Il Sacro Corano 16:8.

(52) Capitolo. Relativamente al condurre l'animale di qualcun altro durante la battaglia.

2864. Abū Ishāq ci ha tramandato: <<Qualcuno domandò ad Al-Barā' bin Āzib: "Sei fuggito lasciando il Profeta di Dio (ﷺ) nel corso della battaglia di Hunain?"; (Al-Barā') rispose: "Il Profeta di Dio (ﷺ) non è fuggito. I membri della tribù degli Hawāzin erano dei buoni arcieri. Quando li incontrammo, li attaccammo e loro fuggirono. Quando i musulmani cominciarono a raccogliere il bottino di guerra, i *Mushrikūn* ci attaccarono con delle frecce, ma il Profeta di Dio (ﷺ) non fuggì. Senza dubbio, lo ho visto sul suo bianco mulo ed Abū Sufyān ne stava tenendo le redini, mentre il Profeta (ﷺ) stava dicendo: "Sono un profeta veritiero e sono (anche) il figlio di 'Abdul Muttalib">>.

(53) Capitolo. La sella e le staffe di un animale

2865. Ibn 'Umar (che Dio si compiaccia di lui) ci ha tramandato: <<Quando il Profeta (ﷺ) poneva il piede nella staffa e la femmina di cammello si alzava portandolo, cominciava a recitare la *Talbīya*[36] presso la moschea di Dhul-Hulaifa>>.

---

[36] <<O Allah, sono qui in risposta alla Tua chiamata. Sono qui. Sono qui. Nessuno può esserTi paragonato. Sono qui. Tutta la Lode, la Grazia e il Potere Ti appartengono. Nessuno può esserTi paragonato. Sono qui>> (*Labbayk Allāhumma Labbayk, Labbayk lā sharīka laka labbayk, innal hamda wanni'mata laka wal mulk lā sharīka lak*). La *Talbīya* viene recitata nel corso del Pellegrinaggio.

(54) Capitolo. Relativamente al cavalcare un cavallo senza sella

2866. Anas (che Dio si compiaccia di lui) ci ha tramandato: <<Il Profeta (ﷺ) li incontrò mentre stava cavalcando su di un animale privo di sella con la spada che pendeva dalle sue spalle>>.

(55) Capitolo. Un cavallo lento

2867. Anas bin Mālik (che Dio si compiaccia di lui) ci ha tramandato: <<Una volta gli abitanti di Medina erano molto spaventati e così il Profeta (ﷺ) montò su di un cavallo che apparteneva ad Abū Talha, che correva o trottava non molto velocemente. Quando tornò, disse: "Ho trovato il tuo cavallo molto veloce. Successivamente quel cavallo non poteva essere sorpassato nella corsa">>.

(56) Capitolo. Le corse dei cavalli

2868. ('Abdullāh) bin 'Umar (che Dio si compiaccia di lui) ci ha tramandato: <<Il Profeta (ﷺ) dispose che i cavalli muscolosi avrebbero dovuto gareggiare tra Al-Hafyā e Thanīyat Al-Wadā' e quelli che invece non lo erano tra Ath-Thanīyat alla moschea dei Banī Zuraiq. Io ero tra coloro che presero parte alla gara di corsa>>. Sufyān, un sub narratore, ha affermato: <<La distanza tra Al-Hayfā e Thanīyat Al-Wadā ' è di cinque o sei miglia; e tra Thanīyat e la moschea dei Banī Zuraiq è di un miglio>>.

(57) Capitolo. Relativamente alla *Idmār* dei cavalli per la corsa

2869. 'Abdullāh (che Dio si compiaccia di lui) ci ha tramandato: <<Il Profeta (ﷺ) ha organizzato una gara di corsa di cavalli che non erano stati messi a dieta; il percorso della gara andava da Ath-Thanīyat alla moschea dei Banī Zuraiq>>. (Il sub-narratore ha affermato: "'Abdullāh bin 'Umar fu tra coloro che parteciparono in quella gara di corsa").

(58) Capitolo. Il limite della distanza della corsa di quei cavalli che sono stati messi a dieta

2870. Abū Ishāq ci ha tramandato: <<Mūsa bin 'Uqba ha affermato da Nāfi' che Ibn 'Umar (che Dio si compiaccia di lui) ha detto: "Il Profeta di Dio (ﷺ) ha organizzato una corsa di cavalli che erano stati messi a dieta e l'ha fatta iniziare da Al-Hafyā e l'arrivo invece (è stato posto) a Thanīyat Al-Wadā'. Domandai a Mūsa: "Quale era la distanza tra questi due luoghi?"; Mūsa rispose: "Di sei o sette miglia. Il Profeta (ﷺ) ha organizzato una corsa di cavalli che invece non erano stati messi a dieta, facendola iniziare da Thanīyat Al-Wadā' e finire alla moschea di Banī Zuraiq". Domandai: "Quale era la distanza tra questi due luoghi?"; rispose: "Un miglio circa". Ibn 'Umar fu uno di coloro che parteciparono a questa corsa">>.

(59) Capitolo. La femmina di cammello del Profeta (ﷺ)

Ibn 'Umar disse: <<Il Profeta (ﷺ) lasciò Usāma salire dietro di lui su Al-Qaswā". Al-Miswar disse che il Profeta (ﷺ) aveva affermato: "Al-Qaswā non è diventata testarda".

2871. Anas (che Dio si compiaccia di lui) ci ha tramandato: <<La femmina di cammello del Profeta (ﷺ) era chiamata Al-'Adbā'>>.

2872. Anas (che Dio si compiaccia di lui) ci ha tramandato: <<Il Profeta (ﷺ) aveva una femmina di cammello di nome Al-'Adbā', che non riusciva a risultare superiore in una gara di corsa. (Humaid, un sub-narratore, ha affermato: "O difficilmente riusciva ad essere superiore in una gara di corsa"). Una volta, un beduino giunse sul suo cammello che aveva meno di sei anni e che superò Al-'Adbā' nella corsa. I musulmani si dispiacquero così tanto che il Profeta (ﷺ) notò il loro rammarico. Allora disse: "Dio (o dipende dalla legge di Dio) umilia ed abbassa chi esalta in questo mondo">>

(60) Capitolo. Relativamente al recarsi in battaglia sul dorso di un mulo

(61) Capitolo. Il mulo bianco del Profeta (ﷺ)

(Anas vi ha fatto riferimento in una tradizione). Abū Humaid ha affermato: "Il re di Aila ha donato un mulo bianco al Profeta (ﷺ)".

2873. 'Amr bin Al-Hārith ci ha tramandato: <<Il Profeta (ﷺ) non ha lasciato nulla dopo la sua morte tranne un mulo

bianco, la sua armatura ed un pezzo di terra che era destinato ad essere donato in carità>>.

2874. Al-Barā' (che Dio si compiaccia di lui) ci ha tramandato che un uomo gli domandò: "O Abū 'Umāra! Sei fuggito nel giorno di Hunain?"; rispose: "No, per Allah, il Profeta (ﷺ) non è fuggito; le persone fuggirono precipitosamente ed i membri della tribù di Hawāzin li attaccarono con delle frecce, mentre il Profeta (ﷺ) stava sul suo mulo bianco. Abū Sufyān bin Al-Hārith ne stava tenendo le redini, mentre il Profeta (ﷺ) stava dicendo: "Io sono il Profeta veritiero ed il figlio di 'Abdul Muttalib".

(62) Capitolo. La *Jihād* delle donne

2875. Āishah (che Dio si compiaccia di lei), la madre dei credenti, ci ha tramandato: <<Ho domandato al Profeta (ﷺ) di consentirmi di partecipare all'impegno strenuo sulla via di Dio, ma lui ha affermato: "La tua *Jihād* è il Pellegrinaggio[37]">>.

---

[37] Cfr. V. Salierno, *Dizionario dell'Islam*, Roma 2018: <<*Hajj*, il grande pellegrinaggio, che ha luogo dal settimo al decimo giorno del mese di *dhū al hijja*, il dodicesimo mese del calendario islamico (v. voce). È menzionato nel Corano, II, 125: "E quando facemmo della Santa Casa luogo di riunione e di sicuro rifugio per gli uomini (prendete dunque il luogo dove ristette Abramo, per oratorio!) ed ingiungemmo ad Abramo e ad Ismaele: purificate la mia Casa per coloro che attorno vi correranno venerabondi, vi pregheranno devoti, vi s'inchineranno e si prostreranno reverenti". Ogni musulmano in grado di farlo è tenuto all' *hajj* almeno una volta in vita; prima di partire per la Mecca il pellegrino deve saldare tutti i propri debiti ed assicurarsi che la famiglia, durante la sua assenza, non manchi di nulla. Giunto ai confini del territorio sacro della Mecca, dove solo i musulmani possono entrare, compie altri riti indossando un abito speciale (*ihrām*) formato da due pezzi di stoffa senza cuciture, uno per i lombi fino alle ginocchia e l'altro per coprirsi le spalle e un paio di sandali. Da questo

2876. Āishah (che Dio si compiaccia di lei), la madre dei credenti, ci ha tramandato: <<Le spose del Profeta (ﷺ) gli rivolsero delle domande relativamente alla *Jihād* e lui rispose: "La migliore *Jihād* è per voi il Pellegrinaggio">>.

(63) Capitolo. La partecipazione di una donna ad una spedizione militare per mare

2877, 2878. Anas (che Dio si compiaccia di lui) ci ha tramandato: <<Il Profeta di Dio (ﷺ) si recò dalla figlia di Milhān e si addormentò. Quando si svegliò sorridendo, lei domandò: "O Profeta di Dio! Che cosa ti ha fatto sorridere?"; rispose: "Ho visto (in sogno) alcune persone tra i miei seguaci, che stavano viaggiando per mare per la causa di Dio, ed

---

momento il pellegrino è in stato di consacrazione; la sua frase, ripetuta, è: "Vengo a te, mio Signore, vengo a te" (*labbaika, ya Rabbi, labbaika*). Giunto alla Mecca, si reca alla moschea passando da una delle porte che immettono sulla grande piazza e si dirige verso la Pietra Nera (v. *Ka'ba*) che bacerà o toccherà; fa quindi sette volte il giro della *Ka'ba* pronunciando formule pie; dopo una preghiera presso uno dei quattro *maqām* (v. voci), esce dalla moschea e prende la strada che unisce i due poggi di *al-Safā'* e di *al-Marwa*, compiendo il percorso (*sa'y*) (v. voce) a passo svelto per sette volte. Il periodo di quattro giorni è così impiegato: primo giorno (7 del mese), predica del *qadi* (v. voce); secondo giorno (8 del mese), visita alla piana di *'Arafāt* (v. voce); terzo giorno (9 del mese), sosta (*wuqūf*) durante la quale il pellegrino, diritto al cospetto di Dio, recita formule pie sotto la direzione di un imam(v. voce), che pronuncia una delle quattro prediche solenni. Al calar del sole il pellegrino si reca di corsa (*ifāda*) a Muzdalifa, località tra *'Arafa* e Minā, dove trascorre la notte e al levar del sole si reca a Minā; quarto giorno (10 del mese), è il giorno dei sacrifici (*'īd al-adhā*) (v. voce), celebrato non solo dai pellegrini ma in tutto il mondo musulmano. Dopo un'ultima *tawāf* attorno alla *Ka'ba*, il pellegrinaggio termina>>. Condizioni per compiere il Pellegrinaggio: 1-Essere musulmano 2-Essere nel pieno delle proprie facoltà mentali. 3-Essere fisicamente sano. 4-Essere fisicamente maturo. 5-Trovarsi nella condizione economica per supportare la sua famiglia durante la propria assenza. 6-Trovarsi nella condizione economica per pagare il viaggio.

assomigliavano a dei re sui loro troni". Disse: "O Profeta! Invoca Dio affinché mi renda una di loro". Poi il Profeta (ﷺ) – (dopo essersi addormentato di nuovo e svegliato) sorrise e lei gli rivolse la medesima domanda e lui diede la medesima risposta. Lei disse: "Invoca Dio affinché mi renda una di costoro". Rispose: "Tu sarai tra il primo gruppo e non tra il secondo". Successivamente costei sposò 'Ubāda bin As-Samit e poi partì per mare con bint Qaraza, la sposa di Mu 'āwiya. Al suo ritorno, montò sulla sua cavalcatura, che la disarcionò. Costei morì in seguito alla caduta>>.

(64) Capitolo. La scelta della moglie che accompagnerà un uomo che si reca in battaglia

2879. Āishah (che Dio si compiaccia di lei) ci ha tramandato: <<Ogni volta che il Profeta (ﷺ) intendeva partire per un viaggio, era solito tirare a sorte tra le sue mogli e portava con sé colei che veniva sorteggiata. Una volta, prima di partire per una spedizione, triò a sorte e venni sorteggiata io. Così partii con il Profeta (ﷺ) e questo avvenne dopo la rivelazione del versetto relativo all'*Hijāb*[38]>>.

---

[38] Il Sacro Corano 33:53: <<O credenti, non entrate nelle case del Profeta per consumare un pasto, fino a quando non vi è stato dato il permesso e non arrivate troppo presto attendendo la sua preparazione. Quando siete invitati, entrate e, dopo aver consumato il pasto, andate via, senza cercare dei colloqui famigliari. Questo tipo di comportamento annoia il Profeta. Egli si vergogna a mandarvi via, ma Dio non ha vergogna di raccontarvi il vero. Quando domandate qualcosa alle sue mogli, fatelo da dietro un velo. Questo è molto più puro per i vostri e per i loro cuori. Non è giusto che disturbiate il Profeta di Dio o che possiate sposare le sue vedove. Questo è un gravissimo peccato davanti a Dio>>; 33:59: <<O Profeta, di' alle tue mogli, alle tue figlie e alle credenti di coprirsi con i veli, quando escono di casa. Questa è la cosa

(65) Capitolo. L'impegno strenuo delle donne sulla via di Dio insieme agli uomini

2880. Anas (che Dio si compiaccia di lui) ci ha tramandato: <<Nel giorno (della battaglia) di Uhud, quando alcune persone si ritirarono e lasciarono il Profeta (ﷺ), ho visto Āishah bint Abī Bakr ed Umm Sulaim con le vesti raccolte -i monili intorno alle loro caviglie erano visibili- che si affrettavamo con le borracce d'acqua (in un'altra narrazione di afferma: "che portavano le borracce dell'acqua sulle loro schiene). Poi versavano l'acqua nelle bocche delle persone e, dopo averle riempite di nuovo, tornavano a porgere loro da bere>>.

(66) Capitolo. Le donne che portano, nel mezzo della battaglia, delle borracce piene di acqua, per dare da bere alle persone.

2881. Tha 'laba bin Abī Mālik ci ha tramandato: <<'Umar bin Al-Khattāb distribuì dei capi di vestiario tra le donne di Medina. Rimase una veste di qualità ed uno di coloro che si trovavano con lui disse: "O capo dei credenti! Dona questa veste a tua moglie, la nipote del Profeta (ﷺ)". Intendevano Umm Kulthūm, la figlia di 'Alī. 'Umar disse: "Umm Salīt ne ha un diritto maggiore. Costei era tra le donne ansari che diedero la *Bai'a* al Profeta (ﷺ)". 'Umar disse: "Costei era solita portare le borracce piene di acqua per darci da bere nel giorno di Uhud">>.

---

più conveniente, affinché non siano riconosciute e non siano molestate. Dio è Perdonatore, Misericordioso>>.

(67) Capitolo. Il trattamento dei feriti da parte delle donne nel corso delle battaglie

2882. Ar-Rubaī' bint Mu 'awwidh ci ha tramandato: <<Eravamo in compagnia del Profeta (ﷺ) e ci occupavamo dei feriti dando loro dell'acqua e portando sia i morti che i feriti (a Medina)>>.

(68) Capitolo. Sulle donne che portano indietro coloro che sono stati feriti ed uccisi

2883. Ar-Rubaī' bint Mu 'awwidh ci ha tramandato: <<Eravamo solite prendere parte alle battaglie con il Profeta (ﷺ), porgendo l'acqua alle persone ed occupandoci di loro. Poi portavamo anche i morti ed i feriti indietro a Medina>>.

(69) Capitolo. Relativamente al rimuovere una freccia dal corpo

2884. Abū Mūsa (che Dio si compiaccia di lui) ci ha tramandato: <<Abū 'Āmir venne colpito da una freccia nel ginocchio. Quando mi recai da lui, mi domandò di rimuovere la freccia. Quando la rimossi, cominciò a scorrere del siero. Allora andai dal Profeta (ﷺ) e glielo raccontai. Egli disse: "O Dio! Perdona 'Ubaid Abū Amir">>.

(70) Capitolo. La vigilanza durante le battaglie per la causa di Dio.

2885. Āishah (che Dio si compiaccia di lei) ci ha tramandato: <<Una notte il Profeta (ﷺ) era rimasto sveglio e, quando raggiunse Medina, disse: "Che, un uomo pio tra i miei compagni, vegliasse su di me questa notte!"; improvvisamente udimmo il rumore delle armi. Quando il Profeta (ﷺ) chiese: "Chi è?", la persona rispose: "Sono Sa 'd bin Abī Waqqās e sono giunto per vegliare su di te". Così il Profeta (ﷺ) andò a dormire>>.

2886. Abū Hurairah (che Dio si compiaccia di lui) ci ha tramandato che il Profeta (ﷺ) ha affermato: <<Che lo schiavo del *Dīnār* e del *Dirham*, della *Qatīfa* e della *Khamīsa*[39] perisca perché, se gli vengono date queste cose, se ne compiace; nel caso contrario, se ne dispiace>>.

2887. Abū Hurairah (che Dio si compiaccia di lui) ci ha tramandato che il Profeta (ﷺ) ha affermato: <<Che lo schiavo del *Dīnār* e del *Dirham*, della *Qatīfa* e della *Khamīsa* perisca perché, qualora gli vengono date queste cose, se ne compiace; in caso contrario, invece, se ne dispiace. Che una tale persona perisca e cada; e, qualora sia punto da una spina, che non trovi alcuno che la rimuova da lui. La *tuba* (tutto il tipo di felicità o un albero in Paradiso) è per colui che tiene le redini del suo cavallo per impegnarsi strenuamente sulla via di Dio, con i capelli incolti ed i piedi coperti di polvere. Se costui viene posto nell'avanguardia, è completamente soddisfatto di un posto nell'avanguardia. Se invece viene posto nella retroguardia, accetta questo incarico con soddisfazione. Se

---

[39] Con quest'espressione ci si riferisce a qualcuno che è schiavo del denaro e degli abiti costosi, ossia del lusso.

domanda permesso, non gli viene concesso e, qualora interceda, la sua intercessione non viene accettata>>.

(71) Capitolo. Relativamente al servizio durante le battaglie

2888. Anas (che Dio si compiaccia di lui) ci ha tramandato: <<Mi trovavo in compagnia di Jarīr bin 'Abdullāh nel corso di un viaggio e costui era solito servirmi, sebbene fosse più anziano di me. Jarīr disse: "Ho visto gli Ansari comportarsi nel medesimo modo (ossia mostrare profondo rispetto e grande riverenza al Profeta ﷺ) per cui ho giurato che, ogni volta incontrerò uno di loro, lo servirò">>.

2889. Anas bin Mālik (che Dio si compiaccia di lui) ci ha tramandato: <<Mi sono recato con il Profeta (ﷺ) a Khaibar per servirlo. Quando poi il Profeta (ﷺ) ritornò, alla vista della montagna di Uhud, disse: "Questa montagna ci ama e noi l'amiamo". Poi fece segno verso Medina con la mano e disse: "O Dio! Rendi la zona tra le due montagne di Medina un santuario proprio come Ibrāhīm ha fatto con la Mecca. O Dio! Benedici il nostro *Sā'* ed il nostro *Mudd*">>.

2890. Anas (che Dio si compiaccia di lui) ci ha tramandato: <<Ci trovavamo con il Profeta (ﷺ) – nel corso di un viaggio- e l'unica ombra di cui poteva godere era quella della sua stessa veste. Coloro che osservavano il digiuno non compivano alcun lavoro, mentre coloro che non digiunavano si occupavano dei cammelli, portando loro l'acqua, e curavano i malati ed (i feriti). Allora il Profeta (ﷺ) disse: "Oggi coloro che non stanno osservando il digiuno, hanno guadagnato l'intera ricompensa">>.

(72) Capitolo. La superiorità di colui che porta il bagaglio dei suoi compagni nel corso di un viaggio

2891. Abū Hurairah (che Dio si compiaccia di lui) ci ha tramandato che il Profeta (ﷺ) ha affermato: <<La carità è obbligatoria ogni giorno per ogni giuntura dell'essere umano. Se una persona ne aiuta un'altra nelle faccende concernenti la sua cavalcatura, aiutandolo a salirvi o ponendovi sopra il suo bagaglio, la sua azione sarà considerata come un atto di carità. Una buona parola e ogni passo che si compie per assolvere alla *Salāt*, viene considerato come un atto di carità, e guidare qualcuno sulla strada è considerato come un atto di carità>>.

(73) Capitolo. La superiorità di proteggere (i musulmani dagli infedeli) per un giorno nella causa di Dio

Relativamente al versetto: <<O voi che credete, perseverate nella pazienza e nella costanza. Incitatevi nella perseveranza, fortificatevi a vicenda e temete Dio, affinché possiate prosperare>>[40].

2892. Sahl bin Sa'd As-Sā'idī (che Dio si compiaccia di lui) ci ha tramandato che il Profeta di Dio (ﷺ) ha affermato: <<Proteggere i musulmani dagli infedeli per la causa di Dio per un intero giorno è migliore del mondo e di tutto quello che si trova sulla sua superfice. Un luogo in Paradiso tanto piccolo quanto quello occupato dalla frusta di uno di voi è migliore del mondo e di quanto si trova sulla sua superfice. Un viaggio

---

[40] Il Sacro Corano 3:200.

al mattino ed alla sera che un servo compie per la causa di Dio è migliore del mondo e di tutto quello che si trova sulla sua superfice>>.

(74) Capitolo. Relativamente a colui che parte per una battaglia accompagnato da un giovane servo

2893. Anas bin Mālik (che Dio si compiaccia di lui) ci ha tramandato che il Profeta (ﷺ) disse ad Abū Talha: <<Scegli uno dei nostri ragazzi per servirmi fino alla spedizione di Khaibar". Abū Talha mi scelse e mi fece viaggiare dietro di lui sulla sua cavalcatura. A quel tempo ero un ragazzino vicino all'età della pubertà. Ero solito servire il Profeta (ﷺ) quando si fermava per riposarsi. Spesso lo ho sentito affermare: "O Dio! Mi rifugio in Te dalla preoccupazione, dalla tristezza, dalla disperazione e dalla pigrizia, dalla avarizia e dalla pusillanimità e dall'essere sopraffatto dagli altri uomini". Quando giungemmo a Khaibar e Dio gli concesse di conquistare ila fortezza, gli venne descritta la bellezza di Safīyya bint Huyaī bin Akhtab. Mentre lei era ancora una sposa, suo marito era stato ucciso. Il Profeta (ﷺ) la scelse per se stesso e la condusse con sé fino a quando giungemmo presso un luogo chiamato Sad As-Sahbā, dove le sue perdite mensili cessarono. Il Profeta (ﷺ) la sposò e dell'*Hais* venne servito su di una piccola tovaglia di pelle. Il Profeta (ﷺ) mi disse di chiamare le persone e questo fu il banchetto di nozze del Profeta di Dio (ﷺ) e di Safīyya. Poi partimmo per Medina ed io vidi che i Profeta (ﷺ) piegò un mantello intorno alla gobba del cammello per creare uno spazio in cui Safīyya potesse sedere. Lui sedette accanto al suo cammello e lasciò che Safīyya ponesse i piedi sulle sue ginocchia per salire

sull'animale, fino a quando non ci avvicinammo a Medina. Il Profeta (ﷺ) volse lo sguardo alla montagna di Uhud e disse: "Questa montagna ci ama e noi l'amiamo". Poi volse lo sguardo verso Medina e disse: "O Dio! Rendi questa zona tra le due montagne un santuario come Ibrāhīm ha fatto con la Mecca. O Dio, benedicili con il loro Mudd ed il Sā'">>.

(75) Capitolo. Relativamente al recarsi in un viaggio in mare.

2894-2895. Anas bin Mālik (che Dio si compiaccia di lui) ci ha tramandato: <<Umm Harām mi ha raccontato che il Profeta (ﷺ) un giorno fece il riposo pomeridiano in casa sua. Poi si sveglio sorridendo. Quando Umm Harām domandò: "O Profeta di Dio! Che cosa ti ha fatto sorridere?"; rispose: "Mi sono meravigliato nel vedere (in sogno) alcuni dei miei seguaci durante un viaggio per mare, somiglianti a sovrani sui loro troni". Disse: "O Profeta! Invoca Dio affinché mi renda una di costoro"; rispose: "Tu sei tra costoro". Poi si addormentò di nuovo e si svegliò sorridendo e disse quanto aveva affermato precedentemente, due o tre volte. Costei disse: "O Profeta! Invoca Dio che mi renda una di loro". "Tu sei tra il primo gruppo". 'Ubāda bin As-Sāmit la sposò e poi la condusse con sé in una spedizione. Quando lei tornò, le venne offerto un animale come cavalcatura, ma lei cadde e si ruppe l'osso del collo (e morì)>>.

(76) Capitolo. Relativamente a chi cerca l'aiuto in guerra degli uomini poveri e pii

Ibn 'Abbās (che Dio si compiaccia di lui) ci ha tramandato che Abū Sufyān gli comunicò che Cesare gli disse: "Ti ho domandato se lo seguono le persone ricche o i poveri e tu hai affermato i poveri. In verità, costoro sono i seguaci dei profeti".

2896. Mus'ab bin Sa 'd ci ha tramandato: <<Una volta Sa 'd (che Dio si compiaccia di lui) pensò di essere superiore a quanti erano di rango inferiore. Il Profeta (ﷺ) allora disse: "La vostra vittoria ed il sostentamento dipendono (dalle benedizioni e dalle invocazioni) dei poveri tra di voi">>.

2897. Abū Sa'īd Al-Khudrī (che Dio si compiaccia di lui) ci ha tramandato che il Profeta (ﷺ) ha affermato: <<Giungerà un tempo in cui dei gruppi di persone partiranno per l'impegno strenuo sulla via di Dio e sarà domandato loro: "Vi è tra di voi qualcuno che ha goduto della compagnia del Profeta (ﷺ)?"; la risposa sarà affermativa e Dio concederà loro la vittoria. Poi giungerà un tempo, in cui sarà domandato: "Vi è qualcuno tra di voi che ha goduto della compagnia dei compagni dei compagni del Profeta (ﷺ)?"; risponderanno affermativamente e Dio concederà loro la vittoria">>.

(77) Capitolo. Relativamente al non affermare di qualcuno che è un martire

Abū Hurairah (che Dio si compiaccia di lui) ci ha tramandato che il Profeta (ﷺ) ha affermato: <<Dio ben conosce chi combatte per la Sua causa e chi viene ferito per la Sua causa>>.

2898. Sahl bin Sa 'd As-Sā 'idī (che Dio si compiaccia di lui) ci ha tramandato: <<Il Profeta di Dio (ﷺ) ed i *Mushrikūn* s'incontrarono in battaglia e cominciarono a combattere. Quando il Profeta di Dio (ﷺ) ed i *Mushrikūn* tornarono ai

rispettivi accampamenti, qualcuno parlò di uno dei compagni del Profeta (ﷺ) che aveva seguito ed ucciso con la sua spada ogni *Mushrik* che procedeva da solo. Costui (o costoro) disse: "Nessuno ha combattuto oggi come costui!"; il Profeta (ﷺ) però disse: "Costui è uno degli abitanti dell'Inferno". Un uomo disse: "Lo seguirò (per vedere come si comporta)". Allora lo accompagnò e, ovunque si fermasse, si fermava anche lui e, qualora corresse, correva anche lui. Poi l'uomo venne seriamente ferito e si affrettò a morire. Pose la lama della spada al suolo con la punta acuminata diretta verso il centro del petto. Poi si adagiò sulla spada e si uccise. L'altro uomo si recò dal Profeta di Dio (ﷺ) e disse: "Testimonio che sei il Profeta di Dio (ﷺ)". Il Profeta (ﷺ) domandò: "Che cosa è accaduto?"; rispose: "(Riguarda) l'uomo che hai descritto come uno degli abitanti dell'Inferno. Le persone erano rimaste molto sorprese dalle tue parole ed io dissi: 'Scoprirò la sua vera natura'. Così andai a cercarlo. Costui venne ferito gravemente e si procurò una morte più veloce piantando la lama della sua spada nel terreno e dirigendone la punta acuminata verso il petto. Poi si è adagiato sulla sua spada e si è ucciso". Il Profeta di Dio (ﷺ) ha affermato: "Una persona potrebbe apparire alle persone come se stesse compiendo le opere degli abitanti del Paradiso, mentre in realtà appartiene agli abitanti del Fuoco. Un altro invece potrebbe apparire alle persone come se stesse compiendo le opere degli abitanti dell'Inferno, mentre in realtà appartiene a quelli del Paradiso">>.

(78) Capitolo. L'esortazione rivolta agli arcieri

Relativamente al versetto: <<Contro di loro preparate la vostra forza nella sua forma migliore, inclusi i destrieri da guerra, per gettare il terrore nei cuori dei nemici di Dio, dei vostri e anche di altri, che forse non conoscete, ma che Egli ben conosce. Qualunque cosa spenderete nella causa di Dio, vi sarà ripagata e non sarete trattati ingiustamente>>[41].

2899. Salama bin Al-Akwa' (che Dio si compiaccia di lui) ci ha tramandato: <<Il Profeta (ﷺ) passò accanto ad alcuni membri della tribù dei Banī Aslam, che stavano praticando il tiro con l'arco. Il Profeta (ﷺ) allora disse: "O Banī Ismā 'īl! Praticate il tiro con l'arco perché il vostro antenato Ismā 'īl era un grande arciere. Continuate a tirare le frecce perché io sono con i Banī tali e tali". Allora un'altra squadra smise di tirare ed il Profeta di Dio (ﷺ) disse: "Che cosa vi è accaduto? Perché avete smesso di tirare con l'arco?"; risposero: "Come possiamo tirare se tu sei dalla loro parte?". Il Profeta (ﷺ) allora disse: "Tirate perché sono dalla parte di tutti voi">>.

2900. Abū Usaid (che Dio si compiaccia di lui) ci ha tramandato: <<Nel giorno (della battaglia) di Badr, quando stavamo disposti in ranghi contro l'esercito dei Quraysh e loro si erano schierati contro il noi, il Profeta (ﷺ) disse: "Quando si avvicinano a voi, scoccate contro di loro delle frecce">>.

---

[41] Il Sacro Corano 8:60.

(79) Capitolo. Relativamente al giocare con i giavellotti o con armi simili

2901. Abū Hurairah (che Dio si compiaccia di lui) ci ha tramandato:<<Mentre alcuni Etiopi stavano compiendo degli esercizi di destrezza alla presenza del Profeta (ﷺ), 'Umar entrò, prese una pietra e li colpì. Il Profeta (ﷺ) gli disse: "O 'Umar! Lasciali stare!">>. Ma 'mar (il sub-narratore) aggiunse che stavano compiendo degli esercizi di destrezza nella moschea.

(80) Capitolo. Sullo scudo e sul proteggersi con lo scudo del proprio compagno

2902. Anas bin Mālik (che Dio si compiaccia di lui) ci ha tramandato: <<Abū Talha ed il Profeta (ﷺ) erano soliti proteggersi con un unico scudo. Abū Talha era un buon arciere e, quando scoccava le sue frecce, il Profeta (ﷺ) volgeva lo sguardo verso il bersaglio cui erano rivolte>>.

2903. Sahl (che Dio si compiaccia di lui) ci ha tramandato: <<Quando l'elmetto del Profeta (ﷺ) venne rotto sul suo capo ed il sangue gli ricoprì il volto ed uno dei suoi denti frontali si ruppe, 'Alī portò dell'acqua nel suo scudo e Fatima lo lavò. Però, quando vide che il sanguinamento aumentava a causa dell'acqua, prese un tappeto, lo bruciò e con le sue ceneri riempì la ferita del Profeta (ﷺ), che cessò di sanguinare>>[42].

---

[42] Quest'episodio avvenne nella battaglia di Uhud. Cfr. V. Salierno, *Dizionario dell'Islam*, Roma 2018: <<Uḥud, pianura di fronte a Medīna dove nel 625 avvenne uno scontro tra i Meccani e i seguaci del Profeta; nella battaglia, perduta dai musulmani, fu ferito lo stesso Profeta. Nel Corano, III, 155, si attribuisce la sconfitta all'indisciplina e alla viltà di alcuni combattenti: "E

2904. ʿUmar (che Dio si compiaccia di lui) ci ha tramandato: <<Le proprietà dei Banī An-Nadīr[43], che Dio aveva consegnato al Suo Profeta (ﷺ) come *Faī*[44], non vennero conquistate dai musulmani con i loro cavalli o cammelli. Quelle proprietà, quindi, appartenevano al Profeta di Dio (ﷺ) che le utilizzava per provvedere alle spese annuali della sua famiglia, mentre il denaro rimanente veniva impiegato per l'acquisto di armi e cavalli da utilizzare sulla via di Dio>>.

2905. ʿAlī (che Dio si compiaccia di lui) ci ha tramandato: <<Non ho mai visto il Profeta (ﷺ) affermare: "Che i miei genitori siano sacrificati per te" a nessun uomo dopo Sa ʿd. Lo ho udito dirgli: "Tira (le frecce)! Che i miei genitori sacrifichino la loro vita per te!">>.

(81) Capitolo. Sullo scudo di pelle

2906. Āishah (che Dio si compiaccia di lei) ci ha tramandato: <<Il Profeta di Dio (ﷺ) giunse a casa mia, mentre due ragazze stavano cantando accanto a me le canzoni di Bu ʿath[45]. Il

---

quelli di voi che, il dì che si scontrarono gli eserciti, si trassero indietro, fu Satana a farli cadere, per qualche colpa che avevano commesso; ma Dio ha loro perdonato, perché Dio è clemente e indulgente">>.

[43] Cfr. V. Salierno, *Dizionario dell'Islam*, Roma 2018: <<Banū Nadhīr, tribù ebraica di Medīna dedita all'agricoltura: nel 626 fu costretta dal Profeta all'esilio, dopo il tradimento del patto stretto precedentemente>>.

[44] Bottino conquistato senza combattere. Cfr. Il Sacro Corano 59:6: <<Qualsiasi cosa Dio abbia concesso, [spetta] al Suo inviato. Non avete fatto correre né cavalli né cammelli [per conquistarlo]. Dio concede ai Suoi messaggeri potere su chi desidera. Egli detiene il potere su tutte le cose>>.

[45] Ci si riferisce alla Battaglia di *Buʿāth* avvenuta nel 617 d.C. poco prima dell'*Hijrah* del Profeta (ﷺ). Cfr. S. Lei, *Muhammad, il Profeta dell'Islam (pace e benedizioni su di lui). Una guida completa dall'inizio della rivelazione all'Hijrah*, Roma 2018, 174-175: "In occasione della Battaglia di Buʿāth, gli Aws ed i

Profeta (ﷺ) si distese sul letto e volse il viso dall'altro lato. Abū Bakr giunse, mi rimproverò e disse adirato: "Gli strumenti di Satana alla presenza del Profeta di Dio?"; il Profeta (ﷺ) volse il volto verso di lui e dissi: "Lasciale". Quando Abū Bakr distolse l'attenzione, feci segno alle ragazze di andare via e loro uscirono>>.

2907. Āishah (che Dio si compiaccia di lei) ha aggiunto: <<Era il giorno di 'Eīd e gli Etiopi stavano compiendo uno spettacolo di destrezza con gli scudi di pelle e le spade. Domandai al Profeta di Dio (ﷺ) -o lui mi domandò se volessi vedere lo spettacolo- e risposi affermativamente. Poi mi consentì di stare dietro di lui e la mia guancia toccava la sua, mentre diceva: "Andate avanti, o Banī Arfida!". Quando mi stancai, mi domandò se fosse abbastanza. Risposi affermativamente e lui mi disse di andare via>>.

Khazraj combatterono fino all'ultimo uomo. Durante quella battaglia, che nominalmente venne vinta dagli Aws, il generale dell'esercito Abū Usayd manifestò il proposito di distruggere il clan avversario, uccidendo indiscriminatamente donne e bambini e bruciando i loro frutteti e palmizi. Abū Qays ibn al-Aslat però lo indusse a desistere dal suo proposito, dicendo: "Costoro professano la tua stessa religione. È meglio per te che rimangano vivi. Saranno per te dei vicini migliori delle volpi e delle belve da preda del deserto". Sia gli Aws che i Khazraj uscirono dal conflitto indeboliti socialmente, economicamente e politicamente. Perdettero anche il prestigio di fronte alle altre tribù arabe perché la maggior parte dei loro leader perirono durante la guerra ed i due clan, ormai privati dei loro uomini più valenti, si trovavano ancora di più sottomessi al controllo delle tribù ebraiche di Yathrib. A questo proposito ci è stato tramandato che 'Āishah ha osservato: "La battaglia di Bu'āth ha preparato il terreno per l'accettazione dell'Islam e del Profeta (pbsl) da parte degli abitanti di Yathrib. La maggior parte dei leader dei Khazraj e degli Aws furono uccisi e le due tribù emersero dal conflitto esauste e divise. Avevano un grande bisogno di iniziare una nuova vita su basi di pace e sotto la guida di un leader comune e saggio">>.

(82) Capitolo. Le strisce per appendere le spade e le spade che pendono dal collo

2908. Anas (che Dio si compiaccia di lui) ci ha tramandato: <<Il Profeta (ﷺ) era la persona migliore e più coraggiosa. Una volta gli abitanti di Medina, durante la notte, furono colti da un grande spavento e così si diressero in direzione del rumore (che li aveva spaventati così tanto). Il Profeta (ﷺ) li incontrò, dopo che aveva scoperto la causa che aveva prodotto quel rumore. Stava cavalcando senza sella su di un cavallo che apparteneva ad Abū Talha ed una spada gli pendeva dal collo, ed affermava: "Non abbiate paura! Non abbiate paura!". Poi aggiunse: "Ho trovato questo cavallo molto veloce", oppure disse: "Questo cavallo è molto veloce">>.

(83) Capitolo. (Che cosa si afferma relativamente) alla decorazione delle spade

2909. Abū Umāma ci ha tramandato: <<Alcune persone conquistarono molti paesi e le loro spade non erano decorate né con oro e nemmeno con dell'argento, ma con pelle, piombo e ferro>>.

(84) Capitolo. Relativamente all'appendere la propria spada ad un albero durante il riposo pomeridiano

2910. Jābir bin ʿAbdullāh (che Dio si compiaccia di lui) ci ha tramandato di essersi recato insieme al Profeta di Dio (ﷺ) verso Najd per partecipare ad una *Ghazwa*. Quando il Profeta di Dio (ﷺ) ritornò, lo fece anche lui. Giunse mezzogiorno mentre si trovavano in una valle in cui vi erano molti alberi spinosi. Il Profeta di Dio (ﷺ) e le persone scesero dalla loro cavalcatura e si disposero per riposare all' ombra degli alberi. Il Profeta di Dio (ﷺ) si riposò all'ombra di un albero, dove appese la sua spada. Tutti noi ci addormentammo ed improvvisamente udimmo il Profeta di Dio (ﷺ) che ci chiamava. (Ci svegliammo) e vedemmo che un beduino era insieme a lui. Il Profeta (ﷺ) disse: "Questo beduino ha preso la mia spada mentre stavo dormendo e, quando mi sono svegliato, aveva la spada sguainata nella mano e mi minacciava dicendo: "Chi ti salverà da me?"; ho risposto tre volte: "Dio". Il Profeta (ﷺ) non lo punì e lo lasciò sedere lì>>.

(85) Capitolo. Relativamente all'indossare un elmetto

2911. Sahl (che Dio si compiaccia di lui) ci ha tramandato che gli vennero rivolte delle domande relative alla ferita del Profeta (ﷺ) nel giorno della battaglia di Uhud[46]. Disse: "Il volto del Profeta (ﷺ) è stato ferito ed uno dei suoi denti

---

[46] Montagna nei pressi di Medina, sulla cui pianura nel 625 d.C. si svolse la battaglia tra i musulmani ed i Quraysh. Dopo una prima vittoria parziale delle truppe musulmane, la mancanza di disciplina dei soldati ed un'eccessiva sottovalutazione dell'avversario condussero ad un ribaltamento della situazione ed i musulmani subirono una parziale sconfitta. Durante la battaglia lo stesso Profeta (ﷺ) venne ferito e si diffuse la falsa notizia che fosse deceduto. Cfr. Il Sacro Corano 3:155: <<Satana ha fatto fallire coloro, tra di voi, che si sono voltati indietro, quando i due nemici si sono incontrati, a causa del male che hanno compiuto. Dio ha cancellato i loro peccati. Egli è Perdonatore, Misericordioso>>; 3:144: <<Muhammad è solo un messaggero. Molti sono i messaggeri che sono passati prima di lui. Se morisse o fosse ucciso, tornerete forse sui vostri passi? Se qualcuno di voi si voltasse indietro, non farebbe nessun danno a Dio. Però, Dio velocemente ripagherà coloro che Lo servono con gratitudine>>.

incisivi si ruppe e l'elmetto che aveva sul capo si spaccò. Fatima (che Dio si compiaccia di lei) ripulì il sangue, mentre 'Alī (che Dio si compiaccia di lui) teneva l'acqua. Quando vide che il sanguinamento stava aumentando, (Fatima) bruciò un tappeto (fatto di foglie di palma) fino a quando non si trasformò in cenere, con cui riempì la ferita che cessò di sanguinare>>.

(86) Capitolo. Relativamente a chi non ritiene ragionevole rompere le armi e macellare gli animali di una persona deceduta.

2912. 'Amr bin Al-Hārith ci ha tramandato: <<Il Profeta (ﷺ), dopo la sua morte, non ha lasciato altro che le sue armi, il suo mulo bianco ed un appezzamento di terra a Khaibar che dispose venisse dato in carità>>.

(87) Capitolo. Relativamente al disperdersi delle persone lontano dall'*Imām* a mezzogiorno per riposarsi sotto l'ombra degli alberi

2913. Jābir bin 'Abdullāh (che Dio si compiaccia di lui) ci ha tramandato di aver partecipato alla *Ghazwa* in compagnia del Profeta di Dio (ﷺ). Era mezzogiorno quando si trovavano in una valle piena di alberi spinosi. Le persone si sparsero per riposare all'ombra degli alberi. Anche il Profeta (ﷺ) si distese sotto un albero e, dopo avervi appeso la spada, si addormentò. Poi si svegliò e trovò vicino a lui un uomo, la cui presenza non aveva notato precedentemente. Il Profeta (ﷺ) disse: "Quest'uomo ha sfoderato la mia spada ed ha affermato: 'Chi ti salverà da me?'; ho risposto: 'Dio'. Allora ha riposto la spada nella sua custodia e si è messo lì a sedere. Comunque, il Profeta (ﷺ) non lo ha punito>>.

(88) Capitolo. Che cosa si afferma relativamente alle lance

Ibn 'Umar ci ha tramandato che il Profeta (ﷺ) ha affermato: "Il mio sostentamento si trova sotto l'ombra della mia spada e colui che disubbidisce ai miei ordini sarà umiliato[47] con il pagamento della *Jizya[48]*".

---

[47] Cfr. Il Sacro Corano 9:29: << Combattete contro coloro che, tra i popoli della Scrittura, non credono in Dio e nell'Ultimo Giorno, che non considerano proibito ciò che Dio ed il Messaggero hanno proibito e non riconoscono la religione della verità fino a quando non pagheranno la jizya con sottomissione volontaria e si sentiranno sconfitti>>. Cfr. S. Lei, *Le comunità religiose non-musulmane nel mondo islamico. Un'introduzione storica*, Roma 2019, 25-27: << Alcuni studiosi hanno interpretato l'ultima parte del versetto come attestante una sorta di inferiorità religiosa e sociale degli ahl al-dhimma. Per questa ragione hanno ritenuto che il pagamento della jizya dovesse essere interpretato come il simbolo tangibile della loro umiliazione conseguente alla sconfitta e del loro status inferiore all'interno della comunità islamica. Nell'ultima frase di questo versetto24 compare infatti il termine arabo "sighar", tradotto spesse volte con "umiliazione". Ad esempio, Zamakhshari (1075-1144 d.C.) ha espressamente affermato che il pagamento della jizya costituiva un simbolo dell'umiliazione e dell'inferiorità degli ahl al-dhimma rispetto alla comunità musulmana: "La jizya deve essere esatta da costoro con umiliazione e severità. Egli [il dhimmi] deve giungere di persona, a piedi e non a cavallo. Quando paga, deve poi restare in piedi, mentre l'esattore della tassa deve restare seduto. Quest'ultimo deve inoltre prenderlo [il dhimmi] per la nuca e, dopo averlo scosso, deve dirgli: <<Paga la Jizya>> e, quando costui paga, deve essere percosso sulla nuca". La severa opinione di Zamakhshari, che riflette la difficile epoca in cui venne espressa, non è però condivisa da giuristi quali Abu 'Ubayd (770-838 d.C.) ed Abu Yusuf (731-808 d.C.), secondo i quali rispettivamente: "I dhimmi non debbono essere oberati al di là delle loro possibilità e non si deve arrecare loro alcuna sofferenza"; "Nessuno degli appartenenti agli ahl al dhimma deve essere percosso per esigere da lui il pagamento della jizya e nemmeno deve essere torturato o fatto stare sotto il sole cocente. Costoro debbono essere trattati invece con clemenza". Secondo l'autorità di Ibn Qayyim28, inoltre, il termine "saghirun" non indicherebbe alcuna forma di disprezzo o di attestazione d'inferiorità dei popoli del libro, che scelgono di sottomettersi al governo musulmano, ma semplicemente l'obbligo del pagamento di una tassa al fine di godere della protezione militare del governo. In cambio della protezione militare, il governo islamico domandava quindi alle comunità non-musulmane residenti nei territori da lui governati lealtà ed obbedienza verso il potere costituito. Seguendo questa linea interpretativa, Muhammad Asad29 ha ritenuto infatti che il termine debba essere tradotto con l'espressione "tassa

2914. Abū Qatāda (che Dio si compiaccia di lui) ci ha tramandato che si trovava in compagnia del Profeta di Dio (ﷺ) e, quando avevano percorso parte della strada verso la Mecca, lui ed alcuni dei suoi compagni rimasero indietro. Costoro avevano assunto l'*Iḥrām*[49], ma non lui. Così, quando vide un asino selvatico, prese il suo cavallo e domandò ai suoi compagni di porgergli la sua frusta, ma loro si rifiutarono. Poi domandò loro di dargli la sua lancia, ma anche questa volta si rifiutarono. Allora la prese da solo, attaccò l'onagro e lo uccise. Alcuni dei compagni del Profeta (ﷺ) ne mangiarono, mentre altri si rifiutarono di farlo. Quando si riunirono al

---

di esenzione", in quanto la sua finalità era quella di esentare i dhimmi dal partecipare alla difesa militare dello stato, un compito che, tranne per alcune eccezioni esaminate successivamente, spettava esclusivamente ai membri comunità islamica>>.

[48] Il termine Jizya deriva dall'arabo *jaza* (ricompensa) ed indica qualcosa che viene dato in cambio della protezione garantita dal governo islamico. Cfr. Ameer Ali, *The Spirit of Islam*, Rome 2018, 112: "Muhammad did not merely preach toleration; he embodied it into a law. To all conquered nations he offered liberty of worship. A nominal tribute was the only compensation they were required to pay for the observance and enjoyment of their faith. Once the tax or tribute was agreed upon, every interference with their religion or the liberty of conscience was regarded as a direct contravention of the laws of Islam". I. R. Faruqi, L. L. Faruqi, *The Cultural Atlas of Islam*, 1886, 191: "The honour with which Islam regards Judaism and Christianity, their founders and scriptures, is not mere courtesy but acknowledgement of religious truth. Islam sees them not as other views, which it has to tolerate, but as standing de jure, as truly revealed religions from God...In this, Islam is unique, for no religion in the world has yet made belief in the truth of other religion as a necessary condition of its own faith and witness".

[49] Cfr. V. Salierno, *Dizionario dell'Islam*, Roma 2018: <<*Iḥrām*, abito speciale indossato per il pellegrinaggio alla Mecca; per gli uomini è composto di due pezzi di stoffa senza cuciture, uno per i lombi fino alle ginocchia, l'altro per coprirsi le spalle; per le donne si prescrive una normale *abaya* ed *hijāb*, che però deve lasciare il volto scoperto>>. Indossare l'*iḥrām* implica per il credente l'entrata in una condizione sacrale che precede l'inizio vero e proprio dell'*Hajj* o dell'*Umra* (visitazione o pellegrinaggio minore).

Profeta di Dio (ﷺ), gli rivolsero delle domande in merito e lui disse: "Questo è un pasto con cui Dio stesso vi ha nutrito". (Si dice anche che il Profeta (ﷺ) ha domandato: "Avete una parte della sua carne?")>>.

(89) Capitolo. Che cosa si afferma relativamente all'armatura del Profeta (ﷺ) ed alla cotta di maglia durante la battaglia.

Il Profeta (ﷺ) ha affermato: <<Khālid ha conservato la sua armatura per la causa di Dio>>.

2915. Ibn 'Abbās (che Dio si compiaccia di lui) ci ha tramandato: <<Il Profeta (ﷺ), mentre si trovava in una tenda (nel giorno della battaglia di Badr), disse: "O Dio! Ti domando di adempiere al Tuo patto ed alla Tua promessa. O Dio! Se questa è la Tua volontà, nessuno dopo oggi adorerà Te solo". Abū Bakr allora lo prese per mano e disse: "È abbastanza, o Profeta di Dio! Ti sei rivolto al tuo Signore in modo pressante". Il Profeta (ﷺ), a quel tempo, era avvolto nella sua armatura ed uscì dicendo: "La loro moltitudine sarà indotta a fuggire e mostreranno le loro schiene. No, ma l'Ora è il tempo stabilito (per la loro piena ricompensa), e che *presto saranno messi in fuga e mostreranno le schiene. L'Ora del Giudizio è il tempo che è stato loro promesso e quell'ora sarà la più dolorosa e la più amara*"[50]>>.

Khālid disse: "Questo avvenne nel giorno della battaglia di Badr"[51].

---

[50] Il Sacro Corano 54:45-46.
[51] Battaglia svoltasi nel marzo del 624 d.C. (mese del Ramadān del secondo anno dell'*Hijrah*) tra i musulmani ed i pagani Quraysh che, pur potendo

2916. Āishah (che Dio si compiaccia di lei) ci ha tramandato: <<Il Profeta di Dio (ﷺ) morì e la sua armatura era stata ipotecata ad un ebreo per trenta *Sāʿ* di orzo>>.

2917. Abū Hurairah (che Dio si compiaccia di lui) ci ha tramandato che il Profeta (ﷺ) ha affermato: <<L'esempio di un avaro e di qualcuno che dona del denaro in carità è quello di due uomini che indossano due mantelli di ferro così stretti che le loro braccia sono costrette ad essere sollevate verso i loro colli. Ogni volta che una persona generosa dona qualcosa

---

vantare una netta maggioranza numerica rispetto ai musulmani, subirono una cocente sconfitta in cui perirono i più importanti leader della Mecca pagana. Cfr. Il Sacro Corano 3:123-125: <<Dio vi ha aiutato a Badr, quando eravate un'esigua forza. Allora temeteLo, affinché possiate mostrare la vostra gratitudine. 124-Ricordate che avete detto ai credenti: "Non è abbastanza per voi che Dio vi abbia aiutato con tremila angeli, appositamente inviati?" 125-Se rimarrete fermi ed agirete rettamente, anche se il nemico dovesse violentemente scagliarsi contro di voi, il vostro Signore vi aiuterà con cinquemila angeli guerrieri>>; 8:9: <<Ricordate quando avete implorato il soccorso del vostro Signore e Lui vi ha risposto: "Vi assisterò con mille angeli, schiera su schiera". 10-Dio lo ha reso un messaggio di speranza e una rassicurazione per i vostri cuori. Non c'è alcun aiuto che non sia da Dio. Egli è Eccelso, Saggio>>; 8:7-8: <<Dio vi ha promesso che sarebbe stato vostro uno dei partiti nemici. Avete desiderato che fosse vostro quello disarmato, ma Dio ha voluto dimostrare la verità delle Sue parole e recidere le radici dei miscredenti, 8-affinché Egli possa confermare la verità e provare la falsità di quanto è falso, anche se ciò non potrebbe piacere a coloro che si trovano nella colpa". Commenta Yusuf Alì: <<Prima della battaglia di Badr si trovavano di fronte ai musulmani due corsi di azione. Avrebbero potuto attaccare la ricca carovana proveniente dalla Siria e scortata da Abū Sufyān e quaranta uomini disarmati. Dal punto di vista terreno, questa sarebbe stata l'azione più semplice e vantaggiosa. Il secondo corso di azione, raccomandato dal Profeta (pbsl) secondo l'ispirazione ricevuta da Dio, era quello di andare incontro all'esercito di mille uomini ben equipaggiati che avanzavano dalla Mecca. I musulmani erano solo 300 e male equipaggiati, ma Dio garantì loro una magnifica vittoria>>. Cfr. *Il Significato del Sacro Corano tradotto da Abdullah Yusuf Alì*, edizione italiana a cura di S. Lei, I-II volumi, Roma 2018.

in carità, il mantello si distende e si allarga sul suo corpo così tanto da nascondere le sue tracce. Invece, quando l'avaro intende compiere un atto di carità, gli anelli (del mantello di ferro) si avvicinano gli uni agli altri e premono contro il corpo e le due mani rimangono legate alle ossa del suo collo". Abū Hurairah (che Dio si compiaccia di lui) ha udito il Profeta (ﷺ) affermare: "L'avaro cerca di allargarlo ma invano".

(90) Capitolo. Relativamente all'indossare un mantello in guerra e nel corso della guerra

2918. Al-Mughīra bin Shu 'ba (che Dio si compiaccia di lui) ci ha tramandato: <<Il Profeta (ﷺ) uscì per rispondere ad un bisogno naturale e, al suo ritorno, gli portai dell'acqua e lui compì l'abluzione indossando un mantello *Shami*. Si sciacquò la bocca e si lavò il naso aspirando dell'acqua e poi soffiandola fuori. Poi si lavò il viso. Cercò di sfilare le mani attraverso le maniche, ma erano molto strette e così le triò fuori da sotto il mantello, le lavò e passò le mani bagnate sopra i suoi calzini di pelle.

(91) Capitolo. Relativamente all'indossare della seta in guerra

2919. Anas (che Dio si compiaccia di lui) ci ha tramandato: <<Il Profeta (ﷺ) ha consentito ad 'Abdur-Rahmān bin Aūf e ad Az-Zubair d'indossare delle camicie di seta poiché avevano una malattia alla pelle che provocava prurito>>.

2920. Anas (che Dio si compiaccia di lui) ci ha tramandato: <<'Abdur-Rahmān bin Aūf e Az-Zubair si lamentarono con il Profeta (ﷺ) di un parassita (che provocava del prurito) e così diede loro il permesso di indossare degli abiti di seta. Li ho visti indossare questo tipo di abiti durante una *Ghazwa*>>.

2921. Anas (che Dio si compiaccia di lui) ci ha tramandato: <<Il Profeta (ﷺ) ha concesso ad 'Abdur-Rahmān bin Aūf e ad Az-Zubair bin Al-'Awwām di indossare della seta>>.

2922. Anas (che Dio si compiaccia di lui) ci ha tramandato: <<Venne loro concesso (d'indossare la seta) perché soffrivano di un eritema>>.

(92) Capitolo. Che cosa si afferma relativamente al coltello

2923. Umaiyya Ad-Damrī ci ha tramandato: <<Ho visto il Profeta (ﷺ) mangiare un pezzo di carne della spalla (di una pecora), tagliandone un pezzo. Quando venne chiamato per assolvere alla preghiera, la offrì senza ripetere la sua abluzione. Az-Zuhrī ha narrato come sopra ed ha aggiunto che il Profeta (ﷺ) depose il coltello>>.

(93) Capitolo. Che cosa si afferma relativamente al combattere contro Ar-Rūm

2924. Khālid bin Ma 'dān ci ha tramandato che 'Umair bin Al-Aswad Al-'Ansī gli disse di essersi recato da 'Ubāda bin As-Sāmit mentre costui si trovava nella città di Hims con Umm Harām. 'Umair disse: <<Umm Harām ci comunicò di aver udito il Profeta (ﷺ) affermare: "Sarà garantito il Paradiso al primo gruppo dei miei seguaci che intraprenderanno una spedizione per mare". Umm Harām aggiunse: "Dissi: O Profeta di Dio! Sarò tra costoro?" e lui rispose: "Sarai tra costoro". Poi il

Profeta (ﷺ) aggiunse: "Saranno perdonati i peccati della prima armata dei miei seguaci che invaderanno la città di Cesare". Domandai: "Sarò una di loro, o Profeta?", ma lui rispose negativamente>>.

(94) Capitolo. Relativamente al combattere contro gli ebrei

2925. 'Abdullāh bin 'Umar (che Dio si compiaccia di lui) ci ha tramandato che il Profeta (ﷺ) ha affermato: <<Voi musulmani combatterete contro gli ebrei fino a quando alcuni di loro si nasconderanno dietro a delle rocce. Quest'ultime però (li tradiranno) dicendo: "O servo di Dio! Vi è un ebreo dietro di me! Uccidilo">>.

2926. Abū Hurairah (che Dio si compiaccia di lui) ci ha tramandato che il Profeta di Dio (ﷺ) ha affermato: <<L'Ora non sarà stabilita fino a quando non combatterete contro gli ebrei ed una pietra, dietro alla quale si starà nascondendo uno di loro, dirà: "O musulmano! C'è un ebreo dietro di me. Uccidilo!">>.

(95) Capitolo. Relativamente al combattere contro i Turchi

2927. 'Amr bin Taghlib ci ha tramandato che il Profeta (ﷺ) ha affermato: <<Uno dei portenti dell'Ora[52] è che combatterete

---

[52] Cfr. Il Sacro Corano 6:158: <<Stanno forse aspettando di vedere se gli angeli vengono da loro o il tuo Signore o alcuni dei Suoi segni! Il giorno, in cui giungeranno alcuni dei segni del tuo Signore, non saranno di beneficio ad un'anima che crederà in quel momento, se prima non aveva creduto e non aveva agito per il bene. Di': "Aspettate, anche noi stiamo aspettando">>; 7:187: <<Ti chiedono riguardo l'ultima Ora: "Quando giungerà?"; Di': "La conoscenza si trova presso il mio Signore; solo Lui può

contro un popolo che indossa dei calzari di pelliccia; uno dei portenti dell'Ora è che combatterete contro un popolo i cui volti ampi assomiglieranno a degli scudi coperti di pelle>>.

2928. Abū Hurairah (che Dio si compiaccia di lui) ci ha tramandato che il Profeta di Dio (ﷺ) ha affermato: <<L'Ora non sarà stabilita fino a quando non combatterete contro i Turchi, un popolo con gli occhi piccoli, i volti rossastri ed il

---

rivelare quando accadrà. Sarà pesante sui cieli e sulla terra e vi coglierà all'improvviso". Ti domanderanno se ne sei stato avvertito, rispondi: "La conoscenza appartiene solo a Dio, ma la maggior parte degli uomini non lo comprende">>; 10:53: <<Cercano di informarsi con te: "È forse vero?" Di': "Per il mio Signore, questa è la verità e non potete certo vanificarla">>; 12:107: <<Sono forse sicuri che non li coglierà il velo coprente del castigo di Dio, oppure che non giunga all'improvviso l'Ora Ultima, senza che se ne accorgano>>; 15:85: <<Abbiamo creato i cieli, la terra e tutto ciò che si trova nel frammezzo secondo verità. L'Ora si avvicina. Così perdona con misericordia>>; 16:1: <<Il giudizio di Dio si avvicina. Non cercate di affrettarlo. Gloria a Lui. Egli è ben al di sopra di quanto Gli attribuiscono>>; 18:35-36: <<Andò nel suo giardino e, peccando in questo modo contro l'anima sua, disse: "Non credo che questo debba mai perire né che mai arriverà l'Ora del Giudizio. Anche se sarò condotto di nuovo dal mio Signore, troverò sicuramente lì qualcosa di meglio in cambio">>; 20:15: <<In verità l'ora si avvicina, il Mio piano è tenerla nascosta, al fine che ogni anima possa ricevere la propria ricompensa secondo la misura del suo comportamento>>; 19:75: <<Di': "Se gli uomini si perdono, il Compassionevole allunga loro la vita, fino a quando non vedono avverarsi l'avvertimento di Dio, sia nella punizione che nell'avvicinarsi dell'Ora. Costoro comprenderanno chi si trova nella posizione economica peggiore e chi in quella di maggior debolezza!">>; 21:48-49: <<In passato abbiamo garantito a Mosè e Aronne il Criterio per giudicare, una luce ed un messaggio per coloro che si mantengono nel ricordo di Dio, che temono il loro Signore, anche se non possono percepirLo e che paventano l'Ora del Giudizio>>; 22:7: <<In verità, l'Ora verrà. Non c'è dubbio alcuno. Dio resusciterà quelli che sono nelle tombe>>; 22:55: <<Coloro che respingono la fede, non smetteranno di essere in dubbio relativamente alla rivelazione fino a quando l'ora del giudizio non cadrà improvvisamente su di loro o giungerà la punizione di un giorno di disastro>>.

naso piatto. I loro volti assomigliano a degli scudi coperti di pelle. L'Ora non sarà stabilita fino a quando non combatterete contro un popolo, le cui scarpe sono fatte di pelo>>.

(96) Capitolo. Relativamente al combattere contro un popolo i cui calzari sono fatti di pelo

2929. Abū Hurairah (che Dio si compiaccia di lui) ci ha tramandato che il Profeta (ﷺ) ha affermato: <<L'Ora non sarà stabilita fino a quando non combatterete contro un popolo che indossa dei calzari fatti di pelo. L'Ora non sarà stabilita fino a quando non combattere contro delle persone, i cui volti assomigliano a degli scudi ricoperti di pelle". Abū Hurairah (che Dio si compiaccia di lui) ha affermato: <<Costoro avranno gli occhi piccoli, i nasi camusi ed i loro volti assomiglieranno a degli scudi coperti di pelle>>.

(97) Capitolo. Relativamente a colui che dispone i suoi compagni al tempo della sconfitta, che scende dalla sua cavalcatura e domanda aiuto a Dio.

2930. Abū Ishāq ci ha tramandato: <<Un uomo domandò ad Al-Barā': "O Abū Umāra! Siete fuggiti tutti nel giorno di Hunain[53]?"; rispose: "No, per Allah! Il Profeta di Dio (ﷺ) non

---

[53] Cfr. V. Salierno, *Dizionario dell'Islam*, Roma 2018: <<Ḥunayn, luogo della battaglia vicino alla Mecca nel 630; i musulmani, quasi sconfitti, furono rianimati dal Profeta che li guidò alla vittoria; Corano, IX, 25-26; XLVIII, 24>>. Hunayn è una località che si trova sulla strada di Tā'if dalla Mecca a circa 22 km ad est della Mecca. Immediatamente dopo la conquista della Mecca (a.H. 8), i pagani idolatri si riunirono vicino a Tā'if per pianificare di attaccare il Profeta (pbsl). Le tribù di Hawāzin e di Thaqif assunsero la leadership e prepararono una grande spedizione diretta alla Mecca. In

è fuggito, ma i suoi giovani compagni disarmati furono attaccati dagli arcieri della tribù degli Hawāzin e dei Banū Nasr, le cui frecce difficilmente mancano un bersaglio. I musulmani si sono ritirati verso il Profeta (ﷺ), mentre lui si trovava su di un mulo bianco, le cui redini venivano tenute da suo cugino Abū Sufyān bin Al-Hārith bin ʿAbdul Muttalib. Il Profeta (ﷺ) discese ed invocò Dio per la vittoria e poi disse: "Sono il Profeta veritiero e sono il figlio di ʿAbdul Muttalib[54]" e poi dispose i suoi in ranghi>>.

---

quell'occasione i pagani erano circa 4000, mentre i musulmani oscillavano tra i 10 ed i 12 mila uomini. Cfr. Il Sacro Corano 9:25-26: <<Dio vi ha aiutato in molti campi di battaglia. Nel giorno di Hunayn, il vostro grande numero vi ha fatto esultare, ma non vi è stato di aiuto alcuno. La terra con tutta la sua ampiezza vi strinse e vi siete voltati indietro in ritirata. Dio ha fatto scendere la Sua pace sul Messaggero e sui credenti e ha inviato forze che non siete capaci di percepire. Egli ha punito i miscredenti. Così Egli ricompensa coloro che mancano della fede>>;

[54] ʿAbdul Muttalib era il nonno del Profeta (ﷺ), che si prese cura di lui dopo la morte di suo padre ʿAbdullah e di sua madre Amina. Cfr. S. Lei, *Muhammad (pace e benedizioni su di lui), il Profeta dell'Islam una biografia completa dall'inizio della rivelazione all'Hijrah*, Roma 2018, 46: << Il Profeta (pbsl) quindi crebbe sotto la cura di sua madre Amina fino ai sei anni di età. Però Amina, durante il viaggio di ritorno da Yathrib, dove si era recata con il figlio per presentarlo ai Banu Adiy ibn al-Najjar, suoi zii materni, morì improvvisamente ad Abwa. Il Profeta (pbsl) perdette così anche sua madre e, rimasto orfano di entrambi i genitori, venne affidato alla cura di suo nonno Abd al-Muttalib, che aveva sempre mostrato una grande predilezione verso il nipote. Quando infatti si riposava all'ombra della Ka'ba su di una lettiga, solo al giovane Muhammad era consentito di sedergli al fianco, mentre i numerosi figli di Abd al-Muttalib sedevano in cerchio a debita distanza, come segno di rispetto verso il padre. Due anni dopo però morì anche Abd al-Muttalib, che aveva ormai raggiunto una veneranda età, ed il Profeta (pbsl) venne affidato alle cure di suo zio Abu Talib, che era fratello di Abdullah anche da parte di madre, in quando entrambi erano figli di Fatima bint Amr ibn Aidh del clan dei Banu Makhzum>>.

Kitāb al-Jihād

(Il libro della Jihād)

(98) Capitolo. Invocare Dio per sconfiggere e scuotere i *Mushrikūn*

2931. 'Alī (che Dio si compiaccia di lui) ci ha tramandato: <<Nel giorno della battaglia di Al-Ahzāb, il Profeta di Dio (ﷺ) disse: "O Dio, riempi le loro dimore e le tombe con il fuoco perché ci hanno trattenuto così tanto da non consentirci di compiere la preghiera dell'*Asr* fino a quando non è tramontato il sole">>.

2932. Abū Hurairah (che Dio si compiaccia di lui) ci ha tramandato che il Profeta (ﷺ), durante il *Qunūt*[55], era solito pronunciare le seguenti invocazioni: 1-O Dio, salva Salama bin Hishām, 2-O Dio, salva Al-Walīd bin Al-Walīd, 3-O Dio, salva Ayyāsh bin Rabī 'a, 4-O Dio, salva i deboli musulmani, 5-O Dio, punisci severamente la tribù di Mudar, ed affliggili con gli anni (di carestia) simili a quelli del tempo del (profeta) Yūsuf[56].

---

[55] Cfr. M. N. Albani, *La natura della preghiera del Profeta Muhammad (pace e benedizioni su di lui)*, trad. a cura di S. Lei, Roma 2018, 57-58: <<Il Profeta Muhammad (pace e benedizioni su di lui) compiva il *qunūt* nella prima e nella terza *rak'ā* della preghiera *witr*, e qualche volta prima del *rukū*. Il Profeta (pace e benedizioni su di lui) ha insegnato ad Hasan ibn 'Alī a dire, dopo aver terminato la sua recitazione nel *witr*: "Dio ascolta coloro che lo lodano. O Dio, guidami tra coloro che hai guidato e perdonami tra coloro che hai perdonato. Rivolgiti verso di me in amicizia tra coloro ai quali Ti sei rivolto in amicizia e benedicimi in quello che hai deciso e salvami dal male che hai decretato perché, quando Tu decidi qualcosa, nessuno Ti può influenzare. Non è umiliato colui a cui hai dato la Tua amicizia e non può ricevere alcun onore Colui che è Tuo nemico. Che Tu sia benedetto ed esaltato, o Signore. Non c'è nessun rifugio eccetto in Te, o Signore">>.

[56] Cfr. Il Sacro Corano, 12:3-7: <<Ti raccontiamo la più meravigliosa delle storie in questa porzione del Corano, che ti abbiamo rivelato. Prima eravate tra coloro che non sanno. Giuseppe disse a suo padre: "Ho visto undici stelle, il sole e la luna, che si prosternavano verso di me". Il padre disse: "Figlio mio, non raccontare la tua visione ai tuoi fratelli, al fine che non complottino contro di te. Per l'uomo Satana è un nemico manifesto". Poi il

2933. ʿAbdullāh bin Abī Aufā (che Dio si compiaccia di lui) ci ha tramandato: <<Il Profeta di Dio (ﷺ) ha invocato il male sui *Mushrikūn* nel giorno di *Al-Ahzāb*, dicendo: "O Dio! Colui che ha rivelato il Libro Sacro, Colui che chiama a rendere contro. O Dio! Sconfiggi gli *Al-Ahzāb*, sconfiggili e sconvolgili">>.

2934. ʿAbdullāh (che Dio si compiaccia di lui) ci ha tramandato: <<Una volta, il Profeta (ﷺ) stava assolvendo alla preghiera all'ombra della Ka ʿbah. Abū Jahl ed alcuni Quraysh mandarono qualcuno a prendere le interiora di una femmina di cammello che era stata macellata in qualche zona della Mecca. Quando le portarono, le posero sul Profeta[57] (ﷺ). Poi Fatima giunse e gettò via le interiora, mentre il Profeta di Dio (ﷺ) disse: "O Dio! Distruggi i *Mushrikūn* dei Quraysh; o Dio distruggi i Quraysh! O Dio, annienta i Quraysh", facendo riferimento in modo particolare ad Utba bin Rabī ʿa, Shaiba bin Rabī ʿa, Al-Walīd bin ʿUtba, Ubaī o (Umaiyya) bin Khalaf ed Uqba bin Abī Mu ʿaīt>>. Il narratore, ʿAbdullāh, ha aggiunto: <<Ho visto che costoro sono stati tutti uccisi e gettati in un pozzo a Badr>>.

2935. Āishah (che Dio si compiaccia di lei) ci ha tramandato: <<Una volta, gli ebrei giunsero alla presenza del Profeta (ﷺ) e dissero: "Che la morte sia con te" e così io li ho maledetti. Il Profeta (ﷺ) mi chiese: "Che cosa è accaduto?" ed io risposi: "Non hai sentito quello che hanno detto?". Il Profeta (ﷺ)

---

tuo Signore lo scelse e gli insegnò l'interpretazione dei sogni, rendendo perfetto il Suo favore sopra di lui e sulla posterità di Giacobbe, così come fece con i tuoi antenati, Ibrāhīm ed Isacco! Il tuo Signore è pieno di conoscenza e saggezza. In verità, Giuseppe ed i suoi fratelli sono segni per coloro che cercano il vero>>.

[57] Quest'episodio avvenne dopo la morte di Abū Tālib quando il Profeta (ﷺ) dovette affrontare un aumento della persecuzione contro la sua persona da parte dei Quraysh.

disse: "Non hai sentito che ho risposto loro: 'E anche con voi'"?>>.

(99) Capitolo. Può un musulmano predicare ai popoli del Libro o insegnare loro il Corano?

2936. 'Abdullāh bin 'Abbās (che Dio si compiaccia di lui) ci ha tramandato: <<Il Profeta di Dio (ﷺ) ha scritto una lettera a Cesare dicendo: "Se rifiuti l'Islam, sarai responsabile dei peccati della tua gente">>.

(100) Capitolo. Relativamente all'invocare Dio affinché conceda la guida ai *Mushrikūn* al fine di avvicinarli (all'Islam)

2937. Abū Hurairah (che Dio si compiaccia di lui) ci ha tramandato: <<Tufail bin 'Amr Ad-Dausī ed i suoi compagni giunsero dal Profeta (ﷺ) e dissero: "O Profeta di Dio! I membri della tribù di Daus hanno disubbidito e si sono rifiutati di seguirti. Invoca Dio contro di loro". Le persone dissero: "La tribù di Daus è ormai rovinata". Il Profeta (ﷺ) però disse: "O Dio! Concedi la guida alla tribù di Daus e fai che abbracci l'Islam".

(101) Capitolo. In quale caso i musulmani possono dichiarare guerra i popoli del Libro[58] ed il contenuto delle lettere inviate dal Profeta (ﷺ) a Khosrau ed a Cesare. L' invito all'Islam è essenziale prima di iniziare un conflitto.

2938. Anas (che Dio si compiaccia di lui) ci ha tramandato: <<Quando il Profeta (ﷺ) intendeva scrivere una missiva al sovrano dei Bizantini, gli venne detto che costoro non leggevano alcuna lettera che non recasse un sigillo. Allora il Profeta (ﷺ) si fece confezionare un anello d'argento -mi sembra quasi di vedere il suo scintillio bianco sulla sua mano- e vi fece stampare su di esso le parole: "Muhammad, il Profeta di Dio">>.

2939. 'Abdullāh bin 'Abbās (che Dio si compiaccia di lui) ci ha tramandato: <<Il Profeta di Dio (ﷺ) ha inviato la sua lettera a Khosrau ed ha ordinato al suo messaggero di consegnarla al governatore del Bahrain, che a sua volta la consegnò a Khosrau. Costui però, quando ebbe letto la lettera, la distrusse. [Sa 'īd bin Al-Musaiyab disse: "Il Profeta (ﷺ) ha invocato Dio (pregandoli) di disperderli completamente"]>>.

---

[58] Gli "Ahl al-Kitāb" sono letteralmente i "popoli del Libro", ossia coloro (ebrei e cristiani) che hanno ricevuto la rivelazione precedente a quella coranica.

(102) Capitolo. L'invito alle persone per abbracciare l'Islam, credere al Suo Profeta (ﷺ) e non scegliersi altri come loro signori invece di Dio. Relativamente al versetto: <<Non è [possibile] che qualcuno, cui viene dato il Libro, la Saggezza e la missione profetica, dica agli uomini: "Adorate me invece di Dio". Al contrario [direbbe]: "Adorate Colui che è il Signore di tutti perché vi è stata insegnata la rivelazione e l'avete studiata seriamente">>[59].

2940. 'Abdullāh bin 'Abbās (che Dio si compiaccia di lui) ci ha tramandato: <<Il Profeta di Dio (ﷺ) scrisse a Cesare e lo invitò all'Islam ed inviò anche una lettera a Dihya Al-Kalbī, che ordinò venisse consegnata al governatore di Basrah, che a sua volta la consegnò a Cesare. Cesare, come segno di gratitudine verso Dio, viaggiò da Hims ad Ilya, quando Dio gli concesse la vittoria sopra le forze persiane. Quando la lettera del Profeta di Dio (ﷺ) arrivò a Cesare, costui dopo averla letta disse: "Manda a chiamare qualcuno della sua gente se è qui presente, al fine di rivolgergli delle domande in merito al Profeta di Dio (ﷺ)>>.

2941. Ibn 'Abbās ha aggiunto: <<A quel tempo Abū Sufyān bin Harb si recò presso lo Sham con alcuni dei Quraysh che vi si erano recati in qualità di mercanti, durante la tregua[60] siglata tra il Profeta di Dio (ﷺ) e gli infedeli dei Quraysh>>. Abū Sufyān disse: <<Il messaggero di Cesare ci ha trovato da qualche parte nello Sham, e mi ha condotto insieme ai miei compagni ad Ilya[61]. Siamo stati ammessi alla corte di Cesare e lo abbiamo trovato seduto nella sua corte reale con indosso una corona e circondato dagli anziani dignitari bizantini. Egli

---

[59] Il Sacro Corano 3:79.
[60] Ossia la tregua di Hudaybiyah (628 d.C.).
[61] Nome dato a Gerusalemme dai Romani.

disse al suo traduttore: "Domanda loro chi è più vicino in termini di parentela a colui che afferma di essere un profeta". Abū Sufyān aggiunse: "Risposi che io ero il più prossimo a lui in termini di parentela". Allora domandò: "Quale grado di parentela hai con costui?"; risposi: "È mio cugino". Non vi era nessuno dei Banī 'Abd Manāf nella carovana tranne me. Cesare disse: "Fatelo avvicinare". Poi ordinò che i miei compagni si ponessero dietro di me, vicino alle mie spalle. Poi disse al suo traduttore: "Di' ai suoi compagni che sto per rivolgere a quest'uomo delle domande relative a colui che afferma di essere un profeta. Se costui dice una menzogna, dovranno immediatamente correggerlo". Abū Sufyān ha aggiunto: "Per Allah! Se non avessi temuto che i miei compagni mi avessero reputato un bugiardo, non avrei detto la verità su di lui, quando mi sono state rivolte delle domande. Però ho considerato che fosse vergognoso essere chiamato bugiardo dai miei compagni. Allora ho detto la verità". Poi ha detto al suo traduttore: "Domandagli quale è lo status della sua famiglia" ed io risposi: "Appartiene ad una nobile famiglia". Poi domandò ancora: "Hai mai qualcuno di voi fatto la medesima rivendicazione prima di lui?"; quando risposi negativamente, chiese: "Lo avete mai biasimato per aver affermato una menzogna prima di aver sostenuto quanto ha sostenuto?". Risposi negativamente e lui mi chiese ancora: "Uno dei suoi antenati era forse un re?"; quando risposi negativamente, mi domandò: "Lo seguono i poveri o i nobili?" ed io risposi: "Lo seguono i poveri". Poi chiese: "(I suoi seguaci) stanno aumentando o diminuendo?", risposi: "Stanno aumentando" e lui chiese: "Qualcuno tra quanti hanno abbracciato la sua religione se ne è dispiaciuto ed l'ha abbandonato?". Ancora una volta risposi negativamente e domandò: "Ha mai tradito qualcuno e si è mostrato sleale nei patti?"; risposi: "No, ma adesso abbiamo stretto una tregua con lui e temiamo che possa tradirci". Abū Sufyān aggiunse: "Tranne quest'ultima frase, non ho potuto affermare nulla contro di lui". Cesare ha poi domandato: "Vi siete mai scontrati in battaglia con lui?". Quando risposi affermativamente, mi chiese: "Quale è stato l'esito?"; risposi: "L'esito è stato incerto e la vittoria è stata condivisa a turno tra noi". Quando mi domandò: "Che cosa vi ordina di fare?", risposi: "Ci ha ordinato di adorare Dio solo e nessun altro oltre Lui e di abbandonare il culto dei nostri antenati. Ci ha ordinato di assolvere alla preghiera, di fare la carità, di essere casti, di mantenere le promesse e di riconsegnare quanto ci è stato affidato". Quando ebbi pronunciato queste parole, Cesare disse al suo traduttore di dirmi: "Ti ho domandato del suo lignaggio e tu hai risposto che appartiene ad una nobile famiglia. Infatti, tutti i profeti appartengono alle più nobili famiglie del loro popolo. Poi ti ho domando se qualcuno di voi ha mai sostenuto di essere un profeta, e tu hai risposto negativamente. Se avessi risposto affermativamente, avrei potuto pensare che quest'uomo stesse seguendo una rivendicazione che era stata fatta prima di lui. Quando ti ho chiesto se fosse mai stato rimproverato per aver pronunciato una menzogna, hai risposto negativamente. Ho quindi considerato che un uomo che non afferma delle menzogne sugli altri, non avrebbe mai pronunciato qualcosa di falso relativamente a Dio. Poi ti ho domandato se qualcuno dei suoi antenati fosse un monarca ed hai risposto negativamente. Se avessi risposto positivamente, avrei potuto pensare che quest'uomo volesse riconquistare il regno dei suoi antenati. Quando ti ho domandato se lo seguono i ricchi o i poveri, hai risposto che lo seguono i poveri. Infatti, tali sono i seguaci dei profeti. Poi ti ho domandato se i suoi seguaci stanno aumentando o diminuendo e tu hai risposto che stanno aumentando. Infatti, questo avviene nel caso della vera fede fino a quando non sarà completa (sotto ogni punto di vista). Ti ho domandato se vi fosse qualcuno che, dopo aver abbracciato la sua religione, se ne è dispiaciuto e l'ha abbandonata. Hai risposto negativamente ed infatti questo è il segno della vera fede perché, quando la contentezza [generata dalla fede] entra nel cuore e vi si mescola completamente, nessuno se ne dispiacerà. Ti ho domandato se avesse mai tradito o si fosse mostrato sleale verso i suoi patti ed hai risposto negativamente. I profeti infatti non tradiscono e non si mostrano mai sleali verso i loro patti. Quando ti ho domandato se avete combattuto contro di lui ed hai risposto che è accaduto, hai aggiunto che qualche volta lui è uscito vittorioso (dallo scontro) e qualche volta voi avete vinto. I profeti infatti sono sempre messi alla prova e la vittoria finale appartiene sempre loro. Poi ti ho domandato che cosa vi ha ordinato e tu hai risposto che vi ha ordinato di adorare Dio solo, di non attribuirGli dei consimili, di abbandonare il culto dei vostri antenati, di assolvere alla preghiera, di affermare il vero, di essere casti, di mostrarsi fedeli verso i patti, e di riconsegnare quanto vi è stato affidato. Queste sono, in verità, le qualità di un profeta che, secondo quanto conosco (dalle precedenti scritture), apparirà, ma non sapevo che sarebbe stato uno di voi. Se quello che hai detto è vero, presto costui occuperà la terra che si trova sotto i miei piedi e, se sapessi di poterlo raggiungere, andrei immediatamente ad incontrarlo. Se mi trovassi in sua presenza, sicuramente gli laverei i piedi". Abū Sufyān ha poi aggiunto: <<Cesare poi domandò la lettera del Profeta di Dio (ﷺ) e, quando gli venne letta, il suo contenuto era: "Nel nome di Dio, il Clemente, il Misericordioso. (Questa lettera)

proviene da Muhammad, il servo di Dio e Suo Profeta, (ed è rivolta) ad Heraclius, il sovrano dei Bizantini. Sia pace su colui che segue la retta guida. Ora, ti invito all'Islam. Abbraccia l'Islam e sarai salvo; abbraccia l'Islam e Dio ti concederà una doppia ricompensa. Però, se rifiuti questo invito alla fede [dell'Islam], sarai responsabile per aver indotto il tuo popolo a deviare. *O popoli del Libro, venite ad un termine comune tra noi e voi: che non adoreremo altri che Dio, che non Gli assoceremo nessuno e che non ci sceglieremo tra di noi signori e padroni oltre a Dio. Se si volgono indietro, Di': "Siate testimoni che siamo musulmani!"*[62]. Abū Sufyān ha aggiunto: "Quando Heraclius ebbe terminato il suo discorso, vi fu un grande clamore e grido prodotto dai nobili bizantini che erano intorno a lui. Vi era così tanto rumore che non ho capito che cosa stessero dicendo. Venimmo poi fatti uscire dalla corte. Quando uscì con i miei compagni ed eravamo da soli, dissi loro: "La questione di Ibn Abī Kabsha è divenuta così importante che persino il re dei Banī Al-Asfar ha paura di lui". Abū Sufyān ha aggiunto: "Per Allah, sono rimasto in quella condizione di animo umile e divenni sicuro che la sua religione sarebbe stata vittoriosa, fino a quando Dio non ha aperto il mio cuore all'Islam[63], anche se non mi faceva piacere">>.

2942. Sahl bin Sa'd (che Dio si compiaccia di lui) ci ha tramandato di aver udito, nel giorno di Khaibar, il Profeta (ﷺ) affermare: "Consegnerò la bandiera a colui, alle cui mani Dio garantirà la vittoria". Allora, i compagni del Profeta (ﷺ) si alzarono, desiderando vedere a chi sarebbe stata consegnata la bandiera. Il Profeta (ﷺ) domandò di 'Alī e qualcuno lo

---

[62] Il Sacro Corano 3:64.
[63] La sua conversione avvenne poco prima della pacifica conquista della Mecca da parte del Profeta (ﷺ) avvenuta nel 630 d.C.

informò che soffriva di una malattia agli occhi. Allora, ordinò loro di condurlo al suo cospetto. Il Profeta (ﷺ) poi applicò della saliva sui suoi occhi, che furono curati immediatamente, come se non fossero mai stati malati". 'Alī disse: "Combatteremo contro di loro fino a quando non diventeranno come noi"; il Profeta (ﷺ) disse: "Sii paziente, fino a quando non li affronterai e li inviterai all'Islam. Informali di quanto Dio ha comandato loro. Per Allah, se una singola persona abbraccia l'Islam attraverso di te, sarà meglio per te del possesso di cammelli rossi">>.

2943. Anas (che Dio si compiaccia di lui) ci ha tramandato: <<Ogni volta che il Profeta di Dio (ﷺ) si scontrava contro qualcuno, non attaccava mai fino all'alba; se udiva l'*Adhān*, rimandava la battaglia. In caso contrario, li attaccava immediatamente dopo l'alba. Arrivammo a Khaibar di notte>>.

2944. Anas (che Dio si compiaccia di lui) ci ha tramandato: <<Ogni volta che il Profeta di Dio (ﷺ) attaccava....>>.

2945. Anas (che Dio si compiaccia di lui) ci ha tramandato: <<Il Profeta (ﷺ) partì per Khaibar e vi arrivò di notte. Egli non era solito attaccare, se giungeva di notte, prima che sorgesse l'alba. Quando spuntò il giorno, gli ebrei uscirono con le loro sacche e le loro vanghe. Quando videro il Profeta (ﷺ), dissero: "Muhammad ed il suo esercito!"; il Profeta (ﷺ) disse: "*Allah Akbar*! Khaibar è rovinata. Ogni volta che ci avviciniamo ad un nemico, sarà un mattino miserabile per coloro che sono stati avvertiti">>.

2946. Abū Hurairah (che Dio si compiaccia di lui) ci ha tramandato che il Profeta di Dio (ﷺ) ha affermato: <<Mi è stato ordinato di combattere contro le persone fino a quando

non affermeranno *Lā ilāha illallāh*. Chiunque affermerà *Lā ilāha illallāh*, ha salvato la sua vita e la sua proprietà tranne per quel che riguarda la legge islamica, ed il suo resoconto si troverà presso Dio>>.

(103) Capitolo. Relativamente al nascondere la vera destinazione di una *Ghazwa* utilizzando un'espressione ambigua che indica apparentemente che ci si sta dirigendo in una destinazione diversa. La preferenza di viaggiare di giovedì.

2947. Ka'b bin Mālik ci ha tramandato: <<Ogni volta che il Profeta di Dio (ﷺ) intendeva condurre una *Ghazwa*, utilizzava un'espressione ambigua dalla quale qualcuno avrebbe inteso che si stava recando in una destinazione diversa>>.

2948. Ka'b bin Mālik (che Dio si compiaccia di lui) ci ha tramandato: <<Ogni volta che il Profeta di Dio (ﷺ) intendeva condurre una *Ghazwa*, utilizzava un'espressione ambigua per nascondere la sua reale destinazione, fino alla spedizione di Tabūk[64] che il Profeta (ﷺ) condusse in un clima torrido. Dal momento che avrebbe dovuto affrontare un viaggio molto lungo attraverso il deserto, e avrebbe dovuto incontrare e scontrarsi contro un ampio numero di nemici, in questo caso spiegò la situazione ai musulmani in modo chiaro, al fine che

---

[64] Tabūk, località a nord di Medina, luogo di una spedizione guidata dal Profeta nel 630 d.C. al confine con la Siria. La spedizione ebbe luogo in seguito al diffondersi di notizie relative ad un probabile attacco imminente da parte delle forze bizantine e dei Ghassanidi che avevano sconfitto precedentemente a Mu 'ta (629 d.C.) le forze musulmane. Quando le truppe musulmane guidate dal Profeta (ﷺ) raggiunsero i confini con la Siria, le notizie di un imminente attacco si rivelarono del tutto infondate.

potessero equipaggiarsi in modo adeguato e prepararsi per sconfiggere il nemico. Il Profeta (ﷺ) li informò quindi della destinazione verso cui si stavano dirigendo>>.

2949. Ka'b bin Mālik era solito affermare: <<Raramente il Profeta (ﷺ) iniziò un viaggio in un giorno diverso dal giovedì>>.

2950. Ka'b bin Mālik (che Dio si compiaccia di lui) ci ha tramandato: <<Il Profeta (ﷺ) partì di giovedì per la *Ghazwa* di Tabūk e solitamente preferiva partire di giovedì>>.

(104) Capitolo. Relativamente al partire dopo il mezzogiorno

2951. Anas (che Dio si compiaccia di lui) ci ha tramandato: <<Il Profeta (ﷺ) ha assolto alla preghiera dello *Zuhr* composta di quattro *Rak'ā* presso Medina; poi ha offerto la preghiera dell'*Asr* composta da due *Rak'ā* presso Dhul-Hulaifa. Ho udito i compagni del Profeta (ﷺ) recitare la *Talbiya*[65] a voce alta (sia per l'*Hajj* che per la '*Umra*)>>.

(105) Capitolo. Relativamente al partire nell'ultima parte del mese.

Ibn 'Abbās (che Dio si compiaccia di lui) ci ha tramandato: <<Il Profeta (ﷺ) partì da Medina cinque giorni prima della fine del

---

[65] <<O Allah, sono qui in risposta alla Tua chiamata. Sono qui. Sono qui. Nessuno può esserTi paragonato. Sono qui. Tutta la Lode, la Grazia e il Potere Ti appartengono. Nessuno può esserTi paragonato. Sono qui>> (*Labbayk Allāhumma Labbayk, Labbayk lā sharīka laka labbayk, innal hamda wanni'mata laka wal mulk lā sharīka lak*).

Kitāb al-Jihād

(Il libro della Jihād)

Dhul-Qa 'da ed è giunto alla Mecca nel quarto giorno del Dhul-Hijjah>>.

2952. Āishah (che Dio si compiaccia di lei) ci ha tramandato: <<Partimmo in compagnia del Profeta (ﷺ) cinque giorni prima della fine del Dhul-Qa 'da con l'intenzione di compiere solo l'*Hajj*. Quando ci avvicinammo alla Mecca, il Profeta di Dio (ﷺ) ordinò a coloro che non avevano con sé un *Hady* di compiere la *Tawāf*[66] intorno alla Ka 'bah, il *Sā 'y* tra As-Safā ed Al-Marwa[67] e di terminare il loro *Ihrām*. (Nel giorno del

---

[66] Cfr. V. Salierno, *Dizionario dell'Islam*, Roma 2018: <<ṭawāf, il circuito della Mecca, il girare in senso antiorario attorno al santuario della Ka'ba, simbolo dell'unicità e dell'unità divina>>. Cfr. Il Sacro Corano 2:125: <<Ricordate: Abbiamo reso la Ka'ba un santuario in cui gli uomini possono recarsi in pace e sicurezza. Scegliete il posto, dove una volta Abramo ha sostato, come luogo di preghiera. Abbiamo stretto un patto con Abramo e Ismaele: "Purificate la Mia Casa per coloro che vi cammineranno intorno, che vi mediteranno vicino, che si inchineranno e prosterneranno in preghiera>>.

[67] Cfr. V. Salierno, *Dizionario dell'Islam*, Roma 2018: <<sa'y, il percorso tra i due poggi di al-Ṣafā' e di al-Marwa, un tempo fuori la Mecca e oggi racchiuse nel recinto della Grande Moschea, che i pellegrini percorrono sette volte; secondo la tradizione è il percorso che Agar compì affannata tra le due località, in preda alla disperazione, per timore che il figlio Ismā'īl morisse di sete>>. Quando poi si raggiunge al-Safā, bisogna recitare: << In verità, al-Safā e al-Marwa sono due dei Simboli di Allah. Non è peccato per colui che compie l'*Hajj* o l'*Umrah* alla Casa, compiere la Tawāf tra di loro. In verità, colui che compie il bene volontariamente, (sappia) che Allah è Onnisciente, Colui che riconosce ogni cosa>> (*Innas-Safā wal Marwata min Sh'ā'irillaahi faman Hajjal baita 'awi tamara falā junāha 'alahi an yattawwafa bihimā wa man tatawwa'a khiran fa' innAllāha shākirun 'allemun*). Camminando avanti ed indietro tra al-Safā e al Marwa bisogna recitare tre volte, rivolgendosi verso la Ka'bah: <<Allah è Grande. Allah è Grande. Allah è Grande. Non c'è Dio che Allah. Nulla e nessuno può esserGli associato. A Lui appartiene il Potere e la Lode. Egli solo dà la vita e la morte. Egli è l'Onnipotente. Non c'è Dio che Allah. Nulla e nessuno può esserGli paragonato. Egli ha compiuto la Sua promessa. Ha aiutato il Suo servo e ha sconfitto i nemici>> (*Allāhu Akbar, Allāhu Akbar, Allāhu Akbar- La illāha illallathu wahdahu lā sharīkalah- lahul mulku wa lahul hamdu- yuhyē wa yumētu wa Huwa 'alā kulli sha 'in qadēr- lā ilāha illallahu wahdahu lā sharēkalah anjaza wa 'dahu wa nasara abdahu wa hazamal*

sacrificio) ci venne portata della carne e, quando domandai che cosa fosse, qualcuno rispose: "Il Profeta di Dio (ﷺ) ha sacrificato una giovenca in vece delle sue spose">>.

(106) Capitolo. Relativamente al viaggiare durante il *Ramaḍān*

2953. Ibn ʿAbbās (che Dio si compiaccia di lui) ci ha tramandato: <<Una volta il Profeta (ﷺ) è partito nel mese del *Ramaḍān* ed ha osservato il digiuno fino a quando non è giunto in un luogo chiamato Kadīd, dove lo ha interrotto>>.

(107) Capitolo. Relativamente al dire addio

2954. Abū Hurairah (che Dio si compiaccia di lui) ci ha tramandato: <<Il Profeta di Dio (ﷺ) ci ha inviato in una spedizione militare dicendoci: "Se trovate tali e tali persone - e fece il nome dei due Quraysh- bruciateli con il fuoco". Poi giungemmo per salutarlo, quando volevamo partire, e lui disse: "Precedentemente vi ho detto di bruciare tali e tali con il fuoco ma, dal momento che la punizione del fuoco è fatta da

---

ahẓāba wahdahu). Mentre si cammina avanti ed indietro tra al-Safā e al-Marwa è anche possibile recitare: <<O Signore, perdonami e abbi pietà di me. In verità, Tu sei l'Eccelso, il Nobile>> (*Rabbighfir warham innaka antal a'azzul akram*). Dopo aver finito di camminare per sette volte tra al-Safā e al-Marwa, si termina il circuito ad al-Marwa. Solo gli uomini, nel punto in cui sono presenti due luci verdi distanziate, corrono tra una e l'altra. Dopo aver completato il *Saʿē*, si è liberi da tutte le restrizioni comprese quelle legate ai rapporti coniugali. Quando si esce dalla *Masjid al-Harām* con il piede sinistro, si deve recitare: <<O Allah, invia benedizioni e pace su Muhammad. O Allah, domando la Tua grazia>> (*Allāhumma salli 'ala Muhammadin wa sallim Allāhumma innē' as 'aluka min fadhlika*).

nessuno altro che da Dio, se li catturate, condannateli invece alla pena capitale">>.

(108) Capitolo. Relativamente al prestare ascolto e ad obbedire all'*Imām*

2955. Ibn 'Umar (che Dio si compiaccia di lui) ci ha tramandato che il Profeta (ﷺ) ha affermato: "È obbligatorio per qualcuno prestare ascolto ed obbedire (agli ordini di un comandante musulmano) a meno che non implichino la disobbedienza (a Dio). Qualora venga invece imposto un atto di disubbidienza (verso Dio), non si deve obbedire e nemmeno prestare ascolto".

(109) Capitolo. L'*Imām* dovrebbe essere difeso ed essere scelto come protettore

2956. Abū Hurairah (che Dio si compiaccia di lui) ci ha tramandato di aver udito il Profeta di Dio (ﷺ) affermare: "Noi siamo gli ultimi, ma saremo i primi (ad entrare in Paradiso)".

2957. Il Profeta (ﷺ) ha aggiunto: <<Colui che mi obbedisce, obbedisce a Dio; chi invece mi disubbidisce, disubbidisce a Dio. Colui che obbedisce ad un comandante musulmano, obbedisce a me. Chi disubbidisce ad un comandante musulmano, disubbidisce a me. L'*Imām* è come un rifugio, per la cui sicurezza i musulmani dovrebbero combattere e presso cui cercare protezione. Se l'*Imām* ordina alle persone di mostrarsi obbedienti verso Dio e di temerLo e governa secondo giustizia, sarà ricompensato. Se invece si comporta in modo contrario, ne sarà responsabile>>.

(110) Capitolo. Sul dare la *Bai'a* per non fuggire durante la battaglia

Alcuni hanno affermato: "Per la morte", secondo il versetto: <<Il compiacimento di Dio era con i credenti, quando ti hanno giurato fedeltà sotto l'albero. Egli conosce ciò che si trovava nei loro cuori ed Egli ha inviato loro la pace e li ha ricompensati con una veloce vittoria....>>[68].

2958. Ibn 'Umar (che Dio si compiaccia di lui) ci ha tramandato: <<Quando giungemmo ad (*Hudaibiya*) nell'anno successivo, nemmeno due uomini tra di noi concordavano su quale fosse l'albero sotto quale avevano dato la *Bai'a* e questo accadde per la misericordia di Dio>>. (Il sub-narratore domandò a Nāfi': "Per che cosa il Profeta (ﷺ) ha accettato la loro *Bai'a*? Per la morte?"; Nāfi' rispose: "No, ma ha accettato la loro *Bai'a* per mostrarsi pazienti").

2959. 'Abdullāh bin Zaid (che Dio si compiaccia di lui) ci ha tramandato che, al tempo (della battaglia) di Al-Harra, una persona giunse al suo cospetto e gli disse: "Ibn Hanzala sta prendendo la *Bai'a* dalle persone per la morte". Disse: "Non darò mai la *Bai'a* per tale cosa a nessuno dopo il Profeta di Dio (ﷺ)".

2960. Yazīd bin 'Ubaid ci ha tramandato: <<Salama (che Dio si compiaccia di lui) ha affermato: "Ho dato la *Bai'a* al Profeta di Dio (ﷺ) e poi sono andato sotto l'ombra di un albero. Quando il numero delle persone intorno al Profeta (ﷺ) diminuì, disse: "O Ibn Al-Awka! Non mi darai la *Bai'a*?"; risposi: "O Profeta di

---

[68] Il Sacro Corano 48:18.

Dio! Ti ho già dato la *Bai'a*". Quando mi disse: "Fallo di nuovo!", gli porsi la mia *Bai'a* per la seconda volta". Domandai: "O Abū Muslim! Quel giorno per che cosa hai concesso la *Bai 'a*?"; rispose: "Per la morte">>.

2961. Anas (che Dio si compiaccia di lui) ci ha tramandato: <<Nel giorno (della battaglia) del fossato, gli Ansari stavano affermando: "Noi siamo coloro che hanno dato la *Bai 'a* a Muhammad (ﷺ) per l'impegno strenuo sulla via di Dio fino a quando saremo in vita". Il Profeta (ﷺ) rispose loro: "O Dio! Non vi è alcuna vita oltre quella dell'Altro mondo. Onora gli Ansari ed i *Muhājirūn* con le Tue benedizioni e la Tua generosità ">>.

2962, 2963. Mujāshi (che Dio si compiaccia di lui) ci ha tramandato: <<Mio fratello ed io siamo giunti dal Profeta (ﷺ) ed io gli ho domandato di accettare da noi la *Bai 'a* per l'*Hijrah*. Disse: "L'*Hijrah* è ormai trascorsa con coloro che l'hanno compiuta". Domandai: "Per che cosa allora prendete la *Bai'a*?", rispose: "Per l'Islam e per l'impegno strenuo sulla via di Dio">>.

(111) Capitolo. L'*Imām* dovrebbe ordinare alle persone quanto possono compiere secondo la loro capacità

2964. 'Abdullāh (che Dio si compiaccia di lui) ci ha tramandato: <<Oggi un uomo è giunto da me e mi ha fatto una domanda a cui non sapevo come rispondere. Ha affermato: "Se un uomo ricco, ben equipaggiato con delle armi, si reca ad una spedizione militare con i nostri comandanti, e ci ordina di fare quanto non è nelle nostre possibilità, (dovremo ubbidirgli)?"; ho risposto: "Per Allah, non so che cosa

risponderti, tranne che eravamo in compagnia del Profeta (ﷺ) che era solito ordinarci di compiere qualcosa solo una volta fino a quando non l'avevamo terminata. Senza dubbio, ognuno di voi rimarrà in una buona condizione fino a quando obbedirà a Dio. Se qualcuno è in dubbio relativamente alla legalità di qualcosa, dovrebbe domandare a chi può rispondergli. Presto però verrà un tempo in cui non troverete questo tipo di persona. Per Colui, oltre al Quale nessuno ha il diritto di essere adorato, vedo che quello che passa di questa vita assomiglia ad uno stagno, la cui acqua è stata utilizzata completamente e non rimane altro che fango">>.

(112) Capitolo. Se il Profeta (ﷺ) non iniziava a combattere alle prime ore del giorno, lo rimandava fino a quando il sole non era tramontato.

2965. Sālim Abū An-Nadr, il liberto di 'Umar bin Ubaidullāh che era il segretario di 'Umar, ci ha tramandato: <<'Abdullāh bin Abī Aufā gli scrisse la seguente lettera: "Il Profeta di Dio (ﷺ), durante alcune delle sue battaglie, ha atteso fino a quando il sole non era tramontato">>.

2966. Poi si alzò in piedi tra le persone e disse: "Uomini! Non desiderate d'incontrare il nemico (in battaglia) e domandate a Dio di proteggervi. Nel caso in cui siete invece chiamati ad affrontare il nemico, siate pazienti e sappiate che il Paradiso giace sotto le ombre delle spade". Poi disse: "O Dio! Tu che hai rivelato il Sacro Corano, che muovi le nubi ed hai sconfitto gli Ahzāb, sconfiggili e concedici la vittoria".

(113) Capitolo. Relativamente al domandare il permesso dell'*Imām* secondo quanto è indicato dal seguente versetto: <<Sono credenti solo coloro che credono in Dio e nel Suo Profeta. Quando vi intrattenete con lui per una questione che riguarda tutta la comunità, non andatevene prima di avere domandato il permesso. Coloro che chiedono il permesso, credono in Dio e nel Suo Profeta. Quando quindi ti domandano di andare via, per occuparsi di una questione che li riguarda, dai il permesso a chi ritieni opportuno e domanda il perdono per loro a Dio. Egli è Perdonatore, Misericordioso>>[69].

2967. Jābir bin 'Abdullāh (che Dio si compiaccia di lui) ci ha tramandato: <<Ho partecipato ad una *Ghazwa* insieme al Profeta di Dio (ﷺ). Il Profeta (ﷺ), nel corso della marcia, mi raggiunse mentre mi trovavo su uno dei nostri cammelli utilizzato per l'irrigazione (dei campi). L'animale era così stanco che poteva appena camminare. Il Profeta (ﷺ) mi domandò: "Che cosa accade al cammello?"; risposi: "È stanco". Il Profeta (ﷺ) allora si avvicinò, lo spronò e pregò per l'animale, che cominciò a superare gli altri cammelli e a procedere [in modo spedito]. Poi mi domandò: "Come ti pare ora il tuo cammello?"; risposi: "Lo trovo bene perché ha ricevuto le tue benedizioni". Quando chiese: "Me lo venderesti?", mi vergognai (di rifiutare la sua offerta), sebbene fosse l'unico cammello che avevamo per irrigare (i campi) e così risposi affermativamente. Lui mi disse: "Allora vendimelo!" ed io lo vendetti alla condizione che avrei continuato ad utilizzarlo come cavalcatura fino a quando non sarei arrivato a Medina. Poi dissi: "O Profeta di Dio! Mi sono sposato di recente!" e gli domandai di consentirmi di andare a casa. Lui mi diede il permesso, e così sono partito per Medina

---

[69] Il Sacro Corano 24:62.

prima degli altri. Quando giunsi, incontrai mio zio che mi domandò del cammello e gli raccontai ogni cosa, ma lui mi rimproverò. Quando avevo domandato il permesso al Profeta (ﷺ), lui mi domandò se avessi sposato una vergine o una matrona. Quando gli dissi che avevo sposato una matrona, lui chiese: "Perché non hai sposato una vergine in modo da giocare con lei e lei con te?"; risposi: "O Profeta di Dio (ﷺ)! Mio padre è morto (o ha ricevuto il martirio)[70] ed io ho alcune sorelle giovani. Ho ritenuto quindi che non fosse appropriato sposare una ragazza come loro, che non avrebbe potuto né insegnare loro le buone maniere e nemmeno servirle. Allora ho sposato una donna matura al fine che si occupi di loro ed insegni loro anche le buone maniere". Quando il Profeta di Dio (ﷺ) giunse a Medina, il mattino successivo gli portai il cammello e lui mi diede sia il suo prezzo che l'animale">>.

(114) Capitolo. La partecipazione all'impegno strenuo sulla via di Dio da parte di qualcuno che si è appena sposato.

Jābir ci ha tramandato una tradizione dal Profeta (ﷺ) correlata a questo capitolo.

(115) Capitolo. Relativamente alla partecipazione all'impegno strenuo sulla via di Dio dopo aver consumato il matrimonio.

Abū Hurairah (che Dio si compiaccia di lui) ci ha tramandato una tradizione dal Profeta (ﷺ) relativa a questo capitolo.

---

[70] Suo padre, 'Abdullāh ibn 'Amr ibn Harām al-Ansari, morì nella battaglia di Uhud.

(116) Capitolo. Relativamente all'avviarsi dell'*Imām* prima delle persone in caso di un inteso spavento.

2968. Anas bin Mālik (che Dio si compiaccia di lui) ci ha tramandato: <<Una volta, a Medina, (le persone) vennero colte da un intenso spavento e così il Profeta di Dio (ﷺ) salì su di un cavallo che apparteneva ad Abū Talha, ed al suo ritorno disse: "Non ho visto nulla (di cui spaventarsi), ma ho trovato questo cavallo molto veloce">>.

(117) Capitolo. Sull'essere veloci e sul lanciare il proprio cavallo al galoppo in caso di timore.

2969. Anas bin Mālik (che Dio si compiaccia di lui) ci ha tramandato: <<Una volta le persone furono colte da un intenso timore e così il Profeta di Dio (ﷺ) salì su di un cavallo piuttosto lento di proprietà di Abū Talha, e partì da solo, lanciando l'animale al galoppo. Poi partirono anche gli altri, lanciando i loro cavalli al galoppo dopo di lui. Al suo ritorno disse: "Non vi è nulla di cui avere timore. Ho trovato questo cavallo veramente veloce". Da quel momento in poi quel cavallo non venne mai superato nella corsa>>.

(118) Sull'avviarsi da soli al tempo del timore

(119) Capitolo. Le quote date a qualcuno per combattere in vece di qualcun altro e sugli animali offerti per essere utilizzati nella causa di Dio.

Mujāhid ha affermato: <<Una volta dissi ad Ibn 'Umar: "Procediamo nell'impegno sulla via di Dio" e lui rispose: "Vorrei supportarti con una parte del mio denaro". Risposi: "Dio mi ha dato abbastanza" e lui mi disse: "La tua ricchezza ti appartiene, ma desidero che una parte del mio denaro venga spesa per questa causa">>.

'Umar disse: <<Alcune persone prendono del denaro (dalle casse pubbliche) per impegnarsi nella causa di Dio, ma non lo fanno. Se qualcuno quindi si comporta in questo modo, abbiamo il diritto di reclamare indietro quanto ha preso>>.

Tāwūs e Mujāhid hanno affermato: <<Se vi viene dato qualcosa al fine che possiate impegnarvi strenuamente sulla via di Dio, fate quello che volete con esso e conservatelo presso la vostra famiglia>>.

2970. 'Umar bin Al-Khattāb (che Dio si compiaccia di lui) ci ha tramandato: <<Ho dato un cavallo affinché venisse utilizzato per la causa di Dio, ma successivamente ho visto che veniva venduto. Domandai al Profeta (ﷺ) se avrei potuto comperarlo e lui rispose: "Non comperarlo e non riprendere indietro un dono caritatevole">>.

2971. 'Abdullāh bin 'Umar (che Dio si compiaccia di lui) ci ha tramandato: <<'Umar donò un cavallo al fine che venisse utilizzato per la causa di Dio, ma successivamente scoprì che era in vendita. Intendeva comperarlo e domandò al Profeta (ﷺ) che gli disse: "Non comperare e non riprendere indietro qualcosa che hai donato in carità">>.

2972. Abū Hurairah (che Dio si compiaccia di lui) ci ha tramandato che il Profeta di Dio (ﷺ) ha affermato: <<Se non avessi temuto che sarebbe stato difficile per i miei seguaci, non sarei rimasto dietro nessuna *Sarīya*, ma non ho alcun cammello da utilizzare come cavalcatura e nessun altro mezzo di trasporto per costoro. Mi arreca un grande dispiacere che i miei compagni debbano restare dietro di me. Senza dubbio, desidero combattere per la causa di Dio e subire il martirio, poi tornare di nuovo in vita e poi andare di nuovo incontro al martirio per poi tornare in vita ancora una volta>>.

(120) Capitolo. Relativamente a qualcuno che viene impiegato per l'impegno strenuo sulla via di Dio.

Al-Hasan ed Ibn Sīrīn hanno affermato che a qualcuno che viene impiegato debba essere assegnata una quota dal bottino di guerra. 'Atiyya bin Qais ha impiegato un cavallo per metà della sua quota (del bottino). La quota del cavallo ammonta a quattrocento *Dīnār*. Così ne tenne duecento e consegnò la medesima cifra al padrone del cavallo.

2973. Ya 'la (che Dio si compiaccia di lui) ci ha tramandato: <<Ho partecipato alla *Ghazwa* di Tabūk insieme al Profeta di Dio (ﷺ) e donai un giovane cammello affinché venisse utilizzato per la causa di Dio; ritengo che questa fu una delle mie migliori azioni. Poi ho impiegato un uomo che discusse con un altro. [Durante il litigio] costui morse la mano del

secondo uomo, il quale tirò via la mano dalla sua bocca cavandogli un incisivo. Il primo uomo denunciò il secondo davanti al Profeta (ﷺ), che però rifiutò il caso dicendo: "Ti aspettavi che allungasse la mano al fine che tu potessi spezzarla come fa un cammello maschio?">>.

(121) Capitolo. Che cosa si è affermato relativamente alla bandiera del Profeta (ﷺ).

2974. Tha'laba bin Abī Mālik Al-Qurazī ci ha tramandato: <<Quando Qais bin Sa 'd Al-Ansari (che Dio si compiaccia di lui), che era solito portare la bandiera del Profeta (ﷺ) intendeva compiere l'*Hajj*, si pettinava i capelli>>.

2975. Salama bin Al-Akwa (che Dio si compiaccia di lui) ci ha tramandato: <<'Alī rimase dietro al Profeta (ﷺ), durante la battaglia di Khaibar, poiché soffriva di un male agli occhi. Poi però disse: "Come posso rimanere dietro al Profeta di Dio (ﷺ)?"; così partì fino a quando non lo raggiunse. Alla vigilia del giorno della conquista di Khaibar, il Profeta di Dio (ﷺ) disse: "Domani darò la bandiera a qualcuno che Dio ed il Suo Profeta (ﷺ) amano" o "prenderà la bandiera colui che ama Dio ed il Suo Profeta. Dio gli concederà la vittoria". Improvvisamente 'Alī si unì a noi, sebbene non lo stessimo aspettando. Le persone dissero: "Ecco 'Alī" ed il Profeta di Dio (ﷺ) gli diede la bandiera e Dio gli ha concesso la vittoria">>.

2976. Nāfi ' bin Jubair ci ha tramandato di aver udito Al-'Abbās dire ad Az-Zubair: <<Il Profeta (ﷺ) ci ha ordinato di piantare lì la bandiera>>.

(122) Capitolo. Relativamente alle parole del Profeta (ﷺ): <<Sono stato reso vittorioso per una distanza di un mese di viaggio con il terrore (gettato nel cuore dei nemici)>>.

Relativamente al versetto: <<Presto getteremo terrore nei cuori dei miscredenti, perché hanno attribuito a Dio dei consimili, per cui Lui non aveva conferito alcuna autorità. La loro destinazione sarà il Fuoco, orribile dimora degli ingiusti>>[71].

2977. Abū Hurairah (che Dio si compiaccia di lui) ci ha tramandato che il Profeta di Dio (ﷺ) ha affermato:<<Sono stato inviato con le espressioni più previe portatrici dei significati più ampi e sono stato reso vittorioso per mezzo del terrore (gettato nel cuore del nemico). Mentre stavo dormendo, le chiavi dei tesori del mondo mi sono state portate e consegnate". Abū Hurairah ha aggiunto: <<Il Profeta di Dio (ﷺ) ha lasciato questo mondo ed ora voi state raccogliendo questi tesori>>.

2978. Ibn 'Abbās (che Dio si compiaccia di lui) ci ha tramandato che Abū Sufyān ha affermato: <<Heraclius mi ha mandato a chiamare quando mi trovavo in Ilya. Poi domandò la lettera del Profeta di Dio (ﷺ) e, quando ebbe terminato di leggere, si levò intorno a lui un inteso rumore e delle grida. Le voci si alzavano sempre di più e ci venne domandato di lasciare quel luogo. Quando venimmo fatti uscire, dissi ai miei compagni: "La causa di Ibn Abī Kabsha è divenuta così

---

[71] Il Sacro Corano 3:151.

importante che persino il re dei Banī Al-Asfar[72] ha paura di lui">>.

(123) Capitolo. Relativamente all'approvvigionarsi di cibo quando ci si reca in una spedizione militare.

Relativamente al versetto: <<Per il pellegrinaggio ci sono dei mesi stabiliti. Se qualcuno intraprende questo dovere religioso, che nel comportamento sia privo di oscenità, malvagità e litigiosità. Qualunque cosa di buono compite durante il pellegrinaggio, Dio ben lo conosce. Prendete provviste per il viaggio, ma [sappiate] che la migliore provvista è la retta condotta. Temete Dio, se siete saggi>>[73].

2979. Asmā' bint Abū Bakr (che Dio si compiaccia di lui) ci ha tramandato: <<Ho preparato il cibo per il viaggio del Profeta (ﷺ) nella casa di Abū Bakr, quando intendeva emigrare a Medina. Dal momento che non riuscivo a trovare nulla con cui legare il contenitore del cibo e la borraccia d'acqua, dissi ad Abū Bakr: "Per Allah, non riesco a trovare nulla con cui legare queste cose tranne la mia cinta". Lui mi disse: "Taglia la cinta in due parti e con una chiudi il contenitore del cibo e con l'altra la borraccia d'acqua">>. [il sub-narratore ha aggiunto: "Costei agì di conseguenza e per questa ragione venne soprannominata Dhāt-un-Nitāqain[74]"].

2980. Jābir bin 'Abdullāh (che Dio si compiaccia di lui) ci ha tramandato: <<Al tempo del Profeta (ﷺ) eravamo soliti

---

[72] Ossia i Bizantini.
[73] Il Sacro Corano 2:197.
[74] Ossia "Colei dalle due cinte".

utilizzare la carne degli animali sacrificati (come cibo per il viaggio) verso Medina>>.

2981. Suwaid bin An-Nu ʻman (che Dio si compiaccia di lui) ci ha tramandato di essere partito in compagnia del Profeta (ﷺ), nell'anno della (campagna) di Khaibar, fino a quando non hanno raggiunto un luogo chiamato As-Sahbāʼ, che si trova nella parte più bassa di Khaibar. Vi assolsero alla preghiera dell'*Asr* ed il Profeta (ﷺ) domandò del cibo, ma gli venne portato solo del Sawīq[75]. Così lo masticarono, mangiarono e bevvero dell'acqua. Il Profeta (ﷺ), dopo essersi alzato, si lavò la bocca e loro fecero lo stesso; poi assolse alla preghiera.

2982. Salama (che Dio si compiaccia di lui) ci ha tramandato: <<Una volta le derrate del viaggio cominciarono a scarseggiare e le persone si trovarono in grande bisogno. Così si recarono dal Profeta (ﷺ) per domandare il permesso di macellare i loro cammelli e lui lo consentì. ʻUmar poi li incontrò e lo informarono di tutto ciò. Lui però disse: "Come vi sosterrete dopo che i vostri cammelli (saranno morti)?"; poi si recò dal Profeta (ﷺ) e disse: "O Profeta di Dio! Come si sosterranno dopo che i loro cammelli (saranno morti)?". Il Profeta di Dio (ﷺ) disse: "Fai un annuncio tra le persone e (domanda loro) di portare tutto il cibo rimanente". (Portarono il cibo) ed il Profeta (ﷺ) invocò Dio e domandò le Sue benedizioni. Poi domandò che portassero i loro utensili e le persone cominciarono a riempierli con le mani fino a quando non furono soddisfatti. Poi il Profeta (ﷺ) disse: "Testimonio che *Lā ilāha illallāh* e che sono il Profeta (ﷺ) di Dio">>.

---

[75] Piatto a base di orzo macinato e burro.

(124) Capitolo. Relativamente al portare il cibo per il viaggio sulle spalle

2983. Wahb bin Kaisān ci ha tramandato che Jābir bin 'Abdullāh (che Dio si compiaccia di lui) ha affermato: <<Partimmo -eravamo trecento persone- portando il cibo per il viaggio sulle nostre spalle. Poi cominciammo a mangiare un dattero per uno al giorno. Un uomo domandò (a Jābir): "O Abū 'Abdullāh! Come può una persona saziarsi con un unico dattero?"; Jābir rispose: "Abbiamo compreso il valore di quel dattero quando non potemmo avere nemmeno quello. Poi arrivammo su una spiaggia ed improvvisamente vedemmo un pesce enorme sulla riva. Ne mangiammo a sazietà per diciotto giorni">>.

(125) Capitolo. Relativamente ad una donna che viaggia con suo fratello sulla medesima cavalcatura

2984. Āishah (che Dio si compiaccia di lei) ci ha tramandato di aver affermato: <<O Profeta di Dio! I tuoi compagni stanno ritornando con la ricompensa sia dell'*Hajj* che della *'Umra*. Io invece sto partendo solo con quella dell'*Hajj*". Le disse: "Vai e lascia che 'Abdur-Rahmān[76] ti faccia sedere dietro di lui (sulla sua cavalcatura)". Poi ordinò ad 'Abdur-Rahmān di lasciarle compiere l' *'Umra* da At-Tan 'īm. Poi il Profeta (ﷺ) l'attese nella parte più alta della Mecca fino a quando non tornò (dopo aver compiuto la *'Umra*)>>.

---

[76] Costui era il fratello di 'Āishah.

2985. 'Abdur-Rahmān bin Abī Bakr As-Siddīq (che Dio si compiaccia di lui) ci ha tramandato: <<Il Profeta (ﷺ) mi ordinò di consentire a Āishah di sedere dietro di me (sulla mia cavalcatura) e di compiere la *"Umra* da At-Tan 'īm>>.

(126) Capitolo. Relativamente a due uomini che si trovano sulla medesima cavalcatura nelle spedizioni militari e nel pellegrinaggio.

2986. Anas (che Dio si compiaccia di lui) ci ha tramandato: <<Viaggiavo dietro Abū Talha (sulla medesima cavalcatura) ed (i compagni del Profeta ﷺ) recitavano la *Talbiya* a voce alta sia per l'*Hajj* che per la '*Umra*>>.

(127) Capitolo. Relativamente a due uomini seduti insieme sul medesimo asino

2987. 'Urwa, sull'autorità di Usāma bin Zaid (che Dio si compiaccia di lui), ci ha tramandato: <<Il Profeta di Dio (ﷺ) si trovava su di un asino, su cui vi era una sella ricoperta di velluto, e consentì ad 'Umar di sedere dietro di lui (sull'animale)>>.

2988. 'Abdullāh bin 'Umar (che Dio si compiaccia di lui) ci ha tramandato: <<Il Profeta di Dio (ﷺ) è giunto alla Mecca attraverso la parte più alta, nel giorno della conquista, a cavallo della sua femmina di cammello, su cui si trovava anche Usāma. Bilāl ed 'Uthmān bin Talha dagli Al-Hajabah lo accompagnavano fino a quando non fece sedere il suo cammello nella moschea ed ordinò ad ('Uthmān) di portare le chiavi della Ka 'bah. Aprì la porta della Ka 'bah ed il Profeta di

Dio (ﷺ) entrò in compagnia di Usāma, Bilāl ed 'Uthmān e rimase all'interno per lungo tempo. Quando uscì, le persone si affrettarono ad entrarvi ed io fu il primo a farlo. Quando vidi Bilāl in piedi dietro la porta, gli chiesi: "Dove ha assolto la preghiera?" e lui indicò il luogo in cui il Profeta (ﷺ) aveva offerto la sua *Salāt*>>. 'Abdullāh ha aggiunto: "Ho dimenticato di domandargli quante *Rak'ā* aveva compiuto".

(128) Capitolo. Relativamente al tenere la cavalcatura di qualcun altro

2989. Abū Hurairah (che Dio si compiaccia di lui) ci ha tramandato che il Profeta di Dio (ﷺ) ha affermato: <<Vi è una *Sadaqa* obbligatoria che deve essere data per ogni giuntura del corpo umano, quando ogni giorno sorge il sole. Giudicare secondo giustizia tra due persone è un atto di carità; aiutare un uomo con la sua cavalcatura sia a salirvi che a caricarvi sopra il bagaglio è considerato un atto di carità; una buona parola è una *Sadaqa* e persino ogni passo fatto per offrire la preghiera obbligatoria in congregazione (nella moschea) è una *Sadaqa*, proprio come rimuovere qualcosa di pericoloso dalla strada>>.

(129) Capitolo. È preferibile non viaggiare in un paese nemico portando con sé delle copie del Corano.

Ibn 'Umar ha affermato: <<Senza dubbio, il Profeta (ﷺ) ed i suoi compagni hanno viaggiato nella terra del nemico e conoscevano il Corano>>.

2990. 'Abdullāh bin 'Umar (che Dio si compiaccia di lui) ci ha tramandato: <<Il Profeta di Dio (ﷺ) ha proibito alle persone di viaggiare in un paese nemico portando (delle copie) del Corano>>.

(130) Capitolo. La recitazione del *Takbīr* durante un conflitto

2991. Anas (che Dio si compiaccia di lui) ci ha tramandato: <<Il Profeta (ﷺ) giunse a Khaibar al mattino, mentre le persone stavano uscendo portando le loro vanghe sulle spalle. Quando lo videro, dissero: "Questo è Muhammad ed il suo esercito!" e si rifugiarono nella fortezza. Il Profeta (ﷺ) alzò entrambe le mani e disse: "*Allah Akbar*! Khaibar è rovinata perché, quando ci avviciniamo ad un nemico, terribile sarà il mattino per coloro che sono stati avvertiti". Poi abbiamo trovato alcuni asini, che abbiamo ucciso e cucinato. L'araldo del Profeta (ﷺ) poi annunciò: "Dio ed il Suo Profeta (ﷺ) vi proibiscono di mangiare carne di asino". Così tutte le pentole, incluso il loro contenuto, furono rovesciate>>.

(131) Capitolo. Che cosa è sgradito relativamente all'alzare la voce quando si pronuncia il *Takbīr*

2992. Abū Mūsa Al-Ash 'arī (che Dio si compiaccia di lui) ci ha tramandato: <<Eravamo in compagnia del Profeta di Dio (ﷺ) nel corso del pellegrinaggio. Ogni volta che salivamo su di un'altura, dicevamo: "*Lā ilāha illallāh*" ed "*Allah Akbar*" a voce alta. Il Profeta (ﷺ) allora ci disse: "Non alzate la voce! Non state chiamando qualcuno che è sordo o assente, ma Colui che

è con voi! Senza dubbio [Egli] è l'onnisciente che è sempre vicino">>.

(132) Capitolo. La recitazione del *Subḥān Allah* quando si scende in una valle

2993. Jābir bin ʻAbdullāh (che Dio si compiaccia di lui) ci ha tramandato: <<Ogni volta che salivamo su di un'altura, dicevamo: *"Allah Akbar"* e, quando invece discendevamo, dicevamo: *"Subḥān Allah"*>>.

(133) Capitolo. Relativamente al pronunciare il *Takbīr* quando si sale su di un'altura

2994. Jābir (che Dio si compiaccia di lui) ci ha tramandato: <<Ogni volta che salivamo su di un'altura pronunciavamo il *Takbīr* e, ogni volta che discendevamo, dicevamo: *"Subḥān Allah"*>>.

2995. ʻAbdullāh bin ʻUmar (che Dio si compiaccia di lui) ci ha tramandato: <<Il Profeta (ﷺ), ogni volta che tornava dall'*Hajj*, dalla *ʻUmra* o da una *Ghazwa*, ripeteva il *Takbīr* per tre volte. Ogni volta che saliva su di un sentiero di montagna o una zona desertica, affermava: *"Lā ilāha illallāh"*, Che non ha associati (nella Sua divinità). Tutto il regno Gli appartiene e tutte le lodi Gli sono dovute. Egli è Onnipotente. Ritorniamo nel pentimento, nell'adorazione, prosternandoci e lodando il nostro Signore. Dio ha adempiuto alla Sua promessa, ha

garantito la vittoria al Suo servo ed ha sconfitto gli Ahzāb[77]">>.

(134) Capitolo. Un viaggiatore avrà una ricompensa simile a quella concessa per delle buone azioni compiute in casa, se continua a compierle anche quando si trova in viaggio.

2996. Ibrāhīm Abū Ismā 'īl As-Saksakī ci ha tramandato: <<Ho udito Abū Burda che ha accompagnato Yazīd bin Abī Kabsha nel corso di un viaggio. Abū Burda gli disse: "Spesse volte ho udito Abū Mūsa affermare che il Profeta di Dio (ﷺ) aveva detto: "Quando un servo cade malato o viaggia, allora gli sarà annoverata nel suo resoconto (una ricompensa) simile a quella che era solito guadagnare per le sue buone azioni praticate in casa e quando era in buona salute (qualora le compia sia durante la malattia che quando si trova in viaggio)>>.

(135) Capitolo. Sul viaggiare da soli

2997. Jābir bin 'Abdullāh (che Dio si compiaccia di lui) ci ha tramandato: <<Nel giorno della battaglia del fossato, il Profeta (ﷺ) voleva che qualcuno si offrisse volontario come ricognitore. Az-Zubair si offrì come volontario. Fece di nuovo la stessa domanda ed Az-Zubair si offrì di nuovo. Poi fece (per la terza volta) la medesima richiesta ed Az-Zubair si offrì ancora una volta. Il Profeta (ﷺ) allora disse: "Ogni profeta ha un *Hawārī* ed il mio *Hawārī* è Az-Zubair">>.

---

[77] Ossia i confederati.

2998. Ibn ʿUmar (che Dio si compiaccia di lui) ci ha tramandato: <<Il Profeta di Dio (ﷺ) ci ha tramandato: "Se le persone fossero a conoscenza di quello che conosco relativamente al viaggiare da soli, allora nessuno viaggerebbe da solo di notte">>.

(136) Capitolo. Relativamente ad affrettarsi durante un viaggio

Abū Humaid ci ha tramandato che il Profeta (ﷺ) ha affermato: <<Ho fretta di andare a Medina. Chi vuole affrettarsi insieme a me, dovrebbe farlo>>.

2999. Il padre di Hishām ci ha tramandato: <<Ad Usāma bin Zaid venne domandato a quale passo il Profeta (ﷺ) procedeva sulla sua cavalcatura durante l'*Ḥajjat-ul-Wadāʿ*. Usāma rispose: "Procedeva a velocità sostenuta, ma quando la strada era sgombra procedeva a passo svelto">>.

3000. Aslam ci ha tramandato: <<Mentre mi trovavo in compagnia di ʿAbdullāh bin ʿUmar (che Dio si compiaccia di lui) sulla via verso la Mecca, costui ha ricevuto la notizia della grave malattia di Safiyya bint Abī ʿUbaid[78] e così procedette a passo svelto. Quando il crepuscolo scomparve, discese dalla sua cavalcatura ed offrì sia la preghiera del *Maghrib* che quella dell'*Ishāʾ* (insieme) e disse: "Ho visto che il Profeta (ﷺ), quando aveva premura durante un viaggio, procrastinare la preghiera del *Maghrib* per offrirla insieme a quella dell'*Ishāʾ*">>.

---

[78] Costei era sua moglie.

3001. Abū Hurairah (che Dio si compiaccia di lui) ci ha tramandato che il Profeta di Dio (ﷺ) ha affermato: <<Il viaggio è una sorta di tortura perché disturba il sonno, il mangiare ed il bere. Quando avete terminato il vostro lavoro, dovreste affrettarvi a tornare dalla vostra famiglia>>.

(137) Capitolo. Qualora qualcuno doni il proprio cavallo affinché sia utilizzato sulla via di Dio e poi viene a sapere che è stato messo in vendita.

3002. ʻAbdullāh bin ʻUmar (che Dio si compiaccia di lui) ci ha tramandato: <<ʼUmar bin Al-Khattāb ha donato un cavallo affinché venisse utilizzato per la causa di Dio e poi venne a sapere che era stato messo in vendita. Dal momento che intendeva comperarlo, si consultò con il Profeta (ﷺ) che gli disse: "Non acquistarlo e non riprendere indietro qualcosa che hai donato in carità">>.

3003. Aslam ci ha tramandato: <<Ho udito ʻUmar bin Al-Khattāb (che Dio si compiaccia di lui) affermare: <<Donai un cavallo affinché fosse utilizzato per la causa di Dio e la persona, a cui lo diedi, intendeva venderlo o lo trascurava. Così volevo ricomprarlo perché pensavo che lo avrebbe venduto ad un prezzo ridotto. Consultai allora il Profeta (ﷺ) che disse: "Non comprarlo, anche se costasse un solo *Dirham*. Colui che prende indietro il proprio dono assomiglia ad un cane che ingoia il proprio vomito>>.

(138) Capitolo. La partecipazione all'impegno strenuo sulla via di Dio con il permesso dei propri genitori

3004. 'Abdullāh bin 'Amr (che Dio si compiaccia di lui) ci ha tramandato: <<Un uomo giunse alla presenza del Profeta (ﷺ) domandando il suo permesso per prendere parte all'impegno strenuo sulla via di Dio. Il Profeta (ﷺ) gli domandò: "I tuoi genitori sono ancora vivi?"; quando rispose affermativamente il Profeta (ﷺ) gli disse: "Allora impegnati nel prenderti cura di loro">>.

(139) Capitolo. Sull' attaccare dei campanelli o qualcosa di simile intorno ai colli dei cammelli

3005. Abū Bashīr Al-Ansari (che Dio si compiaccia di lui) ci ha tramandato che si trovava in compagnia del Profeta di Dio (ﷺ) durante uno dei suoi viaggi. Il sub narratore, 'Abdullāh, ha aggiunto: <<Penso che Abū Bashīr abbia affermato anche: "Le persone si erano già coricate">>. Il Profeta (ﷺ) inviò un messaggero con il seguente ordine: "Non deve rimanere alcun collare o qualcosa di simile intorno al collo dei cammelli, ad eccezione di quello che è stato reciso".

(140) Capitolo. Qualora un uomo si sia arruolato nell'esercito e poi sua moglie parte per il Pellegrinaggio, o ha un'altra motivazione, può ottenere un permesso?

3006. Ibn 'Abbās (che Dio si compiaccia di lui) ci ha tramandato di aver udito il Profeta di Dio (ﷺ) affermare:

<<Non è consentito ad un uomo rimanere solo con una donna e nessuna donna dovrebbe viaggiare tranne che in compagnia di un *Mahram*>>. Un uomo allora si alzò e disse: "O Profeta di Dio! Sono stato arruolato nell'esercito per tale e tale *Ghazwa* e mia moglie si sta recando in Pellegrinaggio". Il Profeta di Dio (ﷺ) allora disse: "Vai e compi il Pellegrinaggio con la tua sposa">>.

(141) Capitolo. La spia

Lo spionaggio comporta delle investigazioni segrete

Relativamente al versetto: <<O credenti, non scegliete come amici i nemici Miei e vostri, offrendo loro il vostro amore, quando hanno respinto la verità a voi giunta e vi hanno al contrario scacciato insieme al Profeta dalle vostre case, solo perché credete in Dio, il vostro Signore! Se siete venuti ad impegnarvi sulla Mia via e a cercare il Mio Compiacimento [non prendeteli come amici], tenendo segreti conciliaboli di amore [e amicizia] con loro. Conosco bene ciò che nascondete e ciò che rivelate. Chi di voi si comporta in questo modo ha deviato dal retto cammino>>[79].

3007. Ubaidullāh bin Abī Rāfi' ci ha tramandato: <<Ho udito 'Alī (che Dio si compiaccia di lui) affermare: "Il Profeta di Dio (ﷺ) mi ha inviato insieme ad Az-Zubair ed Al-Miqdād in un luogo affermando: 'Procedete fino a quando non arrivate presso Rawdat Khākh, dove troverete una donna in possesso di una lettera. Prendete quella lettera". Partimmo ed i nostri cavalli galopparono fino a quando non giungemmo ad Ar-Rawda, dove trovammo la donna e le dicemmo: "Consegnaci

---

[79] Il Sacro Corano 60:1.

la lettera". Quando lei rispose: "Non ho con me alcuna lettera", le dicemmo: "O ci consegni la lettera o la cercheremo tra i tuoi abiti". Allora lei tirò fuori la missiva da una sua treccia. Consegnammo al Profeta di Dio (ﷺ) la lettera che conteneva delle affermazioni di Hātib bin Abī Balta 'a rivolte ai *Mushrikūn* della Mecca, con cui li informava delle intenzioni del Profeta di Dio (ﷺ). Il Profeta (ﷺ) allora ha affermato: "O Hātib! Che cosa è questo?", e lui rispose: "O Profeta di Dio! Non giudicarmi in modo affrettato. Io avevo dei rapporti molto stretti con i Quraysh, sebbene non appartenessi a questa tribù. Gli altri *Muhājirūn* hanno dei parenti alla Mecca che possono proteggere quanti dipendono da loro e la loro proprietà. Intendevo quindi compensare la mia mancanza di relazione di sangue facendo loro un favore al fine che garantissero la protezione a coloro che dipendono da me. Non mi sono comportato in questo modo per miscredenza, apostasia o perché preferisco il *Kufr* all'Islam'. Il Profeta di Dio (ﷺ) ha affermato: "Hātib ci ha detto il vero". 'Umar disse: "Profeta di Dio! Dammi il permesso di recidere il capo di questo ipocrita". Il Profeta di Dio (ﷺ) allora ha aggiunto: "Hātib ha partecipato alla battaglia di Badr e, chi può saperlo, forse Dio ha già rivolto lo sguardo ai guerrieri di Badr ed ha affermato: "Fate quello che desiderate perché vi ho perdonato">>[80].

---

[80] Quest'episodio risale a pochi giorni dalla pacifica conquista della Mecca da parte del Profeta (ﷺ), avvenuta nel 630 d.C.

(142) Capitolo. Relativamente al donare degli abiti ai prigionieri di guerra

3008. Jābir bin 'Abdullāh (che Dio si compiaccia di lui) ci ha tramandato: <<Nel giorno della battaglia di Badr, vennero condotti i prigionieri di guerra, compreso Al-'Abbās che non aveva degli abiti con cui coprirsi. Il Profeta (ﷺ) cercò una camicia per lui e venne trovava quella di 'Abdullāh bin Ubaī. Il Profeta (ﷺ) gli concesse di indossarla e per questa ragione il Profeta (ﷺ) si è tolto e ha dato la sua stessa camicia ad 'Abdullāh. Il narratore ha aggiunto: "Costui aveva fatto un favore al Profeta (ﷺ) che desiderava ricompensarlo">>[81].

---

[81] Quest'episodio risale al tempo della morte di 'Abdullāh ibn Ubayy. Cfr. Sahīh al-Bukhārī, *Kitāb al-Tafsīr al-Kur'ān*, 12, 4670. Ibn 'Umar (che Dio si compiaccia di lui) ci ha tramandato: <<Quando 'Abdullāh bin Ubayy morì, suo figlio, 'Abdullāh bin 'Abdullāh, giunse al cospetto del Profeta di Dio (ﷺ) e gli domandò di dargli la sua camicia per avvolgervi il cadavere di suo padre. Il Profeta (ﷺ) gliela diede e poi 'Abdullāh gli domandò di offrire anche la preghiera funeraria. Il Profeta (ﷺ) si alzò e pregò la preghiera funeraria per lui, ma 'Umar si alzò e, dopo aver afferrato la veste del Profeta (ﷺ), gli disse: "O Profeta! Offrirai la preghiera funeraria per costui anche se il tuo Signore ti ha proibito di farlo?"; il Profeta (ﷺ) rispose: "Dio mi ha dato la possibilità di scegliere dicendo: "Sia che domandi per loro il perdono, sia che non lo faccia, [il loro peccato non potrà essere perdonato]. Anche se domandassi settanta volte per loro il perdono, Dio non li perdonerà perché hanno rifiutato Dio e il Suo Messaggero. Dio non guida quanti sono perversamente ribelli", così domanderò più di settanta volte". 'Umar allora disse: "Ma costui era un ipocrita!". Il Profeta di Dio (ﷺ) offrì comunque la preghiera funeraria per costui e Dio ha quindi rivelato: "Non pregare in occasione della morte di nessuno di loro e non rimanere in piedi presso la loro tomba. Hanno rifiutato Dio e il Suo Messaggero e sono morti in una condizione di perversa ribellione"; 4671. 'Umar bin Al-Khattāb (che Dio si compiaccia di lui) ci ha tramandato: <<Quando 'Abdullāh bin Ubayy bin Salūl morì, il Profeta di Dio (ﷺ) venne chiamato ad offrire la preghiera funeraria per lui. Quando il Profeta di Dio (ﷺ) si alzò, io lo trattenni e dissi: "O Profeta di Dio! Offri la preghiera funeraria per Ibn Ubayy anche se lui ha pronunciato quelle parole in quel determinato giorno?" e continuai ad

(143) Capitolo. La superiorità di colui che induce qualcuno a convertirsi all'Islam

3009. Sahl (che Dio si compiaccia di lei) ci ha tramandato: <<Nel giorno di Khaibar, il Profeta (ﷺ) ha affermato: "Domani darò la bandiera a qualcuno cui Dio concederà la vittoria; qualcuno che ama Dio ed il Suo Profeta (ﷺ) ed è amato da loro". Le persone per tutta la notte si chiesero chi avrebbe ricevuto la bandiera; al mattino ognuno sperava di essere colui (a cui veniva consegnata la bandiera). Il Profeta di Dio (ﷺ) domandò: "Dove si trova 'Alī?", ma gli venne detto che soffriva di una malattia agli occhi. Allora il Profeta (ﷺ) applicò la sua saliva agli occhi di 'Alī ed invocò Dio affinché lo curasse. 'Alī guarì immediatamente come se non fosse mai stato malato. Il Profeta (ﷺ) gli diede la bandiera e lui domandò: "Devo combatterli fino a quando non diventeranno come noi?"; il Profeta (ﷺ) rispose: "Recati da loro con pazienza e con calma fino a quando non entrerai nel territorio. Poi, invitali all'Islam ed informali dei loro doveri e

---

elencare quanto aveva affermato. Il Profeta di Dio (ﷺ) sorrise e disse: "Allontanati, 'Umar!"; quando gli avevo ormai parlato troppo, lui mi disse: "Mi è stata data la scelta ed io ho scelto questo. E se sapessi che, se domandassi per lui il perdono più di settanta volte, egli sarebbe perdonato, lo farei". Così il Profeta di Dio (ﷺ) offrì la preghiera funeraria per costui e poi andò via, ma non rimase lontano a lungo prima che venissero rivelati i due versetti della sura *Al-Barā'a*: "Non pregare in occasione della morte di nessuno di loro e non rimanere in piedi presso la loro tomba. Hanno rifiutato Dio e il Suo Messaggero e sono morti in una condizione di perversa ribellione". Successivamente mi meravigliai del modo in cui mi ero rivolto al Profeta di Dio (ﷺ), ma Dio ed il Suo Profeta (ﷺ) ne sanno di più">>.

se Dio concede a qualcuno la guida per mezzo tuo, sarà meglio per te del possedere dei cammelli rossi">>.

(144) Capitolo. I prigionieri di guerra in ceppi

3010. Abū Hurairah (che Dio si compiaccia di lui) ci ha tramandato che il Profeta (ﷺ) ha affermato: "Dio si meraviglierà di coloro che entreranno in Paradiso in catene".

(145) Capitolo. La superiorità dei popoli della scrittura (ebrei e cristiani) che hanno abbracciato l'Islam

3011. Il padre di Abū Burda ci ha tramandato che il Profeta (ﷺ) ha affermato: <<Tre persone saranno degne di una duplice ricompensa: 1) Una persona che possiede una schiava, la educa in modo appropriato e le insegna le buone maniere con calma e poi, dopo averla liberata, la sposa. Costui sarà degno di una doppia ricompensa. 2) Un credente dei popoli del Libro, che è stato un vero credente e poi crede anche nel Profeta Muhammad (ﷺ). Costui sarà degno di una doppia ricompensa. 3) Uno schiavo che compie i suoi doveri verso Dio ed è sincero ed ubbidiente verso il padrone>>.

(146) Capitolo. (È lecito) attaccare i nemici se vi è la probabilità di uccidere gli infanti ed i bambini, pur non avendone l'intenzione?

3012. As-Sa 'b bin Jaththāma (che Dio si compiaccia di lui) ci ha tramandato: <<Il Profeta (ﷺ) mi passò vicino in un luogo chiamato Al-Abwā' o Waddān e gli venne domandato se fosse

lecito attaccare i guerrieri dei *Mushrikūn* di notte con la probabilità di esporre al pericolo le donne ed i bambini. Il Profeta (ﷺ) rispose: "Costoro appartengono loro". Ho udito anche il Profeta di Dio (ﷺ) affermare: "L'istituzione della *Himā*[82] è invalida tranne che per Dio ed il Suo Profeta (ﷺ)">>.

3013. Come sopra

(147) Capitolo. Relativamente all'uccisione dei bambini durante un conflitto

3014. 'Abdullāh (che Dio si compiaccia di lui) ci ha tramandato:<<Durante alcune *Ghazawat*[83] del Profeta (ﷺ) una donna venne trovata morta. Il Profeta (ﷺ) disapprovava l'uccisione delle donne e dei bambini>>.

(148) Capitolo. Relativamente all'uccidere le donne nel corso di un conflitto

3015. Ibn 'Umar (che Dio si compiaccia di lui) ci ha tramandato: <<Durante alcune delle *Ghazawat* del Profeta di Dio (ﷺ), una donna venne trovata morta e così il Profeta (ﷺ) proibì l'uccisione delle donne e dei bambini>>.

---

[82] Costume pre-islamico poi proibito dall'Islam secondo cui il capo di un clan o tribù sceglieva un luogo di pastura per i suoi armenti, a cui nessun altro avrebbe potuto accedere. A lui era invece riservato il diritto di accedere alla pastura del bestiame altrui senza previo permesso.
[83] Spedizioni militari nella quali non necessariamente ci si scontrava con il nemico.

(149) Capitolo. Sul divieto di punire qualcuno con la punizione riservata solo a Dio.

3016. Abū Hurairah (che Dio si compiaccia di lui) ci ha tramandato: <<Il Profeta di Dio (ﷺ) ci inviò in una spedizione militare e disse: "Se trovate tale e tale e tale e tale, bruciateli entrambi con il fuoco". Quando stavamo per partire, il Profeta di Dio (ﷺ) ha affermato: "Vi ho ordinato di bruciare tale e tale. Solo Dio però può punire con il fuoco. Così, se doveste trovarli, uccideteli">>.

3017. ʿIkrima (che Dio si compiaccia di lui) ci ha tramandato: <<ʿAlī (che Dio si compiaccia di lui) bruciò alcune persone e questa notizia raggiunse Ibn ʿAbbās che disse: "Se mi fossi trovato al tuo posto, non li avrei bruciati. Il Profeta di Dio (ﷺ) infatti ha affermato: "Non punite nessuno con la punizione riservata solo a Dio". Sicuramente li avrei uccisi perché il Profeta (ﷺ) ha affermato: "Se qualcuno abbandona questa religione, uccidetelo">>.

(150) Capitolo.

Relativamente ai versetti: <<Quindi, quando incontrate i miscredenti in battaglia, colpiteli al collo, fino a quando non li avrete completamente sottomessi. Stringeteli con fermezza, ma dopo lasciateli liberi o come atto di carità o in seguito al pagamento di un riscatto, fino a quando la guerra non sia terminata. Questo ti è comandato. Però, se Dio avesse voluto, avrebbe potuto sconfiggerli da solo, ma vi ha permesso di combattere per mettere alla prova alcuni di voi per mezzo degli altri. Però, Egli non lascerà mai che le opere di coloro

che vengono uccisi sulla via di Dio vadano perdute>>[84]; <<Non si addice ad un profeta prendere prigionieri di guerra fino a quando non avrà sottomesso tutta la terra. Voi guardate ai beni temporali di questo mondo, ma Dio guarda all'Altra vita. Egli è Eccelso, Saggio>>[85].

(151) Capitolo. È lecito per un prigioniero musulmano uccidere o ingannare coloro che lo hanno catturato al fine di salvarsi dagli infedeli?

Al-Miswar ci ha tramandato un *Hadīth* dal Profeta (ﷺ) relativo a questa questione.

(152) Capitolo. se un *Mushrik* ferisce con il fuoco un musulmano, dovrebbe subire la medesima punizione?

3018. Anas bin Mālik (che Dio si compiaccia di lui) ci ha tramandato: <<Un gruppo di otto uomini dalla tribù di 'Ukl giunse dal Profeta (ﷺ), ma scoprirono che il clima di Medina non giovava loro. Così dissero: "O Profeta di Dio! Offrici del latte". Il Profeta di Dio (ﷺ) disse: "Vi consiglio di seguire la mandria dei cammelli". Vi andarono e, dopo aver bevuto il latte e l'urina dei cammelli, riacquistarono la salute ed ingrassarono. Poi però uccisero il pastore, condussero via i cammelli e divennero miscredenti dopo aver abbracciato l'Islam. Quando il Profeta (ﷺ) ne venne informato da qualcuno che gridava aiuto, mandò alcuni uomini al loro inseguimento e, prima che il sole si trovasse a mezzogiorno,

---

[84] Il Sacro Corano 47:4.
[85] Il Sacro Corano 8:67.

vennero catturati e riportati indietro. Vennero tagliate loro le mani ed i piedi. Poi ordinò che venissero arroventati dei ferri e vennero marchiati con essi i loro occhi e vennero lasciati in Harra. Quando domandavano dell'acqua, non veniva data loro fino a quando non morirono>>. Abū Qilāba, un sub narratore, ha affermato: <<Costoro si erano macchiati di omicidio e furto ed avevano dichiarato guerra contro Dio ed il Suo Profeta (ﷺ) ed avevano sparso il male sulla terra>>[86].

(153) Capitolo.

3019. Abū Hurairah (che Dio si compiaccia di lui) ci ha tramandato di aver udito il Profeta di Dio (ﷺ) affermare: <<Una formica punse uno dei profeti e lui ordinò che il loro nido venisse dato alle fiamme. Così Dio gli rivelò per ispirazione: "Solo perché una formica ti ha punto, tu intendi bruciare una comunità tra quelle che glorificano Dio?">>.

---

[86] Questa tradizione è stata riportata anche in altri libri appartenenti alla collezione del *Sahīh al-Bukhārī* quali: Il libro del Wudū (*Kitāb al-Wudū*), 66, 233; Il libro dei limiti stabiliti da Dio (*Kitāb al-Hudūd*), 86, 6802. La punizione inflitta, che venne decretata prima che i versetti coranici relativi all'*hudūd* venissero rivelati (secondo la testimonianza di Qatāda che ha riportato la tradizione), è da intendersi come conseguente all'omicidio del pastore, alla sottrazione di animali ed alle violazioni della legge dell'ospitalità, crimini che nella società araba venivano tradizionalmente puniti in modo piuttosto cruento secondo i canoni moderni.

(154) Capitolo. Relativamente al bruciare le abitazioni ed i palmizi

3020. Jarīr ci ha tramandato: <<Il Profeta di Dio (ﷺ) mi disse: "Mi libererai da Dhul-Khalasa[87]?". Dhul-Khalasa era una abitazione che apparteneva alla tribù di Khath 'am ed era chiamata *Ka'ba al-Yamāniya*[88]. Così sono partito con centocinquanta cavalieri dalla tribù di Ahmas, che erano degli eccellenti combattenti. Accadde che non riuscivo a sedere in modo stabile sui cavalli. Allora il Profeta (ﷺ) mi diede un colpo sul petto fino a quando non vidi i segni delle sue dita su di esso. Poi disse: "O Dio! Rendilo fermo e fai di lui una guida ed un uomo ben guidato". Jarīr procedette verso quell'abitazione e, dopo averla smantellata, la diede alle fiamme. Poi inviò un messaggero al Profeta di Dio (ﷺ) per informarlo. Il messaggero di Jarīr gli disse: "Per Colui, che ti ha inviato con la verità, non sono giunto da te fino a quando non ho lasciato [l'edificio] somigliante ad un cammello emaciato o malato di scabbia". Jarīr ha aggiunto: "Il Profeta (ﷺ) ha invocato Dio affinché benedisse i cavalli e gli uomini di Ahmas cinque volte">>.

3021. Ibn Umar (che Dio si compiaccia di lui) ci ha tramandato: <<Il Profeta (ﷺ) ha bruciato le palme di dattero dei Banī An-Nadir>>.

---

[87] Idolo venerato nell'Arabia pre-islamica, che i suoi seguaci ritenevano capace di assorbire i peccati degli esseri umani. L'idolo consisteva molto probabilmente in una pietra di quarzo bianco a forma di colonna o di pilastro.
[88] Ossia la Ka 'ba dello Yemen, collocata nella regione di Asir a sud della Mecca.

(155) Relativamente all'uccidere un pagano mentre dorme

3022. Al-Barā' bin Āzib (che Dio si compiaccia di lui) ci ha tramandato: <<Il Profeta di Dio (ﷺ) inviò un gruppo di Ansari ad uccidere Abū Rāfi'. Uno di loro partì ed entrò nel forte (dei nemici). Quell'uomo disse: "Mi sono nascosto nella stalla degli animali. Costoro, dopo aver chiuso il forte, si sono accorti di aver perduto uno dei loro asini, e così uscirono a cercarlo. Vi andai anch'io, fingendo di cercare (l'animale). Trovarono l'asino e rientrarono nel forte ed io andai con loro. Dopo aver chiuso l'entrata del forte di notte, disposero le chiavi in una piccola finestra, da dove potevo vederle. Quando costoro andarono a dormire, presi le chiavi ed aprì la porta del forte. Giunsi da Abū Rāfi' e gli dissi: "O Abū Rāfi'". Quando mi rispose, avanzai verso la voce e, dopo averlo colpito, tornai indietro. Lui gridò ed io uscii, fingendo di essere qualcuno pronto ad aiutarlo. Dissi: "O Abū Rāfi'", cambiando il tono della voce. Mi domandò: "Che cosa vuoi nemico di tua madre?"; gli domandai: "Che cosa ti è accaduto?" e rispose: "Non so chi sia giunto da me e mi abbia colpito". Allora spinsi la mia spada nel suo addome e spinsi molto forte fino a quando non toccò l'osso. Poi uscì, piuttosto perplesso e mi diressi verso una delle loro scale per scendere, ma caddi e mi slogai un piede. Giunsi dai miei compagni e dissi: "Non andrò via fino a quando non avrò udito i lamenti delle donne". Così non me ne andai fino a quando non ebbi sentito i lamenti delle donne su Abū Rāfi', il mercante dell'Hijaz. Poi mi alzai e non provai alcun dolore (al piede). (Procedemmo) fino a quando non giungemmo alla presenza del Profeta (ﷺ) e lo informammo>>.

3023. Al-Barā' bin Āzib (che Dio si compiaccia di lui) ci ha tramandato: <<Il Profeta di Dio (ﷺ) inviò un gruppo di Ansari

da Abū Rāfi'. 'Abdullāh bin 'Atīk entrò in casa di notte e lo uccise mentre stava dormendo>>.

(156) Capitolo. Sul non desiderare di incontrare il nemico

3024. Sālim Abū An-Nadr, il liberto di 'Umar bin Ubaidullāh, ci ha tramandato: <<Ero il segretario di 'Umar. Una volta, 'Abdullāh bin Abī Aufā scrisse una lettera ad 'Umar bin Ubaidullāh, quando procedemmo verso al-Harūriya. Vi lessi che il Profeta di Dio (ﷺ), durante alcune delle sue spedizioni militari contro il nemico, attese fino a quando il sole non tramontò>>.

3025. Poi si alzò tra gli astanti e disse: "Non desiderate di incontrare il nemico, ma domandate a Dio la sicurezza. Se però vi trovate davanti al nemico, mantenetevi pazienti, e ricordate che il Paradiso si trova all'ombra delle spade". Poi aggiunse: "O Dio, Che hai rivelato il Libro sacro, tu che muovi le nubi ed hai sconfitto gli Ahzāb, sconfiggili e concedici la vittoria".

3026. Abū Hurairah (che Dio si compiaccia di lui) ci ha tramandato che il Profeta (ﷺ) ha affermato: <<Non desiderate d'incontrare il nemico, ma nel caso in cui lo incontriate, allora siate pazienti>>.

(157) Capitolo. La guerra è inganno

3027. Abū Hurairah (che Dio si compiaccia di lui) ci ha tramandato che il Profeta (ﷺ) ha affermato: <<Khosrau sarà rovinato e non ve ne sarà un altro dopo di lui. Cesare sarà

rovinato e non ve ne sarà un altro dopo di lui. Voi spenderete i loro tesori per la causa di Dio>>.

3028. Ha chiamato la guerra inganno.

3029. Abū Hurairah (che Dio si compiaccia di lui) ci ha tramandato che il Profeta di Dio (ﷺ) ha affermato: "Guerra equivale ad inganno".

3030. Jābir bin 'Abdullāh (che Dio si compiaccia di lui) ci ha tramandato che il Profeta (ﷺ) ha affermato: <<La guerra è inganno>>.

(158) Capitolo. Sul mentire nel corso di un conflitto

3031. Jābir bin 'Abdullāh (che Dio si compiaccia di lui) ci ha tramandato che il Profeta (ﷺ) ha affermato: <<Chi ucciderà Ka 'b bin Al-Ashraf, che ha recato danno a Dio ed al Suo Profeta?"; Muhammad bin Maslama disse: "O Profeta di Dio! Vuoi che lo uccida?". Il Profeta (ﷺ) rispose affermativamente. Così Muhammad bin Maslama si recò da Ka 'b e disse: "Questa persona ci ha affidato un compito e ci ha domandato della *Sadaqa*"; Ka'b rispose: "Per Allah, vi stancherete di lui". Muhammad gli disse: "Lo abbiamo seguito e non desideriamo abbandonarlo fino a quando non avremo visto la fine della sua missione". Muhammad bin Maslama continuò a parlare con lui in questo modo fino a quando non gli si presentò l'occasione di ucciderlo>>.

(159) Capitolo. Relativamente all'uccidere segretamente dei guerrieri non musulmani

3032. Jābir (che Dio si compiaccia di lui) ci ha tramandato che il Profeta (ﷺ) ha affermato: <<Chi ucciderà Ka 'b bin Ashraf[89]?"; Muhammad bin Maslama rispose: "Vuoi che lo uccida?" ed il Profeta (ﷺ) rispose affermativamente. Muhammad bin Maslama disse: "Allora concedimi di affermare quello che desidero". Il Profeta (ﷺ) rispose: "Te lo concedo">>.

(160) Capitolo. Quali stratagemmi e misure di sicurezza possono essere adottati per proteggersi da qualcuno che si ritiene possa essere infido e malvagio.

3033. 'Abdullāh bin 'Umar (che Dio si compiaccia di lui) ci ha tramandato: <<Una volta, il Profeta di Dio (ﷺ), accompagnato da Ubaī bin Ka 'b si recò da Ibn Sayyād. Venne informato che costui si trovava in un frutteto di palme. Quando il Profeta di Dio (ﷺ) entrò nel palmizio, cominciò a nascondersi dietro i tronchi delle palme, mentre Ibn Saiyyād era coperto da un tessuto di velluto e mormorava (qualcosa). La madre di Ibn

---

[89] Poeta e leader dei Banū an-Nadīr che era solito denigrare la persona del Profeta (ﷺ) ed i musulmani nei suoi componimenti poetici. Secondo alcuni storici, cercò di inasprire l'odio dei Quraysh verso il Profeta (ﷺ) incitandoli ad attaccare Medina dopo la sconfitta di Badr. Secondo altri invece complottò con altri membri della sua tribù per assassinare il Profeta (ﷺ). Recentemente l'ipotesi dell'assassinio da parte dei musulmani su istigazione del Profeta (ﷺ) è stata messa in dubbio con ragioni probanti. Cfr. Ehsan Roohi, *The Murder of the Jewish Chieftain Ka'b b. al-Ashraf: A Re-examination*, Journal of the Royal Asiatic Society, Volume 31, Issue 1, January 2021, pp. 103 - 124

Saiyyād vide il Profeta di Dio (ﷺ) e disse: "O Sāf! C'è Muhammad" e così Ibn Saiyyād si alzò. Il Profeta di Dio (ﷺ) disse: "Se lo avesse lasciato (in questa condizione), la verità sarebbe divenuta chiara">>[90].

(161) Capitolo. La recitazione dei versetti poetici nel corso di un conflitto e sul parlare a voce alta mentre si scava una trincea

3034. Al-Barā' (che Dio si compiaccia di lui) ci ha tramandato: <<Ho visto il Profeta di Dio (ﷺ) nel giorno della battaglia del fossato mentre portava della terra fino a quando i peli sul suo

---

[90] Cfr. Sahīh al-Bukhārī, *Kitāb al-Fitan wa Ashrāt as-Sa'āh*, 19, [7344] 85 – (2924) 'Abdullāh ha affermato: <<Eravamo con il Profeta di Dio (ﷺ) e passammo accanto ad alcuni ragazzi, tra cui vi era anche Ibn Sayyād. I ragazzi si allontanarono ed Ibn Sayyād si sedette. Sembrava che questo al Profeta (ﷺ) non piacesse. Il Profeta (ﷺ) gli disse: "Che le tue mani siano sfregate con la polvere. Testimoni che sono il Profeta di Dio (ﷺ)?". Rispose: "No! Tu piuttosto dovresti testimoniare che io sono il Profeta di Dio". 'Umar bin Al-Khattāb disse: "O Profeta! Consentimi di ucciderlo". Il Profeta di Dio disse: "Se costui è chi tu pensi che sia, non potrai mai essere in grado di ucciderlo"; [7345] 86 – (...) Ci è stato tramandato che 'Abdullāh ha affermato: <<Stavamo camminando con il Profeta (ﷺ) e passammo accanto ad Ibn Sayyād. Il Profeta di Dio (ﷺ) gli disse: "Ho nascosto qualcosa per te nella mia mente" e lui rispose: "Dukh". Il Profeta di Dio (ﷺ) gli disse: "Stai lontano. Non puoi superare i tuoi limiti". 'Umar disse: "O Profeta di Dio, lascia che gli tagli il collo". Il Profeta (ﷺ) gli disse: "Lascialo stare! Se costui fosse chi tu temi che sia, non sarai mai capace di ucciderlo">>. Il Profeta Muhammad (ﷺ) intendeva la sura al-Dukhān, la quarantaquattresima sura del Corano. Il proposito del Profeta (ﷺ) era quello di sapere se Ibn Sayyād fosse stato in grado di leggergli nella mente, dimostrando in questo modo dei poteri soprannaturali.

petto -che erano molti- furono coperti di polvere. Stava recitando i seguenti versi di ʿAbdullāh (bin Rawāha): "O Dio, se non fosse stato per Te, non avremmo ricevuto la guida, non avremmo compiuto degli atti di carità e non avremmo assolto alla preghiera. Donaci la calma e, quando incontreremo il nemico, rendi fermi i nostri piedi. Se intendono porci nella *Fitnah*, non fuggiremo (ma li affronteremo)". Il Profeta (ﷺ) recitava questi versi poetici a voce alta>>.

(162) Capitolo. Relativamente a chi non riesce a sedere in modo stabile su di un cavallo.

3035. Jarīr (che Dio si compiaccia di lui) ci ha tramandato: <<Il Profeta di Dio (ﷺ), da quando ho abbracciato l'Islam, non si è mai rifiutato di vedermi e ogni volta che mi vedeva, mi riceveva con un sorriso>>.

3036. Una volta gli dissi che non riuscivo a stare saldo sui cavalli. Lui allora mi colpì il petto con la mano e disse: "O Dio! Rendilo fermo e fai di lui una guida ed un uomo ben guidato".

(163) Capitolo. Il trattamento di una ferita con le ceneri di un tappeto e relativamente ad una donna che lava via il sangue dal volto del padre e sul portare dell'acqua in uno scudo (per questo scopo).

3037. Abū Ḥāzim ci ha tramandato: <<Le persone domandarono a Sahl bin Sa ʿd As-Sāʿidī (che Dio si compiaccia di lui): "Con che cosa è stata curata la ferita del Profeta di Dio (ﷺ)?"; rispose: "Non rimane nessuno tra i viventi che lo sappia meglio di me. ʿAlī portava l'acqua nel suo scudo e

Fatima lavava via il sangue dal suo volto. Poi venne bruciato un tappeto (di foglie di palma) e la ferita del Profeta di Dio (ﷺ) venne riempita delle sue ceneri>>[91].

(164) Capitolo. Quali discussioni e differenze reciproche sono invise nel corso di un conflitto e la punizione di colui che non presta obbedienza al suo *Imām*.

Relativamente al versetto: <<Obbedite a Dio e al Suo Profeta e non cadete nella discordia, al fine di non scoraggiare il vostro cuore ed indebolire la vostra forza. Siate pazienti e perseveranti perché Dio è con coloro che perseverano con pazienza>>[92].

3038. Abū Burda ci ha tramandato che suo padre ha affermato: <<Il Profeta (ﷺ) ha inviato Mu'ādh ed Abū Mūsa nello Yemen dicendo loro: "Rendete le cose facili per le persone e non difficili; date loro delle buone nuove e non scacciateli. Supportatevi a vicenda e non dissentite">>.

3039. Al-Barā' bin 'Āzib (che Dio si compiaccia di lui) ci ha tramandato:<<Il Profeta (ﷺ) nominò 'Abdullāh bin Jubair come comandante degli arcieri, che nel giorno di Uhud erano cinquanta. Li istruì dicendo: "Rimanete ai vostri posti e non spostatevi, anche se doveste vedere degli uccelli portarci via, fino a quando non vi farò chiamare. Se vi accorgete che abbiamo sconfitto gli infedeli e li abbiamo indotti a fuggire, anche in quel caso non dovreste lasciare le vostre postazioni fino a quando non vi manderò a chiamare". Gli infedeli furono allora sconfitti. Per Allah, ho visto le donne fuggire sollevando

---

[91] Quest'episodio avvenne nel corso della battaglia di Uhud (625 d.C.).
[92] Il Sacro Corano 8:46.

i loro abiti, mostrando le cavigliere e le gambe. I compagni di 'Abdullāh bin Jubair dissero: "Il bottino! Il bottino! I nostri compagni sono vittoriosi! Che cosa stiamo aspettando ancora?"; 'Abdullāh bin Jubair disse: "Avete forse dimenticato quello che il Profeta di Dio (ﷺ) vi ha detto?"; risposero: "Per Allah, andremo dal nemico e raccoglieremo la nostra parte del bottino". Quando però si avvicinarono loro, furono costretti a voltarsi indietro sconfitti. A quel tempo, il Profeta di Dio (ﷺ) li richiamava indietro dalle retrovie. Solo dodici uomini restarono con il Profeta (ﷺ) ed i pagani uccisero settanta dei nostri uomini. Nel giorno della battaglia di Badr, il Profeta (ﷺ) ed i suoi compagni avevano provocato 140 perdite tra i *Mushrikūn*, di cui la metà furono uccisi e l'altra metà fatti prigionieri. Poi Abū Sufyān chiese per tre volte: "Muhammad è tra costoro?", ma il Profeta di Dio (ﷺ) ordinò ai suoi compagni di non rispondergli. Poi disse tre volte: "Il figlio di Abū Quhāfa è tra costoro?" e poi per altre tre volte domandò: "Il figlio di Al-Khattāb si trova tra costoro?". Tornò dai suoi compagni e disse: "Questi uomini sono stati uccisi". 'Umar però non riuscì a controllarsi e disse (ad Abū Sufyān): "Hai pronunciato una menzogna, o nemico di Dio! Tutti quelli che hai menzionato sono ancora vivi e quanto ti ha reso infelice è ancora qui". Abū Sufyān disse: "Oggi la nostra vittoria controbilancia la vostra nella battaglia di Badr. Nel conflitto (la vittoria) è sempre incerta e viene condivisa a turno tra i belligeranti. Troverete che alcuni dei vostri morti sono stati mutilati, ma non ho spinto i miei uomini a comportarsi in questo modo; eppure non sono dispiaciuto per le loro azioni". Dopo ha cominciato a recitare allegramente: "O Hubal, il sommo! O Hubal, il sommo". Il Profeta (ﷺ) poi disse (ai suoi compagni): "Perché non gli rispondete?"; quando chiesero: "O Profeta di Dio! Che cosa dovremmo affermare?", disse: "Dio è

Sommo e Sublime". Poi (Abū Sufyān) disse: "Abbiamo al-'Uzza e voi non l'avete". Il Profeta (ﷺ) disse (ai suoi compagni): "Perché non gli rispondete?". Domandarono: "O Profeta di Dio! Che cosa dovremmo dirgli?", rispose: "Dite: Dio è il nostro Maulā[93] e voi non ne avete alcuno">>.

(165) Capitolo. Qualora le persone si spaventino di notte

3040. Anas (che Dio si compiaccia di lui) ci ha tramandato: <<Il Profeta di Dio (ﷺ) era il più piacente, generoso e coraggioso degli uomini. Una volta, gli abitanti di Medina, dopo aver udito di notte un rumore assordante, ne furono terribilmente spaventati. Così il Profeta (ﷺ) andò incontro alle persone, mentre stava cavalcando senza sella un cavallo di Abū Talha e portava la spada (appesa alle spalle). Disse loro: "Non abbiate timore! Non abbiate timore!"; poi aggiunse: "Ho trovato questo cavallo molto veloce">>.

---

[93] Ossia "protettore". Cfr. Il Sacro Corano 2:286: <<Dio non pone su nessun' anima un peso che è incapace di portare. Le verrà dato il bene che ha guadagnato e soffrirà ogni male che si è guadagnato. Prega: "O Signore! Non ci condannare se dimentichiamo o cadiamo in errore. Non porre su di noi un peso come quello che hai posto su coloro che ci hanno preceduto. O Signore! Non porre su di noi un peso maggiore di quello che possiamo sopportare. Cancella i nostri peccati e assicuraci il Tuo perdono. Abbi pietà di Noi. Tu sei il nostro protettore. Aiutaci contro coloro che si oppongono alla fede>>; 3:150: <<Dio è il vostro protettore ed il migliore aiuto>>; 6:62: <<Gli uomini poi ritornano a Dio, il loro vero protettore, l'unica realtà. In verità, Suo è il comando ed Egli è veloce nel calcolo>>; 8:40: <<Se si rifiutano, sappi che Dio è il vostro custode, la migliore protezione ed il migliore aiuto>>.

(166) Capitolo. Relativamente al gridare: "Ya Sabāhāh![94]" il più possibile alla vista del nemico al fine che le persone possano udire.

3041. Salama ci ha tramandato: <<Mi sono recato da Medina ad Al-Ghaba. Quando sono giunto presso il sentiero di montagna di Al-Ghaba, ho incontrato uno schiavo di 'Abdur-Rahmān bin 'Aūf e gli ho detto: "Guai a te! Che cosa ti ha condotto qui?". Rispose: "Le femmine di cammello del Profeta (ﷺ) sono state portate via"; quando domandai: "Chi le ha prese?", rispose: "Ghata'n e Fazāra". Allora gridai per tre volte: "Ya Sabāhāh! Ya Sabāhāh!" a voce così alta che mi udirono tutti coloro che abitano tra due montagne. Poi mi affrettai fino a quando non li ho incontrati, dopo che avevano sottratto gli animali". Ho cominciato a tirare contro costoro delle frecce dicendo: "Sono il figlio di Al-Akwa' e oggi i malvagi periranno". In questo modo ho salvato i cammelli da costoro, prima che potessero bere. Quando tornai conducendo gli animali, incontrai il Profeta (ﷺ) e gli dissi: "O Profeta di Dio! Costoro sono assetati ed io gli ho impedito di bere! Manda qualcuno sulle loro tracce". Il Profeta (ﷺ) disse: "Figlio di Al-Akwa', hai avuto potere sopra i tuoi nemici. Ora perdonali. Costoro adesso si trovano tra i membri della loro tribù">>.

---

[94] Lett. "O Compagni!".

(167) Capitolo. Relativamente all'affermare: "Prendilo! Sono il figlio di tale e tale".

Salama ha affermato: "Prendilo! Io sono il figlio di Al-Akwa".

3042. Abū Ishāq ci ha tramandato: <<Un uomo domandò ad Al-Barā' (che Dio si compiaccia di lui): "O Abū Umāra! Sei fuggito nel giorno di Hunain?"; Al-Barā' rispose mentre stavo ascoltando: "Il Profeta di Dio (ﷺ) quel giorno non è fuggito. Abū Sufyān bin Al-Hārith teneva le redini del suo mulo e, quando i *Mushrikūn* lo attaccarono, lui scese dalla cavalcatura e cominciò ad affermare: "Sono il Profeta veritiero e sono il figlio di 'Abdul-Muttalib". Quel giorno nessuno fu più coraggioso del Profeta (ﷺ)>>.

(168) Capitolo. Se il nemico è pronto ad accettare il giudizio di un musulmano (il suo giudizio sarà valido se l'*Imām* si mostra d'accordo).

3043. Abū Sa 'īd Al-Khudrī (che Dio si compiaccia di lui) ci ha tramandato: <<Quando la tribù dei Banī Quraiza era pronta ad accettare il giudizio di Sa 'd, il Profeta di Dio (ﷺ) mandò a chiamarlo. E si trovava vicino a lui. Sa 'd giunse su di un asino e, quando si avvicinò, il Profeta di Dio (ﷺ) disse (agli Ansari): "Alzatevi alla presenza del vostro leader". Poi Sa 'd giunse e si sedette accanto al Profeta di Dio (ﷺ), che gli disse: "Costoro sono pronti per accettare il tuo giudizio". Sa 'd disse: "Stabilisco che i loro soldati debbano essere uccisi e le loro donne ed i bambini presi come prigionieri". Il Profeta (ﷺ) poi

ha osservato: "O Sa 'd! Hai giudicato tra costoro con il giudizio (o in modo simile al giudizio) del Re">>[95].

(169) Capitolo. Relativamente all'uccisione di un prigioniero e di qualcuno che si trova imprigionato

3044. Anas bin Mālik (che Dio si compiaccia di lui) ci ha tramandato: <<Il Profeta di Dio (ﷺ) arrivò alla (Mecca) nell'anno della conquista indossando un elmetto sul capo.

---

[95] Cfr. Il Sacro Corano 33:25-27: <<Dio ha respinto i miscredenti nella loro ira. Non hanno guadagnato nulla. Poi ha risparmiato i credenti dalla battaglia. Dio è pieno di forza, capace di mettere in atto il Suo volere. Coloro che tra i popoli del Libro hanno dato loro aiuto, sono stati tratti dalle loro fortezze. Nei loro cuori è stato sparso il terrore; alcuni furono uccisi ed altri furono fatti prigionieri. Vi ha fatto eredi della terra, delle loro case, dei loro beni e di una terra che prima non avevate mai visitato. Dio ha potere su ogni cosa>>; 33:9-10: <<O voi che credete, ricordate la grazia che Dio vi ha concesso, quando le schiere sono piombate su di voi ed abbiamo inviato contro di loro un vento fortissimo e forze che erano incapaci di percepire. Dio vede chiaramente tutto quello che fate. Quando piombarono su di voi da sopra e da sotto di voi, la vostra vista si annebbiò e i vostri cuori arrivarono alle gole e vi lasciaste andare ad ogni sorta di congettura riguardo a Dio>>. Commenta Yusuf Alì: <<Il riferimento è diretto alla tribù dei Banū Qurayzah, che tradirono i musulmani e prestarono aiuto segretamente ai Confederati. Quando Medina fu libera dal pericolo, i Banū Qurayzah furono colti dal terrore e si rifugiarono nel loro fortino posto a circa 3 o 4 miglia a nord-est di Medina, dove affrontarono un assedio di 25 giorni, in seguito ai quali si arresero accettando di sottomettersi a quanto decretato da Sa'd ibn Mu'ādh, capo della tribù degli Aws, che in passato era stato loro alleato. In questo caso Sa'd giudicò secondo la stessa legge ebraica nella sua forma più clemente. Infatti, secondo il Deuteronomio (Cfr. 20:16), la punizione di cui erano degni sarebbe stato lo sterminio totale della popolazione, comprese donne e bambini. In questo caso però venne applicata la legge relativa alle città lontane, ossia l'uccisione dei maschi adulti e di coloro che si erano impegnati nel combattimento. Cfr. Deuteronomio 20:10-18>>.

Dopo esserselo tolto, un uomo giunse e disse: "Ibn Khatal[96] sta attaccato alle tende della Ka 'bah". Il Profeta (ﷺ) disse: "Uccidetelo">>.

(170) Capitolo. Un uomo può consegnarsi come prigioniero? E se qualcuno rifiuta di arrendersi? Relativamente al compimento di due *Rak'ā* di preghiera prima di essere condannati a morte.

3045. Abū Hurairah (che Dio si compiaccia di lui) ci ha tramandato: <<Il Profeta di Dio (ﷺ) ha inviato una *Sariya* di dieci uomini come spie sotto la leadership di 'Āsim bin Thābit Al-Ansari, il nonno di 'Āsim bin 'Umar Al-Khattāb. Procedettero fino a quando non giunsero ad Hadā'a, una località collocata tra Usfan e Mecca. La notizia del loro arrivo giunse ad una sezione della tribù di Hudhail chiamati Banī Lihyān. Costoro inviarono duecento uomini, tutti arcieri, per seguire le loro tracce fino a quando trovano il luogo in cui avevano mangiato i datteri che avevano portato con sé da Medina. Dissero: "Questi sono i datteri di Yathrib" e continuarono a seguire le loro tracce. Quando 'Āsim ed i suoi compagni videro i loro inseguitori, salirono su di un'altura ed i pagani li circondarono. I *Mushrikūn* dissero loro: "Scendete ed arrendetevi. Vi promettiamo e garantiamo che non uccideremo nessuno di voi". 'Āsim bin Thābit, il comandante della *Sariya*, disse: "Per Allah! Non scenderò per pormi sotto la protezione dei *Mushrikūn*. O Dio! Reca le nostre notizie al

---

[96] Abdullah ibn Khatal era un esattore delle tasse che, dopo aver abbandonato l'Islam, si recò da Medina alla Mecca unendosi ai pagani Quraysh. La sua apostasia avvenne dopo aver ucciso senza motivo un suo servitore con il quale viaggiava, in quanto non aveva ottemperato prontamente ai suoi ordini.

Tuo Profeta (ﷺ)". Poi i pagani scoccarono delle frecce contro di loro fino a quando non uccisero 'Āsim insieme ad altri sei uomini. Tre uomini scesero accettando la loro promessa ed il loro patto. Costoro erano Khubaib Al-Ansari, Ibn Dathina ed un altro uomo. Quando gli infedeli li catturarono, sciolsero i loro archi e li legarono. Il terzo prigioniero disse: "Questo è il primo atto di tradimento. Per Allah! Non andrò con voi. Senza dubbio costoro, intendendo i martiri, hanno posto un buon esempio per noi". Allora lo trascinarono e cercarono di costringerlo a seguirli. Però, quando si rifiutò, lo uccisero. Poi presero Khubaib ed Ibn Dathina con loro e li vendettero (come schiavi) alla Mecca. (Tutto questo accadde) dopo la battaglia di Badr. Khubaib venne comperato dai figli di Al-Hārith bin 'Āmir bin Naufal bin Abd-Manāf. Khubain aveva ucciso, nel giorno di Badr, Al-Hārith bin 'Āmir. Khubaib rimase quindi prigioniero di costoro. Az-Zuhrī ci ha tramandato che Ubaidullāh bin Iyad disse che la figlia di Al-Hārith gli aveva detto: <<Quando costoro si radunarono (per uccidere Khubaib), prese in prestito da me un rasoio per radersi il pube e glielo diedi. Poi prese uno dei miei figli, quando non mi accorsi che era andato verso di lui. Vidi che poneva mio figlio sulla coscia mentre il rasoio si trovava nelle sue mani. Mi agitai così tanto che Khubaib notò l'ansia sul mio volto e disse: "Hai paura che lo uccida? No, non lo farei mai". Per Allah, non ho mai visto un prigioniero migliore di Khubaib. Un giorno lo vidi che mangiava un grappolo di uva mentre era in catene. A quel tempo non vi era alcuna frutta alla Mecca". La figlia di Al-Hārith era solita affermare: "Era un dono che Dio ha fatto a Khubaib". Quando lo condussero fuori dalla Mecca, per ucciderlo fuori dai suoi confini, Khubaib domandò loro di consentirgli di pregare due *Rak 'ā*. Glielo concessero e lui offrì due *Rak 'ā* di preghiera e poi disse: "Se non avessi temuto che

avreste pensato che avessi paura (della morte), avrei prolungato la *Salāt*. O Dio, uccidili tutti senza eccezione. (Poi recitò): Io, che affronto il martirio come musulmano, non mi curo del modo in cui vengo ucciso per la causa di Dio, perché la mia morte è per amore di Dio e, se Lui lo vuole, benedirà le parti amputate di un corpo dismembrato". Poi i figli di Al-Hārith lo uccisero. Khubaib ha stabilito la tradizione per ogni musulmano che da prigioniero viene condannato a morte di offrire due *Rak'ā* di preghiera (prima di venire ucciso). Dio ha risposto alla preghiera di 'Āsim bin Thābit nel medesimo giorno in cui andò incontro al martirio. Il Profeta (ﷺ) informò i suoi compagni di quello che era avvenuto loro. Successivamente, quando alcuni dei Quraysh furono informati che 'Āsim era stato ucciso, mandarono alcuni uomini a prendere una parte del suo corpo (ossia il capo) attraverso cui sarebbe stato riconosciuto. (Questo avvenne perché) 'Āsim a Badr aveva ucciso uno dei loro leader. Uno sciame di vespe, che assomigliava ad una nuvola, venne inviato a posarsi sopra 'Āsim per proteggerlo dalla persona da loro inviata. Così non riuscirono a rimuovere alcuna parte del suo corpo>>.

(171) Capitolo. Relativamente alla liberazione di un prigioniero

3046. Abū Mūsa (che Dio si compiaccia di lui) ci ha tramandato che il Profeta (ﷺ) ha affermato: <<Liberate i prigionieri, nutrite gli affamati ed andate a visitare i malati>>.

3047. Abū Juhaifa (che Dio si compiaccia di lui) ci ha tramandato: <<Domandai ad 'Alī (che Dio si compiaccia di lui): "Conosci qualche rivelazione divina oltre a quella che si trova

nel Libro di Dio?"; 'Alī rispose: "No, per Colui che fende il chicco di grano ed ha creato l'anima. Non abbiamo una tale conoscenza, ma possediamo la capacità di comprendere quello di cui Dio può dotare una persona, in modo che possa comprendere il Corano. Possediamo poi quanto è scritto in questo foglio". Domandai: "Che cosa è scritto in questo foglio?", rispose: "l'*Al-Aql*[97], il riscatto dei prigionieri ed il giudizio secondo cui un musulmano non dovrebbe essere condannato alla pena capitale per aver ucciso un miscredente">>.

(172) Capitolo. Il riscatto degli *Al-Mushrikūn*

3048. Anas bin Mālik (che Dio si compiaccia di lui) ci ha tramandato: <<Alcuni Ansari domandarono il permesso del Profeta di Dio (ﷺ) dicendo: "O Profeta di Dio! Concedici di non

---

[97] Ossia i regolamenti relativi alla *Diya*, ossia il prezzo di sangue. Cfr. Il Sacro Corano 5:32: <<Per questo motivo abbiamo ordinato per i Figli d'Israele che, se qualcuno uccide una persona -a meno che non sia un assassino o qualcuno che ha sparso la corruzione sulla terra- è come se avesse ucciso tutta l'umanità. Invece, se qualcuno salva una vita, è come se avesse salvato quella di tutta l'umanità. Sebbene siano venuti loro i Nostri messaggeri con chiari segni, molti continuano a commettere eccessi sulla terra>>. Cfr. Sahīh al-Bukhārī, *Kitāb Al-Dyāt*, 2, 6870. 'Abdullāh bin 'Amr (che Dio si compiaccia di lui) ci ha tramandato che il Profeta (ﷺ) ha affermato: <<*Al-Kabā'ir* (ossia i maggiori peccati) sono: <<Attribuire a Dio dei consimili nel culto e mostrarsi irrispettosi verso i propri genitori" o disse "fare un falso giuramento". (il sub-narratore, Shu 'ba, non è sicuro di quale sia l'espressione corretta utilizzata dal Profeta (ﷺ). Mu 'ādh ha affermato che Shu 'ba ha detto: "I peccati maggiori sono: 1) Attribuire a Dio dei consimili nel culto, 2) Pronunciare un giuramento falso, 3) Mostrarsi irrispettosi verso i propri genitori, o disse "uccidere qualcuno (ingiustamente)".

prendere il riscatto per nostro nipote Al-'Abbās. Il Profeta (ﷺ) rispose: "Non lasciate un solo *Dirham*">>.

3049. (In un'altra tradizione) Anas ha affermato: <<Alcuni beni dal Bahrein vennero condotti al Profeta di Dio (ﷺ). Al-'Abbās si recò da lui e disse: "O Profeta di Dio! Dammi (qualcosa) perché ho pagato il mio riscatto e quello di 'Aqīl". Il Profeta (ﷺ) gli disse: "Prendi pure" e depose (il denaro) nella sua veste>>.

3050. Jubair (che era tra i prigionieri della battaglia di Badr) ci ha tramandato di aver udito il Profeta di Dio (ﷺ) recitare la sura At-Tūr[98] nella preghiera del *Maghrib*.

(173) Capitolo. Se un guerriero tra gli infedeli giunge in un territorio islamico senza avere la garanzia di protezione

3051. Salama bin Al-Akwa' ci ha tramandato: <<Una spia nemica giunse presso il Profeta (ﷺ) mentre era in viaggio. La spia si sedette insieme ai compagni del Profeta (ﷺ) e, dopo aver parlato, andò via. Il Profeta (ﷺ) disse ai suoi compagni: "Inseguitelo ed uccidetelo". Così, lo ho ucciso. Il Profeta (ﷺ) poi mi diede i beni della spia uccisa (insieme a quanto mi spettava del bottino di guerra)>>.

---

[98] La sura del Monte, di 49 versetti, rivelata alla Mecca.

(174) Capitolo. Si dovrebbe combattere per la protezione dei *Dhimmī*[99] e non dovrebbero essere ridotti in schiavitù.

3052. 'Amr bin Maimūn ci ha tramandato: <<'Umar (che Dio si compiaccia di lui) - dopo essere stato accoltellato- istruì (il suo successore) nel modo seguente: "Lo esorto a prendersi cura dei non-musulmani che si trovano sotto la protezione di Dio e del Suo Profeta (ﷺ). Deve rispettare il patto stretto con loro, combattere il loro vece e non deve imporre loro delle tasse che eccedono le loro possibilità [economiche]>>[100]

---

[99] Ossia gli "Ahl al-Dhimma". Cfr. S. Lei, *Le comunità religiose non-musulmane nel mondo islamico, un'introduzione storica*, Roma 2019, 21-22: <<Nella tradizione arabo-islamica le comunità religiose non musulmane, che risiedono in un territorio controllato politicamente dai musulmani, sono apostrofate con il nome di "Dhimmī". Questo termine deriva dall'arabo *Dhimmah* che indica nello stesso tempo sia un patto (*ahd*) sia la sua sacralità (*hurmah*) per coloro che lo hanno stipulato. L'utilizzo di questo termine in riferimento a queste comunità -con un particolare riferimento a quella ebraica e cristiana- è giustificato dalla presenza di un patto di protezione siglato con il governo musulmano, in seguito alle conquiste militari degli eserciti musulmani, implicante un corpus stabilito di diritti e di doveri. La nozione di *Dhimmah*, così come altri termini arabi impiegati in ambito islamico, ha le sue radici nella società araba pre-islamica, in cui la sacralità di un patto insieme alla protezione accordata ai più deboli costituivano alcuni degli aspetti fondamentali della nozione di *muruwah*>>.

[100] Cfr. Saḥīḥ al-Bukhari, *Kitab Faḍā'il Ashāb al-Nabi, 7, 3700*. 'Amr bin Maimūn ci ha tramandato: <<Vidi 'Umar bin Al-Khattāb (che Dio si compiaccia di lui) pochi giorni prima che venisse accoltellato a Medina. Si trovava con Hudhaifa bin Al-Yamān e 'Uthmān bin Hunaif[100] ai quali disse: "Che cosa avete fatto? Pensate di aver imposto sulla terra [di As-Swad] una tassazione maggiore di quella che possono sopportare?"; risposero: "Abbiamo imposto quanto può sostenere a causa del suo grande rendimento". 'Umar disse di nuovo: "Controllate se non avete imposto sul territorio un peso fiscale che non può sopportare"; ancora una volta risposero negativamente ed 'Umar aggiunse: "Se Dio mi manterrà in vita, farò sì che le vedove dell'Iraq non

abbiano bisogno di nessun uomo per supportarle dopo di me". Però solo dopo quattro giorni venne colpito a morte. Nel giorno in cui venne accoltellato, mi trovavo lì e non vi era nessuno tra me ed 'Umar tranne 'Abdullāh bin 'Abbās. Ogni volta che 'Umar passava tra due ranghi, era solito affermare: "Formate delle linee dritte". Quando poi non vedeva più alcun difetto nei ranghi, andava avanti e cominciava la *Salāt* con il *Takbīr*, poi recitava la sura Yūsuf o la sura *An-Nahl* o una simile nella prima *Rak'ah* al fine che le persone avessero tempo per unirsi alla preghiera. Non appena pronunciò il *Takbīr*, lo ho udito affermare: "Il cane mi ha ucciso o mangiato" quando (l'assassino) lo accoltellò. Un non-arabo miscredente avanzò, portando un coltello a doppia lama ed accoltellando tutte le persone che aveva alla sua destra e sinistra (fino) a quando non ne colpì tredici, sette delle quali morirono. Quando uno dei musulmani lo vide, gettò su di lui un mantello. Quando comprese che era stato catturato, il miscredente si uccise. 'Umar tenne la mano di 'Abdur-Rahmān bin Aūf e lo lasciò condurre la preghiera. Coloro che stavano in piedi al lato di 'Umar videro quello che ho visto anche io, ma le persone che si trovavano in altre parti della moschea, non videro nulla ma, quando non udirono la voce di 'Umar, dissero: "*Subhān Allah! Subhān Allah!*"; 'Abdur-Rahmān bin Aūf guidò le persone in una preghiera breve e, quando terminarono la *Salāt*, 'Umar disse: "O Ibn 'Abbās! Trova chi mi ha attaccato". Ibn 'Abbās guardò qua e là per un poco e poi disse: "Lo schiavo di Al-Mughīra". 'Umar domandò: "L'artigiano?" ed Ibn 'Abbās rispose affermativamente. 'Umar disse: "Che Dio lo maledica! Non lo ho trattato ingiustamente. Tutte le lodi ed i ringraziamenti sono dovuti a Dio che ha fatto sì che non dovessi morire per mano di qualcuno che si proclama musulmano. Senza dubbio, tu e tuo padre volevate avere più non arabi miscredenti a Medina". Al-Abbās possedeva un più ampio numero di schiavi. Ibn 'Abbās disse: "Se lo vuoi, lo faremo" intendendo "se vuoi, li uccideremo". Umar disse: "Stai sbagliando, (non puoi ucciderli), dopo che hanno parlato la tua lingua, hanno offerto delle preghiere verso la tua *Qiblah* ed hanno compiuto l'*Hajj* come noi". Poi 'Umar venne condotto a casa sua, e noi andammo insieme con lui, mentre le persone si comportavano come se, prima di quel giorno, non avessero sofferto alcuna calamità. Alcuni dissero: "Non preoccupatevi (starà presto meglio)"; altri invece dissero: "Abbiamo paura (che muoia)". Poi gli venne portato un infuso di datteri ed egli lo bevette, ma uscì dalla ferita nel suo intestino. Poi gli venne portato del latte e lui lo bevve, ma anche questa volta uscì dalla ferita del suo intestino. Le persone allora compresero che sarebbe morto. Andammo da lui e giunsero anche le persone lodandolo. Un giovane uomo giunse dicendo: "O principe dei credenti, ricevi le buone nuove da Dio a causa della compagnia del Profeta di Dio (☀) e la tua superiorità nell'Islam che ben conosciamo. Poi sei divenuto califfo ed hai governato secondo giustizia ed alla fine hai ricevuto il martirio"; 'Umar disse: "Spero che tutti questi privilegi controbilanceranno (i miei difetti) in modo che non perderò né guadagnerò nulla". Quando il giovane uomo si voltò per andarsene, sembrava che le sue vesti toccassero il suolo. 'Umar disse: "Richiamate quel giovane". Quando costui giunse, 'Umar gli disse: "O figlio di mio fratello! Riduci la lunghezza dei tuoi abiti perché questo li manterrà puliti e ti salverà dalla punizione del tuo Signore"; poi aggiunse: "O 'Abdullāh bin 'Umar! Vedi quanto debbo alle persone!". Quando i debiti vennero controllati, si scoprì che ammontavano a circa ottantaseimila. 'Umar disse: "Se la proprietà della famiglia di 'Umar copre i debiti, allora pagali. Altrimenti, richiedi il denaro ai Banī 'Adī bin Ka' b e, se anche questo non dovesse essere sufficiente, domanda dalla tribù dei Quraysh e non domandare a nessun altro, ma paga i debiti per conto mio". Poi 'Umar aggiunse ancora: "Vai da 'Āishah e dille: *'Umar ti porge i suoi saluti. Ma non dire: il principe dei credenti perché oggi non sono il principe dei credenti. Di': 'Umar bin Al-Khattāb domanda il permesso di essere sepolto con i suoi due compagni*". 'Abdullāh salutò 'Āishah e le domandò il permesso di entrare. E quando entrò, la trovò seduta e piangente. Le disse: "Umar bin Al-Khattāb ti manda i suoi saluti e domanda il permesso di essere sepolto con i suoi due compagni". Lei disse: "Avevo pensato di conservare per me quel posto, ma oggi preferisco 'Umar a me stessa". Quando ritornò, venne detto ad 'Umar che 'Abdullāh bin 'Umar era tornato. 'Umar allora disse: "Aiutatemi a sedere". Qualcuno lo aiutò ed 'Umar domandò (ad 'Abdullāh): "Quali notizie hai?"; lui disse: "O principe dei credenti! È come desideri. Lei ha dato il permesso". 'Umar disse: "Che Dio sia lodato. Non vi era nulla più importante per me di questo. Così, quando morirò, prendi il mio corpo, porgi i saluti ad 'Āishah e dille: *'Umar bin Al-Khattāb domanda il permesso (di essere sepolto con il Profeta ☀), e se lei dà il permesso, tu seppelliscimi lì, a se si rifiuta, allora portami al cimitero dei musulmani*". Allora Hafsa giunse con molte altre donne che camminavano insieme con lei. Quando la vedemmo, ci allontanammo. Lei andò da 'Umar e pianse per un poco. Quando gli uomini domandarono il permesso di entrare, lei andò da un'altra parte ed udimmo che piangeva. Le persone dissero (ad 'Umar): "O capo dei credenti! Nomina un successore". 'Umar disse: "Non trovo nessuno più adatto per la carica delle seguenti persone o gruppo di cui il Profeta (ﷺ) era compiaciuto prima di morire". Poi 'Umar menzionò 'Alī, 'Uthmān, Az-Zubair, Talha, Sa 'd ed 'Abdur-Rahmān (bin Aūf) e disse: "Abdullāh bin 'Umar sarà un testimone per voi, ma non avrà alcuna parte nel comando. Il suo essere testimone lo compenserà per non aver preso alcuna parte nel governo. Se Sa 'd dovesse assumere la carica, andrebbe bene. Altrimenti, colui che l'assumerà dovrà cercare il suo aiuto perché non lo ho destituito per incompetenza o disonestà". 'Umar aggiunse: "Mi raccomando che il mio successore abbia buona cura dei primi migranti, che riconosca i loro diritti, protegga il loro onore e le cose sacre. Mi raccomando anche che si comporti gentilmente con gli Ansari, che hanno vissuto a Medina prima degli emigrati e la fede era entrata nei loro cuori prima di loro. Mi raccomando che colui che ricoprirà la carica dovrebbe accettare il bene dei giusti tra di loro e scusare coloro che sbagliano. Mi raccomando che agisca benevolmente verso tutti gli abitanti della città, in quanto sono i protettori dell'Islam e la fonte sia della ricchezza che dell'irritazione del nemico. Mi raccomando anche che nulla venga tolto da loro eccetto dal loro *surplus* con il loro consenso. Gli raccomando anche di essere benevolo verso gli arabi beduini, in quanto sono l'origine degli Arabi ed il materiale dell'Islam. Egli dovrebbe prendere da quanto è inferiore tra le loro proprietà e distribuirlo tra i poveri tra di loro. Gli raccomando anche di rispettare i patti con i protetti di Dio e del Profeta (ﷺ), di combattere per loro e di non caricarli di pesi al di sopra delle loro possibilità". Così, quando 'Umar esalò l'ultimo respiro, portammo fuori il suo cadavere e cominciammo a camminare. 'Abdullāh bin 'Umar salutò 'Āishah e le disse: "Umar bin Al-Khattāb domanda il permesso" ed 'Āishah rispose: "Fallo entrare". Venne portato dentro e sepolto con i suoi due compagni. Quando venne sepolto, il gruppo (raccomandato da 'Umar) si riunì ed 'Abdur-Rahmān disse: "Riducete i candidati alla leadership a tre". Az-Zubair disse: "Io cedo il mio diritto ad 'Alī". Tahla disse: "Io cedo il mio diritto ad 'Uthmān" e Sa'd disse: "Io cedo il mio diritto ad 'Abdur-Rahmān bin Aūf". 'Abdur-Rahmān bin Aūf allora disse: "Ora chi di voi desidera cedere il proprio diritto alla candidatura affinché possa scegliere il migliore dei due, tendendo in mente che Dio sarà il suo testimone così come l'Islam?". Entrambi gli *Sheikh* rimasero in silenzio. 'Abdur-Rahmān allora disse: "Lascerete quindi questa questione a me ed io chiamerò Dio a testimoniare che non sceglierò che il migliore di voi". Loro risposero affermativamente e così 'Abdur-Rahmān prese la mano di uno dei due (ossia 'Alī) e disse: "Tu sei legato al Profeta di Dio (ﷺ) da un legame di parentela e

(175) Capitolo. I doni dati ai delegati stranieri

(176) Capitolo. È lecito intercedere per i *Dhimmī* o intrattenere delle relazioni con loro?

3053. Sa 'īd bin Jubair ci ha tramandato che Ibn 'Abbās (che Dio si compiaccia di lui) ha affermato: <<Giovedì! Quale avvenimento ha avuto luogo di giovedì!"; poi cominciò a piangere fino a quando le sue lacrime non hanno bagnato la ghiaia del terreno. Poi ha aggiunto: <<Di giovedì la malattia del Profeta (ﷺ) si aggravò e disse: "Portatemi il necessario per scrivere e scriverò per voi qualcosa grazie al quale non devierete". Le persone presenti erano in disaccordo in merito a questa questione e le persone non dovrebbero differire davanti al Profeta (ﷺ). Dissero: "Il Profeta di Dio (ﷺ) è gravemente ammalato". Il Profeta (ﷺ) allora disse: "Lasciatemi solo! Per la condizione in cui mi trovo adesso, è meglio di quello che mi chiedete". Quando si trovava sul letto di morte, il Profeta (ﷺ) ha dato i seguenti ordini: "Scacciate i *Mushrikūn* dalla penisola araba, rispettate e fate doni ai delegati stranieri secondo il modo in cui mi avete visto comportarmi". Ho dimenticato il terzo>>. (Ya'qūb bin

---

sei uno dei primi musulmani, come ben sai. Così, ti domando, per Allah, di promettere che, se venissi scelto come leader, ti comporterai secondo giustizia e, qualora 'Uthmān venga scelto come leader, tu gli presterai sia ascolto che obbedienza". Poi prese da parte l'altro (ossia 'Uthmān) e gli rivolse le medesime parole. Quando 'Abdur-Rahmān si assicurò che erano d'accordo rispetto a questo patto, disse: "O 'Uthmān! Alza la mano" e così 'Abdur-Rahmān gli diede la *Bai'a*, seguito da 'Alī e da tutto il popolo di Medina>>.

Kitāb al-Jihād

(Il libro della Jihād)

Muhammad ha affermato: "Domandai ad Al-Mughīra bin 'Abdur-Rahmān relativamente alla penisola araba ed egli disse: "Comprende la Mecca, Medina, Al-Yamāma e lo Yemen". Ya 'qūb aggiunse: "Al-'Arj, l'inizio di Tihāma")[101].

---

[101] Cfr. Sahīh al-Bukhārī, *Kitāb Al-Janā 'iz*, 96, 1389. 'Āishah (che Dio si compiaccia di lei) ci ha tramandato: <<Il Profeta di Dio (ﷺ), durante la sua malattia, domandava ripetutamente: "Dove mi trovo oggi? Dove sarò domani?" e stava aspettando il giorno del mio turno (con impazienza). Poi, quando il mio turno giunse, Dio prese la sua anima, mentre si trovava tra il mio petto e le braccia. Venne poi sepolto in casa mia>>; 3, 1241, 1242. 'Āishah (che Dio si compiaccia di lei) ci ha tramandato: <<Abū Bakr (che Dio si compiaccia di lui) giunse sul suo cavallo dalla sua residenza in As-Suhn. Dopo essere sceso, entrò nella moschea e non parlò con nessuno fino a quando non giunse presso di me e si diresse direttamente dal Profeta (ﷺ) che era coperto con una stoffa su cui vi erano dei segni. Abū Bakr scoprì il suo volto e, dopo essersi inginocchiato, lo baciò e poi piangendo disse: "Che mio padre e mia madre siano sacrificati per te, o Profeta di Dio! Dio non ti imporrà due morti. Ora hai sofferto la morte che era stata scritta per te". Abū Salama ci ha tramandato: <<Ibn 'Abbās (che Dio si compiaccia di lui) ha affermato: "Abū Bakr uscì mentre 'Umar si stava rivolgendo alle persone. Gli disse di sedersi, ma 'Umar rifiutò. Poi Abū Bakr recitò il *Tashah-hud* e le persone si volsero verso Abū Bakr e distolsero l'attenzione da 'Umar. Allora Abū Bakr disse: "*Ammā Ba 'du*, chi tra di voi adora Muhammad, sappia che Muhammad è morto. Chi invece adora Dio, sappia che Egli è vivo e mai muore. Dio ha affermato: "Muhammad è solo un messaggero. Molti sono i messaggeri che sono passati prima di lui. Se morisse o fosse ucciso, tornerete forse sui vostri passi? Se qualcuno di voi si voltasse indietro, non farebbe nessun danno a Dio. Però, Dio velocemente ripagherà coloro che Lo servono con gratitudine". (Il narratore ha aggiunto: "Per Allah, sembrava quasi che le persone non sapessero che Dio avesse rivelato questo versetto prima che Abū Bakr lo ebbe recitato. Allora chiunque lo udiva, iniziava a recitarlo").

(177) Capitolo. Relativamente al sistemarsi prima di ricevere una delegazione

3054. Ibn 'Umar (che Dio si compiaccia di lui) ci ha tramandato: <<'Umar vide che un mantello di seta veniva venduto nel mercato e lo portò al Profeta di Dio (ﷺ) dicendo: "O Profeta di Dio! Compera questo mantello ed adornati con esso nella festività dei due *'Eīd* e quando incontri le delegazioni". Il Profeta di Dio (ﷺ) rispose: "Questa veste è per colui che non avrà alcuna parte nell'Altra vita" o disse: "Quest' (indumento) è indossato da qualcuno che non avrà alcuna parte nell'Altra vita". Successivamente il Profeta di Dio (ﷺ) inviò un mantello di seta ad 'Umar, il quale lo prese e glielo riportò dicendo: "O Profeta di Dio! Precedentemente hai detto che questa veste è per coloro che non avranno alcuna parte nell'Altra vita! Ed ora mi hai inviato questo!". Il Profeta (ﷺ) disse: "(Te lo ho inviato) affinché lo vendessi o facessi fronte con esso a qualcuna delle tue necessità">>.

(178) Capitolo. In che modo bisogna introdurre l'Islam ad un ragazzo non musulmano.

3055. Ibn 'Umar (ﷺ) ci ha tramandato: <<Umar ed un gruppo o i compagni del Profeta (ﷺ) si diressero con lui da Ibn Saiyyād. Lo trovò che giocava con alcuni ragazzi vicino alle colline dei Banī Maghāla. Ibn Saiyyād, a quel tempo, era vicino alla pubertà. Non notò (la presenza del Profeta ﷺ) fino a quando non gli diede una pacca sulla schiena e gli disse: "Ibn Saiyyād! Testimoni che sono il Profeta di Dio?"; Ibn Saiyyād lo guardò e disse: "Testimonio che sei il Profeta degli illetterati".

Poi domandò al Profeta (ﷺ): "Testimoni che sono il Profeta di Dio?"; il Profeta (ﷺ) gli disse: "Credo in Dio e nei Suoi profeti". Poi gli chiese: "Che cosa vedi?" ed Ibn Saiyyād rispose: "Vengono a visitarmi sia persone veritiere che false". Il Profeta (ﷺ) disse: "La tua mente è confusa in merito a questa questione". Il Profeta (ﷺ) aggiunse: "Ho tenuto in mente qualcosa per te". Ibn Saiyyād disse: "È Ad-Dukh". Il Profeta (ﷺ) gli disse: "Vergognati! Non puoi superare i tuoi limiti!"; ʿUmar allora chiese: "O Profeta di Dio! Consentimi di tagliargli il capo!". Il Profeta (ﷺ) però disse: "Se costui è il *Dajjāl* non puoi sopraffarlo. Se invece non lo è, non otterrai alcun beneficio dalla sua uccisione">>.

3056. Ibn ʿUmar (che Dio si compiaccia di lui) ci ha tramandato: <<(Successivamente) il Profeta di Dio (ﷺ) si è recato ancora una volta con Ubaī bin Ka ʿb nel palmizio dove si trovava Ibn Saiyyād. Quando il Profeta (ﷺ) entrò nel frutteto, cominciò a nascondersi dietro ai tronchi degli alberi di palma in quanto voleva udire qualcosa da Ibn Saiyyād, prima che quest'ultimo potesse vederlo. Ibn Saiyyād stava sdraiato sul letto, coperto da un tessuto di velluto da cui i suoi mormorii potevano essere uditi. La madre di Ibn Saiyyād vide il Profeta (ﷺ) mentre si nascondeva dietro i tronchi degli alberi di palma. Si rivolse ad Ibn Saiyyād dicendo: "O Sāf"- questo era il suo nome- ed Ibn Saiyyad si alzò. Il Profeta (ﷺ) disse: "Se questa donna lo avesse lasciato da solo, avrebbe rivelato la realtà dietro al suo caso">>.

3057. Ibn ʿUmar (che Dio si compiaccia di lui) ci ha tramandato: <<Poi il Profeta (ﷺ) si alzò tra gli astanti, glorificò Dio così come è degno, e poi menzionò il *Dajjāl* dicendo: "Vi avverto contro costui. Non vi è stato alcun messaggero che non abbia avvertito il suo popolo

relativamente a costui. Nūh ha messo in guardia contro di lui il suo popolo[102], ma io vi comunico qualcosa di cui nessun profeta (prima di ora) ha avvertito il suo popolo. Dovreste comprendere che costui ha un solo occhio, ma non Dio">>.

(179) Capitolo. Le parole del Profeta (ﷺ) agli ebrei: "Abbracciate l'Islam e sarete salvi".

Questo ci è stato tramandato da Abū Hurairah.

(180) Capitolo. Nel caso in cui alcune persone in un paese non-musulmano ed ostile abbracciano l'Islam e possiedono beni mobili ed immobili, che cosa rimarrà per loro.

3058. Usāma bin Zaid ci ha tramandato: <<Durante il suo pellegrinaggio, domandai al Profeta (ﷺ):<<O Profeta di Dio! Dove starai domani?"; domandò: "'Aqīl non ha lasciato alcuna casa per noi?" e poi aggiunse: "Domani staremo presso il Khaif Banī Kināna, ossia l'*Al-Muhassab*, dove i pagani Quraysh hanno pronunciato il giuramento del *Kufr*[103]. Con quel giuramento i Banī Kināna si allearono con i Quraysh contro i Banī Hāshim stabilendo che non avrebbero intrattenuto alcuna relazione con i membri di questa tribù e non avrebbero

---

[102] Cfr. Il Sacro Corano 71:1-4: <<Inviammo Noè al suo popolo con il comando: "Avverti il tuo popolo prima che li colga un doloroso castigo". Egli disse: "O popolo mio, sono un ammonitore chiaro ed esplicito. Adorate Dio, temeteLo ed obbeditemi, così che Egli possa perdonare i vostri peccati e concedervi una tregua per un termine stabilito. Quando poi il termine stabilito da Dio sarà compiuto, non potrà essere procrastinato. Se solo sapeste">>.
[103] Ossia "il giuramento della miscredenza".

dato loro alcun riparo">>. (Az-Zuhrī ha affermato: "Al-Khaif significa la valle")[104].

3059. Aslam ci ha tramandato: <<'Umar bin Al-Khattāb (che Dio si compiaccia di lui) nominò uno dei suoi schiavi affrancati chiamato Hunaiyya amministratore della *Himā*. Gli disse: "O Hunaiyya! Non opprimere i musulmani e guardati dalle invocazioni contro di te perché Dio risponde all'invocazione di colui che viene oppresso. Lascia che il pastore che ha pochi cammelli e quelli che hanno poche pecore (siano liberi di far pascolare i loro animali). Stai attento a non permettere al bestiame di 'Abdur-Rahmān bin Aūf e a quello di ("Uthmān) bin 'Affān (di pascolare). Se i loro animali dovessero morire, avranno ancora le loro fattorie ed i giardini. Invece, coloro che hanno solo pochi cammelli e quanti posseggono solo poche pecore, qualora il loro bestiame dovesse perire, porterebbero quanti dipendono da loro da me e si appellerebbero per un aiuto dicendo: "O capo dei credenti! O capo dei credenti!". Dovrei forse abbandonarli? (No, assolutamente). Di conseguenza, ritengo che sia più semplice

---

[104] Cfr. S. Lei, *Muhammad (pace e benedizioni su di lui), il Profeta dell'Islam una biografia completa dall'inizio della rivelazione all'Hijrah*, Roma 2018, 137: <<Dopo il fallimento dell'ambasciata in Abissinia i Quraysh, sempre più preoccupati per la rapida diffusione del messaggio dell'Islam, decisero di mettere in atto una forma di persecuzione che avrebbe coinvolto indistintamente tutti coloro che sostenevano sia direttamente che indirettamente il Profeta (pbsl), anche se non erano divenuti musulmani. Decisero di proclamare un'azione di boicottaggio contro i Banū Hāshim ed i Banū Muttalib e ne scrissero i termini in un documento, che affissero sulle mura stesse della Ka'ba nel settimo anno dall'inizio della missione del Profeta (pbsl). Secondo questo documento, i Quraysh si sarebbero astenuti dal commerciare, dallo stipulare un contratto di compravendita e dallo stringere legami matrimoniali con la totalità dei componenti dei Banū 'Abd Manāf, indipendentemente dal loro credo. I Quraysh coinvolsero nella loro decisione anche le tribù che non abitavano alla Mecca come, ad esempio, quella dei Banū Kinānah>>.

che costoro abbiano acqua e pastura invece di dover dare loro oro ed argento (dalle casse pubbliche). Per Allah, costoro ritengono che mi sia comportato ingiustamente verso di loro. Questa è la loro terra e, durante il periodo pre-islamico, hanno combattuto per averla. Quando hanno abbracciato l'Islam questa terra era in loro possesso. Per Colui, nelle Cui mani si trova la mia anima! Se non fosse stato per gli animali (in mia custodia), che ho donato affinché servissero per la causa di Dio, non avrei trasformato nemmeno una spanna della loro terra in una *Himā*[105]">>.

(181) Capitolo. Relativamente allo scrivere i nomi delle persone da parte dell'*Imām*

3060. Hudhaifa (che Dio si compiaccia di lui) ci ha tramandato: <<Il Profeta (ﷺ) ci ha detto: "Mettete per iscritto i nomi di coloro che hanno annunciato di essere musulmani". Così prendemmo nota dei nomi di 1500 uomini. Poi ci domandammo: "Dovremmo temere (i pagani), sebbene siamo 1500?". Senza dubbio, siamo stati testimoni di essere stati afflitti da tali prove che un uomo avrebbe offerto la preghiera da solo, mentre provava un inteso timore>>.

Al- A'mash ci ha tramandato: <<Abbiamo compilato una lista dei (musulmani) ed abbiamo trovato che erano 500>>. Abū Mu 'āwiya ha affermato: "Tra i 600 ed i 700".

3061. Ibn 'Abbās (che Dio si compiaccia di lui) ci ha tramandato:<<Un uomo giunse al cospetto del Profeta (ﷺ) e disse: "O Profeta di Dio! Mi sono arruolato nell'esercito per tale e tale *Ghazwa* e mia moglie sta partendo per il

---

[105] Ossia in una terra adibita al pascolo del bestiame.

Pellegrinaggio". Il Profeta (ﷺ) gli disse: "Vai e compi il pellegrinaggio insieme a tua moglie".

(182) Capitolo. Dio potrebbe supportare la religione anche con un uomo malvagio e disonesto

3062. Abū Hurairah (che Dio si compiaccia di lui) ci ha tramandato: <<Eravamo in compagnia del Profeta di Dio (ﷺ) nel corso di una *Ghazwa* e lui fece un'osservazione relativa ad un uomo che affermava di essere un musulmano, dicendo: "Quest'uomo appartiene agli abitanti del Fuoco". Quando iniziò la battaglia, quell'uomo combatté strenuamente fino a quando non venne ferito". Qualcuno disse: "O Profeta di Dio! L'uomo che hai descritto come appartenente agli abitanti del Fuoco, oggi ha combattuto violentemente ed è morto". Il Profeta (ﷺ) disse: "Costui andrà all'Inferno". Alcune persone erano sul punto di dubitare (della veridicità delle parole del Profeta ﷺ) e, mentre si trovavano in quella condizione, improvvisamente qualcuno disse che costui era ancora vivo, ma era gravemente ferito. Quando scese la notte, perse la pazienza e si suicidò. Il Profeta (ﷺ) ne venne informato e disse: "*Allah Akbar!* Testimonio che sono il servo di Dio ed il Suo Profeta". Poi ordinò a Bilāl di annunciare alle persone: "Nessuno entrerà in Paradiso se non musulmano e Dio potrà supportare questa religione anche attraverso un uomo malvagio">>.

(183) Capitolo. (È lecito per) qualcuno assumere la leadership dell'esercito durante una battaglia senza essere stato nominato quando vi è un pericolo provocato da un nemico.

3063. Anas bin Mālik (che Dio si compiaccia di lui) ci ha tramandato: <<Il Profeta di Dio (ﷺ) ha pronunciato una *Khutba* ed ha affermato: "Zaid ha preso la bandiera ed è andato incontro al martirio. Poi l'ha presa Ja'far ed è stato martirizzato. Poi la ha presa Khālid bin Al-Walīd senza essere stato nominato e Dio gli ha concesso la vittoria". Il Profeta di Dio (ﷺ) ha aggiunto: "Non mi compiacerei – (o disse: "Non sarebbero compiaciuti) - se costoro dovessero rimanere insieme a noi", mentre i suoi occhi erano colmi di lacrime>>.

(184) Capitolo. Relativamente al supportare qualcuno con dei rinforzi

3064. Anas (che Dio si compiaccia di lui) ci ha tramandato: <<I membri delle tribù di Ri 'l, Dhakwān, 'Usaiyya e Banī Lihyān giunsero dal Profeta (ﷺ) ed affermarono di essersi convertiti all'Islam. Gli domandarono di supportarli con alcuni uomini per combattere contro la loro stessa tribù. Il Profeta (ﷺ) li supportò con settanta uomini dagli Ansari, che eravamo soliti chiamare Al-Qurrā, che di giorno tagliavano la legna ed assolvevano alla preghiera durante la notte. Così, quelle persone presero questi uomini fino a quando non raggiunsero un luogo chiamato Bi'r Ma'ūna, dove furono traditi ed andarono incontro al martirio. Il Profeta (ﷺ) invocò allora il male sulla tribù di Ri 'l, Dhakwān e Banī Lihyān per un mese nel corso della preghiera>>. Qatāda ci ha tramandato: <<Anas ci ha detto che i musulmani erano soliti recitare un versetto coranico relativo a questi martiri. Il versetto era: "O Dio! Che

il nostro popolo venga informato in nostra vece che abbiamo incontrato il nostro Signore, Che si è compiaciuto di noi e ci ha resi soddisfatti". Poi il versetto è stato abrogato.

(185) Capitolo. Relativamente al rimanere nella città del nemico per tre giorni, dopo aver conseguito la vittoria.

3065. Abū Talha (che Dio si compiaccia di lui) ci ha tramandato: <<Ogni volta che il Profeta (ﷺ) sconfiggeva un popolo, rimaneva nella loro città per tre notti>>.

(186) Capitolo. La distribuzione del bottino di guerra dopo una *Ghazwa* e durante un viaggio

Rāfi' (che Dio si compiaccia di lui) ci ha tramandato: <<Eravamo in compagnia del Profeta (ﷺ) presso Dhul-Hulaifa ed avevamo alcuni cammelli e pecore. Lui li distribuì, considerando dieci pecore equivalenti ad un cammello>>.

3066. Anas (che Dio si compiaccia di lui) ci ha tramandato: <<Il Profeta (ﷺ) ha compiuto la *'Umra*, partendo da Al-Ji'rāna, dove ha distribuito il bottino di guerra di Hunain>>.

(187) Capitolo. Se i *Mushrikūn* prendono la proprietà di un musulmano come bottino di guerra e successivamente il musulmano se ne riappropria, (il proprietario ha il diritto di riaverla indietro o deve essere incluso nel bottino di guerra da parte dei musulmani).

3067. Nāfi' (che Dio si compiaccia di lui) ci ha tramandato: <<Un cavallo di Ibn 'Umar fuggì ed il nemico se ne impossessò. Poi i musulmani sconfissero il nemico ed il cavallo gli venne riconsegnato. (Questo avvenne) al tempo del Profeta di Dio (ﷺ). Una volta uno schiavo di Ibn 'Umar (che Dio si compiaccia di lui) fuggì e si unì ai Bizantini. Quando i musulmani li sconfissero, Khālid bin Al-Walīd gli riconsegnò lo schiavo e (questo avvenne) dopo la morte del Profeta (ﷺ)>>.

3068. Nāfi' ci ha tramandato: <<Una volta uno schiavo di Ibn 'Umar fuggì e si unì ai Bizantini. Khālid bin Al-Walīd lo riprese indietro e lo riconsegnò ad 'Abdullāh (bin 'Umar). Una volta, un cavallo di Ibn 'Umar fuggì e seguì i Bizantini. Khālid lo riportò indietro e lo riconsegnò ad 'Abdullāh >>.

3069. Ibn 'Umar (che Dio si compiaccia di lui) ci ha tramandato che stava su di un cavallo nel giorno in cui i musulmani combatterono (contro i Bizantini) ed il comandante dell'esercito musulmano era Khālid bin Al-Walīd, che era stato scelto da Abū Bakr. Il nemico prese il cavallo e, quando il nemico venne sconfitto, Khālid gli riconsegnò il cavallo>>.

(188) Capitolo. Relativamente al parlare persiano ed arabo con un accento straniero

Relativamente ai versetti: <<E tra i Suoi segni vi è la creazione dei cieli e della terra e la differenza di idiomi e di colori. Questi sono segni per coloro che sanno>>[106] e <<Non vedete a che cosa Dio paragona una buona parola? Una buona parola è come un albero buono, le cui radici sono fissate con fermezza, i cui rami raggiungono il cielo>>[107].

3070. Jābir bin 'Abdullāh (che Dio si compiaccia di lei) ci ha tramandato: <<O Profeta di Dio! Abbiamo macellato una nostra giovane pecora ed abbiamo macinato un Sā' di orzo. Ti invitiamo insieme ad alcune persone. Il Profeta (ﷺ) allora disse a voce alta: "O uomini del Khandaq! Jābir ha preparato del Sūr[108]! Venite!>>.

3071. Umm Khālid, la figlia di Khālid bin Sa'īd, ci ha tramandato:<<Mi sono recata presso il Profeta di Dio (ﷺ) con mio padre. (In quell'occasione) indossavo una camicia di colore giallo. Il Profeta di Dio (ﷺ) disse: "Sanah! Sanah!". ('Abdullāh, il narratore, ha affermato che il termine Sanah significa "bellissimo" nella lingua etiope). Poi cominciai a giocare con il segno della profezia (tra le spalle del Profeta ﷺ) e mio padre mi rimproverò aspramente. Il Profeta di Dio (ﷺ) disse: "Lasciala stare" e poi invocò Dio di concedermi una vita lunga aggiungendo: "Indossa questa veste fino a quando non sarà consumata e poi indossala fino a quando non sarà (di nuovo) consumata". (Il narratore ha aggiunto: "Si dice che costei visse per un lungo periodo, indossando quella veste

---

[106] Il Sacro Corano 30:22.
[107] Il Sacro Corano 14:4.
[108] Termine in lingua persiana traducibile come "cibo".

(gialla) fino a quando il suo colore non divenne scuro a causa dell'utilizzo prolungato).

3072. Abū Hurairah (che Dio si compiaccia di lui) ci ha tramandato: <<Al-Hasan bin 'Alī prese un dattero di quelli della *Sadaqa* e se lo mise in bocca. Il Profeta (ﷺ) gli disse in persiano: "Kakh, kakh![109] Non sai che non consumiamo quanto è stato dato in carità?">>.

(189) Capitolo. Relativamente all'*Al-Ghulūl*[110]

Relativamente al versetto: <<Nessun profeta potrebbe mai dimostrarsi falso verso la sua missione. Se una persona è falsa in questo modo, nel Giorno del Giudizio, dovrà restituire ciò di cui si è appropriata ingiustamente. Ogni anima riceverà ciò che le è dovuto, qualunque cosa abbia guadagnato e nessuno sarà trattato ingiustamente>>[111].

3073. Abū Hurairah (che Dio si compiaccia di lui) ci ha tramandato: <<Il Profeta (ﷺ) si alzò tra di noi e menzionò l'*Al-Ghulūl*, enfatizzò la sua gravità ed affermò che costituiva un grande peccato dicendo: "Non commettete il *Ghulūl* perché non mi piacerebbe vedere nessuno di voi, nel giorno della resurrezione, che porta sul collo una pecora che bela, o un cavallo che nitrisce. Costui dirà: "O Profeta di Dio! Intercedi per me presso Dio", ed io risponderò: "Non posso aiutarti perché ti ho recato il messaggio di Dio". Non vorrei nemmeno vedere nessuno che porta sul collo un cammello che

---

[109] Ossia "sputalo via".
[110] Con questo termine s'intende l'atto di sottrarre qualcosa dal bottino di guerra prima che venga distribuito.
[111] Il Sacro Corano 3:161.

grugnisce. Costui dirà: "O Profeta di Dio! Intercedi per me presso Dio" ed io dirò: "Non posso aiutarti perché ti ho comunicato il messaggio di Dio". (Non vorrei nemmeno vedere) qualcuno che porta sul suo collo oro ed argento dicendo: "O Profeta di Dio! Intercedi per me presso Dio"; gli dirò: "Non posso aiutarti perché ti ho comunicato il messaggio divino"; oppure qualcuno che porta degli abiti fluttuanti, il quale dirà: "O Profeta di Dio! Intercedi per me presso Dio!", ma io gli dirò: "Non posso aiutarti perché ti ho comunicato il messaggio di Dio">>.

(190) Capitolo. Relativamente ad un piccolo *Ghulūl*

3074. 'Abdullāh bin 'Amr ci ha tramandato: <<Vi era un uomo che si occupava della famiglia e dei possedimenti del Profeta (ﷺ). Il suo nome era Kirkira. L'uomo morì ed il Profeta di Dio (ﷺ) disse: "Costui si trova nel Fuoco". Le persone si recarono ad occuparsi di lui e trovarono nel luogo in cui viveva un mantello che aveva sottratto dal bottino di guerra>>.

(191) Capitolo. Relativamente al macellare i cammelli e le pecore del bottino (prima che vengano distribuiti).

3075. 'Abāya bin Rifā'a ci ha tramandato: <<Mio nonno Rāfi' ha affermato: "Eravamo in compagnia del Profeta (ﷺ) presso Dhul-Hulaifa e le persone erano tormentate dalla fame. Avevamo alcuni cammelli e pecore (che costituivano il bottino di guerra) e il Profeta (ﷺ) si trovava ancora dietro alle persone. Si affrettarono e posero le pentole sul fuoco. (Quando costui ﷺ giunse), ordinò che le pentole venissero rovesciate e poi distribuì il bottino tra le persone,

considerando dieci pecore eguali ad un cammello. Poi un cammello fuggì e le persone lo ricorsero fino a quando non si stancarono, in quanto avevano solo pochi cavalli (per inseguirlo). Poi un uomo gli scagliò contro una freccia e lo indusse a fermarsi (con il permesso di Dio). Il Profeta (ﷺ) allora disse: "Alcuni di questi animali si comportano come le bestie selvatiche. Così, se qualche animale fugge via, comportatevi nel medesimo modo". Mio nonno domandò (al Profeta ﷺ): "Speriamo (o temiamo) di incontrate domani il nemico, ma non abbiamo con noi dei coltelli. Possiamo macellare i nostri animali con delle canne?"; il Profeta (ﷺ) rispose: "Se lo strumento utilizzato per la macellazione provoca una copiosa fuoriuscita di sangue e, se il nome di Dio viene pronunciato nel momento della macellazione, allora mangiatene. Non utilizzate però un dente o delle unghie e ve ne spiego il motivo: un dente è un osso (e la macellazione con un osso è proibita), mentre un'unghia è lo strumento di macellazione degli Etiopi">>.

(192) Capitolo. La comunicazione delle buone notizie della vittoria

3076. Qias ci ha tramandato che Jarīr bin 'Abdullāh (che Dio si compiaccia di lui) gli disse: <<Il Profeta di Dio (ﷺ) mi ha detto: "Mi libererai da Dhul-Khalasa?"; Dhul-Khalasa era un edificio che apparteneva alla tribù di Khath'am dove venivano adorati i *Taghiyas*[112] (delle tribù dei Daus Khath 'am e di Bajaila) ed era solitamente chiamata *Ka'ba-al-Yamāniya*. Così procedetti con 150 uomini della tribù di Ahmas, che erano degli eccellenti cavalieri. Informai il Profeta (ﷺ) della mia incapacità di

---

[112] Ossia gli idoli.

restare in modo fermo sui cavalli e così lui mi diede un colpo con la mano sul petto e notai il segno lasciato dalle sue dita. Poi pregò: "O Dio! Rendilo fermo e fai di lui una guida ed un uomo ben guidato". Jarīr partì diretto a quel luogo e, dopo averlo distrutto e dato alle fiamme, inviò le buone nuove al Profeta di Dio (ﷺ). Il messaggero di Jarīr disse al Profeta di Dio (ﷺ): "O Profeta! Per Colui che ti ha inviato con la verità, non sono giunto da te fino a quando quell'edificio non è diventato nero come un cammello malato di scabbia". Il Profeta (ﷺ) poi invocò Dio cinque volte affinché benedicesse i cavalli degli uomini di Ahmas>>.

(193) Capitolo. Che cosa può essere dato a qualcuno che reca delle buone nuove

Ka 'b bin Mālik diede due vesti alla persona che gli aveva recato le buone nuove dell'accettazione del suo pentimento[113].

---

[113] Cfr. Il Sacro Corano 9:118: <<[Dio si è mostrato misericordioso] verso i tre che erano rimasti indietro. Costoro si sentivano così colpevoli che persino la terra sembrava nella sua vastità troppo stretta, mentre le loro anime erano preda dell'inquietudine. Compresero che non si può sfuggire a Dio e non c'è alcun rifugio, se non il Lui. Egli si volse verso di loro affinché potessero pentirsi. Egli è Perdonatore, Misericordioso>>. Cfr. Sahīh Al-Bukhārī, *Kitāb Manaqib al-Ansar*, Roma 2020, 3889. 'Abdullāh bin Ka 'b, che era la guida di Ka 'b quando quest'ultimo divenne cieco, ci ha tramandato: <<Ho udito Ka 'b bin Mālik narrare, quando non si unì al Profeta (ﷺ) nella *Ghazwa* di Tabūk. Ibn Bukair, nella sua narrazione ha affermato che Ka 'b ha detto: "Io ero insieme al Profeta (ﷺ) nella notte del patto di Aqaba, quando insieme concordammo di essere sicuri di noi stessi e di rimanere fermi nell'Islam con tutto il nostro impegno. Non mi sarebbe piaciuto partecipare alla battaglia di Badr al posto del patto di Aqaba, sebbene le persone considerino la battaglia di Badr superiore (al patto di Aqaba)">>. Cfr. Sahīh al-Bukhārī, *Kitāb al-Tafsīr al-Kur'ān*, 18, 4677. 'Abdullāh bin Ka 'b ci ha

(194) Capitolo. Non vi è alcuna *Hijrah* dopo la conquista della Mecca.

---

tramandato: <<Ho udito Ka'b bin Mālik, che fu uno dei tre che furono perdonati, affermare che non era mai rimasto indietro in nessuna delle *Ghazwa* del Profeta di Dio (鶸), tranne che in due: la *Ghazwa al-Usra* (Tabūk) e la *Ghazwa di Badr*. Aggiunse: "Decisi di dire la verità al Profeta di Dio (鶸) durante la mattina, e non appena tornava da un viaggio che aveva fatto, tranne che di mattina, si recava per prima cosa nella moschea ed offriva due *Rak 'ā* di preghiera. Il Profeta (鶸) aveva proibito agli altri di parlare a me o ai miei compagni, ma non aveva esteso la medesima proibizione verso nessun altro che era rimasto indietro. Così le persone evitavano di rivolgerci la parola, ed io rimasi in quella situazione fino a quando non fui più nella condizione di sopportarlo e l'unica cosa che mi preoccupava era che, qualora fossi morto, il Profeta (鶸) non avrebbe offerto per me la preghiera funeraria o, qualora il Profeta (鶸) fosse deceduto, saresti rimasto in una condizione sociale tale che nessuno mi avrebbe più rivolto la parola o offerto la preghiera funeraria per me. Dio però ha rivelato per noi il Suo perdono al Profeta (鶸) nella terza parte della notte in cui egli (鶸) si trovava presso Umm Salama. Umm Salama mostrò simpatia verso di me e mi prestò aiuto nella mia disgrazia. Il Profeta di Dio (鶸) disse: "O Umm Salama! Ka 'b è stato perdonato"; lei disse: "Posso mandare qualcuno a comunicargli la buona notizia?". Rispose: "Se lo facessi, le persone non ti lascerebbero dormire per il resto della notte". Così, quando il Profeta (鶸) ebbe offerto la preghiera del *Fajr*, annunciò il perdono di Dio per noi. Il suo volto splendeva come quello della luna piena per quanto era compiaciuto. Quando Dio rivelò il perdono per noi, noi eravamo i tre casi peggiori che erano stati rimandati, mentre le scuse presentate dagli altri erano state accettate. Ma, quando vennero menzionati coloro che avevano detto delle menzogne al Profeta (鶸) e che erano rimasti indietro (nella battaglia di Tabūk) ed avevano avanzato delle scuse false, vennero descritti nella maniera peggiore. Dio infatti disse: "Costoro ti presenteranno le loro scuse, quando ritornerai. Di ': Non presentate alcuna scusa. Non vi crediamo. Dio ci ha già informato su di voi. Egli e il Suo Messaggero giudicheranno le vostre azioni. Alla fine sarete ricondotti a Lui, Che conosce ciò che è nascosto e ciò che è manifesto. Allora vi sarà mostrata la verità di tutto ciò che avete compiuto" >>.

3077. Ibn 'Abbās (che Dio si compiaccia di lui) ci ha tramandato: <<Il Profeta (ﷺ) nel giorno della conquista della Mecca ha affermato: "Non vi è alcuna *Hijrah* (dopo la conquista), ma l'impegno strenuo sulla via di Dio e le buone intenzioni. Quando siete chiamati all'impegno strenuo sulla via di Dio, dovreste rispondere immediatamente alla chiamata">>.

3078, 3079. Abū 'Uthmān An-Nahdī ci ha tramandato: <<Mujāshi (bin Mas 'ūd) prese suo fratello Mujālid bin Mas' ūd e lo condusse al Profeta (ﷺ). Disse: "Questo è Mujālid, e ti daremo la *Bai 'a* per la *Hijrah*". Il Profeta (ﷺ) ha affermato: <<Non vi è alcuna *Hijrah* dopo la conquista della Mecca, ma accetterò la sua *Bai 'a* per l'Islam>>.

3080. 'Atā' ci ha tramandato: <<Io ed 'Ubaid bin 'Umair ci recammo da Āishah (che Dio si compiaccia di lei) mentre si trovava vicino a Thābit. Ci disse: "Non vi è alcuna *Hijrah* dopo che Dio ha concesso al Suo Profeta (ﷺ) la vittoria sulla Mecca">>.

(195) Capitolo. (È lecito per un uomo) cercare nei capelli delle donne dei *Dhimmi* e di quelle delle credenti, se costoro disubbidiscono a Dio, oltre che a forzarle a rimuovere le vesti, qualora sia necessario.

3081. Sa'd bin 'Ubaida ci ha tramandato: <<Abū Abdur-Rahmān, che era uno dei sostenitori di 'Uthmān, disse ad Abū Talha che era uno dei sostenitori di 'Alī: "So benissimo che cosa ha spinto il tuo leader a versare il sangue. Lo ho udito affermare: 'Una volta il Profeta (ﷺ) mi ha inviato insieme ad Az-Zubair (in una missione) dicendo: Procedete fino a tale e

tale *Raudah*, dove troverete una donna, a cui Hātib ha consegnato una lettera. Quando arrivammo presso la *Raudah*, domandammo alla donna di consegnarci la lettera. Lei disse: Hātib non mi ha consegnato alcuna lettera. Le dicemmo: "Dacci la lettera o rimuoveremo le tue vesti (per cercarla). Allora, costei tirò la lettera fuori da una sua treccia. Il Profeta (ﷺ) mandò a chiamare Hātib che disse: "Non giudicarmi in modo affrettato perché, per Allah, non sono divenuto né un miscredente e nemmeno un apostata abbandonando l'Islam. (Ho scritto questa lettera) perché tutti i tuoi compagni hanno dei parenti alla Mecca, attraverso cui Dio protegge le loro famiglie e la loro proprietà. Io invece non ho nessuno e così volevo fare loro qualche favore (al fine che si occupassero della mia famiglia e della mia proprietà)". Il Profeta (ﷺ) credette alle sue parole ed 'Umar disse: "Consentimi di recidergli il collo perché ha dimostrato di essere un ipocrita". Il Profeta (ﷺ) disse (ad 'Umar): "Chi può saperlo! Forse Dio ha rivolto lo sguardo ai guerrieri di Badr ed ha detto loro: Fate quello che desiderate perché vi ho perdonati". 'Abdur-Rahmān ha aggiunto: "Questo è quello che lo ha incoraggiato (ossia 'Alī)">>.

(196) Capitolo. La ricezione dell'*Al-Ghuzā*

3082. Ibn Abū Mulaika ci ha tramandato: <<Ibn Az-Zubair disse ad Ibn Ja'far (che Dio si compiaccia di lui): "Ricordi quando io, tu ed Ibn 'Abbās siamo usciti per ricevere il Profeta di Dio (ﷺ)?"; Ibn Ja'far rispose affermativamente ed Ibn Az-Zubair ha aggiunto: "Il Profeta di Dio (ﷺ) ci ha fatto salire dietro di lui sulla sua cavalcatura, ma ha lasciato te">>.

3083. As-Sā'ib bin Yazīd ci ha tramandato: <<Io insieme ad alcuni ragazzi sono uscito per ricevere il Profeta di Dio (ﷺ) presso Thanīyat Al-Wadā'>>.

(197) Capitolo. Che cosa si deve affermare quando si ritorna dall'impegno strenuo sulla via di Dio

3084. 'Abdullāh (che Dio si compiaccia di lui) ci ha tramandato: <<Quando il Profeta (ﷺ) tornava (dall'impegno strenuo sulla via di Dio) ripeteva tre volte il *Takbīr* e poi aggiungeva: "Stiamo tornando, se Dio vuole, nel pentimento, l'adorazione, lodando e prosternandoci davanti al nostro Signore. Dio ha mantenuto la Sua promessa, ha garantito la vittoria al Suo servo ed ha sconfitto gli Ahzāb">>.

3085. Anas bin Mālik (che Dio si compiaccia di lui) ci ha tramandato: <<Mentre tornavamo da 'Usfān, eravamo in compagnia del Profeta (ﷺ), mentre il Profeta di Dio (ﷺ) stava guidando la sua femmina di cammello e Safiyya bint Huyai viaggiava dietro di lui (sulla medesima cavalcatura). La sua femmina di cammello scivolò ed entrambi caddero. Abū Talha saltò dal suo cammello e disse: "O Profeta di Dio! Che Dio mi sacrifichi per te". Il Profeta di Dio (ﷺ) gli disse: "Occupati della donna". Abū Talha allora si coprì il volto con una veste e, dopo essersi recato da Safiyya ed averla coperta con essa, rimise a posto l'animale. Così entrambi (risalirono e) viaggiarono sull'animale, mentre noi circondavamo il Profeta di Dio (ﷺ) come una coperta. Quando ci avvicinammo a Medina, il Profeta (ﷺ) disse: "Stiamo tornando nel pentimento, nell'adorazione e nella lode del nostro Signore". Continuò poi a ripeterlo fino a quando non entrammo a Medina>>.

3086. Anas bin Mālik ci ha tramandato che lui ed Abū Talha giunsero in compagnia del Profeta (ﷺ), insieme al quale vi era anche Safīyya, a cui lui aveva permesso di viaggiare dietro di lui sulla sua femmina di cammello. Durante il viaggio, la femmina di cammello scivolò ed entrambi, il Profeta (ﷺ) e la sua sposa, caddero. Abū Talha (il sub-narratore pensa che Anas abbia detto che Abū Talha fosse saltato velocemente dal suo cammello) disse: "O Profeta di Dio! Che Dio mi sacrifichi per te! Ti sei fatto male?"; il Profeta (ﷺ) rispose: "No, ma occupati della donna". Abū Talha si coprì il volto con la veste, si diresse verso di lei, la coprì con la sua stessa veste e lei si alzò in piedi. Sistemò poi il cammello ed entrambi (il Profeta ﷺ e la sua sposa) vi viaggiarono fino a quando non ci avvicinammo a Medina. Il Profeta (ﷺ) disse: "Stiamo tornando in pentimento ed adorando e lodando il nostro Signore". Il Profeta (ﷺ) ha continuato a ripetere queste parole fino a quando non è entrato a Medina>>[114].

(198) Capitolo. Relativamente al compimento della *Salāt* al ritorno da un viaggio.

3087. Jābir bin 'Abdullāh (che Dio si compiaccia di lui) ci ha tramandato: <<Mi trovavo in viaggio in compagnia del Profeta (ﷺ) e, quando giungemmo a Medina, mi disse: "Entra in moschea ed offri due *Rak 'ā* (di preghiera)">>.

3088. Ka 'b (che Dio si compiaccia di lui) ci ha tramandato: <<Ogni volta che il Profeta di Dio (ﷺ) tornava da un viaggio a

---

[114] Quest'episodio è avvenuto in seguito alla conquista di Khaybar avvenuta nel 629 d.C.

mezzogiorno, entrava nella moschea ed offriva due *Rak'ā* di preghiera prima di sedersi>>.

(199) Capitolo. Relativamente al consumare un pasto, quando si torna da un viaggio

Ibn 'Umar era solito offrire del cibo a chi veniva a visitarlo (tornando da un viaggio)

3089. Muhārib bin Dithār ci ha tramandato: <<Jābir bin 'Abdullāh (che Dio si compiaccia di lui) ci ha tramandato: <<Quando il Profeta (ﷺ) di Dio arrivò a Medina, macellò un cammello o una mucca". Jābir ha aggiunto: "Il Profeta (ﷺ) acquistò un cammello da me per due *Uqiya* (di oro) ed uno o due *Dirham*. Quando giungemmo presso Sirār, ordinò che venisse macellata una mucca e ne mangiarono la carne. Quando giunse a Medina, mi ordinò di recarmi alla moschea per offrire due *Rak'ā* di preghiera e, dopo averlo pesato, mi diede il prezzo del cammello">>.

3090. Jābir (che Dio si compiaccia di lui) ci ha tramandato: <<Una volta tornai da un viaggio ed il Profeta (ﷺ) mi disse: "Offri due *Rak'ā* (di preghiera)".

(1) Capitolo. Gli obblighi del *Khumus*[1]

3091. 'Alī (che Dio si compiaccia di lui) ci ha tramandato: <<Come parte del bottino di guerra nel giorno della battaglia di Badr[2] ricevetti una femmina di cammello. Il Profeta inoltre

---

[1] Cfr. V. Salierno, *Dizionario dell'Islam*, Roma 2017: <<Khumus, la quinta parte del bottino di guerra spettante al Profeta per sé e per i bisogni della comunità islamica. Nel Corano, VIII, 41: "E sappiate che, del bottino che voi prendete, un quinto spetta a Dio e al suo Messaggero, ai di lui parenti, agli orfani, ai poveri, ai viandanti, se voi davvero credete in Dio e in quel che rivelammo al Nostro servo nel giorno della Salvazione"; si intende che gli altri quattro quinti erano divisi tra le truppe>>.

[2] Battaglia svoltasi nel marzo del 624 d.C. (mese del Ramadān del secondo anno dell'*Hijrah*) tra i musulmani ed i pagani Quraysh che, pur potendo vantare una netta maggioranza numerica rispetto ai musulmani, subirono una cocente sconfitta in cui perirono i più importanti leader della Mecca pagana. Cfr. Il Sacro Corano 3:123-125: <<Dio vi ha aiutato a Badr, quando eravate un'esigua forza. Allora temeteLo, affinché possiate mostrare la vostra gratitudine. Ricordate che avete detto ai credenti: "Non è abbastanza per voi che Dio vi abbia aiutato con tremila angeli, appositamente inviati?" Se rimarrete fermi ed agirete rettamente, anche se il nemico dovesse violentemente scagliarsi contro di voi, il vostro Signore vi aiuterà con cinquemila angeli guerrieri>>; 8:9: <<Ricordate quando avete implorato il soccorso del vostro Signore e Lui vi ha risposto: "Vi assisterò con mille angeli, schiera su schiera". Dio lo ha reso un messaggio di speranza e una rassicurazione per i vostri cuori. Non c'è alcun aiuto che non sia da Dio. Egli è Eccelso, Saggio>>; 8:7-8: <<Dio vi ha promesso che sarebbe stato vostro uno dei partiti nemici. Avete desiderato che fosse vostro quello disarmato, ma Dio ha voluto dimostrare la verità delle Sue parole e recidere le radici dei miscredenti, affinché Egli possa confermare la verità e provare la falsità di quanto è falso, anche se ciò non potrebbe piacere a coloro che si trovano nella colpa". Commenta Yusuf Alì: <<Prima della battaglia di Badr si trovavano di fronte ai musulmani due corsi di azione. Avrebbero potuto attaccare la ricca carovana proveniente dalla Siria e scortata da Abū Sufyān e quaranta uomini disarmati. Dal punto di vista terreno, questa sarebbe stata l'azione più semplice e vantaggiosa. Il secondo corso di azione,

(ﷺ) mi aveva dato dal *Khumus* un'(altra) femmina di cammello. Dal momento che avevo intenzione di sposare Fatima, la figlia del Profeta di Dio (ﷺ), avevo un appuntamento con l'orafo della tribù dei Banī Qainuqa' al fine che venisse insieme a me a portare dell' *Idhkhir*[3] per venderlo agli altri orafi in modo da impegnare il guadagno per il mio banchetto di nozze. Mentre stavo raccogliendo la mia femmina di cammello, le selle, i sacchi e le funi, le mie altre due femmine di cammello stavano inginocchiate accanto alla stanza di uno degli Ansari. Quando ritornai, dopo aver raccolto quanto dovevo raccogliere, vidi che alle mie femmine di cammello erano state recise le gobbe, mentre i loro fianchi erano stati aperti ed una porzione del fegato era stata rimossa. Vedendo la condizione dei miei due animali, non potevo trattenere le lacrime. Quando domandai: "Chi ha fatto questo?", risposero: "Hamza bin 'Abdul-Muttālib, che si trova con alcuni Ansari ubriachi in questa casa". Mi allontanai e mi diressi dal Profeta (ﷺ), con il quale si trovava anche Zaid bin Hāritha. Il Profeta (ﷺ) notò sul mio volto l'effetto della sofferenza che avevo provato e mi chiese: "Che cosa ti è accaduto?". Risposi: "O Profeta di Dio! Non ho mai visto un giorno come questo. Hamza ha attaccato le mie due femmine di cammello, ha reciso loro le gobbe, ha aperto i loro fianchi e ne ha asportato parte del fegato. Ora sta sedendo in una casa in compagnia di alcuni ubriachi". Il Profeta (ﷺ) allora domandò la sua coperta, la indossò e cominciò a camminare

---

raccomandato dal Profeta (pbsl) secondo l'ispirazione ricevuta da Dio, era quello di andare incontro all'esercito di mille uomini ben equipaggiati che avanzavano dalla Mecca. I musulmani erano solo 300 e male equipaggiati, ma Dio garantì loro una magnifica vittoria>>. Cfr. *Il Significato del Sacro Corano tradotto da Abdullah Yusuf Alì*, edizione italiana a cura di S. Lei, I-II volumi, Roma 2018.

[3] Pianta aromatica.

seguito da me e da Zaid bin Hāritha, fino a quando non giungemmo alla casa dove Hamza si trovava. Domandò il permesso di entrare e, quando glielo concessero, comprese che erano ubriachi. Il Profeta di Dio (ﷺ) cominciò a rimproverarlo per quello che aveva fatto, ma Hamza era ubriaco ed i suoi occhi erano rossi. Hamza rivolse lo sguardo al Profeta di Dio (ﷺ) e poi alzò gli occhi verso le sue ginocchia, il suo ombelico e poi il suo volto. Alla fine disse: "Non sei forse uno degli schiavi di mio padre?"; il Profeta di Dio (ﷺ) allora comprese che era ubriaco e così si allontanò e noi andammo via insieme a lui>>.

3092. 'Āishah (che Dio si compiaccia di lui), la madre dei credenti, ci ha tramandato: <<Dopo la morte del Profeta di Dio (ﷺ), Fatima (che Dio si compiaccia di lei), la figlia del Profeta (ﷺ), domandò ad Abū Bakr As-Siddīq di consegnarle la sua parte di eredità da quello che il Profeta (ﷺ) aveva lasciato del *Faï'* (bottino acquistato senza combattere)[4] concessogli da Dio>>.

3093. Abū Bakr le disse: <<Il Profeta di Dio (ﷺ) ha affermato: "La nostra proprietà non sarà ereditata. Tutto quello che noi profeti lasciamo, è una *Sadaqa*[5]". Fatima, la figlia del Profeta di Dio (ﷺ), si adirò e smise di parlare con Abū Bakr e mantenne quest'attitudine fino alla morte. Fatima rimase in vita sei mesi dopo la morte del Profeta di Dio (ﷺ). Costei era solita

---

[4] Cfr. Il Sacro Corano 59:6: <<Qualsiasi cosa Dio abbia concesso, [spetta] al Suo inviato. Non avete fatto correre né cavalli né cammelli [per conquistarlo]. Dio concede ai Suoi messaggeri potere su chi desidera. Egli detiene il potere su tutte le cose>>.

[5] Cfr. V. Salierno, *Dizionario dell'Islam*, Roma 2018: <<Sadaqa, l'elemosina volontaria, non regolata da specifiche disposizioni come la zakāt (v. voce)>>.

domandare ad Abū Bakr la sua parte della proprietà del Profeta (ﷺ) che aveva lasciato a Khaybar[6], a Fadak[7] ed a Medina. Abū Bakr si rifiutò di darle quella proprietà e disse: "Non lascerò nulla di quanto il Profeta di Dio (ﷺ) era solito compiere in quanto temo che, se lo facessi, sarei indotto a deviare". (Successivamente), 'Umar diede la proprietà del Profeta (ﷺ) presso Medina ad 'Alī e ad 'Abbās, ma mantenne quella di Khaibar e di Fadak sotto la sua custodia e disse: "Queste due proprietà costituiscono la *Sadaqa* che il Profeta di Dio (ﷺ) era solito utilizzare per le sue spese e per i bisogni urgenti. Ora, la loro gestione deve essere affidata a chi detiene il potere" (Az-Zuhrī disse: "Queste proprietà sono state gestite in questo modo fino ad oggi")>>.

3094. Mālik bin Aūs ci ha tramandato: <<Mentre mi trovavo in casa, il sole sorse alto e divenne caldo. Improvvisamente il messaggero di 'Umar bin Al-Khattāb giunse da me e disse: "Il capo dei credenti ti manda a chiamare". Così andai insieme a lui fino a quando non entrai nel luogo in cui 'Umar era seduto su un letto fatto di foglie di palma e privo di materasso, appoggiandosi ad un cuscino di pelle. Lo salutai e mi sedetti. Mi disse: "O Mālik! Alcuni della tua tribù che hanno delle famiglie sono venuti da me ed io ho ordinato che venisse fatto loro un dono. Prendilo e distribuiscilo tra loro". Risposi: "O

---

[6] Il Profeta (ﷺ) divise 1/5 in terre derivato dalla conquista di Khaybar in tre parti. Le prime due vennero distribuite tra la comunità musulmana e la terza parte veniva invece utilizzata per il mantenimento della sua famiglia. Quello che rimaneva veniva poi distribuito tra i poveri *Muhajir*. Fatima reclamò il possesso proprio di questa terza parte.

[7] Luogo situato tra Madinah e Khaybar. Nel 7 a.H. la tribù ebraica che abitava l'oasi domandò al Profeta (ﷺ) il permesso di lasciare pacificamente il paese. Quando le terre di Fadak entrarono in possesso del Profeta (ﷺ), egli ne utilizzò le entrate per coprire le spese dei poveri viaggiatori.

comandante dei credenti! Desidero che tu ordini a qualcun altro di farlo". Lui però disse: "Fallo tu!". Mentre ero seduto in sua compagnia, Yarfa, il suo portiere giunse dicendo: "'Uthmān, 'Abdur-Rahmān bin Aūf, Az-Zubair e Sa 'd bin Abī Waqqās domandano il permesso (di vederti). Posso farli entrare?"; 'Umar rispose affermativamente. Così vennero fatti entrare. Entrarono, lo salutarono e si sedettero. Dopo un poco, Yarfa giunse di nuovo e disse: "Posso far entrare 'Alī ed 'Abbās?"; 'Umar rispose di nuovo affermativamente. Così venne concesso loro di entrare. Entrarono, lo salutarono e si sedettero. 'Abbās allora disse: "O comandante dei credenti! Giudica tra me e costui (ossia 'Alī)". Costoro avevano una disputa relativamente alla proprietà dei Banī An-Nadir che Dio aveva concesso al Suo Profeta (ﷺ) come *Fai*. 'Uthmān ed i suoi compagni dissero: "O comandante dei credenti! Giudica tra di loro e liberali l'uno dell'altro". 'Umar disse: "Sii paziente! Vi imploro per Colui per la Cui volontà esistono i cieli e la terra, non sapete che il Profeta di Dio (ﷺ) ha affermato: 'La nostra proprietà non sarà ereditata e qualsiasi cosa lasciamo è una *Sadaqa*' e che il Profeta di Dio (ﷺ) con il pronome "noi" intendeva se stesso?". 'Uthmān ed i compagni dissero: "Sì è vero". Poi 'Umar si volse verso 'Alī ed 'Abbās e disse: "Vi scongiuro per Allah, non sapete che il Profeta (ﷺ) si è espresso in questo modo?". Risposero: "Lo ha detto". 'Umar allora disse: "Vi parlerò di questa questione. Dio ha concesso al Suo Profeta (ﷺ) uno speciale favore in merito a qualcosa di questo *Fai* che non ha dato a nessun altro". 'Umar poi ha recitato: "Qualsiasi cosa Dio abbia concesso, [spetta] al Suo inviato. Non avete fatto correre né cavalli né cammelli [per conquistarlo]. Dio concede ai Suoi messaggeri potere su chi desidera. Egli detiene il potere su tutte le cose"[8] e poi ha aggiunto: "Questa proprietà è stata concessa in modo particolare al Profeta di Dio (ﷺ). Per Allah, non ne ha preso possesso lasciandovi e non ha favorito se stesso ad esclusione di voi, ma la ha distribuita tra tutti voi fino a quando non è rimasto quanto gli spettava. Con la sua proprietà il Profeta (ﷺ) faceva fronte alle spese della sua famiglia ed era solito disporre di quanto rimaneva per la causa di Dio. Il Profeta di Dio (ﷺ) si è comportato in questo modo nel corso di tutta la sua vita. Vi domando quindi, per Allah, non lo sapete forse?"; risposero affermativamente. Poi domandò ad 'Alī ed 'Abbās: "Non lo sapete forse?"; poi 'Umar domandò: "Quando Dio ha richiamato a Sé il Suo Profeta (ﷺ), Abū Bakr disse: "Sono il successore del Profeta di Dio (ﷺ)" e così ha preso quella proprietà e l'ha amministrata nel medesimo modo in cui era solito farlo il Profeta (ﷺ). Dio ben conosce che costui era veritiero, pio e retto e che seguiva quanto era giusto. Poi Dio ha richiamato a Sé Abū Bakr ed io sono divenuto il Suo successore. Ho tenuto quella proprietà in mio possesso per i primi due anni del mio governo, amministrandola nel medesimo modo in cui il Profeta (ﷺ) ed Abū Bakr l'avevano amministrata. Dio ben conosce che mi sono mantenuto pio, veritiero e ben guidato ed un seguace di quanto è giusto. Ora voi due ('Alī ed 'Abbās) siete giunti qui per conferire con me, avanzando la medesima rivendicazione e presentando il medesimo caso. Tu, 'Abbās, sei venuto per domandare una quota della proprietà di tuo nipote e quest'uomo, invece, è giunto per domandare la quota di sua moglie dalla proprietà di suo padre. Quindi dico ad entrambi che il Profeta di Dio (ﷺ) ha affermato: 'La nostra proprietà non può essere ereditata,

---

[8] Il Sacro Corano 59:6.

ma quello che lasciamo è una *Sadaqa*'. Quando ho pensato che fosse giusto consegnarvi questa proprietà, vi ho detto: 'Se lo desiderate, sono pronto a consegnarvi questa proprietà a condizione che giuriate che l'amministrerete nel medesimo modo del Profeta di Dio (ﷺ) e di Abū Bakr (ﷺ) e come ho fatto da quando ne sono stato incaricato'. Così entrambi mi avete detto: 'Consegnacela' ed io a quella condizione ve la ho consegnata. Ora, vi domando: "Non la ho forse consegnata loro a questa condizione?"; i presenti risposero affermativamente. Poi 'Umar, rivolgendosi ad 'Alī ed 'Abbās, disse: "Vi domando: Non ve l' ho forse consegnata a questa condizione?"; risposero affermativamente. 'Umar allora disse: "Volete forse che ora esprima una decisione? Per Allah, per la Cui volontà esistono sia i cieli che la terra, non esprimerò mai una decisione diversa da quella che ho già espresso. Se non siete capaci di amministrarla, allora riconsegnatemi la proprietà, ed io me ne prenderò cura per voi">>.

(2) Capitolo. Il pagamento del *Khumus* è parte della religione.

3095. Ibn 'Abbās (che Dio si compiaccia di lui) ci ha tramandato: <<Giunsero i delegati della tribù di 'Abdul-Qais e dissero: "O Profeta di Dio! Proveniamo dalla tribù di Rabī'a, e tra noi e te si trova la tribù dei miscredenti Mudar. Non possiamo, quindi, recarci da te se non durante i mesi sacri[9].

---

[9] Cfr. Il Sacro Corano 9:36: <<Presso Dio un anno misura dodici mesi. Così è stato da Lui stabilito il giorno in cui ha creato i cieli e la terra. Di questi mesi quattro sono sacri. Questa è la retta religione. Così non commettete ingiustizia contro voi stessi e combattete i pagani tutti insieme, se fanno lo stesso. Però sappiate che Dio è con coloro che sono capaci di controllarsi>>. Cfr. Sahīh al-Bukhārī, *Kitāb al-Tafsīr al-Kur'ān*, 8, 4662. Abū Bakr (che Dio si compiaccia di lui) ci ha tramandato che il Profeta (ﷺ) ha affermato: "Il

Ordinaci, per favore, qualcosa che possiamo compiere ed a cui possiamo invitare anche coloro che abbiamo lasciato indietro". Il Profeta (ﷺ) disse: "Vi ordino di compiere quattro cose e ve ne proibisco altrettante quattro: vi ordino di credere in Dio, di testimoniare che nessuno è degno di essere adorato se non Dio solo, di assolvere alla preghiera, di pagare la *Zakāt*, di osservare il digiuno nel mese del Ramadān[10], e di pagare il *Khumus* del bottino da donare per la causa di Dio e vi proibisco: *Ad-Dubbā', An-Naqīr, Al-Hantam* ed *Al-Muzaffat[11]*">>.

(3) Capitolo. Le spese per le spose del Profeta (ﷺ) dopo la sua morte

3096. Abū Hurairah (che Dio si compiaccia di lui) ci ha tramandato che il Profeta di Dio (ﷺ) ha affermato: "I miei

---

tempo è tornato al suo stato originario in cui si trovava quando Dio ha creato il cielo e la terra. L'anno è composto da dodici mesi, quattro dei quali sono sacri. Tre di loro sono in successione: *Dhūl-Qa'da, Dhūl-Hijja* ed *Al-Muharram*, ed il quarto è *Rajab Mudar* (il cui nome deriva dalla tribù di Mudar che era solita rispettarlo), che si trova tra Jumāda (Ath-Thānī) e Sha'bān">>.
[10] Cfr. Il Sacro Corano 2:185: <<Il Ramadān è il mese in cui è stato rivelato il Corano, come guida per l'umanità, segno e discrimine per distinguere il bene dal male. Chiunque, durante questo mese, si trova a casa, dovrebbe trascorrerlo nel digiuno. Però, se qualcuno di voi è malato o si trova in viaggio, deve recuperare successivamente i giorni in cui non ha digiunato. Dio intende facilitarvi. Non intende porvi nella difficoltà. Vuole che completiate i giorni di digiuno prescritti e che Lo glorifichiate perché vi ha guidato. Che possiate esserGli grati!>>.
[11] Con questi termini arabi s'indicano i contenitori nei quali veniva prodotto il *Nabidh*, una bevanda alcolica molto simile al vino. La parola *Ad-Dubbā'* indica un tipo di zucca; *al-Hantam* invece è un vassoio di terracotta, che le diverse fonti descrivono in modo diverso le une dalle altre. Con il termine *an-Naqīr* s'indica invece una sezione di un albero di palma che è stato tagliato a metà e svuotato, mentre *al-Muqayyar* è un vassoio tinto di color nero catrame.

eredi non debbono prendere nemmeno un solo Dīnār (della mia proprietà) e tutto quello che lascio, escluse le spese per le mie spose e per coloro che si trovano al mio servizio, sarà una *Sadaqa*".

3097. 'Āishah (che Dio si compiaccia di lei) ci ha tramandato: <<Il Profeta di Dio (ﷺ) lasciò questo mondo e nella mia casa non vi era nulla che un essere vivente avrebbe potuto mangiare se non un poco di orzo su di uno scaffale. Ne mangiai per un lungo periodo e lo misurai e (dopo un poco) finì tutto>>.

3098. 'Amr bin Al-Harith ci ha tramandato: <<Il Profeta (ﷺ) non ha lasciato nulla (dopo la sua morte) tranne le sue armi, un mulo bianco ed un appezzamento di terra che aveva donato come *Sadaqa*>>.

(4) Capitolo. Che cosa è stato affermato relativamente alle abitazioni delle spose del Profeta (ﷺ), che erano state chiamate secondo il nome di ciascuna di loro. Relativamente ai versetti: <<Rimanete con calma nelle vostre case e non mostrate la vostra bellezza come nell'Età dell'ignoranza. Stabilite preghiere regolari, date la carità con costanza ed obbedite a Dio e al Suo Messaggero. Egli desidera solo rimuovere ogni abominio da voi membri della famiglia e rendervi puri e senza macchia>>[12] e <<O credenti, non entrate nelle case del Profeta per consumare un pasto, fino a quando non vi è stato dato il permesso e non arrivate troppo presto attendendo la sua preparazione. Quando siete invitati, entrate e, dopo aver consumato il pasto, andate via, senza cercare dei

---

[12] Il Sacro Corano 33:33.

colloqui famigliari. Questo tipo di comportamento annoia il Profeta. Egli si vergogna a mandarvi via, ma Dio non ha vergogna di raccontarvi il vero. Quando domandate qualcosa alle sue mogli, fatelo da dietro un velo. Questo è molto più puro per i vostri e per i loro cuori. Non è giusto che disturbiate il Profeta di Dio o che possiate sposare le sue vedove. Questo è un gravissimo peccato davanti a Dio>>[13].

3099. ʿĀishah (che Dio si compiaccia di lei), la sposa del Profeta (ﷺ), ci ha tramandato: <<Quando la malattia del Profeta (ﷺ) si aggravò, lui domandò alle sue spose il permesso di essere curato in casa mia e loro glielo accordarono>>.

3100. Ibn Abī Mulaika ci ha tramandato che ʿĀishah (che Dio si compiaccia di lei) ha affermato: <<Il Profeta di Dio (ﷺ) morì nella mia casa, nel giorno del mio turno, mentre stava sdraiato sul mio petto vicino al mio collo. Dio ha fatto sì che la mia saliva si mescolasse con la sua". ʿĀishah ha aggiunto: "Abdur-Rahmān giunse con un *Siwāk*[14], ma il Profeta (ﷺ) era troppo debole per utilizzarlo. Allora lo presi, lo masticai e poi glielo porsi, mentre lui si pulì i denti con esso">>.

3101. Safiyya (che Dio si compiaccia di lei), la sposa del Profeta (ﷺ), ci ha tramandato che andò a visitare il Profeta (ﷺ) mentre si trovava in *Iʿtikāf*[15] nella moschea negli ultimi dieci

---

[13] Il Sacro Corano 33:53.

[14] Radice dell'albero di Salvadora persica (in arabo *arak*) utilizzato anticamente per l'igiene orale. È conosciuto anche con il nome di *miswāk*.

[15] Ritiro nella moschea praticato negli ultimi dieci giorni del mese del Ramadān. L' *Iʿtikāf* può essere praticata in qualsiasi moschea come si evince dal seguente versetto: Durante le notti del digiuno vi è consentito avvicinarvi alle vostre mogli. Loro sono una veste per voi e voi per loro. Dio conosce ciò che compivate nel segreto, ma Egli si è volto verso di voi perdonandovi. Ora rimanete in loro compagnia e cercate ciò che Dio ha stabilito per voi. Mangiate e bevete, fino a quando il filo bianco dell'alba

giorni del Ramadan. Quando lei si alzò per ritornare, anche il Profeta di Dio (ﷺ) si alzò per accompagnarla e, quando arrivò vicino all'entrata della moschea, vicino all'abitazione di Umm Salama, la sposa del Profeta (ﷺ), due Ansari passarono loro accanto, salutarono il Profeta (ﷺ) e dopo si allontanarono. Il Profeta di Dio (ﷺ) si rivolse loro dicendo: "Non affrettatevi! (Costei è mia moglie)". Dissero: "Che Dio sia glorificato, o Profeta!", e le sue parole li colpirono duramente. Il Profeta di Dio (ﷺ) disse: "Satana circola nell'essere umano come il sangue. Temevo che Satana avrebbe potuto porre qualche pensiero malvagio nei vostri cuori".

3102. 'Abdullāh bin 'Umar (che Dio si compiaccia di lui) ci ha tramandato: <<Una volta sono salito nella casa di Hafsa ed ho visto il Profeta (ﷺ) che rispondeva ad un richiamo della natura con la schiena rivolta verso la *Qiblah*[16] ed il volto verso lo Shām>>.

---

apparirà distinto dal filo nero. Poi completate il digiuno fino all'apparire della notte. Non avvicinatevi invece alle vostre mogli, mentre vi trovate in ritiro nelle moschee. Questi sono i limiti posti da Dio. Non li superate. Così Dio ha reso chiari i Suoi segni per gli uomini. Che possano imparare a controllarsi!". Il Sacro Corano 2:187.

[16] Cfr. V. Salierno, *Dizionario dell'Islam*, Roma 2018: <<*Qibla*, dal verbo arabo *qabala*, "rivolgersi", è la direzione della preghiera, che inizialmente, sino a sedici-diciassette mesi dopo l'égira, era orientata verso Gerusalemme. Successivamente, la *qibla* fu cambiata nella direzione della Mecca. L'annuncio fu dato dal Profeta nella lunga sura II, 142-150, in particolare con il versetto 142: "Gli stolti diranno: Che cosa li ha stornati dalla *qibla* che avevano prima? Rispondi dunque: A Dio appartiene l'oriente e l'occidente, Egli guida chi vuole sulla retta via"; e, 144: "... ti doneremo ora una *qibla* che ti piacerà: volgi dunque il volto verso il Tempio Sacro, rivolgetevi tutti, ovunque siate>>.

3103. 'Āishah (che Dio si compiaccia di lei) ci ha tramandato che il Profeta (ﷺ) era solito assolvere alla preghiera dell'*Asr* mentre il sole brillava ancora nella sua *Hūjra*[17].

3104. 'Abdullāh (che Dio si compiaccia di lui) ci ha tramandato: <<Il Profeta (ﷺ) si alzò e pronunciò una *Khutba* e, facendo segno verso l'abitazione di 'Āishah (ossia verso oriente), disse tre volte: "*Al-Fitan*[18] (apparirà) da lì, da dove spunta il lato della testa di Satana>>.

---

[17] Ossia nella sua camera.

[18] Plurale di *Fitnah*. Il termine *Fitnah* deriva dalla radice araba *Fa Ta Na* indicante una prova o tribolazione. Cfr. Ibn Fāris, *Maqāyīs Al-Lughah* 4/472. Secondo Al-Azharī, il termine deriverebbe dall'espressione araba "fatantu al-fiddah wa'l-dhahab", relativa all'atto di testare la consistenza ed il valore dell'oro e dell'argento". Cfr. Il Sacro Corano 51:13-14: <<Proveranno quel giorno quando vedranno il Fuoco. [Sarà detto loro]: "Gustate la vostra prova. Questo è ciò verso cui vi affrettavate">>. Cfr. Al-Azharī, *Tahdhīb al-Lughah*, 14/196. Il termine *Fitnah* nel Sacro Corano compare in molteplici versetti secondo diverse sfumature di significato quali: prova, tribolazione, persecuzione, opposizione, menzogna, tentazione, assassinio, rivolta e discordia. Cfr. Il Sacro Corano 29:2: <<Pensano forse che saranno lasciati soli, dopo aver detto: "Crediamo" e che non saranno sottoposti a delle prove?>>; 5:49: <<Lui ti comanda: "Giudica tra loro secondo ciò che Dio ha rivelato e non seguire i loro vani desideri, ma stai attento che non ti allontanino dall'insegnamento che Dio ti ha inviato. E se si voltano indietro, stai sicuro che Dio ha intenzione di punirli per alcuni dei loro crimini. In verità, la maggior parte di loro sono dei ribelli">>; 16:110: <<In verità, il tuo Signore è perdonatore e misericordioso verso quanti lasciano le loro case, dopo prove e persecuzioni, s'impegnano, combattono per la fede e perseverano con pazienza>>; 2:193: <<Combattili fino a quando non ci sia più né tumulto né oppressione e prevalga la giustizia e la fede in Dio. Però, se cessano, che non ci siano ostilità eccetto contro coloro che praticano l'oppressione>>; 57:14: <<Grideranno: "Non eravamo forse con voi?". E gli altri risponderanno: "Vero! Però vi siete lasciati condurre alla tentazione. Avete anticipato la vostra rovina. Avete dubitato della promessa di Dio e i vostri falsi desideri vi hanno ingannato, fino a quando il comando di Dio non si è realizzato. E l'ingannatore vi ha ingannato relativamente a Dio>>; 8:73: <<I miscredenti sono protettori gli uni degli altri. Se non vi proteggeste

3105. ʿAmra bint ʿAbdur-Rahmān ci ha tramandato: <<ʿĀishah, la sposa del Profeta (ﷺ), una volta le disse che il Profeta di Dio (ﷺ) si trovava in sua compagnia e lei udì qualcuno che domandava il permesso di entrare nella casa di Hafsa. Lei disse: "O Profeta di Dio! Quest'uomo sta domandando il permesso di entrare in casa tua". Il Profeta di Dio (ﷺ) rispose: "Penso che sia il tale e tale, intendendo lo zio acquisito di Hafsa. Quello che è reso illegale in ragione delle relazioni di sangue è reso tale anche in ragione delle corrispondenti relazioni di latte">>.

---

gli uni con gli altri, ci sarebbe tumulto ed oppressione sulla terra e grande corruzione>>; 5:41: <<O Profeta, non lasciarti addolorare da coloro che corrono verso la miscredenza, da coloro che dicono "crediamo" con le loro labbra, ma nel cuore non hanno alcuna fede, o dagli ebrei, uomini che darebbero ascolto ad ogni bugia, e a coloro che non ti hanno mai incontrato. Costoro distorcono il significato delle parole estrapolandole dal contesto ed affermano: "Se ciò vi è stato dato, accettatelo, altrimenti state in guardia". Se Dio vuole che qualcuno sia tentato dal male, tu non puoi fare nulla. Dio non intende purificare i loro cuori. Per costoro c'è la disgrazia in questa vita e nell'Altra un doloroso castigo>>; 4:101: <<Quando viaggiate attraverso la terra, non potrete essere biasimati, se rendete le vostre preghiere più brevi per il timore che i miscredenti possano attaccarvi. I miscredenti invero sono i vostri nemici giurati>>; 9:47: <<Se fossero usciti insieme a voi, non avrebbero aggiunto nulla alla vostra forza, ma avrebbero solo creato disordine, correndo di qua e di là tra di voi, seminando sedizione. Alcuni tra di voi avrebbero prestato loro ascolto. Però Dio conosce bene coloro che commettono ingiustizia>>; 85:10: <<Coloro che perseguitano i credenti, uomini e donne, e non si volgono in pentimento, avranno la pena del Fuoco dell'Inferno. Avranno la pena del Fuoco ardente>>.

(5) Capitolo. Che cosa è stato affermato relativamente all'armatura del Profeta (ﷺ), al suo bastone, alla sua spada, alla sua coppa ed all'anello e l'utilizzo che i califfi fecero di questi oggetti, che non vennero distribuiti. Che cosa si afferma relativamente ai capelli, alle scarpe ed agli utensili che erano considerati degli oggetti benedetti dai suoi compagni e dagli altri dopo la sua morte.

3106. Anas ci ha tramandato che, quando Abū Bakr divenne califfo, lo inviò in Bahrain e scrisse una lettera per lui e la sigillò con l'anello del Profeta (ﷺ). Sull'anello erano incise tre linee: nella prima "Muhammad", "Messaggero"[19] nella seconda ed "Allah" nella terza.

3107. ʿĪesā bin Tahmān ci ha tramandato: <<Anas ci portò due consumate scarpe di pelle senza pelo e con dei pezzi di strisce di pelle. Successivamente Thābit Al-Bunānī mi disse che Anas gli aveva comunicato che quelle erano le calzature del Profeta (ﷺ)>>.

3108. Abū Burda ci ha tramandato: <<ʿĀishah (che Dio si compiaccia di lei) ci portò un abito rammendato di lana e disse: "L'anima del Profeta (ﷺ) tornò a Dio mentre indossava questa veste". Abū Burda aggiunse: "'Āishah ci mostrò anche una stoffa spessa che viene indossata sul petto come quella prodotta dagli Yemeniti, ed anche una veste del tipo chiamato Al-Mulabbada">>.

3109. Anas bin Mālik (che Dio si compiaccia di lui) ci ha tramandato: <<Quando la coppa del Profeta di Dio (ﷺ) si ruppe, la fece riparare con un filo d'argento nel posto dove si

---

[19] In arabo "Muhammad Rasūl Allah".

era incrinata>>. Il sub-narratore, 'Āsim, disse: "Ho visto la coppa e vi ho bevuto dell'acqua".

3110. 'Alī bin Al-Husain ci ha tramandato che, quando arrivarono a Medina dopo essere tornati da Yazīd bin Mu 'āwiya, in seguito al martirio di Husain bin 'Alī (che Dio abbia misericordia di lui), Al-Miswar bin Makhrama lo incontrò e gli disse: "Hai qualche bisogno che tu mi possa ordinare di soddisfare?", 'Alī rispose: "No". Al-Miswar allora disse: "Mi darai la spada del Profeta di Dio (ﷺ)? Temo che le persone potrebbero sottrartela con la forza. Per Allah, se la consegnerai a me, costoro non potranno mai prenderla fino a quando sarò in vita". Quando 'Alī bin Abī Tālib domandò la mano della figlia di Abū Jahl al fine di fare di lei sua moglie, oltre a Fatima (che Dio si compiaccia di lei), ho sentito il Profeta di Dio (ﷺ) pronunciare dal pulpito una *Khutba* a questo riguardo. A quell'epoca avevo raggiunto l'età della pubertà. Il Profeta di Dio (ﷺ) disse: "Fatima proviene da me. Temo che possa essere messa alla prova nella sua fede (a causa della gelosia)". Il Profeta (ﷺ) menzionò poi uno dei suoi generi, che apparteneva alla tribù degli Abd Shāms, e lo lodò dicendo: "Qualunque cosa ha affermato, si è rivelata essere la verità. Mi ha fatto delle promesse e le ha mantenute. Non rendo lecito quanto è illecito e non rendo illecito quanto è lecito. Però, per Allah, la figlia del Profeta di Dio (ﷺ) e quella del nemico di Dio non potranno mai stare insieme (come spose del medesimo uomo)">>.

3111. Ibn Al-Hanafiyya ci ha tramandato: <<Se 'Alī avesse detto qualcosa di male relativamente ad 'Uthmān (che Dio si compiaccia di lui), allora avrebbe menzionato il giorno in cui alcune persone vennero da lui e si lamentarono degli ufficiali

che 'Uthmān aveva nominato per la riscossione della *Zakāt*[20].
'Alī poi mi disse di andare da 'Uthmān e di dirli: "Questo

---

[20] Cfr. Il Sacro Corano 2:83: <<Ricorda: Abbiamo stretto un patto con i Figli d'Israele: "Non adorate altri che Dio, trattate con gentilezza i vostri genitori e i vostri parenti, gli orfani e coloro che si trovano nel bisogno. Rivolgetevi alle persone con parole giuste. Siate perseveranti nella preghiera e nell'elemosina". Voi però, tranne alcuni, vi siete voltati indietro, e ancora adesso siete un popolo ostinato>>; 2:110: <<Mantenetevi costanti nella preghiera e regolari nella carità. Qualunque cosa avrete inviato davanti a voi per le vostre anime, la ritroverete presso Dio, Che osserva tutto ciò che fate>>; 2:177: <<La vera pietà non si trova nel volgere il volto verso Oriente o Occidente. La vera pietà consiste nel credere in Dio, nell'ultimo giorno, negli angeli, nel libro e nei profeti. La vera pietà consistere nello spendere i propri beni per amore di Lui, per la famiglia, gli orfani, i bisognosi, i viandanti, per coloro che chiedono e per la liberazione degli schiavi. La vera pietà sta nella costanza nella preghiera, nella pratica regolare della carità e nel rispetto dei patti. La vera pietà sta nella fermezza e nella paziente perseveranza nel dolore, nelle avversità e nel timore. Costoro sono i veritieri; costoro sono i timorati di Dio>>; 2:215: <<Ti chiederanno quanto debbono spendere in carità. Di': "Qualsiasi cosa buona spendiate deve essere per i genitori, i parenti, gli orfani, i bisognosi ed i viandanti. Dio ha piena conoscenza di tutto il bene che fate">>; 2:254: <<O credenti! Spendete dei beni che vi abbiamo concesso, prima che venga il giorno in cui non sarà lecito nessun affare, né amicizia, né intercessione alcuna. Coloro che rifiutano la fede sono gli iniqui>>; 2:277: <<Coloro che credono e compiono opere rette, stabiliscono preghiere regolari e regolare carità, avranno la loro ricompensa presso il loro Signore. Non avranno nulla da temere e non saranno colti dal dolore>>; 9:71: <<I credenti, uomini e donne, sono protettori gli uni degli altri. Comandano ciò che è giusto e proibiscono ciò che è riprovevole. Osservano preghiere regolari, praticano regolarmente la carità e obbediscono a Dio e al Suo Messaggero. Su di loro Dio dispenserà la Sua misericordia. Egli è Eccelso, Saggio>>; 21:73: <<E li abbiamo fatti leader, che guidano gli uomini attraverso il Nostro comando. Noi abbiamo inviato loro l'ispirazione di compiere opere buone, di stabilire preghiere regolari e di praticare la carità con costanza e loro Ci hanno servito con fedeltà>>; 22:34-35: <<Ad ogni popolo abbiamo assegnato dei riti prestabiliti. Che possano celebrare il nome di Dio sugli animali che abbiamo concesso loro di sacrificare. Il vostro Dio è un Dio unico. Sottomettete, quindi, a Lui la vostra volontà. Annunciate la buona novella a coloro che si fanno umili, coloro i cui cuori, alla menzione di Dio, si riempiono di timore, che mostrano una perseveranza paziente nelle afflizioni che li colgono, pregano regolarmente

documento contiene i regolamenti relativi all'impiego della *Sadaqa* del Profeta di Dio (ﷺ). Così ordina ai tuoi addetti alla riscossione della *Zakāt* di comportarsi di conseguenza". Portai il documento ad 'Uthmān, il quale disse: "Portalo via perché non abbiamo alcun bisogno". Ritornai da 'Alī con il documento e lo informai dell'incontro. Lui disse: "Riponi (il documento) da dove lo hai preso">>.

3112. Muhammad bin Sūqa ci ha tramandato: <<Ho udito Mundhir Ath-Thauri affermare che Ibn Hanafiyya ha affermato che suo padre gli disse: "Porta questa lettera ad 'Uthmān perché contiene gli ordini del Profeta (ﷺ) relativi alla *Sadaqa*">>.

---

e spendono in carità di ciò che abbiamo loro concesso>>; 22:78: <<Lottate per la sua causa nel modo dovuto [con sincerità e disciplina]. Egli vi ha scelto e non vi ha posto in nessuna difficoltà nella religione. Questo è il culto del vostro padre Abramo. Egli vi ha chiamato musulmani nella precedente e in questa rivelazione. Che il Profeta possa essere un testimone per voi e voi possiate essere testimoni per l'umanità! Stabilite preghiere regolari, fate la carità in modo costante e mantenetevi vicini a Dio! Egli è il vostro protettore, il migliore patrono ed il migliore aiuto!>>; 98:5: <<Non è stato comandato loro nulla più di questo: di adorare Dio, offrendoGli una sincera devozione, di mantenersi sinceri nella fede, stabilire regolari preghiere e di praticare una carità costante. Questa è la religione giusta e retta>>.

(6) Capitolo. L'evidenza che conferma che il *Khumus* è inteso per le esigenze ed i bisogni del Profeta di Dio (ﷺ) e per i poveri. Relativamente al fatto che, sotto questo punto di vista, il Profeta (ﷺ) ha favorito sia gli *As-Suffa*[21] che le vedove. Infatti, quando Fatima si lamentò della fatica insita nel tostare e macinare il grano e gli domandò di darle una schiava (dal bottino), lui non lo fece, ma le domandò di chiedere l'aiuto di Dio.

3113. 'Alī (che Dio si compiaccia di lui) ci ha tramandato: <<Fatima (che Dio si compiaccia di lei) si lamentò di quello che soffriva per la macinazione, quando seppe che alcune schiave erano state condotte dal Profeta di Dio (ﷺ) come bottino di guerra. Lei si recò da lui per domandare una serva, ma non riuscì a trovarlo e così comunicò ad 'Āishah quello di cui aveva bisogno. Quando il Profeta (ﷺ) giunse, 'Āishah lo informò. Il Profeta (ﷺ) venne a casa nostra, quando eravamo andati a dormire. (Quando vedemmo il Profeta ﷺ) stavamo per alzarci, ma lui disse: "Restate dove siete". Io sentì sul mio petto la freschezza del piede del Profeta (ﷺ). Poi lui disse: "Dovrei dirvi qualcosa che è migliore di quanto domandate? Quando andate a letto, affermate: *Allāhu Akbar* 34 volte,

---

[21] Riferimento agli *Ashab as-suffah*. Quest'espressione si riferisce a coloro che abitavano in un angolo della moschea a Medina. Costoro erano per la maggior parte poveri e celibi e non esercitavano alcuna professione né possedevano dei beni che potessero renderli indipendenti economicamente. Costoro si dedicavano alla memorizzazione del Corano e della *Sunna* del Profeta (ﷺ). Degno di una menzione speciale è Abū Hurairah che trascorse molto tempo in compagnia del Profeta (ﷺ) e sulla cui autorità sono state tramandante molteplici tradizioni. Successivamente alla morte del Profeta (ﷺ), Abū Hurairah si dedicò all'insegnamento degli *Hadīth* e, durante il califfato di 'Umar (634-644 d.C.), venne inviato come governatore della zona orientale della penisola arabica.

Alhamdu Lillāh 33 volte e *Subhān Allāh* 33 volte. Questo è per voi meglio di quanto avete domandato">>.

(7) Capitolo. Relativamente al versetto: <<Sappiate che di tutto il bottino che potete ammassare in guerra, un quinto è assegnato a Dio e al Suo profeta, ai parenti stretti, agli orfani, ai poveri e ai viandanti, se credete in Dio e nella rivelazione che abbiamo inviato al Nostro Servo nel giorno della prova, il giorno in cui si sono incontrate due forze. Dio detiene il potere su tutte le cose>>[22].

Questo significa che il Profeta di Dio (ﷺ) ha l'autorità di distribuirlo perché ha affermato: "Sono un distributore ed un tesoriere. Dio è Colui che dona e che concede".

3114. Jābir bin 'Abdullāh (che Dio si compiaccia di lui) ci ha tramandato: <<Ad uno dei nostri uomini, un Ansari, nacque un figlio maschio e costui voleva chiamarlo Muhammad. L'Ansari disse: "Condussi il bambino dal Profeta (ﷺ), il quale disse: 'Chiama tuo figlio con il mio nome ma non con il mio *Kunya*[23] perché sono stato reso *Qāsim* (ossia colui che distribuisce) per dividere tra di voi'. Il narratore, Husain, ha affermato che il Profeta (ﷺ) ha affermato: "Sono stato inviato come un *Qāsim* per distribuire (le cose) tra di voi". [Il sub-narratore Sālim ha affermato di aver udito Jābir affermare che l'uomo intendeva chiamare il bambino Al-Qāsim, ma il Profeta (ﷺ) gli disse:

---

[22] Il Sacro Corano 8:41.
[23] V. Salierno, *Dizionario dell'Islam*, Roma 2018: <<kunya, indica la relazione di paternità, espressa con abū, e varianti, e di maternità, espressa con umm; esempi: Abū Muḥammad (padre di Muḥammad), Umm Muḥammad (madre di Muḥammad). La kunya o tecnonimico aveva in origine nell'onomastica araba un valore onorifico>>.

"Chiamate i vostri figli con il mio nome ma non con il mio *Kunya*"].

3115. Jābir bin 'Abdullāh Al-Ansari (che Dio si compiaccia di lui) ci ha tramandato: <<Ad uno di noi nacque un figlio che chiamò Al-Qāsim. Un Ansari allora gli disse: "Non ti chiameremo mai 'Abul-Qāsim e non ti compiaceremo mai con questo titolo benedetto". Così l'uomo si recò dal Profeta (ﷺ) e gli disse: "O Profeta di Dio! Mi è nato un figlio che ho chiamato Al-Qāsim ed un Ansari mi ha detto: 'Non ti chiameremo mai 'Abul-Qāsim e non ti compiaceremo con questo titolo' ". Il Profeta (ﷺ) disse: "L'Ansari ha parlato bene. Chiamate (i vostri bambini) con il mio nome, ma non con il mio *Kunya* perché io sono Qāsim">>.

3116. Mu 'āwiya ci ha tramandato che il Profeta di Dio (ﷺ) ha affermato: <<Se Dio vuole il bene per qualcuno, gli fa comprendere la religione. Dio è Colui che concede ed io sono Al-Qāsim. Questa comunità rimarrà vittoriosa sui propri nemici fino a quando non giungerà l'ordine di Dio e loro saranno ancora vittoriosi>>.

3117. Abū Hurairah (che Dio si compiaccia di lui) ci ha tramandato che il Profeta di Dio (ﷺ) ha affermato: <<Non vi concedo nulla e non vi tolgo nulla, ma sono un giusto distributore e vi do quando mi è stato ordinato da Dio>>.

3118. Khaula Al-Ansārīya (che Dio si compiaccia di lei) ci ha tramandato:<<Ho udito il Profeta di Dio (ﷺ) affermare: "Alcune persone spendono la ricchezza di Dio in modo ingiusto. Costoro saranno posti nel Fuoco dell'Inferno nel giorno della resurrezione">>.

(8) Capitolo. Relativamente alle parole del Profeta (ﷺ): "Il bottino è stato reso lecito per voi musulmani".

Relativamente al versetto: <<Dio vi ha promesso un bottino abbondante, questa tregua e ha tenuto lontane da voi le mani degli uomini, affinché possano essere un segno per i credenti e guidarvi sulla retta via>>[24].

Il bottino è per tutti i combattenti musulmani che hanno preso parte alla battaglia fino a quando il Profeta di Dio (ﷺ) non ha spiegato (nel dettaglio) chi ne fosse degno o meno.

3119. 'Urwa al-Bāriqī (che Dio si compiaccia di lui) ci ha tramandato che il Profeta (ﷺ) ha affermato: <<La buona volontà rimane (come una qualità permanente) nel ciuffo di un cavallo come fonte di ricompensa (nell'Altra vita) e di bottino fino al giorno della Resurrezione>>.

3120. Abū Hurairah (che Dio si compiaccia di lui) ci ha tramandato che il Profeta di Dio (ﷺ) ha affermato: "Quando Khosrau sarà rovinato, non ce ne sarà uno dopo di lui; quando Cesare sarà distrutto, non ci sarà alcun Cesare dopo di lui. Per Colui, nelle Cui mani si trova la mia anima, voi spenderete i loro tesori per la Causa di Dio".

3121. Jābir bin Samura (che Dio si compiaccia di lui) ci ha tramandato che il Profeta di Dio (ﷺ) ha affermato: <<Quando Khosrau sarà rovinato, non ve ne sarà un altro dopo di lui; quando Cesare sarà rovinato, non ve ne sarà un altro dopo di lui. Per Colui, nelle Cui mani si trova la mia anima, spenderete i loro tesori per la causa di Dio>>.

---

[24] Il Sacro Corano 48:20.

3122. Jābir bin ‘Abdullāh (che Dio si compiaccia di lui) ci ha tramandato che il Profeta di Dio (ﷺ) ha affermato: <<Il bottino è stato reso lecito per me>>.

3123. Abū Hurairah (che Dio si compiaccia di lui) ci ha tramandato che il Profeta di Dio (ﷺ) ha affermato: <<Dio ha promesso a colui che s'impegna per la Sua causa e che parte solo per impegnarsi nella Sua causa e per la fede nelle Sue parole che lo ammetterà in Paradiso oppure che lo ricondurrà al luogo da cui è partito con quello che ha guadagnato come ricompensa e come bottino>>.

3124. Abū Hurairah (che Dio si compiaccia di lui) ci ha tramandato che il Profeta di Dio (ﷺ) ha affermato: <<Uno dei profeti condusse una sacra spedizione militare e disse ai suoi seguaci: "Colui che ha sposato una donna ed intende consumare il matrimonio, ma non lo ha ancora fatto, non dovrebbe accompagnarmi; non dovrebbe farlo nemmeno qualcuno che ha costruito una casa, ma non ha completato il tetto; non dovrebbe accompagnarmi un uomo che possiede delle femmine di cammello o di pecora e sta aspettando che partoriscano dei piccoli". Così il profeta condusse la spedizione e, quando raggiunse quella città al tempo o quasi all'ora della preghiera dell'*Asr*, disse al sole: "O sole! Sei sotto il comando di Dio. O Dio, fermalo dal tramontare". Il sole venne fermato fino a quando Dio non lo rese vittorioso. Poi raccolse il bottino ed il fuoco giunse per bruciarlo, ma non lo consumò. Allora disse (ai suoi uomini): "Qualcuno di voi ha sottratto qualcosa dal bottino. Un uomo di ogni tribù deve darmi la *Bai‘a* stringendomi la mano". (Lo fecero e) la mano di un uomo rimase bloccata in quella del loro profeta, il quale gli disse: "Il furto è stato commesso dai tuoi uomini. Tutti i membri della tua tribù debbono quindi darmi la *Bai‘a*

stringendomi la mano". Le mani di due o tre uomini rimasero incastrate in quella del loro profeta che disse: "Voi avete commesso il furto". Così portarono una testa d'oro grande come quella di una giovenca e la posero tra il bottino, che venne consumato dal fuoco. Il Profeta (ﷺ) ha poi aggiunto: "Poi Dio ha visto la vostra debolezza ed incapacità e così ha reso il bottino lecito per voi">>.

(9) Capitolo. Il bottino di guerra è per coloro che hanno partecipato alle battaglie.

3125. Aslam ci ha tramandato che 'Umar (che Dio si compiaccia di lui) ha affermato: <<Se non fosse stato per quei musulmani che ancora non sono venuti al mondo, avrei distribuito (la terra) di ogni città conquistata tra i soldati come ha fatto il Profeta (ﷺ) con quella di Khaibar>>.

(10) Capitolo. Se qualcuno combatte solo per il bottino, la sua ricompensa nell'Altra vita sarà forse ridotta?

3126. Abū Mūsa Al-Ash'arī (che Dio si compiaccia di lui) ci ha tramandato: <<Un beduino domandò al Profeta (ﷺ): "Un uomo potrebbe combattere solo per il bottino, un altro per essere menzionato dalle persone ed un altro per mostrare il proprio coraggio. Chi dei tre viene considerato un combattente per la causa di Dio?"; il Profeta (ﷺ) ha affermato: "Colui che s'impegna affinché la Parola di Dio sia superiore, combatte per la causa di Dio">>.

(11) Capitolo. *L'Imām* distribuisce quello che gli viene presentato e mette da parte la quota di coloro che non sono presenti o sono assenti al momento (della distribuzione).

3127. 'Abdullāh bin Abī Mulaika ci ha tramandato: <<Vennero presentati al Profeta (ﷺ) alcuni mantelli di seta con dei bottoni d'oro. Lui li distribuì tra i suoi compagni e ne conservò uno per Makhrama bin Naufal. Successivamente, Makhrama giunse con suo figlio Al-Miswar bin Makhrama e, dopo essersi posto all'entrata, disse (a suo figlio): "Chiama il Profeta (ﷺ) per me". Il Profeta (ﷺ) udì la sua voce, prese un mantello di seta e glielo portò, ponendo quei bottoni d'oro davanti a lui e dicendo: "O Abūl-Miswar! Lo ho messo da parte per te! O Abūl-Miswar! Lo ho messo da parte per te!". Makhrama era un uomo dal cattivo temperamento>>.

(12) Capitolo. In che modo il Profeta (ﷺ) ha distribuito le proprietà dei Banī Quraiza e dei Banī An-Nadir[25] e quanto ha tenuto per far fronte alle sue esigenze.

3128. Anas bin Mālik (che Dio si compiaccia di lui) ci ha tramandato: <<Le persone erano solite consegnare alcuni dei loro alberi di palma al Profeta (ﷺ) come dono, fino a quando non ha conquistato i territori dei Banī Quraiza e dei Banī An-Nadir. Successivamente ha cominciato a ricambiare loro il favore>>.

---

[25] V. Salierno, *Dizionario dell'Islam*, Roma 2018: <<Banū Nadhīr, tribù ebraica di Medīna dedita all'agricoltura: nel 626 fu costretta dal Profeta all'esilio, dopo il tradimento del patto stretto precedentemente>>.

(13) Capitolo. La ricchezza di un combattente musulmano, sia vivo che morto, che ha combattuto insieme al Profeta (ﷺ) o al comandante, è benedetta.

3129. 'Abdullāh bin Az-Zubair ci ha tramandato: <<Quando Az-Zubair si alzò, durante la battaglia dell'Al-Jamal, mi chiamò ed io mi posi accanto a lui che mi disse: "O figlio mio! Oggi qualcuno sarà ucciso o come un oppressore o come un oppresso. Vedo che sarò ucciso come una persona oppressa. La mia preoccupazione più grande sono i miei debiti. Pensi che, se pagassimo i debiti, rimarrebbe qualcosa del nostro denaro?"; Az-Zubair aggiunse: "O figlio mio! Vendi la nostra proprietà e con il ricavato paga i miei debiti". Az-Zubair assegnò attraverso un testamento 1/3 della sua proprietà ed assegnò 1/3 di essa ai figli di 'Abdullāh. Disse: "1/3 di 1/3/. Se rimane qualche proprietà dopo il pagamento dei debiti, 1/3 deve essere assegnato ai tuoi figli". (Hishām, il sub-narratore, ha aggiunto: "Alcuni dei figli di 'Abdullāh erano coetanei di quelli di Az-Zubair, ossia Khubaib ed 'Abbād. 'Abdullāh, a quel tempo, aveva nove figli e nove figlie")>>. (Il narratore 'Abdullāh ha aggiunto): <<Mio padre (Az-Zubair) continuò a portare la mia attenzione sui suoi debiti dicendo: "Se non riuscissi a pagare parte dei miei debiti, rivolgiti al mio Maestro per avere un aiuto". Per Allah, non riuscivo a comprendere che cosa intendesse, fino a quando non domandai: "O padre! Chi è il tuo Maestro?"; rispose: "Dio". Ogni volta che mi trovavo in difficoltà relativamente ai suoi debiti, ero solito affermare: "O Maestro di Az-Zubair! Paga i suoi debiti", e Dio mi aiutava a saldarli. Quando Az-Zubair ricevette il martirio, non lasciò né Dīnār o Dirham ma solo due appezzamenti di terra, uno dei quali era chiamato Al-Ghāba,

ed undici case in Medina, due in Basrah, una in Kūfa ed un'altra in Egitto. La fonte del debito, cui si riferiva, era dovuta al fatto che, se qualcuno gli portava del denaro da depositare presso di lui, Az-Zubair era solito affermare: "No, lo terrò come debito perché temo che possa andare perduto". Az-Zubair non venne mai nominato né governatore né esattore della tassa del *Kharaj* o di qualcosa di simile, ma ha messo insieme la sua ricchezza (dal bottino guadagnato) durante le battaglie cui prese parte in compagnia del Profeta (ﷺ), di Abū Bakr, 'Umar ed 'Uthmān (che Dio si compiaccia di tutti loro)">>. ('Abdullāh bin Az-Zubair aggiunse): <<Quando ho contato il suo debito, era di 2 milioni e 200,000. (Il sub narratore ha aggiunto:) Hakīm bin Hizām incontrò 'Abdullāh bin Az-Zubair e domandò: "O nipote mio! A quanto ammonta il debito di mio fratello?"; 'Abdullāh lo mantenne segreto e disse: "100,000"; Hakīm disse: "Non penso che la tua proprietà possa coprire il debito". Allora 'Abdullāh gli disse: "E se fossero 2 milioni e 200,000?". Hakīm rispose: "Non penso che tu possa pagarli. Se non riuscissi ad estinguere tutto il debito, ti aiuterò io". Az-Zubair aveva già comperato Al-Ghāba per 170.000. 'Abdullāh la vendette per un milione e 600.000. Poi chiamò le persone dicendo: "Ogni persona che reclama del denaro da Az-Zubair dovrebbe recarsi da noi in Al-Ghāba". Giunse da lui 'Abdullāh bin Ja 'far, a cui Az-Zubair doveva 400,000. Costui disse ad 'Abdullāh bin Az-Zubair: "Se vuoi, cancellerò il debito". 'Abdullāh rispose negativamente. Allora Ja 'far disse: "Se lo desideri puoi rimandare il pagamento, nel caso in cui dovessi rimandarne qualcuno". Anche questa volta Ibn Az-Zubair rispose negativamente. 'Abdullāh bin Ja 'far disse: "Dammi un pezzo di terra". 'Abdullāh bin Az-Zubair gli dissi: "La terra che si estende da questo luogo a quest'altro ti appartiene". In questo modo, 'Abdullāh bin Az-Zubair

vendette parte della sua proprietà (incluse le abitazioni) e pagò i suoi debiti, conservando quattro o cinque porzioni della terra di al-Ghāba. Poi si recò da Mu 'āwiya, mentre 'Amr bin 'Uthmān, Al-Mundhir bin Az-Zubair ed Ibn Zam 'a sedevano insieme a lui. Mu 'āwiya domandò: "A quale prezzo hai venduto Al-Ghāba?"; rispose: "100.000 per ciascuna porzione". Mu'āwiya domandò: "Quante porzioni sono rimaste?", 'Abdullāh rispose: "Quattro e mezzo". Al-Mundhir bin Az-Zubair disse: "Vorrei comprarne una parte per 100,000". 'Amr bin 'Uthmān disse: "Vorrei compare una porzione per 100,000". Ibn Zam 'a disse: "Vorrei comprare una porzione per 100,000". Mu 'āwiya disse: "Quanto rimane adesso?"; 'Abdullāh rispose: "Una porzione e mezza". Mu 'āwiya disse: "Vorrei comperarla per 150.000". 'Abdullāh vendette a Mu 'āwiya anche la sua parte per 600,000. Quando Ibn Az-Zubair ebbe pagato tutti i suoi debiti, i suoi figli gli dissero: "Distribuisci tra di noi la nostra eredità". Lui disse: "No, per Allah, non la distribuirò tra di voi fino a quando non annuncerò in quattro successive stagioni dell'*Hajj*: Che coloro che vantano del denaro da Az-Zubair si facciano avanti al fine di poter essere ripagati". In questo modo, cominciò a fare pubblicamente quest'annuncio pubblico durante ciascuna stagione dell'*Hajj* e, quando trascorsero quattro anni, lui distribuì l'eredità. Az-Zubair aveva quattro mogli e, dopo che 1/3 della sua proprietà venne escluso (secondo il testamento), ciascuna delle sue spose ricevette 1 milione e 200.000. In questo modo l'ammontare totale della sua proprietà era di 2 milioni e di 200.000">>.

(14) Capitolo. Se l'*Imām* invia un messaggero ad ottemperare ad un determinato dovere o gli ordina di rimanere in casa, gli verrà assegnata una parte del bottino?

3130. Ibn 'Umar (che Dio si compiaccia di lui) ci ha tramandato: <<'Uthmān[26] non ha partecipato alla battaglia di Badr in quanto era sposato ad una delle figlie[27] del Profeta (ﷺ), che era ammalata. Allora il Profeta (ﷺ) gli disse: "Sarai degno di una ricompensa e di una parte (del bottino di guerra) simile a quello di colui che ha preso parte alla battaglia di Badr">>.

(15) Capitolo. La prova che il *Khumus* deve essere utilizzato per i bisogni dei musulmani. Quando la tribù di Hawāzin si appellò al Profeta (ﷺ) (al fine che riconsegnasse loro quanto aveva raccolto come bottino di guerra) menzionando il fatto che era stato tenuto a balia da una delle loro donne, egli domandò ai musulmani di riconsegnare la loro parte di bottino. (La seconda prova è che) il Profeta (ﷺ) era solito promettere alle

---

[26] Cfr. V. Salierno, *Dizionario dell'Islam*, Roma 2018: <<Uthmān, ibn 'Affan, terzo califfo (644-656), genero del Profeta di cui aveva sposato le due figlie, Ruqayyah e Umm Khultum; fu uno dei primi ad abbracciare la causa dell'Islam, cui si convertì nel 611, subito dopo essere venuto a conoscenza della missione del Profeta. Fu califfo dal 644 al 656 d.C.; durante il suo califfato l'Impero islamico inglobò l'Iran, alcune zone del Khorasan (651) e venne completata anche la conquista dell'Armenia, iniziata nel 640 d.C. A lui si deve la seconda compilazione del testo coranico-la prima era stata completata al tempo del califfato di Abu Bakr- nota con il nome di mushaf di Uthman, il cui testo, che coincideva con quello raccolto al tempo del primo califfo, venne successivamente diffuso in tutto il mondo islamico. In seguito ad una rivolta scoppiata in diverse zone dell'Impero, che aveva il suo epicentro rispettivamente in Egitto ed Iraq, Othman venne assassinato a Medina il 17 Giugno del 656, mentre era intento nella lettura del Corano>>.
[27] Ci si riferisce a Ruqayyah.

persone di dare loro dal *Fai'* e dal *Khumus* come una ricompensa extra. (Un'altra prova è costituita dal fatto che) il Profeta (ﷺ) diede agli Ansari ed a Jābir bin 'Abdullāh una parte dei datteri di Khaibar.

3131, 3132. Marwān bin Al-Hakīm e Miswar bin Makhrama hanno tramandato: <<Quando la delegazione degli Hawāzin[28] giunse presso il Profeta di Dio (ﷺ), dopo che avevano abbracciato l'Islam, e gli domandarono di riconsegnare loro le proprietà ed i prigionieri, egli disse: "Ritengo che le parole migliori siano quelle di verità. Potete scegliere tra i prigionieri o la ricchezza in quanto ho rimandato la loro distribuzione". Il Profeta di Dio (ﷺ) li aspettò per più di dieci giorni quando tornò da Tā'if. In questo modo, quando le persone vennero a sapere che il Profeta di Dio (ﷺ) avrebbe riconsegnato loro solo una delle due cose, dissero: "Scegliamo i nostri prigionieri di guerra". Il Profeta di Dio (ﷺ) si pose tra i musulmani e, dopo aver glorificato Dio così come è degno,

---

[28] Quest'episodio avvenne dopo la battaglia di Hunain. Hunain è una località che si trova sulla strada di Tā'if dalla Mecca a circa 22 km ad est della Mecca. Immediatamente dopo la conquista della Mecca (a.H. 8), i pagani idolatri si riunirono vicino a Tā'if per pianificare di attaccare il Profeta (ﷺ). Le tribù di Hawāzin e di Thaqif assunsero la leadership e prepararono una grande spedizione diretta alla Mecca. In quell'occasione i pagani erano circa 4000, mentre i musulmani oscillavano tra i 10 ed i 12 mila uomini. I pagani tesero un'imboscata all'avamposto dei musulmani e molti di loro rimasero uccisi. Le forze musulmane furono colte così da terrore e confusione, ma il Profeta (ﷺ) riuscì a riorganizzare la loro file ed a condurli alla vittoria. Il Sacro Corano 9:25-26: <<Dio vi ha aiutato in molti campi di battaglia. Nel giorno di Hunain, il vostro grande numero vi ha fatto esultare, ma non vi è stato di aiuto alcuno. La terra con tutta la sua ampiezza vi strinse e vi siete voltati indietro in ritirata. Dio ha fatto scendere la Sua pace sul Messaggero e sui credenti e ha inviato forze che non siete capaci di percepire. Egli ha punito i miscredenti. Così Egli ricompensa coloro che mancano della fede>>.

disse: "Ora questi nostri fratelli sono giunti da noi in pentimento e vedo che è una cosa logica riconsegnare loro i prigionieri. Così, chi di voi desidera farlo come un favore può farlo; chi invece desidera conservare la sua parte, che riconsegni i suoi prigionieri e noi lo compenseremo (della perdita) con il primo *Fai'* che Dio ci concederà". Allora tutte le persone dissero: "O Profeta di Dio! Siamo d'accordo a riconsegnare i prigionieri". Allora il Profeta di Dio (ﷺ) disse loro: "Non so chi ha di voi è d'accordo e chi sia invece in disaccordo. Dovreste ritornare ed i vostri leader dovrebbero informarmi della vostra decisione". Le persone ritornarono. I leader parlarono con loro e, dopo essersi recati dal Profeta di Dio (ﷺ), dissero: "Tutte le persone sono state d'accordo a farlo ed hanno dato il permesso di riconsegnare i prigionieri di guerra (senza compensazione)">>. (Az-Zuhrī, il sub-narratore, ha affermato): "Questo è quanto ci è stato raccontato relativamente i prigionieri degli Hawāzin".

3133. Zahdam ci ha tramandato: <<Una volta eravamo nella casa di Abū Mūsa che ha offerto un pasto contenente del pollo. Un membro della tribù dei Banī Taimillāh con una complessione rossiccia, come se appartenesse ai prigionieri di guerra bizantini, era presente. Abū Mūsa lo invitò a condividere il pasto ma lui (scusandosi) disse: "Ho visto che i polli mangiano la sporcizia e così ho una forte avversione nel mangiarli. Ho giurato che non avrei mangiato del pollo". Abū Mūsa gli disse: "Ti dirò (come cancellare un giuramento). Mi recai dal Profeta (ﷺ) in compagnia di un gruppo di Al-Ash'ariyūn, e gli domandai di fornirci dei mezzi di trasporto. Lui disse: "Per Allah, non posso fornirvi alcun mezzo di trasporto perché non ne ho nessuno". Poi vennero condotti al Profeta (ﷺ) alcuni cammelli come bottino di guerra e lui domandò di noi dicendo: "Dove si trova il gruppo degli Ash'ariyūn?" e

comandò che ci venissero consegnati cinque cammelli con le gobbe bianche. Quando partimmo, dicemmo: "Che cosa abbiamo fatto? Non saremo mai benedetti (in quello che ci è stato consegnato)". Allora, ritornammo dal Profeta (ﷺ) ed affermammo: "Ti abbiamo domandato di darci dei mezzi di trasporto, ma tu hai giurato che non lo avresti fatto. Hai forse dimenticato (il tuo giuramento quando ci hai consegnato i cammelli)?"; rispose: "Non sono stato io a darvi dei mezzi di trasporto, ma Dio ve li ha consegnati. Se Dio vuole, qualora pronunci un voto relativo ad una determinata azione, ma poi successivamente comprendo che sia di maggiore beneficio compierne un'altra, compirò quanto è migliore e farò un'espiazione per il mio giuramento">>.

3134. Nāfi ', sull'autorità di Ibn 'Umar (che Dio si compiaccia di lui) ci ha tramandato: <<Il Profeta di Dio (ﷺ) inviò una *Sarīya* verso Najd, ed in essa si trovava anche 'Abdullāh bin 'Umar. Raccolsero un ampio numero di cammelli come bottino di guerra. La porzione di ciascuno era di 11 o 12 cammelli. Venne consegnato loro anche un cammello extra>>.

3135. Ibn 'Umar (che Dio si compiaccia di lui) ci ha tramandato: <<Il Profeta di Dio (ﷺ) era solito consegnare una quota aggiuntiva ai membri di una *Sarīya* che inviava, oltre alla parte che condividevano con l'esercito>>.

3136. Abū Mūsa (che Dio si compiaccia di lui) ci ha tramandato: <<Mentre ci trovavamo nello Yemen, ci giunse la notizia dell'*Hijrah* del Profeta[29] (ﷺ). Così partimmo per emigrare insieme con lui. Ero insieme ai miei due fratelli. Io ero il più giovane ed i miei fratelli erano Abū Burda e Abū Ruhm. Eravamo più di cinquanta (o 53 o 52) uomini della

---

[29] Avvenuta nel 622 d.C.

nostra tribù. C'imbarcammo su di una nave che ci condusse presso il Najāshī in Etiopia, dove trovammo Ja 'far bin Abī Tālib ed i suoi compagni. Ja 'far ci disse: "Il Profeta di Dio (ﷺ) ci ha inviato qui e ci ha ordinato di rimanervi. Restate anche voi insieme a noi". Rimanemmo con lui fino a quando noi tutti lasciammo (l'Etiopia) ed incontrammo il Profeta (ﷺ) al tempo in cui aveva conquistato Khaybar[30]. Ci diede una parte del bottino di guerra. Il Profeta (ﷺ) ne consegnò una parte solo a coloro che avevano partecipato ad una *Ghazwa* insieme a lui, ma non ne diede alcuna a chi non aveva partecipato alla conquista di Khaibar tranne coloro che viaggiavano nella nostra nave, insieme a Ja 'far ed ai suoi compagni, a cui assegnò la medesima quota>>.

3137. Jābir (che Dio si compiaccia di lui) ci ha tramandato: <<Il Profeta di Dio (ﷺ) mi disse: "Se la proprietà del Bahrain fosse giunta da noi, ve ne avrei dato una parte". La proprietà del Bahrain però non giunse fino a quando il Profeta (ﷺ) non lasciò questo mondo. Quando poi giunse, Abū Bakr ordinò a qualcuno di annunciare: "Ogni persona, che vanta un debito con il Profeta (ﷺ) o a cui il Profeta (ﷺ) ha promesso qualcosa, dovrebbe venire da noi". Così mi recai presso di lui e dissi: "Il Profeta di Dio (ﷺ) ha promesso di darmi tanto e tanto". Abū Bakr raccolse il denaro con entrambe le mani tre volte per me">>. (Il sub-narratore Sufyān descrisse quest'azione facendo finta di raccogliere qualcosa con entrambe le mani e disse: "Ibn Al-Munkadir, un altro sub-narratore, era solito descrivere l'atto in questo modo"). Jābir ci ha tramandato: <<Una volta mi recai da Abū Bakr e domandai del denaro, ma

---

[30] Cfr. V. Salierno, *Dizionario dell'Islam*, Roma 2018: <<Khaibar, roccaforte di ebrei nei pressi di Medīna, conquistata dal Profeta nel 628: fu 'Alī a sradicarne il portale; v. Corano, XLVIII, 27>>.

lui non me lo diede. Così mi recai di nuovo da lui, ma anche questa volta non mi diede nulla. Poi andai da lui per la terza volta e gli dissi: "Ti ho domandato (del denaro), ma tu non me lo hai dato. Te lo ho domandato (per la seconda volta), ma ti sei rifiutato di darmelo. Te lo ho chiesto (per la terza volta), ma tu non mi hai ancora dato nulla. Ora dovresti o darmi il denaro o consentire che tu sia considerato avaro per quel che concerne il mio caso". Abū Bakr disse: "Affermi che sono avaro relativamente a te. Però, ogni volta che rifiuto la tua richiesta, nutro l'inclinazione di accordarti quanto domandi">>. In un'altra tradizione Jābir ha aggiunto: <<In questo modo, Abū Bakr raccolse per me il denaro con entrambe le mani e mi domandò di contarlo. Erano 500. Abū Bakr poi mi disse di prendere il doppio di quella somma (oltre i 500 che mi aveva appena consegnato)>>.

3138. Jābir bin 'Abdullāh (che Dio si compiaccia di lui) ci ha tramandato: <<Mentre il Profeta di Dio (ﷺ) stava distribuendo il bottino presso Al-Ji 'rāna, qualcuno gli disse: "Sii giusto (nella distribuzione)". Il Profeta (ﷺ) rispose: "In verità, sarei sventurato se non agissi secondo giustizia">>.

(16) Capitolo. L'emancipazione dei prigionieri da parte del Profeta (ﷺ) senza prendere il *Khumus* dal bottino.

3139. Jubair bin (Mut 'im) ci ha tramandato: <<Il Profeta (ﷺ) parlò relativamente ai prigionieri di guerra di Badr dicendo: "Se Al-Mut 'im bin 'Adī fosse stato vivo ed avesse interceduto per me per queste persone miserabili e sventurate, le avrei liberate per rispetto di lui">>.

(17) Capitolo. La prova che il *Khumus* è riservato all'*Imām* e che costui ha il diritto di darne ad alcuni dei suoi parenti rispetto ad altri. Quanto è stato distribuito dal Profeta (ﷺ) ai Banī Al-Muttālib ed ai Banī Hāshim dal *Khumus* del bottino di Khaibar.

'Umar bin 'Abdul 'Azīz ha affermato: <<Il Profeta (ﷺ) non ha elargito delle donazioni a tutti i suoi parenti in generale, e non ha fatto una donazione ad un parente stretto se ve ne era uno di secondo o terzo grado che si trovava nel bisogno. Il Profeta (ﷺ) faceva delle elargizioni ai parenti alla lontana a causa del fatto che si lamentavano presso di lui dei loro bisogni, in ragione di quanto avevano sofferto dai Quraysh e dai loro alleati per amore di lui>>.

3140. Jubair bin Mut 'im ci ha tramandato: <<Io ed 'Uthmān bin 'Affān ci recammo al cospetto del Profeta (ﷺ) e dicemmo: "O Profeta di Dio! Tu hai elargito delle donazioni ai Banī Al-Muttālib ed hai tralasciato noi, sebbene apparteniamo alla tua stessa famiglia". Il Profeta (ﷺ) rispose: "I Banī Al-Muttālib[31] ed i Banī Hāshim[32] costituiscono un'unica famiglia". Il Profeta (ﷺ) non diede nessuna quota ai Banī Abd Shāms ed ai Banī Naufal. (Ibn Ishāq disse: "Abd Shāms, Hāshim ed Al-Muttālib

---

[31] Ossia i discendenti di al-Muttalib ibn 'Abd Manāf, zio del nonno del Profeta (ﷺ).

[32] Ossia i discendenti di Hashim ibn 'Abd Manāf, fratello di al-Muttalib. 'Abd Manāf era fratello di 'Abd al-Dār, ed entrambi erano figli di Qusayy. Cfr. V. Salierno, *Dizionario dell'Islam*, Roma 2018: <<Qusay ibn Kilab, considerato il rifondatore della Mecca e l'unificatore dei vari gruppi che si riconobbero nel nome dei Quraysh (v. voce); rivendicando il diritto alla custodia della Ka'ba, tornò dalla Siria per assoggettare i Banū Khuzā'a che detenevano l'organizzazione del pellegrinaggio al santuario della Ka'ba (v.voce). La sua politica accentratrice, ma conciliante, favorì l'armonia della vita cittadina e lo sviluppo del commercio>>.

erano fratelli da parte di madre, ossia 'Ātika bint Murra, mentre Naufal era loro fratello da parte di padre)>>.

(18) Capitolo. Relativamente al non prendere alcun *Khumus* dalle spoglie di un miscredente ucciso.

Colui che uccide un miscredente possiederà le sue proprietà senza dover pagare il *Khumus*. Relativamente al verdetto di un *Imām* sotto questo rispetto.

3141. 'Abdur-Rahmān bin Aūf ci ha tramandato: <<Mentre stavo in piedi nei ranghi nel giorno (della battaglia) di Badr, volsi lo sguardo alla mia destra ed alla mia sinistra e vidi due giovani Ansari, e desiderai di trovarmi tra uomini più forti di loro. Uno di loro richiamò la mia attenzione dicendo: "Zio! Conosci Abū Jahl?", risposi: "Sì, nipote mio! Che cosa vuoi da lui?". Disse: "Sono stato informato delle maldicenze ed offese che ha pronunciato contro il Profeta di Dio (ﷺ). Per Colui, nelle Cui mani si trova la mia anima, se dovessi vederlo, il mio corpo non lascerà il suo fino a quando uno di noi non incontrerà la morte". Mi meravigliai molto di quelle parole. Poi un altro ragazzo richiamò la mia attenzione dicendo quello che aveva affermato anche l'altro. Dopo un poco, vidi Abū Jahl camminare tra le persone. Dissi (ai ragazzi): "Guardate! Questo è l'uomo di cui mi domandavate". Entrambi lo attaccarono con le loro spade, lo uccisero e tornarono dal Profeta di Dio (ﷺ) per informarlo di questo. Il Profeta di Dio (ﷺ) domandò: "Chi di voi lo ha ucciso?". Ciascuno di loro rispose: "Lo ho ucciso io". Il Profeta di Dio (ﷺ) domandò: "Avete pulito le vostre spade?"; risposero negativamente. Poi rivolse lo sguardo alle loro spade e disse: "Senza dubbio, entrambi lo avete ucciso e le spoglie del

deceduto saranno assegnate a Muʿādh bin ʿAmr bin Al-Jamūḥ". I due ragazzi erano Mu ʿādh bin ʿAfrā' e Mu ʿādh bin ʿAmr bin Al-Jamūḥ">>.

3142. Abū Qatāda (che Dio si compiaccia di lui) ci ha tramandato: <<Partimmo in compagnia del Profeta di Dio (ﷺ) nel giorno della battaglia di Hunain[33]. Quando ci trovammo davanti al nemico, i musulmani si ritirarono ed io vidi un *Mushrik* che si gettava su di un musulmano. Mi voltai e balzai su di lui da dietro e lo colpì sulla spalla con la spada. Il miscredente si avvicinò e mi afferrò con una violenza tale che mi sembrò essere la morte stessa. La morte però lo colse ed egli mi lasciò. Seguii ʿUmar bin Al-Khattāb e gli domandai: "Che cosa accade? Perché le persone stanno fuggendo?"; rispose: "Questa è la volontà di Dio". Dopo, quando le persone ritornarono, il Profeta (ﷺ) si sedette e disse: "Chi ha ucciso il nemico e ne ha le prove, può prendere possesso della sue

---

[33] Cfr. V. Salierno, *Dizionario dell'Islam*, Roma 2018: <<Ḥunain, luogo della battaglia vicino alla Mecca nel 630; i musulmani, quasi sconfitti, furono rianimati dal Profeta che li guidò alla vittoria; Corano, IX, 25-26; XLVIII, 24>>. Cfr. Il Sacro Corano 9:25-26: <<Dio vi ha aiutato in molti campi di battaglia. Nel giorno di Hunain, il vostro grande numero vi ha fatto esultare, ma non vi è stato di aiuto alcuno. La terra con tutta la sua ampiezza vi strinse e vi siete voltati indietro in ritirati. Dio ha fatto scendere la Sua pace sul Messaggero e sui credenti e ha inviato forze che non siete capaci di percepire. Egli ha punito i miscredenti. Così Egli ricompensa coloro che mancano della fede>>. Yusuf Alì commenta: << Hunain è una località che si trova sulla strada di Ta'īf dalla Mecca a circa 22 km ad est della Mecca. Immediatamente dopo la conquista della Mecca (a.H. 8), i pagani idolatri si riunirono vicino a Ta'īf per pianificare di attaccare il Profeta (pbsl). Le tribù di Hawāzin e di Thaqif assunsero la leadership e prepararono una grande spedizione diretta alla Mecca. In quell'occasione i pagani erano circa 4000, mentre i musulmani oscillavano tra i 10 ed i 12 mila uomini>>. Cfr. Il Significato del Sacro Corano, (*The Meaning of the Holy Quran*), Abdullah Yusuf Alì, edizione italiana a cura di S. Lei, Roma 2018.

spoglie". Io mi alzai e dissi: "Chi sarà mio testimone?" e poi mi sedetti. Il Profeta (ﷺ) disse di nuovo: "Chi ha ucciso un nemico e ne ha la prova, prenderà possesso delle sue spoglie". Mi alzai di nuovo e dissi: "Chi testimonierà per me?" e mi sedetti. Il Profeta (ﷺ) ripetette le medesime parole per la terza volta. Mi alzai di nuovo ed il Profeta di Dio (ﷺ) mi domandò: "O Abū Qatāda! Che cosa hai da raccontare?". Gli raccontai tutto quello che era avvenuto. Un uomo (si alzò) e disse: "O Profeta di Dio! Costui dice il vero. Le spoglie dell'uomo deceduto si trovano con me. Per favore, compensalo da parte mia". Abū Bakr as-Siddīqi però disse: "No, per Allah, costui (ossia il Profeta) non sarà d'accordo a consegnarti le spoglie raccolte da uno dei leoni di Dio, che hanno combattuto per Dio e per il Suo messaggero". Il Profeta (ﷺ) disse: "Abū Bakr ha detto il vero". Il Profeta di Dio (ﷺ) allora mi consegnò quelle spoglie. Vendetti quell'armatura e con il suo ricavato comprai un giardino presso i Banī Salima. Questa è stata la prima proprietà che ho guadagnato dopo la mia conversione all'Islam>>.

(19) Capitolo. Quanto il Profeta (ﷺ) era solito assegnare a quei musulmani la cui fede non era molto ferma ed agli altri musulmani dal *Khumus* e dalle altre risorse.

Questo ci è stato comunicato da 'Abdullāh bin Zaid dal Profeta (ﷺ).

3143. 'Urwa bin Az-Zubair ci ha tramandato che Hakīm bin Hizām (che Dio si compiaccia di lui) ha affermato: <<Domandai qualcosa al Profeta (ﷺ) e lui me la concesse. Domandai ancora ed anche questa volta egli esaudì la mia richiesta e mi disse: "O Hakīm! Questa ricchezza è come un frutto. Se una persona

la prende senza alcuna avidità, ne sarà benedetto. Se qualcuno la prende invece con avidità, non vi troverà alcuna benedizione e sarà come colui che mangia ma senza saziarsi mai. Una mano che dona è migliore di una abbassata (ossia che riceve)". Dissi: "O Profeta di Dio (ﷺ)! Per Colui che ti ha inviato con la verità, non domanderò più nulla a nessuno, dopo aver domandato a te, fino a quando non lascerò questo mondo". Così, quando Abū Bakr, durante il suo califfato, chiamò Hakīm per elargirgli del denaro, Hakīm rifiutò di prendere qualsiasi cosa da costui. Quando 'Umar lo mandò a chiamare (durante il suo califfato) al fine di dargli qualcosa, Hakīm si rifiutò di accettarlo. 'Umar allora disse: "O musulmani! Ho dato a costui quanto Dio gli ha assegnato di diritto da questo *Fai'*, ma lui si è rifiutato di prenderlo". Hakīm non prese mai niente, dopo quanto il Profeta (ﷺ) gli aveva assegnato, fino a quando non ha lasciato questo mondo>>.

3144. Nāfi' ci ha tramandato: <<'Umar bin Al-Khattāb (che Dio si compiaccia di lui) ha affermato: "O Profeta di Dio (ﷺ), durante il periodo della Jāhiliyya[34], ho fatto voto di osservare

---

[34] Cfr. Salierno V., *Dizionario dell'Islam*, Roma 2018: *"Jāhiliyyah*, il periodo preislamico del *Hijaz* (v. voce), in contrapposizione al periodo successivo, quello islamico. Il termine indica l'insieme dei valori e delle norme che regolavano gli uomini della vita del deserto>>; Lei S., *Muhammad, il Profeta dell'Islam (pace e benedizioni su di lui), una guida dall'inizio della rivelazione all'Hijrah*, Roma 2018, 32-33: "La presunzione dell'uomo della *Jāhiliyyah*, accompagnata da insolenza ed arroganza, derivava da una mancanza di conoscenza di se stessi e di Dio. Questa condizione interiore rendeva impossibile agli arabi del tempo comprendere l'essenza della natura umana con tutte le sue potenzialità ed i limiti stabiliti dal Creatore. Il culmine di quest'atteggiamento interiore è manifestato dalla credenza secondo cui l'essere umano, dopo essere stato creato da Dio, fosse semplicemente abbandonato al proprio destino e non intrattenesse più alcun legame con Colui che lo ha creato. La vita dell'uomo diveniva così preda del *Dahr*, traducibile sia come tempo che come destino, che inesorabilmente

l' *I 'tikāf* per un giorno". Il Profeta (ﷺ) gli ordinò di rispettare il voto. 'Umar aveva ottenuto due prigioniere dai prigionieri di guerra di Hunain e le aveva lasciate in alcune delle abitazioni presso la Mecca. Quando il Profeta di Dio (ﷺ) li liberò senza alcun riscatto, i prigionieri di guerra di Hunain uscirono camminando in strada. 'Umar disse (a suo figlio): "O 'Abdullāh! Vedi che cosa è accaduto". Quando 'Abdullāh rispose: "Il Profeta di Dio (ﷺ) ha liberato i prigionieri senza alcun riscatto", gli disse: "Vai a liberare le due ragazze

---

inghiottiva nel nulla tutto ciò che era contingente e creato. Nel Corano è descritta in maniera molto precisa quest'attitudine dell'uomo della *Jāhiliyyah*: "Dicono: <<Non c'è che questa vita terrena: viviamo e moriamo; quello che ci uccide è il tempo che passa>>. Invece non possiedono alcuna scienza, non fanno altro che illazioni. Quando vengono recitati loro i Nostri versetti espliciti non hanno altro argomento eccetto: <<Fate risorgere i nostri avi, se siete sinceri>>". Per l'uomo della *Jāhiliyyah* la vita terrena non è altro che una marcia verso il nulla a cui viene condotto dalla tirannia stessa del tempo. Per gli arabi dell'epoca pre-islamica la finitezza, che si esprimeva nell'esistenza radicata nella temporalità, era una condanna da cui era impossibile sfuggire. La natura stessa dell'uomo era strutturata in modo da subire questa condanna ontologia inesorabile. Al tempo e alla sua tirannia distruttiva non vi era alcuna possibilità di scampo. Questa concezione è riflessa anche nei versi dei poeti pre-islamici. Per esempio, 'Abīd ibn al-Abras scrive nel suo *Dīwān*: "Vedi un uomo che si strugge per il desiderio e soffre per una vita lunga. Che cosa è mai una vita lunga, se non un fardello di dolore e tristezza?" "Tutto ciò che è piacevole è destinato ad essere rapito via. Ogni persona, che raccoglie delle spoglie, sarà depredata a sua volta", "L'uomo, fino a quando vive, non inganna altri che sé stesso. Una vita lunga non è altro che un aumento di problemi". Per l'uomo della *Jāhiliyyah*, l'adorazione degli idoli era una maschera, che nascondeva la radice profondamente atea della propria esistenza e la mancanza di una relazione tra fede religiosa e valori morali. L'orizzonte dell'uomo della *Jāhiliyyah* non andava al di là dei limiti della vita terrena ed il culto degli antenati. Lo stesso termine arabo *Jāhiliyyah*, che contraddistingue quest'epoca, non indica una semplice mancanza di conoscenza, ma è paradigmatica di un atteggiamento interiore profondamente radicato nella cultura araba del tempo".

prigioniere". (Nāfi ' ha aggiunto): "Il Profeta di Dio (ﷺ) non compì la 'Umra da Al-Ji 'rāna e, se avesse compiuto la 'Umra, non sarebbe rimasto nascosto ad 'Abdullāh">>.

3145. 'Amr bin Taghlib (che Dio si compiaccia di lui) ci ha tramandato: <<Il Profeta di Dio (ﷺ) disse: "Ho fatto delle elargizioni ad alcune persone al fine che non deviassero dalla vera fede o perdessero la pazienza. Non concedo altrettante cose ad altri in ragione della bontà e dell'appagamento che Dio ha posto nei loro cuori. 'Amr bin Taghlib è uno di costoro". 'Amr bin Taghlib disse: "Le parole del Profeta di Dio (ﷺ) mi sono più care dei cammelli rossi">>.

Al-Hasan ci ha tramandato: <<'Amr bin Taghlib ci ha detto che il Profeta (ﷺ) acquisì della proprietà o alcuni prigionieri di guerra e che li distribuì nel modo precedentemente descritto>>.

3146. Anas (che Dio si compiaccia di lui) ci ha tramandato che il Profeta (ﷺ) ha affermato: <<Ho fatto delle elargizioni ai Quraysh al fine di attirare i loro cuori verso l'Islam, perché si trovano molto vicini alla vita che conducevano durante la Jāhiliyyah>>.

3147. Anas bin Mālik (che Dio si compiaccia di lui) ci ha tramandato: <<Quando Dio ha concesso al Suo Profeta (ﷺ) le proprietà della tribù degli Hawāzin come Fai', iniziò a distribuirle tra alcuni Quraysh fino a circa 200 cammelli ciascuno. Alcuni Ansari dissero relativamente al Profeta di Dio (ﷺ): "Che Dio perdoni il Suo Profeta! Sta facendo delle elargizioni ai Quraysh e sta tralasciando noi, nonostante il fatto che le nostre spade stiano ancora grondando di sangue". Quando il Profeta di Dio (ﷺ) venne informato di quello che avevano detto, fece chiamare gli Ansari e li radunò in una

tenda di pelle. Non chiamò nessun altro oltre costoro. Quando si furono radunati, il Profeta di Dio (ﷺ) giunse presso di loro e disse: "Quali sono le parole di cui sono stato informato e che voi avete pronunciato?"; i dotti tra di loro dissero: "O Profeta di Dio! I saggi tra di noi non hanno detto nulla, ma i più giovani hanno affermato: "Che Dio perdoni il Suo Profeta! Sta facendo delle elargizioni ai Quraysh e sta lasciando noi, nonostante il fatto che le nostre spade stiano ancora grondando di sangue". Il Profeta di Dio (ﷺ) rispose: "Ho fatto un'elargizione a tali persone che si trovano ancora vicine al periodo della *Jāhiliyya*. Non vi compiacerete di vedere le persone andare via con delle ricchezze, mentre voi ritornerete alle vostre case con il Profeta di Dio (ﷺ)? Per Allah, quello con cui voi ritornate è migliore di quello con cui ritornano costoro". Gli Ansari risposero: "Sì, o Profeta di Dio siamo soddisfatti". Poi il Profeta (ﷺ) disse loro: "Dopo di me, altri saranno preferiti a voi. Rimanete pazienti fino a quando non incontrerete Dio ed il Suo Profeta (ﷺ) presso *Al-Haud*[35]". (Anas ha aggiunto): "Noi però non siamo rimasti pazienti"».

---

[35] Cfr. Il Sacro Corano 108:1-3: «Ti abbiamo garantito il bene in abbondanza, quindi prega il tuo Signore e offri sacrifici, colui che ti odia sarà tenuto lontano da ogni bene». Secondo Ibn Ishāq questa sura venne rivelata alla Mecca prima dell' *'Isrā'* e della *Mi'rāj*. Il termine *Kauthar* deriva dalla radice araba *K-Th-R* che significa "abbondanza numerica, abbondanza di ricchezze e di progenie, plenitudine di benedizioni"; Sahīh al-Bukhārī, *Kitāb al-Fitan*, (Il libro delle prove), trad. a cura di S. Lei, Roma 2020; 7048. Sull'autorità di Asmā' ci è stato tramandato che il Profeta (ﷺ) ha affermato: «Mi troverò presso il mio *Haud (Al-Kauthar)* aspettando coloro che si avvicineranno a me. Poi alcune persone saranno allontanate da me ed allora io dirò: "I miei seguaci!" Mi sarà risposto: "Non sai che sono diventati apostati"». Ibn Abī Mulaika ha affermato: "O Dio, cerchiamo rifugio presso di Te dal voltarsi indietro dalla religione e dall'essere sottoposti a delle prove"; 7049. 'Abdullāh (che Dio si compiaccia di lui) ci ha tramandato che il Profeta (ﷺ) ha affermato: «Vi precederò presso lo *al-Haud (Al-Kauthar)* ed alcuni tra di

3148. Jubair bin Mut 'im ci ha tramandato che, mentre si trovava con il Profeta di Dio (ﷺ) che veniva accompagnato dalle persone di ritorno da Hunain, i beduini cominciarono a rivolgere richieste così insistenti al Profeta di Dio (ﷺ) che lo costrinsero a porsi sotto un albero di *Samura* dove la sua *Ridā'* gli venne strappata via. Il Profeta di Dio (ﷺ) allora si adirò e disse loro: "Datemi la mia *Ridā'*. Se possedessi tanti cammelli uguali al numero di questi alberi, li avrei distribuiti tra di voi e non mi troverete né avaro, né bugiardo e nemmeno codardo".

3149. Anas bin Mālik (che Dio si compiaccia di lui) ci ha tramandato: <<Mentre stavo camminando con il Profeta (ﷺ) che indossava un *Burd*[36] di Najran con un orlo doppio, un beduino giunse presso il Profeta (ﷺ) e strattonò la sua veste con una violenza tale che riuscii a vedere il segno dell'orlo sulla spalla causato dalla violenza della sua spinta. Poi un beduino disse: "Ordina per me qualcosa dalla ricchezza di Dio

---

voi saranno condotti a me e, quando cercherò di porgere loro dell'acqua, saranno allontanati da me con la forza. Allora dirò: "O Signore, i miei compagni!" Mi sarà risposto: "Non sai che cosa hanno fatto quando li hai lasciati. Dopo di te hanno introdotto nella religione una serie di eresie">>; 7050, 7051. Sahl bin Sa'd ci ha tramandato di aver udito il Profeta (ﷺ) affermare: "Vi precederò presso lo *Haud* (*Al-Kauthar*). Chiunque vi si avvicinerà, ne berrà. E, chi ne berrà, non avrà mai più sete. Poi verranno alcune persone che conosco e che mi conoscono, ma una barriera sarà posta tra me e loro". Abū Sa'īd al-Khudrī ha aggiunto che il Profeta (ﷺ) disse anche: "Io dirò che costoro sono i miei seguaci", ma mi sarà detto che non conosco quante novità e cambiamenti hanno introdotto dopo di me. Allora dirò: "Che siano condotti lontano (dalla misericordia), lontano (dalla misericordia) coloro che hanno introdotto mutamenti e cambiamenti nella religione dopo di me!"; 'Abdullāh bin Zaid ci ha tramandato che il Profeta (ﷺ) ha affermato: "Mantenetevi pazienti fino a quando non mi incontrerete presso *Haud* (*Al-Kauthar*)".
[36] Tipo di mantello.

che si trova in tuo possesso". Il Profeta di Dio (ﷺ) si voltò verso di lui e sorrise. Poi ordinò che gli venisse fatto un regalo>>.

3150. ʿAbdullāh (che Dio si compiaccia di lui) ci ha tramandato: <<Nel giorno (della battaglia) di Hunain, il Profeta di Dio (ﷺ) favorì alcune persone nella distribuzione del bottino: diede ad Al-Aqraʿ bin Hābis ed Uyaina cento cammelli ciascuno. Fece anche delle elargizioni ad alcuni arabi prominenti, mostrando una preferenza verso costoro. Poi una persona giunse e disse: "Per Allah, in questa distribuzione non si è osservata la giustizia e non si è ricercato nemmeno il compiacimento divino". Gli dissi: "Per Allah, informerò il Profeta (ﷺ) di quanto hai affermato". Andai ad informarlo e lui disse: "Se Dio ed il Suo Profeta non agiscono secondo giustizia, chi mai potrebbe farlo? Che Dio abbia misericordia di Mūsa che venne offeso molto di più, eppure è rimasto paziente">>.

3151. Asmā' bint Abī Bakr (che Dio si compiaccia di lei) ci ha tramandato: <<Ero solita portare sulla testa i noccioli di dattero dalla terra di Az-Zubair, che il Profeta di Dio (ﷺ) gli aveva donato, e si trovava alla distanza di 2/3 di un *Farsakh* dalla mia abitazione>>. Il padre di Hishām ci ha tramandato: <<Il Profeta (ﷺ) diede ad Az-Zubair un pezzo di terra dalla proprietà dei Banī An-Nadir (ottenuta come bottino di guerra)>>.

3152. Ibn ʿUmar (che Dio si compiaccia di lui) ci ha tramandato: <<ʿUmar bin Al-Khattāb espulse tutti gli ebrei ed i cristiani dalla terra dell'Hijaz. Il Profeta di Dio (ﷺ), dopo aver conquistato Khaibar, pensò di espellere gli ebrei dalla terra che, dopo la sua conquista, apparteneva a Dio, al Profeta di Dio ed ai musulmani. Gli ebrei però domandarono al Profeta di Dio (ﷺ) di lasciarli (rimanere a Khaibar) alla condizione che avrebbero lavorato (la terra) e trattenuto metà dei suoi frutti. Il Profeta di Dio (ﷺ) disse: "Rimarrete secondo questi termini fino a quando non lo desideriate". Così rimasero fino al tempo del califfato di 'Umar, quando vennero espulsi a Taimā' e Arīhā>>.

(20) Capitolo. Il cibo guadagnato sul campo di battaglia come bottino di guerra

3153. 'Abdullāh bin Mughaffal (che Dio si compiaccia di lui) ci ha tramandato: <<Mentre stavamo cingendo d'assedio il forte di Khaibar, una persona lanciò un contenitore di pelle che conteneva del grasso. Corsi per andarlo a prendere, ma quando mi voltai vidi il Profeta (ﷺ), che mi stava dietro, e provai imbarazzo davanti a lui>>.

3154. Ibn 'Umar (che Dio si compiaccia di lui) ci ha tramandato: <<Nel corso delle nostre battaglie, guadagnavamo come bottino di guerra miele ed uva, che consumavamo subito senza riporlo>>.

3155. Ibn Abī Aufa (che Dio si compiaccia di lui) ci ha tramandato: <<Durante l'assedio di Khaibar, eravamo afflitti dalla fame. Quando giunse il giorno della battaglia, uccidemmo gli asini. Quando i calderoni cominciarono a bollire con la loro carne dentro, il Profeta di Dio (ﷺ) annunciò pubblicamente che le pentole dovessero essere distrutte e che nessuno avrebbe dovuto mangiare della carne degli asini. Pensammo che il Profeta di Dio (ﷺ) l'avesse proibita in quanto il *Khumus* non era stato preso dal bottino (ossia gli

asini). Altri invece dissero: "Ha vietato per sempre il consumo della carne di asino". [Il sub-narratore ha aggiunto: "Domandai a Sa 'īd bin Jubair che disse: "Ha reso il consumo (di questa carne) illecito per sempre". [Il sub-narratore ha aggiunto: "Domandai a Sa 'īd bin Jubair che disse: "Costui ha reso il consumo della carne di asino illecito per sempre"].

Il libro della Jizya e dell'interruzione della guerra

(1) Capitolo. Relativamente alla *Jizya*[1] esatta dai *Dhimmī*[2] ed il cessate il fuoco con i nemici per un periodo di tempo

Relativamente al versetto: <<Combattete coloro che, tra i popoli della Scrittura, non credono in Dio e nell'Ultimo Giorno, che non considerano proibito ciò che Dio e il

---

[1] Il termine Jizya deriva dall'arabo *jaza* (ricompensa) ed indica qualcosa che viene dato in cambio della protezione garantita dal governo islamico. Cfr. Ameer Ali, *The Spirit of Islam*, Rome 2018, 112: "Muhammad did not merely preach toleration; he embodied it into a law. To all conquered nations he offered liberty of worship. A nominal tribute was the only compensation they were required to pay for the observance and enjoyment of their faith. Once the tax or tribute was agreed upon, every interference with their religion or the liberty of conscience was regarded as a direct contravention of the laws of Islam". I. R. Faruqi, L. L. Faruqi, *The Cultural Atlas of Islam*, 1886, 191: "The honour with which Islam regards Judaism and Christianity, their founders and scriptures, is not mere courtesy but acknowledgement of religious truth. Islam sees them not as other views, which it has to tolerate, but as standing de jure, as truly revealed religions from God…In this, Islam is unique, for no religion in the world has yet made belief in the truth of other religion as a necessary condition of its own faith and witness".

[2] Ossia gli "Ahl al-Dhimma". Cfr. S. Lei, *Le comunità religiose non-musulmane nel mondo islamico, un'introduzione storica*, Roma 2019, 21-22: <<Nella tradizione arabo-islamica le comunità religiose non musulmane, che risiedono in un territorio controllato politicamente dai musulmani, sono apostrofate con il nome di "Dhimmī". Questo termine deriva dall'arabo *Dhimmah* che indica nello stesso tempo sia un patto (*ahd*) sia la sua sacralità (*hurmah*) per coloro che lo hanno stipulato. L'utilizzo di questo termine in riferimento a queste comunità -con un particolare riferimento a quella ebraica e cristiana- è giustificato dalla presenza di un patto di protezione siglato con il governo musulmano, in seguito alle conquiste militari degli eserciti musulmani, implicante un corpus stabilito di diritti e di doveri. La nozione di *Dhimmah*, così come altri termini arabi impiegati in ambito islamico, ha le sue radici nella società araba pre-islamica, in cui la sacralità di un patto insieme alla protezione accordata ai più deboli costituivano alcuni degli aspetti fondamentali della nozione di *muruwah*>>.

Messaggero hanno proibito e non riconoscono la religione della verità fino a quando non pagheranno la *Jizya* con sottomissione volontaria e si sentiranno sconfitti>>[3].

Che cosa si afferma relativamente all'imposizione della *Jizya* sugli ebrei, i cristiani, i magi e gli infedeli non-arabi. Ibn Abī Najīh ci ha tramandato: <<Quando domandai a Mujāhid: "Perché ai siriani viene imposta una *Jizya* di quattro dīnār ed agli Yemeniti invece solo di un dīnār?", Mujāhid rispose: "La *Jizya* è stata stabilita sulla base del grado di prosperità (di una nazione)">>.

3156. 'Umar (bin Dīnār) ci ha tramandato: <<Sedevo in compagnia di Jābir bin Zaid ed 'Amr bin Aūs, mentre Bajāla stata parlando loro nel 70 a.H., l'anno in cui Mus 'ab bin Az-Zubair era il leader dei pellegrini di Basrah. Eravamo seduti presso gli scalini della fonte di *Zamzam*[4] e Bajāla disse: "Ero il contabile di Jaz' bin Mu 'āwiya, lo zio paterno di Al-Ahnaf. Giunse una lettera da 'Umar bin Al-Khattāb, un anno prima della sua morte, dove era scritto: "Rendi nullo ogni

---

[3] Il Sacro Corano 9:29. Il versetto in questione è stato commentato da Yusuf Alì nella sua traduzione del testo sacro nel modo seguente: "Jizya: il significato della radice è compensazione. Il significato derivato si è trasformato nel termine tecnico indicante la tassa esatta da coloro che non accettano l'Islam come religione, ma si mostrano tuttavia disposti a vivere sotto la protezione dei musulmani, sottomettendosi tacitamente agli ideali politici islamici e conservando nello stesso tempo la propria libertà di coscienza [in ambito religioso]".

[4] Fonte d'acqua scaturita miracolosamente nella desolata valle della Mecca, in seguito alle preghiere di Hajar, la madre di Ismaele, che correndo tra le due colline di al-Safā' e Marwa cercava disperatamente aiuto per il proprio figlio infante morente. Cfr. S. Lei, *Muhammad, il profeta dell'Islam, una biografia dall'inizio della rivelazione all'Hijrah*, Roma 2018, 18-21.

matrimonio che i Magi hanno contratto tra parenti stretti[5]".
'Umar non ha esatto la *Jizya* dai Magi.

3157. Fino a quando 'Abdur -Rahmān bin Aūf ha testimoniato che il Profeta (ﷺ) aveva esatto la *Jizya* dai magi di Hajar.

3158. 'Amr bin Aūf Al-Ansari, che era un alleato dei Banī 'Amr bin Lu'aī e uno di coloro che avevano preso parte nella battaglia di Badr, ci ha tramandato: <<Il Profeta di Dio (ﷺ) inviò Abū 'Ubaida bin Al-Jarrāh in Bahrain per raccogliere la *Jizya*, dopo aver stabilito la pace con gli abitanti del Bahrain e nominò Al-'Alā' bin Al-Hadramī come loro governatore. Quando Abū 'Ubaida giunse dal Bahrain con il denaro, gli Ansari vennero a sapere del suo arrivo che coincideva con il tempo della preghiera del *Fajr* con il Profeta (ﷺ). Dopo che

---

[5] Cfr. T. Daryaee, *Marriage, Property and Conversion among the Zoroastrian: From late Sasanian to Islamic Iran*, Journal of Persianate Studies 6 (2013), 91- 100, Brill. Cfr. S. Lei, *Le comunità religiose non-musulmane nel mondo islamico, un'introduzione storica*, Roma 2019, 77: <<Lo *Xwedodah* era un tipo di unione matrimoniale tra consanguinei piuttosto praticata nel mondo antico ed in modo particolare in alcune zone del Vicino Oriente. Diversi documenti storici attestano che questo tipo di unione sponsale fosse praticato ampiamente nell'Antico Egitto non solo presso la famiglia reale, ma anche tra le persone comuni come sembrerebbe testimoniare un censimento effettuato dai Romani nel III secolo d.C., da cui emerge che circa il 20% della popolazione egiziana praticava questo tipo di matrimonio. Secondo alcuni storici, i persiani potrebbero aver assimilato questa usanza dagli Ilam, una delle antiche civiltà che esercitarono una notevole influenza su quella iraniana. La promozione di una tale pratica matrimoniale, che sembrava essere caduta in disuso nel corso del tempo, potrebbe costituire una delle prove che testimoniano la crisi che la religione *zend* stava attraversando in quell'epoca. Nel tardo periodo sasanide ed in quello successivo alla conquista araba, vennero poi redatti due testi, lo *Rivayat Hemit Asawahistan* ed il *Denkard*, che non solo discutevano apertamente di questa unione matrimoniale, ma ne sottolineavano anche i benefici che avrebbero apportato alla comunità *zend*. La pratica dello *Xwedodah* era, infatti, finalizzata prevalentemente al mantenimento della coesione sociale e della stabilità economica della comunità>>.

ebbero pregato insieme al Profeta (ﷺ), gli Ansari si avvicinarono a lui; li guardò e sorrise, quando il suo sguardo si posò su di loro, e disse: "Immagino che abbiate udito che Abū Ubaida ha portato qualcosa?"; quando risposero affermativamente, disse: "Rallegratevi e sperate per quanto vi farà piacere! Per Allah, non temo la vostra povertà, ma che conduciate una vita piena di agi come le nazioni passate e, per questa ragione, competerete gli uni con gli altri, proprio come hanno fatto costoro, e questo vi distruggerà proprio come ha distrutto loro">>.

3159. Jubair bin Haiyya ci ha tramandato: <<'Umar ha inviato i musulmani nei paesi più grandi per combattere gli Al-Mushrikūn[6]. Quando Al-Hurmuzān abbracciò l'Islam, 'Umar gli disse: "Mi piacerebbe consultarti relativamente a quei paesi che intendo invadere". Al-Hurmuzān disse: "Sì,

---

[6] Ossia coloro che commettono lo *Shirk*, ossia l'atto di associare qualcun altro a Dio considerandolo capace di condividerne il potere. Cfr. Il Sacro Corano 48:6: <<Che possa punire gli ipocriti, uomini e donne, e i politeisti, uomini e donne, che nutrono pensieri malvagi su Dio. Sono circondati dal male e su di loro incombe l'ira divina. Egli li ha maledetti e ha preparato per loro l'Inferno. La loro destinazione sarà orribile>>; 61:9: << Egli è Colui che ha inviato i Suoi profeti con la guida e la verità, affinché possa prevalere su tutti i falsi culti, anche se i pagani potrebbero detestarlo>>; 98:1: <<Coloro che negano il vero, tra le genti delle precedenti scritture e tra i politeisti, non abbandoneranno le loro vie fino a quando non giungerà loro una chiara prova...>>; 98:6:<< Coloro che respingono la verità tra le genti della scrittura e i politeisti saranno nell'Inferno, dove sarà la loro dimora. Costoro sono le creature peggiori>>; 6:161: << Di': "In verità, il mio Signore mi ha guidato per una via retta, una giusta religione, la via di Abramo, che era veritiero nella fede. Egli non attribuiva consimili a Dio">>; 10:105-106: << E poi: "Rivolgi il volto verso la religione con vera pietà e non diventare mai un miscredente". Non invocare altri da Dio, che non possono né giovarti né nuocerti. Se lo facesti, saresti sicuramente tra coloro che commettono ingiustizia">>; 16:20: << Coloro che invocano oltre a Dio, non creano nulla, ma sono loro stessi creati>>; 15:94: <<Esponi apertamente tutto ciò che ti è stato comandato e allontanati da coloro che attribuiscono consimili a Dio>>.

l'esempio di questi paesi e dei loro abitanti che sono nemici dei musulmani, è quello di un uccello con un capo, due ali e due zampe. Se una delle ali si rompe, l'uccello si alza sulle zampe con un'ala sola ed il capo. Se anche l'altra ala si rompe, si alza con due zampe e la testa. Però, se il capo viene distrutto, le zampe e le ali, e la stessa testa divengono inutili. La testa rappresenta Khosrau, ed una delle sue ali Cesare e l'altra Fāris. Di conseguenza, ordina ai musulmani di attaccare Khosrau". Così 'Umar ci inviò (da Khosrau) e pose An-Nu 'mān bin Muqarrin come nostro comandante. Quando giungemmo nella terra del nemico, il rappresentante di Khosrau uscì con 40.000 guerrieri. Un interprete si alzò dicendo: "Che uno di voi parli con me!". Al-Mughīra rispose: "Domanda quello che desideri"; l'altro domandò: "Chi siete?" ed Al-Mughīra rispose: "Noi siamo Arabi; conducevamo una vita dura, miserabile e drammatica. Eravamo soliti succhiare le pelli e i noccioli dei datteri a causa della fame, indossare degli abiti fatti di pelo di cammello e di capra. Adoravamo gli alberi e le pietre. Mentre eravamo in questa condizione, il Signore dei cieli e della terra, che sia glorificato il Suo ricordo, Egli è l'Eccelso nella Sua magnificenza, ci ha inviato dal nostro stesso popolo un profeta, di cui conoscevamo sia il padre che la madre. Il nostro Profeta (ﷺ), il messaggero del nostro Signore, ci ha ordinato di combattervi fino a quando non adorerete Dio solo o pagherete la *Jizya*. Il nostro Profeta (ﷺ) ci ha detto che Dio ha affermato: "Chi tra di noi viene ucciso, andrà in Paradiso a condurre una vita così sontuosa quale non ha mai visto. Chi di noi rimane vivo, diventerà il vostro padrone"».

3160. (Al-Mughīra poi rimproverò An-Nu'mān per aver ritardato l'attacco[7] ed) An-Nu 'mān disse ad Al-Mughīra: "Se avessi partecipato ad una simile battaglia, in compagnia del Profeta di Dio (ﷺ), non ti avrebbe rimproverato per aver atteso e non ti avrebbe nemmeno disonorato. Io ho accompagnato il Profeta di Dio (ﷺ) in molte battaglie ed era suo costume non combattere presto al mattino, ma attendeva fino a quando il vento non cominciava a soffiare ed era tempo di assolvere alla preghiera">>.

(2) Capitolo. Se l'*Imām* conclude una tregua con il sovrano di un paese, la pace sarà osservata rispetto a tutti gli abitanti di quella nazione?

3161. Abū Humaid As-Sā 'idī (che Dio si compiaccia di lui) ci ha tramandato: <<Accompagnammo il Profeta (ﷺ) nella battaglia di Tabūk[8] ed il re di 'Aila inviò un mulo bianco[9] ed un mantello come doni al Profeta (ﷺ), che siglò con lui un trattato di pace in cui gli concedeva di mantenere l'autorità politica sul suo paese>>.

---

[7] Al-Mughīra intendeva attaccare il nemico subito dopo aver parlato con l'interprete. Invece, An-Nu 'mān rimandò l'attacco fino al pomeriggio.

[8] Tabūk, località a nord di Medina, luogo di una spedizione guidata dal Profeta nel 630 d.C. al confine con la Siria. La spedizione ebbe luogo in seguito al diffondersi di notizie relative ad un probabile attacco imminente da parte delle forze bizantine e dei Ghassanidi che avevano sconfitto precedentemente a Mu 'ta (629 d.C.) le forze musulmane. Quando le truppe musulmane guidate dal Profeta (ﷺ) raggiunsero i confini con la Siria, le notizie di un imminente attacco si rivelarono del tutto infondate.

[9] Secondo la tradizione il nome dell'animale era Duldul.

(3) Capitolo. Relativamente al consiglio di prendersi cura dei non-musulmani che hanno stretto un patto con il Profeta di Dio (ﷺ).

3162. Juwairiya bin Qudāma At-Tamīmī ci ha tramandato: "Dicemmo ad 'Umar bin Al-Khattāb: "O comandante dei credenti, dacci un consiglio!"; lui disse: "Vi consiglio di adempiere ai doveri verso i *Dhimmī* di Dio in quando sono i protetti del nostro Profeta (ﷺ) e la fonte del sostentamento dei nostri dipendenti">>.

(4) Capitolo. Quali finanziamenti il Profeta (ﷺ) ha dato dalla terra del Bahrain e che cosa ha promesso di concedere (ad alcune persone) dalle risorse finanziarie di questo paese e dalla *Jizya*. Tra chi deve essere distribuito il *Fai*[10] e la *Jizya*?

3163. Yahyā bin Sa 'īd ci ha tramandato: <<Una volta, il Profeta (ﷺ) ha chiamato gli Ansari al fine di concedere loro parte della terra del Bahrain. Costoro dissero: "No, per Allah, non accetteremo a meno che tu non darai lo stesso ai nostri fratelli Quraysh". Lui disse: "Quella [terra] sarà loro se Dio vuole". Però, quando gli Ansari si mostrarono persistenti nella loro richiesta, disse: "Dopo di me, vedrete che altri vi saranno preferiti sotto questo rispetto. In questo caso, dovrete

---

[10] Ossia il bottino conquistato senza combattere. Cfr. Il Sacro Corano 59:6: <<Qualsiasi cosa Dio abbia concesso, [spetta] al Suo inviato. Non avete fatto correre né cavalli né cammelli [per conquistarlo]. Dio concede ai Suoi messaggeri potere su chi desidera. Egli detiene il potere su tutte le cose>>.

mantenervi pazienti fino a quando non mi incontrerete presso *Al-Haud*[11]">>.

3164. Jābir bin ʻAbdullāh (che Dio si compiaccia di lui) ci ha tramandato: <<Una volta il Profeta di Dio (ﷺ) mi ha detto: "Se giunge la rendita dal Bahrain, ti darò questo e questo". Quando il Profeta di Dio (ﷺ) lasciò questo mondo e giunse la

---

[11] Cfr. Il Sacro Corano 108:1-3: <<Ti abbiamo garantito il bene in abbondanza, quindi prega il tuo Signore e offri sacrifici, colui che ti odia sarà tenuto lontano da ogni bene>>. Secondo Ibn Isḥāq questa sura venne rivelata alla Mecca prima dell' *Isrā'* e della *Miʻrāj*. Il termine *Kauthar* deriva dalla radice araba *K-Th-R* che significa "abbondanza numerica, abbondanza di ricchezze e di progenie, plenitudine di benedizioni"; Saḥīḥ al-Bukhārī, *Kitāb al-Fitan*, (Il libro delle prove), trad. a cura di S. Lei, Roma 2020; 7048. Sull'autorità di Asmā' ci è stato tramandato che il Profeta (ﷺ) ha affermato: <<Mi troverò presso il mio *Haud* (*Al-Kauthar*) aspettando coloro che si avvicineranno a me. Poi alcune persone saranno allontanate da me ed allora io dirò: "I miei seguaci!" Mi sarà risposto: "Non sai che sono diventati apostati">>. Ibn Abī Mulaika ha affermato: "O Dio, cerchiamo rifugio presso di Te dal voltarsi indietro dalla religione e dall'essere sottoposti a delle prove"; 7049. ʻAbdullāh (che Dio si compiaccia di lui) ci ha tramandato che il Profeta (ﷺ) ha affermato: <<Vi precederò presso lo *al-Haud* (*Al-Kauthar*) ed alcuni tra di voi saranno condotti a me e, quando cercherò di porgere loro dell'acqua, saranno allontanati da me con la forza. Allora dirò: "O Signore, i miei compagni!" Mi sarà risposto: "Non sai che cosa hanno fatto quando li hai lasciati. Dopo di te hanno introdotto nella religione una serie di eresie">>; 7050, 7051. Sahl bin Saʻd ci ha tramandato di aver udito il Profeta (ﷺ) affermare: "Vi precederò presso lo *Haud* (*Al-Kauthar*). Chiunque vi si avvicinerà, ne berrà. E, chi ne berrà, non avrà mai più sete. Poi verranno alcune persone che conosco e che mi conoscono, ma una barriera sarà posta tra me e loro". Abū Saʻīd al-Khudrī ha aggiunto che il Profeta (ﷺ) disse anche: "Io dirò che costoro sono i miei seguaci", ma mi sarà detto che non conosco quante novità e cambiamenti hanno introdotto dopo di me. Allora dirò: "Che siano condotti lontano (dalla misericordia), lontano (dalla misericordia) coloro che hanno introdotto mutamenti e cambiamenti nella religione dopo di me!"; ʻAbdullāh bin Zaid ci ha tramandato che il Profeta (ﷺ) ha affermato: "Mantenetevi pazienti fino a quando non mi incontrerete presso *Haud* (*Al-Kauthar*)".

rendita dal Bahrain, Abū Bakr annunciò: "Chi ha ricevuto una promessa dal Profeta di Dio (ﷺ) che venga pure da me!". Così mi recai da Abū Bakr e dissi: "Il Profeta di Dio (ﷺ) mi ha detto: 'Se giunge la rendita dal Bahrain, ti darò questo e questo'". Abū Bakr mi disse: "Raccogli il denaro con le tue stesse mani". Lo feci ed Abū Bakr mi disse di contarlo. Li contai ed erano 500 (pezzi d'oro). Ricevetti la somma totale di 1500 (pezzi d'oro)>>.

3165. Anas (che Dio si compiaccia di lui) ci ha tramandato: <<Venne condotto il denaro proveniente (dalle rendite) del Bahrain alla presenza del Profeta (ﷺ) che disse: "Disponetelo nella moschea". Era la somma più grande che fosse mai stata condotta alla presenza del Profeta (ﷺ). Nel frattempo giunse Al-ʿAbbās e disse: "O Profeta di Dio! Concedimi (una parte del denaro) perché ho pagato il riscatto per me stesso e per ʿAqīl". Il Profeta (ﷺ) gli disse: "Prendilo". Lui allora raccolse il denaro con entrambe le mani e lo pose nella sua veste. Quando cercava di sollevarla però non ci riuscì e, rivolgendosi al Profeta (ﷺ) disse: "Potresti ordinare a qualcuno di aiutarmi a sollevarlo?". Il Profeta (ﷺ) rispose negativamente ed Al-ʾAbbās disse: "Allora mi aiuterai tu?". (Anche questa volta) il Profeta (ﷺ) rispose negativamente. Al-ʿAbbās allora rimosse una parte del denaro, ma anche questa volta non era capace di sollevarlo e così domandò di nuovo al Profeta (ﷺ): "Ordinerai a qualcuno di aiutarmi?". Quando il Profeta (ﷺ) rispose ancora una volta negativamente, domandò: "Allora mi aiuterai tu a sollevarlo?". Il Profeta (ﷺ) rispose: "No!". Allora Al-ʿAbbās rimosse una parte del denaro e, dopo aver sollevato [il carico] sulle sue spalle, se ne andò. Il Profeta (ﷺ) continuò a guardarlo con sorpresa per la sua avidità fino a quando non fu più visibile. Il Profeta di Dio (ﷺ) non si alzò da quel luogo

fino a quando non rimase di quel denaro nemmeno un solo Dirham>>.

(5) Capitolo. Relativamente al peccato commesso da colui che uccide una persona innocente che aveva siglato un trattato con i musulmani.

3166. 'Abdullāh bin 'Amr (che Dio si compiaccia di lui) ci ha tramandato: <<Colui che uccide una persona che ha stretto un trattato con i musulmani, non percepirà l'odore del Paradiso anche se può essere percepito dalla distanza di quarant'anni>>.

(6) Capitolo. Relativamente all'espulsione degli ebrei dalla penisola araba

'Umar ci ha tramandato che il Profeta (ﷺ) disse (agli ebrei): <<Vi terremo qui fino a quando Dio vi manterrà qui>>.

3167. Abū Hurairah (che Dio si compiaccia di lui) ci ha tramandato: <<Mentre ci trovavamo nella moschea, il Profeta (ﷺ) uscì e disse: "Andiamo dagli ebrei". Uscimmo fino a quando non raggiungemmo la *Bait-ul-Midrās*[12]. Lui disse loro: "Se vi convertite all'Islam, sarete salvi. Dovreste sapere che la terra appartiene a Dio ed al Suo Profeta ed io desidero espellervi da essa. Così, se qualcuno di voi possiede una qualche proprietà, gli è concesso di venderla, altrimenti

---

[12] In ebraico *Beit al-Midras*, la sala di studio solitamente adiacente alla sinagoga.

dovreste sapere che la terra appartiene a Dio ed al Suo Profeta (ﷺ)">>.

3168. Sa 'īd bin Jubair ci ha tramandato di aver udito Ibn 'Abbās (che Dio si compiaccia di lui) affermare: "Giovedì! E lo sai che cosa (è accaduto) di giovedì?"; dopo Ibn 'Abbās pianse fino a quando le pietre sul terreno furono bagnate dalle sue lacrime. Allora domandai ad Ibn 'Abbās: "Che cosa c'è relativamente a giovedì?", rispose: "Quando le condizioni di salute del Profeta (ﷺ) si aggravarono, egli disse: 'Portatemi un osso di scapola affinché possa scrivere qualcosa per voi, dopo il quale non sarete indotti a deviare'. Le persone cominciarono a discutere e ad esprimere diverse opinioni, benché non fosse appropriato farlo davanti al Profeta (ﷺ). Dissero: "Che cosa gli succede? Forse sta delirando? Domandalo". Il Profeta (ﷺ) rispose: "Lasciatemi perché mi trovo in una condizione migliore di quello che mi state domandando di fare". Poi il Profeta (ﷺ) ordinò loro di compiere tre cose dicendo: "Scacciate tutti gli *Al-Mushrikūn* dalla penisola araba e mostrate rispetto agli ambasciatori ed ai delegati dei paesi stranieri facendo loro dei doni così come ero solito fare". Il sub-narratore ha aggiunto: "Il terzo ordine era qualcosa di benefico che Ibn 'Abbās non ha menzionato o ha menzionato, ma l' ho dimenticato">>.

(7) Se gli *Al-Mushrikūn* si dimostrano infidi verso i musulmani, debbono essere perdonati?

3169. Abū Hurairah (che Dio si compiaccia di lui) ci ha tramandato: <<Quando venne conquistata Khaibar[13], venne offerta come dono al Profeta (ﷺ) una pecora arrostita, in cui era stato posto del veleno. Il Profeta (ﷺ) ordinò: "Che tutti gli ebrei che erano qui, siano riuniti davanti a me". Gli ebrei vennero radunati ed il Profeta (ﷺ) domandò loro: "Sto per rivolgervi una domanda. Mi direte la verità?". Quando risposero affermativamente, il Profeta (ﷺ) domandò: "Chi è vostro padre?"; risposero: "Tale e tale". Lui disse: "Avete detto il falso: vostro padre è tale e tale". Quando dissero: "Hai ragione", il Profeta (ﷺ) domandò ancora: "Mi direte il vero se vi rivolgo una domanda?"; risposero: "Sì, o Abūl-Qāsim; se ti diciamo una menzogna, te ne renderai conto così come hai fatto relativamente a nostro padre". Il Profeta (ﷺ) allora domandò: "Chi saranno gli abitanti dell'Inferno?", risposero: "Rimarremmo nell'Inferno per un periodo breve, dopo il quale voi ci rimpiazzerete". Il Profeta (ﷺ) disse: "Che voi siate maledetti ed umiliati in esso! Per Allah, non vi rimpiazzeremo mai (nell'Inferno)". Poi domandò ancora; "Mi direte la verità, se vi rivolgo (ancora un'altra) domanda?". Quando risposero: "Sì, o Abūl-Qāsim!", il Profeta domandò: "Avete avvelenato questa pecora?"; risposero affermativamente ed il Profeta (ﷺ) domandò loro: "Perché lo avete fatto?", risposero: "Volevamo sapere se eri un bugiardo e, in questo caso, ci

---

[13] Cfr. V. Salierno, *Dizionario dell'Islam*, Roma 2018: <<Khaibar, roccaforte di ebrei nei pressi di Medīna, conquistata dal Pro feta nel 628: fu ʿAlī a sradicarne il portale; v. Corano, XLVIII, 20>>.

saremmo liberati di te. Se invece eri un profeta, il veleno non ti avrebbe nuociuto">>.

(8) Capitolo. L'invocazione dell'*Imām* contro coloro che infrangono i patti con i musulmani.

3170. 'Āsim ci ha tramandato: <<Domandai ad Anas relativamente al *Qunūt*[14] e lui rispose: "Deve essere recitato prima del *Rukū'*". Gli dissi: "Il tale afferma che tu hai sostenuto che debba essere recitato dopo il *Rukū'*". Rispose: "Costui si sbaglia". Poi Anas ci raccontò che il Profeta (ﷺ) aveva invocato il male sulla tribù dei Banī Sulaim per un mese, dopo aver compiuto il *Rukū'*. Poi aggiunse: "Il Profeta (ﷺ) aveva inviato 40 o 70 *Qārī*[15] ad alcuni *Mushrikūn*, i quali li attaccarono e li uccisero, anche se vi era un trattato di pace tra loro ed il

---

[14] Ossia l'invocazione durante la preghiera. Cfr. M. N. Albani, *La natura della preghiera del Profeta Muhammad (pace e benedizioni su di lui)*, trad. a cura di S. Lei, Roma 2018, 57-58: <<Il Profeta Muhammad (pace e benedizioni su di lui) compiva il *qunūt* nella prima e nella terza *rak'ā* della preghiera *witr*, e qualche volta prima del *rukū*. Il Profeta (pace e benedizioni su di lui) ha insegnato ad Hasan ibn 'Alī a dire, dopo aver terminato la sua recitazione nel *witr*: "Dio ascolta coloro che lo lodano. O Dio, guidami tra coloro che hai guidato e perdonami tra coloro che hai perdonato. Rivolgiti verso di me in amicizia tra coloro ai quali Ti sei rivolto in amicizia e benedicimi in quello che hai deciso e salvami dal male che hai decretato perché, quando Tu decidi qualcosa, nessuno Ti può influenzare. Non è umiliato colui a cui hai dato la Tua amicizia e non può ricevere alcun onore Colui che è Tuo nemico. Che Tu sia benedetto ed esaltato, o Signore. Non c'è nessun rifugio eccetto in Te, o Signore">>.

[15] Con questo termine s'intende qualcuno che possiede una profonda conoscenza del testo coranico.

Profeta (ﷺ). Non ho mai visto il Profeta (ﷺ) tanto addolorato per qualcuno come per costoro">>[16].

(9) Capitolo. Relativamente all'offerta di pace e rifugio da parte di una donna

3171. Umm Hānī, la figlia di Abū Tālib, ci ha tramandato: <<Mi recai dal Profeta di Dio (ﷺ) nel giorno della conquista della Mecca e lo trovai che faceva un bagno, mentre sua figlia Fatima teneva un paravento davanti a lui. Lo salutai e lui domandò: "Chi è?", risposi: "Sono io, Umm Hānī, bint Abū Talib" e lui disse: "Benvenuta, o Umm Hānī,". Quando ebbe terminato il suo bagno, si alzò ed offrì otto *Rak'a* di preghiera, mentre indossava un'unica veste. Gli dissi: "O Profeta di Dio! Mio fratello 'Alī ha dichiarato che ucciderà un uomo a cui ho dato asilo. L'uomo è tale e tale bin Hubaira". Il Profeta di Dio (ﷺ) disse: "O Umm Hānī! Garantiremo asilo a colui tu lo hai garantito". [(Umm Hānī, ha affermato: "Andai a visitarlo al tempo del *Duha*[17]")].

---

[16] Cfr. Sahīh al-Bukhārī, *Kitāb al-Da'awāt*, 58, 6394: <<6394. Anas (che Dio si compiaccia di lui) ci ha tramandato: <<Il Profeta (ﷺ) inviò una *sariya* formata da uomini chiamati *al-Qurrā*, e tutti loro subirono il martirio. Non ho mai visto il Profeta (ﷺ) così triste per nessuno come per costoro. Così egli recitò il *Qunūt* [invocazione nella preghiera] per un mese durante la preghiera del *Fajr*, invocando l'ira divina sulla tribù di Usaiyya ed era solito affermare: "Il popolo di Usaiyya ha disubbidito a Dio ed al Suo messaggero">>.
[17] Ossia del mattino.

(10) Capitolo. L'asilo e la protezione garantiti dai musulmani debbono essere rispettati ed osservati da tutti i membri della comunità, anche se è colui che offre protezione appartiene alla frangia più umile della società.

3172. Il padre di Ibrāhīm At-Taimī ci ha tramandato: << ʻAlī ha pronunciato una *Khutba* in cui ha affermato: "Non abbiamo alcun libro da leggere eccetto il Libro di Dio e quanto è scritto in questo documento che contiene dei verdetti relativi alla (*Qisās*)[18] per le ferite, l'età dei cammelli (dati come *Zakāt* o come prezzo di sangue) e che Medina è un santuario tra la montagna di ʻAir a tale e tale altra. Colui che vi diffonde un'eresia, commette un peccato o concede rifugio a colui che propone innovazioni (nella religione) sarà maledetto da Dio, dagli angeli e da tutte le persone e nessuna delle sue azioni né obbligatorie né volontarie sarà accettata. Se uno schiavo manomesso sceglierà come padrone[19] qualcuno di diverso da

---

[18] Ossia la giustizia retributiva che si basa sul principio della punizione commensurata all'offesa. Cfr. Il Sacro Corano 2:178-179: <<O credenti! In caso di omicidio è stata stabilita per voi una giusta compensazione: il libero per il libero, lo schiavo per lo schiavo e la donna per la donna. E, se viene proposta una remissione dal fratello della vittima, allora garantitegli ogni richiesta ragionevole e compensatelo con gratitudine. Questa è una concessione e una misericordia proveniente dal tuo Signore. Dopo di ciò, a chiunque eccede i limiti, sarà riservato un doloroso castigo. Nella legge della giusta compensazione c'è la salvaguardia della vita, o uomini provvisti d'intelletto, affinché possiate imparare a controllarvi>>.

[19] Ossia lo schiavo affrancato diveniva il Mawlā di colui che lo aveva liberato. Cfr. V. Salierno, *Dizionario dell'Islam*, Roma 2017: <<*Mawlā*, (pl. *mawālī*), "cliente", retaggio dell'Arabia preislamica, nella quale il cliente era di solito uno schiavo affrancato che era associato al clan, godendo così della protezione in cambio di una fedeltà assoluta>>. Cfr. Sahīh al-Bukhārī, *Kitāb Al-ʻItq*, 2536. ʻĀishah (che Dio si compiaccia di lei) ci ha tramandato: <<Comprai Barīra, ma i suoi padroni posero come condizione che il suo *Walā'* sarebbe stato loro riservato. Lo comunicai al Profeta (ﷺ) che disse: "Liberala perché il suo *Walā'* sarà per chi ha pagato il denaro per la liberazione". Così l'affrancai. Il Profeta (ﷺ) mandò a chiamare Barīra e le

quelli originari, incorrerà nella medesima maledizione. L'asilo garantito da un musulmano deve essere rispettato da tutti gli altri musulmani e colui che, sotto questo rispetto, tradirà un musulmano incorrerà nella medesima (maledizione)">>.

(11) Capitolo. Se (durante un conflitto) i non-musulmani affermano: "Saba'nā"[20] e non hanno potuto dire "Aslamnā"[21], (la loro richiesta è accettata).

Ibn 'Umar ha affermato: <<Khālid cominciò ad uccidere tali infedeli (pensando che avrebbero dovuto dire *Aslamnā* per essere salvi). Il Profeta (ﷺ) disse: "O Allah, mi dissocio da quello che Khālid ha compiuto". 'Umar disse: "Se qualcuno dice ad un altro "*Matras*"[22], gli ha garantito asilo. Dio conosce tutte le lingue". 'Umar disse (ad Al-Hurmuzān, un leader persiano): "Parla, non vi è pericolo" (e questo venne assunto come un segno di garanzia di sicurezza)>>.

---

diede la possibilità di scegliere di rimanere con il marito o di lasciarlo. Lei disse: "Anche se mi ha dato così tanto denaro, non vorrei rimanere con lui" e così ha preferito la libertà a suo marito>>.

[20] Ossia "siamo divenuti Sabei". Con il termine Sabei generalmente s'intende qualcuno che ha mutato la sua religione.

[21] Ossia "abbiamo abbracciato l'Islam".

[22] Termine arabo traducibile come "Non avere timore".

(12) Capitolo. Sul fare pace con gli *Al-Muskrikūn* e la riconciliazione con loro per mezzo del denaro o di altri mezzi ed il peccato di una persona che non rispetta i termini del trattato.

Relativamente al versetto: <<Però, se il nemico inclina verso la pace, fatelo anche voi e riponete la vostra fiducia in Dio perché Egli ode e conosce tutte le cose>>[23].

3173. Sahl bin Abī Hathma ci ha tramandato: <<ʿAbdullāh bin Sahl e Muhaiyisa bin Mas ʿūd bin Zaid partirono per Khaibar, i cui abitanti avevano stretto un trattato di pace con i musulmani. Si separarono e successivamente Muhaiyisa trovò ʿAbdullāh bin Sahl agonizzante: era stato assassinato. Dopo averlo seppellito tornò a Medina. ʿAbdur-Rahmān bin Sahl, Muhaiyisa e Huwaiyisa, i figli di Mas ʿūd, giunsero al cospetto del Profeta di Dio (ﷺ). ʿAbdur -Rahmān intendeva parlare, ma il Profeta (ﷺ) gli disse: "Che parlino i più anziani". ʿAbdur Rahmān era infatti il più giovane. ʿAbdur-Rahmān allora rimase in silenzio e gli altri due parlarono. Il Profeta (ﷺ) disse: "Se giurate relativamente a chi ha commesso l'omicidio, avrete il diritto di esigere quanto vi spetta di diritto dall'omicida". Dissero: "Come possiamo giurare se non siamo stati testimoni dell'omicidio e non abbiamo visto l'assassino?". Il Profeta (ﷺ) aggiunse: "Gli ebrei possono dichiararsi colpevoli attraverso l'al-Qāsama[24]". Dissero:

---

[23] Il Sacro Corano 8:61.

[24] Termine che indica un giuramento pronunciato da coloro che sostengono di non aver commesso l'omicidio. Cfr. Sahīh al-Bukhārī, *Kitāb Al-Dyāt*, 22, 6898. Sahl bin Abī Hathma (uno degli Ansari) ci ha tramandato che alcune persone della sua tribù si recarono a Khaibar ed andarono dispersi. Uno di loro venne trovato assassinato. Dissero alle persone presso cui il cadavere era stato trovato: "Avete ucciso il nostro compagno!". Le persone dissero: "Non lo abbiamo ucciso noi e non sappiamo nemmeno chi possa essere

"Come possiamo credere ai giuramenti degli *Al-Kafirūn*[25]?". Il Profeta (ﷺ) allora pagò lui stesso il prezzo di sangue>>.

(13) Capitolo. Relativamente alla superiorità di rispettare un patto

3174. 'Abdullāh bin 'Abbās ci ha tramandato che Abū Sufyān bin Harb lo aveva informato che Heraclius lo aveva mandato a chiamare insieme ai membri di una carovana dei Quraysh,

---

l'assassino". Il gruppo in lutto si recò dal Profeta (ﷺ) e disse: "O Profeta di Dio! Ci siamo recati a Khaibar ed abbiamo trovato uno dei nostri morto". Il Profeta (ﷺ) rispose: "Che gli anziani vengano avanti e parlino". Allora il Profeta (ﷺ) disse loro: "Portate la vostra prova contro l'assassino". Quando risposero: "Non abbiamo alcuna prova", il Profeta (ﷺ) disse: "Che gli imputati pronuncino un giuramento". Dissero: "Non accettiamo i giuramenti degli ebrei". Il Profeta di Dio (ﷺ) non voleva che il prezzo di sangue dell'assassinato andasse perduto senza compensazione e così pagò cento cammelli (ai parenti del deceduto) da quelli della Zakāt come Diya>>.
[25] Nel Sacro Corano ci sono numerosi versetti che fanno riferimento ai *Kafirūn*, ossia ai miscredenti. Il cuore del *Kafirūn* è descritto come più duro della pietra: Cfr. Il Sacro Corano 2:74: "Si sono poi induriti i vostri cuori. Sono diventati come la pietra o peggio. Vi sono alcune rocce da cui sgorgano fiumi, altre che, quando si dividono, lasciano scorrere l'acqua. Altre ancora crollano per il timore di Dio. Dio ben conosce quello che fate"; Cfr. Il Sacro Corano 5:13: "Però, dal momento che hanno violato i patti, Noi li abbiamo maledetti e abbiamo fatto sì che i loro cuori s'indurissero".

che si erano recati nello Shām[26], durante una tregua[27] che il Profeta di Dio (ﷺ) aveva concluso con Abū Sufyān e con gli infedeli Quraysh.

---

[26] Cfr. Sahīh al-Bukhārī, *Kitāb Al-Wahy*, 6, 7, Ibn 'Abbās (che Dio si compiaccia di lui) ci ha tramandato: <<Abū Sufyān bin Harb mi informò che Heraclius gli aveva inviato un messaggero mentre stava accompagnando una carovana dei Quraysh. Costoro erano mercanti che commerciavano nello *Shām*, nel periodo in cui il Profeta di Dio (ﷺ) aveva firmato una tregua con Abū Sufyān ed i pagani Quraysh. Così Abū Sufyān ed i suoi compagni giunsero presso Heraclius ad Ilyā. Heraclius, che era circondato dai maggiori dignitari romani, li fece invitare a corte. Mandò inoltre a chiamare un traduttore che, traducendo le domande di Heraclius, disse loro: "Chi tra di voi è maggiormente imparentato con l'uomo che sostiene di essere un profeta?"; Abū Sufyān rispose: "Io sono il parente più stretto (tra costoro)". Heraclius disse: "Portatelo vicino a me e fate restare i suoi compagni dietro di lui". Abū Sufyān aggiunse: "Heraclius ha detto al suo traduttore di comunicare ai miei compagni che voleva rivolgermi alcune domande relativamente al Profeta (ﷺ) e che, se avessi detto una menzogna, i miei compagni avrebbero dovuto contraddirmi. Per Allah! Se non avessi temuto che i miei compagni mi avrebbero apostrofato come bugiardo, non avrei detto la verità relativamente al Profeta (ﷺ). La prima domanda, che mi rivolse, fu: 'Quale è lo *status* della sua famiglia?'; risposi: "Appartiene ad una nobile famiglia'. Poi domandò ancora: 'Qualcuno di voi, prima di lui, ha sostenuto di essere un profeta?'; risposi negativamente e lui domandò ancora: 'Forse qualcuno dei suoi antenati era un re?', ma anche questa volta risposi negativamente. Heraclius allora domandò: 'Lo seguono i nobili o i poveri?'; risposi: 'Lo seguono i poveri'. Domandò: 'I suoi seguaci stanno aumentando o diminuendo?'; risposi: 'Stanno aumentando'; poi chiese: 'C'è qualcuno che, dopo aver abbracciato la sua religione, se ne dispiace e vi rinuncia?'; risposi negativamente ed Heraclius domandò ancora: 'Era solito dire menzogne prima di affermare (di essere un profeta)?'; ancora una volta risposi negativamente. Heraclius disse: 'Ha mai tradito o si è dimostrato disonesto nei patti?' ed io risposi: 'No! Abbiamo stretto un patto con lui, ma non so come si comporterà (quali saranno gli sviluppi)'. Non sono riuscito a trovare l'opportunità di dire qualcosa contro di lui tranne questo. Heraclius allora domandò: 'Ti è capitato di combattere contro di lui?'; risposi: 'L'esito del conflitto tra noi e lui è rimasto incerto e la vittoria è stata conseguita sia da lui che da noi, alternativamente'. Heraclius domandò: 'Che cosa vi ordina di fare?'; dissi: 'Ci ordina di adorare Dio solo e null'altro oltre Lui e rinunciare a tutto quello che i nostri antenati hanno affermato. Ci ha

ordinato di pregare, di dire la verità, di mantenerci casti e di coltivare delle buone relazioni con la famiglia'. Heraclius domandò al traduttore di dirmi: 'Ti ho domandato relativamente alla sua famiglia ed hai risposto che appartiene ad una nobile famiglia. Tutti i profeti infatti provengono dalle nobili famiglie del loro popolo. Ti ho domandato se qualcuno tra di voi ha avanzato una pretesa simile e mi hai risposto negativamente. Se avessi risposto affermativamente, avrei pensato che quest'uomo stesse seguendo le affermazioni precedenti di qualcun altro. Poi ho domandato se uno dei suoi antenati era stato re. Tu hai risposto negativamente e, se avessi risposto affermativamente, avrei pensato che questo uomo voleva riconquistare il regno appartenuto ai suoi antenati. Poi ti ho domandato se è mai stato accusato di aver pronunciato una menzogna prima di dire quanto ha affermato, ed ancora una volta hai riposto negativamente. Mi domando quindi come potrebbe una persona, che non pronuncia nessuna menzogna riguardo agli altri, farlo rispetto a Dio. Poi ti ho chiesto se i suoi seguaci sono i ricchi o i poveri. Tu hai risposto che i suoi seguaci sono composti da poveri e, infatti, i poveri sono (sempre) i seguaci dei profeti. Poi ti ho domandato se i suoi seguaci stavano aumentando o diminuendo e tu hai risposto che stavano aumentando e questo è il modo (in cui si diffonde) la vera fede, fino a quando non viene completata sotto ogni rispetto. Poi ho domandato ancora se ci fosse qualcuno che, dopo aver abbracciato la sua religione, se ne è dispiaciuto e l'ha abbandonata. Tu hai risposto negativamente e, infatti, questo è un segno della vera fede, quando la sua delizia entra nei cuori e si mescola con loro completamente. Ti ho domandato se ha mai tradito qualcuno e tu hai risposto negativamente. I profeti infatti non tradiscono mai. Poi ti ho domandato che cosa vi ha ordinato di compiere e tu hai risposto che vi ha ordinato di adorare Dio solo senza associarGli nessuno e vi ha proibito di adorare gli idoli e vi ha ordinato di pregare, di dire la verità e di mantenervi casti. Se quello che hai detto è vero, presto costui occuperà questo posto ed io sapevo (dalle Scritture) che sarebbe dovuto comparire, ma non sapevo che sarebbe appartenuto al vostro popolo. Se fossi sicuro di raggiungerlo, andrei subito ad incontrarlo e, se mi trovassi con lui, gli laverei sicuramente i piedi'. Poi Heraclius chiese la lettera inviatagli dal Profeta Muhammad (ﷺ), che era stata consegnata da Dihya al governatore di Busra, che la inviò ad Heraclius affinché la leggesse. Il contenuto di questa lettera è il seguente: *Nel nome di Dio, il Clemente, il Misericordioso. (Questa lettera) proviene da Muhammad, il servo e messaggero di Dio (ﷺ) ed è inviata ad Heraclius l'imperatore dei Bizantini. Sia pace su colui che segue il retto cammino. Ti invito all'Islam e, se diventerai musulmano sarai salvo, e Dio duplicherà la tua ricompensa e, se tu rifiuti questo invito, commetterai un peccato fuorviando i tuoi Arīsiyīn. E: Di': O popoli del Libro, venite ad un termine*

(14) *Capitolo. Se un Dhimmī pratica la magia, può essere scusato?*

Venne domandato ad Ibn Shihāb: "Se uno di coloro con cui i musulmani hanno stretto un patto compie atti di stregoneria, sarà condannato a morte?"; lui rispose: "Siamo stati informati che il Profeta di Dio (ﷺ) fu vittima di un sortilegio[28] eppure non uccise il mago che apparteneva ai popoli del Libro">>.

***

comune tra noi e voi: che non adoreremo altri che Dio, che non Gli assoceremo nessuno e che non ci sceglieremo tra di noi signori e padroni oltre a Dio. Se si volgono indietro, Di ': "Siate testimoni che siamo musulmani!". Abū Sufyān aggiunse: "Quando Heraclius ebbe terminato di parlare ed ebbe letto la lettera, nella corte reale vi fu un trambusto e noi venimmo spinti fuori. Io dissi ai miei compagni che la faccenda relativa ad Ibn Abī Kabsha (il Profeta Muhammad) era divenuta così prominente che persino il re dei Banī Al-Asfar aveva timore di lui. Così divenni sicuro che lui in un vicino futuro sarebbe stato vittorioso fino a quando non abbracciai l'Islam".

[27] Si riferisce alla sigla della pace di Hudaibiyah tra i musulmani, i Quraysh ed il loro alleati (628 d.C.), che favorì la diffusione dell'Islam tra le tribù arabe. Cfr. Il Sacro Corano 48:1: << In verità, ti abbiamo concesso una vittoria manifesta>>.

[28] Cfr. Sahīh al-Bukhārī, *Kitāb al-Tibb*, 47, 5763. 'Āishah (che Dio si compiaccia di lei) ci ha tramandato: <<Un uomo chiamato Labīd bin Al-A 'sam dalla tribù dei Banī Zuraiq fece un incantesimo contro il Profeta di Dio (ﷺ), che cominciò ad immaginare di aver compiuto cose che non aveva fatto. Un giorno o una notte che si trovava insieme con noi, ha invocato Dio per un lungo periodo e poi ha affermato: "O 'Āishah! Sai che Dio mi ha informato relativamente alla questione relativamente alla quale Lo avevo invocato? Due uomini sono giunti presso di me e uno si è seduto vicino al mio capo e l'altro vicino ai miei piedi. Uno di loro domandò al suo compagno: "Di quale malattia soffre costui?"; l'altro rispose: "Si trova sotto l'effetto della magia". Il primo domandò: "Chi ha operato l'incantesimo?", l'altro rispose: "Labīd bin Al-A 'sam". Quando il primo domandò: "Quale materiale ha utilizzato?", il secondo rispose: "Un pettine ed i capelli rimasti impigliati (in esso) e la pellicola di un polline di un albero di palma maschio". Il primo domandò (ancora): "Dove si trova?", e l'altro rispose: "Si trova nel pozzo di Dharwān". Allora il Profeta di Dio (ﷺ) insieme ad alcuni dei suoi compagni si recò in quel luogo e, quando ritornò, disse: "O 'Āishah, il colore della sua acqua

3175. Āishah (che Dio si compiaccia di lei) ci ha tramandato: <<Una volta il Profeta (ﷺ) fu vittima di un sortilegio e cominciò a pensare di aver fatto qualcosa che in realtà non aveva compiuto>>.

(15) Capitolo. Sul mostrarsi prudenti di fronte alla possibilità di un tradimento

Relativamente al versetto: <<Se intendono ingannarti, in verità Egli per te è sufficiente. Dio ti ha rinforzato con il Suo aiuto e con la compagnia dei credenti>>[29].

3176. Aūf bin Mālik ci ha tramandato: <<Durante la spedizione di Tabūk mi recai dal Profeta (ﷺ) che stava seduto in una tenda di pelle. Egli disse: "Contate sei segni che l'indicano l'avvicinarsi dell'Ora[30]: la mia morte, la conquista di

---

assomiglia all'infuso di foglie di *Hinna*. Le cime degli alberi di palme, che vi sono trovano vicino, assomigliano alle teste dei diavoli". Domandai: "O Profeta di Dio! Perché non lo hai reso noto?"; egli disse: "Dal momento che Dio mi ha curato, non voglio che il male si diffonda tre le persone". Poi ordinò che il pozzo fosse riempito di terra>>.

[29] Il Sacro Corano 8:62.

[30] Cfr. Il Sacro Corano 6:158: <<Stanno forse aspettando di vedere se gli angeli vengono da loro o il tuo Signore o alcuni dei Suoi segni! Il giorno, in cui giungeranno alcuni dei segni del tuo Signore, non saranno di beneficio ad un'anima che crederà in quel momento, se prima non aveva creduto e non aveva agito per il bene. Di': "Aspettate, anche noi stiamo aspettando">>; 7:187: <<Ti chiedono riguardo l'ultima Ora: "Quando giungerà?"; Di': "La conoscenza si trova presso il mio Signore; solo Lui può rivelare quando accadrà. Sarà pesante sui cieli e sulla terra e vi coglierà all'improvviso". Ti domanderanno se ne sei stato avvertito, rispondi: "La conoscenza appartiene solo a Dio, ma la maggior parte degli uomini non lo comprende">>; 10:53: <<Cercano di informarsi con te: "È forse vero?" Di': "Per il mio Signore, questa è la verità e non potete certo vanificarla">>; 12:107: <<Sono forse sicuri che non li coglierà il velo coprente del castigo di Dio, oppure che non giunga all'improvviso l'Ora Ultima, senza che se ne

Kitāb al-Jizya wa al-Mawāda ʻah

(Il libro della Jizya e dell'interruzione della guerra)

Gerusalemme, una pestilenza che vi affliggerà come quella che coglie le pecore, un tale aumento della ricchezza che, anche se ad una persona venissero dati 100 dīnār, non ne sarebbe soddisfatta, poi una *Fitnah*[31] da cui nessuna casa araba

---

accorgano>>; 15:85: <<Abbiamo creato i cieli, la terra e tutto ciò che si trova nel frammezzo secondo verità. L'Ora si avvicina. Così perdona con misericordia>>; 16:1: <<Il giudizio di Dio si avvicina. Non cercate di affrettarlo. Gloria a Lui. Egli è ben al di sopra di quanto Gli attribuiscono>>; 18:35-36: <<Andò nel suo giardino e, peccando in questo modo contro l'anima sua, disse: "Non credo che questo debba mai perire né che mai arriverà l'Ora del Giudizio. Anche se sarò condotto di nuovo dal mio Signore, troverò sicuramente lì qualcosa di meglio in cambio">>; 20:15: <<In verità l'ora si avvicina, il Mio piano è tenerla nascosta, al fine che ogni anima possa ricevere la propria ricompensa secondo la misura del suo comportamento>>; 19:75: <<Di': "Se gli uomini si perdono, il Compassionevole allunga loro la vita, fino a quando non vedono avverarsi l'avvertimento di Dio, sia nella punizione che nell'avvicinarsi dell'Ora. Costoro comprenderanno chi si trova nella posizione economica peggiore e chi in quella di maggior debolezza!">>; 21:48-49: <<In passato abbiamo garantito a Mosè e Aronne il Criterio per giudicare, una luce ed un messaggio per coloro che si mantengono nel ricordo di Dio, che temono il loro Signore, anche se non possono percepirLo e che paventano l'Ora del Giudizio>>; 22:7: <<In verità, l'Ora verrà. Non c'è dubbio alcuno. Dio resusciterà quelli che sono nelle tombe>>; 22:55: <<Coloro che respingono la fede, non smetteranno di essere in dubbio relativamente alla rivelazione fino a quando l'ora del giudizio non cadrà improvvisamente su di loro o giungerà la punizione di un giorno di disastro>>.

[31] Il termine *Fitnah* deriva dalla radice araba *Fa Ta Na* indicante una prova o tribolazione. Cfr. Ibn Fāris, *Maqāyīs Al-Lughah* 4/472. Secondo Al-Azharī, il termine deriverebbe dall'espressione araba "fatantu al-fiddah wa'l-dhahab", relativa all'atto di testare la consistenza ed il valore dell'oro e dell'argento". Cfr. Il Sacro Corano 51:13-14: <<Proveranno quel giorno quando vedranno il Fuoco. [Sarà detto loro]: "Gustate la vostra prova. Questo è ciò verso cui vi affrettavate">>. Cfr. Al-Azharī, *Tahdhīb al-Lughah*, 14/196. Il termine *Fitnah* nel Sacro Corano compare in molteplici versetti secondo diverse sfumature di significato quali: prova, tribolazione, persecuzione, opposizione, menzogna, tentazione, assassinio, rivolta e discordia. Cfr. Il Sacro Corano 29:2: <<Pensano forse che saranno lasciati soli, dopo aver detto: "Crediamo" e che non saranno sottoposti a delle prove?>>; 5:49: <<Lui ti comanda: "Giudica tra loro secondo ciò che Dio ha

potrà scampare, e poi una tregua tra di voi ed i Banī Al-Asfar (ossia i Bizantini) che vi tradiranno e vi attaccheranno sotto ottanta bandiere. Sotto ciascuna bandiere vi saranno dodicimila soldati>>.

---

rivelato e non seguire i loro vani desideri, ma stai attento che non ti allontanino dall'insegnamento che Dio ti ha inviato. E se si voltano indietro, stai sicuro che Dio ha intenzione di punirli per alcuni dei loro crimini. In verità, la maggior parte di loro sono dei ribelli">>; 16:110: <<In verità, il tuo Signore è perdonatore e misericordioso verso quanti lasciano le loro case, dopo prove e persecuzioni, s'impegnano, combattono per la fede e perseverano con pazienza>>; 2:193: <<Combattili fino a quando non ci sia più né tumulto né oppressione e prevalga la giustizia e la fede in Dio. Però, se cessano, che non ci siano ostilità eccetto contro coloro che praticano l'oppressione>>; 57:14: <<Grideranno: "Non eravamo forse con voi?". E gli altri risponderanno: "Vero! Però vi siete lasciati condurre alla tentazione. Avete anticipato la vostra rovina. Avete dubitato della promessa di Dio e i vostri falsi desideri vi hanno ingannato, fino a quando il comando di Dio non si è realizzato. E l'ingannatore vi ha ingannato relativamente a Dio>>; 8:73: <<I miscredenti sono protettori gli uni degli altri. Se non vi proteggeste gli uni con gli altri, ci sarebbe tumulto ed oppressione sulla terra e grande corruzione>>; 5:41: <<O Profeta, non lasciarti addolorare da coloro che corrono verso la miscredenza, da coloro che dicono "crediamo" con le loro labbra, ma nel cuore non hanno alcuna fede, o dagli ebrei, uomini che darebbero ascolto ad ogni bugia, e a coloro che non ti hanno mai incontrato. Costoro distorcono il significato delle parole estrapolandole dal contesto ed affermano: "Se ciò vi è stato dato, accettatelo, altrimenti state in guardia". Se Dio vuole che qualcuno sia tentato dal male, tu non puoi fare nulla. Dio non intende purificare i loro cuori. Per costoro c'è la disgrazia in questa vita e nell'Altra un doloroso castigo>>; 4:101: <<Quando viaggiate attraverso la terra, non potrete essere biasimati, se rendete le vostre preghiere più brevi per il timore che i miscredenti possano attaccarvi. I miscredenti invero sono i vostri nemici giurati>>; 9:47: <<Se fossero usciti insieme a voi, non avrebbero aggiunto nulla alla vostra forza, ma avrebbero solo creato disordine, correndo di qua e di là tra di voi, seminando sedizione. Alcuni tra di voi avrebbero prestato loro ascolto. Però Dio conosce bene coloro che commettono ingiustizia>>; 85:10: <<Coloro che perseguitano i credenti, uomini e donne, e non si volgono in pentimento, avranno la pena del Fuoco dell'Inferno. Avranno la pena del Fuoco ardente>>.

(16) Come revocare un patto

Relativamente al versetto: <<Se dovessi temere il tradimento da parte di una fazione, infrangi il loro patto in termini equi perché Dio non ama i traditori>>[32].

3177. Abū Hurairah (che Dio si compiaccia di lui) ci ha tramandato: <<Abū Bakr nel giorno del Nahr[33] mi inviò a Mina in compagnia degli altri per fare questo annuncio: "Dopo quest'anno, a nessun *Mushrik* sarà concesso di compiere

---

[32] Il Sacro Corano 8:58.

[33] Decimo giorno del *Dhul Hajj* (*Yawmun-Nahr*). Dopo aver assolto la preghiera del *Fajr*, si deve procedere con calma verso la *al-Masharul Harām*, salendovi sopra. Se non è possibile, si può rimanere in piedi presso al-Muzdalifah. Rivolgendosi verso la *Qiblah*, bisogna recitare: <<*Alhamdulillah, Allāh Akbar, lā ilāha illallāh*>>. Poi bisogna rivolgere le suppliche fino a prima dello spuntare dell'alba. Prima che spunti l'alba, bisogna procedere con calma verso Minā, recitando la *Talbīyiah*.

l'*Hajj*[34] e a nessuno sarà permesso di compiere la *Tawāf*[35] della Ka 'bah in una condizione di nudità[36]". Il giorno dell'*Hajj-al-*

---

[34] Cfr. V. Salierno, *Dizionario dell'Islam*, Roma 2018: <<*Hajj*, il grande pellegrinaggio, che ha luogo dal settimo al decimo giorno del mese di *dhū al hijja*, il dodicesimo mese del calendario islamico (v. voce). È menzionato nel Corano, II, 125: "E quando facemmo della Santa Casa luogo di riunione e di sicuro rifugio per gli uomini (prendete dunque il luogo dove ristette Abramo, per oratorio!) ed ingiungemmo ad Abramo e ad Ismaele: purificate la mia Casa per coloro che attorno vi correranno venerabondi, vi pregheranno devoti, vi s'inchineranno e si prostreranno reverenti". Ogni musulmano in grado di farlo è tenuto all' *hajj* almeno una volta in vita; prima di partire per la Mecca il pellegrino deve saldare tutti i propri debiti ed assicurarsi che la famiglia, durante la sua assenza, non manchi di nulla. Giunto ai confini del territorio sacro della Mecca, dove solo i musulmani possono entrare, compie altri riti indossando un abito speciale (*iḥrām*) formato da due pezzi di stoffa senza cuciture, uno per i lombi fino alle ginocchia e l'altro per coprirsi le spalle e un paio di sandali. Da questo momento il pellegrino è in stato di consacrazione; la sua frase, ripetuta, è: "Vengo a te, mio Signore, vengo a te" (*labbaika, ya Rabbi, labbaika*). Giunto alla Mecca, si reca alla moschea passando da una delle porte che immettono sulla grande piazza e si dirige verso la Pietra Nera (v. *Ka'ba*) che bacerà o toccherà; fa quindi sette volte il giro della *Ka'ba* pronunciando formule pie; dopo una preghiera presso uno dei quattro *maqām* (v. voci), esce dalla moschea e prende la strada che unisce i due poggi di *al-Ṣafā'* e di *al-Marwa*, compiendo il percorso (*sa'y*) (v. voce) a passo svelto per sette volte. Il periodo di quattro giorni è così impiegato: primo giorno (7 del mese), predica del *qadi* (v. voce); secondo giorno (8 del mese), visita alla piana di *'Arafāt* (v. voce); terzo giorno (9 del mese), sosta (*wuqūf*) durante la quale il pellegrino, diritto al cospetto di Dio, recita formule pie sotto la direzione di un imam(v. voce), che pronuncia una delle quattro prediche solenni. Al calar del sole il pellegrino si reca di corsa (*ifāda*) a Muzdalifa, località tra *'Arafa* e Minā, dove trascorre la notte e al levar del sole si reca a Minā; quarto giorno (10 del mese), è il giorno dei sacrifici (*'īd al-adhā*) (v. voce), celebrato non solo dai pellegrini ma in tutto il mondo musulmano. Dopo un'ultima *tawāf* attorno alla *Ka'ba*, il pellegrinaggio termina>>. Condizioni per compiere il Pellegrinaggio: 1-Essere musulmano 2-Essere nel pieno delle proprie facoltà mentali. 3-Essere fisicamente sano. 4-Essere fisicamente maturo. 5-Trovarsi nella condizione economica per supportare la sua famiglia durante la propria assenza. 6-Trovarsi nella condizione economica per pagare il viaggio.

Kitāb al-Jizya wa al-Mawāda 'ah

(Il libro della Jizya e dell'interruzione della guerra)

Akbar è il giorno del *Nahr* ed è chiamato *Al-Akbar*[37] in quanto le persone definiscono la *'Umra*[38] un *Hajj al-Asghar*[39]. Abū Bakr revocò il patto dei *Mushrikūn* lo scorso anno e, quindi, nessun pagano ha compiuto il pellegrinaggio nell'anno del *Hajj-ul-Wadā*'[40] del Profeta (ﷺ)>>.

---

[35] Cfr. V. Salierno, *Dizionario dell'Islam*, Roma 2018: <<Tawāf, il circuito della Mecca, il girare in senso antiorario attorno al santuario della Ka'ba, simbolo dell'unicità e dell'unità divina>>.

[36] Cfr. S. Lei, *Muhammad (pace e benedizioni su di lui), il Profeta dell'Islam una biografia completa dall'inizio della rivelazione all'Hijrah*, Roma 2018, 31: <<[In epoca pre-islamica] durante il pellegrinaggio venivano poi osservati tutta una serie di tabù alimentari, che non avevano alcuna relazione con la tradizione abramitica. Per esempio, si astenevano dallo yogurt secco o dal grasso cotto, e proibivano a tutti quei pellegrini, che non erano originari della Mecca, di consumare il cibo che avevano portato con sé. Per quanto concerne la *Tawāf*, invece, ossia lo girare intorno al santuario della Ka'ba sette volte in senso antiorario come simbolo dell'unità divina posta al centro dell'universo e della vita stessa del credente, i Quraysh stabilirono che i pellegrini non originari della Mecca dovessero compiere questo rito con abiti appositi. Coloro che, sia uomini che donne, non avevano la possibilità economica di acquistare questi abiti particolari, erano costretti a compiere la *Tawāf* nudi>>.

[37] Ossia "il grande".

[38] Visitazione o pellegrinaggio minore.

[39] Ossia il "piccolo pellegrinaggio".

[40] Ossia il "pellegrinaggio d'addio" compiuto dal Profeta (ﷺ) nel 632 d.C. (10 a.H.) dopo la conquista della Mecca. Cfr. Il Sacro Corano 5:3: << Oggi ho reso perfetta la vostra religione, ho completato su di voi la Mia grazia e ho scelto l'Islam come religione>>. Questo versetto venne rivelato dopo che il Profeta (ﷺ) ebbe pronunciato la *Khutba* presso 'Arafāt. In quest'occasione, il Profeta (ﷺ) pronunciò il sermone dell'Addio (*Kutbah*) davanti a 100,000 musulmani giunti alla Mecca per compiere l'*Hajj*. Cfr. Il Sacro Corano 22:27: << E annuncia il Pellegrinaggio. Verranno da te a piedi e cavalcando ogni sorta di cammello dimagrito per i viaggi attraverso profondi e distanti sentieri di montagna>>.

307

(17) Capitolo. Il peccato di una persona che stringe un patto e poi si mostra sleale.

Relativamente al versetto: <<Con costoro hai stretto un patto, ma lo infrangono ogni volta e non hanno alcun timor di Dio>>[41].

3178. 'Abdullāh bin 'Amr (che Dio si compiaccia di lui) ci ha tramandato che il Profeta di Dio (ﷺ) ha affermato: <<Chiunque possegga le seguenti quattro caratteristiche può essere considerato un'ipocrita: ogni volta che parla, pronuncia una menzogna; se fa una promessa, la infrange; se discute, si comporta in modo malvagio, imprudente ed offensivo. Chiunque possiede una di queste caratteristiche, ha una caratteristica dell'ipocrisia a meno che non l'abbandoni>>.

3179. 'Alī (che Dio si compiaccia di lui) ci ha tramandato: <<Non abbiamo messo per iscritto nulla dal Profeta (ﷺ) tranne il Corano e quanto è scritto su questo documento dove il Profeta (ﷺ) ha affermato: "Medina è un santuario da 'Air fino alla tale montagna e, di conseguenza, colui che vi diffonde un'eresia, commette un peccato o concede rifugio ad un innovatore, sarà maledetto da Dio, dagli angeli e da tutta l'umanità e nessuna delle sue buone azioni nel culto sia obbligatorie che opzionali sarà accettata. L'asilo garantito da qualsiasi musulmano deve essere rispettato da tutti i musulmani, anche se fosse stato concesso dal più umile tra di loro. Colui che, sotto questo riguardo, tradisce un musulmano, incorrerà nella maledizione di Dio, degli angeli e degli esseri umani e nessuna delle sue buone azioni nel culto sia obbligatorie che opzionali sarà accettata. Ogni schiavo

---

[41] Il Sacro Corano 8:56.

liberato che si sceglie come padroni persone diverse da coloro che lo hanno liberato, senza il loro permesso, incorrerà nella maledizione di Dio, degli angeli e di tutte le persone e nessuna delle sue buone azioni nel culto sia obbligatorie che opzionali sarà accettata>>.

3180. Sa'īd ci ha tramandato: "Abū Hurairah (che Dio si compiaccia di lui) una volta disse alle persone: "Quale sarà la vostra condizione quando non esigerete né *Dīnār* o *Dirham*?". Qualcuno gli domandò: "Come fai a sapere che questa cosa accadrà, o Abū Hurairah?"; disse: "Per Colui, nelle Cui mani si trova l'anima di Abū Hurairah, lo so in ragione di un'affermazione del vero ed ispirato (Profeta ﷺ)". Quando le persone gli domandarono: "Che cosa ha affermato?", rispose: "L'asilo di Dio e del Suo messaggero sarà oltraggiato e così Dio renderà i cuori dei *Dhimmī* così audaci che si rifiuteranno di pagare la *Jizya*">>.

(18) Capitolo. Al-A' mash ci ha tramandato: <<Domandai ad Abū Wā'il: "Hai preso parte alla battaglia di Siffīn[42]?", rispose: "Sì ed ho udito Sahl bin Hunaif (quando venne rimproverato per la mancanza di zelo in battaglia) affermare: "È meglio che tu rimproveri le tue opinioni errate. Vorrei che mi avessi visto nel giorno di Abū Jandal[43]. Se avessi avuto il coraggio di

---

[42] Cfr. V. Salierno, *Dizionario dell'Islam*, Roma 2018: <<Ṣiffīn, battaglia di, avvenuta nel 657 tra le forze di 'Alī e quelle di Mu'āwiyya (v. voci). Secondo la tradizione, le truppe di Mu'āwiyya misero pagine del Corano sulla punta delle lance, obbligando così 'Alī ad accettare un arbitrato che fu respinto dai Khārijīti (v. voce)>>.

[43] Abū Jandal si recò dal Profeta (ﷺ) quando quest'ultimo di trovava in Hudaibiya deciso a recarsi a Medina, avendo abbracciato l'Islam ed essendo stato perseguitato dalla sua famiglia. Il Profeta (ﷺ) però aveva già firmato l'accordo con i Quraysh che prevedeva tra le diverse clausole anche la

disubbidire agli ordini del Profeta (ﷺ), lo avrei fatto. Abbiamo tenuto le nostre spade (sguainate) sui nostri colli e le spalle per qualcosa che ci ha spaventati. Lo abbiamo fatto ed abbiamo scoperto che per noi era più semplice, tranne nel caso della suddetta battaglia">>.

3182. Abū Wā'il ci ha tramandato: <<Ci trovavamo nel (corso della battaglia di) Siffīn e Sahl bin Hunaif si alzò e disse: "Uomini! Rimproverate voi stessi! Eravamo con il Profeta (ﷺ) nel giorno di Hudaibiya e, se fossimo stati invitati a combattere, lo avremmo fatto. Però 'Umar bin Al-Khattāb giunse e disse: "O Profeta di Dio! Forse noi non siamo sul retto cammino ed i nostri oppositori su quello sbagliato?"; il Profeta (ﷺ) rispose affermativamente. 'Umar domandò ancora; "Coloro che tra i nostri sono stati uccisi non si trovano forse in Paradiso mentre i loro all'Inferno?"; rispose ancora affermativamente ed 'Umar continuò: "Per quale motivo allora dovremmo accettare dei termini umilianti relativamente alla nostra religione? Dovremmo ritornare prima che Dio giudichi tra di noi e loro?". Il Profeta (ﷺ) affermò: "O Ibn Al-Khattāb! Sono il Profeta di Dio e Lui non mi umilierà mai". Successivamente 'Umar si recò da Abū Bakr e pronunciò le medesime parole che aveva detto al Profeta (ﷺ). Abū Bakr disse (ad 'Umar): "Egli è il Profeta di Dio e Lui non lo umilierà mai". Poi venne rivelata la sura *Al-Fath*[44] ed il Profeta di Dio (ﷺ) la recitò davanti ad 'Umar, che domandò: "O

---

riconsegna ai Quraysh di coloro che si sarebbero recati a Medina o avrebbero desiderato farlo dopo aver abbracciato l'Islam. Il Profeta (ﷺ) invitò così Abū Jandal alla pazienza per amore di Dio.
[44] La sura della Vittoria, di 29 versetti, rivelata a Medina.

Profeta di Dio! È forse una vittoria?" ed il Profeta (ﷺ) rispose: "Sì!">>.

3183. Asmā' bint Abū Bakr (che Dio si compiaccia di lei) ci ha tramandato: <<Al tempo del trattato di pace dei Quraysh con il Profeta di Dio (ﷺ), mia madre che era una miscredente, venne a farmi visita accompagnata da mio padre. Io consultai il Profeta di Dio (ﷺ) (e domandai): "O Profeta di Dio! Mia madre è venuta da me e desidera ricevere un regalo. Dovrei mantenere delle buone relazioni con lei?", il Profeta (ﷺ) rispose: "Sì, mantieni delle buone relazioni con lei">>.

(19) Capitolo. È lecito concludere un trattato di pace per tre giorni o per un altro periodo prefissato

3184. Al-Barā' (che Dio si compiaccia di lui) ci ha tramandato: <<Quando il Profeta (ﷺ) intendeva compiere l' 'Umra, inviò una persona alla Mecca per domandare il permesso di entrarvi. Conclusero un accordo secondo cui non si sarebbe trattenuto per più di tre giorni e non sarebbe entrato se non con le armi inguainate e che non avrebbe predicato (l'Islam) a nessuno di loro. Così 'Alī bin Abū Tālib cominciò a scrivere il trattato tra di loro. Quando scrisse: "Questo è quanto Muhammad, il Profeta di Dio (ﷺ), ha concordato", dissero: "Se avessimo riconosciuto che sei il Profeta di Dio, non ti avremo impedito (di entrare) e ti avremmo seguito. Scrivi invece: 'Questo è quanto Muhammad bin 'Abdullāh ha concordato' ". Il Profeta di Dio (ﷺ) disse: "Sono Muhammad bin 'Abdullāh e il Profeta di Dio". Il Profeta (ﷺ) era solito non scrivere e così domandò ad 'Alī di rimuovere l'espressione "Profeta di Dio". 'Alī però disse: "Per Allah, non lo cancellerò mai". Il Profeta di Dio (ﷺ) allora disse ad 'Alī: "Fammi vedere

il documento" e, quando quest'ultimo glielo mostrò, il Profeta (ﷺ) cancellò l'espressione con la sua stessa mano. Quando il Profeta di Dio (ﷺ) entrò alla Mecca[45] e trascorsero tre giorni, i Quraysh chiamarono 'Alī e gli dissero: "Che il tuo amico lasci la Mecca". 'Alī informò il Profeta (ﷺ), che rispose affermativamente e partì">>.

(20) Capitolo. Relativamente allo stipulare un trattato di pace a tempo indeterminato

Il Profeta (ﷺ) disse (agli ebrei di Khaibar): "Vi terremo fino a quando Dio vi ci manterrà".

(21) Capitolo. Relativamente al gettare in un pozzo i cadaveri dei *Mushrikūn*, per i quali non deve essere accettato alcun riscatto (nel caso in cui le loro famiglie desiderino riaverli)

3185. 'Abdullāh (che Dio si compiaccia di lui) ci ha tramandato: <<Mentre il Profeta (ﷺ) si trovava in *sujūd* circondato da un gruppo di pagani Quraysh, 'Uqba bin Abī Mu 'ait giunse con degli intestini di cammello che gettò sulla schiena del Profeta (ﷺ). Il Profeta (ﷺ) non sollevò il capo dal *sujūd* fino a quando Fatima (che Dio si compiaccia di lei) giunse e rimosse quegli intestini dalla sua schiena ed invocò il male su coloro che avevano compiuto (quell'azione malvagia). Il Profeta (ﷺ) disse: "O Allah, distruggi i capi dei Quraysh. O

---

[45] Quest'episodio accadde nel corso della 'Umra compiuta dal Profeta (ﷺ) e dai musulmani l'anno successivo alla firma del Trattato di Hudaibiya, secondo il quale era concesso ai musulmani restare nella Mecca per tre giorni soltanto.

Kitāb al-Jizya wa al-Mawāda 'ah

(Il libro della Jizya e dell'interruzione della guerra)

Allah, distruggi Abū Jahl bin Hishām[46], 'Utba bin Rabī 'a, Shaiba bin Rabī'a, 'Uqba bin Abī Mu 'ait, Umayya bin Khalaf (o Ubaī bin Khalaf)"[47]. Successivamente furono uccisi tutti nella battaglia di Badr ed i loro cadaveri vennero gettati in un pozzo, tranne quello di Umaiyya o Ubaī, in quanto era un uomo obeso e, quando venne spinto, le parti del suo corpo si separarono prima che venisse gettato nel pozzo">>[48].

---

[46] Cfr. V. Salierno, *Dizionario dell'Islam*, Roma 2018: << Abū Jāhl, (570 ca-624), "padre dell'ignoranza", soprannome dispregiativo di 'Amr ibn Hishām ibn al-Mughira (v. voce), nemico implacabile del Profeta, morì nella battaglia di Badr (v. voce)>>.

[47] Costoro erano membri influenti della tribù dei Quraysh che avevano perseguitato con violenza il Profeta (ﷺ) ed i musulmani alla Mecca.

[48] Quest'episodio avvenne dopo la morte di Abū Talib, quando il Profeta (ﷺ) aveva perduto de facto se non de iure la protezione del suo clan. Cfr. S. Lei, *Muhammad (pace e benedizioni su di lui), il Profeta dell'Islam, una biografia completa dall'inizio della rivelazione all'Hijrah*, Roma 2018, 142-143: << A questo periodo risale l'inasprirsi delle relazioni tra musulmani e pagani ed il peggioramento evidente del trattamento che il Profeta (pbsl) ricevette dalla sua tribù. Ci è stato tramandato che Uqbah ibn Abi Mu'ayt, mentre il Profeta (pbsl) si trovava prostrato in preghiera, gli gettò sulla schiena una placenta di una femmina di cammello che aveva appena partorito. Il peso che gravava sulla schiena del Profeta (pbsl) era tale che non riusciva nemmeno ad alzare il capo. Poi arrivò Fatima, che rimosse la placenta e maledisse colui che aveva offeso in modo così turpe suo padre. Ci furono poi molte altre occasioni in cui il Profeta (pbsl) dovette subire degli attacchi alla sua persona e alla sua dignità. Una volta, quando costui stava tornando a casa dalla Ka'ba, un uomo gli gettò sul capo e sul volto una manciata di terra sporca. Anche questa volta il Profeta (pbsl) venne aiutato dalla giovane Fatima che, piangente, gli lavò il volto ed il capo. Il Profeta (pbsl), addolorato dal pianto di sua figlia, le disse: "Non piangere, bambina mia. Dio proteggerà tuo padre">>.

(22) Capitolo. Relativamente al peccato di un traditore nel caso in cui la persona tradita sia buona o cattiva.

3186, 3187. ʿAbdullāh ed Anas (che Dio si compiaccia di loro) ci hanno tramandato che il Profeta (ﷺ) ha affermato: "Ogni traditore nel Giorno del Giudizio riceverà una bandiera". Uno dei due sub-narratori ha affermato che la bandiera sarà fissata mentre un altro che sarà mostrata nel Giorno della Resurrezione al fine che per mezzo suo il traditore venga riconosciuto.

3188. Ibn ʿUmar (che Dio si compiaccia di lui) ci ha tramandato che il Profeta (ﷺ) ha affermato: "Per ogni traditore ci sarà una bandiera che sarà fissata nel Giorno della Resurrezione e sarà resa visibile al fine di mostrare al traditore quanto ha commesso".

3189. Ibn ʿAbbās (che Dio si compiaccia di lui) ci ha tramandato: <<Nel giorno della conquista della Mecca, il Profeta (ﷺ) disse: "Ora non vi è più alcuna *Hijrah*, ma solo

Kitāb al-Jizya wa al-Mawāda 'ah

(Il libro della Jizya e dell'interruzione della guerra)

l'impegno strenuo sulla via di Dio[49] e le buone intenzioni[50]. Ogni volta che siete chiamati all'impegno strenuo dovreste rispondere immediatamente". Nel giorno della conquista

---

[49] Cfr. Il Sacro Corano 22:78: << Impegnatevi per la Sua causa nel modo dovuto [con sincerità e disciplina]. Egli vi ha scelto e non vi ha posto in nessuna difficoltà nella religione. Questo è il culto del vostro padre Abramo. Egli vi ha chiamato musulmani nella precedente e in questa rivelazione. Che il Profeta possa essere un testimone per voi e voi possiate essere testimoni per l'umanità! Stabilite preghiere regolari, fate la carità in modo costante e mantenetevi vicini a Dio! Egli è il vostro protettore, il migliore patrono ed il migliore aiuto!>>; 4:95-96: <<Non sono uguali quei credenti che siedono in casa e non corrono alcun pericolo e coloro che invece s' impegnano e lottano per la causa di Dio con i loro beni e le loro persone. Egli ha garantito un grado più alto a coloro che s'impegnano e lottano con i loro beni e le loro persone rispetto a quelli che siedono in casa. A tutti comunque Dio ha promesso il bene. Però, Egli ha distinto quelli che si impegnano e lottano da coloro che siedono a casa e li ha resi degni di una speciale ricompensa: 96-ranghi speciali da Lui concessi, il perdono e la misericordia. Dio è Perdonatore, Misericordioso>>; 61:11-12: <<Credete in Dio e nell'ultimo giorno ed impegnatevi strenuamente sulla via di Dio con i vostri beni e le vostre persone. Questo sarà meglio per voi, se solo sapeste! 12-Egli perdonerà i vostri peccati e vi ammetterà in Giardini sotto i quali scorrono dei ruscelli e a splendide dimore nei Giardini dell'eternità. Questo è il successo finale>>; 29:69: <<Certamente guideremo sul retto cammino coloro che s'impegnano per la Nostra causa. In verità, Dio è con coloro che agiscono con rettitudine>>; 8:72: << Coloro che credono e scelgono di emigrare e combattono per la fede con la loro proprietà e le loro persone nella causa di Dio, come coloro che danno loro asilo e aiuto, sono tutti amici e protettori gli uni degli altri. Per quanto riguarda i credenti che non sono emigrati, tu non hai alcun dovere di protezione verso di loro fino a quando non lo faranno. Però, se cercano il tuo aiuto in nome della religione, è tuo dovere aiutarli, eccetto contro coloro con cui avete stretto un trattato di reciproca alleanza. Dio osserva tutte le vostre azioni>>.

[50] In arabo "nya" ossia la disposizione morale e spirituale che connota qualsiasi azione nella sua reale natura e nel suo valore eterno davanti a Dio. Cfr. Sahīh al-Bukhārī, *Kitāb al-Wahy*, 1, 1. 'Umar bin Al-Khattāb (che Dio si compiaccia di lui) ci ha tramandato di aver udito il Profeta (ﷺ) affermare: <<La ricompensa per le azioni dipende dalle intenzioni[50] ed ognuno avrà la ricompensa secondo quanto ha inteso [nel compiere una determinata azione]. Così colui che emigra[50] per benefici terreni o per sposare una donna, la sua migrazione sarà per ciò verso cui l'ha compiuta>>.

della Mecca, il Profeta (ﷺ) disse anche: "Dio, dal giorno in cui ha creato i cieli e la terra, ha reso questa città un santuario e rimarrà tale fino al giorno della Resurrezione secondo il decreto di Dio. Prima di me non è stato lecito per nessuno combattere presso di lei, ed è stato reso lecito per me solo per un'ora del giorno. La (Mecca) è un santuario fino al Giorno della Resurrezione secondo il decreto divino. I suoi cespugli spinosi non possono essere tagliati, i suoi animali cacciati e la sua *Luqata*[51] non deve essere raccolta se non da colui che l'annuncia pubblicamente. La sua erba non deve poi essere sradicata". Al-'Abbās disse: "O Profeta di Dio, eccetto l'*Idhkhir*[52] che viene utilizzato dagli orafi e dalle persone per le loro case". Il Profeta (ﷺ) allora disse: "Tranne l'*Idhkhir*">>.

---

[51] Con questo termine s'intende un oggetto o un bene smarrito e ritrovato sulla pubblica via da qualcuno che non ne è il legittimo proprietario.
[52] Pianta aromatica dal profumo molto intenso.

Il libro dell'inizio della creazione

(1) Capitolo. Relativamente al versetto: <<Egli inizia il processo della creazione, poi la ripete. È facile per Lui. A Lui appartiene ciò che di più umile si trova in cielo ed in terra. Egli è l'Eccelso, il Saggio>>[1].

Ar-Rabī bin Khuthaim ed Al-Hasan hanno affermato: "Tutto è semplice per Dio".

3190. ʻImrān bin Husain (che Dio si compiaccia di lui) ci ha tramandato: <<Alcuni membri dei Banī Tamīm giunsero dal Profeta (ﷺ) ed egli disse loro: "O Banī Tamīm! Rallegratevi per le buone nuove"; loro dissero: "Ci hai comunicato delle buone nuove, ma adesso dacci qualcosa". All'udire queste parole, il suo volto cambiò colore. Poi alcuni abitanti dello Yemen giunsero al suo cospetto ed egli disse: "O Yemeniti! Accettate le buone nuove perché i Banu Tamīm le hanno rifiutate!"; gli Yemeniti risposero: "Sì, le accettiamo!". Il Profeta (ﷺ) allora cominciò a parlare dell'inizio della creazione e del Trono (di Dio). Nel frattempo, giunse un uomo dicendo: "O ʻImrān! Il tuo cammello è fuggito!". (Mi alzai ed andai via), ma vorrei non essermene andato (perché non ho potuto ascoltare quello che il Profeta di Dio ﷺ aveva affermato)>>.

3191. ʻImrān bin Husain (che Dio si compiaccia di lui) ci ha tramandato: <<Mi recai dal Profeta (ﷺ) e legai la mia femmina di cammello all'entrata. I membri dei Banī Tamīm giunsero presso il Profeta (ﷺ) che disse loro: "O Banī Tamīm! Accettate le buone nuove"; loro risposero due volte: "Ci hai comunicato

---

[1] Il Sacro Corano 30:27.

le buone nuove, ora dacci qualcosa!". Poi giunsero presso di lui alcuni Yemeniti ed egli disse: "Accettate le buone nuove, o abitanti dello Yemen, perché i Banī Tamīm le hanno rifiutate". Loro dissero: "Le accettiamo, o Profeta di Dio! Siamo giunti presso di te per domandarti relativamente a questo argomento (ossia l'inizio della creazione)". Lui disse: "Prima di tutto, non vi era altro che Dio e (poi Egli creò il Suo Trono). Il Suo Trono era sulle acque. Poi scrisse ogni cosa nel (Libro) e creò sia i cieli che la terra". Poi un uomo gridò: "O Ibn Husain! La tua femmina di cammello è corsa via!". Allora andai via, ma non potei vedere la mia femmina di cammello a causa del miraggio. Per Allah, vorrei aver lasciato andare l'animale (piuttosto che quella riunione)>>.

3192. 'Umar (che Dio si compiaccia di lui) ci ha tramandato: <<Un giorno il Profeta (ﷺ) stette in mezzo a noi per un lungo periodo e ci informò relativamente all'inizio della creazione (spiegando ogni cosa nel dettaglio) fino a quando menzionò in che modo gli abitanti del Paradiso entreranno nel luogo che è loro proprio e coloro che sono destinati all'Inferno raggiungeranno il luogo che è stato loro riservato. Alcuni hanno ricordato quello che ha affermato ed altri, invece, lo hanno dimenticato>>.

3193. Abū Hurairah (che Dio si compiaccia di lui) ci ha tramandato che il Profeta di Dio (ﷺ) ha affermato: <<Dio l'Eccelso ha affermato: "Il figlio di Adamo mi offende e non dovrebbe farlo, poi afferma una menzogna contro di Me (ossia non crede in Me) e non dovrebbe comportarsi in questo modo. Costui mi offende quando afferma che ho un figlio ed afferma una menzogna contro di Me quando sostiene che non posso ricrearlo nel modo in cui ho fatto precedentemente>>.

3194. Abū Hurairah (che Dio si compiaccia di lui) ci ha tramandato che il Profeta di Dio (ﷺ) ha affermato: <<Quando Dio ha completato la creazione, scrisse sul Libro che si trova presso di Lui sul Suo Trono: "La Mia misericordia ha superato la Mia ira">>.

(2) Capitolo. Che cosa è stato affermato relativamente alle sette terre.

Relativamente al versetto: "Dio è Colui che ha creato i sette cieli e altrettante terre. Discende incessantemente dall'alto la Sua volontà creatrice. Sappiate che Dio è l'Onnipotente e che Egli abbraccia ogni cosa nella Sua conoscenza"[2].

3195. Muhammad bin Ibrāhīm bin Al-Hārith ci ha tramandato da Abū Salama bin 'Abdur-Rahmān, che aveva disputato contro alcune persone per un pezzo di terra, e così si recò da Āishah (che Dio si compiaccia di lei) per raccontarglielo. Lei disse: <<O Abū Salama, evita quella terra perché il Profeta di Dio (ﷺ) ha affermato: "Il collo, di colui che si appropria ingiustamente anche di una spanna di terra, sarà stretto dalle sette terre (nel Giorno della Resurrezione)>>.

3196. Il padre di Sālim ci ha tramandato che il Profeta (ﷺ) ha affermato: "Ogni persona, che si appropria ingiustamente di un pezzo di terra, affonderà nelle sette terre nel Giorno della Resurrezione".

3197. Abū Bakra (che Dio si compiaccia di lui) ci ha tramandato che il Profeta (ﷺ) ha affermato: "Il tempo è tornato alla condizione originaria in cui si trovava quando Dio

---

[2] Il Sacro Corano 65:12.

ha creato i cieli e la terra. L'anno è composto di dodici mesi, di cui quattro sono sacri e tre di essi si susseguono l'uno all'altro: Dhul-Qa 'da, Dhul-Hijjah ed Al-Muharram. Il quarto è il mese di Rajab Mudar (dal nome della tribù di Mudar, i cui membri erano soliti considerare questo mese sacro), che è collocato tra Jumāda-ath-Thānīyah e Sha 'bān".

3198. Sa 'īd bin Zaid bin 'Amr bin Nufail ci ha tramandato che Arwa (la figlia di Unais) lo denunciò presso Marwān per un diritto di cui -secondo costei- lui l'aveva privata. Sa 'īd disse: <<Come puoi averla privata di quanto le appartiene di diritto? Testimonio di aver udito il Profeta di Dio (ﷺ) affermare: "Se qualcuno si appropria ingiustamente anche di una spanna di terra, il suo collo sarà stretto da sette terre nel Giorno della Resurrezione">>.

(3) Capitolo. (Relativamente alle) stelle.

Abū Qatāda, menzionando il versetto: "Abbiamo adornato i cieli più bassi con le lampade; le abbiamo rese dei giavellotti per scacciare i demoni e abbiamo preparato per loro il castigo del Fuoco ardente"[3] ha affermato: <<Queste stelle sono state create per tre scopi: 1) Come decorazione per il cielo più vicini, 2) Come giavellotti da scagliare contro i demoni, 3) Come segno per guidare i viaggiatori. Così, se qualcuno cerca di trovare un'interpretazione differente, commette un errore, s'impegna invano e si preoccupa di ciò che si trova al di là del limite della conoscenza umana>>.

---

[3] Il Sacro Corano 67:5.

(4) Capitolo. La caratteristica del sole e della luna. Relativamente al versetto: <<Il sole e la luna seguono un percorso esattamente calcolato>>[4].

Mujāhid ha affermato: <<Costoro si muovono come la macina a mano" ed altri dissero: "Secondo fasi misurate ed esattamente calcolate (al fine di conoscere il numero degli anni, dei mesi ed del resoconto....)".

3199. Abū Dhar (che Dio si compiaccia di lui) ci ha tramandato: <<Il Profeta (ﷺ) mi domandò al tramonto: "Sai forse dove va il sole, al tempo del tramonto?"; risposi: "Dio ed il Suo Profeta ne sanno di più". Lui disse: "(Viaggia) fino a quando si prosterna sotto il Trono e poi chiede il permesso di sorgere di nuovo e gli viene consentito. Però giungerà un tempo in cui, quando starà per prosternarsi, la sua prosternazione non sarà accettata. Domanderà il permesso di procedere per il suo corso, ma non gli sarà consentito e così sorgerà da Occidente. Questa è l'interpretazione del versetto: "Il sole segue il suo corso per un periodo determinato. Questo è il Suo decreto, dell'Eccelso, del Sapiente[5]">>.

3200. Abū Hurairah (che Dio si compiaccia di lui) ci ha tramandato che il Profeta (ﷺ) ha affermato: <<Nel Giorno della Resurrezione, il sole e la luna collasseranno uno nell'altra (o saranno privati della loro luce)>>.

3201. 'Abdullāh bin 'Umar (che Dio si compiaccia di lui) ci ha tramandato che il Profeta (ﷺ) ha affermato: <<Il sole e la luna non si ecclissano a causa della morte o della nascita di

---

[4] Il Sacro Corano 55:5.
[5] Il Sacro Corano 36:38.

qualcuno, ma sono due dei segni di Dio. Così, se siete testimoni di essi (ossia se assistete a delle eclissi), dovete pregare>>.

3202. 'Abdullāh bin 'Abbās (che Dio si compiaccia di lui) ci ha tramandato che il Profeta (ﷺ) ha affermato: <<Il sole e la luna sono due dei segni di Dio. Le eclissi non si verificano per la morte o la nascita di qualcuno. Così se siete testimoni (di questi eventi), ricordatevi di Dio (ossia offrite la preghiera per l'eclisse)>>.

3203. Āishah (che Dio si compiaccia di lei) ci ha tramandato: <<Nel giorno dell'eclisse di sole, il Profeta di Dio (ﷺ) si alzò (per offrire la preghiera dell'eclisse). Proclamò il *Takbīr*, recitò una lunga porzione del Corano, si inchinò per lungo tempo e poi alzò il capo e disse: "Dio ascolta coloro che Lo lodano". Poi rimase in piedi, recitò di nuovo dal Corano, ma una parte più breve, si inchinò per un tempo lungo ma minore del precedente, e poi compì due lunghe prosternazioni. Successivamente compì la seconda *Rak'ah* allo stesso modo della prima. Quando ebbe terminato la sua preghiera con il *Taslīm*, anche l'eclisse solare finì. Poi si rivolse alle persone in merito alle eclissi di sole e di luna dicendo: "Questi sono due segni di Dio e non avvengono a causa della morte o della nascita di qualcuno[6]. Allora, se ne siete testimoni, affrettatevi verso la preghiera">>.

---

[6] Ci si riferisce ad Ibrāhīm, il terzo figlio maschio del Profeta Muhammad (ﷺ) che ebbe da Maria al-Qibtiyya. Nacque intorno al 630 d.C. e morì circa un anno dopo. Cfr. Sahīh al-Bukhārī, *Kitāb al-Kusūf*, 1, 1043, Al-Mughīra bin Shu'ba (che Dio si compiaccia di lui) ci ha tramandato: <<Al tempo del Profeta (ﷺ) si è verificata un'eclisse di sole, nel giorno della morte di suo figlio Ibrāhīm. Allora le persone dissero che l'eclisse di sole si era verificata a causa della morte di Ibrāhīm. Il Profeta di Dio (ﷺ) però disse: "Le eclissi di sole e di luna non avvengono a causa della morte o della nascita di

3204. Abū Mas'ūd (che Dio si compiaccia di lui) ci ha tramandato che il Profeta (ﷺ) ha affermato: <<Le eclissi del sole e della luna non si verificano a causa della morte o della nascita di qualcuno, ma sono due dei segni di Dio. Se assistete (a questi due eventi), offrire la preghiera>>.

3205. Ibn 'Abbās (che Dio si compiaccia di lui) ci ha tramandato che il Profeta (ﷺ) ha affermato: "Sono stato reso vittorioso con il *Sabā* (ossia il vento orientale) ed il popolo degli 'Ād[7] è stato distrutto dal *Dabūr* (il vento che spira da occidente)>>.

3206. 'Atā' ci ha tramandato: <<Āishah (che Dio si compiaccia di lei) ha affermato: "Il Profeta (ﷺ) ogni volta che vedeva una nuvola nel cielo, camminava avanti ed indietro per l'agitazione ed il colore del suo volto mutava. Poi, se pioveva, si sentiva meglio e si rilassava">>. Āishah conosceva questa sua condizione ed il Profeta (ﷺ) disse: <<Temo che potrebbe essere simile a quello che è accaduto a quelle persone cui ci si riferisce nel versetto: "Poi, quando videro il castigo nella forma di una nuvola che attraversava il cielo diretta verso la loro valle, dissero: Questa nuvola ci porterà la pioggia!". No, sarà la calamità che mi chiedevate di affrettare: un vento in cui si trova un terribile castigo!"[8]>>.

---

qualcuno. Quando vedete un'eclisse, dovete offrire la *Salāt* ed invocare Dio">>.

[7] Cfr. V. Salierno, Dizionario dell'Islam, Roma 2018: << 'Ād, popolo più o meno leggendario che, secondo il Corano, VII, 65, sarebbe vissuto a Iram (v. voce), nell'Arabia meridionale, sùbito dopo l'era di Noè. Inoltre, LXXXIX, 6-8: "Non hai visto quel che ha fatto il Signore della gente di 'Ād a Iram dalle alte colonne che non avea pari su tutta la terra?", riferendosi al fatto che gli 'Ād si sarebbero ribellati all'inviato di Dio, prima di Muḥammad, e sarebbero stati pertanto sterminati da Dio>>.

[8] Il Sacro Corano 46:24.

(6) Capitolo. Il riferimento agli angeli

Anas disse che ʻAbdullāh bin Salām disse al Profeta (ﷺ): <<Tra gli angeli Jibrīl è nemico degli ebrei". Ibn ʻAbbās disse che il versetto: "Siamo schierati in ranghi..."[9] si riferisce agli angeli...>>.

3207. Mālik bin Saʻsaʻa (che Dio si compiaccia di lui) ci ha tramandato che il Profeta (ﷺ) ha affermato: <<Mentre mi trovavo accanto alla Kaʻbah in uno stato tra la veglia ed il sonno, (un angelo mi riconobbe) come l'uomo che era disteso tra gli altri due. Mi venne presentato un vassoio pieno di saggezza e di fede ed il mio corpo venne aperto dalla gola all'ultima parte dell'addome e poi venne lavato con l'acqua di *Zamzam* ed il mio cuore venne riempito di saggezza e di fede. Al-Burāq, un animale bianco, più piccolo di un mulo e più grande di un asino, mi venne portato ed io partì insieme a Jibrīl (pace su di lui). Quando giunsi presso il cielo più vicino, Jibrīl disse al suo guardiano: "Apri la porta" ed il guardiano domandò: "Chi è?". Rispose: "Jibrīl" ed il guardiano disse: "Chi ti accompagna?"; Jibrīl rispose: "Muhammad". Il guardiano domandò: "Ha ricevuto la chiamata?"; Jibrīl rispose affermativamente. Poi gli venne detto: "Costui è benvenuto! Che splendida visita!". Poi incontrai Adamo[10], lo salutai ed egli disse: "Sei il benvenuto, o figlio e profeta". Poi ascendemmo al secondo cielo. Gli venne domandato: "Chi è costui?"; Jibrīl rispose: "Jibrīl". Gli venne domandato: "Chi è insieme a te?";

---

[9] Il Sacro Corano 37:165.
[10] Cfr. Il Sacro Corano 2:34: <<Poi abbiamo detto agli angeli: "Prosternatevi davanti ad Adamo". E si prosternarono, eccetto Iblis, che si rifiutò a causa della sua arroganza. Divenne uno di coloro che negano il vero>>.

rispose: "Muhammad". Gli venne domandato: "È stato inviato?"; quando rispose affermativamente, gli venne detto: "Che sia il benvenuto! Che visita meravigliosa!". Poi incontrai 'Īsā[11] e Yahya[12], che dissero: "Che tu sia il benvenuto, o fratello e profeta!". Poi ascendemmo al terzo cielo. Venne domandato: "Chi è?" e Jibrīl rispose: "Jibrīl". Quando venne domandato: "Chi si trova insieme con te?", rispose: "Muhammad". Gli venne domandato: "È stato inviato?"; quando rispose affermativamente, gli venne detto: "Che sia il benvenuto! Che visita meravigliosa!". (Il Profeta ﷺ aggiunse:): "Lì incontrai Yūsuf[13] e lo salutai": egli rispose: "Che tu sia il benvenuto, o

---

[11] Cfr. Il Sacro Corano 4:171: "O popoli del Libro, non commettete eccessi nella religione e non dite riguardo a Dio se non la verità. Gesù Cristo, il figlio di Maria, non era altro che un profeta di Dio e la Sua parola, che Egli pose in Maria, uno spirito che proveniva da Lui. Così credete in Dio e nei Suoi profeti".

[12] Cfr. Il Sacro Corano, 19:2-15: <<Questo commemora la misericordia che il tuo Signore ha concesso al Suo servo Zaccaria. Egli gridò verso il suo Signore, in segreto, pregando: "O mio Signore, ormai le mie ossa sono inferme e i capelli del mio capo sono grigi. Non sono mai rimasto però privo di una benedizione nelle preghiere che Ti ho rivolto. Temo per ciò che i miei famigliari faranno, dopo la mia morte. Mia moglie è sterile. Però Tu concedimi un erede, che provenga dalla Tua grazia. Qualcuno che sia mio vero erede ed erede della Casa di Giacobbe. Fai di lui, o Signore, uno di coloro di cui Ti compiaci". La sua preghiera fu esaudita: "O Zaccaria, ti annunciamo la buona novella di un figlio. Il suo nome sarà Yāhya. Non abbiamo dato questo nome a nessuno prima di lui". Egli disse: "O mio Signore, come posso avere un figlio, quando mia moglie è sterile ed io sono ormai vecchio?". Egli disse: "Così sarà. Il tuo Signore ha detto: <<È cosa semplice per Me. Ti ho creato quando non eri nulla!>>. (.....). A suo figlio fu dato il comando: "O Yahya! Afferra il Libro con perseveranza". Gli demmo saggezza anche in giovane età. Gli demmo il dono della compassione e la purezza. Egli era devoto e gentile verso i suoi genitori. Non era né autoritario né ribelle. Che sia pace su di lui il giorno in cui è nato, il giorno della sua morte ed il giorno in cui sarà resuscitato a nuova vita">>.

[13] Cfr. Il Sacro Corano, 12:3-7: <<Ti raccontiamo la più meravigliosa delle storie in questa porzione del Corano, che ti abbiamo rivelato. Prima eravate tra coloro che non sanno. Giuseppe disse a suo padre: "Ho visto undici stelle,

fratello e profeta!". Poi ascendemmo al quarto cielo e di nuovo ci fu il medesimo scambio di domande e risposte così come era avvenuto nei cieli precedenti. Incontrai Idrīs[14] e lo salutai. Egli disse: "Sei il benvenuto, o fratello e profeta!". Poi ascendemmo al quinto cielo e di nuovo vennero scambiate le medesime domande e risposte così come nei cieli precedenti. Lì incontrai e salutai Hārūn[15] che disse: "Che tu sia il benvenuto, o fratello e profeta!". Poi ascendemmo al sesto cielo e di nuovo vennero scambiate le medesime domande e risposte così come nei cieli precedenti. Poi incontrai e salutai Mūsā[16] che disse: "Che tu sia il benvenuto, o fratello e

---

il sole e la luna, che si prosternavano verso di me". Il padre disse: "Figlio mio, non raccontare la tua visione ai tuoi fratelli, al fine che non complottino contro di te. Per l'uomo Satana è un nemico manifesto". Poi il tuo Signore lo scelse e gli insegnò l'interpretazione dei sogni, rendendo perfetto il Suo favore sopra di lui e sulla posterità di Giacobbe, così come fece con i tuoi antenati, Ibrāhīm ed Isacco! Il tuo Signore è pieno di conoscenza e saggezza. In verità, Giuseppe ed i suoi fratelli sono segni per coloro che cercano il vero>>.

[14] Cfr. Il Sacro Corano, 19:56-57: "Menziona nel Libro la storia di Idrīs: era un veritiero ed un profeta. Lo innalzammo ad una nobile condizione"; 21:85-86: "E ricordati di Ismā 'īl, di Idrīs e di Dhū al Kifl; tutti uomini di costanza e di pazienza. Noi li abbiamo ammessi alla Nostra misericordia perché erano tra i devoti".

[15] Cfr. Il Sacro Corano, 20:24-35: <<Mosè disse: "O mio Signore, calma il mio cuore, rendi facile il mio eloquio e rimuovi l'impaccio dalla mia lingua affinché possano comprendere ciò che dico e dammi un ministro dalla mia famiglia: Aronne, mio fratello. Accresci la mia forza per mezzo di lui, e fai che condivida il mio compito, che noi possiamo celebrare le Tue lodi ininterrottamente e possiamo ricordarTi senza sosta, perché Tu sei Colui che sempre ci osserva">>.

[16] Cfr. Il Sacro Corano, 20:9-24: <<Non ti ha forse raggiunto la storia di Mosè? Egli vide un fuoco e disse alla sua famiglia: "Aspettatemi, vedo un fuoco. Forse potrei portarvi qualche ramoscello infuocato o trovare presso il fuoco qualche guida". Però, quando giunse presso il fuoco, udì una voce: "Mosè, in verità, io sono il tuo Signore! In Mia presenza togliti i sandali; sei nella sacra valle di Tuwā. Io ti ho scelto. Ascolta l'ispirazione che ti viene inviata. In verità, io sono Dio, non c'è altro dio che Me, così servite solo Me e stabilite

profeta". Quando andai avanti, cominciò a piangere e, quando gliene venne domandato il motivo, disse: "O Signore! I seguaci di questo giovane, che è stato inviato, entreranno in Paradiso in numero maggiore dei miei". Poi ascendemmo al settimo cielo e di nuovo vennero scambiate le medesime domande e risposte come nei cieli precedenti. Lì incontrai e salutai Ibrāhīm[17] che disse: "Che tu sia il benvenuto, o figlio e profeta". Poi mi venne mostrata la *Bait-ul-Ma'mūr*[18] dove settantamila angeli assolvono alla preghiera e, quando vanno via, non vi ritornano mai più". Poi mi venne mostrato il *Sidrat-ul-Muntahā*[19] ed io vidi i frutti dei Nabiq che assomigliano alle giare di terracotta di Hajar, mentre le sue foglie agli orecchi degli elefanti, e quattro fiumi scaturiscono dalle sue radici,

---

preghiere regolari per celebrare le Mie lodi. In verità, l'Ora sta arrivando, il mio piano è tenerla nascosta, al fine che ogni anima riceva la propria ricompensa secondo la misura del suo comportamento. Non lasciare che ti ostacoli colui che non crede, ma segue il proprio desiderio, affinché tu non perisca". (Dio disse): "Che cosa si trova nella tua mano destra, o Mosè?". Egli disse: "È il mio bastone. Mi appoggio; faccio cadere le foglie per il mio gregge e lo utilizzo anche in altri modi". Dio disse: "Gettalo a terra, o Mosè!". Egli lo fece e divenne un serpente. Dio disse: "Prendilo e non temere, lo riporteremo nella sua precedente condizione. Ora stringi la mano sotto l'ascella, ne uscirà bianca, anche se sana. Ecco un altro segno, al fine che Noi ti possiamo mostrare due dei Nostri segni più grandi. Vai dal Faraone perché invero ha sorpassato ogni limite">>.

[17] Cfr. Il Sacro Corano 4:125: "Chi può essere migliore nella religione di colui che sottomette se stesso a Dio, compie il bene e segue la via di Ibrāhīm, il veritiero nella fede? Dio si scelse Ibrāhīm come amico".

[18] Lett. "la casa più frequentata", dove ogni giorno settantamila angeli entrano per venerare Dio. La *Bayt al-Ma'mūr* sembra, quindi, essere il prototipo celeste della *Ka'bah* ed il simbolo stesso della gloria e della maestà divina. Cfr. Imām al Qurtubi, Commento alla sura 52, versetto 4.

[19] Lett. "L'albero di Loto posto al limite più estremo", che è interpretato rispettivamente come il luogo dove termina la conoscenza del Profeta (ﷺ), il limite oltre il quale gli angeli ed il Profeta (ﷺ) non possono procedere, dove finisce l'anima dei martiri e dove termina ogni cosa che è stata posta sulla terra.

due dei quali erano manifesti ed altri erano invece nascosti. Domandai a Jibrīl relativamente a quei fiumi ed egli rispose: "I due fiumi nascosti sono quelli del Paradiso, mentre quelli manifesti[20] sono quelli del Nilo e dell'Eufrate". Poi mi è stato comandato di assolvere a cinquanta preghiere [giornaliere]. Discesi fino a quando non incontrai Mūsā che mi domandò: "Che cosa hai fatto? ", risposi: "Mi è stato comandato di assolvere a cinquanta preghiere (al giorno)". Egli disse: "Conosco le persone meglio di te in quanto ho fatto esperienza della difficoltà di ricondurre i Banī Israel all'obbedienza. I tuoi seguaci non potranno mai ottemperare a questo comando. Così torna dal tuo Signore e domandagli (di ridurre il numero delle preghiere)". Ritornai e domandai una riduzione (a Dio) e lui le ridusse al numero di quaranta. Tornai indietro, (incontrai Mūsā), ed ebbi con lui una discussione simile. Poi ritornai da Dio per una riduzione (ulteriore) ed Egli le ridusse a trenta, poi a venti e poi a dieci. Successivamente tornai da Mūsā che mi diede il medesimo consiglio ed alla fine Dio ridusse (il numero delle preghiere) a cinque. Quando giunsi di nuovo presso Mūsā, costui disse: "Che cosa hai fatto?", risposi: "Dio le ha ridotte a cinque". Lui mi diede di nuovo il medesimo consiglio, ma io gli dissi che mi ero sottomesso (all'ordine finale di Dio)">>. Dio disse al Suo profeta: "Ho stabilito il Mio comando ed ho ridotto il peso

---

[20] Cfr. A. L. Chalikandi, *L'Isrā' e la Mi'rāj del Profeta (pbsl)*, in *Muhammad, il Profeta dell'Islam (pace e benedizioni su di lui)*, edizione a cura di S. Lei, Roma 2014, 37: "Alcuni studiosi moderni, come per esempio Muhammad Asad e Muhammad al-Ghazali, hanno interpretato, sebbene non esista alcuna prova testuale rintracciabile nel Corano e nella Sunna, i due fiumi visibili come un simbolo indicante la regione posta tra l'Iraq e l'Egitto, dove quasi tutti i profeti, nominati sia nella Bibbia che nel Corano, vissero e predicarono". Cfr. M. Asad, *Saḥīḥ al-Bukhārī (The Early Years of Islam)*, Selangor, 2002, 191.

(imposto) sui Miei servi e ricompenserò una singola buona azione come se fossero dieci">>.

3208. 'Abdullāh bin Mas 'ūd (che Dio si compiaccia di lui) ci ha tramandato che il Profeta di Dio (ﷺ), colui che è stato ispirato con la verità, ha affermato: "Un essere umano viene creato nel seno della propria madre per quaranta giorni e poi diviene un coagulo[21] per un periodo simile e poi un pezzo di carne[22] per un periodo simile. Poi Dio invia un angelo, cui viene ordinato di scrivere quattro cose (relativamente al nuovo essere

---

[21] Ossia un'*Alaqa*. Il termine *alaqah* in arabo significa: 1-Sanguisuga, 2-Qualcosa di pendente, 3-Sangue rappreso o grumo di sangue. Cfr. Il Sacro Corano 96: 1-2: "Leggi nel nome del tuo Signore, Che ha creato, ha creato l'uomo da una goccia di sangue rappreso"; 80:18-19: "Da che cosa lo ha creato? Lo ha creato da un ovulo fertilizzato e poi lo ha formato nelle proporzioni dovute"; 23:12-14: "Abbiamo creato l'uomo dall'essenza dell'argilla, poi lo abbiamo posto come una goccia di sperma in un luogo di riposo, stabilmente fissato. Poi abbiamo trasformato l'ovulo fecondato in un'aderenza somigliante ad una sanguisuga. Di quest'aderenza abbiamo fatto un nodulo, somigliante ad un pezzo di carne masticata, da cui creiamo le ossa, che poi rivestiamo di carne e lo facciamo sviluppare in un'altra creatura. Sia benedetto Dio, il migliore dei creatori!".

[22] Ossia una *Mudghah*. Lett. "qualcosa che è stato masticato". Cfr. Il Sacro Corano 23:14: "Poi abbiamo trasformato l'ovulo fecondato in un'aderenza somigliante ad una sanguisuga. Di quest'aderenza abbiamo fatto un nodulo, somigliante ad un pezzo di carne masticata, da cui creiamo le ossa, che poi rivestiamo di carne e lo facciamo sviluppare in un'altra creatura. Sia benedetto Dio, il migliore dei creatori!"; 22:5: "O uomini, se nutrite dei dubbi riguardo alla resurrezione, sappiate che Vi abbiamo creato dalla polvere, poi da un ovulo fecondato e da qualcosa di somigliante ad una sanguisuga penzolante. Poi da un pezzo di carne, in parte formato ed in parte informe, al fine di poter manifestare a voi il Nostro potere. Facciamo sì che, chi vogliamo, resti nel seno materno per un termine stabilito. Vi facciamo uscire come bambini, poi vi facciamo raggiungere l'età dello sviluppo. Alcuni di voi sono chiamati alla morte e altri raggiungono l'età della vecchiaia, quando non sanno nulla, dopo aver saputo. E vedi la terra spoglia e senza vita ma, quando vi facciamo scendere l'acqua, si sveglia a nuova vita e fa germogliare ogni tipo di pianta".

umano): le sue azioni, i suoi mezzi di sussistenza, la data della morte e se sarà benedetto o maledetto (nell'Altra vita). Poi gli viene insufflata l'anima. Per questa ragione, uno di voi potrebbe compiere delle (buone) azioni fino a quando è separato dal Paradiso solo dalla distanza di un cubito. Poi quello che è stato decretato per lui determina il suo comportamento ed egli comincia a compiere le azioni (malvage) caratteristiche degli abitanti dell'Inferno. In modo simile, un uomo tra di voi potrebbe compiere delle azioni (malvage) fino a quando è separato dall'Inferno solo dalla distanza di un cubito. Poi però quanto è stato decretato per lui determina il suo comportamento ed egli comincia a compiere le azioni caratteristiche degli abitanti del Paradiso">>.

3209. Abū Hurairah (che Dio si compiaccia di lui) ci ha tramandato che il Profeta (ﷺ) ha affermato: "Se Dio ama una persona, chiama Jibrīl (pace su di lui) e gli dice: "Dio ama il tale e tale! O Jibrīl, amalo [anche tu]". Jibrīl (pace su di lui) allora lo ama ed annuncia tra gli abitanti del Paradiso: "Dio amata tale e tale e, di conseguenza, dovete amarlo anche voi" e così tutti gli abitanti dei cieli lo amano e poi gli viene garantito il favore degli abitanti della terra".

3210. Āishah (che Dio si compiaccia di lei), la sposa del Profeta (ﷺ), ci ha tramandato di aver udito il Profeta di Dio (ﷺ) affermare: <<Gli angeli discendono in gruppi e menzionano questa o quella questione stabilita nel cielo. I demoni prestano ascolto di nascosto a queste affermazioni veritiere e poi vi ispirano gli indovini, che vi aggiungono cento delle loro menzogne>>.

3211. Abū Hurairah (che Dio si compiaccia di lui) ci ha tramandato che il Profeta di Dio (ﷺ) ha affermato: <<Ogni

venerdì, gli angeli si pongono presso ogni entrata della moschea per scrivere i nomi delle persone in ordine cronologico (ossia secondo il tempo del loro arrivo presso la preghiera del venerdì) e, quando l'*Imām* si siede (sul pulpito), piegano le ali e si preparano ad ascoltare la *Khutba*[23]>>.

3212. Sa 'īd bin Al-Musaiyab ci ha tramandato: <<Umar giunse presso la moschea, mentre Hassān stava recitando un poema. ('Umar lo disapprovò) ed allora Hassān disse: "Ero solito recitare delle poesia in ogni moschea alla presenza di qualcuno (ossia il Profeta ﷺ) che era migliore di te". Poi si voltò verso Abū Hurairah e gli disse: "Per Allah, ti domando non hai forse sentito che il Profeta (ﷺ) mi disse: Rispondi al mio posto. O Allah, supportalo con il *Ruh Al-Qudus* (ossia Jibrīl)?", Abū Hurairah rispose affermativamente>>.

3213. Al-Barā' (che Dio si compiaccia di lui) ci ha tramandato che il Profeta (ﷺ) disse ad Hassān[24]: "Componi delle satire contro i miscredenti e che Jibrīl sia con te".

3214. Humaid bin Hilāl ci ha tramandato che Anas bin Mālik (che Dio si compiaccia di lui) ha affermato: "Mi sembra di vedere una nuvola di polvere che turbina nel vicolo dei Banī

---

[23] Cfr. V. Salierno, *Dizionario dell'Islam*, Roma 2018: <<Khuṭba, il sermone o predica dell'imām che presiede la preghiera collettiva del venerdì; ha inizio con la lode di Allāh (ḥamdala), con la menzione delle qualità del Profeta, con una preghiera di intercessione per i credenti, con la menzione del capo della comunità e con la recitazione di qualche passo coranico; e infine il sermone vero e proprio. Controversa è stata nei secoli la menzione del capo della comunità, ossia sovrani e califfi: in determinati periodi storici, l'omissione del nome è stato considerato un segno di ribellione all'autorità statale>>.

[24] Riferimento ad Hassān ibn Thābit (554-674 d.C.), poeta che era solito difendere il Profeta (ﷺ) e i musulmani con i suoi versi.

Ghanm". Mūsā aggiunse: "Quella (nuvola) era causata dalla scorta a cavallo di Jibrīl (pace su di lui)".

3215. Āishah (che Dio si compiaccia di lui) ci ha tramandato: <<Al-Ḥārith bin Hishām domandò al Profeta (ﷺ): "Come ti è stata comunicata la rivelazione divina?"; egli rispose: "Ci è stata rivelata nei seguenti modi. Qualche volta l'angelo viene da me con una voce che assomiglia al suono di una campana sonante e, quando questa condizione è ormai passata, comprendo quello che l'angelo ha affermato e questo tipo di rivelazione è la più difficile per me. Qualche volta l'angelo giunge presso di me nella forma di un uomo che mi rivolge la parola direttamente, mentre io comprendo quello che dice">>.

3216. Abū Hurairah (che Dio si compiaccia di lui) ci ha tramandato di aver udito il Profeta di Dio (ﷺ) affermare: <<Colui che spende due cose per la causa di Dio, sarà chiamato dai guardiani del Paradiso, che diranno: "Vieni tale e tale!". Abū Bakr disse: "Costui non perirà mai e non sarà nemmeno mai miserabile". Il Profeta (ﷺ) disse: "Spero che tu sarai tra costoro!">>.

3217. Abū Salama ci ha tramandato: <<Āishah (che Dio si compiaccia di lei) ha affermato che il Profeta (ﷺ) le disse: "O Āishah! Questo è Jibrīl che ti manda i suoi saluti". Āishah rispose: "Gli porgo i miei saluti e che la grazia e la misericordia di Dio siano con lui", e rivolgendosi al Profeta (ﷺ) disse: "Tu vedi quello che io non vedo">>.

3218. Ibn 'Abbās (che Dio si compiaccia di lui) ci ha tramandato: <<Il Profeta di Dio (ﷺ) domandò a Jibrīl: "Perché non vieni a visitarci più spesso?" ed allora venne rivelato (relativamente a ciò): "[Gli angeli dicono]: Discendiamo solo

su comando del tuo Signore. A Lui appartiene ciò che si trova davanti, dietro ed in mezzo a noi"[25]>>.

3219. Ibn 'Abbās (che Dio si compiaccia di lui) ci ha tramandato che il Profeta di Dio (ﷺ) ha affermato: "Jibrīl mi ha letto il Corano in un modo ed io ho continuato a domandargli di recitarlo in modi diversi fino a quando non lo ha recitato secondo sette diversi stili di recitazione"[26].

3220. Ibn 'Abbās (che Dio si compiaccia di lui) ci ha tramandato: <<Il Profeta di Dio (ﷺ) era il più generoso tra le persone ed era solito esserlo ancora di più nel mese di Ramadān[27] quando Jibrīl era solito incontrarlo. Jibrīl era solito

---

[25] Il Sacro Corano 19:64.
[26] Cfr. Sahīh al-Bukhārī, *Kitāb Fadā'il Al-Kur'ān*, 5, 4992. 'Umar bin Al-Khattāb (che Dio si compiaccia di lui) ci ha tramandato: <<Ho udito Hishām bin Hakīm recitare la sura *al-Furqān* al tempo del Profeta di Dio (ﷺ) e prestai ascolto alla sua recitazione e mi accorsi che la recitava in modi diversi da quello che il Profeta di Dio (ﷺ) mi aveva insegnato. Ero quasi sul punto di aggredirlo durante la preghiera, ma controllai il mio temperamento. Quando ebbe terminato di pregare, posi la parte superiore della mia veste intorno al suo collo, lo immobilizzai e dissi: "Chi ti ha insegnato la sura che ti ho udito recitare?", lui rispose che gliela aveva insegnata il Profeta di Dio (ﷺ). Gli risposi: "Hai proferito una menzogna perché il Profeta (ﷺ) me la ha insegnata in modo differente da te". Così, lo trascinai dal Profeta di Dio e dissi: "Ho udito costui recitare la sura *al-Furqān* in un modo che tu non mi hai insegnato!". Il Profeta di Dio (ﷺ) allora disse: "Lascialo 'Umar! Hishām, recita!". Poi recitò nello stesso modo in cui lo avevo udito recitare. Poi il Profeta di Dio (ﷺ) disse: "È stata rivelata in questo modo!" ed ha aggiunto: "Recita, o 'Umar!", ed io la recitai come mi aveva insegnato. Il Profeta di Dio (ﷺ) poi disse: "È stata rivelata in questo modo. Questo Corano è stato rivelato per essere recitato in sette modi diversi. Così recitatelo nel modo che per voi è più semplice (o leggetene quanto è semplice per voi)">>.
[27] Cfr. Il Sacro Corano 2:183: <<O credenti! Vi è stato prescritto il digiuno così come è stato prescritto a coloro che sono venuti prima di voi affinché possiate imparare a controllarvi>>; 2:184-185: <<Il digiuno è stabilito per un certo numero di giorni. Però, se qualcuno di voi è malato o si trova in viaggio, deve recuperare successivamente i giorni in cui non ha digiunato.

incontrarlo ogni notte nel Ramadān al fine di studiare insieme il Corano. Il Profeta di Dio (ﷺ) era solito diventare più generoso dei venti che spirano (inviati da Dio) con le buone nuove della pioggia, quando incontrava Jibrīl>>.

3221. Ibn Shihāb ci ha tramandato: <<Una volta 'Umar bin Abdul 'Azīz ritardò per un poco la preghiera dell'*Asr*. 'Urwa allora gli disse: "Jibrīl (pace su di lui) discese e guidò la *Salāt*

Per coloro che possono farlo solo con difficoltà, c'è la possibilità di nutrire qualcuno che si trova nel bisogno. Se qualcuno però vuole dare di più, di propria spontanea volontà, sarà meglio per lui. Però è meglio che digiuniate, se solo lo sapeste. Il Ramadān è il mese in cui è stato rivelato il Corano, come guida per l'umanità, segno e discrimine per distinguere il bene dal male. Chiunque, durante questo mese, si trova a casa, dovrebbe trascorrerlo nel digiuno. Però, se qualcuno di voi è malato o si trova in viaggio, deve recuperare successivamente i giorni in cui non ha digiunato. Dio intende facilitarvi. Non intende porvi nella difficoltà. Vuole che completiate i giorni di digiuno prescritti e che Lo glorifichiate perché vi ha guidato. Che possiate esserGli grati!>>; 2:196: <<Completate il pellegrinaggio o la visita alla Mecca nel servizio di Dio. Però se qualcosa vi impedisce di completare (i riti), inviate un'offerta per il sacrificio, quella che trovate. Però non tagliatevi i capelli fino a quando le offerte non hanno raggiunto il luogo del sacrificio. Se qualcuno di voi è malato o ha una ferita alla testa, dovrebbe digiunare, nutrire il povero o offrire un sacrificio. Quando poi vi troverete in una condizione propizia, se qualcuno spera di continuare la visitazione o compiere il pellegrinaggio, dovrebbe prendere con sé un'offerta adeguata alle sue possibilità. Se però non ne ha la possibilità, dovrebbe digiunare per tre giorni durante il pellegrinaggio e per sette giorni dopo il ritorno, completando in tutto dieci giorni. Questo è per coloro, le cui famiglie non si trovano nei pressi della sacra moschea. Temete Dio e sappiate che Egli è severo nella punizione>>; 33:35: <<Per i musulmani e le musulmane, per i credenti e le credenti, per i devoti e le devote, per i veritieri e le veritiere, per gli uomini e le donne che si mantengono pazienti e costanti, per gli uomini e le donne umili, per gli uomini e le donne che spendono in carità, per gli uomini e le donne che digiunano, per gli uomini e le donne che proteggono la loro castità e per gli uomini e le donne che si mantengono molto nella lode di Dio, Egli ha preparato il perdono ed una grande ricompensa>>.

davanti al Profeta (ﷺ)". 'Umar gli disse: "O 'Urwa! Stai attento a quello che dici". 'Urwa allora disse di aver udito Bashīr bin Abī Mas 'ūd narrare da Ibn Mas 'ūd che aveva sentito il Profeta di Dio (ﷺ) affermare: "Jibrīl (pace su di lui) è disceso e mi ha guidato nella preghiera ed io ho assolto alla *Salāt* in sua compagnia; poi ancora ho assolto alla *Salāt* in sua compagnia; ho assolto alla *Salāt* in sua compagnia; ho assolto alla *Salāt* in sua compagnia; ho assolto alla *Salāt* in sua compagnia" contando con le dita cinque *Salāt* ">>.

3222. Abū Dhar (che Dio si compiaccia di lui) ci ha tramandato che il Profeta (ﷺ) ha affermato: <<Jibrīl (pace su di lui) mi ha detto: "Colui che, tra i tuoi seguaci, morirà senza aver adorato nessuno oltre Dio, entrerà in Paradiso o non entrerà nel Fuoco (dell'Inferno)". Il Profeta (ﷺ) domandò: "Anche se dovesse commettere adulterio o un furto?", lui rispose: "Anche in quel caso">>.

3223. Abū Hurairah (che Dio si compiaccia di lui) ci ha tramandato che il Profeta (ﷺ) ha affermato: <<Gli angeli giungono presso di voi in successione di notte e di giorno e tutti loro si riuniscono al tempo della preghiera del *Fajr* e dell'' 'Asr. Poi coloro che sono rimasti con voi la notte, ascendono a Dio che domanda loro, anche se conosce meglio di loro la risposta: "Come avete lasciato i Miei servi?", rispondono: "Li abbiamo lasciati che offrivano la *Salāt* e siamo giunti presso di loro mentre stavano offrendo la *Salāt*".

(7) Capitolo. "Se qualcuno di voi dice 'Amīn" [durante la *Salāt* ed al termine della recitazione della sura al-Fātiha[28]], gli angeli nel cielo affermano la medesima cosa, e se le affermazioni dei due coincidono, tutti i peccati passati di quella persona gli saranno perdonati".

3224. Āishah (che Dio si compiaccia di lei) ci ha tramandato: <<Riempì per il Profeta (ﷺ) un cuscino decorato con delle

---

[28] La sura aprente del Corano rivelata alla Mecca. Cfr. Il Sacro Corano 1: 1-7: <<1-Nel nome di Dio, il Clemente, il Misericordioso. 2-Sia lode a Dio, Signore dei Mondi, 3-Il Clemente, il Misericordioso, 4-Re del Giorno del Giudizio. 5-Ti adoriamo e ci rivolgiamo a Te in cerca di aiuto. 6-Guidaci sulla retta via, 7-la via dei benedetti e non di coloro che sono incorsi nella Tua ira o hanno deviato>>. La sura *al-Fātiha* viene recitata in ciascuna unità di preghiera. Cfr. N. Albani, *La preghiera del Profeta Muhammad (pace e benedizioni su di lui)*, trad. a cura di S. Lei, Roma 2018, 22: <<Il Profeta Muhammad (pace e benedizioni su di lui) ha spesso sottolineato l'importanza di recitare questa sura dicendo: "La preghiera del fedele, che omette la recitazione della sua aprente del Corano, è incompleta". In una tradizione c'è stato tramandato: <<Dio l'Eccelso ha detto: "Ho diviso la preghiera tra Me e il Mio servo in due parti: metà è per Me e metà è per il Mio servo, che è degno di ricevere ciò che chiede". Quando il fedele dice: "Sia lode a Dio, Signore dei mondi", Dio l'Eccelso dice: "Il Mio servo Mi ha lodato". Quando il servo dice: "Misericordioso e il Dispensatore di ogni grazia", Dio dice: "Il Mio servo Mi ha glorificato". Quando il servo dice: "Signore del Giorno del Giudizio", Dio dice: "Il Mio servo Mi ha esaltato". Quando il servo dice: "Tu sei il solo che adoriamo e il solo a cui chiediamo aiuto", Dio dice: "Tutto ciò si pone tra Me e il Mio servo e il Mio servo deve avere ciò che chiede". Quando il servo dice: "Guidaci sul retto cammino, il cammino di coloro che hai favorito e non di coloro che sono degni della Tua ira e dei deviati", Dio dice: "Tutto ciò si pone tra Me e il Mio servo, che è degno di ricevere quello che chiede". Anche se il Profeta (pace e benedizioni su di lui) ha raccomandato di recitare questa sura nella preghiera, ha anche aggiunto che colui che non la ricorda può dire: "Dichiaro che Dio è Perfettissimo, che a Lui appartiene ogni lode, che nessuno tranne Lui è degno di essere adorato. *Allāh Akbār*. Non c'è nessuna forza e nessun potere tranne che in Dio">>. Cfr. S. Al-Ghanem, W. Al-Ghanem, *Al-Fātihah (I sette versetti spesso ripetuti), La sura aprente del Sacro Corano*, trad. a cura di S. Lei, Roma 2018.

immagini che assomigliava ad un *Numruqa*. Lui giunse e stette tra le persone con i segni di un mutamento che traspariva dal suo volto. Dissi: "O Profeta di Dio! Che cosa accade?", egli disse: "Che cosa è questo cuscino?"; risposi: "Lo ho preparato per te affinché ti possa appoggiare ad esso". Egli disse: "Non sai che gli angeli non entrano in una casa in cui vi sono delle immagini e chiunque fa delle immagini sarà punito nel Giorno della Resurrezione e gli sarà domandato di dare la vita a quello che ha creato?">>.

3225. Abū Talha ci ha tramandato di aver udito il Profeta di Dio (ﷺ) affermare: "Gli angeli non entrano in una casa in cui si trova un cane[29] o alcune immagini di creature viventi".

---

[29] Questo specifico *Hadīth* -anche se alcuni studiosi hanno dubitato della sua completa autenticità- deve essere letto nell'ambito della natura del rapporto tra uomo ed animale nei tempi antichi, in cui la mancanza di vaccini, antibiotici ed antimicotici, rendeva molto spesso pericolosa l'interazione tra l'uomo e determinati animali che, come il cane, per esempio, avrebbero potuto trasmettere delle malattie agli esseri umani. Era quindi necessaria una profilassi che tenesse la presenza degli animali ad una certa distanza dalle abitazioni al fine di evitare la trasmissione di determinate malattie. Sfortunatamente, alcune scuola di legge hanno considerato il cane come animale "impuro" utilizzando il ragionamento analogico (*Qiyas*). Vi sono però molteplici Tradizioni del Profeta (ﷺ) che fanno riferimento al rispetto per gli animali ed alla ricompensa di cui è degno colui che ne se prende cura. Cfr. Sahīh al-Bukhārī, *Kitāb Al-Wudū*, 173. Abū Hurairah (che Dio si compiaccia di lui) ci ha tramandato che il Profeta (ﷺ) ha affermato: <<Un uomo vide un cane che mangiava del fango (a causa dell'estrema) sete. Così, dopo aver preso la sua scarpa, la riempì di acqua e continuò a versala per il cane fino a quando la sua sete non si estinse. Dio ha approvato la sua azione e gli ha concesso il Paradiso>>; 174. Hamza bin 'Abdullāh ci ha tramandato: <<Mio padre ha affermato: "Al tempo della vita del Profeta (ﷺ), i cani erano soliti urinare ed attraversare la moschea. Ciononostante le persone non hanno mai versato dell'acqua sull'urina del cane>>.

3226. Busr bin Sa 'īd ci ha tramandato che Zaid bin Khālid Al-Juhanī (che Dio si compiaccia di lui) gli ha raccontato qualcosa alla presenza di Sa 'īd bin Ubaidullāh Al-Khaulānī che era stato cresciuto nella casa di Maimuna (che Dio si compiaccia di lei) la sposa del Profeta (ﷺ). Zaid disse loro che Abū Talha aveva tramandato che il Profeta (ﷺ) aveva affermato: "Gli angeli della misericordia non entrano in un'abitazione in cui si trova un'immagine". Busr disse: "Successivamente Zaid bin Khālid si ammalò e noi lo andammo a trovare. Con sorpresa vedemmo nella sua casa una tenda decorata con delle immagini. Allora dissi ad Ubaidullāh Al-Khaulānī: "Zaid non ci aveva parlato della proibizione delle immagini?", egli rispose: "Sì, ma con l'eccezione dei ricami sulle stoffe. Non lo hai udito?"; risposi negativamente ed egli disse: "Sì, lo ha affermato">>.

3227. Il padre di Sālim ha tramandato: <<Una volta, Jibrīl promise al Profeta (ﷺ) [che sarebbe andato a visitarlo, ma poi non venne]. Successivamente disse: "Noi angeli, non entriamo in una casa in cui si trova un immagine o un cane">>.

3228. Abū Hurairah (che Dio si compiaccia di lui) ci ha tramandato che il Profeta di Dio (ﷺ) ha affermato: <<Quando l'*Imām*, durante la *Salāt*, afferma: "Dio ascolta coloro che Lo lodano", affermate: "O Dio! Nostro Signore! Tutte le parole di lode e di ringraziamento Ti appartengono!" perché se qualcuno di voi lo afferma nello stesso tempo degli angeli, i suoi peccati passati gli saranno perdonati">>.

3229. Abū Hurairah (che Dio si compiaccia di lui) ci ha tramandato che il Profeta di Dio (ﷺ) ha affermato: <<Fino a quando qualcuno di voi sta aspettando per assolvere alla preghiera, è come se la stesse compiendo effettivamente e gli

angeli dicono: "O Dio! Sii misericordioso verso costui e perdonalo" (e continua a dirlo) fino a quando non lascia il luogo in cui assolve alla preghiera o rende nulla la sua abluzione">>.

3230. Ya 'la (che Dio si compiaccia di lui) ci ha tramandato di aver udito il Profeta (ﷺ) recitare dal pulpito il seguente versetto: <<Grideranno: "O Malik, che il tuo Signore ci faccia perire definitivamente!". Risponderà: "No, qui dovete dimorare">>[30] e Sufyān disse che 'Abdullāh recitò: <<Grideranno: "O Malik, che il tuo Signore ci faccia perire definitivamente!". Risponderà: "No, qui dovete dimorare">>.

3231. Āishah (che Dio si compiaccia di lei) ci ha tramandato di aver domandato al Profeta (ﷺ): <<Hai dovuto affrontare un giorno più difficile di quello della battaglia di Uhud[31]?>>; il Profeta (ﷺ) rispose: <<Le nostre tribù mi hanno causato molti problemi e quello peggiore è stato nel giorno di 'Aqaba[32]

---

[30] Il Sacro Corano 43:77.

[31] Montagna nei pressi di Medina, sulla cui pianura nel 625 d.C. si svolse la battaglia tra i musulmani ed i Quraysh. Dopo una prima vittoria parziale delle truppe musulmane, la mancanza di disciplina dei soldati ed un'eccessiva sottovalutazione dell'avversario condussero ad un ribaltamento della situazione ed i musulmani subirono una parziale sconfitta. Durante la battaglia lo stesso Profeta (ﷺ) venne ferito e si diffuse la falsa notizia che fosse deceduto. Cfr. Il Sacro Corano 3:155: <<Satana ha fatto fallire coloro, tra di voi, che si sono voltati indietro, quando i due nemici si sono incontrati, a causa del male che hanno compiuto. Dio ha cancellato i loro peccati. Egli è Perdonatore, Misericordioso>>; 3:144: <<Muhammad è solo un messaggero. Molti sono i messaggeri che sono passati prima di lui. Se morisse o fosse ucciso, tornerete forse sui vostri passi? Se qualcuno di voi si voltasse indietro, non farebbe nessun danno a Dio. Però, Dio velocemente ripagherà coloro che Lo servono con gratitudine>>.

[32] Cfr. S. Lei, *Muhammad (pace e benedizioni su di lui), il Profeta dell'Islam una biografia completa dall'inizio della rivelazione all'Hijrah*, Roma 2018, 149-150: << Il Profeta (pbsl), in seguito al moltiplicarsi degli episodi di violenza contro

la sua persona e quella dei musulmani, decise di cercare protezione al di fuori della Mecca. Per questa ragione decise di recarsi in compagnia di Zayd ibn Haritha a Taif, una località situata a circa 30 km dalla Mecca. La maggioranza degli abitanti di Taif apparteneva al clan dei Banu Taqhif, i cui leader principali erano: Abd Yalil, Masud e Habib, figli di Amr ibn Umayr ibn Awf. Ci è stato tramandato che, quando il Profeta (pbsl) parlò loro del messaggio dell'Islam e domandò la protezione della loro tribù, ricevette come risposta unicamente parole arroganti ed ingiuriose. Probabilmente costoro non riuscirono ad apprezzare e a comprendere la missione del Profeta (pbsl), il sacrificio che essa comportava e la statura morale della sua persona. I leader di Taif probabilmente nella loro arroganza e povertà spirituale videro nel Profeta (pbsl), accompagnato unicamente dal suo "liberto", un uomo solo, abbandonato dal proprio clan e disperatamente in cerca di protezione. Tutto ciò abbagliò la vista dei figli di Amr ibn Umayr che, secondo il codice d'onore arabo della Jahiliyyah, erano abituati a valutare il valore morale ed intellettuale di una persona sulla base della posizione detenuta nel proprio clan di appartenenza. Uno di loro giurò che avrebbe fatto a pezzi il telo che copriva la Ka'ba, se Allah avesse veramente inviato Muhammad come profeta. Invece, un altro domandò: "Allah non aveva nessuno migliore di te da inviare?". Il terzo aggiunse: "Se sei veramente un messaggero inviato da Dio, così come sostieni di essere, allora sei molto più importante di me ed io non sono nemmeno nella posizione per poterti rispondere. Se invece stai pronunciando una menzogna contro Dio, allora se ti rivolgessi la parola, commetterei una grave ingiustizia". Il Profeta (pbsl) domandò di non rendere pubblico il loro rifiuto, ma costoro gridarono a gran voce la loro opposizione e scatenarono contro di lui gli schiavi e la folla. Il Profeta (pbsl) venne colpito da entrambi lati della strada con delle pietre. Lo stesso Zayd, nel tentativo di proteggerlo, venne colpito al capo e riportò una ferita abbastanza grave. Anche se i suoi piedi erano sanguinanti e doloranti, il Profeta (pbsl) continuò a camminare, fino a quando le forze non lo abbandonarono e si sedette. La folla, allora, dopo averlo spinto a rialzarsi, continuò a percuoterlo. Zayd, allora, dal momento che non poteva più camminare da solo per il dolore e le ferite, aiutò il Profeta (pbsl) e lo condusse al riparo all'ombra del muro di un giardino. Mentre sedeva in quello stato, tormentato dal dolore del corpo e da quello dell'animo, per la viltà con cui la folla ignorante lo aveva trattato, il Profeta (pbsl) rivolse a Dio la seguente preghiera: "O Dio, mi lamento con Te della mia debolezza, della mia disperazione e della poca stima che costoro nutrono verso di me. O Misericordioso! Tu sei il Dio degli oppressi ed il mio Signore. A chi lascerai il mio destino? Ad uno straniero che mi insulterà? O ad un nemico che mi dominerà? Che la Tua ira non si rivolga contro di me! Io desiderio unicamente il Tuo compiacimento. Mi rifugio sotto la luce della

quando mi sono presentato ad Ibn 'Abd-Yālil bin 'Abd-Kulāl, che non ha risposto alla mia chiamata. Allora andai via, oppresso da una profonda tristezza. Proseguivo e non riuscivo a calmarmi fino a quando non giunsi presso Qarn-ath-Tha 'ālib, dove alzai il capo verso il cielo e vidi che una nube inaspettatamente mi copriva. Guardai verso l'alto e vidi Jibrīl, che mi chiamò dicendo: "Dio ha ascoltato quello che hai comunicato al tuo popolo e quello che ti hanno risposto. Dio ha inviato l'angelo delle montagne al fine che tu possa ordinargli quello che desideri per costoro". L'angelo delle montagne mi chiamò e mi salutò e poi disse: "O Muhammad, ordinami quello che vuoi. Se lo desideri, farò cadere su costoro le due montagne". Il Profeta (ﷺ) disse: "No, ma io spero che Dio conceda loro di generare dei figli che adoreranno Lui solo e non adoreranno nessun altro oltre Lui">>[33].

3232. Abū Ishāq Ash-Shaibānī vi ha tramandato: <<Ho domandato a Zir bin Hubaish relativamente ai versetti: "alla distanza di circa due tiri d'arco o meno. Così Dio [attraverso quell'angelo] ha inviato l'ispirazione al Suo servo, rivelando ciò che ha voluto rivelare"[34] ed egli rispose: "Ibn Mas 'ūd ci ha informato che il Profeta (ﷺ) ha visto Jibrīl con seicento ali">>.

3233. 'Abdullāh (che Dio si compiaccia di lui) ci ha tramandato relativamente al versetto: "perché Egli vide, in verità, il più

---

fede in Te, che illumina ogni tenebra e da cui dipendono questo mondo e l'Altro. Prego solo di non diventare oggetto della Tua ira. Solo a Te appartiene il diritto di castigare e di punire, fino a quando non viene eseguito ciò che Tu hai comandato. Non c'è potere né forza se non in Te">>.

[33] In questo Hadīth ci si riferisce all'esperienza avuta dal Profeta (ﷺ) a Tā 'if.

[34] Il Sacro Corano 53:9-10.

grande tra i segni del suo Signore!"[35] che il Profeta (ﷺ) aveva veduto un tappeto verde disteso su tutto l'orizzonte del cielo.

3234. Āishah (che Dio si compiaccia di lei) ci ha tramandato: <<Chiunque afferma che Muhammad (ﷺ) ha visto il suo Signore sta commettendo un grave peccato perché ha visto solo Jibrīl nella forma in cui è stato originariamente creato e che copriva l'intero orizzonte>>.

3235. Masrūq ci ha tramandato di aver domandato a Āishah (che Dio si compiaccia di lei) relativamente ai versetti: "poi si è avvicinato fino a quando non si è trovato alla distanza di circa due tiri d'arco o meno"[36]. Lei rispose: "Costui era Jibrīl che era solito giungere presso il Profeta (ﷺ) nella forma di un uomo, ma in quella occasione è giunto nella sua vera forma che copriva l'intero orizzonte".

3236. Samura ci ha tramandato che il Profeta (ﷺ) ha affermato: <<La scorsa notte ho visto (in sogno) due uomini che venivano da me. Uno di loro disse: "La persona che accede il fuoco è Mālik, il guardiano della porta dell'Inferno, io sono Jibrīl e questo è Mīkā'el">>.

3237. Abū Hurairah (che Dio si compiaccia di lui) ci ha tramandato che il Profeta di Dio (ﷺ) ha affermato: <<Se un uomo chiama sua moglie al suo letto e lei rifiuta e lo fa dormire adirato, gli angeli la malediranno fino al mattino>.

3238. Jābir bin 'Abdullāh (che Dio si compiaccia di lui) ci ha tramandato di aver udito il Profeta (ﷺ) affermare: "La

---

[35] Il Sacro Corano 53:18.
[36] Il Sacro Corano 53:8-9.

rivelazione divina ritardò per un breve periodo[37] ma improvvisamente, mentre stavo camminano, ho udito una

---

[37] Cfr. S. Lei, *Muhammad, il Profeta dell'Islam (pace e benedizioni su di lui), una biografia completa dall'inizio della rivelazione all'Hijrah*, Roma 2018, 62-63: <<Dopo il colloquio con Waraqa, la rivelazione s'interruppe. Questo periodo, in arabo *al-Fatrah al-Wahy*, fu caratterizzato da una grande inquietudine e stress emotivo per il Profeta (pbsl), che continuava ad interrogarsi sul significato stesso dell'esperienza che aveva avuto nella grotta di Hirā. Venne colto da un senso di vuoto accompagnato da una raggelante solitudine come se la luce, che lo aveva per un attimo illuminato con tale prepotenza lasciandolo nel terrore e nella costernazione, gli venisse adesso negata e gli rimanesse solo di abbandonarsi alla disperazione. Le fonti, comunque, non sono d'accordo sulla durata stessa della *al Fatrah al-Wahy*. Secondo alcune testimonianze infatti durò circa sei mesi, mentre secondo altre si estese per ben due anni. I commentatori, comunque, concordano sul fatto che la *Fatrah* era finalizzata ad insegnare al Profeta (pbsl) l'umiltà. Secondo la maggioranza delle tradizioni il periodo dell'interruzione della rivelazione terminò con la rivelazione dei primi cinque versetti della sura *al-Muddaththir*, ossia la sura dell'Avvolto: "O tu che sei avvolto nel mantello, alzati e ammonisci, e il tuo Signore magnifica, e le tue vesti purifica, allontanandoti dall'abiezione". Un giorno, mentre il Profeta (pbsl) stava camminando per la strada, udì una voce provenire dal cielo. Quando alzò lo sguardo, vide lo stesso arcangelo Gabriele che gli era precedentemente apparso nella *Jabal an-Nūr*. Questa volta però era seduto su un trono collocato tra il cielo e la terra. Il terrore colse di nuovo il Profeta (pbsl), che corse a casa e domandò a sua moglie, come già era accaduto, di avvolgerlo nel mantello per calmare il suo animo turbato. In quel preciso momento furono rivelati i versetti precedentemente citati, e la rivelazione proseguì ad intervalli regolari per i ventitré anni della missione del Profeta (pbsl) fino a quando il Corano non fu completato. Invece, secondo quanto ci è stato riportato da Ibn Ishāq, la *Fatrah al Wahy* terminò con la rivelazione della sura *al-Duhā*, ossia la sura del Mattino: "Per la luce del mattino, per la notte quando si addensa: il tuo Signore non ti ha abbandonato e non ti disprezza e per te l'altra vita sarà migliore della precedente. Il tuo Signore ti darà [in abbondanza] e ne sarai soddisfatto. Non ti ha trovato orfano e ti ha dato rifugio? Non ti ha trovato smarrito e ti ha dato la guida? Non ti ha trovato povero e ti ha arricchito? Dunque non opprimere l'orfano, non respingere il mendicante e proclama la grazia del tuo Signore". In entrambe le sure l'invito che l'Altissimo rivolge al Profeta (pbsl) è quello d'iniziare a diffondere il messaggio dell'unità divina, luce che illumina le tenebre dell'ignoranza e libera gli esseri umani dall'oppressione delle pratiche

voce dal cielo e, quando rivolsi lo sguardo verso l'alto, con mia sorpresa, vidi lo stesso angelo che era venuto da me nella grotta di Hirā[38], e stava seduto su di una sedia tra il cielo e la terra. Ero così spaventato da lui che caddi a terra e, dopo essere giunto presso la mia famiglia, dissi: "Copritemi! Copritemi!". Poi Dio ha rivelato: "O tu, avvolto nel mantello!

---

idolatre. Da questo momento in poi il Profeta (pbsl), riponendo una fiducia sempre più forte in Colui che gli aveva affidato la sua missione, cominciò a diffondere il messaggio dell'unità divina che lo stesso Ismaele aveva portato ai suoi antenati, ma che nei secoli era stato corrotto dal culto degli idoli e dalle più assurde credenze superstiziose>>.

[38] Grotta posta a nord-est della Mecca sulla collina che divenne successivamente nota come la *Jabal an-Nūr*, ossia il monte della luce. <<La solitudine era necessaria per preparare l'animo ad accogliere in sé stesso l'abbagliante verità della rivelazione divina. Colui che era stato scelto come l'ultimo dei profeti si ritirò nella meditazione solitaria per imparare ad ascoltare la voce di Dio, proprio come nel silenzio del deserto s'impara a cogliere anche il più flebile sussurro del vento. Nell'arida valle della Mecca, spazzata dai venti ed arsa dal sole, si trova la *Jabal an-Nūr*, la montagna della luce, all'interno della quale il Profeta Muhammad (pbsl), prima di ricevere per la prima volta la rivelazione divina, era solito recarsi per pregare e meditare. Scelse la *Ghar-i-Hirā'*, ossia la Grotta della ricerca, uno spazio di pochi metri quadrati circondati da roccia e aperta verso l'esterno da una piccola fenditura. In quello spazio angusto, lontano dal rumore della città e dal clamore stesso della Storia, Muhammad ibn 'Abdullāh si ritirava a pregare e meditare. La valle circostante era avvolta nel silenzio; tutto intorno luce accecante, caldo bruciante e a volte vento. Solo chi ha avuto la possibilità di sostare in quei luoghi in solitudine può comprendere quanto l'assenza di ogni colore, eccetto le diverse sfumature di avana e marrone del brullo terreno sabbioso e delle rocce, spinga la mente e lo spirito dell'uomo a concentrarsi in sé stesso, nelle profondità inesplorate della sua natura più intima, nella ricerca infaticabile della risposta alle domande che tormentano lo spirito ed affaticano l'anima: Qual è il senso della vita? Esiste una vita dopo la morte? Che cosa sono il dolore, il senso di perdita e la nostalgia che l'anima sente quando, nel silenzio della meditazione, anela verso l'Inconoscibile, l'oggetto reale dell'amore e la consolazione di ogni solitudine?>>. Cfr. S. Lei, *Muhammad, il Profeta dell'Islam (pace e benedizioni su di lui), una biografia completa dall'inizio della rivelazione all'Hijrah*, Roma 2018, 57-58.

Alzati e ammonisci! Glorifica il tuo Signore, mantieni i tuoi abiti puliti da ogni macchia, ed evita tutti gli abomini!"[39].

3239. Ibn 'Abbās (che Dio si compiaccia di lui) ci ha tramandato che il Profeta (ﷺ) ha affermato: <<Nella notte della mia *Isrā*[40]' ai cieli, ho visto Mūsā, che era un uomo alto, dalla carnagione scura e dai capelli neri, come se fosse uno dei membri della tribù di Shanu'a ed ho visto 'Īsā, un uomo di altezza media, di incarnato rossastro e con i capelli lisci. Ho visto anche Mālik, il guardiano dell'Inferno, ed il Dajjāl[41] tra i

---

[39] Il Sacro Corano 74:1-5.

[40] Cfr. Il Sacro Corano, 17:1: "Gloria a Colui che di notte ha trasportato il Suo servo dalla Santa Moschea alla Moschea remota di cui benedicemmo i dintorni, per mostrargli alcuni dei Nostri segni. Egli è colui che tutto ascolta ed osserva". Per un resoconto relativo all'*Isrā'* (viaggio notturno) ed alla *Mi'rāj* (ascensione) del Profeta (pbsl) vedi: *L'Isrā' e la Mi'rāj del Profeta*, A. L. Chalikandi, in *Muhammad, il profeta dell'Islam, un modello per ogni musulmano*, ed. a cura di S. Lei, 2018.

[41] Lett. Anti-Cristo. Il termine *Dajjāl* deriva dalla radice verbale d-j-l, che significa coprire. Questo significato potrebbe indicare che il *Dajjāl*, figura escatologica della fine dei tempi, coprirà il mondo con il peccato e la miscredenza. Questo termine inoltre è correlato al verbo "dajjala" "placcare in oro", che indicherebbe la capacità del *Dajjāl* di manifestare il contrario di quanto in verità nasconde. 155-Cfr. Sahīh Muslim, *Kitāb al-Fitan wa Ashrāt as-Sa'āh*, 9, 52, [7356] (169): 'Abdullāh ibn 'Umar disse: "Il Profeta di Dio (ﷺ) si alzò in piedi tra le persone, lodò Dio così come merita di essere lodato, poi menzionò il Dajjāl e disse: "Vi avverto contro di lui. Tutti i profeti hanno avvertito la loro gente contro costui. Però io vi dirò qualcosa che nessun profeta ha detto alla sua gente. Sappiate che costui ha un solo occhio, ma che Dio, Egli è l'Eccelso, non ne ha uno solo". Ibn Shihāb disse: "'Umar bin Thābit al-Ansārī mi ha detto che uno dei compagni del Profeta (pbsl) gli disse, nel giorno in cui avvertì le persone relativamente al Dajjāl: "Tra i suoi occhi è scritta la parola: "Miscredente", che potrà leggere ogni persona, che si pente per le sue azioni, o ogni credente". Poi aggiunse: "Sappiate che nessuno di voi vedrà mai il suo Signore, Egli è l'Eccelso, fino a quando non morirà"; 20, [7365] 103: <<Ci è stato tramandato che Anas bin Mālik disse: "Il Profeta (pbsl) ha affermato: <<Il Dajjāl ha un occhio cieco e tra i suoi due occhi è scritto: miscredente>>. Poi ce lo ha dettato lettera per lettera: <<Kaf, Fa, Ra>> e [ha aggiunto]: "...ed ogni musulmano lo leggerà">>. La radice KFR

segni che Dio ha voluto mostrarmi". (Poi il Profeta ﷺ ha recitato): "Abbiamo dato il libro a Mosè. Non essere in dubbio: hai ricevuto la medesima rivelazione. L'abbiamo resa una guida per i Figli di Israele"[42]. Anas ed Abū Bakra hanno tramandato che il Profeta (ﷺ) ha affermato: "Gli angeli proteggeranno Medina da Ad-Dajjāl (che non sarà nella condizione di entrarvi)">>.

(8) Capitolo. Che cosa si afferma relativamente alle caratteristiche del Paradiso ed al fatto che è già stato creato (e quindi esiste).

Abū Al-'Āliya ha affermato: <<Gli abitanti del Paradiso non avvertiranno alcun bisogno corporale. Ogni volta che sarà dato loro qualcosa e poi un'altra, diranno: "Questa cosa ci è già stata data" perché era stato loro concesso qualcosa di simile nella forma ma diverso nel sapore. I grappoli di frutti saranno vicini e li coglieranno così come desiderano>>.

---

significa: coprire, mostrarsi ingrati, ignorare consapevolmente. Con il termine KUFR: s'intende, quindi, la negazione del Creatore da parte degli esseri umani, che si manifesta attraverso determinati atti d'insolenza ed orgoglio. Nel Sacro Corano ci sono numerosi versetti che fanno riferimento ai Kāfir, ossia ai miscredenti. Il cuore del Kāfir è indicato rispettivamente come: a-Duro come la pietra: Cfr. Il Sacro Corano 2:74: "Si sono poi induriti i vostri cuori. Sono diventati come la pietra o peggio. Vi sono alcune rocce da cui sgorgano fiumi, altre che, quando si dividono, lasciano scorrere l'acqua. Altre ancora crollano per il timore di Dio. Dio ben conosce quello che fate"; Cfr. Il Sacro Corano 5:13: "Però, dal momento che hanno violato i patti, Noi li abbiamo maledetti e abbiamo fatto sì che i loro cuori s'indurissero".
[41] Il Sacro Corano 59:24.
[42] Il Sacro Corano 32:23.

(Il resto del capitolo riguarda l'interpretazione di alcune delle parole coraniche relative alle caratteristiche del Paradiso e delle persone che vivono in esso. Queste parole non sono state tradotte).

3240. 'Abdullāh bin 'Umar (che Dio si compiaccia di lui) ci ha tramandato che il Profeta di Dio (ﷺ) ha affermato: <<Quando qualcuno di voi muore, la sua destinazione gli viene presentata la mattina ed il pomeriggio. Se è uno degli abitanti del Paradiso, gli viene presentato il luogo che occuperà (in Paradiso). Se invece appartiene agli abitanti dell'Inferno, gli sarà mostrato il luogo che occuperà (all'Inferno)>>.

3241. Imrān bin Husain ci ha tramandato che il Profeta (ﷺ) ha affermato: <<Ho rivolto lo sguardo al Paradiso ed ho visto che i poveri costituiscono la maggioranza dei suoi abitanti. Ho poi volto lo sguardo verso l'Inferno ed ho visto che la maggioranza dei suoi abitanti sono donne>>.

3242. Abū Hurairah (che Dio si compiaccia di lui) ci ha tramandato: <<Mentre eravamo in compagnia del Profeta (ﷺ), egli disse: "Mentre stavo dormendo, mi sono visto in Paradiso e lì ho notato una donna che compiva le abluzioni accanto ad un palazzo. Quando domandai: "A chi appartiene questo palazzo?", risposero: "Ad 'Umar bin al-Khattāb". Poi mi sono ricordato della *Ghaīra*[43] di 'Umar e così mi sono allontanato velocemente da quel palazzo". 'Umar pianse (quando udì queste parole del Profeta ﷺ) e disse: "Come puoi pensare che la mia *Ghaīra* possa essere offesa da te, o Profeta di Dio?">>.

3243. 'Abdullāh bin Qais Al-Ash'arī ci ha tramandato che il Profeta (ﷺ) ha affermato: "Una tenda in Paradiso assomiglia

---

[43] Senso dell'onore, della dignità e del rispetto per se stessi.

ad una perla scavata alta trenta miglia. In ogni angolo della tenda, un credente avrà una famiglia che non può essere vista dagli altri". [Abū Imrān ha tramandato in un'altra tradizione: "(La tenda) è alta sessanta miglia"].

3244. Abū Hurairah (che Dio si compiaccia di lui) ci ha tramandato che il Profeta di Dio (ﷺ) ha affermato: <<Dio ha detto: "Ho preparato per i Miei servi devoti cose che l'occhio non ha mai visto, l'orecchio non ha mai udito e che non sono mai state immaginate da alcun essere umano". Se lo desiderate, potete recitare questo versetto dal Nobile Corano: "Nessuno conosce le delizie benedette in serbo per loro come ricompensa per ciò che hanno compiuto"[44].

3245. Abū Hurairah (che Dio si compiaccia di lui) ci ha tramandato che il Profeta di Dio (ﷺ) ha affermato: <<Il primo gruppo di persone che entrerà in Paradiso brillerà come la luna di notte quando è piena. Non avranno alcun bisogno corporale, i loro utensili saranno di oro e il loro pettini di oro ed argento. Nei loro incensieri sarà bruciato legno di sandalo ed il loro sudore profumerà come il muschio. Ognuno di essi avrà due spose e, in ragione della loro eccessiva bellezza, il midollo delle ossa delle loro gambe sarà visibile dalla carne. Costoro (ossia gli abitanti del Paradiso) non differiranno e nemmeno proveranno odio, ma i loro cuori saranno come un cuore solo. Glorificheranno Dio al mattino ed al pomeriggio>>.

3246. Abū Hurairah (che Dio si compiaccia di lui) ci ha tramandato che il Profeta di Dio (ﷺ) ha affermato: <<Il primo gruppo di persone che entrerà in Paradiso brillerà come di notte la luna quando è piena. Quelli che entreranno dopo rispenderanno come la più luminosa delle stelle. I loro cuori

---

[44] Il Sacro Corano 32:17.

saranno come il cuore di un uomo solo perché non ci saranno né odio né differenze tra di loro. Ognuno di essi avrà due spose, ognuna delle quali sarà così bella, pura e trasparente che il midollo delle sue gambe sarà visibile attraverso la carne. Costoro glorificheranno Dio al mattino ed al pomeriggio. Non si ammaleranno mai, non si soffieranno il naso o espettoreranno. I loro utensili saranno fatti di oro ed argento ed i loro pettini di oro. Nei loro bracieri sarà bruciato legno di sandalo ed il loro sudore profumerà di muschio>>.

3247. Sahl bin Sa'd (che Dio si compiaccia di lui) ci ha tramandato che il Profeta (ﷺ) ha affermato: <<In verità, settantamila dei miei seguaci entreranno in Paradiso insieme, di modo che il primo e l'ultimo di loro entreranno nello stesso tempo ed i loro volti brilleranno come la luna di notte quando è piena>>.

3248. Anas bin Mālik (che Dio si compiaccia di lui) ci ha tramandato: <<Venne offerto al Profeta (ﷺ) un mantello di seta ed egli era solito proibire agli uomini di utilizzare la seta. Dal momento che le persone erano affascinate da quel mantello, egli disse: "Per Colui, nelle Cui mani si trova l'anima di Muhammad, i fazzoletti di Sa 'd bin Mu 'ādh in Paradiso saranno migliori di questo">>.

3249. Al-Barā' bin Āzib (che Dio si compiaccia di lui) ci ha tramandato: <<Al Profeta di Dio (ﷺ) venne data una veste di seta e la sua bellezza e delicatezza meravigliò le persone. Allora il Profeta di Dio (ﷺ) disse: "Senza dubbio, i fazzoletti di Sa 'd bin Mu 'ādh in Paradiso sono migliori di questo">>.

3250. Sahl bin Sa 'd As-Sā 'idī ci ha tramandato che il Profeta di Dio (ﷺ) ha detto: <<Un posto in Paradiso della grandezza di

una frusta è migliore del mondo intero e di quello che contiene>>.

3251. Anas bin Mālik (che Dio si compiaccia di lui) ci ha tramandato che il Profeta (ﷺ) ha affermato: <<Vi è un albero in Paradiso (che è così grande ed ampio che) se un viaggiatore cavalca sotto la sua ombra per cento anni, non potrà attraversarlo>>.

3252. Abū Hurairah (che Dio si compiaccia di lui) ci ha tramandato che il Profeta (ﷺ) ha affermato: <<In Paradiso vi è un albero (che è così grande ed ampio che) un viaggiatore potrebbe cavalcare sotto la sua ombra per cento anni. Se volete recitate "sotto ombre estese"[45]>>.

3253. "...ed un posto in Paradiso eguale al lancio di una freccia[46] di uno di voi, è migliore (di tutta la terra) su cui il sole sorge e tramonta".

3254. Abū Hurairah (che Dio si compiaccia di lui) ci ha tramandato che il Profeta (ﷺ) ha affermato: <<Il primo gruppo di persone che entrerà in Paradiso brillerà come la luna piena di notte, ed il gruppo successivo risplenderà come la più luminosa delle stelle. I loro cuori saranno come quelli di un solo uomo, tra di loro non ci sarà né gelosia né inimicizia. Ognuno di loro avrà due spose dalle *Hūr* (che saranno così belle, pure e trasparenti che)[47] il midollo delle ossa delle gambe sarà visibile attraverso le ossa e la carne>>.

---

[45] Il Sacro Corano 56:30.

[46] Ossia allo spazio percorso dalla freccia.

[47] Cfr. V. Salierno, *Dizionario dell'Islam*, Roma 2018: <<Hūrī, deriva dal termine arabo hoor, che è a sua volta il plurale rispettivamente del termine ahwar, di genere maschile, e di haura, di genere invece femminile. Il termine indica, indipendentemente dal genere, una persona che possiede gli occhi

3255. Al-Barā' bin Āzib (che Dio si compiaccia di lui) ci ha tramandato che il Profeta (ﷺ), dopo la morte di suo figlio Ibrāhīm[48], ha affermato: "Per costui vi è una balia in Paradiso".

3256. Abū Sa'īd Al-Khudrī (che Dio si compiaccia di lui) ci ha tramandato che il Profeta (ﷺ) ha affermato: <<Gli abitanti del Paradiso volgeranno lo sguardo verso gli *Al-Ghuraf*[49] nello stesso modo in cui si volge lo sguardo verso una stella che brilla da lontano verso l'orizzonte ad oriente o ad occidente, a causa della loro superiorità degli uni verso gli altri (nell'ambito della ricompensa)". Le persone allora domandarono: "O Profeta di Dio! Queste alte dimore sono per i profeti e nessun altro può raggiungerle?". Il Profeta (ﷺ) rispose: "No! Per Colui nelle cui mani si trova la mia anima, [queste dimore] sono per gli esseri umani che hanno creduto in Dio e nei profeti">>.

(9) Capitolo. Le caratteristiche delle porte del Paradiso

3257. Sahl bin Sa'd (che Dio si compiaccia di lui) ci ha tramandato che il Profeta (ﷺ) ha affermato: <<Il Paradiso ha otto porte ed una di esse è chiamata *Ar-Raiyyān*, attraverso la quale entrano solo coloro che erano soliti osservare il digiuno>>. Il Profeta (ﷺ) ha affermato anche: <<Colui che

---

caratterizzati dalla hauar, ossia una qualità speciale concessa ad un'anima buona in Paradiso. Il termine quindi non ha un genere specifico e si riferisce, invece, ai compagni dei credenti in Paradiso>>.

[48] Terzo figlio maschio del Profeta Muhammad (ﷺ) che ebbe da Maria al-Qibtiyya. Nacque intorno al 630 d.C. e morì circa un anno dopo.

[49] Ossia le dimore superiori in Paradiso.

spende due cose per la causa di Dio[50], sarà chiamato dalla porta del Paradiso>>.

(10) Capitolo. La descrizione del Fuoco (dell'Inferno) e sul fatto che è già stato creato.

3258. Abū Dhar (che Dio si compiaccia di lui) ci ha tramandato: <<(Durante un'estate molto calda), mentre il Profeta (ﷺ) si trovava in viaggio, disse (relativamente alla preghiera del *Zuhr*): "Aspettiamo fino a quando non diviene più fresco". Costui disse la medesima cosa fino a quando l'ombra delle dune non si distese. Poi disse: "Ritardate la preghiera del *Zuhr* fino a quando non diviene più fresco perché l'aumento del caldo è dovuto ad un aumento dell'intensità del fuoco dell'Inferno>>.

3259. Abū Sa 'īd (che Dio si compiaccia di lui) ci ha tramandato che il Profeta (ﷺ) ha affermato: <<Ritardate la preghiera del *Zuhr* fino a quando non diviene più fresco perché la severità del calore dipende dall'aumento dell'intensità del fuoco dell'Inferno>>.

3260. Abū Hurairah (che Dio si compiaccia di lui) ci ha tramandato che il Profeta di Dio (ﷺ) ha affermato: <<Il (fuoco) dell'Inferno si è lamentato con il suo Signore dicendo: "O mio Signore! Le mie parti si consumano le une con le altre". Allora, Egli gli ha concesso di prendere fiato due volte. Per questa ragione, in inverno ed in estate, fate esperienza sia del freddo che del caldo intenso>>.

---

[50] Cfr. Hadīth 3216.

3261. Abū Jamra Ad-Duba 'i ci ha tramandato: <<Ero solito sedere in compagnia di Ibn 'Abbās alla Mecca. Una volta, ho avuto la febbre e lui mi ha detto: "Abbassa la febbre con l'acqua di Zamzam[51] perché il Profeta di Dio (ﷺ) ha affermato: "Questa febbre proviene dal fuoco (dell'Inferno); curala con l'acqua di Zamzam">>.

3262. Rāfi' bin Khadīj ci ha tramandato di aver udito il Profeta (ﷺ) affermare: <<La febbre deriva dal calore del fuoco dell'Inferno. Spegnetela con l'acqua>>.

3263. Āishah (che Dio si compiaccia di lei) ci ha tramandato che il Profeta (ﷺ) ha affermato: <<La febbre proviene dal fuoco dell'Inferno. Spegnetela con l'acqua>>.

3264. Ibn 'Umar (che Dio si compiaccia di lui) ci ha tramandato che il Profeta (ﷺ) ha affermato: <<La febbre deriva dal caldo del fuoco dell'Inferno. Spegnetela allora con l'acqua>>.

3265. Abū Hurairah (che Dio si compiaccia di lui) ci ha tramandato che il Profeta di Dio (ﷺ) ha affermato: <<Il fuoco (ordinario di questa terra) è una settantesima parte di quello dell'Inferno! Questo fuoco (ordinario) sarebbe stato sufficiente (per punire i miscredenti)". Il Profeta di Dio (ﷺ) ha affermato: <<Il fuoco dell'Inferno ha sessantanove parti in più di quello ordinario ed ogni parte è calda proprio come il fuoco (di questa terra)>>.

---

[51] Cfr. V. Salierno, *Dizionario dell'Islam*, Roma 2018: <<*Zamzam*, il pozzo nel recinto (*ḥaram*) della Mecca che sgorgò ai piedi di Agar, assetata, mentre implorava l'acqua per sé e per il figlio Ismaele. L'acqua, che ha un sapore amaro, è addolcita a volte facendovi macerare fichi secchi, uva passita e miele>>.

3266. Ya‘lā ci ha tramandato di aver udito il Profeta (ﷺ) recitare dal pulpito: <<Grideranno: "O Malik, che il tuo Signore ci faccia perire definitivamente!". Risponderà: "No, qui dovete dimorare">>[52]. [Mālik è il guardiano del fuoco dell'Inferno].

3267. Abū Wā ‘il ci ha tramandato: <<Qualcuno ha detto ad Usāma: "Ti recherai da tale e tale (ossia ‘Uthmān) e gli darai un consiglio?"; rispose: "Sai che non gli rivolgo la parola tranne per informarti che gli parlerò in segreto senza aprire la porta (dell'afflizione). Infatti, non voglio essere il primo ad aprila e non dirò nemmeno ad un uomo, che mi comanda, che è il migliore tra le persone, dopo aver udito il Profeta di Dio (ﷺ) affermare: "Nel Giorno della Resurrezione, un uomo sarà condotto e gettato nel Fuoco dell'Inferno di modo che i suoi intestini fuoriusciranno ed egli girerà come un asino intorno ad una macina. Gli abitanti del fuoco (dell'Inferno) si riuniranno intorno a lui e diranno: "O tale e tale! Che cosa ti accade? Non eri solito ordinarci di compiere l'*Al-Ma‘rūf* e proibirci l'*Al-Munkar*[53]? Costui risponderà: "Sì! Ero solito

---

[52] Il Sacro Corano 43:77.

[53] Cfr. Il Sacro Corano 3:104: <<Che sorga tra di voi un gruppo di persone che invitano a ciò che è buono, comandano ciò che è giusto e proibiscono ciò che è riprovevole. Costoro raggiungeranno la felicità>>; 3:110: <<Voi siete i migliori tra le genti che si sono evolute per il bene dell'umanità. Comandate ciò che è giusto, proibite ciò che è ingiusto e credete in Dio. Se solo i popoli del libro avessero la fede, sarebbe meglio per loro. Tra di loro ci sono coloro che hanno la fede, ma la maggior parte sono dei pervertiti trasgressori>>; 3:114: <<Costoro credono in Dio e nell'Ultimo Giorno. Comandano ciò che è giusto e proibiscono ciò che è riprovevole. Si affrettano ad emulare tutte le buone opere. Costoro appartengono al rango dei giusti>>; 9:112: <<Si rallegrino coloro che si volgono verso Dio in pentimento, Lo servono e Lo lodano. Si rallegrino coloro che peregrinano con devozione per la causa di Dio, che si inchinano e si prostrano nella preghiera, che comandano il bene e proibiscono il male, mentre osservano i limiti posti da Dio. Così proclama la buona novella ai credenti>>; 5:79-80: <<Non proibivano

ordinavi l'*Al-Ma'rūf*, ma io stesso non lo compivo. Ero poi solito proibirvi l'*Al-Munkar*, mentre io ero solito compierlo">>.

(11) Capitolo. Le caratteristiche di Iblis e dei suoi soldati

3268. Āishah (che Dio si compiaccia di lei) ci ha tramandato: <<Il Profeta di Dio (ﷺ) fu vittima di un incantesimo e così cominciò ad immaginare di aver compiuto qualcosa che invece non aveva fatto. Un giorno, pregò Dio per un lungo lasso di tempo e poi disse: "Sento che Dio mi ha ispirato relativamente al modo in cui posso curare me stesso. (In sogno) sono giunte presso di me due uomini e si sono seduti, uno vicino al mio capo e l'altro ai miei piedi. Uno domandò all'altro: "Da quale malattia è affetto costui?"; l'altro rispose: "È stato vittima di un incantesimo". Il primo domandò: "Chi

---

nemmeno gli uni agli altri le iniquità che commettevano. Le azioni, che hanno compiuto, sono malvagie. Molti di loro si volgono in amicizia verso i miscredenti. Malvagie sono le opere, che le loro anime hanno inviato a precederli. L'ira di Dio è su di loro e dimoreranno nel tormento>>; 7:157: <<Coloro che seguono il Messaggero, il Profeta illetterato, che trovano menzionato nelle loro stesse [Scritture], nella Torah e nel Vangelo, che comanda loro ciò che è giusto e proibisce loro ciò che è malvagio e concede loro come lecito ciò che è buono [e puro] e li induce ad astenersi da ciò che è male [ed impuro], Egli li libererà dai pesanti fardelli e dai gioghi che li opprimono. Coloro che crederanno in lui, lo onoreranno, lo aiuteranno e seguiranno la Luce che è scesa insieme a Lui, in verità prospereranno>>; 29:45: <<Recita la parte della rivelazione che ti è stata inviata per ispirazione. Stabilisci preghiere regolari perché la preghiera trattiene dal compiere atti vergognosi ed ingiusti. Il ricordo di Dio è certamente la cosa migliore. Dio conosce bene quello che fate>>; 24:21: <<O voi che credete, non seguite le orme di Satana. Se qualcuno seguisse le orme di Satana, egli gli comanderà solo ciò che è vergognoso e biasimevole. Se non fosse stato per la misericordia e la grazia di Dio su di voi, nessuno sarebbe stato purificato. Dio concede la purezza a chi vuole. Egli è Colui che ode e conosce tutte le cose>>.

ha compiuto l'incantesimo?", l'altro rispose: "Labīd bin Al-A'sam", Il primo domandò: "Quale materiale ha utilizzato?", l'altro rispose: "Un pettine, un capello, e la pellicola esterna del polline di una palma maschio". Il primo domandò: "Dove si trova?"; il secondo rispose: "Nel pozzo di Dharwān". Così il Profeta (ﷺ) si diresse al pozzo e poi ritornò. Quando ritornò, mi disse: "Gli alberi di palma vicini al pozzo assomigliavano alle teste dei demoni". Domandai: "Hai tirato fuori gli oggetti con le quali la magia è stata compiuta?". Egli disse: "Per quello che mi riguarda, Dio mi ha curato e temo che quest'azione possa diffondere il male tra le persone". Successivamente, il pozzo venne coperto di terra>>.

3269. Abū Hurairah (che Dio si compiaccia di lui) ci ha tramandato che il Profeta di Dio (ﷺ) ha affermato: <<Quando giacete addormentati, Satana stringe tre nodi sulla nuca di ciascuno di voi. Poi legge e soffia le seguenti parole su ogni nodo: "La notte è lunga. Continua a dormire". Se quella persona si sveglia, e si ricorda di Dio, quel nodo si scioglie. Quando poi compie l'abluzione, anche il secondo nodo si scioglie. Poi, quando offre la preghiera, tutti i tre nodi si sciolgono ed egli si alza al mattino pieno di energia, di buon umore e con un cuore fermo; altrimenti si alza pigro e con il cuore e l'umore affranti>>.

3270. 'Abdullāh (che Dio si compiaccia di lui) ci ha tramandato: <<È stato menzionato davanti al Profeta (ﷺ) che vi era un uomo che dormiva di notte fino al mattino (dopo che il sole era sorto). Il Profeta di Dio (ﷺ) disse: "Satana ha urinato nell'orecchio di costui">>.

3271. Ibn 'Abbās (che Dio si compiaccia di lui) ci ha tramandato che il Profeta (ﷺ) ha affermato: <<Se qualcuno di

voi, dopo aver consumato un rapporto sessuale con la propria moglie, dice: "Nel nome di Dio! O Dio, proteggici da Satana ed impediscigli di avvicinarci alla progenie che stai per darci", se viene concepito un bambino, Satana non potrà arrecargli alcun danno>>.

3272. Ibn 'Umar (che Dio si compiaccia di lui) ci ha tramandato che il Profeta di Dio (ﷺ) ha affermato: <<Quando, al mattino, compare il limite (superiore) del sole, non assolvete alla preghiera, fino a quando il sole non è sorto completamente. Quando poi il limite (inferiore) del sole tramonta, non assolvete alla preghiera, fino a quando non è tramontato completamente>>[54].

3273. "Non dovreste apprestarvi ad assolvere alla preghiera al tempo dell'alba o del tramonto in quanto il sole sorge tra i due lati del capo di Satana".

3274. Abū Sa 'īd Al-Khudrī (che Dio si compiaccia di lui) ci ha tramandato che il Profeta (ﷺ) ha affermato: "Se, mentre state pregando, qualcuno intende passare davanti a voi, impediteglielo. Se insiste, impediteglielo ancora; se insiste, respingetelo via, perché una tale persona è un demonio".

---

[54] Cfr. Sahīh al-Bukhārī, *Kitāb Mawākīt Al-Salāt*, 31, 585. Ibn 'Umar (che Dio si compiaccia di lui) ci ha tramandato che il Profeta di Dio (ﷺ) ha affermato: <<Dovreste astenervi dall'offrire la preghiera al sorgere e calare del sole>>; 586. Abū Sa 'īd Al-Khudrī (che Dio si compiaccia di lui) ci ha tramandato di aver udito il Profeta di Dio (ﷺ) affermare: <<Non vi è alcuna preghiera dopo quella del *Fajr* fino a quando il sole non è sorto e non vi è alcuna preghiera dopo l'*Asr* fino a quando non è tramontato>>; 588. Abū Hurairah (che Dio si compiaccia di lui) ci ha tramandato: <<Il Profeta di Dio (ﷺ) ha proibito di offrire la preghiera dopo il *Fajr* fino a quando il sole non è sorto e dopo l'*Asr* fino a quando non è tramontato>>.

3275. Muhammad bin Sīrīn ci ha tramandato che Abū Hurairah (che Dio si compiaccia di lui) ci ha affermato: <<Il Profeta di Dio (ﷺ) mi affidò il compito di sorvegliare la *Zakāt* del Ramadān. Qualcuno giunse e cominciò a raccogliere con le mani parte del cibo (della *Zakāt*). Io lo sorpresi e gli dissi che lo avrei condotto dal Profeta di Dio (ﷺ)>>. Successivamente Abū Hurairah (che Dio si compiaccia di lui) raccontò l'intera storia ed aggiunse che il ladro gli disse: "Ogni volta che uno di voi va a letto, dovrebbe recitare lo *Āyat Al-Kursī*[55] perché un guardiano (inviato da) Dio lo difenderà e Satana non potrà avvicinarsi fino al mattino". Il Profeta (ﷺ) allora disse: "Ti ha detto la verità, sebbene sia un mentitore. Quel ladro era Satana".

3276. Abū Hurairah (che Dio si compiaccia di lui) ci ha tramandato che il Profeta di Dio (ﷺ) ha affermato: <<Satana giunge presso uno di voi ed afferma: "Chi ha creato tale e tale? Chi ha creato tale e tale?", fino a quando non domanda: "Chi ha creato il vostro Signore?". Così, quando perviene ad una tale domanda, si dovrebbe cercare rifugio in Dio ed abbandonare tali pensieri>>.

3277. Abū Hurairah (che Dio si compiaccia di lui) ci ha tramandato che il Profeta di Dio (ﷺ) ha affermato: <<Quando giunge il mese del Ramadān, le porte del Paradiso vengono

---

[55] Il Sacro Corano 2:255: <<Dio! Non c'è altro Dio che Lui, il Vivente, il Sussistente, l'Eterno. Non Lo colgono né fatica né sonno. A Lui appartiene tutto ciò che si trova nei cieli e sulla terra. Chi può intercedere alla Sua presenza, eccetto che con il Suo permesso? Egli sa che cosa si trova davanti, dopo o dietro di loro. Non possono condividere un poco della Sua conoscenza a meno che Egli non voglia. Il Suo Trono si estende sui cieli e la terra e Lui non prova alcuna fatica nel custodirlo e preservarlo. Egli è l'Eccelso, il Supremo">>.

aperte e quelle dell'(Inferno) rimangono chiuse, mentre i demoni vengono incatenati>>.

3278. Ubaī bin Ka 'b ci ha tramandato di aver udito il Profeta di Dio (ﷺ) affermare: << Mūsā (pace su di lui) disse al suo giovane servo "Porta il pranzo, perché ci siamo molto affaticati in questa tappa del nostro viaggio"[56]; quest'ultimo rispose "Non hai visto che cosa è accaduto quando ci siamo avvicinati a quella roccia? Mi ero quasi dimenticato del pesce. Nessuno, tranne Satana, mi ha indotto a non prestarvi attenzione. Si è gettato in mare e ha trovato la sua via!"[57]. Mūsā non si sentì stanco fino a quando non attraversò il luogo in cui Dio gli aveva ordinato di recarsi>>.

3279. 'Abdullāh bin 'Umar (che Dio si compiaccia di lui) ci ha tramandato: <<Ho visto il Profeta di Dio (ﷺ) rivolgersi verso oriente ed affermare: "Guadate! Ci sarà la *Fitnah*[58].

---

[56] Il Sacro Corano 18:62.

[57] Il Sacro Corano 18:63.

[58] Il termine *Fitnah* deriva dalla radice araba *Fa Ta Na* indicante una prova o tribolazione. Cfr. Ibn Fāris, *Maqāyīs Al-Lughah* 4/472. Secondo Al-Azharī, il termine deriverebbe dall'espressione araba "fatantu al-fiddah wa'l-dhahab", relativa all'atto di testare la consistenza ed il valore dell'oro e dell'argento". Cfr. Il Sacro Corano 51:13-14: <<Proveranno quel giorno quando vedranno il Fuoco. [Sarà detto loro]: "Gustate la vostra prova. Questo è ciò verso cui vi affrettavate">>. Cfr. Al-Azharī, *Tahdhīb al-Lughah*, 14/196. Il termine *Fitnah* nel Sacro Corano compare in molteplici versetti secondo diverse sfumature di significato quali: prova, tribolazione, persecuzione, opposizione, menzogna, tentazione, assassinio, rivolta e discordia. Cfr. Il Sacro Corano 29:2: <<Pensano forse che saranno lasciati soli, dopo aver detto: "Crediamo" e che non saranno sottoposti a delle prove?>>; 5:49: <<-Lui ti comanda: "Giudica tra loro secondo ciò che Dio ha rivelato e non seguire i loro vani desideri, ma stai attento che non ti allontanino dall'insegnamento che Dio ti ha inviato. E se si voltano indietro, stai sicuro che Dio ha intenzione di punirli per alcuni dei loro crimini. In verità, la maggior parte di loro sono dei ribelli">>; 16:110: <<In verità, il tuo Signore è perdonatore e misericordioso verso quanti lasciano le loro case,

Sicuramente l'*Al-Fitnah* emergerà da lì, da dove spuntano i due lati del capo di Satana">>.

3280. Jābir (che Dio si compiaccia di lui) ci ha tramandato che il Profeta (ﷺ) ha affermato: "Quando scende la notte, tenete i vostri figli vicini, perché i demoni allora si diffondono [per ogni luogo]. Un'ora dopo potete lasciarli andare. Di notte, chiudete le porte delle vostre case e menzionatevi il nome di Dio. Spegnete le luci e menzionate il nome di Dio. Coprite i

---

dopo prove e persecuzioni, s'impegnano, combattono per la fede e perseverano con pazienza>>; 2:193: <<Combattili fino a quando non ci sia più né tumulto né oppressione e prevalga la giustizia e la fede in Dio. Però, se cessano, che non ci siano ostilità eccetto contro coloro che praticano l'oppressione>>; 57:14: <<Grideranno: "Non eravamo forse con voi?". E gli altri risponderanno: "Vero! Però vi siete lasciati condurre alla tentazione. Avete anticipato la vostra rovina. Avete dubitato della promessa di Dio e i vostri falsi desideri vi hanno ingannato, fino a quando il comando di Dio non si è realizzato. E l'ingannatore vi ha ingannato relativamente a Dio>>; 8:73: <<I miscredenti sono protettori gli uni degli altri. Se non vi proteggeste gli uni con gli altri, ci sarebbe tumulto ed oppressione sulla terra e grande corruzione>>; 5:41: <<O Profeta, non lasciarti addolorare da coloro che corrono verso la miscredenza, da coloro che dicono "crediamo" con le loro labbra, ma nel cuore non hanno alcuna fede, o dagli ebrei, uomini che darebbero ascolto ad ogni bugia, e a coloro che non ti hanno mai incontrato. Costoro distorcono il significato delle parole estrapolandole dal contesto ed affermano: "Se ciò vi è stato dato, accettatelo, altrimenti state in guardia". Se Dio vuole che qualcuno sia tentato dal male, tu non puoi fare nulla. Dio non intende purificare i loro cuori. Per costoro c'è la disgrazia in questa vita e nell'Altra un doloroso castigo>>; 4:101: <<Quando viaggiate attraverso la terra, non potrete essere biasimati, se rendete le vostre preghiere più brevi per il timore che i miscredenti possano attaccarvi. I miscredenti invero sono i vostri nemici giurati>>; 9:47: <<Se fossero usciti insieme a voi, non avrebbero aggiunto nulla alla vostra forza, ma avrebbero solo creato disordine, correndo di qua e di là tra di voi, seminando sedizione. Alcuni tra di voi avrebbero prestato loro ascolto. Però Dio conosce bene coloro che commettono ingiustizia>>; 85:10: <<Coloro che perseguitano i credenti, uomini e donne, e non si volgono in pentimento, avranno la pena del Fuoco dell'Inferno. Avranno la pena del Fuoco ardente>>.

vostri utensili e menzionate il nome di Dio. Se non avete nulla con cui coprirli, appoggiatevi sopra qualcosa (come un pezzo di legno, etc....).

3281. Safīyya bint Huyai ci ha tramandato: <<Mentre il Profeta di Dio (ﷺ) si trovava in *I'tikāf*, una notte lo chiamai e, dopo aver parlato con lui, mi alzai per andare via. Anche lui si alzò per accompagnarmi nelle mie stanze, che allora si trovavano in casa di Usāma bin Zaid. Due Ansari ci passarono accanto e, quando videro il Profeta (ﷺ), affrettarono il passo. Il Profeta (ﷺ) disse loro: "Non correte via! Costei è Safīyya la figlia di Huyai (mia moglie)". Loro dissero: "Che Dio sia glorificato! O Profeta di Dio! (Tu sei al di sopra di ogni sospetto)"; lui disse: "Satana circola nell'essere umano come il sangue ed io avevo paura che Satana ponesse un pensiero malvagio nei vostri cuori">>.

3282. Sulaimān bin Surad ci ha tramandato: <<Mentre sedevo in compagnia del Profeta (ﷺ), due uomini si offesero a vicenda ed il volto di uno di loro divenne rosso per la rabbia e la sua vena giugulare si gonfiò. Allora il Profeta (ﷺ) disse: "Conosco delle parole che, se pronunciate, lo calmeranno. Se afferma: "*A'ūdhu billāhi minash-Shaitān*"[59], tutta la sua rabbia si placherà". Qualcuno gli disse che il Profeta (ﷺ) aveva affermato: "Cerca rifugio in Dio da Satana". L'uomo adirato allora disse: "Sono forse pazzo?">>.

3283. Ibn 'Abbās (che Dio si compiaccia di lui) ci ha tramandato che il Profeta (ﷺ) ha affermato: <<Se qualcuno di voi, quando consuma un rapporto sessuale con la propria moglie, afferma: "O Dio! Proteggimi da Satana ed impediscigli di avvicinarsi alla progenie che stai per darmi!", se accade che

---

[59] Ossia "Cerco rifugio in Dio da Satana".

la donna concepisca un figlio, Satana non potrà mai né nuocergli e nemmeno sopraffarlo>>.

3284. Abū Hurairah (che Dio si compiaccia di lui) ci ha tramandato: <<Il Profeta (ﷺ) ha assolto alla *Salāt* e (dopo aver finito) ha affermato: "Satana è giunto davanti a me cercando in modo persistente di distogliere la mia attenzione dalla preghiera, ma Dio mi ha dato il potere di sopraffarlo">>.

3285. Abū Hurairah (che Dio si compiaccia di lui) ci ha tramandato che il Profeta (ﷺ) ha affermato: <<Quando viene pronunciata la chiamata alla preghiera, Satana si mette sui talloni e sbuffa dalle narici. Quando la chiamata alla preghiera è terminata, torna indietro. Quando viene pronunciato l'*Iqāma*, si mette sui talloni e poi, dopo che è stata completata, torna ad interferire tra la persona [che assolve alla preghiera] ed il suo cuore, dicendogli: "Ricorda questo e quest'altro", fino a quando la persona dimentica se ha offerto tre o quattro *Rak'a*. Allora, se una persona dimentica se ha offerto tre o quattro *Rak 'a*, dovrebbe compiere due prosternazioni del *Sahw* (ossia della dimenticanza)[60]>>.

3286. Abū Hurairah (che Dio si compiaccia di lui) ci ha tramandato che il Profeta (ﷺ) ha affermato: <<Quando un essere umano è nato, Satana lo tocca ad entrambi i lati del corpo con le mani, tranne 'Īsā, il figlio di Maryam, che Satana ha cercato di toccare (ma non vi è riuscito), ma ha toccato invece solo il rivestimento di placenta>>.

---

[60] Ci si riferisce a due prosternazioni che il credente è chiamato ad effettuare al termine delle preghiere giornaliere qualora abbia sbagliato il numero delle *Rak 'āh* o abbia compiuto qualche altra imperfezione.

3287. 'Alqama ci ha tramandato: <<Mi recai nello Sham e domandai chi si trovasse lì; le persone risposero; "Abū ad-Darda". Abū Ad-Darda chiese: "Si trova con voi la persona che Dio ha protetto da Satana (come è stato affermato dal Profeta di Dio ﷺ)". Il sub-narratore, Mughīra ha affermato che quella persona, cui Dio aveva dato rifugio attraverso la lingua del Profeta (ﷺ), era 'Ammār (bin Yāsir)[61]>>.

3288. Āishah (che Dio si compiaccia di lei) ci ha tramandato che il Profeta (ﷺ) ha affermato: <<Mentre gli angeli parlano tra le nuvole di cose che stanno per accadere sulla terra, i demoni odono una parola di quello che dicono e la versano negli orecchi degli indovini come si versa qualcosa nella bottiglia e (a quella parola) aggiungono cento menzogne>>.

---

[61] Figlio di Yāsir ibn 'Āmir, originario dello Yemen che si era stabilito alla Mecca sotto la protezione di Abū Hudhayfah ibn al-Mughīra appartenente al clan dei Banū Makhzūm. Yāsir sposò Sumayyah bint Khayyāt, schiava dello stesso Abū Hudhayfah. Dal loro matrimonio nacquero due figli: 'Ammār e 'Abdullāh. Costoro, quando si convertirono all'Islam, furono crudelmente perseguitati da Abū Jahl. Yāsir e Sumayyah sono considerati tra i primi martiri dell'Islam. Yāsir, infatti, morì in seguito alle torture fisiche cui venne sottoposto, mentre Sumayyah fu uccisa dalla spada di Abū Jahl, che le inflisse un colpo mortale, quando comprese che in nessun modo l'avrebbe mai indotta a rinnegare la sua fede. 'Ammār, invece, veniva costretto a rimanere sdraiato sulla sabbia bollente nel sole del mezzogiorno. Un giorno, nel mezzo di quella dolorosissima tortura, fu picchiato anche con una violenza tale che svenne. 'Ammār ibn Yāsir, a causa delle insopportabili torture inflitte dai Quraysh, abiurò all'Islam solo a parole per salvarsi la vita. Subito dopo però si pentì e pieno di rimorso si recò dal Profeta Muhammad (ﷺ). In quell'occasione, in riferimento alla sua persona, venne rivelato il versetto 106 della sura *an-Nahl.* Cfr. Il Sacro Corano, 16:106: <<Su coloro che, dopo aver accettato la fede in Dio, la rinnegano [eccetto che sotto costrizione, ma il cui cuore rimane fermo nella fede] e su quanti aprono i propri petti alla miscredenza incombe l'ira di Dio. Un castigo terribile li attende>>.

3289. Abū Hurairah (che Dio si compiaccia di lui) ci ha tramandato che il Profeta (ﷺ) ha affermato: <<Lo sbadiglio proviene da Satana e, quando uno di voi sbadiglia, deve stare il più attento possibile, perché se dice "Ha", durante uno sbadiglio, Satana riderà di lui>>.

3290. Āishah (che Dio si compiaccia di lei) ci ha tramandato: <<Nel giorno della battaglia di Uhud, quando i miscredenti venivano sconfitti, Satana ha gridato: "O servi di Dio! Fate attenzione alle forze alle vostre spalle!"; allora i musulmani delle avanguardie combatterono contro quelli delle retrovie (pensato che fossero dei miscredenti). Hudhaifa si voltò indietro e vide suo padre al-Yamān (che veniva attaccato dai musulmani). Lui gridò: "O servi di Dio! Mio padre! Mio padre!". Per Allah, non si fermarono fino a quando non lo uccisero. Hudhaifa allora disse: "Che Dio vi perdoni!". 'Urwa ha affermato che Hudhaifa ha continuato ad invocare il bene (ossia di perdonare l'assassino di suo padre), fino a quando non ha incontrato Dio>>.

3291. Āishah (che Dio si compiaccia di lui) ci ha tramandato: <<Domandai al Profeta (ﷺ) relativamente a qualcuno che volge lo sguardo di qua e di là durante la preghiera. Lui ha risposto: "Questo è quanto Satana sottrae dalla *Salāt* di ognuno di voi">>.

3292. Abū Qatāda ci ha tramandato che il Profeta (ﷺ) ha affermato: <<Un sogno buono e giusto proviene da Dio, mentre quelli brutti ed angosciosi provengono da Satana; così se uno di voi ha un sogno angoscioso, di cui si spaventa, dovrebbe sputare alla sua sinistra e cercare rifugio in Dio dal male. In questo modo non lo danneggerà>>.

3293. Abū Hurairah (che Dio si compiaccia di lui) ci ha tramandato: <<Il Profeta di Dio (ﷺ) ha affermato: <<Se una persona afferma cento volte al giorno: "Nessuno ha il diritto di essere adorato se non Dio solo, l'Unico, Egli è l'Uno e non ha alcuno che possa condividere la Sua divinità, a Lui appartiene il regno (dell'universo) ed Egli è l'Onnipotente", avrà la ricompensa di aver manomesso dieci schiavi e gli saranno annoverate cento buone azioni, altrettante cento cattive azioni saranno rimosse o cancellate dal suo resoconto. Inoltre, quel giorno sarà protetto dal mattino fino alla sera da Satana e nessuno gli sarà superiore se non colui che avrà fatto di più di quello che costui ha compiuto>>.

3294. Sa'd bin Abī Waqqās ci ha tramandato: <<Una volta 'Umar ha domandato il permesso di vedere il Profeta di Dio (ﷺ), nella cui compagnia vi erano alcune donne Quraysh che gli stavano parlando [domandandogli] un maggiore supporto finanziario, alzando la voce. Quando 'Umar domandò il permesso di entrare, le donne si alzarono (in fretta) correndo a nascondersi. Quando il Profeta di Dio (ﷺ) fece entrare 'Umar, sorrideva. Umar domandò: "O Profeta di Dio! Che Dio ti mantenga sempre felice". Il Profeta (ﷺ) allora disse: "Sono meravigliato del fatto che queste donne, che erano insieme a me, quando hanno udito la tua voce, siano andate a nascondersi". Umar disse: "O Profeta di Dio! Tu hai un diritto maggiore di essere temuto!". Poi si rivolse (a quelle donne) dicendo: "O nemiche delle vostre stesse anime! Avete paura di me e non del Profeta di Dio (ﷺ)?"; risposero: "Sì, perché sei un uomo più temibile e severo del Profeta di Dio (ﷺ)". Il Profeta (ﷺ) allora disse: "Per Colui nelle Cui mani si trova la mia anima, ogni volta che Satana ti vede prendere una direzione, lui segue una via diversa dalla tua">>.

3295. Abū Hurairah (che Dio si compiaccia di lui) ci ha tramandato che il Profeta (ﷺ) ha affermato: <<Se qualcuno di voi si sveglia e compie l'abluzione, dovrebbe pulirsi il naso ponendovi dell'acqua e soffiandola via per tre volte, perché Satana è rimasto nella parte superiore del suo naso nell'intero corso della notte>>.

(12) Capitolo. La menzione dei Jinn[62], la loro ricompensa e retribuzione

Come Dio afferma nel Sacro Corano: <<O voi assemblea di Jinn e di uomini, non sono forse venuti tra di voi dei messaggeri, che vi hanno posto davanti ai Miei segni e vi hanno avvertito dell'incontro di questo giorno? Diranno: "Rechiamo testimonianza contro noi stessi". È stata la vita di questo

---

[62] Cfr. V. Salierno, *Dizionario dell'Islam*, Roma 2018: <<*Jinn*, esseri soprannaturali, invisibili, buoni o cattivi, più volte menzionati nel Corano, che ne parla in vari punti (VI, 100; XV, 27; XXIII, 69-70; XXVII, 17; XXXIV, 12-13; XLVI, 29-32), in particolare, sura VII, 179, al pari degli uomini: "E molti dei *Jinn* e degli uomini abbiamo creato per la gehenna [inferno], esseri che hanno cuori con i quali non comprendono, hanno occhi con i quali non vedono, hanno orecchi con i quali non sentono: sono come armenti, anzi di quelli ancor più traviati; sono coloro che tutto trascurano">>. Cfr. Il Sacro Corano 6:100: <<Eppure [alcuni] considerano i *Jinn* uguali a Dio, sebbene sia stato Lui a crearli. Falsamente, senza averne alcuna conoscenza, gli attribuiscono figli e figlie. Sia lode e gloria a Lui. Egli è al di sopra di quanto Gli attribuiscono>>; 15:27: <<Abbiamo creato precedentemente i *Jinn* dal fuoco di un vento torrido>>; 34:12-13:<<Abbiamo reso per Salomone obbediente il vento: il suo corso al mattino copriva la distanza di un mese di viaggio e il suo corso alla sera copriva la medesima distanza. Abbiamo fatto sì che una fonte di ottone fuso fluisse per lui. Vi erano *Jinn* che lavoravano per lui con il permesso del suo Signore. Se uno di loro non avesse obbedito al Nostro comando, gli avremmo fatto provare la pena del fuoco ardente>>.

mondo che li ha ingannati. Coloro che hanno rifiutato la fede testimonieranno in questo modo contro se stessi>>[63].

Mujāhid ha affermato, relativamente all'interpretazione del versetto "Costoro reclamano anche una parentela tra Lui ed i Jinn, ma quest'ultimi sanno che verranno condotti davanti a Lui per essere giudicati"[64], che gli infedeli Quraysh dissero: "Gli angeli sono le figlie di Dio, le cui madri sono le figlie delle amanti dei Jinn". Dio ha affermato: <<Costoro non hanno il potere di aiutarli, ma saranno loro stessi portati davanti al trono del Giudizio in truppe per essere condannati>>[65].

3296. 'Abdur-Rahmān bin 'Abdullāh bin 'Abdur-Rahmān bin Abī Sa 'sa 'a Al-Ansari ci ha tramandato che Abū Sa'īd Al-Khudrī (che Dio si compiaccia di lui) disse al proprio padre: "Vedo che ti piacciono molto le pecore ed il deserto. Allora, quando vuoi pronunciare l'*Adhān* alza la voce, perché chi udrà l'*Adhān* -sia un uomo, un jinn o qualche altra cosa- sarà testimone per te nel Giorno della Resurrezione". Abū Sa 'īd ha aggiunto: "Ho udito (questa tradizione) dal Profeta di Dio (ﷺ)>>.

---

[63] Il Sacro Corano 6:130.
[64] Il Sacro Corano 37:158.
[65] Il Sacro Corano 36:75.

(13) Capitolo. Relativamente ai versetti: <<Abbiamo volto verso di te [o Profeta] un gruppo di Jinn, per ascoltare il Corano. Quando lo udirono, dissero: "Ascoltate in silenzio". Quando poi la recitazione terminò, ritornarono dal loro popolo per ammonirlo. Dissero: "O popolo nostro, abbiamo udito un libro rivelato dopo Mosè, a conferma di ciò che è giunto precedentemente, che guida gli uomini alla verità e al retto cammino. O popolo nostro, ubbidite a colui che vi invita a Dio e credete in Lui. Egli perdonerà i vostri peccati e vi proteggerà da un castigo doloroso. Se qualcuno non risponde a chi lo invita a Dio, non può rendere vani i Suoi piani sulla terra e non avrà protettori all'infuori di Lui. Questi uomini si trovano in errore manifesto>>[66].

(14) Capitolo. Relativamente al versetto <<Nella creazione dei cieli e della terra, nell'alternanza tra il giorno e la notte, nelle navi che solcano le acque a beneficio degli uomini, nella pioggia che Dio invia dal cielo, donando nuova vita alla terra, che prima era morta, e in tutti i tipi di creature che ha disposto sopra di essa, nel cambiamento dei venti e nelle nuvole che fanno muovere tra il cielo e la terra: qui ci sono segni per i saggi>>[67].

3297. Ibn 'Umar (che Dio si compiaccia di lui) ci ha tramandato di aver udito il Profeta di Dio (ﷺ) pronunciare una *Khutba* sul pulpito dicendo: "Uccidete i serpenti ed uccidete il *Dhat-Tufyatain* ed l'*Abtar* perché rendono cieco l'occhio e provocano l'aborto".

---

[66] Il Sacro Corano 46:29-32.
[67] Il Sacro Corano 2:164.

3298. ('Abdullāh bin 'Umar ha poi aggiunto): <<Una volta, mentre stavo inseguendo un serpente per ucciderlo, Abū Lubāba mi chiamò dicendo: "Non ucciderlo!"; dissi: "Il Profeta di Dio (ﷺ) ci ha ordinato di uccidere i serpenti". Lui rispose: "Successivamente ha proibito che vengano uccisi i serpenti che vivono nelle case!" (Az-Zuhrī ha affermato: "Questi serpenti vengono chiamati *Al-'Awāmir*").

3299. Ibn 'Umar (che Dio si compiaccia di lui) ci ha tramandato: <<Abū Lubāba e Zaid bin Khattāb mi videro>>.

(15) Capitolo. La migliore proprietà di un musulmano sarà una pecora che condurrà al pascolo sulla cima delle montagne.

3300. Abū Sa 'īd Al-Khudrī (che Dio si compiaccia di lui) ci ha tramandato che il Profeta di Dio (ﷺ) ha affermato: "Giungerà un tempo, quando la proprietà migliore di un uomo sarà una pecora che pascolerà sulla cima delle montagne e nei luoghi in cui cade la pioggia (ossia le pasture), dove fuggirà per proteggere la sua religione dal *Al-Fitan*".

3301. Abū Hurairah (che Dio si compiaccia di lui) ci ha tramandato che il Profeta di Dio (ﷺ) ha affermato: "Il capo della miscredenza viene da oriente. L'orgoglio e l'arroganza sono caratteristiche di coloro che posseggono cavalli e cammelli e di quei beduini che sono occupati [nella cura] dei loro cammelli e non prestano alcuna attenzione alla religione. Invece, la modestia e la gentilezza sono caratteristiche degli allevatori di pecore".

3302. 'Uqba bin 'Amr ed Abū Mas'ūd ci hanno tramandato: <<Il Profeta di Dio (ﷺ) fece segno con la mano verso lo Yemen e disse: "La vera fede appartiene agli Yemeniti, ma la durezza e

la mancanza di compassione sono proprie di quei beduini che sono occupati con i loro cammelli e non prestano alcuna attenzione alla religione". (Poi facendo segno verso oriente, egli (ﷺ) ha affermato): "Qui[68], da dove spuntano i due lati del capo di Satana, ossia le tribù di Rabī 'a e di Mudar">>.

3303. Abū Hurairah (che Dio si compiaccia di lui) ci ha tramandato che il Profeta (ﷺ) ha affermato: "Quando udite il canto del gallo, domandate le benedizioni di Dio perché (il suo canto indica) che ha veduto un angelo. Quando udite il barrito di un asino, cercate rifugio in Dio perché (quel verso) indica che ha visto Satana".

3304. Jābir bin 'Abdullāh (che Dio si compiaccia di lui) ci ha tramandato che il Profeta di Dio (ﷺ) ha affermato: "Quando scende la notte (o viene sera), tenete i vostri figli vicini perché a quel tempo si diffondono i demoni. Quando è trascorsa la prima ora della notte, potete lasciarli liberi. Chiudete le porte e menzionate il nome di Dio perché Satana non apre una porta chiusa".

3305. Abū Hurairah (che Dio si compiaccia di lui) ci ha tramandato che il Profeta (ﷺ) ha affermato: <<Un gruppo di ebrei si perdettero e nessuno sa cosa sia accaduto loro. Io non

---

[68] Riferimento al luogo da cui emerge la Fitnah. Cfr. Sahīh al-Bukhārī, *Kitāb Al-Fitan*, 16, 7094. Ibn 'Umar (che Dio si compiaccia di lui) ci ha tramandato che il Profeta (ﷺ) ha affermato: "O Dio, concedi le Tue benedizioni sullo Shām! O Dio, concedi le Tue benedizioni sullo Yemen!" Le persone dissero: "Ed anche sul nostro Najd". Lui disse: "O Dio, concedi le Tue benedizioni allo Shām! O Dio concedi le Tue benedizioni allo Yemen!" Le persone dissero: "O Profeta! Anche sul nostro Najd". (Ibn 'Umar disse): <<Penso che il Profeta (ﷺ) per la terza volta disse: "Najd è il luogo dei terremoti e della *Fitnah* e da lì sporge il lato della testa di Satana".

so altro che sono stati maledetti e trasformati in ratti o topi. Se infatti, viene posto del latte di cammello davanti ad un topo o un ratto, non lo berrà; se invece il latte è quello di una pecora lo berrà". Lo dissi a Ka 'b che mi domandò se lo avessi udito dal Profeta (ﷺ). Risposi affermativamente e Ka 'b mi rivolse la medesima domanda molte volte ed io gli dissi: "Non hai letto la *Torah*?">>.

3306. Āishah (che Dio si compiaccia di lei) ci ha tramandato:<<Il Profeta (ﷺ) ha chiamato le lucertole di casa *Al-Fuwaisiq* (ossia animali nocivi), ma non ho mai udito da lui che dovessero essere uccisi>>. Sa 'd bin Abī Waqqās sostiene che il Profeta (ﷺ) abbia ordinato che dovessero essere uccisi.

3307. Umm Sharīk ci ha tramandato che il Profeta (ﷺ) le ordinò di uccidere le lucertole di casa.

3308. Āishah (che Dio si compiaccia di lei) ci ha tramandato che il Profeta (ﷺ) ha affermato: "Uccidete il serpente con due linee bianche sulla schiena perché toglie la vista e provoca l'aborto".

3309. Āishah (che Dio si compiaccia di lei) ci ha tramandato che il Profeta (ﷺ) ordinò di uccidere il serpente dalla coda mozzata o corta perché causa cecità e provoca l'aborto.

3310. Abū Mulaika ci ha tramandato: <<Ibn 'Umar era solito uccidere i serpenti, ma dopo ne proibì l'uccisione dicendo: "Una volta il Profeta (ﷺ) abbatté un muro e vide il resto di una pelle di serpente" e disse di cercarlo. Quando lo trovarono, il Profeta (ﷺ) disse loro di ucciderlo. Per questa ragione ero solito uccidere i serpenti>>.

3311. Successivamente ho incontrato Abū Lubāba (ossia Ibn 'Umar) che mi raccontò che il Profeta (ﷺ) aveva detto: "Non uccidete i serpenti tranne quelli che hanno la coda corta o mutilata con due linee bianche sulla schiena perché provocano cecità ed aborto".

3312. Nāfi' ci ha tramandato che Ibn 'Umar era solito uccidere i serpenti.

3313. Quando Abū Lubāba lo informò che il Profeta (ﷺ) aveva proibito l'uccisione dei serpenti che vivono nelle case, lui smise di ucciderli.

(16) Capitolo. Se una mosca cade nella bevanda di qualcuno, si dovrebbe immergerla in esso, perché una delle sue ali porta una malattia e l'altra la cura. Cinque tipologie di animali sono *Fuwaisiq* e la loro uccisione è consentita anche nel Santuario di Mecca e Medina.

3314. Āishah (che Dio si compiaccia di lei) ci ha tramandato che il Profeta (ﷺ) ha affermato: "Cinque tipi di animali sono *Fuwaisiq* e possono essere uccisi anche nell'*Harām*: un topo, uno scorpione, un nibbio, un corvo ed un cane affetto da rabbia".

3315. 'Abdullāh bin 'Umar (che Dio si compiaccia di lui) ci ha tramandato che il Profeta di Dio (ﷺ) ha affermato: "Non comporta alcun peccato se una persona nello stato di *Ihrām* uccide uno di questi cinque animali: uno scorpione, un ratto, un cane affetto da rabbia, un corvo o un nibbio".

3316. Jābir bin 'Abdullāh (che Dio si compiaccia di lui) ci ha tramandato che il Profeta (ﷺ) ha affermato: <<Coprite i vostri utensili e legate bene l'imboccatura delle vostre borracce. Chiudete le porte e tenete i bambini vicino a voi di notte

perché a quest'ora i Jinn escono e sottraggono le cose. Quando andate a letto, spegnete le luci, perché gli animali pericolosi potrebbero trascinare via lo stoppino della candela e così bruciare coloro che si trovano nella casa". 'Atā ha detto: "I demoni" (invece dei Jinn)>>.

3317. 'Abdullāh (che Dio si compiaccia di lui) ci ha tramandato: <<Una volta eravamo in compagnia del Profeta di Dio (ﷺ) in una caverna, dove venne (allora) rivelata la sura *al-Mursalāt*[69] e noi la stavamo imparando dal Profeta di Dio (ﷺ). Improvvisamente un serpente uscì dalla sua tana e noi corremmo per ucciderlo, ma riuscì ad entrare nella sua tana prima che potessimo prenderlo. Il Profeta di Dio (ﷺ) allora disse: "Il serpente è stato salvato dal vostro male e voi dal suo">>.

3318. Ibn 'Umar (che Dio si compiaccia di lui) ci ha tramandato che il Profeta di Dio (ﷺ) ha affermato: <<Una donna è entrata nell'Inferno a causa di un gatto che aveva legato. Non gli diede da mangiare e non lo lasciò nemmeno libero di mangiare dei vermi della terra>>.

3319. Abū Hurairah (che Dio si compiaccia di lui) ci ha tramandato che il Profeta di Dio (ﷺ) ha affermato: <<Una volta, mentre uno dei profeti si stava riposando sotto un albero, venne punto da una formica. Allora ordinò che il suo bagaglio venne rimosso da sotto quell'albero e che venisse appiccato il fuoco sul nido delle formiche. Dio allora rivelò: "Non sarebbe stato sufficiente bruciare solo la formica che ti ha punto?>>.

---

[69] La sura delle Inviate, di 50 versetti, rivelata alla Mecca tranne il versetto 48 rivelato invece a Medina.

(17) Capitolo. Se una mosca cade in un bicchiere, la si dovrebbe immergere (nella bevanda) perché una delle sue ali ha una malattia e l'altra l'antidoto per essa.

3320. Abū Hurairah (che Dio si compiaccia di lui) ci ha tramandato che il Profeta (ﷺ) ha affermato: "Se una mosca cade nel bicchiere di qualcuno di voi, dovrebbe immergerla (nella bevanda) perché se una delle sue ali porta una malattia, sull'altra si trova la cura per essa".

3321. Abū Hurairah (che Dio si compiaccia di lui) ci ha tramandato che il Profeta di Dio (ﷺ) ha affermato: <<Una prostituta passò accanto ad un cane che ansimava vicino ad un pozzo e si accorse che l'animale stava per morire di sete. Allora lei si tolse i *Khuff* di pelle e, dopo averli legati con la stoffa che le copriva il capo, attinse dell'acqua per lui. Allora Dio, in ragione della sua buona azione, la perdonò>>.

3322. Abū Talha (che Dio si compiaccia di lui) ci ha tramandato che il Profeta (ﷺ) ha affermato: <<Gli angeli non entrano in una casa in cui si trova un cane o un'immagine>>.

3323. 'Abdullāh bin 'Umar (che Dio si compiaccia di lui) ci ha tramandato: <<Il Profeta di Dio (ﷺ) ci ordinò di uccidere i cani>>[70].

3324. Abū Hurairah (che Dio si compiaccia di lui) ci ha tramandato che il Profeta di Dio (ﷺ) ha affermato: <<Se qualcuno tiene un cane, gli sarà sottratta una *Qīrāt* (di ricompensa) per le buone azioni compiute, tranne nel caso in

---

[70] Questa Tradizione si riferisce ad una probabile epidemia verificatasi in un periodo imprecisato nel territorio intorno a Medina.

cui lo tenga per l'agricoltura o per la protezione del bestiame>>⁷¹.

3325. Sufyān bin Abī Zuhair Ash-Shan'ī ci ha tramandato di aver udito il Profeta di Dio (ﷺ) affermare: <<Se qualcuno tiene un cane che non è utilizzato né per il lavoro agricolo e

---

[71] Questo specifico *Hadīth* deve essere letto nell'ambito della natura del rapporto tra uomo ed animale nei tempi antichi, in cui la mancanza di vaccini, antibiotici ed antimicotici, rendeva molto spesso pericolosa l'interazione tra l'uomo e determinati animali che, come il cane, per esempio, avrebbero potuto trasmettere delle malattie agli esseri umani. Era quindi necessaria una profilassi che tenesse la presenza degli animali ad una certa distanza dalle abitazioni al fine di evitare la trasmissione di determinate malattie. Sfortunatamente, alcune scuola di legge hanno considerato il cane come animale "impuro" utilizzando il ragionamento analogico (*Qiyas*). Vi sono però molteplici Tradizioni del Profeta (ﷺ) che fanno riferimento al rispetto per gli animali ed alla ricompensa di cui è degno colui che ne se prende cura. Cfr. Sahīh Al-Bukhārī, *Kitāb Al-Wudū*, 33, 173. Abū Hurairah (che Dio si compiaccia di lui) ci ha tramandato che il Profeta (ﷺ) ha affermato: <<Un uomo vide un cane che mangiava del fango (a causa dell'estrema) sete. Così, dopo aver preso la sua scarpa, la riempì di acqua e continuò a versala per il cane fino a quando la sua sete non si estinse. Dio ha approvato la sua azione e gli ha concesso il Paradiso>>; 174. Hamza bin 'Abdullāh ci ha tramandato: <<Mio padre ha affermato: "Al tempo della vita del Profeta (ﷺ), i cani erano soliti urinare ed attraversare la moschea. Ciononostante le persone non hanno mai versato dell'acqua sull'urina del cane>>. Le considerazioni di ordine igienico-sanitarie possono poi essere dimostrate dall'*Hadīth* in cui il Profeta (ﷺ) insegna in che modo cacciare avvalendosi dell'aiuto dei cani. Qualora il cane da caccia abbia morso la preda, la presenza di saliva che avrebbe potuto essere portatrice di agenti patogeni pericolosi per la salute umana, non rendeva il consumo della carne opinabile. Cfr. Sahīh Al-Bukhārī, *Kitāb Al-Wudū*, 175. 'Adī bin Hātim (che Dio si compiaccia di lui) ci ha tramandato: <<Ho domandato al Profeta (ﷺ) relativamente ai cani da caccia ed egli ha risposto: "Se lasci libero il tuo cane addestrato verso una preda pronunciando il nome di Dio, e questo la caccia, puoi mangiarne. Però, se il cane morde la preda, allora non mangiarne perché il cane la ha cacciata per se stesso". Aggiunsi: "Qualche volta mando il mio cane a caccia e trovo con lui un altro cane". Egli disse: "Non mangiare della preda perché hai menzionato il nome di Dio solo quando hai sciolto il tuo cane e non hai fatto lo stesso con l'altro cane>>.

nemmeno per proteggere il bestiame, un *Qīrāt* della ricompensa dovuta per le sue buone azioni gli sarà sottratta". Allora As-Sā'ib disse: "Lo hai udito dal Profeta di Dio (ﷺ)?"; rispose: "Sì, per il Signore di questa Qiblah[72]!">>.

---

[72] Cfr. V. Salierno, *Dizionario dell'Islam*, Roma 2018: <<qibla, dal verbo arabo qabala, "rivolgersi", è la direzione della preghiera, che inizialmente, sino a sedici-diciassette mesi dopo l'égira, era orientata verso Gerusalemme. Successivamente, la qibla fu cambiata nella direzione della Mecca. L'annuncio fu dato dal Profeta nella lunga sūra II, 142-150, in particolare con il versetto 142: "Gli stolti diranno: Che cosa li ha stornati dalla qibla che avevano prima? Rispondi dunque: A Dio appartiene l'oriente e l'occidente, Egli guida chi vuole sulla retta via"; e, 144: "... ti doneremo ora una qibla che ti piacerà: volgi dunque il volto verso il Tempio Sacro, rivolgetevi tutti, ovunque siate>>.

(1) Capitolo. La creazione di Adamo e della sua discendenza

3326. Abū Hurairah (che Dio si compiaccia di lui) ci ha tramandato che il Profeta (ﷺ) ha affermato: <<Dio ha creato Adamo[1] e, al tempo in cui lo ha creato, la sua altezza misurava 60 cubiti. Poi gli disse: "Vai e porgi il saluto a quel gruppo di angeli e presta ascolto alla loro risposta perché questo sarà il tuo saluto e quello della tua discendenza". Così Adamo disse (agli angeli): "'*As-Salāmu Alaykum*[2]". Gli angeli risposero, dicendo: " '*As-Salāmu Alaika wa Rahmatullāhi*[3]". Gli angeli aggiunsero al saluto di Adamo anche l'espressione "*Wa Rahmatullāhi*". Ogni persona che entrerà in Paradiso, rassomiglierà ad Adamo (nell'aspetto e nella figura). Dalla creazione di Adamo, le persone hanno cominciato a diminuire di statura">>.

3327. Abū Hurairah (che Dio si compiaccia di lui) ci ha tramandato che il Profeta di Dio (ﷺ) ha affermato: "Il primo gruppo di persone che entreranno in Paradiso brilleranno come la luna di notte quando è piena e, coloro che li seguiranno, brilleranno come la stella più splendente del cielo. Costoro non avranno alcun bisogno fisiologico e

---

[1] Cfr. Il Sacro Corano 2:34: <<Poi abbiamo detto agli angeli: "Prosternatevi davanti ad Adamo". E si prosternarono, eccetto Iblis, che si rifiutò a causa della sua arroganza. Divenne uno di coloro che negano il vero>>. Cfr. Il Sacro Corano 2:35-37: <<Poi abbiamo detto ad Adamo: "Dimora insieme alla tua compagna in questo Giardino e mangia, dove e quando vuoi, dei suoi magnifici frutti. Non ti avvicinare però a quest' albero o commetterai l'ingiustizia". Satana però li fece cadere cosicché fossero scacciati dal Giardino e dalla condizione di felicità di cui avevano goduto. Dicemmo: "Scendete sulla Terra, nemici gli uni degli altri. Vivete e traetene sostentamento per un periodo". Adamo ricevette dal suo Signore la parola. Il suo Signore si volse verso di lui. Egli è Perdonatore e Misericordioso>>.
[2] Lett. "Che la pace sia con te".
[3] Lett. "Che la pace e la benedizione di Dio siano con te".

non emetteranno alcuna secrezione né dalla bocca né dal naso. I loro pettini saranno d'oro e il loro sudore profumerà di muschio. Il legno di aloe sarà utilizzato nei loro incensieri e le loro spose saranno *Hūrī*[4]. Tutti loro si assomiglieranno, come se fossero un'unica persona nell'immagine del loro padre Adamo, che era alto sei cubiti".

3328. Abū Salama ci ha tramandato che Umm Salama ha affermato: <<Umm Sulaim disse: "O Profeta di Dio! In verità, Dio non si vergogna ad affermare il vero! È necessario per una donna fare un bagno se fa esperienza di una polluzione notturna?"; lui disse: "Sì, se nota la presenza di liquido". Umm Salama sorrise e domandò: "Forse anche la donna emette del liquido?", il Profeta di Dio (ﷺ) disse: "Allora per quale motivo il bambino assomiglia alla propria madre?">>.

3329. Anas (che Dio si compiaccia di lui) ci ha tramandato: <<Quando 'Abdullāh bin Salām venne a sapere dell'arrivo del Profeta (ﷺ) a Medina, giunse da lui e disse: "Ho intenzione di farti tre domande, la cui risposta conosce solo un profeta: 1) Quale sarà il primo portento dell'Ora[5]? 2) Quale sarà il primo pasto consumato dagli abitanti del

---

[4] Cfr. V. Salierno, *Dizionario dell'Islam*, Roma 2018: <<Hūrī, deriva dal termine arabo *hoor*, che è a sua volta il plurale rispettivamente del termine *ahwar*, di genere maschile, e di *haura*, di genere invece femminile. Il termine indica, indipendentemente dal genere, una persona che possiede gli occhi caratterizzati dalla *hauar*, ossia una qualità speciale concessa ad un'anima buona in Paradiso. Il termine quindi non ha un genere specifico e si riferisce, invece, ai compagni dei credenti in Paradiso>>.

[5] Cfr. Il Sacro Corano 6:158: <<Stanno forse aspettando di vedere se gli angeli vengono da loro o il tuo Signore o alcuni dei Suoi segni! Il giorno, in cui giungeranno alcuni dei segni del tuo Signore, non saranno di beneficio ad un'anima che crederà in quel momento, se prima non aveva creduto e non aveva agito per il bene. Di': "Aspettate, anche noi stiamo aspettando">>; 7:187:<<Ti chiedono riguardo l'ultima Ora: "Quando giungerà?"; Di': "La conoscenza si trova presso il mio Signore; solo Lui può rivelare quando accadrà. Sarà pesante sui cieli e sulla terra e vi coglierà all'improvviso". Ti domanderanno se ne sei stato avvertito, rispondi: "La conoscenza appartiene solo a Dio, ma la maggior parte degli uomini non lo comprende">>; 10:53: <<Cercano di informarsi con te: "È forse vero?" Di': "Per il mio Signore, questa è la verità e non potete certo vanificarla">>; 12:107: <<Sono forse sicuri che

Paradiso? 3) Per quale motivo il bambino assomiglia a suo padre oppure allo zio materno?"; Il Profeta di Dio (ﷺ) ha affermato: "Jibrīl mi ha informato appena adesso delle risposte [alle tue domande]". 'Abdullāh disse: "Costui, tra gli angeli, è nemico degli ebrei". Il Profeta di Dio (ﷺ) ha affermato: "Per quel che concerne il primo segno dell'Ora, sarà un fuoco che radunerà le persone da oriente ad occidente. Il primo pasto degli abitanti del Paradiso sarà il lobo caudato del fegato di un pesce[6]. Per quel che concerne la somiglianza

non li coglierà il velo coprente del castigo di Dio, oppure che non giunga all'improvviso l'Ora Ultima, senza che se ne accorgano>>; 15:85: <<Abbiamo creato i cieli, la terra e tutto ciò che si trova nel frammezzo secondo verità. L'Ora si avvicina. Così perdona con misericordia>>; 16:1: <<Il giudizio di Dio si avvicina. Non cercate di affrettarlo. Gloria a Lui. Egli è ben al di sopra di quanto Gli attribuiscono>>; 18:35-36: <<Andò nel suo giardino e, peccando in questo modo contro l'anima sua, disse: "Non credo che questo debba mai perire né che mai arriverà l'Ora del Giudizio. Anche se sarò condotto di nuovo dal mio Signore, troverò sicuramente lì qualcosa di meglio in cambio">>; 20:15: <<In verità l'Ora si avvicina, il Mio piano è tenerla nascosta, al fine che ogni anima possa ricevere la propria ricompensa secondo la misura del suo comportamento>>; 19:75: <<Di': "Se gli uomini si perdono, il Compassionevole allunga loro la vita, fino a quando non vedono avverarsi l'avvertimento di Dio, sia nella punizione che nell'avvicinarsi dell'Ora. Costoro comprenderanno chi si trova nella posizione economica peggiore e chi in quella di maggior debolezza!">>; 21:48-49: <<In passato abbiamo garantito a Mosè e Aronne il Criterio per giudicare, una luce ed un messaggio per coloro che si mantengono nel ricordo di Dio, che temono il loro Signore, anche se non possono percepirLo e che paventano l'Ora del Giudizio>>; 22:7: <<In verità, l'Ora verrà. Non c'è dubbio alcuno. Dio resusciterà quelli che sono nelle tombe>>; 22:55: <<Coloro che respingono la fede, non smetteranno di essere in dubbio relativamente alla rivelazione fino a quando l'ora del giudizio non cadrà improvvisamente su di loro o giungerà la punizione di un giorno di disastro>>.

[6] Cfr. M. Asad, *Sahīh al-Bukhārī, The Early Years of Islam*, 241, note 6: <<(....) The Jews of Medinah appear to have had a particular predilection for fish, and fish-liver was regarded by them as the rarest delicacies. If we remember, in addition, that the "caul of the liver" (not particularly fish-liver, to be sure) is among those parts of the meat of sacrificial animals which, according to the elaborate instructions given in the Bible, were to be used for "a burnt offering a sweet savour before the Lord"(cf. *Exodus* xxix. 22-25), we can easily imagine that for a Jew of that period there could have been hardly a more appropriate

di un bambino ai suoi genitori: se un uomo consuma un rapporto sessuale con la propria moglie e emette per primo del liquido seminale, allora il bambino assomiglierà al proprio padre ma, se invece questo accadrà alla madre, il bambino le assomiglierà". Allora 'Abdullāh bin Salām disse: "Testimonio che sei il Profeta di Dio" e poi aggiunse: "O Profeta di Dio! Gli ebrei sono dei bugiardi e, se venissero a sapere della mia conversione all'Islam, prima che tu domandi loro (relativamente a me), direbbero una menzogna sulla mia persona". Gli ebrei giunsero dal Profeta di Dio (ﷺ) ed 'Abdullāh entrò in casa. Il Profeta (ﷺ) allora domandò loro: "Che tipo di persona è 'Abdullāh bin Salām?"; risposero: "Costui è la persona più colta tra di noi, la migliore ed il figlio del migliore tra di noi". Il Profeta di Dio (ﷺ) disse: "Che cose ne pensaste se abbracciasse l'Islam?"; gli ebrei risposero: "Che Dio lo preservi da tutto questo!". Allora 'Abdullāh bin Salām uscì fuori davanti a loro e disse: "Testimonio *Lā ilāha illallāh, wa anna Muhammad-ar-Rasūl Allāh*[7]". Allora dissero: "Costui è il peggiore tra di noi ed il figlio del peggiore tra di noi" e così degradarono la sua persona e continuarono a parlare male di lui>>.

3330. Abū Hurairah (che Dio si compiaccia di lui) ci ha tramandato che il Profeta (ﷺ) ha affermato: <<Se non fosse stato per gli ebrei, la carne non sarebbe andata a male. E, se non fosse stato per Eva, le donne non avrebbero mai ingannato i loro mariti>>.

3331. Abū Hurairah (che Dio si compiaccia di lui) ci ha tramandato che il Profeta di Dio (ﷺ) ha affermato: <<Trattate le donne con gentilezza perché la donna è stata creata da una costola e la sua parte più curva è quella superiore. Così, se si cerca di raddrizzarla, si rompe, ma se

---

symbol of the sublime enjoyment provided by the "food of Paradise" than that contained in the Prophet's answer to 'Abd Allāh ibn Salām. Like so many other sayings of the Prophet, this one also refers to a metaphysical problem in terms of physical imagery adapted to the listener's predispositions and mental capacity>>.
[7] Lett. "Non c'è altro dio che Dio e Muhammad è il Suo profeta".

viene lasciata come è, rimane curva. Trattate allora le donne con gentilezza>>.

3332. 'Abdullāh (che Dio si compiaccia di lui) ci ha tramandato: <<Il Profeta di Dio (ﷺ), il vero ed unico ispirato, ha affermato (relativamente alla creazione): "Ognuno di voi viene custodito nell'utero della propria madre per quaranta giorni e poi diviene un grumo di sangue rappreso[8] per altri quaranta giorni, e poi un pezzo di carne[9] per un eguale lasso di tempo. Poi Dio invia un angelo per mettere per iscritto quattro parole: le sue azioni, il momento della morte, i mezzi di sostentamento, e se sarà maledetto o benedetto (nell'Altra vita). Poi gli viene insufflata l'anima. In questo modo una

---

[8] In arabo "Alaqah". Il termine Alaqah in arabo significa: 1-Sanguisuga, 2-Qualcosa di pendente, 3-Sangue rappreso o grumo di sangue. Cfr. Il Sacro Corano 96: 1-2: "Leggi nel nome del tuo Signore, Che ha creato, ha creato l'uomo da una goccia di sangue rappreso"; 80:18-19: "Da che cosa lo ha creato? Lo ha creato da un ovulo fertillizzato e poi lo ha formato nelle proporzioni dovute"; 23:12-14: "Abbiamo creato l'uomo dall'essenza dell'argilla, poi lo abbiamo posto come una goccia di sperma in un luogo di riposo, stabilmente fissato. Poi abbiamo trasformato l'ovulo fecondato in un'aderenza somigliante ad una sanguisuga. Di quest'aderenza abbiamo fatto un nodulo, somigliante ad un pezzo di carne masticata, da cui creiamo le ossa, che poi rivestiamo di carne e lo facciamo sviluppare in un'altra creatura. Sia benedetto Dio, il migliore dei creatori!".

[9] In arabo "Mudghah". Lett. "qualcosa che è stato masticato". Cfr. Il Sacro Corano 23:14: "Poi abbiamo trasformato l'ovulo fecondato in un'aderenza somigliante ad una sanguisuga. Di quest'aderenza abbiamo fatto un nodulo, somigliante ad un pezzo di carne masticata, da cui creiamo le ossa, che poi rivestiamo di carne e lo facciamo sviluppare in un'altra creatura. Sia benedetto Dio, il migliore dei creatori!"; 22:5: "O uomini, se nutrite dei dubbi riguardo alla resurrezione, sappiate che Vi abbiamo creato dalla polvere, poi da un ovulo fecondato e da qualcosa di somigliante ad una sanguisuga penzolante. Poi da un pezzo di carne, in parte formato ed in parte informe, al fine di poter manifestare a voi il Nostro potere. Facciamo sì che, chi vogliamo, resti nel seno materno per un termine stabilito. Vi facciamo uscire come bambini, poi vi facciamo raggiungere l'età dello sviluppo. Alcuni di voi sono chiamati alla morte e altri raggiungono l'età della vecchiaia, quando non sanno nulla, dopo aver saputo. E vedi la terra spoglia e senza vita ma, quando vi facciamo scendere l'acqua, si sveglia a nuova vita e fa germogliare ogni tipo di pianta".

persona potrebbe compiere le opere caratteristiche degli abitanti dell'Inferno di modo che tra di lui ed il Fuoco vi sia solo la distanza di un cubito. Poi però quanto viene scritto (dall'angelo) trova il suo compimento e così costui inizia a compiere le opere proprie degli abitanti del Paradiso. Similmente, una persona potrebbe compiere le opere caratteristiche degli abitanti del Paradiso, così tanto che vi è solo un cubito tra di lui ed esso. Poi quanto è stato scritto (dall'angelo) trova il suo compimento ed egli comincia a compiere le opere degli abitanti del Fuoco e poi vi entra"[10]>>.

3333. Anas bin Mālik (che Dio si compiaccia di lui) ci ha tramandato che il Profeta (ﷺ) ha affermato: <<Dio ha posto un angelo nell'utero e l'angelo ha affermato: "O Signore! Un *Nutfah*![11] O Signore! Un grumo! O Signore! Un pezzo di carne!"; poi, se Dio desidera completare la creazione del bambino, l'angelo dirà: "O Signore! Maschio o femmina? O Signore! Maledetto o benedetto (nell'Altra vita)? Quale

---

[10] Cfr. Saḥīḥ Muslim, *Kitāb al-Qadar* (Il libro del destino), trad. italiana a cura di S. Lei, Roma 2020, [6723] 1 – (2643), Ci è stato tramandato che 'Abdullāh ha affermato: "Il Profeta di Dio (ﷺ) – egli è il veritiero, degno di essere creduto- ci ha detto: <<La creazione di ognuno di voi è posta nell'utero delle vostre madri per quaranta giorni. Poi, diviene una *Alaqah* per un periodo simile. Poi diviene un *Mudghah* per un periodo simile. Poi Dio invia un angelo che gli infonde l'anima e scrive quattro cose: [la natura e l'ammontare del] suo sostentamento, la lunghezza della vita, le sue azioni, la sua miseria o felicità. Per Colui che solo è degno di essere adorato! Uno di voi potrebbe compiere le opere degli abitanti del Paradiso fino a quando non vi è nulla tra lui ed esso [Paradiso] se non la distanza di un cubito, ma poi costui compie le opere degli abitanti dell'Inferno e vi entra. Uno di voi potrebbe compiere le opere degli abitanti del Fuoco fino a quando non vi è nulla tra lui ed esso [Inferno] se non la distanza di un cubito, ma poi il destino lo raggiunge ed egli compie le opere degli abitanti del Paradiso e vi entra>>".

[11] Lett. "goccia di fluido (dalla secrezione sia maschile che femminile)". Cfr. Il Sacro Corano 16:4: "Ha creato l'uomo da un uovo fertilizzato e costui è divenuto un aperto disputatore"; 75:37-38: "Non era forse una goccia di sperma eiaculata? Poi è divenuto un'aderenza. Successivamente, Dio lo ha forgiato e strutturato nelle proporzioni dovute..."; 76:2: "In verità, abbiamo creato l'uomo da un ovulo fecondato al fine di metterlo alla prova. Gli abbiamo dato i doni dell'udito e della vista...".

sarà il suo mezzo di sostentamento? Quale sarà la sua età?". L'angelo metterà per iscritto tutto questo mentre il bambino si trova nell'utero materno>>.

3334. Anas (che Dio si compiaccia di lui) ci ha tramandato che il Profeta (ﷺ) ha affermato: <<Dio dirà a quell'abitante dell'Inferno che riceverà la punizione minore: "Se possedessi tutto quello che si trova sulla terra, lo daresti come riscatto per liberarti (dall'Inferno)?". Costui risponderà affermativamente. Poi Dio dirà: "Quando ti trovavi nella spina dorsale di Adamo[12], ti ho domandato molto meno di questo, ossia di non adorare altri che Me, ma tu hai insistito ad adorare altri da Me">>.

3335. 'Abdullāh (che Dio si compiaccia di lui) ci ha tramandato che il Profeta di Dio (ﷺ) ha affermato: <<Ogni volta che una persona viene assassinata ingiustamente, vi è una quota dal peso del crimine nel primo figlio di Adamo[13], in quanto è stato il primo ad iniziare la tradizione dell'assassinio>>.

---

[12] Cfr. Il Sacro Corano 7:172-174: <<Quando il tuo Signore trasse dai lombi dei Figli di Adamo tutti i loro discendenti e li fece testimoniare su loro stessi, dicendo: "Non sono forse il vostro Signore, che vi ha creato e vi sostiene?", risposero: "Sì, lo testimoniamo". [Vi ricordiamo questo], perché nel Giorno del Giudizio, non diciate: "Veramente eravamo immemori!". Oppure che non diciate: "I nostri padri prima di noi possono aver scelto dei falsi dei, ma noi siamo i loro discendenti. Vorresti forse distruggerci per le falsità che hanno inventato?". In questo modo spieghiamo i segni con chiarezza e forse si volgeranno verso di Noi>>.

[13] Ci si riferisce all'assassinio di Abele da parte di Caino. Cfr. Il Sacro Corano 5:27-32: <<Recita loro la verità della storia dei due figli di Adamo. Entrambi presentarono un sacrificio a Dio. Il sacrificio del primo venne accettato ma non quello del secondo. Quest'ultimo disse: "In verità, ti ucciderò", mentre il primo disse: "Sicuramente Dio accetta il sacrificio di coloro che sono timorati di Lui. Se alzi la mano contro di me o mi uccidi, non mi si addice allungare la mano contro di te o ucciderti, perché io temo Dio, il Signore dei Mondi. Da parte mia, preferisco che tu ti carichi dei miei e dei tuoi peccati, perché sarai tra i Compagni del Fuoco. Questa è la ricompensa per coloro che operano il male". L'anima egoista dell'altro lo condusse all'assassinio del fratello. Egli lo assassinò e divenne uno di coloro che si sono perduti. Poi, Dio inviò un corvo,

(2) Capitolo. Le anime assomigliano a delle truppe reclutate.

3336. Āishah (che Dio si compiaccia di lei) ci ha tramandato di aver udito il Profeta (ﷺ) affermare: <<Le anime assomigliano a delle truppe reclutate. Coloro che hanno le medesime qualità inclinano gli uni verso gli altri, ma coloro che invece posseggono qualità dissimili, differiscono>>.

(3) Capitolo. Relativamente al versetto: <<Abbiamo inviato Noè al suo popolo con una missione: "Sono venuto da voi con un chiaro avvertimento...>>[14].

3337. Ibn ʻUmar (che Dio si compiaccia di lui) ci ha tramandato: <<Una volta il Profeta di Dio (ﷺ) si trovava tra le persone, glorificò e lodò Dio nel modo in cui costui è degno [di essere adorato] e poi ha menzionato l'*Ad-Dajjāl*[15] dicendo: "Vi metto in guardia contro di lui e non vi è stato

---

che grattò il terreno e gli insegnò come coprire il cadavere di suo fratello. Egli disse: "Guai a me! Non sono stato nemmeno capace di agire come questo corvo e di nascondere il cadavere di mio fratello? Allora divenne pieno di rammarico". Per questo motivo abbiamo ordinato per i Figli d'Israele che, se qualcuno uccide una persona -a meno che non sia un assassino o qualcuno che ha sparso la corruzione sulla terra- è come se avesse ucciso tutta l'umanità. Invece, se qualcuno salva una vita, è come se avesse salvato quella di tutta l'umanità. Sebbene siano venuti loro i Nostri messaggeri con chiari segni, molti continuano a commettere eccessi sulla terra>>.

[14] Il Sacro Corano 11:25.

[15] Lett. Anti-Cristo. Il termine *Dajjāl* deriva dalla radice verbale d-j-l, che significa coprire. Questo significato potrebbe indicare che il *Dajjāl*, figura escatologia della fine dei tempi, coprirà il mondo con il peccato e la miscredenza. Questo termine, poi, è correlato anche al verbo "dajjala", "placcare in oro", che indicherebbe la capacità del *Dajjāl* di manifestare il contrario di quanto in verità nasconde. Cfr. Sahīh Muslim, *Kitāb al-Fitan wa Ashrāt as-Saʻāh*, 9, 13, [7286] 40 – (...) Ci è stato tramandato da Abū Sarīhah che Hudhaifa bin Asīd ha affermato: <<Il Profeta (ﷺ) si trovava in una stanza e noi stavamo in un luogo più in basso. Lui guardò verso di noi e domandò di che cosa stessimo parlando. Quando rispondemmo che stavamo discutendo dell'Ora, disse: "L'Ora non giungerà fino a quando non si manifesteranno dieci segni: la terra sprofonderà ad oriente, ad occidente e nella penisola

profeta che non abbia fatto lo stesso con la sua gente. Senza dubbio, Noè ha avvertito il suo popolo riguardo a costui, ma io vi dico qualcosa che nessun profeta prima di me ha mai affermato. Dovreste sapere che costui ha un solo occhio al contrario di Dio>>.

3338. Abū Hurairah (che Dio si compiaccia di lui) ci ha tramandato che il Profeta di Dio (ﷺ) ha detto: <<Non dovrei informarvi relativamente al *Dajjāl* e ad una cosa che nessun profeta ha mai detto alla propria gente prima d'ora? L'*Ad-Dajjāl* ha un occhio solo e porterà con sé qualcosa che assomiglierà all'Inferno ed al Paradiso. Però, quello che chiama Paradiso sarà in verità l'Inferno[16]. Così vi avverto contro costui proprio come Noè ha fatto con il suo popolo>>.

---

araba, [emergerà] il fumo, il *Ad-Dajjāl*, la bestia della terra, Ya'jūj e Ma'jūj, il sole sorgerà dal luogo del suo tramonto ed un fuoco emergerà dalla parte più distante di Aden ed attirerà le persone". Shu 'ban disse: "Abdul-Azīz bin Rufay ci ha narrato una tradizione simile da Abū At-Tufail da Abū Sarīhah, ma non ha menzionato il Profeta (ﷺ). Uno di loro ha detto che il decimo segno sarà la discesa di 'Eīsā bin Mariam, e l'altro che sarà un vento che scaglierà nel mare le persone". Cfr. Sahīh Muslim, *Kitāb al-'Imān*, [426] 274 - (...) Ci è stato narrato che Nāfi' ha tramandato che 'Abdullāh bin 'Umar disse: <<Un giorno il Profeta di Dio (ﷺ) menzionò il *Dajjāl* alle persone e disse: "Dio, il Sublime e l'Eccelso, non ha un unico occhio, ma il *Dajjāl* ha l'occhio destro danneggiato come se fosse un grappolo pendente". Ed il Profeta di Dio (ﷺ) disse: "La scorsa notte presso la *Ka'ba* ho fatto un sogno. Vidi un uomo dalla pelle scura, che assomigliava ai più piacenti uomini scuri che avessi mai visto, con i capelli che gli cadevano tra le spalle. Aveva i capelli ondulati e dalla sua testa gocciolava dell'acqua. Aveva le mani sulle spalle di due uomini e tra di loro compiva la *Tawāf* intorno alla *Ka'bah*. Chiesi: "Chi è costui?". Risposi: "(Costui è) *Al-Masīh*, il figlio di Mariam". Dietro di lui vidi un uomo con i capelli ricci e l'occhio destro danneggiato. La persona, che più gli somiglia, è Ibn Qatan. Anche lui poneva le mani sulle spalle di due uomini e compiva la *Tawāf* intorno alla *Ka'bah*. Chiesi: "Chi è costui?". Risposero: "Questo è *Al-Masīh Ad-Dajjāl*">>.

[16] Cfr. Sahīh Al-Bukhārī, *Kitāb al-Fitan* (Il libro delle prove), trad. italiana a cura di S. Lei, Roma 2020, 26, 7130: << Hudhaifa ci ha tramandato che il Profeta (ﷺ) ha affermato relativamente al *Ad-Dajjāl* che avrebbe avuto sia l'acqua che il fuoco. Quello che però sembrava fuoco sarebbe stato acqua fredda; ciò che sembrava acqua fredda, sarebbe invece stato fuoco >>; Cfr. Cfr. Sahīh Muslim, *Kitāb al-Fitan wa Ashrāt as-Sa'āh*, [7366] 104 – (2934) Sull'autorità di Hudhaifa

3339. Abū Sa 'īd (che Dio si compiaccia di lui) ci ha tramandato che il Profeta di Dio (ﷺ) ha affermato: <<Noè e la sua gente verranno avanti (nel Giorno della Resurrezione) e Dio domanderà a Noè: "Hai recato il Mio messaggio?"; lui risponderà: "Sì, mio Signore!"; poi Dio domanderà al popolo di Noè: "Noè vi ha recato il Mio messaggio?", ma loro risponderanno: "No! Non è giunto da noi alcun profeta". Poi Dio domanderà a Noè: "Chi testimonierà in tuo favore?", lui risponderà: "Muhammad (ﷺ) ed i suoi seguaci testimonieranno per me!"; così io ed i miei seguaci testimonieremo per lui". Questa è l'interpretazione del versetto: "Abbiamo fatto di voi una comunità di mediazione, affinché siate testimoni davanti ai popoli e il Profeta sia testimone davanti a voi. Abbiamo scelto la *Qiblah*, verso cui ti sei rivolto in precedenza, per mettere alla prova coloro che avrebbero seguito il messaggero da coloro che si sarebbero voltati indietro. È stata una dura prova, tranne per coloro che Dio ha guidato sul retto cammino. Dio non renderà vana la tua fede. Egli è pieno di compassione verso tutti gli esseri umani. Egli è il Misericordioso"[17].

3340. Abū Hurairah (che Dio si compiaccia di lui) ci ha tramandato: <<Eravamo in compagnia del Profeta (ﷺ) ad un banchetto e gli venne offerta la zampa di un montone, dal momento che gli piaceva in modo particolare. Ne prese un morso e disse: "Sarò il leader delle persone nel Giorno della Resurrezione. Quando Dio riunirà tutte le persone, dalla prima all'ultima, su di un terreno livellato, un osservatore sarà capace di vederli (tutti) e costoro saranno nella condizione di prestare ascolto all'araldo; il sole sarà poi estremamente vicino a loro.

---

ci è stato tramandato che il Profeta (ﷺ) ha affermato: "Il *Dajjāl* ha l'occhio sinistro cieco e dei capelli fitti. Con lui ha un giardino e del fuoco, ma il suo fuoco è un giardino ed il suo giardino è un fuoco"; [7367] 105 – (...) Sull'autorità di Hudhaifa ci è stato tramandato che il Profeta (ﷺ) ha affermato: "Io so che cosa il *Dajjāl* avrà con sé. Costui avrà due fiumi, di cui uno sembrerà acqua fresca e l'altro fuoco ardente. Se qualcuno lo dovesse vedere, dovrebbe andare verso il fiume che crede sia fuoco e, dopo aver chiuso gli occhi, dovrebbe berne perché in realtà è acqua fresca. Il *Dajjāl* ha un occhio cieco coperto da una pelle spessa e tra i suoi occhi è scritto miscredente, ed ogni credente, anche se analfabeta, sarà capace di leggerlo".
[17] Il Sacro Corano 2:143.

Allora alcuni diranno: 'Non vedete in quale condizione ci troviamo e a che stato siamo arrivati? Perché non cercate qualcuno che possa intercedere per noi con il nostro Signore?'; Alcune persone diranno: 'Rivolgiamoci a nostro padre, Adamo[18]'. Andranno da lui e diranno: 'O Adamo! Tu sei il padre dell'umanità e Dio ti ha creato con le Sue stesse mani ed ha insufflato in te lo spirito, che ha creato per te ed ha ordinato agli angeli di prosternarsi davanti a te e così hanno fatto e ti ha dato il Paradiso come dimora. Non intercederai per noi presso il tuo Signore? Non vedi quale stato abbiamo raggiunto ed in quale condizione ci troviamo?'. Allora Adamo risponderà: 'Il Mio Signore si è adirato come non è mai stato prima e come non sarà mai dopo. Egli

---

[18] Cfr. Il Sacro Corano 2:34: <<Poi abbiamo detto agli angeli: "Prosternatevi davanti ad Adamo". E si prosternarono, eccetto Iblis, che si rifiutò a causa della sua arroganza. Divenne uno di coloro che negano il vero>>; 2:35-36: <<Poi abbiamo detto ad Adamo: "Dimora insieme alla tua compagna in questo giardino e mangia, dove e quando vuoi, dei suoi magnifici frutti. Non ti avvicinare però a quest'albero o commetterai l'ingiustizia". Satana però li fece cadere cosicché fossero scacciati dal Giardino e dalla condizione di felicità di cui avevano goduto. Dicemmo: "Scendete sulla terra, nemici gli uni degli altri. Vivete e traete sostentamento dalla terra per un periodo">>; 7:19-22: <<O Adamo, abita insieme a tua moglie ed entrambi godete di ciò che desiderate, ma non avvicinatevi a quest'albero oppure sareste tra gli ingiusti. Poi Satana cominciò a sussurrare loro, al fine di rivelare la loro vergogna nascosta. Disse: "Il vostro Signore vi ha proibito quest'albero, affinché non diventiate angeli oppure altri esseri immortali". Poi giurò ad entrambi di essere il loro sincero consigliere. Così attraverso l'inganno provocò la loro caduta. Quando mangiarono dell'albero, la loro vergogna divenne manifesta ed iniziarono a cucire insieme le foglie del giardino per coprire i loro corpi. Poi il loro Signore li chiamò: "Non vi ho forse proibito quell'albero e detto che Satana per voi è un nemico manifesto?">>; 20:117-121: <<Allora, Noi dicemmo: "O Adamo! In verità, costui è un nemico per te e per tua moglie, così non permettergli di farvi uscire entrambi fuori dal Giardino, e così cadere nella sofferenza. Nel Giardino non soffrirete né la fame né mancherete di che coprirvi; non soffrirete la sete e nemmeno il caldo del giorno". Però Satana gli sussurrò il male. Egli disse: "O Adamo, dovrei condurti all'albero dell'eternità ed in un regno che mai perisce?". Come risultato, entrambi mangiarono dell'albero e così si resero conto della loro nudità. Cominciarono a cucire insieme, per coprirsi, le foglie del giardino. E così Adamo disubbidì al suo Signore e si lasciò sedurre>>;

mi proibì di mangiare dell'albero, ma io gli ho disubbidito. O me! O me! Andate da qualcun altro; andate da Noè'. Costoro andranno da Noè[19] e diranno: 'O Noè! Tu sei il primo dei profeti di Dio inviato sulla terra e Lui ti ha definito un servo grato. Non vedi in quale condizione (miserabile) ci troviamo? Non intercederai forse per noi presso il tuo Signore?'; Noè risponderà: 'Oggi il mio Signore è divenuto adirato come non è mai stato prima e come non sarà mai dopo. O me! O me! Andate dal Profeta Muhammad!'. Le persone verranno da me ed io mi prosternerò sotto il trono di Dio. Poi mi sarà detto: 'O Muhammad! Alza il capo ed intercedi perché la tua intercessione sarà accettata. Domanda qualcosa e ti sarà concessa'>>[20].

---

[19] Cfr. Il Sacro Corano, 71:1-4: <<Inviammo Noè al suo popolo con il comando: "Avverti il tuo popolo prima che li colga un doloroso castigo". Egli disse: "O popolo mio, sono un ammonitore chiaro ed esplicito. Adorate Dio, temeteLo ed obbeditemi, così che Egli possa perdonare i vostri peccati e concedervi una tregua per un termine stabilito. Quando poi il termine stabilito da Dio sarà compiuto, non potrà essere procrastinato. Se solo sapeste">>; 37: 78-80: "Pace su Noè tra tutti i popoli. In questo modo Noi ricompensiamo coloro che compiono il bene, perché egli era tra i Nostri fedeli devoti. Invece abbiamo lasciato che gli altri annegassero"; 71: 26-28: <<Noè disse: "O mio Signore, non lasciare nessuno di questi negatori del vero sulla terra! Perché se li lasci sulla terra, potrebbero deviare i Tuoi fedeli e generare solo malvagi miscredenti. O mio Signore, perdona me, i miei genitori, tutti coloro che entrano nella mia casa come credenti, tutti i credenti e tutte le credenti. E per coloro che compiono il male, fai che incorrano sempre più nella perdizione".
[20] Cfr. Sahīh Muslim, *Kitāb al-'Imān* (Il libro della fede), trad. italiana a cura di S. Lei, [475] 322 - (193) Ci è stato tramandato che Anas ibn Mālik ha affermato che il Profeta di Dio (ﷺ) disse: <<Dio, l'Eccelso, riunirà le persone nel giorno della resurrezione e loro si preoccuperanno - (uno dei narratori) Ibn 'Ubaid disse: "Saranno ispirati in riferimento a questo" - e diranno: "Perché non domandiamo l'intercessione presso il nostro Signore, il Sublime e l'Eccelso, cosicché la nostra difficile situazione possa essere alleviata?". Cosi andranno da Adamo (pace su di lui) e diranno: "Tu sei Adamo, il padre dell'umanità. Dio ti ha creato con la Sua stessa mano e ha insulfato in te uno spirito proveniente da Lui. Ed Egli ha comandato che gli angeli si prosternassero davanti a te. Intercedi per noi con il nostro Signore affinché la situazione, in cui ci troviamo, possa essere mitigata". Egli dirà: "Non è nelle mie capacita" e menzionerà un errore compiuto, a causa del quale proverà vergogna davanti al suo Signore. "Andate da Noè, il primo profeta che Dio, l'Eccelso, ha inviato".

Kitāb Ahādith al-Anbiyā'

(Il libro delle storie dei profeti)

3341. 'Abdullāh (che Dio si compiaccia di lui) ci ha tramandato che il Profeta di Dio (ﷺ) ha recitato il seguente versetto nel tono usuale: *"Fahal mim-muddakir..."*[21].

Così andranno da Noè ed egli dirà: "Non è nelle mie capacità" ed egli menzionerà un errore compiuto, a causa del quale proverà vergogna davanti al suo Signore. "Andate da Ibrāhīm, che Dio si è preso come Khalīl (intimo amico)". Così andranno da Ibrāhīm (pace su di lui) ed egli dirà: "Non è nelle mie possibilità" e menzionerà un errore compiuto, a causa del quale proverà vergogna davanti al suo Signore. "Andate da Mūsā, a cui Dio ha parlato e a cui ha dato la *Tawrāh*". Così andranno da Mūsā ed egli dirà: "Non è nelle mie capacità" e menzionerà un errore compiuto, a causa del quale proverà vergogna davanti al suo Signore. "Andate da 'Eisā, uno spirito proveniente da Dio e la Sua parola". Così andranno da 'Eisā, uno spirito da Dio e la Sua parola, ed egli dirà: "Non è nelle mie possibilità, ma andate da Muhammad, un servo, i cui peccati passati e futuri sono stati perdonati">>. Anas bin Mālik ha affermato che il Profeta di Dio (ﷺ) disse: <<Così costoro verranno da me ed io domanderò al mio Signore, l'Eccelso, il permesso di parlare, ed il permesso mi verrà accordato. Quando Lo vedrò, cadrò in prosternazione e Dio mi lascerà in questa condizione per tutto il tempo che vorrà. Poi sarà detto: "O Muhammad, alza il capo. Parla e sarai ascoltato. Chiedi e ti sarà dato. Intercedi e la tua intercessione sarà accettata". Così alzerò il capo e loderò il mio Signore, l'Eccelso, con le parole di lode che il mio Signore, l'Eccelso ed il Sublime, mi insegnerà. Poi intercederò e mi sarà posto un limite. Io li condurrò fuori dal Fuoco e li ammetterò in Paradiso. Poi tornerò indietro e cadrò in prosternazione e Dio mi lascerà in questa condizione per tutto il tempo che vorrà. Poi sarà detto: "O Muhammad, alza il capo. Parla e sarai ascoltato, domanda e ti sarà concesso. Intercedi e la tua intercessione sarà accettata". Così alzerò il capo e loderò il mio Signore, l'Eccelso, con le parole di lode che il mio Signore mi insegnerà. Poi intercederò e mi sarà posto un limite. Li condurrò fuori dal Fuoco e li ammetterò in Paradiso". Anas bin Mālik disse: "Non so se era la terza o la quarta volta". "Poi dirò: "O Signore, non c'è nessuno che è stato lasciato nel Fuoco se non coloro che sono stati trattenuti dal Corano", ossia coloro che sono obbligati a rimanere lì per sempre>>. Ibn 'Udaid nella sua narrazione ha affermato: "Coloro che sono obbligati a rimanere lì per sempre".

[21] Lett. "C'è qualcuno che riceverà il monito?". Cfr. Il Sacro Corano 54:17: <<Abbiamo reso il Corano semplice da comprendere e da ricordare. Chi allora riceverà il monito?>>.

(4) Capitolo. Relativamente ai versetti: "Elias era certamente uno dei messaggeri. Quando disse alla sua gente: "Temerete Dio? Vi rivolgete a Baal e abbandonate il migliore dei creatori? Dio, il vostro Signore ed il Signore dei vostri padri?". Però lo negarono e saranno condotti alla punizione, tranne per i fedeli devoti a Dio. Lasciammo che le generazioni successive dicessero di lui..."[22] e "Che sia pace su Elia". In questo modo Noi ricompensiamo coloro che compiono il bene. Era tra i Nostri fedeli devoti"[23].

Ibn Mas 'ūd ed Ibn 'Abbās hanno affermato che Iliyās era lo stesso Idrīs.

(5) Capitolo. Relativamente al versetto: "Lo innalzammo ad una nobile condizione"[24].

3342. Anas (che Dio si compiaccia di lui) ci ha tramandato che Abū Dhar (che Dio si compiaccia di lui) era solito affermare che il Profeta di Dio (ﷺ) ha detto: <<Mentre mi trovavo nella Mecca, il tetto della mia casa venne aperto e Jibrīl (pace su di lui) discese, mi aprì il petto e lo lavò con l'acqua di *Zamzam*[25]. Poi portò un vassoio pieno di saggezza e di fede e, dopo averne versato il contenuto nel mio petto, lo richiuse. Poi mi prese per mano ed ascese con me al cielo. Quando Jibrīl raggiunse il cielo più vicino, disse al guardiano di aprire. Il guardiano domandò: "Chi è?"; Jibrīl rispose: "Jibrīl"; costui allora domandò: "C'è qualcuno con te?", Jibrīl rispose: "Muhammad (ﷺ) si trova con me". Il guardiano allora domandò ancora; "È stato inviato?"

---

[22] Il Sacro Corano 37:123-129.

[23] Il Sacro Corano 37:130-132.

[24] Il Sacro Corano 19:57.

[25] Cfr. V. Salierno, *Dizionario dell'Islam*, Roma 2018: <<*Zamzam,* il pozzo nel recinto (*harām*) della Mecca che sgorgò ai piedi di Agar, assetata, mentre implorava l'acqua per sé e per il figlio Ismaele. L'acqua, che ha un sapore amaro, è addolcita facendovi macerare fichi secchi, uva passita e miele. Oggigiorno quest'acqua è venduta ai pellegrini in piccoli vasi di terracotta sigillati>>.

e Jibrīl rispose affermativamente. Venne così aperta l'entrata e noi giungemmo nel primo cielo dove vedemmo un uomo seduto con un ampio numero di persone alla sua destra ed alla sua sinistra. Quando guardava alla sua destra, rideva, ma quando guardava alla sua sinistra, piangeva. Mi disse: "Benvenuto! O pio Profeta e pio figlio". Domandai: "Chi è costui, o Jibrīl?". Jibrīl rispose: "Costui è Adamo e le persone alla sua destra ed alla sua sinistra sono le anime dei suoi discendenti. Coloro che si trovano alla sua destra sono gli abitanti del Paradiso e coloro che si trovano alla sua sinistra sono gli abitanti dell'Inferno. Per questa ragione, quando rivolge lo sguardo alla sua destra ride e, quando lo rivolge alla sua sinistra invece piange". Poi Jibrīl ascese insieme con me fino a quando non raggiunse il secondo cielo e disse al suo custode di aprire l'entrata. Il custode gli rivolse le medesime domande di quello del primo cielo e poi aprì". Anas ha aggiunto: <<Abū Dhar ha menzionato che il Profeta (ﷺ) ha incontrato Idrīs, Mosè, 'Īsā, Ibrāhīm nei diversi cieli, ma non ha menzionato in quale specifico cielo si trovassero. Ha però menzionato che il Profeta (ﷺ) ha incontrato Adamo nel cielo più vicino ed Ibrāhīm[26] nel sesto. Anas ha affermato: "Quando Jibrīl ed il Profeta (ﷺ) passarono accanto ad Idrīs, quest'ultimo disse: "Benvenuto! O pio profeta e fratello!"; il Profeta (ﷺ) domandò: "Chi è costui?" e Jibrīl rispose: "Costui è Idrīs">>. Il Profeta (ﷺ) ha aggiunto: "Poi passai accanto a Mosè[27] che

---

[26] Cfr. Il Sacro Corano 14: 35-37: <<Abramo ha detto: "O mio Signore! Rendi questa città un luogo di pace e sicurezza. Preserva me ed i miei figli dall'adorazione degli idoli. O mio Signore, costoro hanno condotto lontano dalla Retta Via molti uomini. Coloro che mi seguono, in realtà mi apparterranno. E per coloro che mi disubbidiscono -Tu sei Perdonatore, Misericordioso. O nostro Signore, ho stabilito alcuni dei miei discendenti in una valle arida e spoglia presso la Tua Sacra Casa, al fine, Signore nostro, che possano stabilire preghiere regolari. Riempi il cuore di alcuni uomini con amore verso di loro e nutrili con i frutti così che possano essere grati!">>. Cfr. Il Sacro Corano 4:125: "Chi può essere migliore nella religione di colui che sottomette se stesso a Dio, compie il bene e segue la via di Abramo, il vero nella fede? Dio si scelse Abramo come amico".

[27] Cfr. Il Sacro Corano, 79:15-22: <<Ti è giunta la storia di Mosè? Il tuo Signore lo chiamò nella sacra valle di Tuwa. Recati dal Faraone perché ha oltrepassato i limiti e digli: "Vorresti forse purificarti da ogni peccato? Vorresti che io ti

disse: "Benvenuto, o pio profeta e fratello!"; dissi: "Chi è costui?" e Jibrīl rispose: "Costui è Mosè". Poi passai accanto ad 'Īsā che disse: "Benvenuto o pio profeta e fratello!"; dissi: "Chi è costui?" e Jibrīl rispose: "Costui è 'Īsā [28]". Poi passai accanto al profeta Ibrāhīm che disse: "Benvenuto, o pio profeta e figlio[29]!". Quando domandai chi fosse, Jibrīl mi rispose: "Costui è Abramo">>. Ibn 'Abbās ed Abū Haiyya Al-Ansari ci hanno tramandato che il Profeta (ﷺ) ha affermato: "Poi Jibrīl ascese con me in un luogo in cui ho udito il movimento della scrittura delle penne". Ibn Hazm ed Anas bin Mālik ci hanno tramandato che il Profeta (ﷺ) ha affermato: "Dio mi comandò [di assolvere] a cinquanta preghiere al giorno. Poi, quando tornai con questo ordine di Dio, passai accanto a Mosè che mi domandò: "Che cosa ha imposto Dio suoi tuoi seguaci?"; risposi: "Egli ha comandato

---

guidi dal Tuo Signore così che tu possa temerLo?". Poi Mosè gli mostrò il grande segno. Però, il Faraone lo respinse e disubbidì. Poi, voltò la schiena e s'impegno strenuamente contro Dio>>. Cfr. Il Sacro Corano, 2:53: "Abbiamo dato a Mosè la Scrittura ed il Discrimine attraverso il quale distinguete il bene dal male affinché poteste essere ben guidati"; 5:44: "Siamo stati Noi che abbiamo rivelato la legge a Mosè, dove vi era guida e luce. I profeti, che si sottomettono alla volontà di Dio, i rabbini ed i dottori della Legge saranno giudicati secondo quella parte del Libro di Dio, che era stata loro affidata e di cui sono stati testimoni".

[28] Cfr. Il Sacro Corano 3:45: <<L'angelo disse: "O Maria, Dio ti annuncia la buona novella di una parola da Lui. Il suo nome sarà Gesù il Messia, il figlio di Maria, onorato in questo mondo e nell'Altro e condotto vicino a Dio">>; 43:61: "Gesù sarà un segno della venuta dell'Ora del Giudizio. Quindi, non dubitatene, ma seguitemi. Questo è il Retto Cammino"; 19:30-35: <<Egli disse: "Io sono un servo di Dio. Egli mi ha dato la rivelazione e mi ha reso profeta. Mi ha reso benedetto in ogni luogo mi troverò e mi ha comandato la preghiera e la carità per tutto il tempo in cui vivrò. Mi ha reso gentile con mia madre e non autoritario e nemmeno miserabile. Sia pace su di me il giorno in cui sono nato, il giorno della mia morte e il giorno in cui sarò resuscitato a nuova vita". Tale era Gesù, il Figlio di Maria, sulla cui natura discutono vanamente. Non si addice a Dio generare un figlio: "Sia gloria a Lui!". Quando decide su qualcosa, dice: "Sia" ed essa "è">>.

[29] Il Profeta Muhammad (ﷺ) era un discendente di Abramo da parte del suo primogenito Ismaele. Cfr. S. Lei, *Muhammad, il Profeta dell'Islam (pace e benedizioni su di lui), una biografia completa dall'inizio della rivelazione all'Hijrah*, Roma 2019, 15-25.

loro [di assolvere] a cinquanta preghiere [giornalmente]"; [udito questo] Mosè mi disse: "Torna dal tuo Signore (e domanda una riduzione), perché i tuoi seguaci non potranno essere in grado di sopportalo". Così tornai dal mio Signore e domandai una riduzione ed Egli ne ridusse la metà. Quando passai di nuovo accanto a Mosè e lo informai, egli mi disse di nuovo: "Torna dal tuo Signore perché i tuoi seguaci non saranno in grado di ottemperare a questo dovere". Così tornai dal mio Signore e ne venne ridotta un'altra metà. Passai poi di nuovo accanto a Mosè che mi consigliò di ritornare dal mio Signore in quanto [anche in questo caso] i miei seguaci non sarebbero stati capaci di ottemperare a questo dovere. Allora tornai da mio Signore ed Egli disse: "Queste sono cinque preghiere, la cui ricompensa equivale a quella di cinquanta preghiere in quanto la Mia parola non cambia". Tornai da Mosè ed egli mi disse ancora di tornare dal mio Signore (per avere una riduzione ulteriore), ma io gli dissi: "Mi vergogno di domandare ancora al mio Signore". Poi Jibrīl mi prese fino a quando non raggiungemmo il *Sidrat-ul-muntahā*[30] che era

---

[30] Cfr. S. Lei, *Muhammad, il Profeta dell'Islam (pace e benedizioni su di lui)*, Roma 2018, 163-164: <<La *Sidrat al-Muntahā* è l'albero di Loto posto all'estremo limite del Paradiso. Gli studiosi hanno interpretato questo riferimento in vario modo. Secondo alcuni la *Sidrat al-Muntahā* rappresenta il limite stesso della conoscenza concessa all'uomo; secondo altri invece rappresenta il limite della conoscenza dei profeti e degli angeli. Altri ancora lo considerano un "luogo" limite, dove riposa l'anima dei martiri e dove ha fine tutto ciò che si trova sulla terra. La *Bayt al-mamūr* è stata interpretata da tutti i commentatori come il "prototipo celeste" della *Ka'bah*", simbolo della gloria e della maestà divina>>. Cfr. Il Sacro Corano, 53:11-18: <<Il cuore [e la mente del Profeta] non hanno mentito su ciò che vide. Vorrete forse discutere con lui su quello che vide? Poi lo vide ad una seconda discesa, vicino all'albero di loto, oltre il quale nessuno mai procede. Vicino vi è il giardino del rifugio. Quando il loto era coperto [nel mistero inspiegabile], la vista non distolse né passò oltre il suo limite, perché Egli vide, in verità, il più grande tra i segni del suo Signore!>>. Il riferimento di questo versetto è relativo sia al *Sidrat-ul-Muntahā* sia all'arcangelo Jibrīl (pace su di lui). Cfr. M. Asad, *Sahīh al-Bukhārī, The Early Years of Islam*, 191, note 2: <<(....) The author of *Mufradat* suggests, in explanation of this Quranic expression, that the *sidr* (Arabian lote-tree) is, owing to the abundance of its shade, symbolical of the shade of Paradise (Raghib, in the margin of Nihayah, II, 143). Pursuing this trend of thought, we

avvolto da colori indescrivibili. Poi sono stato ammesso in Paradiso dove ho trovato delle piccole tende fatte di perle mentre la sua terra era fatta di muschio">>.

(6) Capitolo. Relativamente ai versetti: <<Agli 'Ād abbiamo inviato Hūd, uno dei loro stessi fratelli. Egli disse: "O popolo mio, adorate Dio! Non avete altro dio che Lui. Non Lo temerete forse?">>[31]; <<Menziona uno degli 'Ād [Hūd]. Egli avvertì il suo popolo - cui erano stati inviati dei messaggeri prima e dopo di lui- che dimorava tra le dune di sabbia: "Non adorate altri che Dio. In verità, temo per voi il castigo di un giorno terribile." >>[32] e <<Gli 'Ād furono distrutti da un vento furioso, terribilmente violento. Egli lo fece soffiare contro di loro sette giorni e otto notti consecutivamente fino a quando le persone giacquero prostrate come tronchi di palma estirpati. Qualcuno è forse sopravvissuto?>>[33].

3343. Ibn 'Abbās (che Dio si compiaccia di lui) ci ha tramandato che il Profeta (ﷺ) ha affermato: <<Sono stato reso vittorioso con l'*As-Sabā*[34] ed i popoli degli 'Ād sono stati distrutti dall'*Ad-Dabūr*[35] >>.

3344. Abū Sa 'īd (che Dio si compiaccia di lui) ci ha tramandato: <<'Alī inviò un pezzo d'oro al Profeta (ﷺ), che lo distribuì tra quattro persone: Al-Aqra bin Hābis Al-Hanzalī della tribù di Mujāshi 'ī, 'Uyaina bin Badr Al-Fazārī, Zaid At- Ta'ī che appartenevano alla tribù dei Banī Nabhān, ed 'Alqama bin Ulātha Al-'Āmiri che faceva parte della tribù dei Banī Kilāb. Così, i Quraysh e gli Ansari se ne risentirono

---

may perhaps assume that the expression "Lote-Tree of the Farthest Limit" is indicative of the limit of all knowledge allowed to created beings: though great and wonderful in itself, their knowledge, even in Paradise, can never attain to the limitless perfection of the knowledge which the Creator has reserved for Himself>>.

[31] Il Sacro Corano 7:65.
[32] Il Sacro Corano 46:21.
[33] Il Sacro Corano 69:6-8.
[34] Nome di un vento che spira da est.
[35] Nome di un vento che spira da ovest.

e dissero: "Il Profeta (ﷺ) fa dei doni ai capi di Najd ma non a noi". Il Profeta (ﷺ) allora disse: "(Faccio loro dei doni) per avvicinare i loro cuori all'Islam". Poi un uomo con occhi incavati, le guance prominenti, una fronte alta, una barba spessa ed il capo rasato giunse (al cospetto del Profeta ﷺ) e disse: "Temi Dio, o Muhammad!". Il Profeta (ﷺ) rispose: "Chi obbedisce a Dio, se io disubbidisco? Dio mi ha affidato tutti gli abitanti della terra mentre tu non ti fidi di me?". Qualcuno, e credo che fosse Khālid bin Al-Walīd, domandò al Profeta (ﷺ) di dargli il permesso di giustiziarlo, ma lui glielo vietò. Quando l'uomo andò via, il Profeta (ﷺ) disse: "Tra i discendenti di costui ci saranno alcuni che reciteranno il Corano, ma il testo sacro non andrà al di là delle loro gole, ossia reciteranno come dei pappagalli (e non lo comprenderanno né agiranno in accordo con i suoi insegnamenti) e rinnegheranno la religione come una freccia trapassa il corpo di una preda. Uccideranno i musulmani, ma risparmieranno gli idolatri. Se sopravvivessi fino al loro tempo, li ucciderei così come furono uccisi gli appartenenti al popolo degli 'Ad[36]">>.

3345. 'Abdullāh (che Dio si compiaccia di lui) ci ha tramandato: <<Ho udito il Profeta (ﷺ) recitare: "*Fahal mim-Muddakir*[37]....">>.

---

[36] Cfr. Il Sacro Corano 46:21-22: <<Menziona uno degli Ad [Hud]. Egli avvertì il suo popolo - cui erano stati inviati dei messaggeri prima e dopo di lui- che dimorava tra le dune di sabbia: "Non adorate altri che Dio. In verità, temo per voi il castigo di un giorno terribile." Dissero: "Sei forse venuto per distoglierci dal culto dei nostri dei? Allora reca su di noi la calamità di cui ci hai minacciato, se stai dicendo il vero!">>; 29:38: <<Ricordate i popoli degli Ad e dei Thamud. Il loro destino vi apparirà chiaramente dalle tracce delle vestigia delle costruzioni. Satana ha fatto sembrare le loro azioni desiderabili e li ha tenuti lontani dalla via, anche se era stata data loro intelligenza e capacità di comprendere la verità>>; 89:6-19: <<Non hai forse visto come il tuo Signore ha agito con il popolo degli Ad, della città di Iram con i pilastri alti, che in tutta la regione non ve ne erano di eguali? E con i Thamud, che hanno intagliato grandi blocchi di pietra nella valle?>>.
[37] Lett. "C'è qualcuno che riceverà il monito?". Cfr. Il Sacro Corano 54:17: <<Abbiamo reso il Corano semplice da comprendere e da ricordare. Chi allora riceverà il monito?>>.

(7) Capitolo. La storia di Gog e Magog[38].

Relativamente al versetto: <<Ti chiederanno di Dhu al-Qarnayn. Di': "Vi comunicherò qualcosa della sua storia". In verità, abbiamo stabilito il suo potere sulla terra e gli abbiamo dato i modi e i mezzi per raggiungere tutti i fini. Egli scelse una via>>[39].

3346. Zainab bint Jahsh (che Dio si compiaccia di lui) ci ha tramandato che il Profeta (ﷺ) una volta giunse presso di lei in una condizione di timore e paura e disse: "*Lā ilāha illallāh!* Guai agli arabi per un pericolo che si avvicina. Si è aperta una fessura nel muro di Ya'jūj e Ma'jūj di questa grandezza -e fece un cerchio con il pollice ed il medio". Zainab bint Jahsh domandò: "O Profeta, saremo distrutti anche se ci sono persone pie tra di noi?"; rispose: "Sì, se il *khabath*[40] aumenterà">>.

---

[38] Cfr. Il Sacro Corano 18:95-99: <<Dissero: "O Dhu al Qarnayn, i popoli di Gog e Magog hanno compiuto molta ingiustizia sulla terra. Possiamo pagarti un tributo al fine che tu possa erigere una barriera tra noi e loro?". Egli disse: "Il potere, che Dio mi ha concesso, è migliore del tributo. Aiutatemi, quindi, con il lavoro. Costruirò una barriera tra voi e loro. Portatemi dei blocchi di ferro". Poi, quando ebbe terminato di riempire lo spazio tra i due lati della montagna, disse: "Accendete il fuoco e soffiateci sopra". Poi quando divennero rossi incandescenti, disse: "Portatemi, affinché possa spargerlo, piombo fuso". Così il muro venne costruito e [Gog e Magog] divennero incapaci di attraversarlo e anche di scalfirlo. Egli disse: "Questa è una misericordia dal mio Signore. Quando la promessa del mio Signore si avvererà, trasformerà il muro in polvere. La promessa del Signore è verità". Quel giorno lasceremo che sorgano come onde, una sull'altra. La tromba suonerà e li raduneremo tutti insieme>>; 21:96: <<Nessuna comunità, che abbiamo distrutto, potrà ritornare, fino a quando Gog e Magog passeranno le barriere diffondendosi da ogni altura>>. Cfr. *The Meaning of the Holy Quran* (Il significato del Sacro Corano), Abdullah Yusuf Alì, ed. italiana a cura di S. Lei, I-II, Roma 2019, I, nota 1288: <<Ci si riferisce a delle tribù selvagge e barbare che, dopo aver infranto le loro barriere, si diffonderanno sulla terra. Questo sarà uno dei segni dell'avvicinarsi del Giorno del Giudizio>>.
[39] Il Sacro Corano 18:83-85.
[40] Questo termine indica adulterio e fornicazione e, in generale, ogni tipologia di azione malvagia. Nel testo coranico il termine *Khabath* indica tutto ciò che

(Il libro delle storie dei profeti)

3347. Abū Hurairah (che Dio si compiaccia di lui) ci ha tramandato che il Profeta (ﷺ) ha affermato: <<Dio ha praticato un'apertura nel muro di Ya'jūj e Ma'jūj di questa grandezza" e con le mani raffigurò il numero 90>>.

3348. Abū Sa'īd Al-Khudrī (che Dio si compiaccia di lui) ci ha tramandato: <<Il Profeta di Dio (ﷺ) ha affermato: "Dio (nel giorno della resurrezione) dirà ad Adamo: 'O Adamo!' e costui risponderà: 'Labbaik wa Sa 'daik[41]. Tutto il bene si trova nelle Tue mani'. Dio dirà: 'Conduci le persone fuori dal Fuoco' ed Adamo domanderà: 'O Dio! Quanti sono coloro che dimorano nel Fuoco?'. Dio risponderà: 'Per ogni mille, conduci fuori 999 persone'. A quel tempo, i bambini avranno i capelli grigi: "Il giorno in cui la vedrete, ogni madre, che allatta il proprio figlio, lo dimenticherà. Ogni donna incinta partorirà prima del tempo stabilito. Vedrai l'umanità come se fosse in preda all'ebbrezza, anche se in realtà non lo è. L'ira di Dio sarà terribile"[42]. I compagni del Profeta (ﷺ) domandarono: "O Profeta di Dio! Chi di noi sarà salvato dal Fuoco?"; lui rispose: "Rallegratevi delle buone nuove: una persona sarà della vostra comunità e mille da Ya'jūj e Ma'jūj". Il

---

è impuro e malvagio. Cfr. Il Sacro Corano 7:157: <<Coloro che seguono il Messaggero, il Profeta illetterato, che trovano menzionato nelle loro stesse [Scritture], nella Torah e nel Vangelo, che comanda loro ciò che è giusto e proibisce loro ciò che è riprovevole e concede loro come lecito ciò che è buono [e puro] e li induce ad astenersi da ciò che è male [ed impuro], Egli li libererà dai pesanti fardelli e dai gioghi che li opprimono. Coloro che crederanno in lui, lo onoreranno, lo aiuteranno e seguiranno la Luce che è scesa insieme a Lui, in verità prospereranno>>. Cfr. Sahīh Al-Bukhārī, *Kitāb Al-Fitan* (Il libero delle prove), trad. italiana a cura di S. Lei, Roma 2020, 3, 7059, Zainab bint Jahsh (che Dio si compiaccia di lei) ci ha tramandato che il Profeta (ﷺ) si svegliò con il volto arrossato e disse: "Lā ilāha illallāh. Guai agli Arabi per la grande calamità che si sta avvicinando loro. Oggi si è aperta una crepa nel muro di Ya'jūj e Ma'jūj di questo spessore". (Sufyān ne ha indicato la grandezza formando il numero 90 o 100 con le dita.) Gli venne domandato: "Saremo distrutti, anche se tra di noi ci sono delle persone rette?" Il Profeta (ﷺ) rispose: "Sì, se *al-Khabath* aumenterà".

[41] Lett. "Rispondo alla Tua chiamata e mi mostro obbediente ai Tuoi comandi".

[42] Il Sacro Corano 22:2.

Profeta (ﷺ) ha poi aggiunto: "Per Colui nelle cui mani si trova la mia anima, io spero che voi siate ¼ degli abitanti del Paradiso". Allora noi esclamammo ad alta voce: "*Allāhu Akbar!*"; egli aggiunse: "Spero che voi sarete metà degli abitanti del Paradiso" e noi esclamammo di nuovo ad alta voce: "*Allāhu Akbar!*". Lui aggiunse: "Voi musulmani (se paragonati ai non-musulmani) siete come un pelo nero nella pelle di un bue bianco o come un pelo bianco sul manto di un bue nero">>.

(8) Capitolo. Relativamente ai versetti: "Chi può essere migliore nella religione di colui che sottomette il suo sé a Dio, compie il bene e segue la via di Abramo, il sincero nella fede? Dio si scelse Abramo come amico"[43]; "Abramo è stato un modello. Devotamente obbediente a Dio e sincero nella fede. Egli non attribuiva a Dio alcun associato"[44] e "Abramo pregò per il perdono di suo padre solo a causa di una promessa che gli era stata fatta. Però, quando comprese che era un nemico di Dio, si dissociò da lui. Abramo era tenero di cuore e premuroso"[45].

3349. Ibn ʿAbbās (che Dio si compiaccia di lui) ci ha tramandato che il Profeta (ﷺ) ha affermato: "(Nel giorno del giudizio) sarete riuniti a piedi scalzi, nudi e privi della circoncisione", poi recitò: "Il giorno in cui avvolgeremo i cieli come una pergamena avvolta in rotoli. Proprio come abbiamo iniziato la prima creazione, così ne ripeteremo una nuova. Questa è una promessa che abbiamo fatto e Noi la manterremo"[46]. Aggiunse: "La prima persona ad essere rivestita, nel giorno della resurrezione, sarà Abramo ed alcuni dei miei compagni saranno condotti sul lato sinistro [ossia nel Fuoco dell'Inferno] ed io dirò: "I miei compagni! I miei compagni!"; mi sarà detto: "Costoro hanno abbandonato l'Islam, dopo che li ha lasciati" ed io dirò quello che ha affermato il pio servo di Dio: <<Non ho detto loro nulla eccetto

---

[43] Il Sacro Corano 4:125.
[44] Il Sacro Corano 16:120.
[45] Il Sacro Corano 9:114.
[46] Il Sacro Corano 21:104.

Kitāb Ahādith al-Anbiyā'

(Il libro delle storie dei profeti)

ciò che Tu mi hai comandato ossia: "Non adorate altri che Dio", e sono stato testimone fino a quando ho abitato presso di loro. Dopo che mi hai innalzato a Te, Tu hai vegliato su di loro. Tu sei testimone di tutte le cose. Se invero li punisci, costoro sono i Tuoi veri servi, ma se li perdoni, Tu sei l'Eccelso, il Saggio"[47]>>.

3350. Abū Hurairah (che Dio si compiaccia di lui) ci ha tramandato che il Profeta di Dio (ﷺ) ha affermato: <<Nel giorno della resurrezione Abramo incontrerà suo padre Āzar[48], il cui volto sarà scuro e coperto dalla polvere. Abramo gli dirà: "Non ti ho forse detto di non disubbidirmi?" e suo padre risponderà: "Oggi non ti disubbidirò". Abramo allora dirà: "O Signore! Mi hai promesso di non disonorarmi nel giorno della Resurrezione e che cosa sarebbe più disonorevole di maledire e disonorare mio padre?"; allora Dio gli dirà: "Ho proibito il Paradiso per i miscredenti". Poi gli sarà detto: "O Abramo, guarda!

---

[47] Il Sacro Corano 5:117-118.

[48] Cfr. Il Sacro Corano 6:74: <<Abramo disse a suo padre Azar: "Prenderai forse degli idoli per divinità? Tu e il mio popolo vi trovate in un errore manifesto>>; 19:42-50: <<Egli disse a suo padre: "O padre mio! Perché adori ciò che non può né ascoltare né vedere e non può esserti di alcun beneficio? O padre mio, mi è giunta una conoscenza, che non è arrivata a te. Così seguimi e ti condurrò per una via piana e dritta. O padre mio, non servire Satana, perché Satana è ribelle verso Dio, il Compassionevole. O padre mio, temo per la punizione che ti affliggerà [proveniente] dal Compassionevole, perché per Satana sei divenuto un alleato. [Il padre] rispose: "Stai forse abbandonando i miei dei, o Abramo? Se non desisti, ti lapiderò. Ora allontanati da me per lungo tempo". Abramo disse: "Che sia pace su di te. Pregherò il mio Signore per il tuo perdono. Egli è sempre stato misericordioso verso di me. Mi allontanerò da te e da tutti coloro che invochi oltre a Dio. Mi rivolgerò al mio Signore. Forse, non rimarrò senza benedizioni, quando pregherò rivolto al mio Signore". Quando si allontanò da loro e da coloro che adorano oltre a Dio, gli concedemmo Isacco e Giacobbe. Facemmo di entrambi dei profeti. Inviammo su di loro la Nostra misericordia e concedemmo loro un grande onore>>; 9:114: <<Abramo pregò per il perdono di suo padre solo a causa di una promessa che gli era stata fatta. Però, quando comprese che era un nemico di Dio, si dissociò da lui. Abramo era tenero di cuore e premuroso>>.

Che cosa c'è sotto i tuoi piedi?"; lui guarderà e vedrà una *Dhikh*[49] macchiata di sangue, che sarà presa per le zampe e gettata nel Fuoco".

3351. Ibn 'Abbās (che Dio si compiaccia di lui) ci ha tramandato: <<Il Profeta (ﷺ) entrò nella *Ka 'bah* e trovò le immagini di Abramo e di Maryam e disse: "Che cosa succede ai Quraysh? Hanno già udito che gli angeli non entrano in una casa in cui ci sono delle immagini. Eppure questa è l'immagine di Abramo e per quale motivo viene raffigurato come se praticasse la divinazione attraverso le frecce?">>.

3352. Ibn 'Abbās (che Dio si compiaccia di lui) ci ha tramandato: <<Quando il Profeta (ﷺ) vide le immagini nella *Ka 'bah*, non vi entrò fino a quando non ordinò che venissero cancellate. Quando vide (le immagini di) Abramo ed Ismaele (pace su di loro) con le frecce della divinazione tra le mani, disse: "Che Dio maledica i Quraysh! Per Allah, né Abramo né Ismaele praticavano la divinazione per mezzo delle frecce">>.

3353. Abū Hurairah (che Dio si compiaccia di lui) ci ha tramandato: <<Le persone hanno affermato: "O Profeta di Dio! Chi è il più onorevole tra le persone (presso Dio)?", rispose: "Gli *Al-Muttaqūn*[50]".

---

[49] Lett. "una iena". Il padre di Abramo (pace su di lui) sarà trasformato in una iena, prima di essere gettato nel Fuoco dell'Inferno.

[50] Lett. "Coloro che vivono secondo la *Taqwa*". Termine arabo derivante dalla radice verbale Wa-Qāf-Ya che indica la pietà, il timore di Dio e la consapevolezza della Sua esistenza, concetti che si trovano profondamente interconnessi nella vita di coloro che vengono definiti in arabo *al-muttaqūn*, ossia i musulmani che credono nell'unità e nell'unicità divina e che agiscono obbedendo ai comandamenti divini. Cfr. Il Sacro Corano 9:119: <<O credenti, temete Dio e siate con coloro che sono veritieri nelle parole e nelle opere>>; 4:131: <<A Dio appartengono tutte le cose che si trovano nei cieli e sulla terra. In verità, Noi abbiamo insegnato ai popoli del Libro (che vi hanno preceduto) e voi a temerLo. Però, se voi lo negate, a Dio appartiene tutto ciò che si trova nei cieli e sulla terra. Dio è privo di ogni bisogno, degno di ogni lode>>; 2:2: <<Questa è una Scrittura indenne da ogni dubbio, in cui si trova la guida per coloro che temono Dio>>; 65:4: <<Dio renderà facile il cammino di coloro che Lo temono>>; 3:76: <<Quanti tengono fede al patto stretto con Dio e agiscono rettamente sono da Lui amati. In verità, Dio ama coloro che agiscono secondo giustizia>>; 5:27: <<Recita loro la verità della storia dei due figli di Adamo.

Loro dissero: "Non abbiamo domandato riguardo a questo"; lui allora disse: "Allora Yūsuf, il profeta di Dio, il figlio del profeta di Dio, che era a sua volta figlio del Khalīl di Dio". Loro però dissero ancora una volta: "Non vogliamo domandare relativamente a ciò"; lui allora disse: "Allora volete domandare relativamente ai discendenti degli arabi. Coloro che sono stati i migliori nel periodo pre-islamico dell'Ignoranza saranno anche i migliori nell'Islam se acquisteranno la conoscenza religiosa">>.

3354. Samura ci ha tramandato che il Profeta di Dio (ﷺ) ha affermato: "Due persone giunsero da me di notte (in sogno) e mi condussero con loro. Passammo accanto ad un uomo che era così alto, che non potevo vedere il suo capo, e questa persona era Abramo (pace su di lui)".

3355. Mujāhid ci ha tramandato che, quando le persone menzionarono alla presenza di Ibn 'Abbās (che Dio si compiaccia di lui) che il *Dajjāl* avrà la parola *Kāfir*[51] o le lettere KFR scritte sulla

---

Entrambi presentarono un sacrificio a Dio. Il sacrificio del primo venne accettato ma non quello del secondo. Quest'ultimo disse: "In verità, ti ucciderò", mentre il primo disse: "Sicuramente Dio accetta il sacrificio di coloro che sono timorati di Lui">>; 7:96: <<Se gli abitanti di queste comunità avessero creduto e temuto Dio, avremo inviato loro ogni tipo di benedizione dai cieli e dalla terra, ma hanno respinto il vero e li colpimmo per le loro azioni>>; 8:29: <<O credenti, se temete Dio, Egli vi darà un discrimine (per distinguere il bene dal male), rimuoverà tutto il male che potrebbe affliggervi e vi concederà il perdono. Dio è il Signore di una grazia incalcolabile>>; 3:200: <<O voi che credete, perseverate nella pazienza e nella costanza. Incitatevi nella perseveranza, fortificatevi a vicenda e temete Dio, affinché possiate prosperare>>; 19:72: <<Dovremo salvare coloro che si sono guardati dal commettere il male, ma lasceremo i malvagi lì, piegati sulle ginocchia>>.
[51] Il termine *Kāfir* deriva dalla radice KFR che significa: mostrarsi ingrati ed ignorare consapevolmente. Il termine "Kufr" nell'ambito religioso indica quindi la negazione del Creatore da parte degli esseri umani, che si manifesta attraverso determinati atti d'orgoglio e d'insolenza. In riferimento ai "miscredenti" nel Sacro Corano 24:39-40 è scritto: "Per quanto riguarda invece i miscredenti, le loro opere sono come un miraggio nel deserto sabbioso, che l'uomo, arso dalla sete, scambia per l'acqua. Quando però si avvicina, scopre che non vi è nulla, ma trova Dio con lui ed Egli gli darà quanto gli spetta. Dio è veloce nel calcolo. La condizione dei miscredenti può

fronte, ho udito Ibn 'Abbās affermare: <<Non ho udito questo, ma il Profeta (ﷺ) ha affermato: "Se volete vedere Abramo, allora rivolgete lo sguardo verso il vostro compagno [ossia il Profeta ﷺ]. Mosè invece aveva i capelli ricci, la carnagione scura ed era solito viaggiare su di un cammello rosso, le cui redini erano fatte di fibre di alberi di palma. Mi sembra quasi di vederlo quando discende per una valle">>.

3356. Abū Hurairah (che Dio si compiaccia di lui) ci ha tramandato che il Profeta di Dio (ﷺ) ha affermato: "Abramo ha effettuato la circoncisione con un *Qaddūm*[52] all'età di ottant'anni". Abū Az-Zinād specifica con un *Qadūm* (un 'ascia corta).

3357. Abū Hurairah (che Dio si compiaccia di lui) ci ha tramandato che il Profeta di Dio (ﷺ) ha affermato: <<Abramo non ha mai mentito tranne che in tre occasioni>>.

3358. Abū Hurairah (che Dio si compiaccia di lui) ci ha tramandato: <<Abramo (pace su di lui) non ha mai mentito tranne che in tre occasioni. Due volte per amore di Dio, quando ha affermato: "Sono malato"[53] e "(Non sono stato io a fare ciò) bensì l'idolo più grande"[54].

---

essere paragonata alla profondità dell'oscurità in un oceano vasto, oscurato da onde che si sovrappongono ad onde, oscurato da nere nuvole, profondità della tenebra, una su l'altra. Se un uomo allunga la mano, può appena vederla. Per colui, a cui Dio non concede alcuna luce, non c'è luce alcuna".

[52] Lett. "un'ascia".

[53] Cfr. Il Sacro Corano 37:84-90: <<Si avvicinò al suo Signore con un cuore innocente, e disse a suo padre e al suo popolo: "Che cosa venerate? State forse ingannando voi stessi scegliendovi falsi dei al posto di Dio? Che cosa pensate del Signore dei Mondi?". Poi rivolse lo sguardo alle stelle, e disse: "Sono stanco [nel mio cuore]". Così si volsero via da lui e si allontanarono>>.

[54] Cfr. Il Sacro Corano 21: 58-64: <<Così li distrusse tutti, eccetto il più grande, al fine che potessero rivolgersi a lui. Dissero: "Chi ha fatto questo ai nostri dei? Deve essere un uomo veramente empio!". Alcuni dissero: "Abbiamo udito un giovane che parlava di loro. Si chiama Abramo!". Dissero: "Conducetelo al loro cospetto affinché possano recare testimonianza". Dissero: "Sei tu che hai fatto questo ai nostri dei, o Abramo?". Rispose: "No, è stato l'idolo più grande! Chiedi loro, se sono capaci di parlare". Così si volsero gli uni verso gli altri e dissero: "Davvero siete stati ingiusti!">>.

Kitāb Ahādith al-Anbiyā'

(Il libro delle storie dei profeti)

La terza volta avvenne quando Abramo e Sarah erano in viaggio ed attraversarono (il territorio controllato da) un tiranno tra i tiranni. Qualcuno disse al tiranno: "Quest'uomo [ossia Abramo] è accompagnato da una donna veramente affascinante". Così mandò a chiamare Abramo e gli rivolse delle domande relativamente a Sarah, dicendo: "Chi è questa donna?", lui rispose: "È mia sorella". Poi Abramo andò da Sarah e le disse: "O Sarah! Non ci sono credenti sulla faccia della terra tranne te ed io. Quest'uomo mi ha domandato di te ed io gli ho detto che sei mia sorella. Così non contraddire le mie parole". Il tiranno allora mandò a chiamare Sarah e quando cercò di afferrarla con la mano, quest'ultima si paralizzò e lui rimase sconcertato. Allora domandò a Sarah: "Prega Dio per me ed io non ti farò alcun male". Così Sarah domandò a Dio di curarlo ed egli fu curato. Però cercò di afferrarla per una seconda volta, ma la sua mano si paralizzò più di prima e lui divenne sconcertato. Allora domandò di nuovo a Sarah: "Prega Dio per me ed io non ti farò alcun male". Sarah pregò di nuovo Dio per lui e quest'ultimo riacquistò la sensibilità alla mano. Poi lui chiamò una delle guardie (che l'aveva condotta lì) e disse: "Non mi avete portato un essere umano, ma un demonio" e così diede a Sarah Hājar come serva. Sarah tornò da Abramo, mentre lui stava assolvendo alla preghiera. Abramo allora, facendo un gesto con la mano, domandò: "Che cosa è accaduto?"; lei rispose: "Dio ha rovinato il piano malvagio di quella persona immorale e mi ha dato Hājar[55] come serva". (Abū Hurairah allora si rivolse a coloro che lo

---

[55] La madre di Ismaele, figlio di Abramo e progenitore degli Arabi. Cfr. S. Lei, *Muhammad, il Profeta dell'Islam (pace e benedizioni su di lui), una biografia completa dall'inizio della rivelazione all'Hijrah*, Roma 2018, 15-17: << Nello stesso giorno in cui Abram ricevette la promessa di una discendenza, il Signore concluse con lui un'alleanza secondo la quale: "Alla tua discendenza io do questo paese dal fiume d'Egitto al grande fiume, il fiume Eufrate". Il territorio compreso tra il Nilo e l'Eufrate corrisponde alla stessa penisola araba. Infatti, dopo la promessa e la conclusione dell'alleanza, nacque Ismaele, primogenito di Abramo e progenitore degli arabi. Nella Genesi è scritto: "Sarai, moglie di Abram, non gli aveva dato figli. Avendo però una schiava egiziana chiamata Agar, Sarai disse ad Abram: "Ecco, il Signore mi ha impedito di avere prole; unisciti alla mia schiava; forse da lei potrò avere figli". Abram ascoltò la voce di Sarai. Così, al termine di dieci anni da quando Abram abitava nel paese di

stavano ascoltando dicendo: "Hajār era vostra madre, o Banī Mā 'is-Samā">>.

3359. Umm Sharīk (che Dio si compiaccia di lei) ci ha tramandato che il Profeta di Dio (ﷺ) ordinò che le lucertole di casa dovessero essere uccise e disse: "Le lucertole di casa hanno soffiato il fuoco su Abramo (pace su di lui)".

Canaan, Sarai, moglie di Abram, prese Agar l'egiziana, sua schiava, e la diede in moglie ad Abram, suo marito. Egli si unì ad Agar, che restò incinta". Al bambino venne dato il nome di Ismaele, che significa "il Signore ascolta". Quando Abramo divenne padre per la prima volta, secondo il racconto biblico, aveva ottantasei anni. Tredici anni dopo, quando Abram aveva novantanove anni, il Signore gli apparve di nuovo e suggellò con lui una solenne alleanza stabilendo il rito della circoncisione: "Eccomi: la mia alleanza è con e sarai padre di una moltitudine di popoli. Non ti chiamerai più Abram ma ti chiamerai Abraham perché padre di una moltitudine di popoli ti renderò. E ti renderò molto, molto fecondo; ti farò diventare nazioni e da te nasceranno dei re. Stabilirò la mia alleanza con te e con la tua discendenza dopo di te di generazione in generazione, come alleanza perenne, per essere il Dio tuo e della tua discendenza dopo di te". A quel tempo Ismaele aveva tredici anni e venne circonciso insieme ai componenti maschi della casa di Abramo: "Allora Abramo prese Ismaele suo figlio e tutti i nati nella sua casa e tutti quelli comperati con il suo denaro, tutti i maschi appartenenti al personale della casa di Abramo, e circoncise la carne del loro membro in quello stesso giorno, come Dio gli aveva detto. Ora Abramo aveva novantanove anni, quando si fece circoncidere la carne del membro. Ismaele suo figlio aveva tredici anni quando gli fu circoncisa la carne del membro". Successivamente, Sara partorì ad Abramo il figlio Isacco. Nel testo della Genesi è scritto: "Abramo chiamò Isacco il figlio che gli era nato, che Sara gli aveva partorito. Abramo circoncise suo figlio Isacco, quando questi ebbe otto giorni, come Dio gli aveva ordinato". Secondo il racconto biblico, Sara non volendo che l'eredità della casa di Abramo fosse condivisa tra Ismaele ed Isacco, domandò ad Abramo di scacciarlo nel deserto insieme a sua madre Agar. Abramo era dispiaciuto profondamente per quanto gli aveva detto sua moglie, ma rassicurato da una rivelazione divina concernente il futuro di Ismaele, da cui sarebbe nato un grande popolo, decise di seguire il consiglio di Sara. Secondo la tradizione araba Abramo lasciò Agar ed Ismaele, che però era un bambino molto piccolo e non un adolescente come nella Genesi, nell'arida valle dove successivamente sorse la Mecca>>.

3360. 'Abdullāh (che Dio si compiaccia di lui) ci ha tramandato: <<Quando venne rivelato il versetto: "Coloro che credono e non hanno confuso la loro fede con l'ingiustizia, si trovano nella vera sicurezza perché sono sulla retta via!"[56], dicemmo: "O Profeta di Dio! Chi tra di noi non ha mai commesso un atto di *Zulm*?"; lui rispose: "Non è come pensate perché *Zulm* nel versetto e l'espressione "confondere la fede con l'ingiustizia" indica lo *Shirk*. Non avete mai udito quello che Luqmān disse a suo figlio: "O figlio mio, non adorare altri che Dio. Il culto falso è un grave peccato"[57]>>.

(9) Capitolo. Relativamente al versetto: <<Il suo popolo giunse correndo verso di lui>>[58].

3361. Abū Hurairah (che Dio si compiaccia di lui) ci ha tramandato: <<Un giorno venne data della carne al Profeta (ﷺ) ed egli disse: "Nel giorno della Resurrezione, Dio radunerà tutti, la prima persona e l'ultima, su di un terreno livellato, e la voce dell'araldo li raggiungerà tutti e uno sarà capace di vederli tutti ed il sole si avvicinerà loro". (Il narratore allora menzionò il racconto dell'intercessione): "Le persone andranno da Abramo e diranno: 'Tu se il profeta di Dio ed il suo *Khalīl*[59] sulla terra. Intercederai per noi presso il tuo Signore?";

---

[56] Il Sacro Corano 6:82.

[57] Il Sacro Corano 31:13.

[58] Il Sacro Corano 37:94.

[59] Cfr. Il Sacro Corano 4:125: "Chi può essere migliore nella religione di colui che sottomette se stesso a Dio, compie il bene e segue la via di Abramo, il vero nella fede? Dio si scelse Abramo come amico". Cfr. Il Sacro Corano, 14: 35-37: <<Abramo ha detto: "O mio Signore! Rendi questa città un luogo di pace e sicurezza. Preserva me ed i miei figli dall'adorazione degli idoli. O mio Signore, costoro hanno condotto lontano dalla Retta Via molti uomini. Coloro che mi seguono, in realtà mi apparterranno. E per coloro che mi disubbidiscono -Tu sei Perdonatore, Misericordioso. O nostro Signore, ho stabilito alcuni dei miei discendenti in una valle arida e spoglia presso la Tua Sacra Casa, al fine, Signore nostro, che possano stabilire preghiere regolari. Riempi il cuore di alcuni uomini con amore verso di loro e nutrili con i frutti così che possano essere grati!">>.

Abramo allora ricorderà le sue bugie e dirà: "O me! O me! Andate da Mosè!"'>>.

3362. Ibn ʿAbbās (che Dio si compiaccia di lui) ci ha tramandato che il Profeta (ﷺ) ha affermato: <<Che Dio conceda la Sua misericordia alla madre di Ismaele! Se non si fosse affrettata (a riempire la sua borraccia con l'acqua), la fonte di *Zamzam* sarebbe diventata un fiume che fluisce sulla superfice della terra>>.

3363. Ibn ʿAbbās ha poi aggiunto: <<Abramo (pace su di lui) condusse Ismaele e sua madre alla Mecca, quando lei ancora lo allattava. Costei aveva con sé una borraccia piena di acqua>>.

3364. Ibn ʿAbbās (che Dio si compiaccia di lui) ci ha tramandato: <<La prima donna ad utilizzare uno scialle è stata la madre di Ismaele, che lo utilizzava per cancellare le tracce del suo passaggio da Sarah. Abramo condusse lei e suo figlio Ismaele, quando lei ancora lo allattava, in un luogo nei pressi *della Ka ʿbah*, sotto un albero nel posto in cui si trova [la fonte di] *Zamzam*, nella zona più alta della moschea. Durante quei giorni, non vi era nessuno nella Mecca e non vi era nemmeno dell'acqua. Lui li fece sedere lì e pose vicino a loro una borsa di pelle contenente dei datteri ed una piccola borraccia contente dell'acqua e poi partì nella direzione di casa sua. La madre di Ismaele lo seguì dicendo: "O Abramo! Dove stai andando, lasciandoci in una valle dove non vi è nessuno, di cui possiamo condividere la compagnia e non vi è nulla?"; lei lo ripetette molte volte, ma lui non le rivolse lo sguardo. Poi lei gli domandò: "Dio ti ha comandato di agire in questo modo?"; lui rispose affermativamente. Lei allora aggiunse: "Allora Lui non ci abbandonerà" e tornò indietro mentre Abramo procedette. Quando arrivò presso la Thaniya, dove non potevano vederlo, si rivolse verso la *Ka ʿbah* e alzando entrambe le mani, invocò Dio dicendo: "O nostro Signore, ho stabilito alcuni dei miei discendenti in una valle arida e spoglia presso la Tua Sacra Casa, al fine, Signore nostro, che possano stabilire preghiere regolari. Riempi il cuore di alcuni uomini dell'amore verso di loro e nutrili con

i frutti affinché possano mostrarsi grati"[60]. La madre di Ismaele continuò ad allattarlo e a bere dalla borraccia (che aveva con sé). Quando l'acqua nella borraccia terminò, lei divenne assetata ed anche il bambino cominciò a soffrire la sete. Allora lei cominciò a rivolgergli lo sguardo mentre si lamentava, agonizzante. Lei lo lasciò, perché non poteva sopportare di guardarlo [mentre si trovava in quella condizione] e vide che quella di As-Safā era l'altura a lei più vicina. Vi salì e cominciò a guardare nella valle con attenzione per vedere se vi fosse qualcuno, ma non vide nessuno. Poi discese da As-Safā e, quando giunse nella valle, raccolse le vesti e corse come una persona che si trova nella pena e nella disperazione, fino a quando non attraversò la valle e raggiunse la collina di Al-Marwa, dove si fermò e cominciò a guardare, aspettando di vedere qualcuno, ma non riusciva a vedere nessuno. Così corse tra As-Safā ed Al-Marwa sette volte". Ibn 'Abbās disse che il Profeta (ﷺ) ha affermato: "Questa è la fonte della tradizione relativa al camminare tra As-Safā e Al-Marwa[61]. Quando lei raggiunse Al-Marwa per l'ultima volta, udi' una voce e disse a se stessa di rimanere calma e ascoltò con attenzione. Costei udì di nuovo la voce e disse: "O chiunque tu sia! Mi hai fatto ascoltare la tua voce! Puoi prestarmi aiuto?"; ed ecco lei vide un angelo dove si trova la fonte di Zamzam, mentre scavava la sabbia con una delle sue ali, fino a quando non iniziò a scorrere l'acqua. Lei allora cominciò a formare una sorta di bacino intorno ad esso, utizzando le mani, ed iniziò a riempiere la sua borraccia con l'acqua raccolta. L'acqua continuò a scorrere dopo che lei ne aveva raccolta una parte". Il

---

[60] Il Sacro Corano 14:37.

[61] Durante il pellegrinaggio, in ricordo della madre di Ismaele, che correndo tra le due colline di al-Safā e Marwa cercava disperatamente aiuto per il proprio figlio infante morente, i musulmani devono camminare avanti ed indietro tra le due colline, recitando tre volte, rivolgendosi verso la *Ka 'bah*: <<Allah è Grande. Allah è Grande. Allah è Grande. Non c'è Dio che Allah. Nulla e nessuno può esserGli associato. A Lui appartiene il Potere e la Lode. Egli solo dà la vita e la morte. Egli è l'Onnipotente. Non c'è Dio che Allah. Nulla e nessuno può esserGli paragonato. Egli ha compiuto la Sua promessa. Ha aiutato il Suo servo e ha sconfitto i nemici>>. S. Lei, *Muhammad, il profeta dell'Islam, una biografia dall'inizio della rivelazione all'Hijrah*, Roma 2018, 18-21.

Profeta (ﷺ) aggiunse: "Che Dio abbia misericordia della madre di Ismaele! Se avesse lasciato che l'acqua di *Zamzam* fluisse senza alcun controllo, sarebbe divenuta un fiume che fluiva sulla tutta superfice della terra". Il Profeta (ﷺ) poi aggiunse: <<Lei allora bevve ed allattò anche il bambino. L'angelo le disse: "Non aver paura di essere abbandonata perché questa è la Casa di Dio che sarà costruita da questo bambino e suo padre. Dio non abbandona mai il Suo popolo". La *Ka'bah* a quel tempo si trovava in un luogo sopraelevato che assomigliava ad una collina e, quando giungevano le forti piogge, l'acqua fluiva alla sua destra ed alla sua sinistra. Lei visse in quel modo fino a quando alcuni membri della tribù di Jurhum o una famiglia di questa tribù passò presso di lei ed il bambino, provenendo dalla direzione di Kadā'. Costoro si fermarono nella parte più bassa della Mecca, dove videro un uccello che aveva l'abitudine di volare intorno all'acqua senza mai lasciarla. Costoro dissero: "Quest'uccello sta sicuramente volando intorno all'acqua, anche se sappiamo che in questa valle non si trova alcuna acqua". Costoro inviarono uno o due messaggeri che scoprirono la fonte e tornarono per informali. Poi giunsero tutti (verso la fonte)". Il Profeta (ﷺ) aggiunse: <<La madre di Ismaele sedeva vicino alla fonte e le domandarono: "Ci consenti di rimanere con te?"; lei rispose: "Sì, ma voi non avete alcun diritto al possesso della fonte". Le persone furono d'accordo>>. Il Profeta (ﷺ) poi aggiunse: "La madre di Ismaele era compiaciuta di quella situazione perché era solita amare godere della compagnia delle persone. Così si stabilirono lì e successivamente mandarono a chiamare le loro famiglie, che giunsero e si fermarono lì. In questo modo alcune famiglie si stabilirono lì in modo permanente. Il fanciullo crebbe ed imparò da loro l'arabo e (le sue virtù) erano tali che le persone lo amavano e lo ammiravano. Quando raggiunse l'età della pubertà, gli diedero in sposa una donna della loro tribù. Dopo che la madre di Ismael morì, Abramo giunse, in seguito al matrimonio di Ismaele, per vedere la famiglia che aveva lasciato molto tempo prima, ma non trovò Ismaele. Quando domandò a sua moglie, lei rispose: "È andato alla ricerca del sostentamento". Poi lui domandò relativamente al loro modo di vivere ed alla loro condizione; lei rispose: "Viviamo nella miseria; viviamo nella difficoltà e nella destituzione", lamentandosi con lui. Lui le disse: "Quando tuo marito ritorna, porgigli i miei saluti e digli di cambiare la soglia dell'entrata (di casa sua)". Quando Ismaele tornò, gli parve di avvertire qualcosa di inusuale e così domandò a sua moglie: "È venuto qualcuno a farti visita?"; lei rispose: "Sì, un uomo anziano di tali e tali sembianze è giunto ed ha chiesto di te. Io lo ho informato e lui ha domandato relativamente al nostro stile di vita ed io gli ho detto che vivevamo nella difficoltà e nella povertà". Allora Ismaele disse: "Ti ha dato forse qualche consiglio?"; lei rispose: "Sì, mi ha detto di salutarti e di cambiare la soglia della porta". Ismaele disse: "Quello era mio padre e mi ha ordinato di divorziare da te. Torna dalla tua famiglia". Così Ismaele divorziò da lei e sposò un'altra donna (della medesima tribù). Poi Abramo stette lontano da loro per un periodo, tanto quanto Dio volle, e poi andò a visitarli ma non trovò Ismaele. Giunse allora presso sua moglie e le domandò di Ismaele. Lei disse: "È uscito in cerca del sostentamento". Abramo le domandò: "Come vivete?", domandandole relativamente al loro sostentamento e modi di vivere. Lei rispose: "Siamo prosperi ed abbiamo ogni cosa in abbondanza". Poi lei ringraziò Dio. Abramo allora domandò: "Che tipo di cibo mangiate?", lei rispose: "Carne". Domandò ancora: "Che cosa bevete?", lei rispose: "Acqua". Lui disse: "O Dio, benedici la loro carne e l'acqua". Il Profeta (ﷺ) aggiunse: <<A quel tempo costoro non avevano il grano e, se lo avessero avuto, egli avrebbe invocato Dio per benedirlo". Il Profeta (ﷺ) aggiunse: <<Allora Abramo disse alla moglie di Ismaele: "Quando tuo marito torna a casa, salutalo da parte mia e digli che deve tenere con fermezza la soglia della sua porta". Quando Ismaele tornò, domandò a sua moglie: "Ti ha chiamato qualcuno?"; lei rispose: "Sì, un uomo anziano di bell'aspetto è giunto da me" Così lei lo lodò ed aggiunse: "Ha domandato di te ed io lo ho informato. Poi ha domandato relativamente ai nostri mezzi di sussistenza ed io ho risposto che eravamo in una buona condizione". Ismaele le domandò: "Ti ha consigliato qualcosa?"; lei rispose: "Sì, mi ha detto di salutarti e ti ha ordinato di mantenere con fermezza la soglia della tua porta". Ismaele allora disse: "Costui era mio padre e tu sei la soglia della mia casa. Mi ha ordinato di tenerti con me". Allora Abramo stette lontano da loro per un periodo -quanto Dio ha desiderato- e poi andò a

visitarli. Costui vide Ismaele sotto un albero vicino a *Zamzam*, mentre affilava le sue frecce. Quando si accorse (della presenza di) Abramo, si alzò ed andò a salutarlo (e si salutarono a vicenda come un padre fa con il figlio e viceversa). Abramo disse: "O Ismaele! Dio mi ha dato un ordine!"; Ismaele rispose: "Fai quello che Dio ti ha ordinato di compiere". Abramo gli domandò: "Mi aiuterai?", Islamele rispose: "Ti aiuterò". Abramo aggiunse: "Dio mi ha ordinato di costruire una casa qui, accennando verso una collina più alta della terra che la circondava">>. Il Profeta (ﷺ) aggiunse: "Poi alzarono le fondamenta della Casa. Ismaele portava le pietre ed Abramo la costruiva. Quando le mura divennero alte, Ismaele portò questa pietra e la depose (in terra) affinché Abramo potesse porsi su di essa ed andare avanti con la costruzione[62], mentre Ismaele gli porteva le pietre ed entrambi

---

[62] Cfr. Sahīh al-Bukhārī, *Kitāb al-Hajj*, 42, 1586. Urwa ci ha tramandato che 'Āishah (che Dio si compiaccia di lei) ha affermato che il Profeta (ﷺ) le ha detto: <<O 'Āishah! Se le persone non fossero vicine all'Età della *Jāhilīyyah*, avrei fatto demolire la *Ka 'bah* ed avrei incluso quello che era stato lasciato. L'avrei poi collocata al livello del suolo ed avrei posto due entrate: una rivolta ad est e l'altra rivolta ad ovest. In questo modo l'avrei ricostruita sulle fondamenta stabilite da Ibrāhīm>>. Questo era quanto desiderava Ibn Az-Zubair quando ha demolito e ricostruito la *Ka 'bah* e l'includeva in una porzione dell'*Al-Hijr*. Ho visto le fondamenta originarie poste da Ibrāhīm che erano fatte di pietre che assomigliavano alle gobbe dei cammelli". Jarīr domandò a Yazīd: "Dove si trovavano queste pietre?", Yazīd rispose: "Te lo mostrerò proprio ora". Così Jarīr accompagnò Yazīd ed entrò nel *al-Hijr* e Yazīd fece segno verso il luogo e disse: "Si trovano qui". Jarīr disse: "Mi sembra che si trovassero a sei cubiti da *al-Hijr*">>. Cfr. Il Sacro Corano 2:125-197: <<Ricordate: Abbiamo reso la *Ka 'bah* un santuario in cui gli uomini possono recarsi in pace e sicurezza. Scegliete il posto, dove una volta Abramo ha sostato, come luogo di preghiera. Abbiamo stretto un patto con Abramo e Ismaele: "Purificate la Mia Casa per coloro che vi cammineranno intorno, che vi mediteranno vicino, che si inchineranno e prosterneranno in preghiera". Ricordate: Abramo disse: "O Signore! Rendi questo luogo un luogo di pace e nutri coloro che credono in Dio e nell'ultimo giorno con i suoi frutti". Egli disse: "Lascerò che colui che nega la verità goda [della propria esistenza] per un poco. Li condurrò però presto al tormento del Fuoco, un'orribile destinazione". Ricordate quando Abramo ed Ismaele costruirono le fondamenta del tempio, pregarono: "O Signore! Accettalo da parte nostra. Tu sei colui che tutto ode e conosce". Signore nostro! Fai che ci sottomettiamo

affermavano: "O Signore! Accettalo da parte nostra. Tu sei colui che tutto ode e conosce"[63]>>. Il Profeta (ﷺ) aggiunse: <<Poi entrambi continuarono a costruire ed a girare intorno alla *Ka 'bah* dicendo: "O Signore! Accettalo da parte nostra. Tu sei Colui che tutto ode e conosce"[64]>>.

3365. Ibn 'Abbās (che Dio si compiaccia di lui) ci ha tramandato: <<Quando Abramo ebbe degli alterchi con sua moglie, [a causa dei Hājar e di Ismaele], prese Ismaele e sua madre ed andò via. Costoro avevano con sé una borraccia piena di acqua, da cui la madre di Ismaele era solita bere al fine che il latte per il bambino aumentasse [nel suo seno]. Quando Abramo raggiunse la Mecca, la fece sedere sotto un albero e dopo s'incamminò verso casa. La madre di Ismaele lo seguì e, quando giunsero presso Kadā', lei lo chiamò dicendo: "O Abramo, a chi ci stai lasciando"; lui rispose: "Vi sto lasciando alla cura di Dio". Lei rispose: "Sono soddisfatta di essere con Dio". Lei tornò al medesimo posto e cominciò a bere dell'acqua dalla borraccia, ed il latte [nel suo seno] aumentò per il bambino. Quando l'acqua terminò, si disse: "Meglio andare a vedere se c'è qualcuno". Salì sulla collina di As-Safā e guardò, sperando di vedere qualcuno ma invano. Quando scese nella valle, corse fino a quando non giunse presso la collina di Al-Marwa. Lei corse avanti ed indietro (tra le due colline) molte volte. Poi si disse: "È meglio che vada a vedere in che condizione è il bambino"; andò e vide che stava per morire. Lei non poteva sopportare di vederlo morire e così si disse: "Se vado di nuovo a vedere, potrei trovare qualcuno". Costei andò ed ascese alla collina di As-Safā e guardò per un lungo tempo, ma non riuscì a vedere nessuno.

---

alla Tua volontà. Dei nostri discendenti fai una comunità di sottomessi. Mostraci il modo di adorarTi e volgi verso di noi la Tua misericordia. Tu sei il Perdonatore, il Misericordioso. Signore nostro! Invia un messaggero dalla loro gente, così che possa mostrare loro i Tuoi segni e istruirli nella scrittura e nella saggezza. Santificali. Tu sei l'Eccelso, il Saggio". Chi, se non un debole di intelletto, potrebbe mai allontanarsi dalla religione di Abramo? Lo abbiamo scelto in questo mondo e nell'Altro sarà tra i giusti>>.

[63] Il Sacro Corano 2:127.
[64] Il Sacro Corano 2:127.

Allora corse sette volta tra As-Safā ed Al-Marwa. Si disse ancora: "È meglio che vada a vedere in che condizione è il bambino". Improvvisamente però udì una voce e, risolvengosi alla voce straniera, disse: "Aiutaci, se puoi farlo!". Ed ecco era Jibrīl che batteva sulla terra con il suo tallone in questo modo (Ibn Abbas colpì la terra con il suo tallone a modo di esempio), e così sgorgò l'acqua. La madre di Ismaele era meravigliata e cominciò a scavare. Il Profeta (ﷺ) disse: "Se avesse lasciato l'acqua (fluire senza fare nulla), sarebbe fluita (come un fiume) sulla superfice della terra". La madre di Ismaele cominciò a bere l'acqua ed il latte per il bambino aumentò. Dopo alcuni membri della tribù di Jurhum, mentre passavano per il fondo della valle, videro alcuni uccelli e se ne meravigliarono. Dissero: "Gli uccelli si trovano solo dove vi è dell'acqua". Inviarono un messaggero che cercò il posto, trovò l'acqua e tornò per informarli. Poi si recarono tutti da Hājar e dissero: "O madre di Ismaele! Ci consentirai di abitare presso di te?"; (Così si stabilirono lì). Successivamente il bambino raggiunse la pubertà e sposò una ragazza della tribù[65]. Ad Abramo

---

[65] Cfr. S. Lei, *Muhammad, il Profeta dell'Islam (pace e benedizioni su di lui), una biografia completa dall'inizio della rivelazione all'Hijrah*, Roma 2018, 20-21: <<Ismaele sposò in seconde nozze la figlia di Mudad Ibn Amr, allora a capo della tribù di Jurhum. Da quell'unione nacquero dodici figli, i cui nomi sono stati riportati anche nel testo della Genesi: "Questi sono i nomi dei figli d'Ismaele, con il loro elenco in ordine di generazione: il primogenito di Ismaele è Nebaiot, poi Kedar, Adbeel, Mibsam, Misma, Duma, Massa, Adad, Tema, Ietur, Nafis e Kedma". Dai dodici figli di Ismaele discendono le dodici tribù che abitavano nei pressi della Mecca e che erano soliti commerciare tra lo Yemen, la Siria e l'Egitto. Successivamente, i discendenti di Nabet, ossia il biblico Nebaiot, si stabilirono nel nord della penisola araba, ossia nella regione dell'Hijaz, dove fondarono un regno prospero con Petra come capitale. I discendenti di Qidar, il biblico Kedar, invece continuarono ad abitare nei territori vicini alla Mecca. In questo modo i discendenti di Ismaele occuparono la penisola arabica, secondo quanto è scritto nella Genesi in merito alla promessa fatta da Abramo e alla sua discendenza di occupare il territorio compreso tra il Nilo e l'Eufrate. I discenti di Ismaele attraverso Kedar però non abitarono interrottamente nel territorio intorno alla Mecca, ma prima della nascita di Mudad ibn 'Amr ibn Harith, la tribù di Juhrum ed i discendenti di Kedar lasciarono la Mecca e nel territorio si stabilì la tribù dei Khuzā'ah. I discenti di Ismaele ritornarono alla Mecca successivamente,

sovvenne allora un'idea, che condivise con sua moglie Sarah: "Intendo visitare coloro che ho lasciato (alla Mecca)". Quando vi giunse, (salutò la moglie di Ismaele) e disse: "Dove si trova Ismaele?", lei rispose: "È uscito a caccia" ed aggiunse: "Rimarrai per qualche tempo e prenderai qualcosa da mangiare e da bere?"; Abramo domandò: "Quale è il tuo cibo e la tua bevanda?"; lei rispose: "Il nostro cibo è la carne e la nostra bevanda è l'acqua". Abramo disse: "O Dio, benedici il loro cibo e la loro bevanda". Il Profeta (ﷺ) disse: "A causa dell'invocazione di Abramo, ci sono delle benedizioni nella Mecca". Abramo pensò ancora di visitare la famiglia che aveva lasciato alla Mecca e comunicò la decisione a sua moglie Sarah. Andò e trovò Ismaele dietro il pozzo di *Zamzam*, mentre riparava le sue frecce. Disse: "O Ismaele, il tuo Signore mi ha ordinato di costruire una casa per Lui". Ismaele disse: "Obbedisci all'ordine del tuo Signore". Abramo disse: "Dio ha ordinato che tu debba prestarmi aiuto". Ismaele rispose: "Lo farò". Così entrambi si alzarono ed Abramo cominciò a costruire (la *Ka'bah*) mentre Ismaele gli passava le pietre, ed entrambi dicevano: "O Signore! Accettalo da parte nostra. Tu sei Colui che tutto ode e conosce"[66]. Quando l'edificio divenne alto e l'uomo anziano non riusciva più a sollevare le pietre, salì sulla *Al-Maqām*[67] ed Ismaele continuò a passargli le pietre, mentre entrambi

---

intorno al 400 d.C., sotto la leadership di Qusayy, figlio di Fatima bint Sad e di Kilab. Quest'ultimo però morì, quando Qusayy era molto piccolo, e così sua madre sposò in seconde nozze Rabi'ah ibn Harah, che Qusayy considerò per molto tempo il suo vero padre>>.

[66] Il Sacro Corano 2:127.

[67] Cfr. V. Salierno, *Dizionario dell'Islam*, Roma 2018: <<*Maqām Ibrāhīm*, il luogo di Abramo, pietra sacra sulla quale, secondo la leggenda, ci sono le impronte di Abramo: è situata nel recinto della Mecca>>; Il Sacro Corano 2: 125: <<Ricordate che abbiamo reso la *Ka 'bah* un santuario in cui gli uomini possono recarsi in pace e sicurezza. Scegliete il posto, dove una volta Abramo ha sostato, come luogo di preghiera. Abbiamo stretto un patto con Abramo e Ismaele: "Purificate la Mia Casa per coloro che vi cammineranno intorno, che vi mediteranno vicino, che si inchineranno e prosterneranno in preghiera">>.

affermavano: "O Signore! Accettalo da parte nostra. Tu sei colui che tutto ode e conosce"[68].

(10) Capitolo

3366. Abū Dhar (che Dio si compiaccia di lui) ci ha tramandato: <<Dissi: "O Profeta di Dio! Quale moschea è stata costruita per prima sulla superfice della terra?", lui rispose: "La Masjid al-Harām[69] (presso la Mecca)". Dissi: "Quale è stata costruita dopo?", lui rispose: "La Masjid al-Aqsā[70] (presso Gerusalemme)". Dissi: "Quanto tempo è intercorso

---

[68] Il Sacro Corano 2:127.

[69] Ossia la *Ka 'bah.*

[70] Lett. "La moschea più lontana". Cfr. Il Sacro Corano 17:1: <<Che sia gloria a Colui che ha condotto il Suo servo durante la notte dalla Sacra Moschea fino alla Moschea più lontana -i cui dintorni abbiamo benedetto- al fine di mostrargli alcuni dei Nostri segni. Egli ode e vede ogni cosa>>. Commenta Yusuf Alì: <<Con quest'espressione ci si riferisce alle rovine del Tempio di Salomone a Gerusalemme sulla collina di Moriah, non lontano dalla Cupola della Roccia. Quest'ultima costruzione e la Masjid Al-Aqsā (la moschea più lontana) furono completate dall'emiro 'Abd al Mālik nel 68 a.H. Al tempo del Profeta (ﷺ), il sito era parte dell'Impero bizantino e si trovava dal punto di vista religioso sotto l'amministrazione del Patriarca di Gerusalemme. Per quel che concerne il Tempio di Salomone è importante ricordare le seguenti date: 1-Venne completato al tempo di Salomone nel 1004 a.C., 2-Venne distrutto dai babilonesi sotto Nabuchadnezzar nel 586 a.C., 3-Venne ricostruito al tempo di Nehemiah ed Ezra nel 515 a.C., 4-Venne trasformato in un tempio pagano da uno dei successori di Alessandro Magno, Antioco Epifane, nel 167 a.C., restaurato da Erode (17 a.C.-29 d.C.) e completamente raso al suolo dall'Imperatore Tito Vespasiano nel 70 a.C.>>. A. Yusuf Alì, *The Meaning of the Holy Quran*, (Il Significato del Sacro Corano), edizione italiana a cura di S. Lei, Roma 2019. Cfr. M. Asad, *Sahīh al-Bukhārī, The Early Years of Islam*, 187, note 1: <<The Prophet's Night Journey to Jerusalem, previous to his Ascension, was apparently meant to show that Islam is not a new doctrine but a continuation of the same Divine Message which was preached by the Prophets of old, who had Jerusalem as their spiritual home. This view is supported by Traditions (quoted in *Fath al-Bari* VII, 158), according to which the Prophet offered prayers, during his Night Journey, at Yathrib, Sinai, Bethlehem, etc. His encounters with other Prophets, (....) are symbolical of

tra la costruzione delle due moschee?", rispose: "Quarant'anni". Aggiunse: "Ovunque tu sia e giunge il tempo di assolvere alla preghiera, prega perché la cosa migliore da fare [è offrire la *Salāt* quando giunge il tempo debito]>>.

3367. Anas bin Mālik (che Dio si compiaccia di lui) ci ha tramandato: <<Quando la montagna di Uhud[71] divenne visibile agli occhi del

the same idea. The well-known Traditions to the effect that the Prophet, after his Night Journey, led a prayer in the Temple of Jerusalem, in which all other Prophets ranged themselves behind him, expresses in a figurative way the doctrine that Islam, as preached by the Prophet Muhammad, is the fulfilment and perfection of mankind's religious development, and that Muhammad is the last and greatest of the Apostles of God>>. Cfr. A. L. Chalikandi, "L'Isrā' e la Mi'rāj del Profeta (pbsl)", in *Muhammad, il Profeta dell'Islam, breve introduzione alla vita del Profeta (pace e benedizioni su di lui)*, ed. a cura di S. Lei, Roma 2017, 35-36: <<Ibn Kathīr interpreta la presenza del Profeta Muhammad (pbsl) nella *Masjid Al-Aqsā* a Gerusalemme, dove tutti i profeti da Abramo in poi si sono recati, come la prova che fosse il più grande di tutti, in quanto proprio qui Dio lo scelse per guidarli nella preghiera. L'Imām Qurtubi, invece, commenta il versetto distinguendo in esso sei questioni principali. La prima è relativa alla spiegazione del significato della parola *subhana*. Successivamente si passa alla spiegazione degli *Hadīth* e ad un racconto dettagliato dei diversi punti di vista, concernenti diversi aspetti. Un tratto importante della spiegazione di Qurtubi è relativo all'enfasi posta sull'appellativo del Profeta (ﷺ) come Servo di Dio, così come è utilizzato nel Corano, che lo indica come degno dell'onore dell'*Isrā'*. Secondo Qurtubi, inoltre, i dintorni di Gerusalemme sono benedetti perché questo è il luogo dove riposano molte delle spoglie dei profeti, come è stato sottolineato anche da Zamakshari. Il commento dell'Imām Qurtubi differisce da quello di Ibn Kathīr in quanto cita solo parte degli *Hadīth* presenti in Bukhārī, mentre Ibn Kathīr riporta quasi tutte le testimonianze relative all'evento. Nello stesso tempo, però, Qurtubi sottolinea l'importanza di questi *Hadīth* in quanto sono tutti *mutawātir*, ossia risalgono a venti compagni del Profeta (ﷺ)>>.

[71] Montagna nei pressi di Medina, sulla cui pianura nel 625 d.C. si svolse la battaglia tra i musulmani ed i Quraysh. Dopo una prima vittoria parziale delle truppe musulmane, la mancanza di disciplina dei soldati ed un'eccessiva sottovalutazione dell'avversario condussero ad un ribaltamento della situazione ed i musulmani subirono una parziale sconfitta. Durante la battaglia lo stesso Profeta (ﷺ) venne ferito e si diffuse la falsa notizia che fosse deceduto. Cfr. Il Sacro Corano 3:155: <<Satana ha fatto fallire coloro, tra di voi,

Profeta di Dio (ﷺ), egli disse: "Questa montagna ci ama ed anche noi l'amiamo. O Dio! Abramo ha fatto della Mecca un santuario ed io (parimenti) rendo la zona tra queste due montagne (di Medina) un santuario">>.

3368. Āishah (che Dio si compiaccia di lei), la sposa del Profeta (ﷺ) ci ha tramandato che il Profeta di Dio (ﷺ) le disse: "Non vedi che, quando il nostro popolo ha costruito la *Ka'bah*, non l'hanno fatto sulle fondamenta stabilite da Abramo?"; io dissi: "O Profeta di Dio! Perché non la ricostruiamo sulle fondamenta di Abramo?"; rispose: "Se non fosse che il nostro popolo ha da poco abbandonato la miscredenza, lo avrei fatto". Ibn 'Umar (che Dio si compiaccia di lui) ci ha tramandato: "Āishah lo deve aver udito dal Profeta di Dio (ﷺ) perché vedo che il Profeta (ﷺ) non era solito toccare i due angoli rivolti verso l'*Hijr*[72] solo perché la *Ka'bah* non era stata costruita sulle fondamenta di Abramo">>.

3369. Abū Humaid As-Sā'idī (che Dio si compiaccia di lui) ci ha tramandato: <<Le persone chiesero: "O Profeta di Dio! Come dovremmo domandare a Dio di inviarti il saluto della pace?"; il Profeta (ﷺ) disse loro di ripetere: " '*Allāhumma sallī 'alā Muhammadīn wa azwājihī wa dhurriyātihī kamā sallaita 'alā Āli-Ibrāhīma wa bārik 'alā*

---

che si sono voltati indietro, quando i due nemici si sono incontrati, a causa del male che hanno compiuto. Dio ha cancellato i loro peccati. Egli è Perdonatore, Misericordioso>>; 3:144: <<Muhammad è solo un messaggero. Molti sono i messaggeri che sono passati prima di lui. Se morisse o fosse ucciso, tornerete forse sui vostri passi? Se qualcuno di voi si voltasse indietro, non farebbe nessun danno a Dio. Però, Dio velocemente ripagherà coloro che Lo servono con gratitudine>>.

[72] Recinsione semicircolare posta al lato nord-ovest della *Ka'bah*. A volte l'*Hijr* viene anche indicato con il nome di *Hātim*. Questo termine deriva dal verbo *hatama*, che significa "ha distrutto" o "ha frantumato". Secondo gli studiosi questo nome deriverebbe: 1-Dal fatto che, dopo la ricostruzione della *Ka'bah* in epoca pre-islamica, questa recinsione non venne ricostruita e quindi era rimasta danneggiata, 2-Gli arabi pagani ritenevano che, se una persona che aveva subito un torto avesse pronunciato una supplica presso l'*Hijr*, il suo oppressore sarebbe morto schiacciato dal potere magico dell'*Hātim*.

Kitāb Ahādith al-Anbiyā'

(Il libro delle storie dei profeti)

Muhammadīn wa azwājihī wa dhurriyātihī kamā bārakta ʿalā Āli-Ibrāhīma, innajka Hamīdun Majīd[73]">>.

3370. ʿAbdur-Rahmān bin Abī Lailā ci ha tramandato: <<Ka ʿb bin Ujrah mi incontrò e disse: "Non dovrei darti un regalo che ho ricevuto dal Profeta ﷺ?", ʿAbdur-Rahmān rispose affermativamente ed io dissi: "Domandammo al Profeta di Dio (ﷺ): "O Profeta! Come possiamo inviare benedizioni e preghiere su di te e sui membri della tua famiglia? Dio infatti ci ha insegnato in che modo salutarti". Lui ci disse di affermare: "*Allāhumma sallī ʿalā Muhammadin wa ʿalā Ali Muhammadin, kamā sallaita ʿalā Ibrāhīma wa ʿalā Āli Ibrāhīma, innaka Hamīdun Majīd. Allāhumma bārik ʿalā Muhammadin wa Āli Muhammadin, kamā bārakta ʿalā Ibrāhīma wa ʿalā Āli-Ibrāhīma, Innaka Hamīdun Majīd[74]">>.*

3371. Ibn ʿAbbās (che Dio si compiaccia di lui) ci ha tramandato: <<Il Profeta (ﷺ) era solito cercare rifugio in Dio per Al-Hasan ed Al-Husain[75] e dire: "Il vostro antenato [Abramo] era solito cercare rifugio

---

[73] Lett. "O Dio onora ed invia la Tua misericordia e le Tue benedizioni su Muhammad, le sue mogli ed i suoi figli così come hai fatto con la famiglia di Abramo. O Dio! Benedici Muhammad, le sue mogli ed i suoi figli così come hai benedetto Abramo, le sue mogli ed i suoi figli. Tu sei l'Eccelso, il Degno di Lode>>.

[74] Lett. "O Dio onora ed invia la Tua grazia e misericordia su Muhammad e sulla famiglia di Muhammad così come hai fatto con Abramo e la famiglia di Abramo. Tu sei l'Eccelso, il Degno di Lode. O Dio! Benedici Muhammad e la famiglia di Muhammad così come hai benedetto Abramo e la famiglia di Abramo. Tu sei l'Eccelso, il Degno di Lode".

[75] Nipoti del Profeta (ﷺ) e figli di Fatima ed ʿAlī. Cfr. V. Salierno, *Dizionario dell'Islam*, Roma 2018: <<Hasan, figlio primogenito di ʿAlī e Fāṭimah, nipote del Profeta. Alla morte del padre fu nominato califfo, ma rinunciò per evitare di scontrarsi con Muʿāwiyya dal quale ricevette una pensione; ritiratosi a Medīna, morì di tisi nel 670 all'età di 45 anni. Per gli Sciiti è il secondo dei dodici imām: fu detto al-mujtaba (il prescelto)>>; Husain o Husein, (626-680), figlio secondogenito di ʿAlī e Fāṭimah, nipote del Profeta. Alla morte del fratello Hasan (v. voce) fu convinto dai suoi seguaci e dal cugino Muslim ibn ʿAqil a mettersi alla testa degli ʿAlidi, rifiutando di riconoscere la successione al califfato di Yazīd, figlio di Muʿāwiyya. Partito dalla Mecca, Husain si mise in viaggio per Kūfah, ma prima di giungere apprese dell'uccisione del cugino

in Dio per Ismaele ed Isacco con le seguenti parole: "O Dio! Cerco rifugio nelle Tue parole perfette da ogni demone e da ogni parassita velenoso, e da ogni occhi malvagio, invidio o dannoso">>.

(11) Capitolo. Relativamente ai versetti: <<Racconta loro degli ospiti di Abramo>>[76] e <<Abramo disse: "Signore, mostrami come riporti in vita chi è morto". Egli disse: "Non credi dunque?". Egli disse: "Sì credo, ma voglio soddisfare la mia voglia di conoscenza". Egli disse: "Prendi quattro uccelli ed addestrali a tornare da te. Poi ponili separatamente sulla cima di ogni collina e chiamali. Verranno a te volando veloci. Allora sappi che Dio è Onnipotente, Saggio">>[77].

3372. Abū Hurairah (che Dio si compiaccia di lui) ci ha tramandato che il Profeta di Dio (ﷺ) ha affermato: <<Noi siamo più soggetti ad essere in dubbio di Abramo quando ha detto al suo Signore: <<Abramo disse: "Signore, mostrami come riporti in vita chi è morto". Egli disse: "Non credi dunque?". Egli disse: "Sì credo, ma voglio soddisfare la mia voglia di conoscenza". Egli disse: "Prendi quattro uccelli ed addestrali a tornare da te. Poi ponili separatamente sulla cima di ogni collina e chiamali. Verranno a te volando veloci. Allora sappi che Dio è Onnipotente, Saggio">>[78]. Che Dio abbia misericordia di Lot! Egli era solito appoggiarsi ad un supporto potente. Se avessi dovuto rimanere in prigione tanto a lungo quanto Yūsuf, avrei accettato l'offerta (della libertà senza insistere nell'avere la mia innocenza dichiarata[79])>>.

---

da parte del governatore dell'Irāq. Fermatosi a Karbalā', fu circondato dalle truppe governative che avevano tagliato l'accesso all'acqua; abbandonato dai promessi rinforzi, tormentato dalla sete, Husain e gran parte dei suoi perirono il 10 di muharram del 61 H (10 ottobre 680). Per gli Sciiti è il terzo dei dodici imām: fu detto sayyid al-shuhadā' (il signore dei martiri)>>.

[76] Il Sacro Corano 15:51.

[77] Il Sacro Corano 2:260.

[78] Il Sacro Corano 2:260.

[79] Cfr. Il Sacro Corano 12: 50-53: <<[Quando gli venne portata questa spiegazione] il re disse: "Conducetelo da me": Però, quando il messaggero venne da lui, Giuseppe disse: "Torna dal tuo signore e domandagli di scoprire

(12) Capitolo. Relativamente al versetto: <<Menziona nel Libro la storia di Ismaele. Egli manteneva sempre le promesse fatte: era un messaggero ed un profeta>>[80].

3373. Salama bin Al-Akwa' (che Dio si compiaccia di lui) ci ha tramandato: <<Il Profeta (ﷺ) passò accanto ad alcuni membri della tribù di Aslam, che praticavano il tiro con l'arco. Il Profeta di Dio (ﷺ) disse loro: "O discendenti di Ismaele! Praticate l'arte del tiro con l'arco perché il vostro antenato era un grande arciere. Io sono dalla parte dei figli di tale e tale". Dopo aver udito queste parole, una delle due squadre mise di tirare ed il Profeta (ﷺ) domandò loro: "Perché avete smesso di tirare?"; risposero: "O Profeta di Dio! Come possiamo tirare se tu stai con la squadra avversaria?". Egli disse loro: "Tirate. Io sono con voi">>.

(13) Capitolo. La storia di Isacco, il figlio di Abramo (pace su di lui)

(14) Capitolo. Relativamente al versetto: <<Voi stessi siete testimoni che, quando la morte apparve davanti a Giacobbe, egli disse ai suoi figli: "Chi adorerete quando non ci sarò più?". Risposero: "Adoreremo il tuo Dio e il Dio dei nostri padri, Abramo, Ismaele ed Isacco.

[per prima cosa] la verità su coloro che si sono tagliate le mani, perché in verità il mio Signore è consapevole della loro astuzia". Il Re chiese alle donne [dopo averle mandate a chiamare]: "Che cosa cercavate di ottenere, quando avete deciso di sedurre Giuseppe?" Le donne risposero: "Che Dio ci scampi! Non conosciamo nulla di male riguardo a lui!". La moglie del precedente padrone di Giuseppe disse: "Ora la verità è manifesta di fronte a tutti. Sono stata io a cercare di sedurlo. Egli è uno di coloro che rimangono veritieri e virtuosi". [Quando Giuseppe venne a sapere quanto era accaduto] disse: "Lo domando affinché il mio precedente padrone sappia che non l'ho tradito. Dio non guida mai l'astuzia dei falsi. Non cerco di assolvere la mia anima dal biasimo. L'anima umana incita in verità l'uomo verso il male, a meno che il mio Signore non conceda la Sua misericordia. In verità, il mio Signore è Perdonatore, Colui che concede la grazia>>.
[80] Il Sacro Corano 19:54.

Adoreremo il solo ed unico vero Dio: a Lui ci inchiniamo sottomessi">>[81].

3374. Abū Hurairah (che Dio si compiaccia di lui) ci ha tramandato: <<Alcune persone domandarono al Profeta (ﷺ): "Chi è il più onorevole tra le persone?", rispose: "Il più onorevole tra le persone è colui che teme Dio e compie i propri doveri verso di Lui"; dissero: "O Profeta di Dio! Non domandevamo in merito a ciò ". Lui allora disse: "Allora la persona più onorevole è Yūsuf, il profeta di Dio, il figlio del profeta di Dio, a sua volta figlio del profeta di Dio, figlio del *Khalīl* di Dio[82]". Loro dissero: "Non abbiamo chiesto relativamente a ciò ". Lui disse: "Allora volete sapere relativamente ai discendenti degli arabi". Quando loro risposero positivamente, egli disse: "I migliori nel periodo pre-islamico della *Jāhiliyyah*[83], saranno anche i migliori nell'Islam se comprendono (la conoscenza religiosa)>>.

---

[81] Il Sacro Corano 2:133.

[82] Il profeta Giuseppe era figlio di Giacobbe, che a sua volta era figlio di Isacco, il secondogenito di Abramo secondo la tradizione islamica.

[83] Cfr. Salierno V., *Dizionario dell'Islam*, Roma 2018: "*Jāhiliyyah*, il periodo preislamico del Ḥijaz (v. voce), in contrapposizione al periodo successivo, quello islamico. Il termine indica l'insieme dei valori e delle norme che regolavano gli uomini della vita del deserto>>; Lei S., *Muhammad, il Profeta dell'Islam, una biografia completa dall'inizio della rivelazione all'Hijrah*, Roma 2018, 32-33: "La presunzione dell'uomo della *Jāhiliyyah*, accompagnata da insolenza ed arroganza, derivava da una mancanza di conoscenza di se stessi e di Dio. Questa condizione interiore rendeva impossibile agli arabi del tempo comprendere l'essenza della natura umana con tutte le sue potenzialità ed i limiti stabiliti dal Creatore. Il culmine di quest'atteggiamento interiore è manifestato dalla credenza secondo cui l'essere umano, dopo essere stato creato da Dio, fosse semplicemente abbandonato al proprio destino e non intrattenesse più alcun legame con Colui che lo ha creato. La vita dell'uomo diveniva così preda del *Dahr*, traducibile sia come tempo che come destino, che inesorabilmente inghiottiva nel nulla tutto ciò che era contingente e creato. Nel Corano è descritta in maniera molto precisa quest'attitudine dell'uomo della *Jāhiliyyah*: "Dicono: <<Non c'è che questa vita terrena: viviamo e moriamo; quello che ci uccide è il tempo che passa>>. Invece non possiedono alcuna scienza, non fanno altro che illazioni. Quando vengono recitati loro i Nostri versetti espliciti non hanno altro argomento eccetto:

(Il libro delle storie dei profeti)

(15) Capitolo. Relativamente ai versetti: <<Abbiamo inviato [come messaggero] anche Lot. Egli disse al suo popolo: "Come potete compiere un'azione così vergognosa, anche se vedete la sua iniquità?" Vi avvicinerete agli uomini con desiderio invece che alle donne? Non possedete alcuna conoscenza!". Però costoro non diedero altra risposta che questa: "Scacciamo i seguaci di Lot dalla nostra città. Sono uomini che vogliono essere puliti e puri". Abbiamo condotto in salvo lui e la sua famiglia, eccetto sua moglie che era destinata ad essere tra coloro che rimangono indietro. Facemmo piovere su di loro una pioggia distruttiva. Distruttiva fu la pioggia su coloro che, pur essendo stati avvertiti, non prestarono ascolto [al monito]>>[84].

<<Fate risorgere i nostri avi, se siete sinceri>>". Per l'uomo della *Jāhiliyyah* la vita terrena non è altro che una marcia verso il nulla a cui viene condotto dalla tirannia stessa del tempo. Per gli arabi dell'epoca pre-islamica la finitezza, che si esprimeva nell'esistenza radicata nella temporalità, era una condanna da cui era impossibile sfuggire. La natura stessa dell'uomo era strutturata in modo da subire questa condanna ontologia inesorabile. Al tempo e alla sua tirannia distruttiva non vi era alcuna possibilità di scampo. Questa concezione è riflessa anche nei versi dei poeti pre-islamici. Per esempio, 'Abīd ibn al-Abras scrive nel suo *Diwan*: "Vedi un uomo che si strugge per il desiderio e soffre per una vita lunga. Che cosa è mai una vita lunga, se non un fardello di dolore e tristezza?" "Tutto ciò che è piacevole è destinato ad essere rapito via. Ogni persona, che raccoglie delle spoglie, sarà depredata a sua volta", "L'uomo, fino a quando vive, non inganna altri che se stesso. Una vita lunga non è altro che un aumento di problemi". Per l'uomo della *Jāhiliyyah*, l'adorazione degli idoli era una maschera, che nascondeva la radice profondamente atea della propria esistenza e la mancanza di una relazione tra fede religiosa e valori morali. L'orizzonte dell'uomo della *Jāhiliyyah* non andava al di là dei limiti della vita terrena ed il culto degli antenati. Lo stesso termine arabo *Jāhiliyyah*, che contraddistingue quest'epoca, non indica una semplice mancanza di conoscenza, ma è paradigmatica di un atteggiamento interiore profondamente radicato nella cultura araba del tempo".

[84] Il Sacro Corano 27:54-58.

3375. Abū Hurairah (che Dio si compiaccia di lui) ci ha tramandato che il Profeta (ﷺ) ha affermato: "Che Dio perdoni Lot, che era solito appoggiarsi ad un supporto potente".

(16) Capitolo. Relativamente ai versetti: <<Quando i messaggeri arrivarono tra i compagni di Lot, egli disse: "Chi siete? Avete un aspetto non comune">>[85].

3376. 'Abdullāh (che Dio si compiaccia di lui) ci ha tramandato che il Profeta (ﷺ) ha recitato: "*Fahal mim-muddakir*"[86].

(17) Capitolo. Relativamente ai versetti: <<Ai Thamūd abbiamo inviato Sālih, uno dei loro stessi fratelli: "O popolo mio, adorate Dio. Voi non avete altro dio che Lui. Ora è giunto da voi un chiaro segno dal vostro Signore! Questa femmina di cammello, che proviene da Dio, è un segno per voi. Così lasciate che bruchi nella terra di Dio e state attenti che non le accada alcun male o sarete colti da una severa punizione>>[87] e <<Anche gli abitanti dell'*Hijr* hanno respinto i messaggeri>>[88]. Al-Hijr è la terra della tribù dei Thamūd.

3377. 'Abdullāh bin Zam 'a (che Dio si compiaccia di lui) ci ha tramandato: <<Ho udito il Profeta (ﷺ), mentre si riferiva alla persona che uccise la femmina di cammello (del profeta Sālih)[89], dicendo: "La

---

[85] Il Sacro Corano 15:61-62.

[86] Cfr. Il Sacro Corano 54:15: <<E l'abbiamo lasciata come un segno per tutti i tempi. C'è chi riceverà il monito?>>.

[87] Il Sacro Corano 7:73.

[88] Il Sacro Corano 15:80.

[89] Il Sacro Corano 7:77: <<Così uccisero la femmina di cammello e in modo insolente trasgredirono l'ordine del loro Signore, dicendo: "O Salih, concretizza le tue minacce, se sei un messaggero di Dio">>. Il messaggero di Dio era il Profeta Salih (pace su di lui) ed il popolo, cui era stato inviato, era quello dei Thamūd.

persona, cui venne affidato questo compito, era un uomo molto potente ed onorato presso il suo popolo come Abū Zam 'a>>.

3378. Ibn 'Umar (che Dio si compiaccia di lui) ci ha tramandato: <<Quando il Profeta di Dio (ﷺ) giunse presso *Al-Hijr*[90] durante la *Ghazwa* di Tabūk[91], ordinò ai suoi compagni di astenersi dal bere o dall'attingere l'acqua dal suo pozzo. I compagni dissero: "Abbiamo già preparato l'impasto [per il pane] con la sua acqua e ne abbiamo riempito le borracce". Il Profeta (ﷺ) allora ordinò loro di gettare via la pasta e di svuotare le borracce>>.

3379. 'Abdullāh bin 'Umar (che Dio si compiaccia di lui) ci ha tramandato: <<Le persone giunsero presso la terra dei Thamūd chiamata *Al-Hijr* insieme al Profeta di Dio (ﷺ) ed attinsero l'acqua dal suo pozzo per bere e per impastare il pane. (Quando il Profeta di Dio ﷺ lo venne a sapere), ordinò loro di versare l'acqua che avevano preso dai pozzi e di nutrire i cammelli con la pasta. Disse poi loro di attingere l'acqua da dove la femmina di cammello (del profeta Sālih) era solita bere[92]>>.

---

[90] "Tratto roccioso". Con questo termine ci si riferisce ad una località geografica nei pressi della *Jabal al-Hijr* che si trova a nord di Medina sulla via principale per la Siria. Questa zona era abitata anticamente dai Thamūd. Cfr. Il Sacro Corano 7:73: <<Ai Thamud abbiamo inviato Salih, uno dei loro stessi fratelli: "O popolo mio, adorate Dio. Voi non avete altro dio che Lui. Ora è giunto da voi un chiaro segno dal vostro Signore! Questa femmina di cammello, che proviene da Dio, è un segno per voi. Così lasciate che bruchi nella terra di Dio e state attenti che non le accada alcun male o sarete colti da una severa punizione>>; 15:80: <<Anche gli abitanti dell'Hijr hanno respinto i messaggeri>>.

[91] Tabūk, località a nord di Medina, luogo di una spedizione guidata dal Profeta nel 630 d.C., posto al confine con la Siria. La spedizione ebbe luogo in seguito al diffondersi di notizie relative ad un probabile attacco imminente da parte delle forze bizantine e dei Ghassanidi che avevano sconfitto precedentemente a Mu 'ta (629 d.C.) le forze musulmane. Quando le truppe musulmane guidate dal Profeta (ﷺ) raggiunsero i confini con la Siria, le notizie di un imminente attacco si rivelarono del tutto infondate.

[92] Cfr. Il Sacro Corano 54:27-32: <<Invieremo una femmina di cammello come prova. Così osservali, o Salih, e mantieniti paziente. Di' loro che l'acqua deve

3380. 'Abdullāh bin 'Umar (che Dio si compiaccia di lui) ci ha tramandato: <<Quando il Profeta (ﷺ) passò accanto ad un luogo chiamato *Al-Hijr*, disse: "Non entrate nelle dimore di coloro che hanno commesso ingiustizia contro se stessi a meno che non lo facciate piangendo, altrimenti soffrirete la medesima punizione che è stata inflitta loro". Poi si coprì il volto con un pezzo di stoffa mentre stava sul suo cammello>>.

3381. Ibn 'Umar (che Dio si compiaccia di lui) ci ha tramandato che il Profeta di Dio (ﷺ) ha affermato: <<Non entrate nelle dimore in rovina di coloro che hanno commesso ingiustizia contro se stessi, a meno che non entriate piangendo, altrimenti soffrirete la stessa punizione che è stata inflitta loro>>.

(18) Capitolo. Relativamente al versetto: <<Voi stessi siete testimoni che, quando la morte apparve davanti a Giacobbe, egli disse ai suoi figli: "Chi adorerete quando non ci sarò più?". Risposero: "Adoreremo il tuo Dio e il Dio dei nostri padri, Abramo, Ismaele ed Isacco. Adoreremo il solo ed unico vero Dio: a Lui ci inchiniamo sottomessi">>[93].

3382. Ibn 'Umar (che Dio si compiaccia di lui) ci ha tramandato: <<Il Profeta di Dio (ﷺ) ha affermato: "Il degno di onore è il figlio del degno di onore, figlio dell'onorevole, ossia Yūsuf, il figlio di Giacobbe, figlio di Isacco, a sua volta figlio di Abramo (pace su tutti loro)>>.

---

essere divisa equamente. Ognuno avrà diritto ad una porzione. Costoro però chiamarono il loro compagni. Sfoderarono la spada e la uccisero. Quanto terribile è stata la Mia punizione e il Mio monito! Abbiamo inviato contro di loro un solo grande cataclisma e sono divenuti come i ramoscelli secchi. Abbiamo reso il Corano facile da comprendere e da ricordare. Chi riceverà il monito?>>.

[93] Il Sacro Corano 2:133.

(19) Capitolo. Relativamente al versetto: <<In verità, Giuseppe e i suoi fratelli sono segni per coloro che cercano la verità>>[94].

3383. Abū Hurairah (che Dio si compiaccia di lui) ci ha tramandato: <<Venne domandato al Profeta di Dio (ﷺ): "Chi è il più onorevole tra le persone?", rispose: "Colui che teme Dio e che rispetta i doveri verso di Lui". Le persone dissero: "Non intendevamo domandarti relativamente a questo". Lui allora disse: "La persona più onorevole è Yūsuf, il profeta di Dio, figlio del profeta di Dio, a sua volta figlio del profeta di Dio, figlio del profeta di Dio e figlio del Khalīl di Dio". Le persone dissero ancora: "Non intendevamo domandarti relativamente a ciò"; lui allora disse: "Voltete domandarmi relativamente all'origine degli arabi? Le persone assomigliano a dei metalli (di varia natura ed origine). I migliori nel periodo pre-islamico della *Jāhiliyya* sono anche i migliori nell'Islam, ammesso che comprendano (la conoscenza religiosa)>>.

3384. Āishah (che Dio si compiaccia di lei) ci ha tramandato che il Profeta (ﷺ) le disse: "Ordina ad Abū Bakr di guidare le persone nella preghiera"; lei rispose: "Abū Bakr è una persona molto sensibile e, quando si porrà al tuo posto, inizierà a piangere (e così non potrà guidare la preghiera)". Il Profeta (ﷺ) ripetette il medesimo ordine e lei rispose allo stesso modo. Il narratore, Shu'ba, disse che il Profeta (ﷺ) ripeté la sua affermazione una terza ed una quarta volta e (quando lei rispose allo stesso modo), lui commentò: "Sei come le donne del tempo del Profeta Yūsuf. Ordina ad Abū Bakr di guidare la preghiera!">>.

3385. Abū Mūsa ci ha tramandato: <<Quando il Profeta (ﷺ) cadde ammalato, disse: "Ordina ad Abū Bakr di guidare le persone nella preghiera". Āishah disse: "Abū Bakr è una persona molto sensibile". Il Profeta (ﷺ) diede il medesimo ordina e lei rispose allo stesso modo". Poi lui disse di nuovo: "Ordina ad Abū Bakr (di guidare la preghiera)!

---

[94] Il Sacro Corano 12:7.

Tu sei come le donne del tempo del profeta Yūsuf". Così Abū Bakr, quando il Profeta (ﷺ) era ancora in vita, guidò le persone nella *Salāt*>>.

3386. Abū Hurairah (che Dio si compiaccia di lui) ci ha tramandato che il Profeta di Dio (ﷺ) ha affermato: <<O Dio! Salva Ayyash bin Abī Rabi'a (dall'ingiusto trattamento degli infedeli). O Dio! Salva Salama bin Hishām! O Dio, Salva Al-Walīd! O Dio! Salva i deboli tra i credenti! O Dio! Infliggi una punizione sulla tribù di Mudar. O Dio! Fai che soffrano anni di carestia simili a quelli che sono stati inflitti al tempo di Yūsuf>>.

3387. Abū Hurairah (che Dio si compiaccia di lui) ci ha tramandato che il Profeta di Dio (ﷺ) ha affermato: <<Che Dio conceda la Sua misericordia a Lot. Certamente era solito appoggiarsi ad un supporto potente. Se avessi dovuto rimanere in prigione (per un periodo uguale) alla permanenza di Yūsuf e mi venisse offerta la libertà, di sicuro l'avrei accettata>>.

3388. Masrūq ci ha tramandato: <<Ho domandato a Umm Rūmān, la madre di Āishah, relativamente all'accusa fabbricata contro di lei. Rispose: "Mentre sedevo insieme ad Āishah , una donna degli Ansari giunse e disse: 'Che Dio condanni tale e tale persona'; le domandai: 'Perché parli in questo modo?', rispose: 'Perché ha diffuso la calunnia diffamatoria'. Āishah chiese: 'Quale storia?' e la donna la informò". Quando Āishah domandò se anche Abū Bakr ed il Profeta (ﷺ) fossero venuti a sapere della calunnia, lei rispose affermativamente. Āishah allora, udito questo, svenne, e quando si riprese aveva la febbre e tremava in tutto il corpo. Il Profeta (ﷺ) giunse e domandò: "Che cosa le accade?", risposi: "Ha la febbre a causa della storia che è stata diffusa". Āishah di alzò e disse: "Per Allah, anche se giurassi, tu non mi crederesti; se avanzassi qualche scusa, tu non l'accetteresti. Il mio ed il tuo esempio è come quello di Giacobbe e i suoi figli: "Per me si addice la pazienza meglio di qualsiasi altra cosa. Solo in Dio può essere cercato il rifugio contro ciò che affermate"[95]. Il Profeta (ﷺ) uscì

---

[95] Il Sacro Corano 12:18.

Kitāb Aḥādith al-Anbiyā'

(Il libro delle storie dei profeti)

e poi Dio ha rivelato i versetti (relativi alla questione) ed Āishah disse: "Rigrazio Dio (solo) e nessun altro"[96]>>.

---

[96] Cfr. Saḥīḥ Al-Bukhārī, *Kitāb al-Tafsīr al-Kur'ān* (Il commentario al Sacro Corano), trad. italiana a cura di S. Lei, Roma 2020, 6, 4750. 'Āishah (che Dio si compiaccia di lei), la sposa del Profeta (ﷺ), ci ha tramandato: <<Ogni volta che il Profeta di Dio (ﷺ) intendeva recarsi in viaggio, era solito tirare a sorte tra le sue mogli e portava con sé quella su cui il sorteggio era caduto. Una volta egli tirò a sorte quando voleva condurre una *Ghazwa* ed il sorteggio cadde su di me. Così procedetti con il Profeta di Dio (ﷺ), dopo che l'ordine relativo al velo venne rivelato, e venni condotta nel mio *Howdaj* (su di un cammello) e fatta scendere quando ancora mi trovavo in esso. Andammo avanti nel nostro viaggio e, quando il Profeta di Dio (ﷺ) ebbe terminato la sua *Ghazwa*, ritornò e ci avvicinammo a Medina, ci ordinò di procedere nella notte. Quando venne ordinato all'esercito di riprendere il viaggio verso casa, mi alzai e mi allontanai fino a quando non lasciai il campo per rispondere ad un bisogno naturale. Dopo aver terminato, andai verso la *Howdaj*, ma una collana fatta di *Jaz', Azfār* (un tipo di perle nere) si ruppe ed io tardai per cercarla. Un gruppo di persone, che erano soliti farmi salire sul cammello, giunsero e sollevarono la mia *Howdaj* sulla schiena dell'animale su cui viaggiavo, pensando che mi trovassi dentro. A quel tempo le donne pesavano molto poco, erano snelle e minute in quanto erano solite mangiare poco cibo e così quelle persone non avvertirono la differenza nel peso della *Howdaj*, quando la sollevarono, ed io ero ancora molto giovane. Condussero il cammello e procedettero. Trovai la mia collana quando l'esercito si era ormai allontanato. Ritornai al loro campo, ma non vi trovai nessuno e quindi mi recai nel luogo dove ero solita fermarmi pensando che si sarebbero accorti della mia assenza e sarebbero tornati indietro a cercarmi. Mentre stavo seduta, mi venne sonno e mi addormentai. Safwān bin Al-Mu'attal As-Sulamī Adh-Dhakwānī si trovava dietro l'esercito. Aveva iniziato a viaggiare nell'ultima parte della notte e giunse nel luogo in cui mi trovavo al mattino. Quando vide la figura di una persona che dormiva, si avvicinò a me e mi riconobbe perché era solito vedermi prima dell'ordine del velo. Mi alzai a causa delle parole: *'Innā lillāhi wa innā ilaihi rāji'ūn*, che affermò riconoscendomi. Io mi coprì il volto con la veste e, per Allah, non mi disse una sola parola eccetto: "*'Innā lillāhi wa innā ilaihi rāji'ūn*, e poi fece inginocchiare la sua femmina di cammello e, dopo che pose la sua gamba sulle zampe anteriori dell'animale, io vi salii sopra. Poi Safwān cominciò a camminare, conducendo la femmina di cammello su cui ero seduta fino a quando non raggiungemmo l'esercito che si era fermato per riposarsi a mezzogiorno. Successivamente, colui che era destinato alla distruzione, vi cadde ed il leader dei falsi accusatori era 'Abdullāh bin Ubayy bin Salūl. Dopo

di ciò, giungemmo a Medina ed io mi ammalai per un mese, mentre le persone stavano diffondendo le affermazioni dei calunniatori, ma io non sapevo nulla (di quanto stesse accadendo). Quello che però sollevò un dubbio (nella mia mente), mentre ero ammalata, fu il fatto che non ricevevo più dal Profeta (ﷺ) la medesima tenerezza che ero solita ricevere quando stavo male. Il Profeta di Dio (ﷺ) veniva e visitarmi, salutava e aggiungeva: "Come sta?" e poi andava via. Questo mi fece sospettare, ma non divenni consapevole della menzogna diffusa fino a quando non riacquistai la salute. Andai fuori con Umm Mistah per rispondere ad un bisogno naturale verso Al-Manāsī, un luogo in cui eravamo soliti liberarci e non uscivamo che di notte per questo scopo prima che avessimo dei lavatori vicini alle nostre case. Questa nostra abitudine era simile a quella degli antichi arabi (che vivevano nelle tende nel deserto) relativamente all'evacuazione nei vasi, in quanto consideravamo pericoloso e fastidioso avere dei lavatori nelle case. Uscii quindi con Umm Mistah, che era la figlia di Abī Rūhm bin Abd Manāf e sua madre era la sorella di Sakhr bin ʻĀmir che era la zia di Abī Bakr As-Siddīq, e suo figlio era Mistah bin Uthatha. Quando finimmo, Umm Mistah ed io ci dirigemmo verso la mia abitazione. Umm Mistah inciampò sulla sua veste e disse: "Che Mistah sia rovinato!". Le dissi: "Stai dicendo qualcosa di male! Perché offendi un uomo che ha preso parte alla Battaglia di Badr?"; lei rispose: "O Hantah! Non hai sentito che cosa ha affermato?". Domandai: "Che cosa ha detto?". Poi mi raccontò i pettegolezzi dei falsi accusatori, che si aggiunsero alla mia malattia. Quando tornai a casa, il Profeta di Dio (ﷺ) venne a visitarmi e, dopo aver salutato, disse: "Come sta?"; io gli domandai: "Posso andare a stare con i miei genitori?". A quel tempo intendevo assicurarmi della veridicità di quelle notizie presso di loro. Il Profeta di Dio (ﷺ) mi diede il permesso ed io, dopo essermi trasferita dai miei genitori, domandai a mia madre: "Madre mia! Di che cosa stanno parlando le persone?"; lei rispose: "Figlia mia, non preoccuparti troppo per questa faccenda. Per Allah, non c'è donna affascinante che è amata dal proprio marito, che ha anche altre mogli, relativamente alla quale cercano di trovare dei difetti oppure formulano delle false accuse". Dissi: "*Subhān Allāh!* Quindi è vero che le persone stanno discutendo di questa faccenda?". Quella notte non feci altro che piangere e non riuscii a dormire fino al mattino. Le mie lacrime non riuscivano a fermarsi, non dormii e il mattino giunse mentre stavo ancora piangendo. Il Profeta di Dio (ﷺ), quando si accorse che la rivelazione tardava a venire, mandò a chiamare ʻAlī bin Abī Tālib ed Usāma bin Zaid (che Dio si compiaccia di loro) per consultarli in merito all'idea di divorziare dalla propria moglie. Usāma bin Zaid disse al Profeta di Dio (ﷺ) tutto quello che sapeva sulla buona reputazione delle sue spose ed aggiunse: "O Profeta di Dio! Tieni con te la tua sposa. Conosco di lei solo il bene". ʻAlī bin Abi Tālib disse: "O Profeta di Dio!

Dio non ti ha imposto delle restrizioni e ci sono molte altre donne oltre costei. Puoi comunque domandare alla sua serva che ti dirà la verità". 'Aishah ha aggiunto che il Profeta (ﷺ) mandò a chiamare Barīra e le disse: "O Barīra! Hai mai visto qualcosa che potrebbe aver destato i tuoi sospetti relativamente ad 'Aishah?". Barīra disse: "Per Allah, Che ti ha inviato con la Verità, non ho mai visto alcun difetto in costei se non il fatto che, essendo molto giovane, a volte si addormenta e lascia la pasta da lievitare incustodita e le capre domestiche la mangiano". Così il Profeta di Dio (ﷺ) si rivolse alle persone e domandò chi lo avrebbe aiutato nel punire 'Abdullāh bin Ubayy bin Salūl. Il Profeta di Dio (ﷺ), mentre si trovava sul pulpito, disse: "O musulmani, chi mi supporterà nel punire quell'uomo che mi ha danneggiato pronunciando delle menzogne in merito alla reputazione della mia famiglia? Per Allah, non conosco che il bene della mia famiglia, ed hanno accusato una persona, di cui non conosco altro che il bene e che non è mai entrata in casa mia tranne che in mia compagnia". Sa 'd bin Mu'ādh Al-Ansārī si alzò e disse: "O Profeta di Dio! Per Allah, io ti libererò di costui. Se appartenesse alla tribù dei Banī Al-Aūs, allora gli mozzerei il capo e, se invece appartiene ai nostri fratelli, ossia i Khazraj, ordina e noi eseguiremo il tuo ordine". Sa 'd bin 'Ubāda, il capo dei Khazraj, si alzò e, prima di questo incidente era stato un uomo pio, ma motivato dallo zelo per la sua tribù disse a Sa 'd (bin Mu 'ādh): "Per Allah, l'Eterno, hai pronunciato una menzogna. Non lo ucciderai mai e non sarai mai in grado di ucciderlo". A queste parole, Usaid bin Hudair, il cugino di Sa 'd, si alzò e disse a Sa 'd bin 'Ubāda: "Sei un bugiardo! Per Allah, l'Eterno, lo uccideremo. Tu non sei altro che un ipocrita che difende gli ipocriti!". Allora, le due tribù degli Al-Aūs e degli Al-Kharaji cominciarono ad agitarsi ed erano sul punto di combattere mentre il Profeta di Dio (ﷺ) si trovava sul pulpito. Il Profeta di Dio (ﷺ) continuò a calmarli fino a quando non divennero silenziosi ed anche lui cessò di parlare. Quel giorno io continuai a piangere così tanto che le lacrime non riuscivano a fermarsi e non riuscii nemmeno a dormire. Al mattino, i miei genitori si trovavano con me. Io avevo pianto per due notti ed un giorno senza dormire e con lacrime incessanti e loro pensarono che il mio fegato sarebbe scoppiato per il pianto eccessivo. Mentre si trovavano in mia compagnia ed io stavo ancora piangendo, una donna Ansari domandò il permesso di vedermi. La feci entrare. Lei si sedette e cominciò a piangere insieme con me. Mentre mi trovavo in quella condizione, il Profeta di Dio (ﷺ) giunse presso di noi, ci salutò e si sedette. Non si era mai più seduto in mia compagnia da quando avevano formulato la falsa accusa. Per un mese non giunse a lui nessuna rivelazione divina relativa al mio caso. Il Profeta di Dio(ﷺ), dopo essersi seduto, recitò il *Tashahhud*, e disse: "O 'Aishah! Sono stato informato di tali e tali cose relativamente a te. Se tu sei innocente, Dio rivelerà la tua innocenza, ma se hai commesso un peccato, pentiti davanti a

Dio e domanda il perdono perché, quando una persona confessa un peccato e domanda a Dio il perdono, Dio accetta il pentimento". Quando il Profeta di Dio (ﷺ) ebbe terminato di parlare, il mio pianto cessò completamente e non vi rimase nemmeno una singola lacrima. Poi domandai a mio padre: "Rispondi al Profeta di Dio (ﷺ) al mio posto". Disse: "Per Allah, non so che cosa dire al Profeta di Dio (ﷺ)". Poi dissi a mia madre: "Rispondi al Profeta di Dio (ﷺ)", ma [anche] lei disse: "Non so che cosa dire al Profeta di Dio (ﷺ)". Io ero una giovane ragazza e non conoscevo molto del Corano, ma affermai: "Per Allah, so che hai udito questa storia (del *Ifk*) così tante volte che si è fissata nella tua mente e l'hai presa per una verità. Ora, se ti dicessi che sono innocente, non mi crederesti, e se confessassi falsamente che sono colpevole -e Dio sa che sono innocente- tu mi crederesti. Per Allah, non posso trovare un esempio relativo a noi se non quello del padre di Yūsuf (quando disse): "Per me si addice la pazienza meglio di qualsiasi altra cosa. Solo in Dio può essere cercato il rifugio contro ciò che affermate". Poi mi voltai dall'altra parte e mi distesi sul letto. Sapevo di essere innocente e che Dio avrebbe rivelato la mia innocenza. Ma, per Allah, non avrei mai pensato che Dio avrebbe inviato la rivelazione divina relativa al mio caso e che sarebbe stata recitata per sempre, in quanto mi consideravo troppo inferiore perché Dio ne parlasse attraverso qualcosa che dovesse essere recitato. Speravo invece che il Profeta (ﷺ) avrebbe avuto una visione con la quale Dio avrebbe provato la mia innocenza. Per Allah, il Profeta di Dio (ﷺ) non si era alzato dal posto in cui era seduto e nessuno aveva lasciato la casa, quando gli giunse la rivelazione divina. Cadde così in uno stato che era solito coglierlo (quando riceveva la rivelazione divina). Stava sudando così tanto che le gocce di sudore gli scendevano come perle, sebbene fosse un freddo giorno d'inverno. E, quando quella condizione passò, il Profeta (ﷺ) stava sorridendo e la prima parola che disse fu: "'Āishah, Dio ha dichiarato la tua innocenza". Mia madre mi disse: "Alzati e vai da lui"; io dissi: "Per Allah, non andrò da lui e non ringrazierò nessuno altro da Dio". Così Dio ha rivelato: "C'è un gruppo tra di voi che diffonde calunnie. Non pensate che ciò sia stato un male per voi. Al contrario, è un bene. Saranno puniti per il peccato di cui si sono macchiati. Colui, che ha dato origine alla menzogna, sarà degno di una grave punizione. Perché mai i credenti -uomini e donne - quando hanno udito dell'accusa, non hanno pensato il meglio gli uni degli altri, dicendo: "Questa è chiaramente una menzogna?". Perché non hanno portato quattro testimoni a sostegno della loro accusa? Se non portano quattro testimoni, questi uomini sono loro stessi dei bugiardi davanti a Dio. Se non fosse stato per la grazia e la misericordia di Dio in questa vita e nell'Altra, una terribile punizione vi avrebbe colti come risultato del vostro indulgere nella calunnia. Avete ricevuto sulle vostre lingue e proferito con le vostre bocche cose di cui non

3389. 'Urwa ci ha tramandato: <<Domandai ad Āishah (che Dio si compiaccia di lei), la sposa del Profeta (ﷺ), relativamente al significato del seguente versetto: "[Tutti i precedenti profeti hanno dovuto soffrire per lungo tempo la persecuzione], però, quando avevano ormai perduto la speranza e venivano accusati di mentire, giunse il Nostro aiuto e coloro che abbiamo voluto vennero salvati. Però per coloro che si trovano nel peccato, la Nostra punizione non sarà mai allontanata"[97]. Āishah rispose: "In realtà, i loro popoli li hanno rinnegati"; dissi: "Per Allah! I loro popoli li accusarono di

---

avete conoscenza. Pensavate che fosse qualcosa di nessun conto, invece è una questione molto seria davanti a Dio. Perché non avete detto, quando avete udito l'accusa: "Non è giusto da parte nostra parlare di ciò. Sia gloria a Te, o Dio. Questa è una grave calunnia?". Dio vi ammonisce, al fine che non ripetiate più una condotta simile, se siete credenti. Dio rende i Segni chiari. Egli è pieno di conoscenza e saggezza. Coloro che amano udire lo scandalo diffuso pubblicamente tra i credenti, saranno severamente puniti in questa vita e nell'Altra. Dio sa e voi non sapete. Se non fosse stato per la grazia e la misericordia di Dio su di voi e che Dio è pieno di gentilezza e misericordia, [sarete incorsi nella rovina]". Quando Dio dichiarò la mia innocenza, Abū Bakr As-Siddīq, che era solito supportare economicamente Mistah bin Uthata a causa del legame di parentela e della sua povertà, disse: "Per Allah, non supporterò più Mistah dopo quello che ha affermato relativamente ad 'Āishah". Così Dio ha rivelato: "Che coloro che tra di voi hanno ricevuto la grazia e l'ampiezza di mezzi, non decidano mediante giuramento di non aiutare i loro parenti, coloro che si trovano nel bisogno e che hanno lasciato le proprie case per amore di Dio. Che perdonino e guardino oltre. Non desiderate forse che Dio vi perdoni? Egli è Perdonatore, Misericordioso". Abū Bakr disse: "Sì, per Allah, voglio che Dio mi perdoni" e riprese ad elargire a Mistah l'aiuto economico che gli aveva concesso precedentemente, dicendo: "Per Allah, non lo priverò di esso". 'Āishah ha aggiunto: <<Il Profeta di Dio (ﷺ) domandò anche a Zainab bint Jahsh relativamente a me e disse: "O Zainab! Che cosa sai e che cosa hai visto?", lei rispose: "O Profeta di Dio! Io evito di affermare di aver veduto o udito quanto non ho né visto né udito. Relativamente ad 'Āishah, non conosco altro che il bene". Zainab competeva con me (nella bellezza e nell'amore del Profeta ﷺ) eppure Dio l'ha protetta (dal mostrare malizia) perché possedeva la pietà religiosa. Invece sua sorella Hamna, continuò a combattere al suo posto, e così incorse nella distruzione insieme a coloro che inventarono e diffusero la calunnia>>.
[97] Il Sacro Corano 12:110.

mentire e non è solo una questione di sospetto". Āishah disse: "O Uraiyya! Senza dubbio, erano abbastanza sicuri di ciò ". Dissi: "Forse il versetto deve essere letto in modo da indicare che i profeti hanno pensato che Dio non avesse prestato loro aiuto?"; Āishah rispose: "Che Dio non voglia! I profeti non hanno suspettato relativamente a Dio nulla di tutto ciò . Questo versetto è relativo ai seguaci dei profeti, che avevano fede nel loro Signore e che credevano nei messaggeri loro inviati. Il periodo delle loro prove era lungo ed il soccorso di Dio tardava a venire fino a quando i profeti non speravano più nella conversione dei miscredenti del loro popolo e pensarono che i loro seguaci li considerassero dei bugiardi, fino a quando il soccorso di Dio giunse loro">>.

3390. Ibn 'Umar (che Dio si compiaccia di lui) ci ha tramandato che il Profeta (ﷺ) ha affermato: "L'onorevole, figlio dell'onorevole , figlio dell'onorevole era Yūsuf, figlio di Giacobbe, figlio di Isacco, il figlio di Abramo (pace su di loro)".

(20) Capitolo. Relativamente al versetto: <<E si rivolse Giobbe al suo Signore: «Il male mi ha colpito, ma Tu sei il Più misericordioso dei misericordiosi!>>[98].

3391. Abū Hurairah (che Dio si compiaccia di lui) ci ha tramandato che il Profeta di Dio (ﷺ) ha affermato: <<Mentre Ayyūb[99] si stava lavando in una condizione di nudità, uno sciame di locuste d'oro cadde su di lui, che cominciò a raccoglierle nella sua veste. Il suo Signore allora

---

[98] Il Sacro Corano 21:83.
[99] Il profeta Giobbe (pace su di lui). Cfr. Il Sacro Corano 4:163: <<Noi ti abbiamo inviato l'ispirazione, così come l'abbiamo inviata a Noè e ai messaggeri dopo di lui, ad Abramo, ad Ismaele, ad Isacco, a Giacobbe e ai suoi discendenti, a Gesù, Giobbe, Jonah, Aronne, Salomone ed a Davide abbiamo dato i Salmi>>; 21:83-84: <<E si rivolse Giobbe al suo Signore: "Il male mi ha colpito, ma Tu sei il più misericordioso dei misericordiosi!" Gli rispondemmo e lo sollevammo dal male che lo affliggeva e gli restituimmo la sua famiglia e un'altra ancora, segno di misericordia da parte Nostra e Monito per coloro che [Ci] adorano>>.

lo chiamò: "O Ayyūb! Non ti ho dato abbastanza da non avere di bisogno di quello che vedi?", rispose: "Sì, o Signore! Ma non posso fare a meno della Tua benedizione">>.

(21) Capitolo. Relativamente ai versetti: <<Menziona nel Libro la storia di Mosè. Egli era sincero: un messaggero, un profeta. Lo chiamammo dal fianco destro del Monte [Sinai] e lo facemmo avvicinare a Noi in confidenza>>[100].

3392. Āishah (che Dio si compiaccia di lei) ci ha tramandato: <<Il Profeta (ﷺ) ritornò da Khadīja, mentre il suo cuore batteva fuorisamente[101]. Lei lo condusse da Waraqa bin Naufal, che era un

---

[100] Il Sacro Corano 19:51-52.

[101] In questa tradizione ci si riferisce alla prima rivelazione ricevuta dal Profeta (ﷺ) nella grotta di Hira' posta a nord-est della Mecca sulla collina che divenne successivamente nota come la *Jabal an-Nūr*, ossia il monte della luce. <<La solitudine era necessaria per preparare l'animo ad accogliere l'abbagliante verità della rivelazione divina. Colui che era stato scelto come l'ultimo dei profeti si ritirò nella meditazione solitaria per imparare ad ascoltare la voce di Dio, proprio come nel silenzio del deserto s'impara a cogliere anche il più flebile sussurro del vento. Nell'arida valle della Mecca, spazzata dai venti ed arsa dal sole, si trova la *Jabal an-Nūr*, la montagna della Luce, all'interno della quale il Profeta Muhammad (ﷺ), prima di ricevere per la prima volta la rivelazione divina, era solito recarsi per pregare e meditare. Scelse la *Ghari-Hira*, ossia la Grotta della ricerca, uno spazio di pochi metri quadrati circondati da roccia e aperta verso l'esterno da una piccola fenditura. In quello spazio angusto, lontano dal rumore della città e dal clamore stesso della Storia, Muhammad ibn 'Abdullāh si ritirava a pregare e meditare. La valle circostante era avvolta nel silenzio; tutto intorno luce accecante, caldo bruciante e a volte vento. Solo chi ha avuto la possibilità di sostare in quei luoghi in solitudine può comprendere quanto l'assenza di ogni colore, eccetto le diverse sfumature di avana e marrone del brullo terreno sabbioso e delle rocce, spinga la mente e lo spirito dell'uomo a concentrarsi in se stesso, nelle profondità inesplorate della sua natura più intima, nella ricerca infaticabile della risposta alle domande che tormentano lo spirito ed affaticano l'anima: Qual è il senso della vita? Esiste una vita dopo la morte? Che cosa sono il dolore, il senso di perdita e la nostalgia che l'anima sente quando, nel silenzio della meditazione, anela verso l'Inconoscibile, l'oggetto

convertito al Cristianesimo ed era solito leggere l'Injeel in arabo[102]. Waraqa domandò (al Profeta ﷺ): "Che cosa vedi?"; quando lui glielo disse, Waraqa commentò: "Questo è il medesimo angelo che Dio ha

---

reale dell'amore e la consolazione di ogni solitudine?>>. Cfr. S. Lei, *Muhammad, il Profeta dell'Islam (pace e benedizioni su di lui), una biografia completa dall'inizio della rivelazione all'Hijrah*, Roma 2018, 57-58; 61-62: << Khadīja fu la prima a credere nella missione che l'Altissimo aveva affidato al Profeta (pbsl) e fu colei che, durante i primi, lunghi e difficili anni del suo apostolato caratterizzati dall'incredulità e dalla persecuzione da parte della sua gente, gli rimase accanto, consolandolo e supportandolo emotivamente. Ibn Ishāq ha scritto a proposito di Khadīja: "Lei fu la prima a credere in Dio, nel Suo Profeta e nella verità del suo messaggio. Per mezzo di lei Dio ha reso più leggero il peso del Suo Profeta. Lui non dovette mai affrontare il rifiuto o l'accusa di falsità, che lo rattristavano molto, senza che Dio lo confortasse per mezzo di lei, quando tornava a casa. Lei lo supportò, rese il suo peso più leggero e sminuì l'opposizione delle persone. Che Dio l'Altissimo possa avere pietà di lei!". Khadīja però ricordava anche le parole di suo cugino Waraqa, quando molti anni prima aveva condiviso con lui quanto il suo servitore, Maysarah, le aveva raccontato. Decise, quindi, di recarsi di nuovo da lui, questa volta insieme al Profeta (pbsl), probabilmente per avere una conferma delle parole, che anni prima l' avevano colpita. Quando il Profeta (pbsl) ebbe finito di raccontare l'esperienza che aveva avuto nella Ghir-Hira e nella Jabal an-Nūr, Waraqa esclamò: "Costui era l'angelo della rivelazione che Dio ha inviato a Mosè. O fossi ancora giovane! O fossi ancora vivo, quando il tuo popolo si allontanerà da te!". Quando poi il Profeta (pbsl) domandò il motivo per cui i Qurayh si sarebbero allontanati da lui, Waraqa rispose: "Nessun uomo è mai giunto con ciò di cui tu sei portatore senza che venisse perseguitato. Se quel giorno sarò ancora vivo, ti aiuterò". Successivamente le fonti tacciono del tutto su Waraqa. Probabilmente, essendo molto anziano e malato, morì prima che il Profeta (pbsl) iniziasse pubblicamente la sua missione e che, quindi, si scatenasse la persecuzione dei Quraysh contro la sua persona e quella dei suoi seguaci. Dopo il colloquio con Waraqa, la rivelazione s'interruppe. Questo periodo, in arabo *al-Fatrah al-Wahy*, fu caratterizzato da una grande inquietudine e stress emotivo per il Profeta (pbsl), che continuava ad interrogarsi sul significato stesso dell'esperienza che aveva avuto nella grotta di Hira'. Venne colto da un senso di vuoto, accompagnato da una raggelante solitudine, come se la luce, che lo aveva per un attimo illuminato con tale prepotenza, lasciandolo nel terrore e nella costernazione, gli venisse adesso negata e gli rimanesse solo di abbandonarsi alla disperazione>>.

[102] *Injīl* è il termine arabo per "Vangelo".

inviato al profeta Mosè. Se dovessi vivere fino a quando riceverai il messaggio divino, ti supporterò con forza">>.

(22) Capitolo. Relativamente ai versetti: <<Non ti ha forse raggiunto la storia di Mosè? Egli vide un fuoco e disse alla sua famiglia: "Aspettatemi, vedo un fuoco. Forse potrei portarvi qualche ramoscello o trovare qualche guida". Però, quando giunse presso il fuoco, udì una voce: "Mosè, in verità, io sono il tuo Signore! In Mia presenza togliti i sandali; ti trovi nella sacra valle di Tuwā>>[103].

3393. Mālik bin Sa 'sa 'a ci ha tramandato che il Profeta (ﷺ) parlò ai suoi compagni relativamente all'*Isrā*[104]. Quando raggiunse il quinto

---

[103] Il Sacro Corano 20:9-12.

[104] Cfr. Il Sacro Corano 17:1: "Gloria a Colui che di notte trasportò il Suo servo dalla Santa Moschea alla Moschea remota di cui benedicemmo i dintorni, per mostrargli alcuni dei Nostri segni". <<Il Profeta Muhammad (pbsl) si recò a Tā'if, una cittadina vicina alla Mecca, per invitare i suoi abitanti ad entrare nell'Islam. Dal momento che alcuni dei suoi parenti vivevano in quella città, il Profeta (pbsl), sperando che almeno alcuni avrebbero accettato la sua chiamata, spiegò loro il messaggio e li invitò a seguirlo. Costoro risposero invece con nette parole di rifiuto accompagnate da una vena di sarcasmo e arrivarono persino a mettere in atto una persecuzione fisica contro di lui. Uno dei capi della città derise e maledisse il Profeta (pbsl) dicendo: "Non voglio nemmeno parlare con te. Se tu sei un apostolo di Dio, come sostieni, sei troppo importante per abbassarti ad ascoltarmi. Se, invece, sei un impostore, non è giusto che ti rivolga la parola". Nello stesso tempo istigarono i loro concittadini e gli schiavi a scacciarlo tirandogli delle pietre. Il Profeta (pbsl), ferito e con i piedi sanguinanti, si rifugiò in un giardino vicino e si sfogò con Dio pregando nel modo seguente: "O Dio, mi lamento con Te della mia debolezza, della mia disperazione e dell'incapacità, che ho dimostrato di fronte a costoro. O Misericordioso, Tu sei il Signore del debole ed il mio Signore. In quali mani mi affiderai? A qualche straniero, da cui verrò maltrattato? O ad un nemico, cui darai il potere di nuocermi? Se però la Tua ira non è rivolta contro di me, non mi importa. Cerco il Tuo aiuto e cerco rifugio nella Tua luce, dove ogni tenebra viene illuminata e le cose di questo mondo e dell'Altro sono ordinate con giustizia, a meno che Tu non mi mostri la Tua collera. Non c'è potere né forza se non per mezzo Tuo, o Dio". Dio ascoltò la preghiera del Profeta (pbsl) e lo benedisse con la *Mi'rāj* (Ascensione)

cielo, incontrò Harūn[105] e Jibrīl gli disse: "Questo è Harūn". Il Profeta (ﷺ) disse: "Jibrīl lo salutò ed io feci lo stesso. Lui ha ricambiato il saluto dicendo: "Benvenuto, o pio fratello e poi profeta">>.

(23) Capitolo. Relativamente al versetto: <<Un credente, un uomo della famiglia del Faraone, che teneva nascosta la propria fede, disse: "Vorresti forse uccidere un uomo perché dice: "Il mio Signore è Dio?", quando è giunto presso di voi con chiari segni dal vostro Signore? E, se fosse un bugiardo, patirà le conseguenze della sua menzogna. Però, se sta dicendo la verità, ricadrà su di voi la calamità della quale vi ha avvertito. In verità, Dio non guida chi trasgredisce e mente!>>[106].

(24) Capitolo. Relativamente ai versetti: <<Ti è giunta la storia di Mosè?>>[107] e <<Di alcuni profeti ti abbiamo già raccontato la storia, di altri non ti abbiamo detto nulla. A Mosè, Dio ha parlato direttamente>>[108].

3394. Abū Hurairah (che Dio si compiaccia di lui) ci ha tramandato che il Profeta di Dio (ﷺ) ha affermato: <<La notte della mia *Isrā'*, ho visto il (profeta) Mosè che aveva un fisico esile con i capelli lisci ed

---

e l'*Isrā'* (Viaggio Notturno). Come ha osservato Abul Hasan al-Nadvi, quest'evento può essere interpretato come un atto di ospitalità rivolto da Dio stesso al Profeta Muhammad (pbsl)">>. Cfr. A. L. Chalikandi, *L'Isrā' e la Mi'rāj del Profeta (pbsl)*, in *Muhammad, il Profeta dell'Islam*, a cura di S. Lei, Roma 2018, 33-34.

[105] Cfr. Il Sacro Corano, 20:24-35: <<Mosè disse: "O mio Signore, calma il mio cuore, rendi facile il mio eloquio e rimuovi l'impaccio dalla mia lingua affinché possano comprendere ciò che dico e dammi un ministro dalla mia famiglia: Aronne, mio fratello. Accresci la mia forza per mezzo di lui, e fai che condivida il mio compito, che noi possiamo celebrare le Tue lodi ininterrottamente e possiamo ricordarTi senza sosta, perché Tu sei Colui che sempre ci osserva">>.

[106] Il Sacro Corano 40:28.

[107] Il Sacro Corano 79:15.

[108] Il Sacro Corano 4:164.

assomigliava ad uno dei membri della tribù di Shanū'a. Ho visto Isa che era di media altezza ed aveva il volto rosso come se fosse appena uscito dalle abluzioni. Io assomiglio al profeta Abramo molto più dei suoi discendenti. Poi mi sono state date due coppe, di cui una conteneva del latte e l'altra del vino. Jibrīl disse: "Bevi da quella che desideri". Io ho preso il latte e l'ho bevuto. Jibrīl ha affermato: "Tu hai accettato quanto è naturale. Se avessi scelto il vino, i tuoi seguaci si sarebbero perduti">>.

3395. Ibn 'Abbās (che Dio si compiaccia di lui) ci ha tramandato che il Profeta (ﷺ) ha affermato: <<Nessuno dovrebbe affermare che io sono migliore di Yūnus bin Mattā>> e poi menzionò suo padre, Mattā.

3396. Il Profeta (ﷺ) ha menzionato la notte dell'*Isrā'* ed ha affermato: <<Il Profeta Mosè era di carnaggione scura ed era piuttosto alto come se appartenesse ai membri della tribù di Shanū'a. 'Īsā aveva i capelli ricci ed era di altezza media>>. Ha poi menzinato anche Mālik, il guardiano dell'Inferno ed il *Dajjāl*.

3397. Ibn 'Abbās (che Dio si compiaccia di lui) ci ha tramandato: <<Quando il Profeta (ﷺ) giunse a Medina, trovò che gli ebrei osservavano il digiuno nel giorno di 'Āshūra. Costoro erano soliti affermare: "Questo è un grande giorno in cui Dio ha salvato Mosè ed ha anneggato il popolo del Faraone. Mosè ha osservato il digiuno in questo giorno come segno di gratitudine a Dio". Il Profeta (ﷺ) disse: "Io sono più vicino a Mosè di loro". Così osservò il digiuno (in quel giorno) ed ordinò (ai musulmani) di fare lo stesso>>.

(25) Capitolo. Relativamente ai versetti: <<Abbiamo stabilito per Mosè trenta notti e abbiamo completato il periodo con dieci notti in più. Così venne completato il tempo con il suo Signore di quaranta notti. Mosè aveva detto a suo fratello Aronne, prima di salire sul monte: "Agisci in vece mia presso il mio popolo. Agisci secondo giustizia e non seguire la via di coloro che spargono la corruzione". Quando Mosè giunse al luogo che avevamo stabilito e il suo Signore si rivolse

a lui, disse: "O mio Signore, mostraTi a me, che io possa vederTi". Dio disse: "Non puoi vedermi direttamente in nessun modo, ma guarda sul monte. Se rimane al suo posto, mi vedrai". Quando il Signore manifestò la Sua gloria sul monte, lo rese come polvere e Mosè cadde a terra svenuto. Quando riprese i sensi, disse: "Sia gloria a Te. Mi volgo a Te in pentimento e sono il primo di coloro che credono">>[109].

3398. Abū Sa 'īd (che Dio si compiaccia di lui) ci ha tramandato che il Profeta (ﷺ) ha affermato: <<Le persone, nel giorno della Resurrezione, cadranno svenute ed io sarò il primo a riprendere conoscenza ed ecco vedrò Mosè che sostiene uno dei pilastri del Trono di Dio. Mi chiederò se ha perduto conoscenza prima di me o se è stato esentato a causa dello svenimento che ha provato sul monte Tūr[110]>>.

3399. Abū Hurairah (che Dio si compiaccia di lui) ci ha tramandato: <<Se non fosse stato per i Banī Israel, la carne non sarebbe mai andata a male; e se non fosse stato per Hawwa, nessuna donna avrebbe mai ingannato il proprio marito>>.

(26) Capitolo. La pioggia torrenziale

3400. Ibn 'Abbās ci ha tramandato di non concordare con Al-Hur bin Qais Al-Fazārī relativamente al compagno di Mosè. Ibn 'Abbās disse che costui era Al-Khidr. Nel frattempo Ubaī bin Ka 'b passò accanto a loro ed Ibn 'Abbās lo chiamò dicendo: "Il mio amico ed io differiamo relativamente al compagno di Mosè, a cui ha domandato la via per incontrarlo. Hai mai sentito il Profeta (ﷺ) menzionare qualcosa riguardo a costui?". Lui rispose: <<Sì, ho udito il Profeta (ﷺ) affermare:

---

[109] Il Sacro Corano 7:142-143.

[110] Cfr. Il Sacro Corano 7:143: <<Quando Mosè giunse al luogo che avevamo stabilito e il suo Signore si rivolse a lui, disse: "O mio Signore, mostraTi a me, che io possa vederTi". Dio disse: "Non puoi vedermi direttamente in nessun modo, ma guarda sul monte. Se rimane al suo posto, mi vedrai". Quando il Signore manifestò la Sua gloria sul monte, lo rese come polvere e Mosè cadde a terra svenuto. Quando riprese i sensi, disse: "Sia gloria a Te. Mi volgo a Te in pentimento e sono il primo di coloro che credono>>.

Kitāb Ahādith al-Anbiyā'

(Il libro delle storie dei profeti)

"Mentre Mosè sedeva in compagnia di alcuni Israeliti, un uomo giunse e gli domandò: 'Conosci qualcuno che possieda una conoscenza superiore alla tua?'; Mosè rispose negativamente e così Dio ha rivelato a Mosè: 'Sì, il nostro servo, Khidr, possiede una conoscenza superiore alla tua'. Mosè allora domandò come avrebbe potuto incontrarlo. Il pesce[111] allora venne reso un segno per lui e gli venne detto che, quando il pesce fosse andato perduto, sarebbe dovuto ritornare (in quello stesso luogo) e qui lo avrebbe incontrato. Allora Mosè procedette cercando il segno del pesce nel mare. Il suo giovane servitore gli disse: 'Quando eravamo seduti presso la roccia, ho dimenticato il pesce ed è stato Satana che mi ha indotto a dimenticare di dirtelo'. Mosè disse: 'Questo è quanto stavamo cercando'. Entrambi ritornarono, seguendo le loro orme e trovarono Khidr. Quello che è accaduto successivamente è menzionato nel Corano[112]">>.

3401. Sa 'īd bin Jubair ci ha tramandato di aver detto ad Ibn 'Abbās: "Nauf Al-Bikālī asserisce che Mosè, il compagno di Al-Khidr, non era il Mosè dei figli di Israele ma qualcun altro". Ibn 'Abbās rispose: "Il nemico di Dio ha proferito una menzogna. Ubaī bin Ka 'b ci ha detto che il Profeta (ﷺ) ha affermato: <<Una volta Mosè si alzò e si rivolse ai Banī Israel. Gli venne domandato chi fosse il più sapiente tra gli uomini e lui rispose se stesso. Dio allora lo rimproverò in quanto non Gli aveva attribuito la conoscenza assoluta. Così, Dio gli disse: "Sì, alla congiunzione dei due mari vi è un Mio servo la cui conoscenza è superiore alla tua". Mosè disse: "O Signore mio! Come posso

---

[111] Cfr. Il Sacro Corano 18:60-63: <<Mosè disse al suo servo: "Non mi fermerò fino a quando non avrò raggiunto il luogo in cui si uniscono due mari, anche se dovessi trascorrere molti anni in viaggio". Quando raggiunsero però il luogo in cui si uniscono due mari, si dimenticarono del pesce, che si gettò rapido nel mare. Quando si furono allontanati per una certa distanza, Mosè disse al suo servitore: "Porta il pranzo, perché ci siamo molto affaticati in questa tappa del nostro viaggio". Rispose: "Non hai visto che cosa è accaduto quando ci siamo avvicinati a quella roccia? Mi ero quasi dimenticato del pesce. Nessuno, tranne Satana, mi ha indotto a non prestarvi attenzione. Si è gettato in mare e ha trovato la sua via!">>.

[112] Cfr. Il Sacro Corano 18:60-82.

incontrarlo?"; Dio gli disse: "Prendi un pesce e mettilo in una cesta. Lo troverai nel luogo in cui perderai il pesce". Mosè prese un pesce, lo ripose in una cesta e procedette insieme al suo giovane servitore, Yūshaʿ bin Nūn, fino a quando non giunsero presso una roccia dove si sdraiarono. Mosè si addormentò ed il pesce, dopo essere uscito fuori dalla cesta, cadde nel mare. Cadde nel mare come in un tunnel. Dio fermò il flusso dell'acqua sopra il pesce e divenne come una specie di arco. (Il Profeta ﷺ raffigurò con le dita la forma di un arco). Procedettero per il resto della notte ed il giorno seguente. Mosè disse al servitore: "Portaci da mangiare. Ci siamo molto affaticati in questo nostro viaggio". Mosè non si sentì stanco fino a quando non attraversò quel luogo che Dio gli aveva ordinato di cercare. Il servitore gli disse: "Non sai che, quando siamo giunti presso la roccia, ho dimenticato il pesce e nessuno se non Satana mi ha indotto a dimenticare. Si è aperto un varco nel mare in modo strano". Il pesce aveva scavato un tunnel e Mosè ed il suo servo furono colti da una grande meraviglia. Mosè disse: "Questo è quello che stavamo cercando". Così procedettero entrambi ritornando sui loro passi, fino a quando non giunsero presso la roccia. Qui videro un uomo che giaceva coperto da una veste. Mosè lo salutò e quello rispose dicendo: "Vi è questo saluto nella tua terra?", Mosè rispose: "Sono Mosè". L'uomo domandò: "Il Mosè dei Banī Israel?"; Mosè rispose affermativamente ed aggiunse: "Sono venuto da te affinché tu mi insegni qualcosa della conoscenza che ti è stata data da Dio". Lui disse: "O Mosè! Io posseggo una parte della conoscenza di Dio che Lui mi ha insegnato e che tu non conosci, e tu possiedi una parte della conoscenza di Dio, che Lui ti ha insegnato e che io non conosco". Mosè domandò: "Posso seguirti?", rispose: "Non sarai capace di rimanere paziente con me e come potresti essere paziente con quanto non conosci?". (Mosè gli disse: "Mi troverai, se Dio lo vuole, veramente paziente e non ti disubbidirò in nessuna cosa"). Così entrambi cominciarono a camminare lungo la riva del mare. Passò una barca e domandarono all'equipaggio di farli salire a bordo. I marinai riconobbero Al-Khidr e così li fecero salire senza alcun pagamento della tariffa. Giunse un passerotto e si posò sul bordo della barca ed immerse il becco, una o due volte, nell'acqua del mare. Al-Khidr disse a Mosè: "O Mosè, la mia conoscenza e la tua non hanno diminuito quella di Dio se non quanto questo passero ha diminuito l'acqua del mare con il suo becco". Poi, improvvisamente, Al-Khidr prese un'ascia ed aprì una falla. Mosè non la notò fino a quando non ebbe aperto la falla. Alora gli disse: "Che cosa hai fatto? Ci hanno fatto saliere senza alcun pagamento della tariffa e tu hai aperto intenzionalmente una falla per far annegare i passeggeri. Hai compiuto qualcosa di terribile". Al-Khidr rispose: "Non ti ho detto che non avrei avuto pazienza con me?"; Mosè rispose: "Non mi rimproverare per qualcosa che ho dimenticato e non essere duro con me". Così la prima scusa di Mosè fu che aveva dimenticato. Dopo che ebbero lasciato il mare, passarono presso un bambino che giocava con altri ragazzi. Al-Khidr afferrò la testa del ragazzo e la tirò in questo modo. (Sufyān, il sub-narratore, fece segno con le dita come se stesse cogliendo qualche frutto). Mosè gli disse: "Hai ucciso una persona innocente che non ha ucciso nessuno? Hai fatto qualcosa di veramente orribile!"; al-Khidr disse: "Non ti ho forse detto che non avresti avuto pazienza con me?", Mosè disse: "Se ti domanderò qualcosa dopo di questa, non tenermi in tua compagnia. Hai ricevuto una scusa da me". Poi entrambi procedettero fino a quando non giunsero presso gli abitanti di una città, cui domandarono del cibo, ma che si rifiutarono d'intrattenerli come ospiti. Poi videro un muro che stava per crollare (ed Al-Khidr lo riparò solo toccandolo con le mani). (Sufyān, il sub-narratore, fece segno con le mani come per illustrare in che modo Al-Khidr aveva passato le sue mani sul muro (dal basso) verso l'alto). Mosè disse: "Queste sono le persone, cui ci siamo rivolti, ma loro non ci hanno offerto del cibo e nemmeno ci hanno intrattenuto come ospiti; eppure tu hai riparato il loro muro. Se lo avessi voluto, avresti potuto ricavarne un guadagno". Al-Khidr disse: "È arrivato il momento di separarci e ti spiegherò le cose sulle quali non sei riuscito ad avere pazienza[113]". Il Profeta (ﷺ) ha aggiunto:

---

[113] Cfr. Il Sacro Corano 18: 79-82: <<La barca appartiene a degli uomini, che si trovano in grande bisogno. Costoro lavorano sul mare, ma ho voluto rendere la barca inservibile, perché dietro di loro vi è un re che si appropria con la forza di ogni imbarcazione. Per quanto riguarda il giovane, i suoi genitori

"Desideravamo che Mosè fosse rimasto paziente ed in virtù della sua pazienza Dio ci avesse raccontato qualcosa in più sulla loro storia">>. (Sufyān, il sub-narratore, ha affermato che il Profeta (ﷺ) ha detto: "Che Dio abbia pietà di Mosè! Se fosse rimasto paziente, ci sarebbe stato detto qualcosa in più relativamente al loro caso").

3402. Abū Hurairah (che Dio si compiaccia di lui) ci ha tramandato che il Profeta di Dio (ﷺ) ha affermato: <<Al-Khidr è stato chiamato in questo modo perché, se sedeva su di una terra sterile, diventava verde di piante dopo che si era seduto>>.

(28) Capitolo.

3403. Abū Hurairah (che Dio si compiaccia di lui) ci ha tramandato che il Profeta di Dio (ﷺ) ha affermato: <<È stato detto ai Banī Israel: "Entrate per la porta (della città) inchinandovi con umiltà e dicendo: 'Ci pentiamo'; costoro però mutarono la parola ed entrarono sulle loro natiche dicendo: "Un grano di *Sha 'ra*">>.

3404. Abū Hurairah (che Dio si compiaccia di lui) ci ha tramandato che il Profeta di Dio (ﷺ) ha affermato: <<Mosè era una persona timida ed era solito coprire il suo corpo completamente proprio a causa della sua grande timidezza. Uno dei Banī Israel lo disturbò dicendo: "Costui si copre il corpo in questo modo solo perché ha qualche malattia della pelle, la lebbra o un'ernia scrotale o qualche altro difetto". Dio desiderava però che Mosè fosse liberato da quanto dicevano su di lui. Così un giorno, mentre Mosè era da solo, si tolse gli abiti, li depose su

---

erano uomini di fede e abbiamo temuto che potesse addolorarli con la sua ostinata ribellione e la sua ingratitudine verso Dio e gli uomini. Abbiamo desiderato che il loro Signore desse loro in cambio un figlio più puro e più affezionato. Il muro appartiene a due giovani orfani della città. Sotto di esso, è stato seppellito un tesoro che spetta loro di diritto. Il loro padre è stato un uomo onesto. Il tuo Signore ha desiderato che raggiungano l'età della maturità e prendano il tesoro, una misericordia dal tuo Signore. Non ho compiuto nessuna di queste cose per mia volontà soltanto. Questa è la spiegazione delle cose con le quali non sei stato capace di avere pazienza">>.

di una roccia ed iniziò a prendere un bagno. Quando ebbe finito, si diresse verso gli abiti, ma la roccia li prese e volò via. Mosè afferrò il suo bastone e corse dietro la roccia dicendo: "O pietra! Dammi i miei abiti!", fino a quando non giunse presso un gruppo dei Banī Israel, che allora lo videro nudo e trovarono che era nella forma migliore in cui Dio avesse creato e così Dio lo liberò da quanto dicevano su di lui. La pietra si fermò in quel luogo. Mosè, dopo aver preso gli abiti, colpì la pietra con il bastone. E la pietra, per Allah, riporta ancora le tracce dei questi colpi, tre, quattro o cinque. Questo è quanto Dio ha affermato: "O voi che credete, non siate come coloro che hanno vessato e che hanno insultato Mosè. Dio però lo ha liberato delle calunnie che avevano pronunciato. Egli era onorevole agli occhi di Dio"[114]>>.

3405. 'Abdullāh (che Dio si compiaccia di lui) ci ha tramandato: <<Una volta, il Profeta (ﷺ) distribuì qualcosa (tra i suoi seguaci). Un uomo disse: "Questa distribuzione non è stata fatta (secondo giustizia) cercando il compiacimento di Dio". Io andai dal Profeta (ﷺ) e glielo raccontai. Lui si arrabbiò e vidi i segni dell'ira sul suo volto. Poi disse: "Che Dio abbia misericordia di Mosè perché è stato disturbato molto di più di così; eppure ha sopportato tutto con pazienza>>.

(29) Capitolo. Relativamente al versetto: <<Abbiamo condotto i Figli di Israele attraverso il mare in piena sicurezza. Poi incontrarono un popolo, che era interamente devoto all'adorazione di alcuni idoli, e così dissero: "O Mosè, fai per noi un dio come quello in loro possesso". Egli disse: "In verità, siete un popolo d'ignoranti" >>[115].

3406. Jābir bin 'Abdullāh (che Dio si compiaccia di lui) ci ha tramandato: <<Eravamo con il Profeta di Dio (ﷺ) e raccoglievamo gli

---

[114] Il Sacro Corano 33:69.
[115] Il Sacro Corano 7:138.

al-Kabāth[116] (i frutti dell'albero di 'Arāk). Il Profeta di Dio (ﷺ) disse: "Cogliete i frutti neri perché sono i migliori". I compagni domandarono: "Sei stato forse un pastore?"; lui rispose: "Non vi è stato profeta che non sia stato anche un pastore">>.

(30) Capitolo. Relativamente al versetto: <<Ricordate: Mosè disse al suo popolo: "Dio vi comanda di sacrificare una giovenca". Dissero: "Ti prendi forse gioco di noi?". Rispose: "Che Dio mi salvi dall'ignoranza">>.[117]

La spiegazione di alcuni termini arabi non è stata tradotta

(31) Capitolo. La morte di Mosè ed il suo ricordo dopo la sua dipartita.

3407. Abū Hurairah (che Dio si compiaccia di lui) ci ha tramandato: <<L'angelo della morte venne inviato a Mosè (pace su di lui) e, quando giunse, Mosè lo schiaffeggiò (e uno dei suoi occhi ne venne danneggiato). L'angelo allora tornò dal suo Signore e disse: "Mi hai inviato ad un servo che non vuole morire". Dio (curò il suo occhio) e gli disse: "Torna da lui e digli di porre la mano sulla schiena di un bue e per ogni pelo che toccherà, gli sarà garantito un anno di vita". Mosè disse: "O Signore, che cosa succederà dopo?", Dio rispose: "Poi morirai!". Mosè disse: "Che giunga adesso" e domandò a Dio di lasciarlo morire ad un tiro di pietra dalla Terra Santa">>. Abū Hurairah aggiunse che il Profeta di Dio (ﷺ) disse: "Se fossi stato lì, vi avrei mostrato la sua tomba sotto la duna di sabbia rossa al lato della strada">>.

3408. Abū Hurairah (che Dio si compiaccia di lui) ci ha tramandato: <<Un musulmano ed un ebreo discussero. Il musulmano,

---

[116] I frutti dell'albero di 'Arāk che al principio sono di colore rosso ma, nel corso della maturazione, assumono un colore più scuro fino a diventare neri.
[117] Il Sacro Corano 2:67.

pronunciando un giuramento, disse: "Per Colui che ha preferito Muhammad (ﷺ) su tutti gli esseri umani!"; l'ebreo disse: "Per Colui che ha preferito Mosè su tutti gli esseri umani". Il musulmano allora alzò la mano e schiaffeggiò l' ebreo, che si recò dal Profeta (ﷺ) per raccontargli che cosa fosse accaduto tra di lui ed il musulmano. Il Profeta (ﷺ) disse: "Non assegnatemi alcuna superiorità su Mosè perché, nel giorno della resurrezione, le persone perderanno conoscenza ed io sarò il primo a rinvenire e vedrò Mosè che in piedi sostiene uno dei lati del Trono di Dio. Non saprò se è caduto svenuto e ha ripreso conoscenza prima di me o se è stato tra coloro che Dio ha esentato">>.

3409. Abū Hurairah (che Dio si compiaccia di lui) ci ha tramandato che il Profeta di Dio (ﷺ) ha affermato: <<Adamo e Mosè discussero e Mosè disse ad Adamo: "Tu sei Adamo, il cui errore ha causato la tua espulsione dal Paradiso"; Adamo invece gli disse: "Tu sei Mosè, che Dio ha scelto come Suo profeta e a cui ha parlato direttamente. Eppure, mi rimproveri per qualcosa che è stata pre-ordinata per me prima della mia stessa creazione?". Il Profeta di Dio (ﷺ) disse due volte: "In questo modo Adamo superò Mosè (nella discussione)">>.

3410. Ibn 'Abbās (che Dio si compiaccia di lui) ci ha tramandato: <<Il Profeta (ﷺ) una volta venne da noi e disse: "Tutte le nazioni mi sono state mostrate e ho visto un'ampia moltitudine di persone che coprivano l'orizzonte. Qualcuno disse: "Questo è Mosè ed i suoi seguaci">>.

(32) Capitolo. Relativamente ai versetti: <<Dio pose, come esempio per coloro che credono, la moglie del Faraone. Ella disse: "O mio Signore! Costruisci per me, vicino a Te, una dimora nel Giardino e salvami dal Faraone e dalle sue azioni. Salvami da coloro che commettono il male"; E Maria, la figlia di Imrān, che ha protetto la sua castità; Noi abbiamo insufflato nel suo corpo il Nostro spirito. Lei

ha testimoniato della verità della parola del suo Signore e della Sua rivelazione ed è stata una dei servi devoti>>[118].

3411. Abū Mūsa (che Dio si compiaccia di lui) ci ha tramandato che il Profeta di Dio (ﷺ) ha detto: "Molti tra gli uomini hanno raggiunto (il livello della) perfezione, ma nessuna tra le donne tranne Āsīya, la sposa del Faraone, e Maryam, la figlia di Imrān. E, senza dubbio, la superiorità di Āishah sulle altre donne è come quella del *Tharīd*[119] rispetto alle altre pietanze".

(33) Capitolo. Relativamente al versetto: <<Qārūn faceva parte del popolo di Mosè, ma agì con insolenza contro di loro. I tesori che gli abbiamo concesso erano così tanti che le chiavi sarebbero state un peso per un gruppo di uomini forti. Il suo popolo gli disse: "Non esultare, perché Dio non ama coloro che esultano">>[120].

(34) Capitolo. Relativamente al versetto: <<Al popolo di Madyan abbiamo inviato Shu'ayb, uno dei loro stessi fratelli, che disse: "O popolo mio, adorate Dio! Non avete altro dio che Lui. Non ingannate nella misura e nel peso. Ora vi vedo nella prosperità, ma temo per voi la pena di un giorno che vi avvolgerà da ogni parte>>[121].

(35) Capitolo. Relativamente ai versetti: <<Giona fu uno dei Nostri messaggeri. Corse via verso una nave carica di passeggeri; loro però gettarono le frecce e lui perdette. Così lo gettarono nel mare ed un grande pesce lo inghiottì perché era colpevole [per quanto aveva compiuto]. Se non fosse stato uno di coloro che glorificano la gloria

---

[118] Il Sacro Corano 66:11-12.
[119] Piatto tradizionale arabo costituito da uno strato di pane piatto immerso nel brodo ed accompagnato da carne e da verdure.
[120] Il Sacro Corano 28:76.
[121] Il Sacro Corano 11:84.

illimitata del Signore, sarebbe rimasto nel suo stomaco fino al giorno della resurrezione. Abbiamo stabilito che fosse rigettato su di una aperta spiaggia in una condizione di malattia. E facemmo sì che su di lui crescesse una pianta di zucca. Lo abbiamo inviato a centinaia di migliaia di persone o più. Costoro credettero, così lasciammo che godessero della propria vita>>[122].

3412. 'Abdullāh (che Dio si compiaccia di lui) ci ha tramandato: <<Il Profeta (ﷺ) ha affermato: "Nessuno di voi dovrebbe dire che sono migliore di Yūnus". Musaddād ha aggiunto: "Yūnus bin Mattā".

3413. Ibn 'Abbās (che Dio si compiaccia di lui) ci ha tramandato che il Profeta (ﷺ) ha affermato: "Nessun servo (di Dio) dovrebbe affermare che sono migliore di Yūnus bin Mattā". Così il Profeta (ﷺ) ha menzionato il nome del padre insieme al suo.

3414. Abū Hurairah (che Dio si compiaccia di lui) ci ha tramandato: <<Una volta, mentre un ebreo stava vendendo qualcosa, gli venne offerto un prezzo che non gli piaceva e così disse: "No, per Colui che ha conferito a Mosè la superiorità su tutti gli esseri umani!"; dopo aver udito ciò , un Ansari[123] si alzò e lo colpì sul volto dicendo: "Hai detto: Per Colui che ha conferito a Mosè la superiorità su tutti gli esseri umani sebbene il Profeta (ﷺ) sia presente tra di noi!". L'ebreo si recò dal Profeta (ﷺ) e disse: "O 'Abul-Qāsim[124]! Mi trovo sotto un

---

[122] Il Sacro Corano 37:139-148.

[123] I *Muhājirun* sono coloro che hanno compiuto l'*Hijrah* da Mecca a Medina insieme al Profeta di Dio (ﷺ), mentre gli Ansari solo gli originari abitanti di Medina che, dopo essersi convertiti all'Islam, li hanno accolti, stretto con loro un patto di fratellanza, ospitati e sostentati durante il primo periodo del loro arrivo. Cfr. Il Sacro Corano 9:100: <<Dio è compiaciuto dell'avanguardia [dell'Islam]: dei primi tra coloro che hanno lasciato le loro case, tra coloro che li hanno aiutati e che li hanno seguiti in tutte le buone azioni. Dio è soddisfatto di loro proprio come loro lo sono di Lui. Per costoro Egli ha preparato giardini sotto i quali scorrono i ruscelli, per dimorarvi per sempre. Questa è la felicità suprema>>.

[124] *Kunya* del Profeta Muhammad (ﷺ), dal nome di Qāsim, il primogenito che ebbe da Khadija, che morì in tenera età. La coppia ebbe due figli maschi,

contratto di protezione[125], quale diritto ha il tale e tale di schiaffeggiarmi?"; il Profeta (ﷺ) domandò all'altro: "Perché lo hai schiaffeggiato sul volto?" e l'uomo gli raccontò l' accaduto nella sua interezza. Il Profeta (ﷺ) si adirò ed i segni dell'ira comparvero sul suo

---

Qāsim ed 'Abdullāh, che morirono entrambi in tenera età, e quattro figlie femmine: Zaynab, Ruqayyah, Umm Khulthum e Fatimah, la più giovane.

[125] Riferimento alla costituzione di Medina. Cfr. S. Lei, *Le comunità religiose non-musulmane nel mondo islamico: un'introduzione storica*, Roma 2019, 18-20: <<Comunque, indipendentemente dalle considerazioni relative a questa puntualizzazione linguistica, il documento della *Wathiqat al Madina* costituisce una novità all'interno del panorama politico della penisola araba. In epoca precedente, infatti, la struttura politica basilare degli arabi era fondata sulla tribù, che garantiva ad ogni suo membro sicurezza e posizione sociale. Qualora un individuo venisse ostracizzato dal proprio clan o tribù di appartenenza, perdeva ogni diritto alla sicurezza ed alla protezione e, quindi, si trovava nella condizione di poter essere impunemente depredato e persino assassinato. Nel codice di onore tribale era consentito anche offrire protezione ad un individuo che non apparteneva alla propria tribù, ma questo in alcuni casi avrebbe comportato l'instaurarsi di una serie di conflitti intertribali. La costituzione di Medina, invece, attesta la volontà da parte del Profeta di creare una comunità politica unitaria, in cui fosse garantita la libertà religiosa di ciascuna componente e l'obbligo alla comune difesa del territorio. Questa *umma* a sua volta era composta da persone differenti sia per credo che per affiliazione etnico-tribale. La diversità in questo caso non costituiva però un ostacolo all'unità ed alla cooperazione per la difesa e lo sviluppo del territorio condiviso. Un'altra novità importante del modello di Medina è il fatto che il tratto distintivo fondamentale dell'individuo non era più l'appartenenza tribale bensì quella religiosa. I musulmani, infatti, costituivano un gruppo intertribale, ossia la comunità islamica era composta da individui che aderivano ad un determinato credo religioso, che diventava l'elemento caratterizzante della loro individualità al di là della tribù o del clan di appartenenza, che invece assumeva un ruolo secondario. Il diritto alla scelta individuale era a sua volta un elemento che metteva in crisi la struttura tribale araba, che invece domandava all'individuo obbedienza e lealtà in ogni situazione. Il modello politico di Medina può essere poi considerato il paradigma su cui venne fondata l'originaria struttura politica generale dell'impero islamico, basata sul riconoscimento della libertà religiosa delle diverse componenti etnico-religiose. Le diverse vicende storiche dell'impero attraverso i secoli mutarono in alcuni casi il suddetto paradigma, senza però cambiarlo nelle sue linee essenziali e negli elementi fondanti>>.

volto e disse: "Non assegnatemi alcuna superiorità su nessun profeta tra i messaggeri di Dio perché, quando suonerà la tromba (del giudizio), tutti coloro che si trovano in cielo e sulle terra cadranno svenuti, tranne coloro che Dio avrà risparmiato. La tromba risuonerà per una seconda volta ed io sarò il primo a riprendere conoscenza per vedere Mosè che sostiene il trono di Dio. Non mi sarà dato di sapere se lo svenimento provato da Mosè nel giorno di Tūr è stato per lui sufficiente oppure se si è risvegliato prima di me">>.

3415. Il Profeta (ﷺ) ha aggiunto: <<Non so se vi sia qualcuno migliore di Yūnus bin Mattā>>.

3416. Abū Hurairah (che Dio si compiaccia di lui) ci ha tramandato che il Profeta (ﷺ) ha affermato: <<Nessuno dovrebbe affermare che io sono migliore di Yūnus bin Mattā>>.

(36) Capitolo. Relativamente ai versetti: <<[Profeta] domanda loro della città che si trova vicina al mare. Trasgredirono il sabato, perché in questo giorno i loro pesci giungevano e sporgevano il capo fuori dall'acqua. Invece, nei giorni diversi dal sabato, non arrivavano. Li mettemmo alla prova in questo modo perché erano dediti alla trasgressione. Quando alcuni di loro dissero: "Perché predicate a coloro che Dio distruggerà o visiterà con una terribile punizione?", risposero: "Per compiere i doveri che abbiamo verso il nostro Signore e affinché questi peccatori possano temerLo". Quando ignorarono gli ammonimenti inviati loro, Noi abbiamo soccorso coloro che proibivano il male, ma abbiamo visitato i malvagi con una terribile punizione perché erano dediti alla trasgressione. Quando nella loro insolenza, continuarono a compiere quanto era stato loro proibito, Noi dicemmo: "Siate come scimmie, disprezzate e reiette">>[126].

---

[126] Il Sacro Corano 7:163-166.

(37) Capitolo. Relativamente ai versetti: <<Noi ti abbiamo inviato l'ispirazione, così come l'abbiamo inviata a Noè e ai messaggeri dopo di lui, ad Abramo, ad Ismaele, ad Isacco, a Giacobbe e ai suoi discendenti, a Gesù, Giobbe, Jonah, Aronne, Salomone ed a Davide abbiamo dato i Salmi>>[127] e <<Abbiamo concesso la grazia a Davide: "O montagne! Cantate le lodi di Dio insieme a lui! E anche voi uccelli! Abbiamo reso il ferro flessibile per lui, comandandogli: "Fabbrica cotte di maglia e stringile bene". Fate il bene. Sono consapevole di tutte le vostre azioni>>[128].

3417. Abū Hurairah (che Dio si compiaccia di lui) ci ha tramandato che il Profeta (ﷺ) ha affermato: <<La recitazione dei Salmi (*Zabūr*) venne resa facile per (il profeta) Davide (pace su di lui). Egli era solito ordinare che i suoi animali fossero sellati e terminava di recitare i Salmi prima che fossero sellati tutti. Davide non mangiava mai nulla che non fosse stato guadagnato con il lavoro delle sue mani>>.

3418. 'Abdullāh bin 'Amr (che Dio si compiaccia di lui) ci ha tramandato: <<Il Profeta di Dio (ﷺ) venne informato che avevo detto: "Per Allah, osserverò il digiuno tutti i giorni ed offrirò la preghiera ogni notte fino a quando avrò vita". Allora il Profeta di Dio (ﷺ) mi domandò: "Sei tu che hai affermato: 'Osserverò il digiuno ogni giorno ed assolverò alla preghiera ogni notte fino a quando sarò in vita?'; risposi affermativamente. Il Profeta (ﷺ) allora mi disse: "Non puoi farlo. Osserva il digiuno ed astieniti da esso (per un periodo). Assolvi alla preghiera notturna e poi dormi. Osserva il digiuno per tre giorni al mese perché la ricompensa di una buona azione viene moltiplicata fino a dieci volte. (Per questo motivo) il digiuno di tre giorni al mese equivale a quello di un anno". Dissi: "O Profeta di Dio! Posso fare molto di più!"; lui disse: "Digiuna a giorni alterni. Questo era il digiuno di Davide (pace su di lui), che è la forma migliore di digiuno". Quando gli dissi: "O Profeta di Dio! Posso fare molto più di questo", egli (ﷺ) rispose: "Non vi è nulla migliore di questo!">>.

---

[127] Il Sacro Corano 4:163.
[128] Il Sacro Corano 34:10-11.

Kitāb Ahādith al-Anbiyā'

(Il libro delle storie dei profeti)

3419. 'Abdullāh bin 'Amr bin Al-'Ās (che Dio si compiaccia di lui) ci ha tramandato: <<Il Profeta di Dio (ﷺ) mi disse: "Ho saputo che trascorri l'intera notte in preghiera e che osservi il digiuno ogni giorno. È vero?"; quando risposi affermativamente, lui mi disse: "Se continuerai a fare così, i tuoi occhi si indeboliranno e tu stesso ti stancherai. Invece osserva il digiuno tre giorni al mese perché questo equivarrà a digiunare per un anno intero". Dissi: "Sono capace di digiunare di più", allora lui mi disse: "Allora osserva il digiuno come il (profeta) Davide (pace su di lui), che era solito digiunare a giorni alterni e non fuggiva quando si trovava davanti al nemico">>.

(38) Capitolo. La preghiera più amata da Dio era quella del profeta Davide (pace su di lui) così come il digiuno a Lui più gradito. (Il profeta) Davide (pace su di lui) era solito dormire per (la prima metà) della notte e poi assolvere alla preghiera per 1/3 e dormire per 1/6. Era poi solito osservare il digiuno a giorni alterni.

Āishah (che Dio si compiaccia di lei) ha affermato: <<Quando il Profeta (ﷺ) si trovava in casa mia, dormivgfa sempre prima dell'alba [dopo aver assolto alla preghiera notturna]>>[129].

---

[129] Cfr. N. Al-Albani, *La natura della preghiera del Profeta Muhammad (pace e benedizioni su di lui)*, Roma 2018, 54: <<Dopo aver terminato la seconda *rak'ah*, il Profeta (pace e benedizioni su di lui) si sedeva per il *tashahhud*. Nelle due *rak'ah* della preghiera del *Fajr* il Profeta (pace e benedizioni su di lui) assumeva la posizione *muftarishan*, quando sedeva nell'intervallo tra i due *sujūd*. Allo stesso modo sedeva nel primo *tashahhud* nella terza o quarta *rak'ah*. Il Profeta (pace e benedizioni su di lui) si sedeva nel mezzo, si rilassava, stendeva il piede sinistro e compiva il *tashahhud*. Durante il *tashahhud* il Profeta (pace e benedizioni su di lui) poneva la mano destra sulla coscia destra (ginocchio) e la mano sinistra sulla coscia sinistra (ginocchio), mentre il gomito destro poggiava sulla coscia destra>>; 55-56: <<Il Profeta Muhammad (pace e benedizioni su di lui) ha insegnato ai suoi compagni molti modi di eseguire il *tashahhud*. Ibn Masūd ci ha tramandato che il Profeta gli ha insegnato il *tashahhud* con il palmo della mano tra le sue, nello stesso modo in cui gli aveva insegnato le sure del Corano. Le parole, che il Profeta (pace e benedizioni su di lui) insegnò a Ibn Masūd, sono le seguenti: "Ogni lode,

preghiere e parole pure sono dovute a Dio. Che la pace sia con te, o Profeta, insieme alla misericordia e alle benedizioni di Dio. Che la pace sia con tutti i servi di Dio. Testimonio che niente ha il diritto di essere venerato tranne Dio, e testimonio che Muhammad è Suo servo e Profeta". Ibn 'Abbās ci ha tramandato che il Profeta (pace e benedizioni su di lui) gli ha insegnato il *tashahhud* nel modo in cui gli ha insegnato il Corano. Le parole, che il Profeta (pace e benedizioni su di lui) ha insegnato ad Ibn 'Abbās, sono le seguenti: "Ogni lode, preghiere e parole pure sono dovute a Dio. Che la pace sia con te, o Profeta, insieme alla misericordia e alle benedizioni di Dio. Che la pace sia con tutti i servi di Dio. Testimonio che niente e nessuno ha il diritto di essere venerato tranne Dio, e testimonio che Muhammad è Suo servo e Profeta". Ibn 'Umar ci ha tramandato che il Profeta (pace e benedizioni su di lui) diceva durante il *tashahhud*: "Tutte le lodi, le preghiere e le benedizioni appartengono a Dio. Che con te, o Profeta, sia la pace, la misericordia e le benedizioni di Dio. Che la pace sia con noi e con tutti i retti servi di Dio. Testimonio che nessuno ha il diritto di essere adorato eccetto Dio. Testimonio che Muhammad è Suo servo e Profeta". Abū Mūsā al-Ashari ci ha tramandato che il Profeta Muhammad (pace e benedizioni su di lui) disse ai suoi compagni che, dopo essersi seduti, dovevano pronunciare le seguenti parole: "Tutte le lodi, le buone parole e le preghiere sono dovute a Dio. Che con te, o Profeta, sia la misericordia e le benedizioni di Dio. Che la pace sia con noi e con tutti i retti servi di Dio. Testimonio che nessuno ha il diritto di essere adorato eccetto Dio. Testimonio che Muhammad è Suo servo e Profeta". 'Umar ibn al-Khattāb, insegnando dal pulpito il *tashahhud*, ha detto: "Tutte le lodi appartengono a Dio; tutti gli attribuiti più eccelsi appartengono a Dio; tutte le buone parole appartengono a Dio. Che la pace sia su di te, o Profeta, insieme alla misericordia e alle benedizioni divine. Che la pace sia con noi e con tutti i retti servi di Dio. Testimonio che nessuno ha il diritto di essere adorato tranne Dio e testimonio anche che Muhammad è Suo servo e Profeta">>. A questo proposito ci sono stati tramandati degli episodi significativi che illustrano questa disposizione. Per esempio ci è stato tramandato che Zayd ibn Khālid trascorse un'intera notte presso la porta del Profeta (pbsl) per osservare in che modo assolvesse alla preghiera notturna. Abū Sa'īd al-Khudrī, invece, si dedicò all'osservazione di quanto a lungo il Profeta (pbsl) rimaneva in piedi durante le preghiere del pomeriggio. Ibn 'Umar contò quante volte il Profeta (pbsl) domandava perdono a Dio in una sola preghiera. Ci è stato, inoltre, tramandato che i compagni volevano imitare il Profeta (pbsl) nell'assolvere la preghiera a mezzanotte e nel digiunare a giorni alterni. Il Profeta (pbsl) dovette dissuaderli dal compiere queste azioni ripetutamente al fine che non fossero considerate un comando valido per tutti i credenti, ma solo ed esclusivamente degli atti di adorazione privati del Profeta (pbsl), che sarebbe stato troppo gravoso per i musulmani seguire.

3420. 'Abdullāh bin 'Amr (che Dio si compiaccia di lui) ci ha tramandato: <<Il Profeta di Dio (ﷺ) mi ha detto: "Il digiuno più amato da Dio era quello del (profeta) Davide (pace su di lui), che era solito digiunare a giorni alterni. La preghiera più amata da Dio era egualmente quella del (profeta) Davide, che era solito dormire per (la prima) metà della notte, assolvere alla preghiera per un 1/3 di essa, e poi dormire (di nuovo) per 1/6">>.

(39) Capitolo. Relativamente ai versetti: <<Mantieniti paziente con quello che dicono e ricorda il Nostro servo Davide, l'uomo forte, che si volse sempre verso Dio. Siamo stati Noi che abbiamo fatto sì che le colline dichiarassero in unisono con lui la Nostra lode alla sera e allo spuntare del giorno, e che gli uccelli si riunissero insieme a lui, cantando le lodi di Dio. Abbiamo rafforzato il suo dominio e gli abbiamo concesso saggezza e sano giudizio nelle parole e nelle decisioni>>[130].

3421. Mujāhid ci ha tramandato: <<Ho domandato ad Ibn 'Abbās: "Dovremmo compiere la prosternazione, quando recitiamo la sura Sād?"; lui recitò l'intera sura (compresi): <<Gli abbiamo dato Isacco e Giacobbe. Abbiamo guidato tutti e tre. E prima di lui abbiamo guidato Noè e tra la sua progenie Davide, Salomone, Giobbe, Giuseppe, Mosè ed Aronne. In questo modo ricompensiamo coloro che compiono il bene. 85- Zaccaria, Yahya, Gesù ed Elia erano tutti dei giusti. 86- Ismaele, Elisha, Johan e Lot li abbiamo scelti tra tutti i popoli 87- loro e parte dei loro padri, la progenie ed i fratelli. Li abbiamo scelti e li abbiamo guidati sulla retta via. 88-Questa è la guida di Dio. Egli la dona a chiunque vuole tra i Suoi fedeli. Se dovessero attribuirGli dei consimili, tutto ciò che hanno compiuto si sarebbe dimostrato vano. 89-Questi erano gli uomini a cui abbiamo dato il libro, l'autorità e la profezia. Se [i loro discendenti] ora scelgono di negare la verità, Noi la daremo ad altri che non la negheranno. 90-Questi erano i profeti che hanno ricevuto la guida da Dio. Segui la guida che hanno ricevuto.

---

[130] Il Sacro Corano 38:17-20.

Di': "Non vi domando alcuna ricompensa. Questo non è altro che un messaggio per tutti i popoli". 91-Non prestano a Dio la giusta considerazione quando dicono: "Dio non ha inviato nulla all'uomo [come mezzo di rivelazione]". Domanda: "Chi allora ha inviato il libro che Mosè ha portato, una luce ed una guida per l'umanità? Voi però avete diviso la rivelazione e molta ne avete nascosta. Quindi avete insegnato ciò che non conoscevate né voi né i vostri padri. Di': "Dio ha inviato questo messaggio". Lasciali immersi nei discorsi vani ed insignificanti>>[131]. Poi egli disse: "Il Profeta (ﷺ) è tra coloro cui è stato ordinato di seguire (i messaggeri precedenti)".

3422. Ibn 'Abbās (che Dio si compiaccia di lui) ci ha tramandato: <<La prosternazione nella sura Sād non è tra quelle obbligatorie, sebbene ho visto il Profeta (ﷺ) prosternarsi durante la sua recitazione>>.

(40) Capitolo. Relativamente al versetto: <<A Davide abbiamo dato come figlio Salomone. È stato un servo eccellente! Pronto sempre a volgersi verso di Noi>>[132]; <<Egli disse: "O mio Signore, perdonami! Assicurami un regno che non potrà essere posseduto da nessuno dopo di me. Tu sei Colui che concede ogni grazia senza misura">>[133]; <<Seguono ciò che i malvagi hanno praticato al tempo del regno di Salomone. Non fu lui il negatore della verità, ma quei malvagi che insegnarono agli uomini l'arte del sortilegio e ciò che è stato diffuso in Babilonia da Hārūt e Mārūt. Costoro non hanno mai insegnato nulla senza prima affermare: "Siamo una tentazione a compiere il male. Non siate negatori della verità divina". Da loro impararono il modo in cui seminare discordia tra moglie e marito. Non hanno mai potuto danneggiare nessuno, senza il permesso di Dio. Quello che hanno imparato nuoce loro, senza recare alcun beneficio. Coloro che acquistano questa conoscenza non avranno alcuna porzione nell'Altra vita. Hanno venduto le loro anime ad un prezzo vile. Se solo

---

[131] Il Sacro Corano 6:84-91.
[132] Il Sacro Corano 38:30.
[133] Il Sacro Corano 38:35.

lo sapessero>>[134] e <<Abbiamo reso per Salomone obbediente il vento: il suo corso al mattino copriva la distanza di un mese di viaggio e il suo corso alla sera copriva la medesima distanza. Abbiamo fatto sì che una fonte di ottone fuso fluisse per lui. Vi erano *Jinn* che lavoravano per lui con il permesso del suo Signore. Se uno di loro si fosse allontanato dal Nostro ordine, gli avremmo fatto provare la pena del fuoco ardente. Costoro lavoravano per lui secondo il suo desiderio, facendo archi, immagini, vassoi, grandi come bacini idrici e calderoni per cucinare: "Lavorate, o figli di Davide, con gratitudine!". Però pochi dei Miei servi mostrano gratitudine! Poi, quando abbiamo decretato la morte di Salomone, nulla la mostrò loro tranne un piccolo verme della terra, che lentamente corrose il suo bastone. Così, quando cadde a terra, i *Jinn* videro chiaramente che, se avessero conosciuto l'invisibile, non avrebbero continuato a sopportare l'umiliante schiavitù>>[135].

3423. Abū Hurairah (che Dio si compiaccia di lui) ci ha tramandato che il Profeta (ﷺ) ha affermato: <<Un forte demone tra i *Jinn*[136] è venuto

---

[134] Il Sacro Corano 2:102.

[135] Il Sacro Corano 34:12-14.

[136] Cfr. V. Salierno, *Dizionario dell'Islam*, Roma 2018: <<*Jinn*, esseri soprannaturali, invisibili, buoni o cattivi, più volte menzionati nel Corano, che ne parla in vari punti (VI, 100; XV, 27; XXIII, 69-70; XXVII, 17; XXXIV, 12-13; XLVI, 29-32), in particolare, sura VII, 179, al pari degli uomini: "E molti dei *jinn* e degli uomini abbiamo creato per la gehenna [inferno], esseri che hanno cuori con i quali non comprendono, hanno occhi con i quali non vedono, hanno orecchi con i quali non sentono: sono come armenti, anzi di quelli ancor più traviati; sono coloro che tutto trascurano">>. Cfr. Il Sacro Corano 6:100: <<Eppure [alcuni] considerano i *Jinn* uguali a Dio, sebbene sia stato Lui a crearli. Falsamente, senza averne alcuna conoscenza, gli attribuiscono figli e figlie. Sia lode e gloria a Lui. Egli è al di sopra di quanto Gli attribuiscono>>; 15:27: <<Abbiamo creato precedentemente i *Jinn* dal fuoco di un vento torrido>>; 34:12-13:<<Abbiamo reso per Salomone obbediente il vento: il suo corso al mattino copriva la distanza di un mese di viaggio e il suo corso alla sera copriva la medesima distanza. Abbiamo fatto sì che una fonte di ottone fuso fluisse per lui. Vi erano *Jinn* che lavoravano per lui con il permesso del suo Signore. Se uno di loro non avesse obbedito al Nostro comando, gli avremmo fatto provare la pena del fuoco ardente>>.

ieri a disturbare la mia preghiera, ma Dio mi ha concesso il potere di sopraffarlo. Lo afferrai ed intendevo legarlo ad uno dei pilastri della moschea affinché voi avreste potuto vederlo, ma poi ho ricordato l'invocazione di mio fratello Salomone (pace su di lui): "O mio Signore, perdonami! Assicurami un regno che non potrà essere posseduto da nessuno dopo di me. Tu sei Colui che concede ogni grazia senza misura"[137] e così lo ho lasciato andare sconfitto>>.

3424. Abū Hurairah (che Dio si compiaccia di lui) ci ha tramandato che il Profeta di Dio (ﷺ) ha affermato: <<Salomone, il figlio di Davide, ha detto: "Questa notte dormirò con settanta delle mie mogli, ognuna dei quali concepirà un figlio che sarà un cavaliere nella causa di Dio". Il suo compagno disse: "Se Dio vuole", ma Salomone non lo disse e così nessuna di quelle donne rimase incinta tranne una, che partorì un bambino deforme". Il Profeta (ﷺ) poi aggiunse: "Se il profeta Salomone avesse detto 'Se Dio vuole', avrebbe generato dei figli che avrebbero combattuto per la causa di Dio". [Shu 'aib e Ibn Abī Az-Zinād hanno affermato: "Novanta donne è più corretto di settanta"].

3425. Abū Dhar (che Dio si compiaccia di lui) ci ha tramandato: <<Dissi: "O Profeta di Dio! Quale moschea è stata costruita per prima?"; lui rispose: "La *Masjid al-Harām*". Domandai ancora: "E quale venne costruita dopo?", rispose: "La *Masjid al-Aqsā*"; domandai: "Quanto tempo è intercorso tra la loro costruzione?", rispose: "Quarant'anni". Poi aggiunse: "Ogni volta che sopraggiunge il tempo della preghiera, dovreste assolvere ad essa perché tutta la terra per voi è stata resa un luogo di adorazione">>.

3426. Abū Hurairah (che Dio si compiaccia di lui) ci ha tramandato: <<Il Profeta di Dio (ﷺ) ha affermato: "Il mio esempio e quello delle persone equivale a quello di qualcuno che accende un fuoco e le falene ed altri insetti cominciano a caderci dentro">>.

3427. Abū Hurairah (che Dio si compiaccia di lui) ci ha tramandato: <<Ho udito il Profeta di Dio (ﷺ) affermare: "Vi erano due donne,

---

[137] Il Sacro Corano 38:35.

ognuna delle quali aveva con sé un bambino. Un lupo sopraggiunse e portò via il bambino di una di loro; l'altra allora disse: "Ha preso il tuo bambino". La prima invece affermò : "Ha preso il tuo bambino!". Entrambe allora portarono la questione alla presenza di Davide che stabilì che il bambino dovesse essere dato alla donna più anziana. Entrambe allora si recarono da Salomone, il figlio di Davide (pace su entrambi) e lo informarono del caso". Lui disse: "Portatemi un coltello con il quale aprirò il bambino in due parti e lo distribuirò tra di loro". La donna più giovane disse: "Che Dio ti mostri misericordia! Non farlo! Il bambino appartiene a costei!". Allora (Salomone) diede il bambino alla donna più giovane>>.

(41) Capitolo. Relativamente ai versetti: <<Egli ha concesso la saggezza a Luqmān: "Mostra la tua gratitudine a Dio". Colui che è grato lo è a beneficio della sua stessa anima. Però, se è ingrato, Dio è privo di necessità, degno di ogni lode. Luqmān disse come monito a suo figlio: "O figlio mio, non adorare altri che Dio. Il culto falso è un grave peccato">>[138].

3428. 'Abdullāh (che Dio si compiaccia di lui) ci ha tramandato: <<Quando venne rivelato il versetto: "Coloro che credono e non hanno confuso la loro fede con l'ingiustizia, si trovano nella vera sicurezza perché sono sulla retta via!"[139], i compagni del Profeta (ﷺ) dissero: "Chi tra di noi non ha confuso la sua fede con lo *Zulm*?". Allora Dio ha rivelato: <<Luqmān disse come monito a suo figlio: "O figlio mio, non adorare altri che Dio. Il culto falso è un grave peccato">>[140].

3429. 'Abdullāh (che Dio si compiaccia di lui) ci ha tramandato: <<Quando venne rivelato il versetto: "Coloro che credono e non hanno confuso la loro fede con l'ingiustizia, si trovano nella vera sicurezza perché sono sulla retta via!"[141], i musulmani ne furono

---

[138] Il Sacro Corano 31:12-13.
[139] Il Sacro Corano 6:82.
[140] Il Sacro Corano 31:13.
[141] Il Sacro Corano 6:82.

molto impressionati e dissero: "O Profeta di Dio! Chi di noi non ha commesso un atto d'ingiustizia contro se stesso?"; lui rispose: "Il versetto non indica questo. (In questo contesto) lo *Zulm* indica associare qualcuno all'adorazione di Dio. Non avete prestato ascolto a quello che Luqmān ha detto a suo figlio, quando lo stava consigliando: "O figlio mio, non adorare altri che Dio. Il culto falso è un grave peccato"?[142]>>.

(42) Capitolo. Relativamente al versetto: <<Proponi loro come esempio i compagni della città, che venne visitata dai messaggeri.>>[143].

(43) Capitolo. Relativamente ai versetti: <<Questo [racconto] commemora la misericordia che il tuo Signore ha concesso al Suo servo Zaccaria. Egli gridò verso il suo Signore, in segreto. Pregando: "O mio Signore, ormai le mie ossa sono inferme ed i capelli del mio capo sono grigi. Non sono mai rimasto però privo di una benedizione nelle preghiere che Ti ho rivolto. Temo per ciò che i miei famigliari faranno, dopo la mia morte. Mia moglie è sterile, però Tu concedimi un erede che provenga dalla Tua grazia. Qualcuno che sia mio vero erede ed erede della Casa di Giacobbe. Fai di lui, o Signore, uno di coloro di cui Ti compiaci". - [La sua preghiera fu esaudita]. "O Zaccaria, ti annunciamo la buona novella di un figlio. Il suo nome sarà Yahya. Non abbiamo dato questo nome a nessuno prima di lui">>[144]; <<Egli disse: "O mio Signore, come posso avere un figlio, quando mia moglie è sterile ed io sono ormai un uomo anziano?". Egli disse: "Così sarà". Il tuo Signore ha detto: <<È cosa semplice per Me. Ti ho creato quando non eri nulla!>>". [Zaccaria] disse: "O mio Signore! Dammi un segno". Rispose: "Ecco il segno: non parlerai a nessun uomo per tre

---

142 Il Sacro Corano 31:13.
143 Il Sacro Corano 36:13.
144 Il Sacro Corano 19:2-7.

notti, anche se non sei affatto muto">>[145] e <<Così Zaccaria uscì dal santuario e disse al suo popolo attraverso i segni di celebrare le lodi di Dio al mattino ed alla sera. [A suo figlio fu dato il comando]: "O Yahya, afferra il Libro con perseveranza". Gli demmo saggezza anche in giovane età. Gli demmo il dono della compassione e la purezza. Egli era devoto e gentile verso i suoi genitori. Non era né autoritario né ribelle. Che sia pace su di lui il giorno in cui è nato, il giorno della sua morte e il giorno in cui sarà resuscitato a nuova vita>>[146].

3430. Mālik bin Sa 'sa 'a ci ha tramandato che il Profeta (ﷺ) parlò loro relativamente alla sua Isrā' e disse: <<[Jibrīl mi prese] ed ascese fino a quando non raggiunse il secondo cielo, dove domandò che gli venissero aperte le porte, ma gli venne domandato: "Chi è?", rispose: "Sono Jibrīl ". Quando gli venne domandato: "Chi ti accompagna?", rispose: "Muhammad". Gli venne domandato: "È stato chiamato?"; lui rispose affermativamente. Quando arrivammo al secondo cielo, vidi Yahya ed 'Isā che erano cugini. Jibrīl disse: "Questi sono Yahya ed 'Isā. Salutali". Io li salutai e loro ricambiarono il saluto dicendo: "Benvenuto, o pio fratello e profeta!">>.

(44) Capitolo. Relativamente ai versetti: <<Egli disse: "Sono solo un messaggero dal tuo Signore e ti annuncio il dono di un figlio santo">>[147]; <<L'angelo disse: "O Maria! Dio ti annuncia la buona novella di una parola proveniente da Lui. Il suo nome sarà Gesù il Messia, il figlio di Maria, onorato in questo mondo e nell'Altro e condotto vicino a Dio>>[148]; e <<Dio ha scelto Adamo e Noè, la famiglia di Abramo e la famiglia di Imrān su tutto il resto dell'umanità, in quanto sono discendenti gli uni degli altri. Dio ode e conosce ogni cosa. La moglie di Imrān disse: "O mio Signore! Ti dedico ciò che si trova nel mio seno per il Tuo servizio speciale. Così accettalo da me,

---

[145] Il Sacro Corano 19:8-10.
[146] Il Sacro Corano 19:11-15.
[147] Il Sacro Corano 19:16.
[148] Il Sacro Corano 3:45.

perché tu odi e conosci ogni cosa". Quando partorì, disse: "O mio Signore! Ho partorito una bambina!" - Dio ben sapeva chi aveva partorito- "E la femmina non è certo simile al maschio. L'ho chiamata Maria e affido lei e la sua discendenza alla Tua protezione contro il Maligno, il reietto". Il Suo Signore l'accettò. La fece crescere nella bellezza e nella purezza. Fu assegnata alla cura di Zaccaria. Ogni volta che entrava nella sua stanza per visitarla, la vedeva circondata da cibo. Egli disse: "O Maria! Da dove viene tutto questo?" Rispose: "Da Dio. Egli concede il sostentamento a chi vuole, senza misura">>[149].

Ibn 'Abbās disse: <<[In questi versetti ci si riferisce] ai credenti tra le famiglie di Abramo, Imrān , Yāsīn e Muhammad (ﷺ). Dio ha affermato: "Senza dubbio, tra gli uomini, i più vicini ad Abramo solo coloro che lo seguono, così come il Profeta ed i credenti. Dio è il protettore di coloro che hanno fede"[150], ossia coloro che lo seguono sono i credenti>>.

3431. Sa 'īd bin Al-Musaiyab ci ha tramandato che Abū Hurairah (che Dio si compiaccia di lui) ha detto di aver udito il Profeta (ﷺ) affermare: "Non vi è nessuno nato tra i discendenti di Adamo che non sia stato toccato da Satana. Quindi ogni bambino, al momento della nascita, piange a causa del tocco di Satana, tranne Maryam e suo figlio". Poi Abū Hurairah (che Dio si compiaccia di lui) ha recitato: <<"Quando partorì, disse: "O mio Signore! Ho partorito una bambina!" - Dio ben sapeva chi aveva partorito- "E la femmina non è certo simile al maschio. L'ho chiamata Maria e affido lei e la sua discendenza alla Tua protezione contro il Maligno, il reietto"[151]>>.

---

[149] Il Sacro Corano 3:33-37.
[150] Il Sacro Corano 3:68.
[151] Il Sacro Corano 3:36.

(Il libro delle storie dei profeti)

(45) Capitolo. Relativamente al versetto: <<Gli angeli dissero: "O Maria! Dio ti ha scelta e ti ha purificata, scegliendoti tra le donne di tutti i popoli. O Maria, adora il tuo Signore con devozione, prosternati e inchinati nella preghiera con coloro che si inchinano". Questa è una parte dei racconti delle cose invisibili che Noi ti riveliamo, o Profeta, per ispirazione. Tu non eri con loro, quando hanno gettato le frecce per decidere a chi sarebbe stata affidata la cura di Maria. Non eri con loro, quando hanno disputato su questa questione>>[152].

3432. 'Alī (che Dio si compiaccia di lui) ci ha tramandato di aver udito il Profeta (ﷺ) affermare: "Maryam[153], la figlia di Imrān , era la migliore

---

[152] Il Sacro Corano 3:42-44.

[153] La madre di 'Īsā (pace su di lui). Cfr. Il Sacro Corano 19:16-21:<<Raccontate nel Libro la storia di Maria, quando si allontanò dalla sua famiglia in un luogo disposto verso oriente. Si mantenne in ritiro lontano da loro. Poi inviammo il Nostro angelo e comparve di fronte a lei nelle sembianze di un uomo. Ella disse: "Mi rifugio in Dio, il Compassionevole, da te. [Non avvicinarti], se Lo temi". Egli disse: "Sono solo un messaggero dal tuo Signore e ti annuncio il dono di un figlio santo". Costei disse: "Come posso avere un figlio, se nessun uomo mi ha mai toccata e sono una donna casta?". Rispose: "Così sarà. Il tuo Signore ha detto: << È cosa facile per Me. Desideriamo fare di lui un segno per gli uomini e una misericordia da parte Nostra. È stabilito>>; 2:87: << Abbiamo dato la Rivelazione a Mosè e dopo di lui sono seguiti altri profeti. Abbiamo dato a Gesù, figlio di Maria, i chiari segni della verità e lo abbiamo fortificato con lo spirito di santità. Ogni volta che viene da voi un messaggero che vi reca qualcosa che non gradite, la vostra arroganza s'accresce. Chiamate impostori alcuni dei profeti ed altri li uccidete>>; 3:35-37: <<La moglie di Imran disse: "O mio Signore! Ti dedico ciò che si trova nel mio seno per il Tuo servizio speciale. Così accettalo da me, perché Tu odi e conosci ogni cosa". Quando partorì, disse: "O mio Signore! Ho partorito una bambina!" - Dio ben sapeva chi aveva partorito- "E la femmina non è certo simile al maschio. L'ho chiamata Maria e affido lei e la sua discendenza alla Tua protezione contro il Maligno, il reietto". Il Suo Signore l'accettò. La fece crescere nella bellezza e nella purezza. Fu assegnata alla cura di Zaccaria. Ogni volta che entrava nella sua stanza per visitarla, la vedeva circondata da cibo. Egli disse: "O Maria! Da dove viene tutto questo?" Rispose: "Da Dio. Egli concede il sostentamento a chi vuole, senza misura">>; 3:42-43: <<Gli angeli dissero: "O Maria! Dio ti ha scelta e ti ha purificata, scegliendoti tra le donne di tutti i popoli. O Maria, adora il tuo Signore con devozione, prosternati e inchinati nella preghiera con coloro che si inchinano">>.

delle donne (del suo tempo) e Khadīja[154] è la migliore tra le donne (di questo popolo)”.

(46) Capitolo. Relativamente ai versetti: <<L'angelo disse: “O Maria! Dio ti annuncia la buona novella di una parola proveniente da Lui. Il suo nome sarà Gesù il Messia, il figlio di Maria, onorato in questo mondo e nell'Altro e condotto vicino a Dio. Egli parlerà alle persone nella culla e nella maturità. Egli sarà annoverato tra i giusti”. Ella disse: “O mio Signore! Come potrei avere un figlio, quando nessun uomo mi ha toccato?”. L'angelo rispose: “Dio crea ciò che vuole. Quando ha stabilito qualcosa, Egli dice ‘Sia' ed esso è>>[155].

3433. Abū Mūsa Al-Ash ‘ari (che Dio si compiaccia di lui) ci ha tramandato che il Profeta (ﷺ) ha affermato: <<La superiorità di Āishah rispetto alle altre donne è come quella del *Tharīd* rispetto alle altre pietanze. Molti uomini hanno raggiunto il livello di perfezione ma nessuna donna ha raggiunto un livello simile tranne Maryam, la figlia di Imrān ed Āsīya, la moglie del Faraone>>.

---

[154] Cfr. V. Salierno, *Dizionario dell'Islam*, Roma 2018: <<Khadījah, (m. 619), prima moglie del Profeta che la sposò verso il 595; apparteneva al clan di Asad, tribù dei Quraysh. La prima a convertirsi all'Islam, ebbe dal Profeta quattro figlie, tra le quali Fāṭimah; ebbe il titolo di *Umm al-mu'minīn* (Madre dei credenti)>>. Cfr. S. Lei, *Muhammad, il Profeta dell'Islam (pace e benedizioni su di lui), una biografia completa dall'inizio della rivelazione all'Hijrah*, Roma 2018, 61: <<Khadīja fu la prima a credere nella missione che l'Altissimo aveva affidato al Profeta (pbsl) e fu colei che, durante i primi, lunghi e difficili anni del suo apostolato caratterizzati dall'incredulità e dalla persecuzione da parte della sua gente, gli rimase accanto, consolandolo e supportandolo emotivamente. Ibn Isḥāq ha scritto a proposito di Khadīja: “Lei fu la prima a credere in Dio, nel Suo Profeta e nella verità del suo messaggio. Per mezzo di lei Dio ha reso più leggero il peso del Suo Profeta. Lui non dovette mai affrontare il rifiuto o l'accusa di falsità, che lo rattristavano molto, senza che Dio lo confortasse per mezzo di lei, quando tornava a casa. Lei lo supportò, rese il suo peso più leggero e sminuì l'opposizione delle persone. Che Dio l'Altissimo possa avere pietà di lei!”>>.
[155] Il Sacro Corano 3:45-47.

3434. Abū Hurairah (che Dio si compiaccia di lui) ci ha tramandato di aver udito il Profeta di Dio (ﷺ) affermare: <<Tra tutte le donne, che viaggiando sui cammelli, quelle dei Quraysh sono le migliori. Costoro sono infatti misericordiose e gentili verso i loro figli e sono le migliori guardiane della proprietà dei loro mariti>>. Abū Hurairah ha aggiunto: "Maryam, la figlia di Imrān , non è mai montata su di un cammello".

(47) Capitolo. Relativamente al versetto: <<O popoli del libro, non commettete eccessi nella religione e non dite riguardo a Dio se non la verità. Gesù Cristo, il figlio di Maria, non era altro che un Profeta di Dio, e la Sua Parola, che Egli pose in Maria, uno spirito proveniente da Lui. Così credete in Dio e nei Suoi messaggeri. Non dite: "Trinità". Desistete e sarà meglio per voi. Dio è un Dio Unico, Gloria a Lui. Mai potrebbe avere un figlio! A Lui appartiene tutto ciò che si trova nei cieli e sulla terra. Egli è abbastanza per disporre di ogni cosa>>[156].

3435. ʿUbāda (che Dio si compiaccia di lui) ci ha tramandato che il Profeta di Dio (ﷺ) ha affermato: "Se qualcuno testimonia *"Lā ilāha illallāh*, che Muhammad (ﷺ) è servo e profeta di Dio e che ʿĪsā (pace su di lui) è il servo di Dio, il Suo profeta e la Sua parola che ha depositato in Maryam ed uno spirito (*Rūh*) da lui creato[157], e che il Paradiso è verità così come l'Inferno, Dio lo ammetterà in Paradiso con le sue azioni, anche se dovessero essere poche". (Junāda, il sub-narratore, ha affermato che ʿUbāda ha aggiunto: "Una tale persona potrà entrare in Paradiso attraverso qualsiasi porta desideri".

---

[156] Il Sacro Corano 4:171.

[157] Cfr. Il Sacro Corano 4:171: "O popoli del Libro, non commettete eccessi nella religione e non dite riguardo a Dio se non la verità. Gesù Cristo, il figlio di Maria, non era altro che un profeta di Dio e la Sua parola, che Egli pose in Maria, uno spirito che proveniva da Lui. Così credete in Dio e nei Suoi profeti".

(48) Capitolo. Relativamente al versetto: <<Raccontate nel Libro la storia di Maria, quando si allontanò dalla sua famiglia in un luogo disposto verso est>>[158].

3436. Abū Hurairah (che Dio si compiaccia di lui) ci ha tramandato che il Profeta (ﷺ) ha affermato: <<Nessuno ha parlato nella culla tranne tre persone: la prima fu ʿĪsā[159] (pace su di lui) ed il secondo fu un uomo dei Banī Israel chiamato Juraij. Mentre stava assolvendo alla preghiera, sua madre giunse e lo chiamò. Lui si disse: "Dovrei risponderle oppure continuare ad offrire la mia preghiera?" (Lui continuò ad offrire la sua preghiera e non le rispose). Sua madre allora disse: "O Dio! Non lasciarlo morire fino a quando non avrà veduto i volti delle prostitute". Così mentre si trovava nel suo eremitaggio, giunse una donna che cercò di sedurlo, ma lui rifiutò. Allora costei andò da un pastore e gli si offrì per consumare con lui una rapporto sessuale illecito. Successivamente costei partorì un bambino ed affermò che appartenesse a Juraij. Le persone, allora,

---

[158] Il Sacro Corano 19:16.

[159] Cfr. Il Sacro Corano 19:27-31: <<Poi condusse il bambino dal suo popolo, portandolo in braccio. Dissero: "O Maria, ci hai portato qualcosa di veramente sorprendente! O sorella di Aronne! Tuo padre non era un uomo malvagio e tua madre una donna leggera!". Ella però indicò il bambino. Dissero: "Come possiamo parlare ad un neonato nella culla?" Egli disse: "Sono un servo di Dio. Egli mi ha dato la rivelazione e mi ha reso profeta. Mi ha reso benedetto in ogni luogo mi troverò e mi ha comandato la preghiera e la carità per tutto il tempo in cui vivrò...>>. 5:109-110: <<Un giorno Dio riunirà insieme tutti i messaggeri e chiederà: "Qual è stata la risposta che avete ricevuto dagli uomini per i vostri insegnamenti?" Diranno: "Non lo sappiamo, Tu conosci pienamente tutto ciò che è nascosto". Poi Egli dirà: "O Gesù, figlio di Maria, ricorda la grazia che ho concesso a te e a tua madre. Ti ho fortificato con lo spirito santo, ed hai parlato agli uomini nell'infanzia e nella maturità. Ti ho insegnato il Libro e la Saggezza, la Legge e il Vangelo. Tu hai forgiato con il Mio permesso, la figura di un uccello dalla argilla; con il Mio permesso vi hai soffiato dentro e con il Mio permesso ciò che avevi forgiato ha preso vita. Hai curato coloro che erano nati ciechi e i lebbrosi con il Mio permesso. Hai anche resuscitato i morti con il Mio permesso. Io ho impedito che i Figli d'Israele agissero violentemente contro di te, quando tu hai mostrato loro i chiari segni, mentre miscredenti tra di loro dissero: "Questa non è altro che magia evidente">>.

vennero da lui e, dopo aver distrutto l'eremitaggio, lo scacciarono e gli rivolsero delle offese. Juraij fece le abluzioni, offrì una preghiera e poi giunse presso il bambino e gli chiese: "O bambino, chi è tuo padre?", il bambino rispose: "Il pastore". Allora le persone dissero, (dopo aver udito le parole del neonato): "Dobbiamo ricostruire il tuo eremitaggio d'oro", ma lui disse: "No, solo di fango". (Il terzo fu il protagonista della storia seguente): Una donna dei Banī Israel stava allattando il proprio figlio al seno, quando le passò accanto un cavaliere piacente. Lei disse: "O Dio! Rendi mio figlio come costui!". Il bambino allora, dopo essersi distolto dal seno ed essersi rivolto verso il cavaliere, disse: "O Dio! Non rendermi come costui". Il bambino poi ricominciò a succhiare il latte dal seno della madre. [Abū Hurairah disse: "Mi sembra di vedere il Profeta (ﷺ) che si succhiava il dito (per mostrare in che modo il bambino prendeva il latte dalla madre)]. (Il Profeta ﷺ poi continuò a raccontare): "Dopo un poco passarono alcune persone con una giovane schiava e la madre disse: "O Dio! Non renderlo come costei!"; allora il bambino si distolse dal seno e disse: "O Dio! Rendimi come costei!". Quando la madre gli chiese il motivo (della sua affermazione), lui rispose: "Il cavaliere è uno dei tiranni, mentre la schiava è stata accusata ingiustamente di furto ed adulterio" >>.

3437. Abū Hurairah (che Dio si compiaccia di lui) ci ha tramandato che il Profeta (ﷺ) ha affermato: <<Ho incontrato Mosè nella notte della mia Isrā'>> e poi lo descrisse nel modo seguente: "Come penso, egli era un uomo alto con i capelli lisci come se appartenesse ai componenti della tribù di Shanū'a". Il Profeta (ﷺ) poi disse: "Ho incontrato 'Īsā" e lo descrisse nel modo seguente: "Era di altezza media ed aveva il volto rosso come se fosse appena uscito da un bagno. Ho visto Abramo, a cui assomiglio molto di più dei suoi discendenti". Il Profeta (ﷺ) poi aggiunse: "(Quella notte) mi sono state date due coppe; una piena di latte e l'atra di vino. Mi venne domandato di prenderne una, quella che volevo. Io presi il latte e bevvi. Allora mi venne detto: "Tu hai scelto il giusto corso. Se avessi preso il vino, la tua comunità si sarebbe perduta">>.

3438. Ibn 'Umar (che Dio si compiaccia di lui) ci ha tramandato che il Profeta (ﷺ) ha affermato: <<Ho visto Mose; 'Īsā ed Abramo (pace su di loro) [nella notte della mia *Isrā'*]. 'Īsā aveva l'incarnato rossastro, i capelli ricci ed il petto ampio. Mosè aveva la carnagione scura, i capelli lisci ed era alto, come se appartenesse al popolo degli Az-Zutt>>.

3439. 'Abdullāh (che Dio si compiaccia di lui) ci ha tramandato: <<Il Profeta (ﷺ) ha menzionato *l'Al-Masīh ad-Dajjāl* davanti alle persone dicendo: "Dio non ha un solo occhio mentre *Al-Masīh ad-Dajjāl* è cieco dall'occhio destro che assomiglia ad un grappolo sporgente">>.

3440. Mentre dormivo accanto alla *Ka 'bah*, la scorsa notte, ho visto in sogno un uomo dalla carnaggione scura, il migliore tra le persone di carnaggione scura, ed i suoi capelli erano così lunghi che gli ricadevano tra le spalle. Erano lisci e l'acqua gli scendeva dal capo; le sua mani erano appoggiate alle spalle di due uomini mentre compivano la *Tawāf* intorno alla *Ka 'bah*. Domandai chi fosse; risposero: "Costui è 'Īsā, il figlio di Maryam". Dietro di lui vidi un uomo che aveva i capelli ricci e corti ed era cieco in un occhio. Assomigliava nelle sue sembianze fisiche ad Ibn Qatan. Costui teneva le mani sulle spalle di una persona, mentre compiva la *Tawāf* intorno alla *Ka 'bah*. Domandai: "Chi è costui?", risposero: "*Al-Masīh ad-Dajjāl*">>.

3441. Sālim ci ha tramandato da suo padre: <<No, per Allah, il Profeta (ﷺ) non ha affermato che 'Īsā aveva l'incarnato rossiccio, ma ha detto: "Mentre dormivo, (in sogno) mi sono visto mentre compivo la *Tawaf* intorno alla *Ka'bah*. Improvvisamente, ho visto un uomo dall'incarnato scuro e dai capelli lisci che camminava tra due uomini. Dal suo capo gocciolava dell'acqua. Domandai: "Chi è costui?", risposero: "È il figlio di Maryam". Poi rivolsi lo sguardo dietro (costui), e vidi un uomo corpulento, dall'incarnato rossiccio e dai capelli ricci, che era cieco da un occhio che assomigliava ad un grappolo sporgente. Quando domandai chi fosse, risposero: "Costui è l'*Ad-Dajjāl*". La persona a cui assomiglia è Ibn Qatan">>. (Az-Zuhrī disse:

(Il libro delle storie dei profeti)

"Costui (Ibn Qatan) era un menbro della tribù dei Khuza' a che era morto nel periodo della *Jāhiliyyah*").

3442. Abū Hurairah (che Dio si compiaccia di lui) ci ha tramandato di aver udito il Profeta (ﷺ) affermare: <<Io sono il più vicino di tutte le persone al figlio di Maryam. Tutti i profeti sono fratelli da parte di padre e non c'è stato alcun profeta tra me e lui ('Īsā)>>.

3443. Abū Hurairah (che Dio si compiaccia di lui) ci ha tramandato che il Profeta di Dio (ﷺ) ha affermato: <<Sia in questo mondo che nell'Altro, io sono il più vicino tra tutte le persone ad 'Īsā, il figlio di Maryam. I profeti sono fratelli da parte di padre; le loro madri sono differenti ma la loro religione è unica>>.

3444. Abū Hurairah (che Dio si compiaccia di lui) ci ha tramandato che il Profeta (ﷺ) ha affermato: "'Īsā, il figlio di Maryam, quando vide un uomo rubare, gli domandò: "Hai rubato?"; quello rispose: "No, per Allah, oltre il quale non vi è nessun Dio". 'Īsā disse: "Credo in Dio e nego (il sospetto) dei miei occhi".

3445. 'Umar (che Dio si compiaccia di lui) ci ha tramandato di aver udito il Profeta (ﷺ) affermare: <<Non esagerate nel lodarmi come fanno i cristiani con il figlio di Maryam. Io sono solo un servo. Chiamatemi quindi il servo di Dio ed il Suo profeta>>.

3446. Abū Mūsa Al-Ash 'ari (che Dio si compiaccia di lui) ci ha tramandato che il Profeta di Dio (ﷺ) ha affermato: "Se un uomo insegna le buone maniere alla sua schiava, la educa nel modo giusto, la libera e la sposa, avrà una doppia ricompensa. Se un uomo crede in 'Īsā e poi in me, avrà una doppia ricompensa. Se un servo teme, obbedisce e rispetta i propri doveri verso Dio, ed i suoi padroni, sarà degno di una doppia ricompensa".

3447. Ibn 'Abbās (che Dio si compiaccia di lui) ci ha tramandato che il Profeta di Dio (ﷺ) ha affermato: <<Sarete resuscitati (e riuniti) scalzi, nudi e privi della circoncisione>>. Il Profeta (ﷺ) ha poi recitato il versetto: "Il giorno in cui avvolgeremo i cieli come una pergamena avvolta in rotoli. Proprio come abbiamo iniziato la prima creazione, così ne ripeteremo una nuova. Questa è una promessa che abbiamo fatto e Noi la manterremo"[160]. Poi ha aggiunto: "Il primo ad essere rivestito sarà Abramo. Poi alcuni dei miei compagni verranno posti alla destra ed alla sinistra. Io dirò: "I miei compagni!"; mi sarà detto: "Costoro hanno abbandonato l'Islam, dopo che tu li hai lasciati". Poi dirò quello che il pio servo 'Īsā, il figlio di Maryam, ha affermato: "Non ho detto loro nulla eccetto ciò che Tu mi hai comandato ossia: 'Adorate Dio, il mio Signore ed il vostro Signore', e sono stato testimone fino a quando ho abitato presso di loro. Dopo che mi hai innalzato a Te, Tu hai vegliato su di loro. Tu sei testimone di tutte le cose. Se invero li punisci, costoro sono i Tuoi veri servi, ma se li perdoni, Tu sei l'Eccelso, il Saggio"[161]. Qabīsa ha tramandato: "Costoro erano gli apostati che hanno abbandonato l'Islam durante il califfato di Abū Bakr (che Dio si compiaccia di lui), il quale li ha combattuti".

(49) Capitolo. La discesa di 'Īsā, figlio di Maryam

3448. Abū Hurairah (che Dio si compiaccia di lui) ci ha tramandato che il Profeta di Dio (ﷺ) ha affermato: <,Per Colui, nelle Cui mani si trova la mia anima, 'Īsā, il figlio di Maryam (pace su di lui), discenderà presto tra di voi e giudicherà l'umanità con giustizia secondo la legge del Corano. Distruggerà la croce ed ucciderà i suini. Non vi sarà la *Jizya*[162] ed il denaro ci sarà in abbondanza e nessuno più lo accetterà.

---

[160] Il Sacro Corano 21:104.

[161] Il Sacro Corano 5:117-118.

[162] Cfr. S. Lei, *Le comunità religiose non-musulmane nel mondo islamico, un'introduzione storica*, Roma 2019, 24-25: <<Il termine *Jizya* deriva dall'arabo *jaza* (ricompensa) ed indica qualcosa che viene dato in cambio della protezione garantita dal governo islamico. Nel commentario al Sahīh al-Bukhārī, Ibn Hajar al-Asqalānī scrisse relativamente alla *Jizya*: Abū Ubayd ha sostenuto: "La *Jizya* è stata imposta agli ebrei ed ai cristiani dalla rivelazione coranica e ai seguaci della religione zoroastriana attraverso la Sunna">>. Cfr. Il Sacro Corano 9:29: <<Combattete contro coloro che, tra i popoli della Scrittura, non credono in Dio e nell'Ultimo Giorno, che non considerano proibito ciò che Dio ed il Messaggero hanno proibito e non riconoscono la religione della verità fino a quando non pagheranno la *Jizya* con

Una singola prosternazione a Dio sarà migliore dell'intero mondo e di tutto quello che contiene". Abū Hurairah (che Dio si compiaccia di lui) ha aggiunto: <<Se volete, recitate: "E non c'è nessuno dei popoli del libro che non crederà in lui prima della sua morte. Nel Giorno del Giudizio egli sarà testimone contro di loro"[163]>>.

3449. Abū Hurairah (che Dio si compiaccia di lui) ci ha tramandato che il Profeta di Dio (ﷺ) ha affermato: <<In che condizione vi troverete quando il figlio di Maryam discenderà tra di voi e giudicherà le persone secondo la legge del Corano e non secondo quella del Vangelo?>>.

(50) Capitolo. Che cosa è stato affermato relativamente ai Banī Israel.

3450. Rib'ī bin Hirāsh ci ha tramandato: <<'Uqba bin 'Amr disse ad Hudhaifa: "Non ci racconterai quello che hai udito dal Profeta di Dio (ﷺ)?", egli disse di averlo udito affermare: "Quando comparirà l'*Ad-Dajjāl*, costui avrà con sé fuoco ed acqua. Quello che le persone considereranno fuoco, sarà acqua fresca e quello che le persone consideranno acqua fresca, sarà un fuoco che brucerà ogni cosa. Così, se uno di voi dovesse incontrarlo, dovrebbe cadere in quello che gli sembra fuoco perché, in realtà, sarà acqua fresca">>.

3451. Hudhaifa ha aggiunto: <<Ho udito il Profeta (ﷺ) affermare: <<Da coloro che hanno preceduto la tua generazione, vi era un uomo che l'angelo della morte venne a visitare per prendere la sua anima. (La sua anima venne presa) e gli venne domandato se avesse compiuto

---

sottomissione volontaria e si sentiranno sconfitti>>. Il versetto in questione è stato commentato da Yusuf Alì nella sua traduzione del testo sacro nel modo seguente: "*Jizya*: il significato della radice è compensazione. Il significato derivato si è trasformato nel termine tecnico indicante la tassa esatta da coloro che non accettano l'Islam come religione, ma si mostrano tuttavia disposti a vivere sotto la protezione dei musulmani, sottomettendosi tacitamente agli ideali politici islamici e conservando nello stesso tempo la propria libertà di coscienza [in ambito religioso]".
[163] Il Sacro Corano 4:159.

qualche buona azione. Lui rispose di non ricordarne nessuna. Gli venne domandato di pensare con maggiore attenzione e lui disse: "Non ricordo (nulla), tranne che ero solito commerciare con le persone nel mondo e concedevo una dilazione ai ricchi e perdonavo i poveri (tra i miei debitori)". Allora Dio lo ammise in Paradiso>>.

3452. Hudhaifa ha poi aggiunto: <<Lo ho udito affermare anche: "Una volta vi era un uomo sul letto di morte che, perduta ogni speranza di sopravvivere, disse alla sua famiglia: "Quando morirò, raccogliete per me una catasta di legna ed accendete un fuoco (per bruciare il mio cadavere). Quando il fuoco mangierà la mia carne e raggiungerà le ossa e le avrà bruciate, prendete le mie ceneri. Attendete poi un giorno di vento e disperdetele nel mare". Loro lo fecero, ma Dio raccolse i suoi (minuscoli) resti e gli domandò: "Perché ti sei comportato in questo modo?"; rispose: "Perché avevo timore di Te"; allora Dio lo perdonò">>. 'Uqba bin 'Amr disse: <<Lo ho udito affermare che gli Israeliti erano soliti scavare la tomba dei defunti (per sottrarre i sudari)>>.

3453, 3454. Āishah ed Ibn 'Abbās (che Dio si compiaccia di entrambi) ci hanno tramandato: <<Quando si trovava sul letto di morte, il Profeta di Dio (ﷺ) si pose un panno sul viso e, quando sentiva caldo, lo rimuoveva. Mentre era in questa condizione disse: "Che Dio maledica gli ebrei ed i cristaini perché costruiscono dei luoghi di culto sulle tombe dei loro profeti". (In questo modo) egli intendeva ammonire (i musulmani) per quello che gli ebrei ed i cristiani avevano fatto>>.

3455. Abū Hurairah (che Dio si compiaccia di lui) ci ha tramandato che il Profeta (ﷺ) ha affermato: <<Gli Israeliti erano guidati dai profeti. Ogni volta che moriva un profeta, un altro ne prenderva il posto. Dopo di me non ci sarà alcun messaggero, ma ci saranno dei califfi che aumenteranno di numero>>. Quando le persone gli domandarono: "O Profeta di Dio! Che cosa ci ordini di fare?", rispose: "Obbedite a colui a cui sarà data la *Bai 'a*[164] per primo. Rispettate i diritti (di coloro che vi governano) perché Dio domanderà loro (relativamente alle mancanze) nel governare coloro che Dio ha posto sotto la loro autorita'">>.

3456. Abū Sa 'īd (che Dio si compiaccia di lui) ci ha tramandato che il Profeta (ﷺ) ha affermato: "Sicuramente seguirete i modi delle altre comunità che vi hanno preceduto, spanna dopo spanna, cubito dopo cubito, in modo che, anche se loro entreranno nella tana di una lucertola, voi li seguirete". Dicemmo: "O Profeta di Dio! Intendi forse gli ebrei ed i cristiani?"; risposero: "E chi altri?">>.

3457. Anas (che Dio si compiaccia di lui) ci ha tramandato: <<Le persone menzionarono il fuoco e la campana (come metodi per annunciare il tempo della preghiera) e per questo suggerimento fecero riferimento agli ebrei ed ai cristiani. Venne però ordinato a Bilāl: "Pronuncia le parole dell'*Adhān*[165] ripetendole due volte. Invece, per l'*Iqāma*[166], devi ripeterle una sola volta".

3458. Āishah (che Dio si compiaccia di lei) ci ha tramandato che era solita odiare il fatto che una persona tenesse le mani suoi fianchi, durante la preghiera. Lei disse che gli ebrei erano soliti comportarsi in questo modo.

---

[164] Lett. Patto che comporta una serie di doveri e diritti tra coloro che lo contraggono.

[165] La chiamata alla preghiera con cui il credente è invitato a compiere le cinque preghiere obbligatorie. Durante l'*Ādhān*, il muezzin recita: "(*Allāhu Akbar, Allāhu Akbar*) Allah è più Grande, Allah è più Grande; (*Ach-hadu anna lā ilāha illa-l-lāh*) lo testimonio che non c'è dio, se non Allah; (*Ach-hadu anna Muhammad r-rasūlu-l-lāh*) lo testimonio che Muhammad è l'Inviato di Allah; (*Hayya 'ala-s-salāt*), Venite alla preghiera; (*Hayya 'ala-l-falāh*) Venite al successo! (*As-salātu Khayru min an-naūm*) la preghiera è migliore del sonno (solo nella preghiera del *Fajr*); (*Allāhu Akbar, Allāhu Akbar*) Allah è più Grande, Allah è più Grande, (*Lā ilāha illa-l-lāh*) non c'è dio, se non Allah".

[166] Quando i credenti si dispongono in piedi in ranghi per compiere la preghiera.

3459. Ibn 'Umar (che Dio si compiaccia di lui) ci ha tramandato: <<Il Profeta di Dio (؈) ha affermato: "La vostra epoca (ossia quella dei musulmani), se paragonata a quella delle precedenti comunità, assomiglia al periodo che intercorre tra la *Salāt ul-Asr* ed il tramonto. Il vostro esempio, se paragonato agli ebrei ed i cristiani è quello di una persona che impiega alcuni lavoratori e domanda loro: 'Chi lavorerà per me fino a mezzogiorno per un *Qīrāt* ciascuno?'; gli ebrei lavorarono mezza giornata per un *Qīrāt* ciascuno. La persona domandò: "Chi lavorerà per me da mezzogiorno fino alla *Salāt ul-Asr* per un *Qīrāt* ciascuno?"; i cristiani lavorarono da mezzogiorno fino al tempo della *Salāt ul-Asr* per un *Qīrāt* ciascuno. Poi la persona domandò: "Chi lavorerà per me dal tempo della *Salāt ul-Asr* fino al tramonto per due *Qīrāt* ciascuno?"; il Profeta (؈) aggiunse: "Voi musulmani state compiendo il lavoro dalla *Salāt-ul-Asr* fino al tramonto, e così avrete una doppia ricompensa. Gli ebrei ed i cristiani se ne risentirono e dissero: "Abbiamo compiuto un lavoro maggiore per una minore ricompensa". Dio disse: "Sono stato ingiusto relativamente ai vostri diritti?". Quando risposero negativamente, Egli aggiunse: "Questa è la Mia benedizione che concedo a chi desidero">>.

3460. Ibn 'Abbās (che Dio si compiaccia di lui) ci ha tramandato: <<Ho udito 'Umar (che Dio si compiaccia di lui) affermare: "Che Dio maledica tale e tale! Non sa forse che il Profeta (؈) ha affermato: 'Che Dio maledica gli ebrei perché, anche se era stato proibito loro di consumare del grasso, lo hanno venduto, dopo averlo liquefatto'">>.

3461. 'Abdullāh bin 'Amr (che Dio si compiaccia di lui) ci ha tramandato che il Profeta (؈) ha affermato: "Comunicate i miei insegnamenti alle persone anche se fosse un solo versetto o una frase (dal Corano o dalla *Sunna*) e raccontate loro le storie dei Banī Israel (che vi ho insegnato) perché in ciò non vi è alcun peccato. Colui, che afferma qualcosa di falso sulla mia persona intenzionalmente, che occupi un posto nel Fuoco".

3462. Abū Hurairah (che Dio si compiaccia di lui) ci ha tramandato che il Profeta di Dio (؈) ha affermato: "Gli ebrei ed i cristiani non colorano (i loro capelli grigi). Voi dovete fare il contrario di quello che loro compiono".

3463. Jundub ci ha tramandato che il Profeta di Dio (ﷺ) ha affermato: <<Tra le nazioni che vi hanno preceduto vi era un uomo che si fece una ferita e, divenendo impaziente (a causa del dolore), prese un coltello e si tagliò la mano. Il sangue non cessò di scorrere e per questa ragione morì. Dio disse: "Il Mio servo si è affrettato a procurarsi la morte e, per questa ragione, gli ho impedito di entrare in Paradiso">>.

(51) Capitolo. Il racconto di tre israeliti: un lebbroso, un calvo ed un cieco.

3464. Abū Hurairah (che Dio si compiaccia di lui) ci ha tramandato di aver udito il Profeta di Dio (ﷺ) affermare: <<Dio ha voluto mettere alla prova tre ebrei che erano rispettivamente affetti dalla lebbra, dalla cecità e dalla calvizie. Allora inviò un angelo, che giunse preso il lebbroso, e gli disse: "Che cosa ami più di ogni altra cosa?"; rispose: "Una pelle sana dal colorito roseo perché le persone provano nei miei confronti una grande repulsione". L'angelo allora lo toccò ed il suo male fu sanato. Gli venne concesso un buon incarnato ed una pelle meravigliosa. L'angelo gli domandò ancora: "Quale proprietà ami di più?", rispose: "Cammelli (o giovenche)". (Il narratore non è sicuro se il lebbroso o l'uomo calvo domandarono uno dei cammelli e l'altro delle giovenche). Così venne data al lebbroso una femmina di cammello incinta e l'angelo gli disse: "Che Dio ti conceda una benedizione tramite questo animale". L'angelo andò poi dall'uomo calvo e gli disse: "Quale è la cosa che ami più di ogni altra?"; rispose: "Vorrei dei bei capelli e vorrei essere curato da questo male perché le persone provano avversione nei miei confronti". L'angelo allora lo toccò ed il suo male venne curato. Gli venne concessa una bella capigliatura. L'angelo poi gli domandò: "Quale tipo di proprietà ti è più cara?", rispose: "Delle giovenche". L' angelo allora gli diede una giovenca incinta e gli disse: "Che Dio ti conceda attraverso di lei una benedizione". L'angelo andò poi dall'uomo cieco e gli domandò: "Che

cosa ami più di ogni altra cosa?", disse: "Vorrei che Dio mi ridesse la vista ed io potessi vedere le persone". L'angelo allora gli toccò gli occhi e Dio gli diede indietro la vista. L'angelo gli domandò: "Quale tipo di proprietà ti è particolarmente cara?"; rispose: "Le pecore". L'angelo allora gli diede una pecora incinta. Successivamente, tutti e tre gli animali diedero alla luce dei piccoli, si moltiplicarono e produssero così tanti animali che uno dei (tre) uomini aveva un armento di cammelli che riempiva la valle, un altro di giovenche che riempiva una valle ed il terzo un altrettanto numeroso gregge di pecore. Allora l'angelo, cammuffato nelle sembianze di un lebbroso, andò dal lebbroso e gli disse: "Sono un uomo povero, che ha perduto ogni mezzo di sostentamento nel corso di un viaggio. Nessuno quindi mi darà di quanto ho bisogno se non Dio e poi tu. Nel nome di Colui che ti ha dato una pelle sana e dal colorito roseo, ti domando di darmi un cammello con il quale giungere a destinazione". L'uomo rispose: "Ho molti obblighi (così non posso darti nulla)". L'angelo allora disse: "Penso di conoscerti. Tu non eri il lebbroso verso il quale le persone nutrivano una forte avversione? Non eri un uomo povero a cui Dio ha concesso (tutta questa proprietà)?"; rispose: "No, ho ricevuto questa proprietà come eredità dai miei antenati". L'angelo disse: "Se stai mentendo, che Dio ti riduca alla tua precedente condizione". Poi l'angelo camuffato nell'apparenza di un uomo calvo, andò dall'uomo calvo e gli rivolse le medesime parole (che aveva rivolto al lebbroso), e la persona rispose come la precedente. L'angelo allora disse: "Se stai mentendo, che Dio ti riduca alla tua precedente condizione". L'angelo camuffato nelle sembianze di un uomo cieco andò dal cieco e disse: "Sono un povero viaggiatore, i cui mezzi di sostentamento si sono consumati tutti nel corso di un viaggio. Non ho nessuno che mi possa aiutare tranne Dio e, dopo di Lui, tu stesso. Ti domando nel nome di Colui che ti ha ridato la vista di darmi una pecora al fine che, con il suo aiuto, possa completare il mio viaggio". L'uomo disse: "Senza dubbio, ero un uomo cieco e Dio mi ha ridato la vista. Ero povero e Dio mi ha reso ricco. Così prendi tutto quello che desideri della mia proprietà. Per Allah, non ti impedirò di prendere nulla (di quello che hai bisogno) della mia proprietà per amore di Dio". L'angelo rispose:

(Il libro delle storie dei profeti)

"Tieni la tua proprietà per te. Voi siete stati messi alla prova e Dio è contento di te, ma è adirato verso i tuoi due compagni">>.

(52) Capitolo. Relativamente al versetto: <<Non ritenete che i Compagni della Caverna e dell'iscrizione sia stato uno dei Nostri segni più straordinari?>>[167].

(53) Capitolo. Il racconto della caverna

3465. Ibn 'Umar (che Dio si compiaccia di lui) ci ha tramandato che il Profeta di Dio (ﷺ) ha affermato: "Una volta, tre persone (tra le comunità che vi hanno preceduto) si trovavano in viaggio ed improvvisamente cominciò a piovere e loro si rifugiarono in una grotta. L'entrata della caverna si chiuse (improvvisamente a causa della caduta di una grossa roccia) mentre loro si trovavano dentro. Costoro si dissero: "O noi! Nulla può salvarci tranne la verità. Ognuno di noi dovrebbe quindi domandare aiuto a Dio attraverso un'azione che pensa di aver compiuto con sincerità (ossia per amore di Dio)". Così uno di loro disse: "O Dio! Tu sai che avevo un operaio, che lavorava per me per un *Faraq* di riso, ma partì senza prendere quanto gli dovevo. Allora ho seminato quel *Faraq* e con il guadagno (del raccolto) ho comprato delle giovenche (per lui). Successivamente, quando giunse a domandere quanto gli dovevo, gli dissi: "Vai da queste giovenche e conducile via con te". Lui mi disse: "Tu mi devi solo un *Faraq* di riso"; gli risposi: "Vai pure a prendere quegli animali perché sono il ricavato di quel *Faraq*". Così le prese. O Dio ! Se ritieni che io mi sia comportato in questo modo solo per timore di Te, allora per favore rimuovi la roccia". Il masso si spostò un poco dall'entrata della roccia. Il secondo disse: "O Dio, Tu sai che ho dei genitori anziani, a cui ero solito portare ogni sera il latte delle mie pecore. Una notte tardai e, quando tornai (a casa), li trovai addormentati, mentre

---

[167] Il Sacro Corano 18:9.

mia moglie ed i bambini piangevano per la fame. Io non permettevo alla mia famiglia di bere, se prima i miei genitori non avevano bevuto per primi. Non volevo svegliarli, ma non volevo nemmeno che dormissero senza aver bevuto. Allora continuai ad attendere fino a quando non si destarono. O Dio! Se ritieni che mi sia comportato così solo per timore di Te, per favore, rimuovi la roccia". La roccia si mosse ancora e loro riuscirono a vedere il cielo attraverso di essa. Il terzo disse: "O Dio! Tu sai che avevo una cugina (figlia del mio zio paterno) che amavo molto e che ho cercato di sedurre, ma lei si rifiutò a meno che non le avessi dato cento dīnār. Allora ho messo insieme la somma e gliela ho portata. Lei mi ha permesso di giacere con lei. Quando però sedetti tra le sue gambe, lei disse: 'Temi Dio e non togliermi la verginità se non secondo legge (ossia il matrimonio)'. Io allora mi alzai e le lasciai i cento dīnār. O Dio! Se pensi che ho agito solo per timore di Te, allora rimuovi la roccia". Dio rimosse la roccia e loro uscirono dalla caverna>>.

(54) Capitolo.

3466. Abū Hurairah (che Dio si compiaccia di lui) ci ha tramandato di aver udito il Profeta di Dio (ﷺ) affermare: <<Mentre una donna stava allattando al seno il proprio figlio, passò un cavaliere e lei disse: "O Dio! Fai che mio figlio non muoia fino a quando non sarà divenuto come costui". Il bambino però disse: "O Dio! Non rendermi come costui!" e poi tornò a succhiare dal seno. (Dopo un poco) alcune persone passarono accanto ad una donna che veniva offesa e spintonata dalle persone. La madre del bambino disse: "O Dio! Non rendere mio figlio come costei". Il bambino però disse: "O Dio! Rendimi come costei" e poi aggiunse: "Il cavaliere è un miscredente, mentre la donna, quando è stata accusata (falsamente) di aver commesso adulterio, ha affermato: 'Dio è sufficiente per me!'. L'hanno accusata (falsamente) anche di furto, ma lei ha ripetuto: Dio è sufficiente per me">>.

3467. Abū Hurairah (che Dio si compiaccia di lui) ci ha tramandato che il Profeta (ﷺ) ha affermato: "Mentre un cane stava girando intorno ad un pozzo e stava per morire di sete, una prostituta dei Banī Israel lo vide e, dopo essersi tolta la scarpa, attinse dell'acqua dal pozzo e la diede (al cane). Così Dio la ha perdonata in ragione della sua buona azione".

3468. Humaid bin 'Abdur-Rahmān ci ha tramdato di aver udito Mu 'āwiya bin Abī Sufyān (che parlava) dal pulpito nell'anno in cui compimmo il pellegrinaggio. Egli prese un ciuffo di capelli (falsi) che stava nella mani di un uomo anziano e disse: "O abitanti di Medina! Dove siete voi studiosi? Ho udito il Profeta (ﷺ) proibire cose come questa (capelli posticci) ed era solito affermare: "I Banī Israel sono caduti nella disgrazia quando le loro donne praticarono quest'abitudine">>.

3469. Abū Hurairah (che Dio si compiaccia di lui) ci ha tramandato che il Profeta (ﷺ) ha affermato: <<Tra coloro che vi hanno preceduto, vi erano dei *Muhaddithūn*[168] e, se tra i miei seguaci ci fossero tali persone, (una di loro) sarebbe 'Umar bin Al-Khattāb>>.

3470. Abū Sa 'īd al-Khudrī (che Dio si compiaccia di lui) ci ha tramandato che il Profeta di Dio (ﷺ) ha affermato: <<Vi era un uomo dai Banī Israel che aveva assassinato 99 persone. Poi partì per domandare (se il suo pentimento sarebbe stato accettato o meno). Incontrò un monaco e gli domandò se il suo pentimento sarebbe stato accettato. Quando il monaco rispose negativamente, l'uomo lo uccise. Continuò allora a domandre fino a quando una persona non lo consigliò di recarsi in un villaggio. (Allora cominciò a partire), ma la morte lo colse durante il viaggio. Mentre stava morendo, voltò il petto verso quel villaggio (dove sperava che il suo pentimento sarebbe stato accettato) e così l'angelo della misericordia e quello della punizione cominciarono a discutere relativamente a costui. Dio ordinò al villaggio (verso cui si stava dirigendo) di avvicinarsi a lui e

---

[168] Con questo termine ci si riferisce a persone che posseggono un particolare intuito per quanto accadrà in futuro, come se fossero ispirati divinamente.

a quello (da cui era venuto) di allontanarsi. Poi ordinò agli angeli di misurare la distanza tra il suo corpo ed i due villaggi. Venne trovato una spanna più vicino al villaggio (verso cui si stava dirigendo) e così venne perdonato>>.

3471. Abū Hurairah (che Dio si compiaccia di lui) ci ha tramandato: <<Una volta il Profeta di Dio (ﷺ) offrì la preghiera del mattino e poi, dopo essersi rivolto alle persone, disse: "Un uomo, mentre stava conducendo una giovenca, la calpestò e la malmenò. Allora l'animale disse: 'Non siamo state create per questo, ma per arare'. Le persone allora meravigliate dissero: 'Che Dio sia glorificato! Una giovenca che parla!'. Il Profeta (ﷺ) disse: "Io lo credo e così fanno Abū Bakr ed 'Umar, sebbene nessuno di loro fosse presente". Poi aggiunse: "Mentre un pastore si trovava nel mezzo delle sue pecore, un lupo le attaccò e ne prese una. L'uomo allora inseguì il lupo fino a quando non salvò la pecora dall'animale. Il lupo allora disse: "Tu hai salvato questa pecora da me; chi però la sorveglierà il giorno delle bestie selvatiche quando non ci sarà alcun pastore, che me, per guardarle?"; le persone dissero: "Che Dio sia glorificato! Un lupo che parla!". Il Profeta (ﷺ) disse: "Io credo in questo, così come Abū Bakr ed 'Umar, anche se entrambi non erano presenti">>.

3472. Abū Hurairah (che Dio si compiaccia di lui) ci ha tramandato che il Profeta di Dio (ﷺ) ha affermato: <<Un uomo comprò un pezzo di terra da un altro, ed il compratore trovò una giara di terracotta piena d'oro. Il compratore disse allora al venditore: "Prendi il tuo oro. Io ho comprato solo la terra da te, ma non ho comprato l'oro". Il venditore però disse: "Ti ho venduto la terra con tutto quello che contiene". Allora portarono il caso all'attenzione di un uomo, che domandò se avessero dei figli. Uno di loro disse: "Ho un figlio maschio" e l'altro: "Ho una figlia femmina". L'uomo allora disse: "Fate sposare i due ragazzi e spendete il denaro per loro. Date poi quanto resta in carità">>.

3473. Usāma bin Zaid (che Dio si compiaccia di lui) ci ha tramandato che il Profeta di Dio (ﷺ) ha affermato: <<La pestilenza era un mezzo di tortura inviato ad un gruppo dei Banī Israel (o alcune persone che

vi hanno preceduto). Allora, se venite a sapere che si è diffusa in una terra, non avvicinatevi. Invece, se dovesse comparire in una terra dove vi trovate, non lasciatela al fine di correre via (dal male)>>.

3474. Āishah (che Dio si compiaccia di lei), la sposa del Profeta (ﷺ), ci ha tramandato: <<Domandai al Profeta (ﷺ) relativamente alla pestilenza. Lui mi disse che era una punizione che Dio invia su chi vuole, ma la rende una fonte di misericordia per i credenti se una persona, al momento in cui scoppia la pestilenza, rimane pazientemente nel paese sperando nell'aiuto di Dio e credendo che nulla gli accadrà se non quello che Dio ha stabilito per lui. Costui sarà degno di una ricompensa simile a quella di un martire>>.

3475. Āishah (che Dio si compiaccia di lei) ci ha tramandato: <<I Quraysh erano preoccupati per una donna appartenente al clan dei Banī Makhzūm, che aveva commesso un furto. Domandarono: "Chi intercederà per lei presso il Profeta di Dio (ﷺ)?"; alcuni dissero: "Nessuno ha il coraggio di farlo tranne Usāma bin Zaid, a cui il Profeta di Dio (ﷺ) è particolarmente affezionato". Quando Usāma parlò della questione con il Profeta di Dio (ﷺ), lui rispose: "Stai cercando d'intercedere con qualcuno in un caso in cui Dio ha prescritto una punizione?". Poi si alzò e pronunciò una *Khutba*[169] dicendo: "Le nazioni che vi hanno preceduto sono cadute nella rovina perché, se un nobile tra di loro commetteva un furto, erano soliti perdonarlo. Invece, se una persona povera si macchiava della medesima colpa, gli infliggevano la punizione prescritta da Dio. Per Allah, se Fatima, la figlia di Muhammad, commettesse un furto, io le taglierei la mano">>.

---

[169] Cfr. V. Salierno, *Dizionario dell'Islam*, Roma 2018: <<Khutba, il sermone o predica dell'imām che presiede la preghiera collettiva del venerdì; ha inizio con la lode di Allāh (ḥamdala), con la menzione delle qualità del Profeta, con una preghiera di intercessione per i credenti, con la menzione del capo della comunità e con la recitazione di qualche passo coranico; e infine il sermone vero e proprio. Controversa è stata nei secoli la menzione del capo della comunità, ossia sovrani e califfi: in determinati periodi storici, l'omissione del nome è stato considerato un segno di ribellione all'autorità statale>>.

3476. Ibn Mas 'ūd (che Dio si compiaccia di lui) ci ha tramandato: <<Ho udito una persona recitare un versetto (coranico) in un certo modo ed avevo ascoltato il Profeta (ﷺ) recitare il medesimo versetto in un modo diverso. Allora condussi (questa persona) dal Profeta (ﷺ) e lo informai, ma notai sul suo volto il segno della disapprovazione. Poi egli disse: "Entrambe le recitazioni sono corrette. Non differite, quindi, perché le nazioni che vi hanno preceduto differivano e per questa ragione sono state distrutte">>.

3477. 'Abdullāh (bin Mas'ūd) -che Dio si compiaccia di lui- ci ha tramandato: <<Mi sembra di vedere il Profeta (ﷺ) che parlava di uno dei messaggeri, che è stato percosso dal suo popolo e per questo ha sanguinato, mentre stava rimuovendo il sangue via dal volto e diceva: "O Dio! Perdona il mio popolo perché non sa">>.

3478. Abū Sa 'īd (che Dio si compiaccia di lui) ci ha tramandato che il Profeta (ﷺ) ha affermato: <<Tra le persone che hanno preceduto la vostra epoca, vi era un uomo a cui Dio aveva concesso un ingente ricchezza. Mentre si trovava sul letto di morte, egli chiamò i suoi figli e disse: "Che tipo di padre sono stato per voi?"; risposero: "Sei stato un buon padre". Lui allora disse: "Non ho mai commesso una buona azione. Così, quando morirò, bruciate il mio cadavere e poi disperdete le mie ceneri in un giorno di vento". I suoi figli agirono secondo la sua volontà, ma Dio raccolse i suoi (minuscoli) resti e gli domandò: "Che cosa ti ha indotto a farlo?"; rispose: "Il timore di Te". Così Dio gli ha concesso la Sua misericordia (ossia lo ha perdonato)">>.

3479. Rib'ī bin Hirāsh ci ha tramandato che 'Uqba ha detto ad Hudhaifa: "Non ci racconterai quanto hai udito dal Profeta di Dio (ﷺ)?"; Hudhaifa rispose di aver udito il Profeta (ﷺ) affermare: <<La morte giunse presso un uomo e, quando ormai non vi era alcuna speranza di poter sopravvivere, disse alla sua famiglia: "Quando morirò, raccogliere della legna e fatene una catasta (per bruciare il mio cadavere). Quando il fuoco avrà consumato la mia carne ed avrà raggiunto le ossa, prendetele e polverizzatele e disperdete le mie ceneri nel mare in un giorno caldo (o ventoso)". (Questo venne fatto). Dio però raccolse le sue minuscole particelle e gli domandò: "Perché

lo hai fatto?'; rispose: "Per timore di Te" e così Dio lo perdonò>>. 'Abdul Mālik ha narrato come sopra, ma ha aggiunto: "In un giorno di vento".

3480. Abū Hurairah (che Dio si compiaccia di lui) ci ha tramandato che il Profeta di Dio (ﷺ) ha affermato: <<Un uomo era solito concedere dei prestiti alle persone e dire ai suoi servi: "Se il debitore è una persona povera, perdonatelo, in modo che Dio possa perdonarci". Così, quando costui incontrò Dio (dopo la morte), Lui lo ha perdonato>>.

3481. Abū Hurairah (che Dio si compiaccia di lui) ci ha tramandato che il Profeta di Dio (ﷺ) ha affermato: <<Un uomo era solito compiere degli atti peccaminosi e, quando giunse per lui il tempo di morire, disse ai suoi figli: "Dopo la mia morte, bruciatemi, polverizzate le mie ossa e poi disperdetele nel vento. Se Dio dovesse prendermi, mi infliggerebbe una punizione che non ha mai inflitto a nessun altro". Quando morì, i suoi figli rispettarono la sua volontà. Dio però diede ordine alla terra: "Metti insieme quello che hai trattenuto dei suoi resti". La terra ubbidì ed ecco vi era un uomo. Dio gli domandò: "Che cosa ti ha indotto a comportarti in questo modo?", rispose: "O mio Signore! Avevo paura di Te" e così Dio lo perdonò>>. Un altro narratore ha affermato: <<L'uomo disse: "Il timore di Te, o Signore!">>.

3482. 'Abdullāh bin 'Umar (che Dio si compiaccia di lui) ci ha tramandato che il Profeta di Dio (ﷺ) ha affermato: <<Una donna è stata punita a causa di un gatto, che aveva imprigionato fino a quando non è morto. A causa (di questa sua azione), andò all'Inferno perché non gli diede né cibo né acqua, quando lo ebbe imprigionato, e non lo lasciò nemmeno libero di mangiare dei vermetti della terra>>.

3483. Abū Mus 'ūd 'Uqba ci ha tramandato che il Profeta di Dio (ﷺ) ha affermato: <<Uno dei detti principali della profezia (*an-Nubuwwa*), che

le persone hanno ricevuto, è: "Se non provi vergogna[170], allora fai quello che vuoi">>.

3484. Abū Mus 'ūd (che Dio si compiaccia di lui) ci ha tramandato che il Profeta (ﷺ) ha affermato: <<Uno dei detti della profezia, che le persone hanno ricevuto, è: "Se non provi vergogna, allora fai quello che vuoi">>.

3485. Ibn 'Umar (che Dio si compiaccia di lui) ci ha tramandato che il Profeta (ﷺ) ha affermato: <<Mentre un uomo stava camminando, trascinando la propria veste con orgoglio, venne inghiottito dalla terra e continuerà ad affondare in essa fino al giorno della Resurrezione[171]>>.

---

[170] Cfr. Sahīh al-Bukhārī, *Kitāb al-Adab* (Il libro della corretta educazione), trad. italiana a cura di S. Lei, Roma 2020, 6117: <<Il Profeta (ﷺ) ha detto: "Il pudore religioso porta solo cose buone">>; 6120: <<Il Messaggero di Dio (ﷺ) ha detto: "Tra ciò che la gente ha compreso delle parole degli antichi profeti vi è: "Se non ti vergogni, fai ciò che desideri">>; Sahīh Muslim, *Kitāb al-'Imān* (Il libro della fede), trad. italiana a cura di S. Lei, Roma 2019, [152] 57 - (35) Ci è stato tramandato sull'autorità di Abū Hurairah che il Profeta (ﷺ) ha affermato: "La fede ha settanta rami e la modestia (*al-Haya*) è una parte della fede".

[171] Cfr. Il Sacro Corano 39:68-70: <<Il corno risuonerà e tutti coloro che si trovano nei cieli e sulla terra saranno colti da svenimento, eccetto coloro per cui Dio avrà disposto diversamente. Poi sarà risuonato un secondo colpo; si alzeranno e rimarranno a guardare! La terra risplenderà della gloria del suo Signore. Il registro delle azioni sarà lasciato aperto. I profeti e i testimoni saranno fatti avanzare e sarà pronunciata tra di loro una giusta decisione e non subiranno alcuna ingiustizia. Ogni anima riceverà i frutti delle sue azioni e Dio conosce bene tutto ciò che compiono>>; 36:51-54: <<Nel corno sarà soffiato, poi dai sepolcri gli uomini si avvicineranno al loro Signore! Diranno: "Guai a noi! Chi ci ha destato dai letti del nostro riposo? Questo è ciò che Dio, il Clemente, ha promesso e la parola dei profeti è verità!". Sarà non più di un solo grido e saranno condotti tutti davanti a Noi! Poi, quel giorno, nessuna anima subirà un torto e sarete ricompensati per le vostre azioni passate>>; 21:104: <<Il giorno in cui avvolgeremo i cieli come una pergamena avvolta in rotoli. Proprio come abbiamo iniziato la prima creazione, così ne ripeteremo una nuova. Questa è una promessa che abbiamo fatto e Noi la manterremo>>.

3486. Abū Hurairah (che Dio si compiaccia di lui) ci ha tramandato che il Profeta (ﷺ) ha affermato: <<Noi musulmani siamo gli ultimi (ad essere giunti), ma saremo i primi nel giorno della Resurrezione, sebbene le nazioni precedenti abbiamo ricevuto la rivelazione prima di noi e noi invece successivamente. Questo (ossia il venerdì), è il giorno relamente al quale differirono. Così il giorno successivo -ossia sabato- venne prescritto per gli ebrei, e quello successivo-ossia domenica- per i cristiani.

3487. È obbligatorio per ogni musulmano lavare il capo ed il corpo una volta ogni sette giorni.

3488. Sa 'īd bin Al-Musaiyab ci ha tramandato: <<Quando Mu'āwiya bin Abī Sufyān giunse a Medina per l'ultima volta, pronunciò una *Khutba* davanti a noi. Prese un ciuffo di capelli e disse: "Non ho mai pensato che qualcuno, oltre gli ebrei, avrebbe utilizzato qualcosa di simile. Il Profeta (ﷺ) ha chiamato questa pratica *Az-Zūr*[172], intendo l'utilizzo di capelli posticci">>.

---

[172] Termine arabo che indica qualcosa di falso o contraffatto.

Il libro delle virtù

(1) Capitolo. Relativamente ai versetti: "O uomini, vi abbiamo creato da una singola anima, maschio e femmina, e vi abbiamo diviso in nazioni e tribù affinché vi conosceste a vicenda. In verità, agli occhi di Dio il più onorevole tra di voi è colui che agisce secondo giustizia. Dio ha piena conoscenza ed è ben informato su quello che fate"[1]; e "O umanità! Riverite il vostro Signore che vi ha creato da una sola anima. Egli ha creato, di natura simile, il suo compagno e da loro ha disperso, come semi, innumerevoli uomini e donne. Temete Dio, attraverso il quale domandate i vostri (diritti) reciproci, e fate attenzione a non recidere i legami di parentela. Dio veglia sempre su di voi"[2]. La proibizione dei cattivi costumi della *Jāhiliyyah*[3].

---

[1] Il Sacro Corano 49:13.

[2] Il Sacro Corano 4:1.

[3] Cfr. Salierno V., *Dizionario dell'Islam*, Roma 2018: "*Jāhiliyyah*, il periodo preislamico del Ḥijaz (v. voce), in contrapposizione al periodo successivo, quello islamico. Il termine indica l'insieme dei valori e delle norme che regolavano gli uomini della vita del deserto>>; Lei S., *Muhammad, il Profeta dell'Islam (pace e benedizioni su di lui), una guida dall'inizio della rivelazione all'Hijrah*, Roma 2018, 32-33: "La presunzione dell'uomo della *Jāhiliyyah*, accompagnata da insolenza ed arroganza, derivava da una mancanza di conoscenza di se stesso e di Dio. Questa condizione interiore rendeva impossibile per gli arabi del tempo comprendere l'essenza della natura umana con tutte le sue potenzialità ed i limiti stabiliti dal Creatore. Il culmine di quest'atteggiamento interiore è manifestato dalla credenza secondo cui l'essere umano, dopo essere stato creato da Dio, fosse semplicemente abbandonato al proprio destino e non intrattenesse più alcun legame con Colui che lo ha creato. La vita dell'uomo diveniva così preda del *Dahr*, traducibile sia come tempo che come destino, che inesorabilmente inghiottiva nel nulla tutto ciò che era contingente e creato. Nel Corano è descritta in maniera molto precisa quest'attitudine dell'uomo della *Jāhiliyyah*: "Dicono: <<Non c'è che questa vita terrena: viviamo e moriamo; quello che ci uccide è il tempo che passa>>. Invece non possiedono alcuna scienza, non fanno altro che illazioni. Quando vengono recitati loro i Nostri versetti

3489. Ibn ʿAbbās (che Dio si compiaccia di lui) ci ha tramandato relativamente al versetto: "O uomini, vi abbiamo creato da una singola anima, maschio e femmina, e vi abbiamo diviso in nazioni e tribù affinché vi conosceste a vicenda. In verità, agli occhi di Dio il più onorevole tra di voi è colui che agisce secondo giustizia. Dio ha piena conoscenza ed è ben informato su quello che fate"[4], che il termine *Shuʿūba* indica le grandi *Qabāʾil* (ossia le nazioni), ossia le sezioni delle tribù.

3490. Abū Hurairah (che Dio si compiaccia di lui) ci ha tramandato: <<Una volta, venne domandato al Profeta di Dio (ﷺ): "Chi è il più onorevole tra le persone?"; lui rispose: "Colui che teme Dio e rispetta i suoi doveri verso di Lui". Loro dissero: "Non domandavano

---

espliciti non hanno altro argomento eccetto: <<Fate risorgere i nostri avi, se siete sinceri>>". Per l'uomo della *Jāhiliyyah* la vita terrena non è altro che una marcia verso il nulla a cui viene condotto dalla tirannia stessa del tempo. Per gli arabi dell'epoca pre-islamica la finitezza, che si esprimeva nell'esistenza radicata nella temporalità, era una condanna da cui era impossibile sfuggire. La natura stessa dell'uomo era strutturata in modo da subire questa condanna ontologia inesorabile. Al tempo e alla sua tirannia distruttiva non vi era alcuna possibilità di scampo. Questa concezione è riflessa anche nei versi dei poeti pre-islamici. Per esempio, ʿAbīd ibn al-Abras scrive nel suo *Diwan*: "Vedi un uomo che si strugge per il desiderio e soffre per una vita lunga. Che cosa è mai una vita lunga, se non un fardello di dolore e tristezza?" "Tutto ciò che è piacevole è destinato ad essere rapito via. Ogni persona, che raccoglie delle spoglie, sarà depredata a sua volta", "L'uomo, fino a quando vive, non inganna altri che sé stesso. Una vita lunga non è altro che un aumento di problemi". Per l'uomo della *Jāhiliyyah*, l'adorazione degli idoli era una maschera, che nascondeva la radice profondamente atea della propria esistenza e la mancanza di una relazione tra fede religiosa e valori morali. L'orizzonte dell'uomo della *Jāhiliyyah* non andava al di là dei limiti della vita terrena ed il culto degli antenati. Lo stesso termine arabo *Jāhiliyyah*, che contraddistingue quest'epoca, non indica una semplice mancanza di conoscenza, ma è paradigmatica di un atteggiamento interiore profondamente radicato nella cultura araba del tempo".

[4] Il Sacro Corano 49:13.

relativamente a questo" e lui disse: "Allora Yūsuf[5], il profeta di Dio (pace su di lui)">>.

3491. Kulaib bin Wā'il ci ha tramandato: <<Domandai a Zainab bint Abī Salama: "Dimmi se il Profeta di Dio (ﷺ) apparteneva alla tribù di Mudar[6]"; lei rispose: "Sì, egli apparteneva alla tribù di Mudar e discendeva da An-Nadr bin Kināna[7]">>.

3492. Kulaib ci ha tramandato: <<Mi venne detto da Rabība che, penso, fosse Zainab, che il Profeta (ﷺ) proibì l'utilizzo degli utensili chiamati *Ad-Dubbā', Al-Hantam, Al-Muqaiyar* ed *Al-Muzaffat*[8]. Le dissi: "Dimmi a

---

[5] Cfr. Il Sacro Corano, Sura Yūsuf, dodicesima sura del Corano composta da 111 versetti.

[6] Tribù, il cui nome deriva da Mudar ibn Nizar, che abitavano la zona centrale dell'Arabia prima di trasferirsi alla Mecca. Mudar ibn Nizar può essere considerato anche antenato della tribù dei Quraysh attraverso suo figlio Ilyas progenitore, attraverso la sua discendenza, dei Banū Hudhayl, Banū Asad, Banū Tamīm e Banū Kināna. I Banū Kināna includevano gli stessi Quraysh.

[7] Antenato del Profeta Muhammad (ﷺ) che lo precede di tredici generazioni. Il progenitore di Mudar, antenato di An-Nadr bin Kināna, era lo stesso Ismaele figlio di Abramo. Cfr. S. Lei, *Muhammad, il Profeta dell'Islam (pace e benedizioni su di lui), una guida completa dall'inizio della rivelazione all'Hijrah*, Roma 2018, 21: <<Secondo la tradizione arabo-islamica Ismaele è antenato del Profeta Muhammad secondo la seguente genealogia: Da Qidar (Kedar) Adnan e Ma'ad, da Ma'ad Nizar, Mudar, Elias ibn Mudar, Kināna ibn Khuzaiman, Quraysh, Qusayy (400 d.C.), Abd al-Manāf (430 d.C.), Hāshim (464 d.C.), 'Abd al-Muttalib (497 d.C.), 'Abdullāh (545 d.C.), Muhammad (570 d.C.). In una tradizione ci è stato tramandato che il Profeta disse: "Allah ha scelto Ismaele tra i figli di Abramo, Kināna tra i figli di Ismaele, Quraysh dai figli di Kināna, Hāshim dai figli di Quraysh e ha scelto me tra i figli di Hāshim ">>.

[8] Con questi termini s'indicano i contenitori nei quali veniva prodotto il *Nabīdh*, una bevanda alcolica simile al vino. Il termine *Ad-Dubbā'* si riferisce ad un tipo di zucca; *Al-Hantam* è un vassoio di terracotta che è stato descritto nelle fonti in modo diverso. *An-Naqir*, invece, costituisce una sezione di un albero di palma che è stato tagliato a metà e svuotato ed *Al-Muqayyar*, che deriva da *Al-Qar*, è un vassoio tinto di color nero catrame. Cfr. Sahīh Muslim, *Kitāb ul-'Imān*, trad. a cura di S. Lei, Roma 2018, [116] 24 - (...) Ci è stato tramandato che Abū Jamrah disse: <<Ero solito tradurre tra Ibn 'Abbās e le persone. Una donna venne da lui e gli domandò relativamente al fare il *Nabīdh* in un recipiente (di terracotta). Egli disse: "La delegazione di Abdul-

quale tribù apparteneva il Profeta (ﷺ). Faceva forse parte della tribù di Mudar?"; lei rispose: "Egli apparteneva alla tribù di Mudar e discendeva da An-Nadr bin Kināna">>.

3493. Abū Hurairah (che Dio si compiaccia di lui) ci ha tramandato che il Profeta di Dio (ﷺ) ha affermato: <<Le persone assomigliano ai metalli. Coloro che erano i migliori nella *Jāhiliyyah* sono anche i migliori nell'Islam se acquistano la conoscenza religiosa. Sotto questo punto di vista (ossia dell'assunzione del comando), i migliori sono coloro che lo odiano maggiormente>>.

3494. (Il Profeta di Dio ﷺ ha aggiunto): <<Le persone peggiori sono quelle dal doppio volto, che appaiono ad alcuni con un volto e ad altri con un altro>>.

3495. Abū Hurairah (che Dio si compiaccia di lui) ci ha tramandato che il Profeta (ﷺ) ha affermato: <<(Relativamente al diritto al comando) la tribù dei Quraish ha precedenza rispetto alle altre. I musulmani

---

Qais giunse dal Profeta di Dio ed il Profeta di Dio (ﷺ) chiese: "Qual è questa delegazione?" - o: "Chi sono queste persone?" - Loro risposero: "Rabi'ah". Egli disse: "Che costoro siano benvenuti" - o "Che sia benvenuta la delegazione" - "Che non siano umiliati e che non abbiano nulla di cui pentirsi". Loro dissero: "O Profeta di Dio, siamo giunti da una terra lontana. Tra noi e te si trova la tribù miscredente dei Mudar. Per questa ragione possiamo venire da te solo durante i mesi sacri, così dacci un chiaro comando che possiamo comunicare a coloro che sono rimasti indietro e grazie al quale possiamo entrare in Paradiso". Egli comandò loro quattro cose e ne proibì altrettante quattro. Egli (ﷺ) li invitò a credere in Dio solo, e chiese: "Sapete che cosa significa credere solo in Dio?". Loro risposero: "Dio ed il Suo messaggero ne sanno di più". Egli (ﷺ) disse: "Testimoniare che nessuno ha il diritto di essere adorato se non Dio solo, che Muhammad è Suo servo e profeta, assolvere alla *Salāt*, pagare la *Zakāt*, digiunare (durante il mese del) Ramadān e dare ⅕ (*khums*) del bottino conquistato in guerra. E poi proibì loro di utilizzare *Ad-Dubba'*, *Al-Hantam* ed *Al-Muzaffat*". Shu'bah (uno dei narratori) disse: "Forse ha affermato: "*An-Naqīr*" - ed egli disse: "Ricorda questo e comunicalo a coloro che avete lasciato indietro". Ed Abū Bakr (uno dei narratori) disse nella sua narrazione: "Coloro che si trovano dietro di voi". Ed Al-Muqayyar non si trova nella narrazione>>.

seguono coloro che tra costoro sono anch'essi musulmani mentre i miscredenti quelli che tra di loro sono anch'essi miscredenti>>.

3496. (Il Profeta di Dio 🕌 ha aggiunto): <<Le persone sono come dei metalli (di differente origine e natura). I migliori nella *Jāhiliyyah* sono i migliori nell'Islam se comprendono la conoscenza religiosa. Troverai che, sotto questo punto di vista, le persone migliori (per assumere il comando) sono coloro che lo odiano, fino a quando non viene data loro la *Bai'ah*[9]>>.

3497. Tāwūs ci ha tramandato: <<Ibn 'Abbās (che Dio si compiaccia di lui) ha recitato il versetto coranico: "Dio dà la buona novella ai Suoi servi che credono e che compiono il bene. Di': "Non vi domando alcuna ricompensa, tranne l'affetto derivante dalla parentela. E, se qualcuno compie una buona azione, Noi gli concederemo qualcosa di migliore. Dio è Perdonatore, Riconoscente"[10]. Sa'īd bin Jubair ha

---

[9] Il termine arabo *Bai'ah* indica l'alleanza e la promessa di obbedienza prestata ad un leader, in questo caso il Profeta Muhammad (🕌). Cfr. Il Sacro Corano 48:18: <<Il compiacimento di Dio era con i credenti, quando ti hanno giurato fedeltà sotto l'albero. Egli conosce ciò che si trovava nei loro cuori ed Egli ha inviato loro la pace e li ha ricompensati con una veloce vittoria>>. Questo versetto si riferisce alla sigla della pace di Hudaibiyah tra i musulmani, i Quraysh ed il loro alleati (628 d.C.), che favorì la diffusione dell'Islam tra le tribù arabe. In un passo della sura *At-Tawbah* indica l'obbedienza rivolta a Dio. Cfr. Il Sacro Corano 9:111: <<Dio ha acquistato dai credenti le loro persone ed i loro beni. Per loro, in cambio, vi è il Giardino del Paradiso. Costoro combattono per la Sua causa, uccidono e sono uccisi. Una promessa che Lo vincola nella verità, attraverso la Legge, il Vangelo ed il Corano. Chi è più fedele ai patti di Dio? Rallegratevi dello scambio che avete fatto. Questo è il supremo successo>>. Nel Sacro Corano si afferma che l'obbedienza prestata al Profeta (🕌) equivale a quella prestata a Dio. Cfr. Il Sacro Corano 4:59: <<O voi che credete, obbedite a Dio, al Profeta e a coloro che tra di voi hanno autorità. Se differite in qualcosa, riferitelo a Dio e al Suo Profeta, se credete in Dio e nell'Ultimo Giorno. Questo è più appropriato per prendere una decisione definitiva>>; 48:18: <<Il compiacimento di Dio era con i credenti, quando ti hanno giurato fedeltà sotto l'albero. Egli conosce ciò che si trovava nei loro cuori ed Egli ha inviato loro la pace e li ha ricompensati con una veloce vittoria>>.
[10] Il Sacro Corano 42:23.

affermato: "(Il versetto implica) la parentela di Muhammad (ﷺ). Ibn 'Abbās[11] (che Dio si compiaccia di lui) ha detto: 'Non vi era un solo clan dei Quraysh che non avesse un legame di parentela con il Profeta (ﷺ)'. A questo proposito è stato rivelato il versetto precedente. La sua interpretazione è: 'O Quraysh! Dovreste mantenere delle buone relazioni tra me (ossia Muhammad ﷺ) e voi'>>.

3498. Abū Mas'ūd (che Dio si compiaccia di lui) ci ha tramandato che il Profeta (ﷺ) ha detto: <<Da questa direzione -facendo segno verso l'Oriente- appariranno le prove e le tribolazioni (al-Fitan)[12]. La

---

[11] 'Abdullāh ibn 'Abbās ibn 'Abd al-Muttalib, cugino del Profeta (ﷺ) ed uno degli uomini più colti tra i compagni in modo particolare per quel che concerneva la rivelazione coranica.

[12] Plurale di *Fitnah*. Il termine *Fitnah* deriva dalla radice araba *Fa Ta Na* indicante una prova o tribolazione. Cfr. Ibn Fāris, *Maqāyīs Al-Lughah* 4/472. Secondo Al-Azharī, il termine deriverebbe dall'espressione araba "fatantu al-fiddah wa'l-dhahab", relativa all'atto di testare la consistenza ed il valore dell'oro e dell'argento". Cfr. Il Sacro Corano 51:13-14: <<Proveranno quel giorno quando vedranno il Fuoco. [Sarà detto loro]: "Gustate la vostra prova. Questo è ciò verso cui vi affrettavate">>. Cfr. Al-Azharī, *Tahdhīb al-Lughah*, 14/196. Il termine *Fitnah* nel Sacro Corano compare in molteplici versetti secondo diverse sfumature di significato quali: prova, tribolazione, persecuzione, opposizione, menzogna, tentazione, assassinio, rivolta e discordia. Cfr. Il Sacro Corano 29:2: <<Pensano forse che saranno lasciati soli, dopo aver detto: "Crediamo" e che non saranno sottoposti a delle prove?>>; 5:49: <<Lui ti comanda: "Giudica tra loro secondo ciò che Dio ha rivelato e non seguire i loro vani desideri, ma stai attento che non ti allontanino dall'insegnamento che Dio ti ha inviato. E se si voltano indietro, stai sicuro che Dio ha intenzione di punirli per alcuni dei loro crimini. In verità, la maggior parte di loro sono dei ribelli">>; 16:110: <<In verità, il tuo Signore è perdonatore e misericordioso verso quanti lasciano le loro case, dopo prove e persecuzioni, s'impegnano, combattono per la fede e perseverano con pazienza>>; 2:193: <<Combattili fino a quando non ci sia più né tumulto né oppressione e prevalga la giustizia e la fede in Dio. Però, se cessano, che non ci siano ostilità eccetto contro coloro che praticano l'oppressione>>; 57:14: <<Grideranno: "Non eravamo forse con voi?". E gli altri risponderanno: "Vero! Però vi siete lasciati condurre alla tentazione. Avete anticipato la vostra rovina. Avete dubitato della promessa di Dio e i vostri falsi desideri vi hanno ingannato, fino a quando il comando di Dio non si è realizzato. E l'ingannatore vi ha ingannato relativamente a Dio>>; 8:73: <<I miscredenti

rudezza e la mancanza di misericordia sono le caratteristiche dei beduini che sono occupati con i loro cammelli e gli armenti (e non prestano alcuna attenzione alla religione). Queste sono le tribù di Rabī ʻa e di Mudar>>.

---

sono protettori gli uni degli altri. Se non vi proteggeste gli uni con gli altri, ci sarebbe tumulto ed oppressione sulla terra e grande corruzione>>; 5:41: <<O Profeta, non lasciarti addolorare da coloro che corrono verso la miscredenza, da coloro che dicono "crediamo" con le loro labbra, ma nel cuore non hanno alcuna fede, o dagli ebrei, uomini che darebbero ascolto ad ogni bugia, e a coloro che non ti hanno mai incontrato. Costoro distorcono il significato delle parole estrapolandole dal contesto ed affermano: "Se ciò vi è stato dato, accettatelo, altrimenti state in guardia". Se Dio vuole che qualcuno sia tentato dal male, tu non puoi fare nulla. Dio non intende purificare i loro cuori. Per costoro c'è la disgrazia in questa vita e nell'Altra un doloroso castigo>>; 4:101: <<Quando viaggiate attraverso la terra, non potrete essere biasimati, se rendete le vostre preghiere più brevi per il timore che i miscredenti possano attaccarvi. I miscredenti invero sono i vostri nemici giurati>>; 9:47: <<Se fossero usciti insieme a voi, non avrebbero aggiunto nulla alla vostra forza, ma avrebbero solo creato disordine, correndo di qua e di là tra di voi, seminando sedizione. Alcuni tra di voi avrebbero prestato loro ascolto. Però Dio conosce bene coloro che commettono ingiustizia>>; 85:10: <<Coloro che perseguitano i credenti, uomini e donne, e non si volgono in pentimento, avranno la pena del Fuoco dell'Inferno. Avranno la pena del Fuoco ardente>>. Cfr. *Sahīh al-Bukhārī, Kitāb al-Fitan* (Il Libro delle Prove), trad. italiana a cura di S. Lei, Roma 2020, 7092. Il padre di Salīm ci ha tramandato che il Profeta (ﷺ) si pose al lato del pulpito (e puntando il dito verso oriente) disse: "La *Fitnah* è lì! La *Fitnah* è lì, da dove sporge il lato della testa di Satana" o disse "...il lato del sole..."; 7093. Ibn ʻUmar (che Dio si compiaccia di lui) ci ha tramandato di aver udito il Profeta di Dio (ﷺ) affermare mentre era rivolto verso oriente: "In verità, la *Fitnah* si trova qui (verso oriente), da dove sporge il lato della testa di Satana"; 7094. Ibn ʻUmar (che Dio si compiaccia di lui) ci ha tramandato che il Profeta (ﷺ) ha affermato: "O Dio, concedi le Tue benedizioni sullo Sham! O Dio, concedi le Tue benedizioni sullo Yemen!" Le persone dissero: "Ed anche sul nostro Najd". Lui disse: "O Dio, concedi le Tue benedizioni allo Sham! O Dio concedi le Tue benedizioni allo Yemen!" Le persone dissero: "O Profeta! Anche sul nostro Najd". (Ibn ʻUmar disse): <<Penso che il Profeta (ﷺ) per la terza volta disse: "Najd è il luogo dei terremoti e della *Fitnah* e da lì sporge il lato della testa di Satana".

3499. Abū Hurairah (che Dio si compiaccia di lui) ci ha tramandato di aver udito il Profeta di Dio (ﷺ) affermare: <<L'orgoglio e l'arroganza sono le caratteristiche dei beduini, mentre la calma si trova tra i pastori di pecore. La fede è yemenita così come la saggezza"[13]. Abū 'Abdullāh (Al-Bukhārī) ha affermato: "Lo Yemen era chiamato così in quanto è situato alla destra della *Ka'bah* e lo Sham era chiamato in questo modo poiché è situato alla sinistra della *Ka'bah*".

(2) Capitolo. Le virtù dei Quraysh

3500. Muhammad bin Jubair bin Mut'im ci ha tramandato che, mentre si trovava con una delegazione dei Quraysh alla presenza di Mu'āwiya, quest'ultimo venne a sapere che 'Abdullāh bin 'Amr bin Al-'Āsi aveva detto che ci sarebbe stato un re dalla tribù di Qahtān. Mu'āwiya allora si adirò, si alzò, lodò Dio così come deve essere lodato, e disse: <<Ora, ho udito che alcuni di voi riportano cose che non si trovano né nel Libro di Dio e nemmeno sono state proferite dal Profeta di Dio (ﷺ). Costoro sono gli ignoranti tra di voi. State attenti a tali speranze che inducono le persone a perdersi perché ho udito il Profeta di Dio (ﷺ) affermare: "L'autorità del comando rimarrà con i

---

[13] Cfr. Sahīh Muslim, *Kitāb al-'Īmān*, (Il libro della fede), trad. italiana a cura di S. Lei, Roma 2019, [182] 82 - (52) Ci è stato tramandato che Abū Hurairah ha affermato: <<Il Profeta di Dio (ﷺ) ha detto: "Gli Yemeniti sono giunti. Costoro sono teneri di cuore. La vera (fede) è quella degli Yemeniti, la (vera) comprensione è quella degli Yemeniti, la (vera) saggezza è quella degli Yemeniti">>; [184] 84 - (...) Abū Hurairah ha affermato: <<Il Profeta di Dio (ﷺ) ha detto: "Sono giunti gli Yemeniti. Costoro sono gentili e teneri di cuore. La (vera) comprensione è quella degli Yemeniti, la (vera) saggezza è quella degli Yemeniti">>; [185] 85 - (...) Ci è stato tramandato da Abū Hurairah che il Profeta di Dio (ﷺ) ha affermato: "Il capo della miscredenza si trova ad oriente. La vanagloria e l'arroganza di trovano tra i mandriani di cammelli e di cavalli -le persone rozze che vivono nelle tende-, mentre la tranquillità si trova tra i pastori di pecore".

Kitāb al-Manākib

(Il libro delle virtù)

Quraysh e chiunque nutre ostilità verso di loro, Dio lo distruggerà fino a quando costoro rispetteranno le leggi della religione">>.

3501. Ibn 'Umar (che Dio si compiaccia di lui) ci ha tramandato che il Profeta (ﷺ) ha affermato: <<L'autorità del comando rimarrà con i Quraysh, anche se solo due di loro rimarranno>>.

3502. Jubair bin Mut 'im ci ha tramandato: <<'Uthmān bin 'Affān (che Dio si compiaccia di lui) si recò dal Profeta (ﷺ) e disse: "O Profeta di Dio! Tu hai dato la proprietà ai Banī Al-Muttalib e non a noi, sebbene noi e loro vantiamo con te lo stesso grado di parentela". Il Profeta (ﷺ) disse: <<Solo i Banī Hāshim[14] ed i Banī Al-Muttalib[15] sono la medesima cosa (relativamente allo *status* famigliare)>>.

---

[14] Hāshim era il bisnonno del Profeta (ﷺ). Cfr. V. Salierno, *Dizionario dell'Islam*, Roma 2018: <<Hāshim ibn 'Abd Manāf, bisnonno del Profeta, era armatore delle due carovane che ogni anno si recavano in Siria e nello Yemen. Venivano organizzate carovane di 200-300 uomini e 2.000-2.500 dromedari: le merci scambiate consistevano in oro e argento, pellami, otri, corazze, armi di acciaio, essenze, profumi, tessuti, spezie, uva secca>>. Cfr. S. Lei, *Muhammad, il Profeta dell'Islam (pace e benedizioni su di lui), una guida completa dall'inizio della rivelazione all'Hijrah*, Roma 2018, 24: <<Ciononostante la metà del V secolo costituì un periodo di grande sviluppo economico per la Mecca e la sua classe mercantile. Infatti, i figli di 'Abd al Manāf si distinsero nel commercio e strinsero dei trattati di amicizia con i popoli vicini, per favorire la libera circolazione delle merci. Hāshim, per esempio, non solo regolò le due carovane principali, ossia l'invernale e quella estiva, dirette rispettivamente verso lo Sham e lo Yemen, ma firmò un trattato di amicizia con la potente tribù dei Ghassan ed ottenne da Bisanzio per la tribù dei Quraysh il diritto di viaggiare per fini commerciali in tutti i territori della penisola araba in pace e sicurezza. 'Abd Shams invece siglò un trattato commerciale con l'Abissinia, mentre Nawfal e Al-Muttalib firmarono rispettivamente un trattato di amicizia con la Persia ed un patto commerciale con gli Himyris dello Yemen. Questi trattati commerciali erano chiamati in arabo *Ilāf*, termine che indica solo il permesso di commerciare, senza implicare a sua volta nessuna alleanza politica o militare. Infatti, i Quraysh strinsero delle *Ilāf* sia con il potere persiano che con quello bizantino, mantenendosi sempre neutrali nei periodi di conflitto al fine di proteggere i propri interessi commerciali>>.
[15] I Banū Al-Muttalib erano i figli di 'Abd al-Muttalib, nonno paterno del Profeta Muhammad (ﷺ), attraverso 'Abdullāh, uno dei suoi figli prediletti. Il

3503. 'Urwa bin Az-Zubair ci ha tramandato: <<'Abdullāh bin Az-Zubair si recò con alcune donne della tribù dei Banū Zuhra[16] da 'Āishah, che era solita comportarsi con loro con grande cortesia a causa della loro relazione con il Profeta di Dio (ﷺ)>>.

3504. Abū Hurairah (che Dio si compiaccia di lui) ci ha tramandato che il Profeta di Dio (ﷺ) ha affermato: <<Le tribù dei Quraysh, degli Ansari e di Juhaina, Muzaina, Aslam, Ashia e Ghifār sono i miei *Mawālī* (protettori) e non hanno alcun *Maulā* (protettore, colui che presta soccorso) tranne Dio ed il Suo Profeta>>.

3505. 'Urwa bin Az-Zubair ci ha tramandato: <<'Abdullāh bin Az-Zubair[17] era la persona più cara ad 'Āishah, se si esclude il Profeta (ﷺ)

---

nonno del Profeta (ﷺ) si prese cura di lui durante l'infanzia, quando rimase orfano sia di padre che di madre. Cfr. S. Lei, *Muhammad, il Profeta dell'Islam (pace e benedizioni su di lui), una guida completa dall'inizio della rivelazione all'Hijrah*, Roma 2018, 46: <<Il Profeta (pbsl) quindi crebbe sotto la cura di sua madre Amina fino ai sei anni di età. Però Amina, durante il viaggio di ritorno da Yathrib, dove si era recata con il figlio per presentarlo ai Banū 'Adīy ibn al-Najjār, suoi zii materni, morì improvvisamente ad Abwa. Il Profeta (pbsl) perdette così anche sua madre e, rimasto orfano di entrambi i genitori, venne affidato alla cura di suo nonno 'Abd al-Muttalib, che aveva sempre mostrato una grande predilezione verso il nipote. Quando infatti si riposava all'ombra della *Ka 'ba* su di una lettiga, solo al giovane Muhammad era consentito di sedergli al fianco, mentre i numerosi figli di 'Abd al-Muttalib sedevano in cerchio a debita distanza, come segno di rispetto verso il padre. Due anni dopo però morì anche 'Abd al-Muttalib, che aveva ormai raggiunto una veneranda età, ed il Profeta (pbsl) venne affidato alle cure di suo zio Abū Tālib, che era fratello di 'Abdullāh anche da parte di madre, in quando entrambi erano figli di Fatima bint 'Amr ibn Aidh del clan dei Banū Makhzum>>.

[16] Il Profeta (ﷺ) era imparentato con i Banū Zuhra da parte di sua madre Amina bint Wahb ibn 'Abd al-Manāf ibn Zuhra, una delle più nobili fanciulle della tribù dei Quraysh. La madre del Profeta (ﷺ) morì quando quest'ultimo aveva sei anni, durante il viaggio di ritorno da Yathrib, dove si era recata per presentare il bambino ai Banū 'Adīy ibn al-Najjār, suoi parenti.

[17] Nacque a Medina nel 1 a.H. Dopo la morte di Mu'āwiyah ed ibn Yazīd, tra il 64 ed il 65 a.H si proclamò califfo alla Mecca, mentre Marwān ibn al-Hakam venne invece eletto califfo a Damasco. Morì durante il califfato di 'Abd al-

ed Abū Bakr, e costui dal canto suo era molto devoto verso di lei. 'Āishah era solita non conservare il denaro che Dio le concedeva, ma lo spendeva in atti di carità. ('Abdullāh) bin Az-Zubair disse: "'Āishah dovrebbe desistere dal comportarsi in questo modo". (Quando lei lo venne a sapere), disse protestando: "Dovrei desistere dal comportarmi in questo modo? Giuro che non rivolgerò più la parola ad 'Abdullāh bin Az-Zubair". Ibn Az-Zubair allora domandò ad alcuni dei Quraysh, ed in modo particolare ai due zii del Profeta di Dio (ﷺ) d'intercedere presso di lei, ma lei si rifiutò (di parlare con lui). Gli *Az-Zuhriyūn*[18], gli zii del Profeta (ﷺ), incluso 'Abdur-Rahmān bin Al-Aswad bin Abd Yaghūth ed Al-Miswar bin Makhrama gli dissero: <<Quando domandiamo il permesso di farle visita, entra in casa insieme con noi (senza domandarle il permesso)". Lui si comportò come suggerito (e lei accettò la loro intercessione). Lui inviò dieci schiavi, che aveva liberato come un'espiazione per non aver rispettato il suo voto. 'Āishah liberò più schiavi per lo stesso motivo fino a quando il numero non arrivò a quaranta. Lei disse: "Avrei voluto aver specificato che cosa avrei fatto nel caso in cui non avessi rispettato il mio voto, quando lo ho pronunciato. In questo modo le cose sarebbero state più semplici">>.

(3) Capitolo. Il Corano è stato rivelato nella lingua dei Quraysh

3506. Anas (che Dio si compiaccia di lui) ci ha tramandato: <<'Uthmān mandò a chiamare Zaid bin Thābit, 'Abdullāh bin Az-Zubair, Sa 'īd bin Al-'Ās ed 'Abdur-Rahmān bin Al-Hārith bin Hishām e poi loro compilarono i manoscritti del Sacro Corano nella forma di un libro riprodotto in molte copie. 'Uthmān poi disse a quei tre uomini dei Quraysh: "Se doveste differire con Zaid bin Thābit in qualche passo del Corano, allora scrivetelo nella lingua dei Quraysh in quanto il Corano è stato rivelato nel loro idioma". Costoro si comportarono di

---

Mālik ibn Marwān, in seguito alla conquista della Mecca da parte di al-Hajjāj ibn Yūsuf (73 a.H.).
[18] Ossia i membri dei Banū Zuhra.

conseguenza. (Zaid bin Thābit era un Ansari e non apparteneva alla tribù dei Quraysh)"[19].

---

[19] Cfr. A. M. Sattar, *Introduzione al Sacro Corano*, trad. a cura di S. Lei, Roma 2016, 15-18: <<L'Imam Bukhārī ci ha tramandato sull'autorità di Zaid ibn Thābit al-Ansari. "Abū Bakr mi mandò a chiamare quando i soldati, che avevano partecipato alla battaglia di Yamamah, furono uccisi. 'Umar era presente quando Abū Bakr disse: <<'Umar è venuto da me e ha detto: "Durante la battaglia di Yamamah ci sono stati molti morti e ho paura che molti di coloro, che hanno memorizzato il Corano, moriranno in battaglie successive e molte parti del Libro andranno perdute, a meno che non le raccogliamo in un unico testo. Per questo motivo sono dell'opinione che dobbiamo mettere insieme il Corano in un unico libro. Poi Abū Bakr aggiunse: <<Io dissi a 'Umar: "Come posso fare qualcosa che il Profeta stesso non ha compiuto?" 'Umar però mi rispose: "Questa è una buona idea". Così 'Umar continuò a parlarmene fino a quando non mi persuase ad accettare la proposta, fino a quando Allah non ha aperto il mio cuore ed io cominciai a condividere l'opinione di 'Umar". Zaid ibn Thābit aggiunse: "'Umar era seduto con Abū Bakr in silenzio. Allora Abū Bakr disse: <<Tu sei un giovane saggio ed eri solito trascrivere la rivelazione per il Profeta di Allah. Ora controlla tutti i manoscritti in tuo possesso e collezionali tutti (in un unico manoscritto)>>. Zaid disse: <<Se mi avessi ordinato di muovere una delle montagne per me non sarebbe stato così pesante e difficile come procedere a collezionare il Corano. Allora io dissi ad entrambi: <<Come posso fare qualcosa che il Profeta stesso non ha fatto?>>. Abū Bakr però disse: <<Questa è la cosa migliore da fare. Io ne ho discusso con 'Umar fino a quando Allah ha aperto il cuore di Abū Bakr ed 'Umar>>". Zaid chiese ad ognuno dei compagni di portargli quello che possedevano di scritto del Corano, ma non accettò ogni manoscritto, eccetto quello portato da persone degne di fiducia e che era stato scritto alla presenza del Profeta (pbsl). Anche se Zaid e altri compagni avevano di fatto memorizzato il Corano, egli si basò unicamente su quei versetti che erano stati messi per iscritto alla presenza del Profeta (pbsl) e con la testimonianza di persone degne di fiducia. Quindi Zaid non mise il Corano per iscritto per la prima volta, ma si limitò a collezionare e a copiare tutto ciò che era stato scritto alla presenza del Profeta (pbsl). Dopo l'improvvisa scomparsa di 'Umar, i musulmani continuarono a diffondere il messaggio dell'Islam al fine di liberare gli uomini dalla schiavitù dell'uomo e porli al servizio di Allah, per condurli dall'ingiustizia alla giustizia dell'Islam. I musulmani provenienti da differenti parti del mondo, con differenti lingue e culture, cominciarono ad unirsi alla comunità musulmana ed iniziarono a partecipare alle spedizioni militari. Durante la battaglia di Armenia i soldati iniziarono a discutere tra

Kitāb al-Manākib

(Il libro delle virtù)

(4) Capitolo. I discendenti degli Yemeniti da Ismaele[20]. Tra costoro vi sono le tribù di Aslam bin Afsa bin Hāritha bin 'Āmir dai Khuzā 'a.

___

loro relativamente alla recitazione del Corano ed ognuno di loro vantava uno stile di recitazione proprio, che era stato insegnato loro da differenti compagni. Hudhayfah ibn al-Yaman, uno dei compagni che si trovava con loro a quel tempo, fu testimone di quello che era accaduto e, quando ritornò a Medina, andò direttamente da 'Uthmān e gli disse: "O Comandante dei Credenti, salva questa nazione prima che cada nella disgrazia". Quando 'Uthmān gli domandò: "Di che disgrazia parli?", Hudhayfah rispose: "La differenza nel Libro di Allah, proprio come era accaduto agli Ebrei ed ai Cristiani". Poi Hudhayfah raccontò ad 'Uthmān quello che aveva visto in battaglia e la disputa tra i soldati in merito alla recitazione del Corano. Il Califfo si allarmò e decise che tutta la comunità musulmana dovesse possedere una versione unica del Corano. 'Uthmān avrebbe potuto trascrivere solamente le copie del Corano compilate da Abū Bakr, che erano state tenute fino a quel momento in custodia da Hafsah, figlia di 'Umar e sposa del Profeta (pbsl), ma decise di procedere ad una nuova compilazione. Così 'Uthmān scelse una commissione di quattro compagni, ossia Zaid ibn Thābit, 'Abdullāh ibn az-Zubair, Said ibn al-'Ās e 'Abdur-Rahmān ibn al-Hārith al fine di compilare l'intero manoscritto del Corano. Ibn Asakir ci ha tramandato che 'Uthmān si rivolse ai credenti chiedendo loro di portargli tutti i manoscritti del Corano che si trovavano in loro possesso. I musulmani ubbidirono immediatamente all'ordine del Califfo e Zaid e il suo gruppo compilarono il Corano per la seconda volta, seguendo lo stesso criterio utilizzato nell'edizione precedente. Quando confrontarono questa copia con quella in possesso di Hafsah, notarono che erano identiche, anche se questa era di fatto una seconda compilazione del Testo Sacro. Dopo che il comitato terminò il suo lavoro, 'Uthmān ordinò di fare delle copie di questo manoscritto per inviarlo in diverse parti dell'Impero: Sham, che comprendeva l'odierna Siria e Libano, Egitto, Iraq, Yemen e Bahrain. Il Califfo 'Uthmān ibn 'Affān ordinò al governatore di ciascuna provincia di fare diverse copie del manoscritto originale e di bruciare tutte le altre in loro possesso. Tutte le copie del Corano ora disponibili sono identiche alla versione di 'Uthmān. In questo modo la promessa di Allah di mantenere integro il testo del Corano è stata mantenuta>>.

[20] Ismaele era il primogenito di Abramo e progenitore degli arabi. Cfr. S. Lei, *Muhammad, il Profeta dell'Islam (pace e benedizioni su di lui), una biografia completa dall'inizio della rivelazione all'Hijrah*, Roma 2018, 20-21: <<Ismaele sposò in seconde nozze la figlia di Mudad Ibn 'Amr, allora a capo della tribù di Jurhum. Da quell'unione nacquero dodici figli, i cui nomi sono stati riportati anche nel

3507. Salama (che Dio si compiaccia di lui) ci ha tramandato: <<Il Profeta di Dio (ﷺ) passò accanto ad alcune persone della tribù di Aslam, che praticavano il tiro con l'arco. Disse: "O figli di Ismaele! Scoccate le frecce perché il vostro antenato era un arciere. Sono dalla parte dei Banī... (intendendo i componenti di una delle due squadre)". L'altra squadra smise di lanciare le frecce ed il Profeta (ﷺ) disse: "Che cosa è accaduto a costoro?"; risposero: "Come possiamo gettare le frecce se stai dalla parte dei Banī...?". Egli disse: "Scoccate le frecce, perché sono dalla parte di voi tutti">>.

(5) Capitolo

3508. Abū Dhar (che Dio si compiaccia di lui) ci ha tramandato che il Profeta (ﷺ) ha affermato: <<Coloro che affermano di essere figli di qualcuno di diverso dal proprio padre, non credono in Dio. Se

------

testo della Genesi: "Questi sono i nomi dei figli d'Ismaele, con il loro elenco in ordine di generazione: il primogenito di Ismaele è Nebaiot, poi Kedar, Adbeel, Mibsam, Misma, Duma, Massa, Adad, Tema, Ietur, Nafis e Kedma". Dai dodici figli di Ismaele discendono le dodici tribù che abitavano nei pressi della Mecca e che erano solite commerciare tra lo Yemen, la Siria e l'Egitto. Successivamente, i discendenti di Nabet, ossia il biblico Nebaiot, si stabilirono nel nord della penisola araba, ossia nella regione dell'Hijaz, dove fondarono un regno prospero con Petra come capitale. I discendenti di Qidar, il biblico Kedar, invece continuarono ad abitare nei territori vicini alla Mecca. In questo modo i discendenti di Ismaele occuparono la penisola arabica, secondo quanto è scritto nella Genesi in merito alla promessa fatta da Abramo e alla sua discendenza di occupare il territorio compreso tra il Nilo e l'Eufrate. I discenti di Ismaele attraverso Kedar però non abitarono interrottamente nel territorio intorno alla Mecca, ma prima della nascita di Mudad ibn 'Amr ibn Hārith, la tribù di Juhrum ed i discendenti di Kedar lasciarono la Mecca e nel territorio si stabilì la tribù dei Khuza'ah. I discenti di Ismaele ritornarono alla Mecca successivamente, intorno al 400 d.C., sotto la leadership di Qusayy, figlio di Fatima bint Sad e di Kilab. Quest'ultimo però morì, quando Qusayy era molto piccolo, e così sua madre sposò in seconde nozze Rabi'ah ibn Harah, che Qusayy considerò per molto tempo il suo vero padre>>.

qualcuno afferma di appartenere ad un popolo cui non appartiene, che costui prenda pure un posto nell'Inferno>>.

3509. Wāthila bin Al-Asqa' ci ha tramandato: <<In verità, una delle menzogne peggiori è quella di affermare di essere il figlio di qualcuno diverso dal proprio vero padre, o di aver fatto un sogno che in realtà non si è fatto o di attribuirmi qualcosa che invece non ho detto[21]>>.

3510. Ibn 'Abbās (che Dio si compiaccia di lui) ci ha tramandato: <<I delegati di 'Abdul-Qais giunsero presso il Profeta di Dio (ﷺ) e dissero: "O Profeta di Dio! Apparteniamo alla tribù di Rabī'a ed i miscredenti della tribù di Mudar si trovano tra noi e te e, di conseguenza, possiamo venire da te solo durante i mesi sacri. Quindi desideriamo che tu ci dia alcune istruzioni, che possiamo seguire e comunicare ai nostri che sono rimasti indietro". Il Profeta (ﷺ) disse: "Vi ordino di osservare quattro cose e ve ne proibisco altrettante quattro. Vi ordino: 1) Di credere in Dio e di testimoniare *Lā ilāha illallāh*[22], (2) Di

---

[21] Cfr. Sahīh al-Bukhārī, *Kitāb al-'Ilm*, 38, 110: "Abū Hurairah (che Dio si compiaccia di lui) ci ha tramandato che il Profeta (ﷺ) disse: <<Chiamatevi con il mio nome, ma non con il mio *Kunya*. Colui che mi vede in sogno, sicuramente mi ha veduto perché Satana non può assumere le mie sembianze. Chiunque racconta una menzogna contro di me intenzionalmente, occuperà il posto che gli è dovuto nel Fuoco dell'Inferno>>".

[22] La *Kalima*, o professione di fede del monoteismo islamico, traducibile come: "Non c'è altro dio che Dio". La *Kalima* è completa quando si aggiunge: "Muhammad Rasūl Allah", ossia: "E Muhammad è il suo Profeta (ﷺ).

assolvere alla *Salāt*[23], (3) di pagare la *Zakāt*[24], (4) Di consegnare 1/5 del bottino di guerra a Dio[25]. Vi proibisco poi altre quattro cose: *Ad-Dubbā', Al-Hantam, An-Naqir* ed *Al-Muzaffat"*>>.

---

[23] Cfr. Il Sacro Corano 11:114: <<Stabilite preghiere regolari ai due limiti del giorno e all'avvicinarsi della notte. Ciò che è buono rimuove ciò che è cattivo. Questo è un monito per coloro che ricordano il loro Signore>>; 29:45: <<Recita la parte della rivelazione che ti è stata inviata per ispirazione. Stabilisci preghiere regolari perché la preghiera trattiene dal compiere atti vergognosi ed ingiusti. Il ricordo di Dio è certamente la cosa migliore. Dio conosce bene quello che fate>>; 2:153: <<O credenti! Sostenetevi con la pazienza, la perseveranza e la preghiera. Dio è con coloro che pazientemente perseverano nelle condizioni difficili>>; 19:59-60: <<Dopo di loro seguì una generazione, che trascurava la preghiera e seguiva i propri desideri. Presto saranno posti davanti alla distruzione, tranne coloro che si pentono, credono e operano il bene. Costoro entreranno nel Giardino e non subiranno alcun torto>>; 20:14: <<In verità, io sono Dio, non c'è altro dio che Me, così serviteMi e stabilite preghiere regolari per celebrare le Mie lodi>>; 24:36-37: <<[E si trova questa luce] nelle case di preghiera, che Dio ha permesso di costruire cosicché il Suo nome possa essere ricordato e glorificato al mattino e alla sera da uomini che né il commercio né i bisogni quotidiani possono distogliere dal ricordo di Dio, né dalla preghiera, né dalla pratica della regolare carità. Il loro unico timore è quello del giorno in cui gli orecchi e gli occhi saranno trasformati>>; 2:2-3: <<Questa è una Scrittura indenne da ogni dubbio, in cui si trova la guida per coloro che temono Dio. Coloro che credono in ciò che non possono percepire, si mantengono costanti nella preghiera e spendono a beneficio degli altri ciò che abbiamo loro concesso...>>; 2:43: <<Mantenetevi costanti nella preghiera, praticate la carità e inchinatevi con coloro che s'inchinano>>.

[24] Cfr. Il Sacro Corano 2:83: <<Ricorda: Abbiamo stretto un patto con i Figli d'Israele: "Non adorate altri che Dio, trattate con gentilezza i vostri genitori e i vostri parenti, gli orfani e coloro che si trovano nel bisogno. Rivolgetevi alle persone con parole giuste. Siate perseveranti nella preghiera e nell'elemosina". Voi però, tranne alcuni, vi siete voltati indietro, e ancora adesso siete un popolo ostinato>>; 2:110: <<Mantenetevi costanti nella preghiera e regolari nella carità. Qualunque cosa avrete inviato davanti a voi per le vostre anime, la ritroverete presso Dio, Che osserva tutto ciò che fate>>; 2:177: <<La vera pietà non si trova nel volgere il volto verso Oriente o Occidente. La vera pietà consiste nel credere in Dio, nell'ultimo giorno, negli angeli, nel libro e nei profeti. La vera pietà consistere nello spendere i propri beni per amore di Lui, per la famiglia, gli orfani, i bisognosi, i viandanti, per coloro che chiedono e per la liberazione degli schiavi. La vera pietà sta nella

costanza nella preghiera, nella pratica regolare della carità e nel rispetto dei patti. La vera pietà sta nella fermezza e nella paziente perseveranza nel dolore, nelle avversità e nel timore. Costoro sono i veritieri; costoro sono i timorati di Dio>>; 2:215: <<Ti chiederanno quanto debbono spendere in carità. Di': "Qualsiasi cosa buona spendiate deve essere per i genitori, i parenti, gli orfani, i bisognosi ed i viandanti. Dio ha piena conoscenza di tutto il bene che fate">>; 2:254: <<O credenti! Spendete dei beni che vi abbiamo concesso, prima che venga il giorno in cui non sarà lecito nessun affare, né amicizia, né intercessione alcuna. Coloro che rifiutano la fede sono gli iniqui>>; 2:277: <<Coloro che credono e compiono opere rette, stabiliscono preghiere regolari e regolare carità, avranno la loro ricompensa presso il loro Signore. Non avranno nulla da temere e non saranno colti dal dolore>>; 9:71: <<I credenti, uomini e donne, sono protettori gli uni degli altri. Comandano ciò che è giusto e proibiscono ciò che è riprovevole. Osservano preghiere regolari, praticano regolarmente la carità e obbediscono a Dio e al Suo Messaggero. Su di loro Dio dispenserà la Sua misericordia. Egli è Eccelso, Saggio>>; 21:73: <<E li abbiamo fatti leader, che guidano gli uomini attraverso il Nostro comando. Noi abbiamo inviato loro l'ispirazione di compiere opere buone, di stabilire preghiere regolari e di praticare la carità con costanza e loro Ci hanno servito con fedeltà>>; 22:34-35: <<Ad ogni popolo abbiamo assegnato dei riti prestabiliti. Che possano celebrare il nome di Dio sugli animali che abbiamo concesso loro di sacrificare. Il vostro Dio è un Dio unico. Sottomettete, quindi, a Lui la vostra volontà. Annunciate la buona novella a coloro che si fanno umili, coloro i cui cuori, alla menzione di Dio, si riempiono di timore, che mostrano una perseveranza paziente nelle afflizioni che li colgono, pregano regolarmente e spendono in carità di ciò che abbiamo loro concesso>>; 22:78: <<Lottate per la sua causa nel modo dovuto [con sincerità e disciplina]. Egli vi ha scelto e non vi ha posto in nessuna difficoltà nella religione. Questo è il culto del vostro padre Abramo. Egli vi ha chiamato musulmani nella precedente e in questa rivelazione. Che il Profeta possa essere un testimone per voi e voi possiate essere testimoni per l'umanità! Stabilite preghiere regolari, fate la carità in modo costante e mantenetevi vicini a Dio! Egli è il vostro protettore, il migliore patrono ed il migliore aiuto!>>; 98:5: <<Non è stato comandato loro nulla più di questo: di adorare Dio, offrendoGli una sincera devozione, di mantenersi sinceri nella fede, stabilire regolari preghiere e di praticare una carità costante. Questa è la religione giusta e retta>>.

[25] Cfr. Il Sacro Corano, 8:41: <<Sappiate che di tutto il bottino che potete ammassare in guerra, un quinto è assegnato a Dio e al Suo profeta, ai parenti stretti, agli orfani, ai poveri e ai viandanti, se credete in Dio e nella rivelazione che abbiamo inviato al Nostro Servo nel giorno della prova, il giorno in cui si

3511. ʿAbdullāh bin ʿUmar (che Dio si compiaccia di lui) ci ha tramandato: <<Ho udito il Profeta di Dio (ﷺ) affermare dal pulpito: "In verità, la *Fitnah* viene da lì" indicando verso oriente "da dove spunta il capo di Satana[26]">>.

(6) Capitolo. La menzione delle tribù di Aslam, Ghifār, Muzaina, Juhaina e Ashja.

3512. Abū Hurairah (che Dio si compiaccia di lui) ci ha tramandato che il Profeta di Dio (ﷺ) ha affermato: <<Le tribù dei Quraysh, gli Ansari,

---

sono incontrate due forze. Dio detiene il potere su tutte le cose>>; 8:69: <<Però ora godete di quanto avete guadagnato in guerra, ciò che è buono ed è concesso, ma temete Dio. Egli è Perdonatore, Misericordioso>>; 8:41: <<Sappiate che di tutto il bottino che potete ammassare in guerra, un quinto è assegnato a Dio e al Suo profeta, ai parenti stretti, agli orfani, ai poveri e ai viandanti, se credete in Dio e nella rivelazione che abbiamo inviato al Nostro Servo nel giorno della prova, il giorno in cui si sono incontrate due forze. Dio detiene il potere su tutte le cose>>.

[26] Cfr. Sahīh al-Bukhārī, *Kitāb al-Fitan*, (Il libro delle prove e delle tribolazioni), trad. italiana a cura di S. Lei, Roma 2020, 7092. Il padre di Salīm ci ha tramandato che il Profeta (ﷺ) si pose al lato del pulpito (e puntando il dito verso oriente) disse: "La *Fitnah* è lì! La *Fitnah* è lì, da dove sporge il lato della testa di Satana" o disse "...il lato del sole..."; 7093. Ibn ʿUmar (che Dio si compiaccia di lui) ci ha tramandato di aver udito il Profeta di Dio (ﷺ) affermare mentre era rivolto verso oriente: "In verità, la *Fitnah* si trova qui (verso oriente), da dove sporge il lato della testa di Satana"; 7094. Ibn ʿUmar (che Dio si compiaccia di lui) ci ha tramandato che il Profeta (ﷺ) ha affermato: "O Dio, concedi le Tue benedizioni sullo Sham! O Dio, concedi le Tue benedizioni sullo Yemen!" Le persone dissero: "Ed anche sul nostro Najd". Lui disse: "O Dio, concedi le Tue benedizioni allo Sham! O Dio concedi le Tue benedizioni allo Yemen!" Le persone dissero: "O Profeta! Anche sul nostro Najd". (Ibn ʿUmar disse): <<Penso che il Profeta (ﷺ) per la terza volta disse: "Najd è il luogo dei terremoti e della *Fitnah* e da lì sporge il lato della testa di Satana".

le tribù di Juhaina, Muzaina, Aslam, Ghifār e Ashja sono i miei *Mawālī* e costoro non hanno alcun protettore altri che Dio ed il Suo Profeta>>.

3513. 'Abdullāh (che Dio si compiaccia di lui) ci ha tramandato: <<Mentre il Profeta (ﷺ) era sul pulpito, disse: "Che Dio perdoni (la tribù di) Ghifār! Che Dio salvi la tribù di Aslam! La tribù di 'Usaiya ha invece disubbidito a Dio ed al Suo Profeta">>.

3514. Abū Hurairah (che Dio si compiaccia di lui) ci ha tramandato che il Profeta (ﷺ) ha affermato: <<Che Dio salvi la tribù di Aslam; che Dio perdoni la tribù di Ghifār>>.

3515. Abū Bakra (che Dio si compiaccia di lui) ci ha tramandato: <<Il Profeta (ﷺ) disse: "Pensate che le tribù di Juhaina, Muzaina, Aslam e Ghifār siano migliori di quelle dei Banī Tamīm, dei Banī Asad, dei Banī 'Abdullāh bin Ghatafān e dei Banī 'Āmir bin Sa 'sa 'a?". Un uomo disse: "Costoro sono stati perdenti e sconfitti". Il Profeta (ﷺ) disse: "Costoro sono migliori delle tribù dei Banī Tamīm, dei Banī Asad, dei Banī 'Abdullāh bin Ghatafān e dei Banī 'Āmir bin Sa 'sa 'a">>.

3516 (A). Abū Bakra (che Dio si compiaccia di lui) ci ha tramandato: <<Al-Aqra' bin Hābis disse al Profeta (ﷺ): "Nessuno ti ha dato la *Bai 'a* tranne i predoni dei pellegrini delle tribù di Aslam, Ghifār e Muzaina". (Ibn Abī Ya'qūb è in dubbio se Al-Aqra' abbia aggiunto 'e Juhaina'). Il Profeta (ﷺ) disse: "Pensate che le tribù di Aslam, Ghifār, Muzaina e Juhaina siano migliori di quelle dei Banī Tamīm, dei Banī 'Āmir, degli Banī Asad e dei Banī Ghatafān?". Qualcuno disse: "Costoro sono stati perdenti e sconfitti!". Il Profeta (ﷺ) disse: "Sì, per Colui nelle Cui mani si trova la mia anima, i primi sono migliori dei secondi">>.

3516. Abū Hurairah (che Dio si compiaccia di lui) ci ha tramandato che il Profeta di Dio (ﷺ) ha affermato: <<(I membri dei) Banī Aslam, dei Ghifār ed alcuni dei Muzaina (o alcuni dei Juhaina o Muzaina) sono migliori presso Dio (o nel Giorno della Resurrezione) delle tribù di Asad, Tamīm, Hawāzin e di Ghatafān>>.

(7) Capitolo. La menzione della tribù di Qahtān

3517. Abū Hurairah (che Dio si compiaccia di lui) ci ha tramandato che il Profeta di Dio (ﷺ) ha affermato: <<L'Ora non sarà stabilita fino a quando non comparirà un uomo della tribù di Qahtān, che condurrà le persone con il suo bastone (ossia li governerà con violenza ed oppressione)>>[27].

(8) Capitolo. Che cosa viene proibito in merito al costume della *Jāhiliyyah*.

3518. Jābir (che Dio si compiaccia di lui) ci ha tramandato:<<Ci trovavamo in compagnia del Profeta (ﷺ) nel corso di una *Ghazwa*[28]. Un ampio numero di *Muhājrun*[29] lo seguirono e tra costoro vi era una persona che era solita fare scherzi (o giocare con le lance). Così, per celia, colpì sul fianco uno degli Ansari[30]. L'Ansari si adirò ed entrambi chiamarono i membri delle loro tribù. L'Ansari disse: "Aiutatemi! O Ansari!", ed il *Muhājir* disse: "Aiutatemi! O *Muhājir*!". Il Profeta (ﷺ) uscì fuori e disse: "Che cosa è successo? Perché stanno urlano come al

---

[27] Cfr. Sahīh Al-Bukhārī, *Kitāb al-Fitan*, (Il libro delle prove e delle tribolazioni), trad. italiana a cura di S. Lei, Roma 2020, 7117. Abū Hurairah (che Dio si compiaccia di lui) ci ha tramandato che il Profeta (ﷺ) ha affermato: <<L'Ora non sarà stabilita fino a quando non comparirà un uomo (dalla tribù) di Qahtan, che condurrà le persone con il suo bastone>>.
[28] Spedizione militare.
[29] I *Muhājirun* sono coloro che hanno compiuto l'*Hijrah* da Mecca a Medina insieme al Profeta di Dio (ﷺ), mentre gli Ansari solo gli originari abitanti di Medina che, dopo essersi convertiti all'Islam, li hanno accolti, stretto con loro un patto di fratellanza, ospitati e sostentati durante il primo periodo del loro arrivo. Cfr. Il Sacro Corano 9:100: <<Dio è compiaciuto dell'avanguardia [dell'Islam]: dei primi tra coloro che hanno lasciato le loro case, tra coloro che li hanno aiutati e che li hanno seguiti in tutte le buone azioni. Dio è soddisfatto di loro proprio come loro lo sono di Lui. Per costoro Egli ha preparato giardini sotto i quali scorrono i ruscelli, per dimorarvi per sempre. Questa è la felicità suprema>>.
[30] Cfr. V. Salierno, *Dizionario dell'Islam*, Roma 2018: <<Anṣār, "ausiliari", appellativo dei Medinesi diventati musulmani dopo l'égira>>.

tempo della *Jāhiliyyah*? Che cosa è accaduto a costoro?"; gli venne raccontato del colpo inferto (per celia) dal *Muhājir* all'Ansari. Il Profeta (ﷺ) disse: "Basta gridare in questo modo! Questo è un grido funesto!". 'Abdullāh bin Ubayy bin Salūl[31] disse: "I *Muhājrun* hanno gridato e (si sono riuniti contro di noi). Quando torneremo a Medina, i più onorevoli di sicuro espelleranno i più meschini"[32]. 'Umar allora

---

[31] Capo degli ipocriti di Medina. Cfr. Il Sacro Corano 63:1-3: <<Quando gli ipocriti vengono da te, affermano: "Testimoniamo che sei il Profeta di Dio". Sì, Dio sa che sei il Suo Profeta ed Egli testimonia che gli ipocriti sono solo dei bugiardi. Hanno fatto dei loro giuramenti un paravento per tenere lontani gli uomini dalla via di Dio. Le loro azioni sono malvagie, perché credono e poi rinnegano la fede. Sui loro cuori è stato posto un sigillo e così non possono comprendere>>. Yusuf Alì commenta i versetti nel modo seguente: <<L'elemento ipocrita all'interno di una società è una fonte di debolezza e di pericolo per la sua salute e per la sua stessa esistenza. Quando il Profeta (pbsl) giunse a Medina, il suo arrivo venne accolto positivamente dalla maggioranza degli abitanti della città, perché non solo li unì in una vita comune e sanò le loro antiche rivalità, ma portò loro onore e luce. Vi erano però alcuni che erano pieni di risentimento e di invidia. Le speranze che avevano nutrito di assumere il potere facendo leva sulle animosità tra le diverse fazioni ora erano state completamente disilluse. Allora cominciarono ad operare clandestinamente in quanto, per paura della maggioranza, non avevano il coraggio di opporsi apertamente ai musulmani. Costoro cercarono di minare la società intrigando segretamente con i suoi nemici e giurando apertamente lealtà al Profeta Muhammad (pbsl). Furono però smascherati e screditati durante la battaglia di Uhud>>. Cfr. Il Sacro Corano 3:167: <<...ed anche gli ipocriti. A costoro è stato detto: "Andiamo. Combattiamo sulla via di Dio o almeno scacciamo il nemico dalla nostra città". Risposero: "Se avessimo saputo che ci sarebbe stata una battaglia, certamente ti avremmo seguito". Quel giorno si trovavano più vicini alla miscredenza che alla fede, dicendo con le loro labbra ciò che non si trovava nei loro cuori. Però Dio conosce bene ciò che nascondono...>>.

[32] Cfr. Sahīh al-Bukhārī, *Kitāb al-Tafsīr al-Ku'rān*, (Commentario al Sacro Corano), Trad. italiana a cura di S. Lei, Roma 2020, 63, 4900. Zaid bin Arqam ci ha tramandato: <<Mentre stavo prendendo parte in una *Ghazwa*, ho udito 'Abdullāh bin Ubayy (bin Abī Salūl) affermare: "Non spendete per coloro che si trovano con il Profeta di Dio (ﷺ) al fine che si disperdano e si allontanino da lui. Se torniamo a Medina, i più onorevoli scacceranno i più umili tra di loro". Riportai queste parole a mio zio o ad 'Umar che, a loro volta, informarono il Profeta (ﷺ), il quale mi mandò a chiamare ed io gli raccontai

disse: "O Profeta di Dio! Non dovremmo giustiziare questo *Khabīth*[33]?"; il Profeta (ﷺ) disse: "(No) o altrimenti le persone diranno che Muhammad era solito uccidere i suoi compagni">>.

3519. 'Abdullāh bin Mas'ūd (che Dio si compiaccia di lui) ci ha tramandato che il Profeta (ﷺ) ha affermato: <<Colui che si percuote il volto, straccia la parte frontale della sua veste o emette le grida della *Jāhiliyyah*, non ci appartiene>>.

(9) Capitolo. La storia di Khuzā 'a

3520. Abū Hurairah (che Dio si compiaccia di lui) ci ha tramandato che il Profeta di Dio (ﷺ) ha affermato: <<'Amr bin Luhaī bin Qam 'a bin Khindif era il padre di Khuzā 'a>>.

3521. Sa 'īd bin A-Musaiyyab ci ha tramandato: <<*Al-Bahīra*[34] era una femmina di cammello, il cui latte era conservato per gli idoli ed altre

---

l'accaduto. Poi il Profeta di Dio (ﷺ) mandò a chiamare 'Abdullāh bin Ubayy ed i suoi compagni e loro giurarono che non lo avevano affermato. Allora il Profeta di Dio (ﷺ) non credette a me, ma prestò fede alle sue parole. Io venni colto da una tale ansia come non mi era mai accaduto prima. Rimasi a casa e mio zio mi disse: "Volevi solo che il Profeta di Dio (ﷺ) non credesse alle tue parole e che ti odiasse". Così Dio ha rivelato: <<Quando gli ipocriti vengono da te, affermano: "Testimoniamo che sei il Profeta di Dio". Sì, Dio sa che sei il Suo Profeta ed Egli testimonia che gli ipocriti sono solo dei bugiardi>> [Il Sacro Corano 63:1], Il Profeta (ﷺ) allora mi mandò a chiamare, recitò il versetto e disse: "O Zaid! Dio ha confermato le tue parole">>.

[33] Lett. "Persona malvagia".

[34] Cfr. Il Sacro Corano 5:103: "Non è stato Dio a consacrare né *Bahīra*, né *Sāiba* né *Wasila* né *Hami*. I miscredenti inventano menzogne contro Dio, ma la maggior parte manca di saggezza"; Cfr. Saḥīḥ al-Bukhārī, *Kitāb al-Tafsīr al-Ku'rān*, (Commentario al Sacro Corano), trad. italiana a cura di S. Lei, Roma 2020, 13, 4623, Sa'īd bin Al-Mūsaiyab ci ha tramandato: <<*Bahīra* è una femmina di cammello, il cui latte veniva messo da parte per gli idoli e che nessuno poteva quindi mungere. *Sā'iba* era una femmina di cammello che lasciavano libera di pascolare per i loro idoli ed a nessuno era concesso di montarvi sopra. Abū Hurairah (che Dio si compiaccia di lui) ci ha tramandato

divinità, ed a nessuno era consentito di mungerla. *As-Sā'iba* era una femmina di cammello che costoro erano soliti liberare in nome dei loro idoli in modo che non sarebbe stata utilizzata per trasportare nulla>>. Abū Hurairah (che Dio si compiaccia di lui) ci ha tramandato che il Profeta (ﷺ) ha affermato: <<Ho visto 'Amr bin 'Āmir bin Luhaī Al-Khuzā'i mentre trascinava i suoi intestini nel Fuoco perché è stato il primo a dare inizio (alla tradizione della *As-Sawā'ib*)>>[35]

---

che il Profeta (ﷺ) ha affermato: <<Ho visto (in sogno) 'Amr bin 'Āmir Al-Khuzā'ī che trascinava i suoi intestini nel Fuoco. Costui è stato il primo a stabilire la tradizione di porre degli animali liberi al pascolo (per i loro idoli). *Wasīla* era una femmina di cammello lasciata libera per gli idoli perché, alla sua prima gravidanza, aveva partorito una femmina ed aveva fatto lo stesso anche alla seconda. Le persone (al tempo della *Jāhiliyyah*) erano solite lasciare quell'animale libero per i loro idoli se avesse partorito per due volte una femmina in due parti consecutivi, senza partorire alcun maschio. *Hām* invece era un cammello maschio per la riproduzione, che veniva lasciato libero da ogni tipo di lavoro per i loro idoli, dopo che aveva terminato un certo numero di monte. Lo lasciavano libero per i loro idoli e non permettevano che portasse alcun carico e veniva chiamato *Al-Hāmī*". Abū Hurairah (che Dio si compiaccia di lui) disse: "Lo ho udito dal Profeta (ﷺ)">>.
[35] Cfr. Sahīh al-Bukhārī, *Kitāb al-Tafsīr al-Ku'rān*, (Commentario al Sacro Corano), Trad. italiana a cura di S. Lei, Roma 2020, 13, 4624, 'Āishah (che Dio si compiaccia di lei) ci ha tramandato che il Profeta di Dio (ﷺ) ha affermato: "Ho visto l'Inferno e le sue differenti porzioni si stavano consumando le une con le altre. Ho visto 'Amr trascinare i suoi intestini (in esso). Costui è stata la prima persona a stabilire la tradizione di lasciare liberi (per i loro idoli) le femmine di cammello -as-Sawā'ib (plurale di As- Sā'iba)".

Sahīh al-Bukhārī

Volume IV

(10) Capitolo. La storia della conversione di Abū Dhar Al-Ghifārī[36]

3522. (A) Ibn 'Abbās (che Dio si compiaccia di lui) ci ha tramandato: <<Quando le notizie dell'avvento del Profeta (ﷺ) arrivarono ad Abū Dhar, quest'ultimo disse al proprio fratello: "Recati in questa valle [della Mecca] e portami le notizie relative a quest'uomo [il Profeta ﷺ], che afferma di essere un profeta e di ricevere dei messaggi dal cielo. Presta ascolto [alle sue parole] e poi torna da me". Suo fratello si mise in viaggio fino a quando non incontrò il Profeta (ﷺ) ed ascoltò le sue parole. Poi tornò da Abū Dhar e gli disse: "Lo ho visto mentre esortava i suoi a praticare la virtù ed il suo eloquio non assomigliava a quello dei poeti". Abū Dhar disse: "Non sono soddisfatto delle notizie che mi hai recato". Così, dopo aver preso delle provviste di cibo ed aver riempito di acqua la sua borraccia, partì in direzione della Mecca,

---

[36] Cfr. S. Lei, *Muhammad, Il Profeta dell'Islam (pace e benedizioni su di lui), una biografia completa dall'inizio della rivelazione all'Hijrah*, Roma 2018, 94-95: <<Abū Dhar al-Ghifārī, invece, prima dell'inizio della predicazione del Profeta (pbsl), aveva apertamente condannato il culto idolatra e aveva scelto di seguire la religione degli *Hanīf*. Quando venne a sapere che il Profeta (pbsl) stava predicando alla Mecca una pura forma di monoteismo, molto simile a quella che lui stesso aveva abbracciato, inviò suo fratello a raccogliere alcune informazioni. Quando poi gli venne riportato che il Profeta (pbsl) insegnava ai suoi discepoli l'adorazione del Dio unico ed il rifiuto degli idoli, decise di incontrarlo personalmente. Una volta giunto alla Mecca, decise di agire con circospezione per non suscitare l'attenzione dei Quraysh. Restò, quindi, per un giorno presso la *Ka'bah*, ma evitò di domandare apertamente del Profeta (pbsl). 'Alī lo notò per caso e, riconoscendo in lui uno straniero, lo invitò a casa sua come ospite, evitando però di rivolgergli delle domande sulle motivazioni che lo avevano condotto alla Mecca. Così Abū Dhar rimase per altri due giorni presso la *Ka'bah* senza fare nulla di particolare e godendo dell'ospitalità di 'Alī per la notte. Dopo aver compreso che poteva fidarsi del suo ospite, Abū Dhar gli svelò la ragione che lo aveva condotto alla Mecca e gli domandò di presentarlo a Muhammad ibn 'Abdullāh. 'Alī, compresa la sincerità dell'uomo, lo condusse dal Profeta (pbsl). Dopo aver ascoltato con attenzione il contenuto del messaggio dell'Islam e della rivelazione coranica, Abū Dhar si convertì>>. Dopo essersi convertito all'Islam, Abū Dhar tornò dalla sua tribù presso cui diffuse gli insegnamenti della fede. Dopo l'*Hijrah*, Abū Dhar si trasferì a Medina al tempo della Battaglia di Moat nel 4-5 a.H. Morì in Rabadhah nei pressi di Medina nel 32 a.H>>.

dove si recò presso la moschea alla ricerca del Profeta (ﷺ) che non conosceva, ma in merito al quale non intendeva domandare a nessuno. Era ormai trascorsa una parte della notte, quando ʿAlī lo vide e si accorse che era uno straniero. Abū Dhar lo seguì (fino a casa sua), ma nessuno dei due rivolse delle domande[37] all'altro fino a quando non giunse il mattino, quando prese la sua borraccia ed il cibo e si recò di nuovo nella moschea. Trascorse quel giorno senza essere stato scorto dal Profeta (ﷺ) fino a quando non scese la notte e lui tornò nel luogo dove dormiva. ʿAlī gli passò di nuovo accanto e gli disse: "Forse l'uomo non ha ancora riconosciuto dove abita?". Così ʿAlī lo fece alzare e lo condusse (a casa), ma ancora una volta nessuno dei due rivolse alcuna domanda all'altro fino a quando non giunse il terzo giorno, in cui ʿAlī si comportò con Abū Dhar nel medesimo modo e quest'ultimo venne a stare da lui. ʿAlī allora domandò: "Non vorrai dirmi che cosa ti ha condotto qui?"; rispose: "Se mi prometterai che mi guiderai, te lo dirò". Quando ʿAlī ebbe promesso, Abū Dhar lo mise a conoscenza [dello scopo del suo viaggio]. ʿAlī allora disse: "È la verità e costui è il Profeta di Dio. Allora, quando giunge il mattino, seguimi e, se dovessi percepire che qualche pericolo incombe su di te, ti farò un segno facendo finta di urinare. Invece, se dovessi continuare a camminare, seguimi fino a quando non entrerai nel luogo, in cui entrerò anche io". Abū Dhar fu d'accordo e seguì ʿAlī fino a quando non entrò in casa del Profeta (ﷺ) ed Abū Dhar fece lo stesso. Costui, dopo aver ascoltato le parole del Profeta (ﷺ), abbracciò l'Islam. Il Profeta (ﷺ) gli disse: "Torna dai tuoi ed informali [in merito all'Islam] fino a quando non riceverai altri ordini da parte mia". Abū Dhar disse: "Per Colui nelle Cui mani si trova la mia anima, proclamerò la mia conversione all'Islam pubblicamente!". Così uscì e, dopo essere giunto presso la moschea, annunciò con la voce il più alta possibile: "Testimonio che *Lā ilāha illallāh* e che Muhammad è il Profeta di Dio!". Le persone allora si alzarono e lo percossero fino a quando non cadde a terra. Al ʿAbbās giunse e si gettò su di lui [per proteggerlo] e disse:

---

[37] Secondo un antico costume beduino all'ospite non venivano rivolte domande di natura personale per tre giorni.

"Guai a voi! Non sapete che costui appartiene alla tribù di Ghifār e che nel loro territorio passa la rotta dei nostri mercanti diretti verso lo Sham?". In questo modo lo salvò da costoro. Abū Dhar fece lo stesso il giorno successivo e le persone lo percossero di nuovo. Al 'Abbās allora si gettò ancora una volta su di lui [per proteggerlo]>>.

11) Capitolo. La storia di *Zamzam*[38]

3522 (B). Abū Jamra ci ha tramandato: <<Ibn 'Abbās (che Dio si compiaccia di lui) ci disse: "Posso raccontarvi la storia della conversione all'Islam di Abū Dhar?"; quando rispondemmo affermativamente, lui disse che Abū Dhar aveva affermato: "Appartenevo alla tribù di Ghifār. Venimmo a sapere che nella Mecca era apparso un uomo che sosteneva di essere un profeta. Allora dissi a mio fratello: 'Recati presso quell'uomo, parla con lui e recami sue notizie'. Lui partì, lo incontrò e poi ritornò. Gli domandai: 'Quali notizie mi porti?'; rispose: 'Per Allah, ho visto che quell'uomo consiglia di compiere quanto è buono e proibisce tutto quanto è male'. Gli dissi: 'Con queste esigue informazioni non hai soddisfatto [il mio desiderio di sapere]'. Allora presi la borraccia, un bastone e procedetti verso la Mecca. Io non lo conoscevo e non volevo nemmeno domandare in merito alla sua persona. Continuai così a bere l'acqua di *Zamzam* ed a rimanere nella moschea. Poi 'Alī passò e mi disse: "Sembra che tu sia uno straniero"; quando risposi affermativamente, lui procedette verso la sua abitazione ed io lo accompagnai. Lui non mi domandò nulla ed anche io non gli rivolsi alcuna domanda. Il mattino dopo, andai alla moschea per domandare del Profeta (ﷺ), ma nessuno mi disse nulla in merito alla sua persona.

---

[38] Cfr. V. Salierno, *Dizionario dell'Islam*, Roma 2018: <<*Zamzam*, il pozzo nel recinto (*harām*) della Mecca che sgorgò ai piedi di Agar, assetata, mentre implorava l'acqua per sé e per il figlio Ismaele. L'acqua, che ha un sapore amaro, è addolcita facendovi macerare fichi secchi, uva passita e miele. Oggigiorno quest'acqua è venduta ai pellegrini in piccoli vasi di terracotta sigillati>>.

'Alī passò di nuovo e domandò: "Forse l'uomo non ha ancora riconosciuto dove abita?'; risposi negativamente ed egli mi disse: 'Vieni insieme a me'. Mi domandò: 'Di che cosa ti occupi? Che cosa ti ha condotto in questa città?'. Gli dissi: 'Se manterrai il segreto, te lo dirò'. Quando lui rispose affermativamente, gli dissi: 'Abbiamo udito che qui è apparsa una persona che afferma di essere un profeta. Ho mandato mio fratello per parlare con lui e, quando è ritornato, non mi ha portato delle notizie soddisfacenti. Allora ho pensato di venirlo a visitare personalmente'. 'Alī disse (ad Abū Dhar): 'Sei arrivato nel posto giusto. Seguimi, e dovunque entrerò, entra anche tu. Se dovessi vedere qualcuno che potrebbe causarti qualche problema, mi porrò vicino ad un muro come se dovessi urinare. Allora dovrai allontanarti'. 'Alī andò avanti ed io lo accompagnai fino a quando non entrò in un posto ed io entrai insieme con lui. Giunsi così al cospetto del Profeta (ﷺ) al quale dissi: 'Spiegami l'Islam'; quando lo fece, mi convertì immediatamente. Lui (ﷺ) mi disse: 'O Abū Dhar! Mantieni segreta la tua conversione e ritorna nella tua città. Quando verrai a sapere della nostra vittoria, torna da noi'. Gli dissi: 'Per Colui che ti ha inviato con la verità, annuncerò la mia conversione all'Islam pubblicamente'. Abū Dhar si recò alla moschea, dove si trovavano anche alcuni Quraysh, e disse: 'O popolo dei Quraysh! Testimonio che *Lā ilāha illallāh* e che Muhammad è Suo servo e profeta'. (Udito questo), i Quraysh dissero: 'Prendiamo questo *Sābī*[39]!'; si alzarono e mi

---

[39] Il termine "Sābī" appare nel Corano nei seguenti versetti: 2:62: <<Coloro che credono in questo messaggio, così come gli ebrei, i cristiani e i Sabei -che credono in Dio, nell'Ultimo Giorno e compiono opere rette- avranno la loro ricompensa presso il loro Signore. Non avranno nulla da temere e non saranno sopraffatti dalla tristezza>>; 5:69: <<Coloro che credono nel Corano, coloro che seguono la scrittura ebraica, i Sabei e i Cristiani che credono in Dio e nell'ultimo giorno e compiono opere di bene, non avranno nulla da temere e nulla di cui affliggersi>>; 22:17: <<Dio giudicherà nel Giorno del Giudizio coloro che credono [nel Corano], coloro che seguono le Scritture ebraiche, i Sabei, i Cristiani, i Magi ed i Politeisti. Egli è testimone di tutte le cose>>. Commenta Yusuf Alì: <<In arabo *Sabi'un*. Questo termine potrebbe riferirsi, anche se la completa identificazione rimane comunque problematica, ad una comunità che è stata individuata nel secolo scorso nel basso Iraq vicino a Basra. Costoro sono chiamati in arabo *Subba* (singolare *Subbi*). Erano noti però

percossero quasi a morte. Al ʿAbbās mi vide e si gettò sopra di me per proteggermi. Poi si rivolse a loro e disse: 'Guai a voi! Volete uccidere un uomo della tribù di Ghifār, sebbene il nostro commercio e le nostre comunicazioni avvengono attraverso il territorio della loro tribù?', allora mi lasciarono andare. Il mattino dopo ritornai (alla moschea) e proclamai le medesime cose che avevo proclamato il giorno precedente'. Mi trattarono nello stesso modo e di nuovo Al ʿAbbās, dopo avermi trovato [in pericolo], si gettò su di me per proteggermi e disse loro quello che aveva detto anche il giorno precedente'. Questa fu la conversione di Abū Dhar (che Dio possa aver pietà di lui)">>.

(12) Capitolo. La storia di *Zamzam* e l'ignoranza degli Arabi.

3523. Abū Hurairah (ﷺ) ci ha tramandato che il Profeta (ﷺ) ha affermato: << (I membri delle tribù) di Aslam, di Ghifār ed alcuni dei Muzaina e Juhaina o disse (alcuni dei Juhaina o Muzaina) sono migliori presso Dio o ha detto (nel giorno della Resurrezione) delle tribù di Asad, Tamīm, Hawāzin e Ghatafān>>.

3524. Ibn ʿAbbās (che Dio si compiaccia di lui) ci ha tramandato: <<Se si desidera conoscere relativamente all'ignoranza degli Arabi, si deve leggere la Sura *Al-An ʿām*[40] dopo il versetto 130: "Sono perduti coloro che uccidono i loro figli per ignoranza e dichiarano proibito il sostentamento che Dio ha scelto per loro, attribuendo falsamente a

---

anche come Sabei, Nasorei e Cristiani di San Giovanni. Il loro testo sacro, chiamato *Ginza*, è scritto in un dialetto dell'aramaico. Il riferimento coranico non deve essere comunque confuso con i Sabei, adoratori del sole e della luna, che abitarono nella zona compresa tra lo Yemen e l'Arabia meridionale tra l'800 ed il 700 a.C. e che furono sconfitti dagli Abissini nel 350 a.C. e dai Persiani nel 579 a.C. Cfr. 5:69>. Nel contesto del presente *Hadīth*, con il termine "Sābī" s'intende un seguace del monoteismo islamico così come era predicato dal Profeta Muhammad (ﷺ). Relativamente ai giudeo-cristiani cfr. S. Lei, *Breve storia del Cristianesimo dalle origini al Concilio di Calcedonia*, Roma 2018, "Il Cristianesimo nel Talmud", 142-184.

[40] Del bestiame, di 165 versetti, rivelata alla Mecca, tranne i versetti 20, 23, 91, 93, 114, 141, 151, 152, 153, che sono stati rivelati invece a Medina.

Lui questa proibizione. Costoro si sono perduti e non hanno trovato la retta via"[41].

(13) Capitolo. Su colui che riconduce la sua parentela ai suoi antenati o nell'Islam o nella *Jāhiliyyah*.

Ibn 'Umar ed Abū Hurairah (che Dio si compiaccia di loro) ci hanno tramandato che il Profeta (ﷺ) ha affermato: "L'onorevole, il figlio dell'onorevole, figlio dell'onorevole, Yūsuf, figlio di Ya 'qūb, figlio di Ishāq, a sua volta figlio di Ibrāhīm, il *Khalīl* di Dio". Al-Barā' (che Dio si compiaccia di lui) ci ha tramandato che il Profeta (ﷺ) ha affermato: "Io sono il figlio di 'Abdul-Muttalib">>.

3525. Ibn 'Abbās (che Dio si compiaccia di lui) ci ha tramandato: <<Quando venne rivelato il versetto: "Ammonisci i tuoi parenti più stretti"[42], il Profeta (ﷺ) cominciò a chiamare le tribù arabe: "O Banī Fihr, o Abī 'Adī" (menzionando prima) le varie sotto-tribù dei Quraysh>>.

3526. Ibn 'Abbās (che Dio si compiaccia di lui) ci ha tramandato: <<Quando venne rivelato il versetto: "Ammonisci i tuoi parenti più stretti"[43], il Profeta (ﷺ) cominciò a chiamare per nome ogni tribù>>.

3527. Abū Hurairah (che Dio si compiaccia di lui) ci ha tramandato che il Profeta (ﷺ) disse: <<O Banī 'Abd Munāf! Riscattatevi da Dio! O Banī 'Abdul-Muttalib! Riscattatevi da Dio! O madre di Az-Zubair bin Al-'Awwām, la zia del Profeta (ﷺ) di Dio, e Fatima bint Muhammad! Riscattatevi da Dio perché non posso difendervi davanti a Lui. Potete [solo] domandarmi quello che desiderate della mia proprietà>>.

---

[41] Il Sacro Corano 6:140.
[42] Il Sacro Corano 26:214.
[43] Il Sacro Corano 26:214.

(14) Capitolo. Il figlio della sorella di alcune persone è considerato come parte dello stesso popolo; il liberto di alcune persone appartiene a loro, ossia è parte della famiglia, clan o tribù di colui che lo ha liberato.

3528. Anas (che Dio si compiaccia di lui) ci ha tramandato: <<Il Profeta (ﷺ) mandò a chiamare gli Ansari (e quando giunsero), domandò: "Vi è qualche straniero tra di voi?", dissero: "No, tranne il figlio di nostra sorella". Il Profeta di Dio (ﷺ) disse: "Il figlio della sorella di alcune persone appartiene loro [fa parte della stessa famiglia, clan e tribù]">>.

(15) Capitolo. La storia degli Etiopi ed il detto del Profeta (ﷺ): "O Banī Arfida!".

3529. ʿĀishah (che Dio si compiaccia di lei) ci ha tramandato che, durante i giorni di Mina, Abū Bakr (che Dio si compiaccia di lui)[44]

---

[44] Cfr. Salierno V., *Dizionario dell'Islam*, Roma 2018, "Abū Bakr, al-Ṣiddīq "il Veridico", (571-634), amico intimo del Profeta, primo uomo adulto a convertirsi all'Islam, padre di ʿĀishah, la sposa prediletta del Profeta; primo Califfo (9 giugno 632-634), si scontrò con i beduini in rivolta (*ridhdha*), i Bizantini e i Persiani, occupando parte della Palestina, e ampliò il califfato con l'inclusione del Bahrein, l'Oman, l'Ḥadramaut e lo Yemen. Personaggio di grande carisma, calmo e tranquillo, all'indomani della morte del Profeta rassicuro la comunità con un discorso realistico, dicendo: "Uomini, chi aveva il culto di Muhammad sa che Muhammad è morto, ma chi ha il culto di Allah sa che Allah è vivo né mai morrà", citando tre versetti fondamentali del Corano, III, 114-116: "Muhammad non è che un messaggero di Dio come quelli che lo hanno preceduto in antico. Orbene, se egli morirà o sarà ucciso, ve ne tornereste voi indietro? Ma, chi si ritira, non farà a Dio alcun danno, mentre Dio compenserà chi Gli è grato. Non è possibile che alcuno muoia altro che col permesso di Dio stabilito e scritto a termine fisso; e chi vuole ricompense mondane, gliene daremo; daremo la loro mercede a chi Ci è grato. Quanti profeti combatterono contro chi possedeva immensi eserciti, e non si scoraggiarono per quel che li colse sulla via di Dio, non s'infiacchirono, non s'umiliarono, che Dio ama i pazienti".
[44] Il Sacro Corano 59:8.

venne da lei mentre vi erano due ragazze che percuotevano i tamburelli ed il Profeta (ﷺ) era (sdraiato) coperto dalla sua veste. Abū Bakr rimproverò le due ragazze, ma il Profeta (ﷺ) si scoprì il volto e disse: "O Abū Bakr! Lasciale stare perché questi sono i giorni del festival dell' *Eīd*[45]!". Questi erano i giorni di Mina[46].

3530. ʿĀishah aggiunse: <<Ero dietro al Profeta (ﷺ), mentre stavo guardando gli Etiopi che si esibivano [con i giavellotti] nella moschea. ʿUmar li rimproverò, ma il Profeta (ﷺ) disse: "Lasciali! O Banī Arfida, continuate pure. Siete al sicuro">>.

(16) Capitolo. Su chi desidera che i suoi antenati non vengano offesi.

3531. ʿĀishah (che Dio si compiaccia di lei) ci ha tramandato: <<Una volta Hassān bin Thābit domandò al Profeta (ﷺ) di comporre un poema satirico che diffamava i miscredenti. Il Profeta (ﷺ) disse: "Come consideri il fatto che ho degli antenati in comune con loro?"; Hassān rispose: "Li rimuoverò così come un capello viene tirato fuori da un impasto">>. ʿUrwa ci ha tramandato: <<Iniziai ad offendere

---

[45] *Eīd ul-Fitr*, che segna la fine del mese del Ramadān, ed *Eīd ul-Adhā* nel decimo giorno del mese del Pellegrinaggio.

[46] Undicesimo e dodicesimo giorno del *Dhul Hajj* (*Ayyāmut-Tashrīq*): Sostare a Mina per il lancio delle pietre: Nell'intervallo di tempo successivo allo *Zamāl* fino alla notte, bisogna gettare le pietre contro i tre pilastri. Sono necessarie 21 pietre per ogni giorno (7 per ogni pilastro). Rivolti verso la *Jamarah* più piccola, con Mina alla destra e la Mecca alla sinistra, bisogna gettare le prime sette pietre. Ogni volta che si getta una pietra bisogna recitare il *Takbīr*. Dopo aver terminato di gettare le pietre al primo pilastro, bisogna alzare le mani e rivolgere ad Allah una supplica personale. Mentre si rivolge la propria supplica, ci si deve porre in direzione della *Qiblah*. Bisogna successivamente procedere allo stesso modo con gli altri due pilastri (*al-Wustā* e *al-Aqabah al-Kubrā*). Dopo aver gettato le pietre contro l'ultimo pilastro, senza rivolgere la propria supplica, si deve andare via. Dopo l'ultimo lancio di pietre nel dodicesimo giorno del *Dhul Hajj*, si deve uscire con calma da Mina diretti verso la Mecca. Prima di lasciare la Mecca, bisogna compiere la *Tawāful Wadā* come ultimo rito del Pellegrinaggio.

Hassān davanti ad 'Āishah, ma lei disse: "Non offenderlo, perché era solito difendere il Profeta (ﷺ) con la sua poesia">>.

(17) Capitolo. Che cosa è stato affermato relativamente al nome del Profeta di Dio (ﷺ) ed ai versetti: "Muhammad è il profeta di Dio. Coloro che sono con lui sono forti contro i miscredenti, ma hanno compassione gli uni degli altri. Li vedrai inchinarsi e prosternarsi in preghiera, cercando la grazia di Dio ed il Suo compiacimento. Sui loro volti ci sono i segni, le tracce delle loro prosternazioni. Così vengono descritti nella *Torah*. Nel Vangelo vengono invece paragonati ad un seme che stende le sue radici, le fortifica, poi diviene spesso e si alza con lo stelo dritto, delizia dei seminatori. La loro vista suscita la collera nei miscredenti. Dio ha promesso il perdono ed una grande ricompensa a coloro che credono e compiono opere giuste"[47] e <<Menziona quando Gesù, il figlio di Maria, disse: "O Figli di Israele, io sono il profeta di Dio, che vi è stato inviato a conferma della Legge rivelata prima di me e ad annunciare la buona novella di un messaggero che verrà dopo di me, il cui nome darà Ahmad". Quando però giunse loro con chiari segni dissero: "Questa è una magia evidente!">>[48].

3532. Jubair bin Mut'im (che Dio si compiaccia di lui) ci ha tramandato che il Profeta di Dio (ﷺ) ha affermato: "Ho cinque nomi: Sono Muhammad ed Ahmad[49], sono *Al-Māhī* attraverso il quale Dio eliminerà l'*Al-Kufr*, sono *Al-Hāshir*, ossia il primo che sarà resuscitato

---

[47] Il Sacro Corano 48:29.

[48] Il Sacro Corano 61:6.

[49] Ossia il degno di lode. Cfr. Il Sacro Corano 61:6: <<Menziona quando Gesù, il figlio di Maria, disse: "O Figli di Israele, io sono il profeta di Dio, che vi è stato inviato a conferma della Legge rivelata prima di me e ad annunciare la buona novella di un messaggero che verrà dopo di me, il cui nome sarà Ahmad". Quando però giunse loro con chiari segni dissero: "Questa è una magia evidente!">>.

mentre le altre persone lo saranno successivamente. Sono anche *Al-'Āqib*, (ossia non ci sarà alcun profeta dopo di me)"[50].

3533. Abū Hurairah (che Dio si compiaccia di lui) ci ha tramandato che il Profeta di Dio (ﷺ) ha affermato: "Non ti meraviglia il modo in cui Dio mi ha protetto contro le offese e le maledizioni dei Quraysh? Loro offendono *Mudhammam*[51] e maledicono *Mudhammam*, mentre io sono Muhammad[52]".

(18) Capitolo. L'ultimo di tutti i profeti (ossia Muhammad ﷺ)

3534. Jābir bin 'Abdullāh (che Dio si compiaccia di lui) ci ha tramandato che il Profeta di Dio (ﷺ) ha affermato: <<Il mio esempio e quello degli altri profeti è quello di un uomo che ha costruito una casa nella sua completezza ed in maniera eccellente, tranne per il posto occupato da un mattone. Quando le persone entrano in casa, si

---

[50] Altri titoli del Profeta (ﷺ) sono: *Shahīd* (testimone) -Cfr. Il Sacro Corano 33:45: <<O Profeta, in verità, ti abbiamo inviato come testimone, come messaggero di buone nuove e come un ammonitore>>- *Nāthir* (ammonitore) -Cfr. Il Sacro Corano 11:2: <<...affinché non adoriate altri che Dio. Di': "In verità, sono stato inviato da Lui per ammonire e per portare la buona novella>>- *Mudhakkir* (colui che invita al ricordo) -Cfr. Il Sacro Corano 88:21: <<Quindi ammoniscili perché il tuo compito è quello di ammonire>>. Cfr. Sahīh al-Bukhārī, *Kitāb al-Tafsīr al-Ku'rān*, (Commentario al Sacro Corano), trad. italiana a cura di S. Lei, Roma 2020, 61, 4896, Jubair bin Mut'im (che Dio si compiaccia di lui) ci ha tramandato: <<Ho udito il Profeta di Dio (ﷺ) affermare: "Ho cinque nomi: io sono Muhammad, sono Ahmad, e solo l'Al-Māhī, attraverso cui Dio eliminerà la miscredenza, io sono l'Al-Hāshir (colui che sarà resuscitato per primo nel Giorno della Resurrezione) e sono l'Al-'Āqib (ossia non vi sarà alcun profeta dopo di me) >>.
[51] Ossia colui che viene disonorato e maledetto. I pagani non chiamavano il Profeta (ﷺ) con il suo vero nome ma con una forma dispregiativa e modificata. In questo modo i loro insulti e maledizioni non ricadevano sul Profeta (ﷺ) ma sul nome, che gli avevano falsamente attribuito in ragione del loro odio.
[52] Ossia il degno di lode ed onore.

meravigliano della sua bellezza e dicono: "Se non fosse per quel mattone!". [Io sono quel mattone- l'ultimo di tutti i messaggeri]>>.

3535. Abū Hurairah (che Dio si compiaccia di lui) ci ha tramandato che il Profeta di Dio (ﷺ) ha affermato: <<Il mio esempio e quello degli altri profeti prima di me, è quello di un uomo che ha costruito una casa in modo meraviglioso e con grazia, tranne per un mattone mancante in un angolo. Le persone vi girano intorno e si meravigliano della sua bellezza, ma dicono: "Se quel mattone venisse messo al suo posto!". Io sono quel mattone ed io sono l'ultimo dei profeti>>.

(19) Capitolo. La morte del Profeta (ﷺ)

3536. 'Āishah (che Dio si compiaccia di lei) ci ha tramandato: <<Il Profeta (ﷺ) morì quando aveva sessantatré anni>>.

(20) Capitolo. Il *Kunya*[53] del Profeta (ﷺ)

3537. Anas (che Dio si compiaccia di lui) ci ha tramandato: <<Mentre il Profeta (ﷺ) si trovava al mercato, un uomo chiamò (una persona): "O Abul-Qāsim[54]!"; il Profeta (ﷺ) si volse verso di lui e disse: "Chiamatevi con il mio nome ma non con il mio *Kunya*">>.

---

[53] Cfr. V. Salierno, *Dizionario dell'Islam*, Roma 2018: <<*Kunya*, indica la relazione di paternità, espressa con *abū*, e varianti, e di maternità, espressa con *umm*; esempi: Abū Muḥammad (padre di Muḥammad), Umm Muḥammad (madre di Muḥammad). La *kunya* o tecnonimico aveva in origine nell'onomastica araba un valore onorifico>>.

[54] *Kunya* del Profeta Muhammad (ﷺ), dal nome di Qāsim, il primogenito che ebbe da Khadīja, che morì in tenera età. La coppia ebbe due figli maschi, Qāsim ed 'Abdullāh, che morirono entrambi in tenera età, e quattro figlie femmine: Zaynab, Ruqayyah, Umm Khulthum e Fatimah, la più giovane. Cfr. Sahīh al-Bukhārī, *Kitāb al-'Ilm*, (Il libro della conoscenza), trad. italiana a cura di S. Lei, Roma 2020, 110. Abū Hurairah (che Dio si compiaccia di lui) ci ha tramandato che il Profeta (ﷺ) disse: <<Chiamatevi con il mio nome, ma non

3538. Jābir (che Dio si compiaccia di lui) ci ha tramandato che il Profeta (ﷺ) ha affermato: <<Chiamatevi con il mio nome ma non con il mio *Kunya*>>.

3539. Abū Hurairah (che Dio si compiaccia di lui) ci ha tramandato che Abul-Qāsim (ﷺ) ha affermato: "Chiamatevi con il mio nome ma non con il mio *Kunya*".

(21) Capitolo

3540. Al-Ju'aid bin 'Abdur-Rahmān ci ha tramandato: <<Vidi As-Sā'ib bin Yazīd, quando aveva novantaquattro anni, con una figura eretta e piuttosto robusto. Disse: "Ho mantenuto la mia capacità di udire e di sentire solo a causa dell'invocazione del Profeta di Dio (ﷺ). Mia zia mi condusse da lui e disse: 'O Profeta di Dio! Mio nipote è malato. Invocherai Dio per lui?' e così lui pregò Dio per me">>.

(22) Capitolo. Il sigillo della profezia

3541. As-Sā'ib bin Yazīd ci ha tramandato: <<Mia zia mi condusse dal Profeta di Dio (ﷺ) e disse: "O Profeta di Dio! Mio nipote è malato". Il Profeta (ﷺ) mi passò le mani sul capo ed invocò Dio per benedirmi. Poi compì l'abluzione ed io ne bevvi l'acqua rimanente. Poi mi misi dietro di lui e vidi il segno della Profezia tra le sue spalle[55]>>.

------

con il mio *Kunya*. Colui che mi vede in sogno, sicuramente mi ha veduto perché Satana non può assumere le mie sembianze. Chiunque racconta una menzogna contro di me intenzionalmente, occuperà il posto che gli è dovuto nel Fuoco dell'Inferno>>.

[55] Sahīh Muslim, *Kitāb Fadā'il*, 43, 146: Sull'autorità di 'Abdullāh b. Sarjis ci è stato tramandato: <<Ho incontrato il Profeta di Dio (ﷺ) ed ho consumato insieme a lui pane e carne o disse il Tharīd. Quando gli domandai: "Il Profeta (ﷺ) ha domandato per te il perdono?". Lui rispose: "Sì per me e per te" e poi ha recitato il versetto: "E domanda il perdono per i tuoi peccati e per gli uomini e le donne credenti" (47:19). Poi passai dietro di lui e vidi il segno della

(23) Capitolo. La descrizione del Profeta (ﷺ)

3542. 'Uqba bin Al-Hārith ci ha tramandato: <<Una volta, Abū Bakr (che Dio si compiaccia di lui) offrì la preghiera dell'*Asr* e poi uscì a piedi e vide Al-Hasan[56] che giocava con gli altri ragazzini. Lo sollevò sulle spalle e disse: "Che i miei genitori siano sacrificati per te! (Tu) assomigli al Profeta (ﷺ) e non ad 'Alī", mentre quest'ultimo stava sorridendo>>.

---

profezia al lato sinistro della sua spalla, che aveva dei segni che assomigliavano a dei nei">>.

[56] Cfr. V. Salierno, *Dizionario dell'Islam*, Roma 2018: <<Ḥasan, figlio primogenito di 'Alī e Fāṭimah, nipote del Profeta. Alla morte del padre fu nominato califfo, ma rinunciò per evitare di scontrarsi con Mu'āwiyya dal quale ricevette una pensione; ritiratosi a Medīna, morì di tisi nel 670 all'età di 45 anni. Per gli Sciiti è il secondo dei dodici imām: fu detto *al-mujtaba* (il prescelto)>>. Hasan era fratello di Husain. Cfr. V. Salierno, *Dizionario dell'Islam*, Ḥusaīn o Ḥuseīn, (626-680), figlio secondogenito di 'Alī e Fāṭimah, nipote del Profeta. Alla morte del fratello Ḥasan (v. voce) fu convinto dai suoi seguaci e dal cugino Muslim ibn 'Aqil a mettersi alla testa degli 'Alidi, rifiutando di riconoscere la successione al califfato di Yazīd, figlio di Mu'āwiyya. Partito dalla Mecca, Ḥusaīn si mise in viaggio per Kūfah, ma prima di giungere apprese dell'uccisione del cugino da parte del governatore dell'Irāq. Fermatosi a Karbalā', fu circondato dalle truppe governative che avevano tagliato l'accesso all'acqua; abbandonato dai promessi rinforzi, tormentato dalla sete, Ḥusaīn e gran parte dei suoi perirono il 10 di muḥarram del 61 H (10 ottobre 680). Per gli Sciiti è il terzo dei dodici imām: fu detto sayyid al-shuhadā' (il signore dei martiri)>>. Cfr. Saḥīḥ al-Bukhārī, *Kitāb Aḥādīth Al-Anbiyā'*, (Il libro delle storie dei profeti), trad. italiana a cura di S. Lei, Roma 2020, 3371. Ibn 'Abbās (che Dio si compiaccia di lui) ci ha tramandato: <<Il Profeta (ﷺ) era solito cercare rifugio in Dio per Al-Hasan ed Al-Husain e dire: "Il vostro antenato [Abramo] era solito cercare rifugio in Dio per Ismaele ed Isacco con le seguenti parole: O Dio! Cerco rifugio nelle Tue parole perfette da ogni demone e da ogni parassita velenoso, e da ogni occhio malvagio, invidioso o dannoso">>.

3543. Abū Juhaifa (che Dio si compiaccia di lui) ci ha tramandato: <<Ho visto il Profeta (ﷺ) ed Al-Hasan gli assomiglia>>.

3544. Ismā'īl bin Abī Khālid: <<Ho udito Abū Juhaifa (che Dio si compiaccia di lui) affermare: "Ho visto il Profeta (ﷺ) ed Al-Hasan bin 'Alī gli assomiglia". Domandai ad Abū Juhaifa: "Descrivilo per me!"; lui mi disse: "Il suo incarnato era bianco, e la sua barba era nera con qualche pelo bianco. Promise di donarci tredici giovane femmine di cammello, ma ci ha lasciato prima che potessimo averle">>.

3546. Harīz bin 'Uthmān ci ha tramandato di aver domandato ad 'Abdullāh bin Busr (un compagno del Profeta ﷺ): <<Hai visto il Profeta (ﷺ) quando era anziano?>>; lui rispose: <<Aveva pochi peli bianchi tra il labbro inferiore ed il mento>>.

3547. Rabī 'a bin Abī 'Abdur-Rahmān ci ha tramandato: <<Ho udito Anas bin Mālik descrivere il Profeta (ﷺ) nel modo seguente: "Rispetto alle altre persone, era di altezza media, non alto e nemmeno basso. Aveva un incarnato roseo, non completamente bianco e nemmeno scuro. I suoi capelli non erano né completamente ricci ma nemmeno lisci. Ricevette la rivelazione divina quando aveva quarant'anni. Rimase dieci anni nella Mecca ricevendo la rivelazione divina, ed a Medina per altri dieci anni. Quando morì, sul suo capo e sulla sua barba vi erano appena venti peli e capelli bianchi". Rabi 'a disse: "Ho visto qualcuno dei suoi capelli ed erano rossi. Quando ne domandai il motivo, mi venne detto che avevano cambiato colore a causa del profumo">>.

3548. Anas (che Dio si compiaccia di lui) ci ha tramandato che il Profeta di Dio (ﷺ) non era né molto alto né basso, né completamente bianco né scuro. I suoi capelli non erano né ricci né lisci. Dio lo inviò come profeta quando aveva quarant'anni. Poi restò alla Mecca per dieci anni ed in Medina per altri dieci. Quando Dio lo richiamò a Sé, vi erano appena venti capelli bianchi sul suo capo e sulla sua barba.

3549. Al-Barā' (che Dio si compiaccia di lui) ci ha tramandato che il Profeta di Dio (ﷺ) era il più attraente tra le persone ed aveva l'aspetto migliore. Non era né troppo alto e nemmeno basso.

3550. Qatāda ci ha tramandato: <<Domandai ad Anas: "Il Profeta (ﷺ) era solito tingersi i capelli?", rispose: "No, perché vi erano solo pochi capelli bianchi sulle sue tempie">>.

3551. Al-Barā' (che Dio si compiaccia di lui) ci ha tramandato: <<Il Profeta (ﷺ) era di altezza media, aveva il petto ampio ed i capelli che gli arrivavano ai lobi degli orecchi. Una volta, lo vidi con indosso un mantello rosso e non avevo mai visto prima una persona più attraente di lui>>.

3552. Abū Ishāq ci ha tramandato: <<Venne domandato ad Al-Barā': "Il volto del Profeta (ﷺ) era splendente quanto la lama di una spada?"; rispose: "No, splendeva come la luna">>.

3553. Abū Juhaifa (che Dio si compiaccia di lui) ci ha tramandato: <<Una volta il Profeta di Dio (ﷺ) si recò presso Al-Bathā' a mezzogiorno, compì le abluzioni ed offrì due *Rak'a*[57] della preghiera del *Zuhr* e due della preghiera dell'*Asr*, mentre venne posto davanti a lui (come *Sutra*) un bastone appuntito e chi passava lo faceva dietro di esso. [Dopo la preghiera], le persone si alzarono, presero le mani del Profeta (ﷺ) e se le passarono sul volto. Anche io gli presi la mano

---

[57] Cfr. V. Salierno, *Dizionario dell'Islam*, Roma 2018: <<*Rak'a*, insieme di preghiere e atti che costituiscono un elemento rituale completo; si compone di sette elementi: *qiyām*, lo stare in piedi con le mani giunte sul ventre; *qirā'a*, recitazione della *fātiha* (v. voce) e alcuni versetti del Corano; *rukū'*, inchino profondo con le mani fino ai ginocchi; *i'tidāl*, ritorno alla posizione in piedi con le mani all'altezza del capo; *sujūd*, prosternazione, in ginocchio con le mani e la fronte per terra; *julūs* o *qu'ūd*, in ginocchio, seduto sui talloni; *sujūd*, seconda prosternazione. Il numero degli elementi varia da due a quattro; inoltre, ci sono le preghiere finali che consistono in *tashahhud*, la professione di fede, in una formula eulogistica sui profeti, e nel *salām al-tahlīl*, il saluto finale>>.

e la tenni sul mio volto e notai che era più fredda del ghiaccio ed il suo odore era più piacevole di quello del muschio>>.

3554. Ibn 'Abbās (che Dio si compiaccia di lui) ci ha tramandato: <<Il Profeta (ﷺ) era il più generoso di tutte le persone ed era solito essere ancora più generoso durante il *Ramadān*[58] quando Jibrīl veniva a

---

[58] Il sacro mese del *Ramadān* è nel calendario musulmano un mese speciale, portatore di gioia e pace nella vita di ogni credente. Durante questo mese infatti, più di quattrocento anni fa, il Profeta Muhammad (ﷺ) ricevette la prima rivelazione del Sacro Corano, l'ultimo libro rivelato, guida per coloro che desiderano incamminarsi con fede sul sentiero di Dio. Il digiuno durante il mese del *Ramadān* è uno dei cinque pilastri dell'Islam e costituisce un obbligo per ogni credente in quanto nel Sacro Corano è scritto: "È nel mese del *Ramadān* che abbiamo fatto scendere il Corano, guida per gli uomini e prova di retta direzione e distinzione. Chi di voi ne testimoni [l'inizio] digiuni. E chiunque è malato o in viaggio assolva [in seguito] altrettanti giorni. Dio vi vuole facilitare e non procuravi disagio, affinché completiate il numero dei giorni e proclamiate la grandezza di Dio Che vi ha guidato. Forse sarete riconoscenti" (Il Sacro Corano 2:185). Nel Sacro Corano è anche scritto: "O voi che credete, vi è prescritto il digiuno come era stato prescritto a coloro che vi hanno preceduto. Forse diventerete timorati" (Il Sacro Corano 2:183). Questo versetto spiega che il fine principale del digiuno, che costituisce un dovere per ogni musulmano adulto e in salute, è la pratica dell'autocontrollo. Durante il digiuno, ci si astiene dal mangiare, dal bere, dal fumare e dalle relazioni sessuali dall'alba al tramonto. Questo è il modo in cui il Profeta Muhammad (ﷺ) compiva il suo digiuno ed a lui i veri musulmani guardano come esempio nelle loro pratiche di devozione. Però, dal momento che il digiuno può risultare alquanto difficile, Dio nella Sua misericordia ha esentato i malati, i bambini e coloro che si trovano in viaggio. Le donne, che allattano o sono incinte, sono esentate dal digiunare, sebbene alcune di loro pratichino il digiuno anche in queste condizioni come segno della loro devozione a Dio. Coloro invece, che non hanno potuto digiunare durante il *Ramadān*, anche se per una ragione valida, debbono recuperare i giorni in cui non si è digiunato nell'arco dell'anno. Invece coloro, che non possono digiunare a causa dell'età avanzata o di una malattia cronica, devono pagare ogni giorno di mancato digiuno quanto è necessario per nutrire un povero. Anche se la pratica del digiuno può essere considerata un mezzo per purificare il corpo, la sua funzione principale è quella di purificare l'anima. I musulmani, infatti, per mezzo del digiuno cercano di ringraziare Dio per le grazie innumerevoli di cui ci ha beneficati: la più grande dei quali è la rivelazione del Sacro Corano. Questo è il più grande regalo di Dio all'umanità,

perché il suo messaggio è rimasto privo di corruzione fino ai nostri giorni e serve come guida per milioni di esseri umani che vogliono adorare solo Dio, credendo nella Sua infinta misericordia e nella Sua Assoluta Unità. Il digiuno nel mese del *Ramadān*, oltre che ad aiutare gli esseri umani ad essere grati a Dio per tutte le Sue benedizioni, sia materiali sia spirituali, ha il fine di disciplinare sia il corpo sia l'anima e dà l'opportunità ad ogni musulmano, qualunque sia la sua condizione socio-economica, di sentire sul proprio corpo i dolori della fame e della sete. In questo modo il credente non solo diviene maggiormente grato a Dio, che è il solo Creatore di tutto ciò che esiste, ma lo incoraggia anche a divenire più sensibile verso i poveri e coloro che sono meno fortunati. Per questo motivo i credenti sono invitati, durante questo mese, ad essere più caritatevoli e ad aiutare tutti coloro che si trovano nel bisogno. La routine diurna durante il mese del *Ramadān* comincia prima dell'alba, quando i musulmani consumano un pasto prima di iniziare il digiuno e dopo pregano il *Fajr*, la prima preghiera obbligatoria della giornata. Prima di rompere il digiuno i musulmani si riuniscono nella Moschea, dove ognuno è benvenuto, oppure a casa delle famiglie e degli amici. Sedendo insieme nel modo tradizionale, rompono il digiuno ringraziando Dio per le Sue benedizioni e per aver dato loro la forza di affrontare e sopportare le fatiche del giorno. Durante il mese del *Ramadān* però, oltre alle cinque preghiere obbligatorie, il fedele è invitato ad offrire delle preghiere notturne in congregazione note con il nome di *Tarāwīh*. Durante il *Tarāwīh* i musulmani pregano Dio cercando il Suo aiuto e il Suo perdono. Il fine di questa preghiera volontaria è quello di riempire il cuore dell'amore per Dio, per incoraggiare le labbra a muoversi nel ricordo di Lui e per ricordarci della nostra debolezza, per prosternarci e chiedere perdono al Misericordioso, cercando la pace in questa vita e nell'Altra. Durante la preghiera i musulmani in lunghe file stanno in piedi dietro l'*Imām*. S'inchinano e si prosternano, toccando il suolo con la fronte, e poi si rialzano. Mentre la congregazione sta in piedi all'inizio di ogni preghiera, si ode l'*Imām* recitare intere sure del Corano. La recitazione melodiosa è seguita dall'atto di inchinarsi e di prosternarsi perché i musulmani, quando pregano, agiscono in completa consapevolezza della presenza divina, come se Dio fosse presente di fronte ai loro occhi. Durante le ultime dieci notti del mese del *Ramadān* i fedeli attendono la notte, che secondo la rivelazione coranica è migliore di mille notti: la *Laylatul Qadr*, durante la quale l'Altissimo ha rivelato per la prima volta il Sacro Corano al Profeta Muhammad (ﷺ). Dal momento che nessun conosce con esattezza quando cada la *Laylatul Qadr*, durante le ultime dieci notti del mese, nelle Moschee vengono organizzate delle preghiere in congregazione, note con il nome di *Qiyām Al-Layl*. Tutti gli atti di adorazione debbono essere condotti con la purezza dell'intenzione e il fedele deve avere come fine delle proprie visitarlo. Jibrīl (pace su di lui) era solito venirlo a visitare ogni notte, durante il *Ramadān*, per ripassare insieme a lui il Corano. Il Profeta di Dio (ﷺ) allora era solito mostrarsi più generoso del vento che spira [recando le buone nuove della pioggia].

3555. ʿĀishah (che Dio si compiaccia di lei) ci ha tramandato che il Profeta di Dio (ﷺ) giunse da lei di buon umore con il volto radioso di gioia e disse: <<Non hai forse udito quello che il *Qā'if*[59] ha affermato relativamente a Zaid ed Usāma? Ha visto i loro piedi ed ha affermato: "Costoro sono legati da un legame di parentela">>.

3556. ʿAbdullāh bin Kaʿb ci ha tramandato: <<Ho udito Ka ʿb bin Mālik[60] che parlava dopo la sua mancata partecipazione alla *Ghazwa* di

---

azioni esclusivamente quello di fare la volontà dell'Altissimo, compiendo gli atti di adorazione sulla base della fede in Dio e dell'amore per Lui, nella speranza del Suo perdono e nel timore della Sua ira. Per questo motivo, se vissuto in piena correttezza e seguendo l'esempio del Profeta (ﷺ), il sacro mese del *Ramadān* aiuta i musulmani a purificare la loro intenzione in ogni loro azione per porre Dio al centro di ogni loro atto.

[59] Con questo termine s'intende una persona abile nel leggere le tracce degli uomini e degli animali nel deserto. In questo contesto, il *Qā'if* attesta la parentela tra Zaid ed Usāma -Zaid era il padre di Usāma- che da alcuni veniva messa in dubbio. Cfr. Sahīh al-Bukhārī, *Kitāb Fadā 'il Ashāb al-Nabi*, (I meriti e le virtù dei Compagni del Profeta ﷺ), trad. italiana a cura di S. Lei, Roma 2020, 3731. ʿUrwa ci ha tramandato: <<ʿĀishah (che Dio si compiaccia di lei) ha affermato: "Un *Qā'if* venne da me mentre era presente anche il Profeta (ﷺ) e Usāma bin Zaid e Zaid bin Hāritha stavano dormendo. Il *Qā'if* disse: "Questi piedi appartengono a due persone del medesimo lignaggio". Il Profeta (ﷺ) si compiacque delle sue parole che si guadagnarono la sua ammirazione ed egli informò ʿĀishah">>.

[60] Cfr. Sahīh al-Bukhārī, *Kitāb al-Tafsīr al-Ku'rān*, (Commentario al Sacro Corano), 18, 4677, ʿAbdullāh bin Ka ʿb ci ha tramandato: <<Ho udito Ka'b bin Mālik, che fu uno dei tre che furono perdonati, affermare che non era mai rimasto indietro in nessuna delle *Ghazwa* del Profeta di Dio (ﷺ), tranne che in due: la *Ghazwa al-Usra* (Tabūk) e la *Ghazwa di Badr*. Aggiunse: "Decisi di dire la verità al Profeta di Dio (ﷺ) durante la mattina, e non appena tornava da un viaggio che aveva fatto, tranne che di mattina, si recava per prima cosa nella moschea ed offriva due *Rak ʿā* di preghiera. Il Profeta (ﷺ) aveva proibito agli altri di parlare a me o ai miei compagni, ma non aveva esteso la medesima

Tabūk[61]. Disse: "Quando rivolsi il saluto al Profeta di Dio (ﷺ), il suo volto brillava di gioia perché ogni volta che il Profeta (ﷺ) era felice, il suo volto era solito brillare, come se fosse uno spicchio di luna e noi eravamo soliti riconoscerlo (dalla felicità) che emanava dal volto">>.

---

proibizione verso nessun altro che era rimasto indietro. Così le persone evitavano di rivolgerci la parola, ed io rimasi in quella situazione fino a quando non fui più nella condizione di sopportarlo e l'unica cosa che mi preoccupava era che, qualora fossi morto, il Profeta (ﷺ) non avrebbe offerto per me la preghiera funeraria o, qualora il Profeta (ﷺ) fosse deceduto, sarei rimasto in una condizione sociale tale che nessuno mi avrebbe più rivolto la parola o offerto la preghiera funeraria per me. Dio però ha rivelato per noi il Suo perdono al Profeta (ﷺ) nella terza parte della notte in cui egli (ﷺ) si trovava presso Umm Salama. Umm Salama mostrò simpatia verso di me e mi prestò aiuto nella mia disgrazia. Il Profeta di Dio (ﷺ) disse: "O Umm Salama! Ka 'b è stato perdonato"; lei disse: "Posso mandare qualcuno a comunicargli la buona notizia?". Rispose: "Se lo facessi, le persone non ti lascerebbero dormire per il resto della notte". Così, quando il Profeta (ﷺ) ebbe offerto la preghiera del *Fajr*, annunciò il perdono di Dio per noi. Il suo volto splendeva come quello della luna piena per quanto era compiaciuto. Quando Dio rivelò il perdono per noi, noi eravamo i tre casi peggiori che erano stati rimandati, mentre le scuse presentate dagli altri erano state accettate. Ma, quando vennero menzionati coloro che avevano detto delle menzogne al Profeta (ﷺ) e che erano rimasti indietro (nella battaglia di Tabūk) ed avevano avanzato delle scuse false, vennero descritti nella maniera peggiore. Dio infatti disse: "Costoro ti presenteranno le loro scuse, quando ritornerai. Di': Non presentate alcuna scusa. Non vi crediamo. Dio ci ha già informato su di voi. Egli e il Suo Messaggero giudicheranno le vostre azioni. Alla fine sarete ricondotti a Lui, Che conosce ciò che è nascosto e ciò che è manifesto. Allora vi sarà mostrata la verità di tutto ciò che avete compiuto" >>.

[61] Tabūk, località a nord di Medina, luogo di una spedizione guidata dal Profeta nel 630 d.C., posto al confine con la Siria. La spedizione ebbe luogo in seguito al diffondersi di notizie relative ad un probabile attacco imminente da parte delle forze bizantine e dei Ghassanidi che avevano sconfitto precedentemente a Mu 'ta (629 d.C.) le forze musulmane. Quando le truppe musulmane guidate dal Profeta (ﷺ) raggiunsero i confini con la Siria, le notizie di un imminente attacco si rivelarono del tutto infondate. Questa campagna militare era nota anche come la *Ghazwa al-Usrah*, ossia la campagna della difficoltà. Questo nome venne dato alla campagna di Tabūk a causa delle difficili condizioni in cui si svolse.

3557. Abū Hurairah (che Dio si compiaccia di lui) ci ha tramandato che il Profeta di Dio (ﷺ) ha affermato: "Sono stato mandato (come profeta) nell'epoca migliore di tutte le generazioni dei figli di Adamo dal tempo della loro creazione".

3558. Ibn 'Abbās (che Dio si compiaccia di lui) ci ha tramandato: <<Il Profeta di Dio (ﷺ) era solito lasciare i capelli sciolti mentre i miscredenti li dividevano. I popoli della Scrittura erano soliti lasciarsi crescere i capelli ed il Profeta (ﷺ) preferiva seguire il loro esempio se non riceveva dei comandi diversi. Successivamente il Profeta (ﷺ) divise i capelli in due bande>>.

3559. 'Abdullāh bin 'Amr (che Dio si compiaccia di lui) ci ha tramandato: <<Il Profeta (ﷺ) non era un *Fāhish*[62] e nemmeno un *Mutafahhish*[63]. Egli era solito affermare: "I migliori tra di voi solo coloro che hanno le maniere ed il carattere migliore">>.

3560. 'Āishah (che Dio si compiaccia di lei) ci ha tramandato: <<Ogni volta che al Profeta (ﷺ) veniva concessa la scelta tra due linee di condotta, era solito scegliere la più semplice a meno che in essa non vi fosse qualche forma di peccato. Però, se comportava qualche peccato, la scartava. Il Profeta di Dio (ﷺ) non si vendicò mai di nessuno per se stesso, ma solo quando le leggi ed i comandi di Dio venivano violati. In questo caso, lo faceva per amore di Dio>>.

3561. Anas (che Dio si compiaccia di lui) ci ha tramandato: <<Non ho mai toccato una seta o un *Dībāj*[64] più soffice del palmo del Profeta (ﷺ), e non ho mai sentito profumo più dolce di quello del suo sudore>>.

3562. Abū Sa'īd Al-Khudrī (che Dio si compiaccia di lui) ci ha tramandato: <<Il Profeta (ﷺ) era più timido di una vergine velata>>. Shu'ba ha tramandato una Tradizione simile alla precedente con

---

[62] Qualcuno che proferisce termini scurrili e volgari.
[63] Qualcuno che proferisce parole oscene per suscitare l'ilarità di qualcuno.
[64] Seta molto spessa.

l'aggiunta: <<Se al Profeta (ﷺ) non piaceva qualcosa, il segno dell'avversione compariva sul suo volto>>.

3563. Abū Hurairah (che Dio si compiaccia di lui) ci ha tramandato: <<Il Profeta (ﷺ) non ha mai criticato nessun cibo (che gli veniva offerto), ma lo mangiava se gli piaceva: altrimenti lo lasciava (senza esprimere la propria avversione)>>.

3564. 'Abdullāh bin Mālik bin Buhaina Al-Asdī ci ha tramandato: <<Quando il Profeta (ﷺ) si prosternava, era solito mantenere le braccia così separate che potevamo vedere le sue ascelle>>. (Il sub narratore, Ibn Bukair, ha aggiunto: "La bianchezza della sue ascelle").

3565. Anas (che Dio si compiaccia di lui) ci ha tramandato: <<Il Profeta di Dio (ﷺ) non era solito sollevare le mani nelle invocazioni eccetto nel caso della *Istisqā*[65] (ossia l'invocazione di Dio per la pioggia), in cui sollevava le mani così in alto che era possibile vedere la bianchezza delle sue ascelle>>.

3566. Abū Juhaifa (che Dio si compiaccia di lui) ci ha tramandato: <<Mi recai per caso dal Profeta (ﷺ) a mezzogiorno, mentre si trovava in Al-Abtah riposando in una tenda. Bilāl uscì (dalla tenda) e pronunciò l'*Adhān*[66] per la *Salāt* e, dopo essere di nuovo entrato, portò fuori

---

[65] Preghiera d'invocazione per la pioggia nei periodi di siccità consistente in due *rak'ah* (cicli). Cfr. Sahīh al-Bukhārī, *Kitab al-Da 'awāt*, (Il libro delle invocazioni), trad. italiana a cura di S. Lei, Roma 2020, 6343. 'Abdullāh bin Zaid (che Dio si compiaccia di lui) ci ha tramandato che il Profeta di Dio (ﷺ) uscì dal suo *musalla* (luogo della preghiera) per offrire la *Salāt* dell'*Istisqā*. Invocò Dio per la pioggia e poi si rivolse verso la *Qiblah* e rivoltò la sua veste.
[66] La chiamata alla preghiera con cui il credente è invitato a compiere le cinque preghiere obbligatorie. Durante l'*Ādhān*, il muezzin recita: "(*Allāhu Akbar, Allāhu Akbar*) Allah è più Grande, Allah è più Grande; (*Ach-hadu anna lā ilāha illa-l-lāh*) Io testimonio che non c'è dio, se non Allah; (*Ach-hadu anna Muhammad r-rasūlu-l-lāh*) Io testimonio che Muhammad è l'Inviato di Allah; (*Hayya 'ala-s-salāt*), Venite alla preghiera; (*Hayya 'ala-l-falāh*) Venite al successo! (*As-salātu Khayru min an-naūm*) la preghiera è migliore del sonno (solo nella preghiera del *Fajr*); (*Allāhu Akbar, Allāhu Akbar*) Allah è più Grande, Allah è più Grande, (*Lā ilāha illa-l-lāh*) non c'è dio, se non Allah".

l'acqua che era rimasta dopo che il Profeta di Dio (ﷺ) aveva compiuto l'abluzione. Le persone si affrettarono a prendere una parte di quell'acqua. Bilāl entrò di nuovo e portò una lancia appuntita. Poi uscì anche il Profeta (ﷺ) e mi sembra quasi di vedere la bianchezza della sua gamba. Bilāl infisse nel terreno la lancia [al fine che funzionasse come una *Sutra*] e poi il Profeta (ﷺ) offrì due *Rak'a* della preghiera dello *Zuhr* e due della preghiera dell'*Asr* mentre le donne e gli asini passavano davanti al Profeta (ﷺ), ossia dietro la *Sutra*.

3567. 'Āishah (che Dio si compiaccia di lei) ci ha tramandato: <<Il Profeta (ﷺ) era solito parlare con una tale chiarezza che, se qualcuno avesse voluto contare il numero delle sue parole, avrebbe potuto farlo>>.

3568. 'Urwa bin Az-Zubair ci ha tramandato: <<'Āishah (che Dio si compiaccia di lei) mi disse: "Non ti meravigli di Abū tale e tale che è giunto, si è seduto in casa mia ed ha cominciato a riportare qualcosa sull'autorità del Profeta di Dio (ﷺ) al fine che lo udissi, mentre stavo offrendo una preghiera volontaria. Costui però è andato via prima che terminassi di pregare. Se lo avessi trovato ancora qui, gli avrei detto: "Il Profeta di Dio (ﷺ) non ha mai parlato in modo così veloce e vago"»>.

(24) Capitolo. Gli occhi del Profeta (ﷺ) erano soliti dormire, ma non così il suo cuore.

Jābir ci ha tramandato sull'autorità del Profeta (ﷺ)

3569. Abū Salama bin 'Abdur-Rahmān ci ha tramandato di aver domandato ad 'Āishah (che Dio si compiaccia di lei): <<Come era la preghiera del Profeta di Dio (ﷺ)?>>; lei rispose: <<Non era solito offrire la preghiera di più di undici *Rak'a* sia nel *Ramadān* sia durante gli altri mesi. Era solito pregare quattro *Rak 'a* -per non parlare della

loro bellezza e lunghezza. Poi offriva altre tre *Rak'a*. Domandai: "O Profeta di Dio! Vai a dormire dopo aver offerto la preghiera del *Witr*[67]?"; lui rispose: "I miei occhi dormono ma non il mio cuore">>.

3570. Sharīk bin 'Abdullāh bin Abī Namr ci ha tramandato: <<Ho udito Anas bin Mālik che ci raccontava relativamente alla notte [della *Isra'*[68]

---

[67] Preghiera che può essere assolta tra la *Salāt al-'Ishā* e la *Salāt al-Fajr*, ossia tra la preghiera della notte e quella dell'alba. Cfr. M. N. Albani, *La natura della preghiera del Profeta Muhammad* (pace e benedizioni su di lui), trad. a cura di S. Lei, Roma 2020, 33: <<Il Profeta recitava nella prima *rak'ah* la sura *Al-A'la*, nella seconda la sura *Al-Kāfirūn* e nella terza la sura *Al-Ikhlās*. Qualche volta aggiungeva nella terza *rak'ah* la sura *Al-Falaq* e la sura *An-Nas*. Una volta il Profeta (pace e benedizioni su di lui) ha recitato anche cento versetti dalla sura *An-Nisa* nella terza *rak'ah*. Nelle due *rak'ah* dopo il *witr* era solito recitare le sure *Az-Zalzalah* e *Al-Kāfirūn*>>; p. 57: <<Il Profeta Muhammad (pace e benedizioni su di lui) compiva il *qunōt* nella prima e nella terza *rak'ah* della preghiera *witr*, e qualche volta prima del *rukū*. Il Profeta (pace e benedizioni su di lui) ha insegnato ad Hasan ibn 'Alī a dire, dopo aver terminato la sua recitazione nel *witr*: "Dio ascolta coloro che lo lodano. O Dio, guidami tra coloro che hai guidato e perdonami tra coloro che hai perdonato. Rivolgiti verso di me in amicizia tra coloro ai quali Ti sei rivolto in amicizia e benedicimi in quello che hai deciso e salvami dal male che hai decretato perché, quando Tu decidi qualcosa, nessuno Ti può influenzare. Non è umiliato colui a cui hai dato la Tua amicizia e non può ricevere alcun onore Colui che è Tuo nemico. Che Tu sia benedetto ed esaltato, o Signore. Non c'è nessun rifugio eccetto in Te, o Signore">>.

[68] Cfr. Il Sacro Corano 17:1: "Gloria a Colui che di notte trasportò il Suo servo dalla Santa Moschea alla Moschea remota di cui benedicemmo i dintorni, per mostrargli alcuni dei Nostri segni". <<Il Profeta Muhammad (pbsl) si recò a Tā'if, una cittadina vicina alla Mecca, per invitare i suoi abitanti ad entrare nell'Islam. Dal momento che alcuni dei suoi parenti vivevano in quella città, il Profeta (pbsl), sperando che almeno alcuni avrebbero accettato la sua chiamata, spiegò loro il messaggio e li invitò a seguirlo. Costoro risposero invece con nette parole di rifiuto accompagnate da una vena di sarcasmo e arrivarono persino a mettere in atto una persecuzione fisica contro di lui. Uno dei capi della città derise e maledisse il Profeta (pbsl) dicendo: "Non voglio nemmeno parlare con te. Se tu sei un apostolo di Dio, come sostieni, sei troppo importante per abbassarti ad ascoltarmi. Se, invece, sei un impostore, non è giusto che ti rivolga la parola". Nello stesso tempo istigarono i loro concittadini e gli schiavi a scacciarlo tirandogli delle pietre. Il Profeta (pbsl), ferito e con i piedi sanguinanti, si rifugiò in un giardino

e della *Miraj*], quando al Profeta (ﷺ) venne permesso di viaggiare dalla *Ka 'bah*. Tre persone (tre angeli) giunsero dal Profeta (ﷺ), prima che fosse divinamente ispirato, mentre dormiva nella *Masjid-al-Harām*[69]. Il primo (dei tre angeli) disse: "Chi è di costoro?"; il secondo disse: "È il migliore"; il terzo disse: "Prendi il migliore". Questo è quanto accadde allora ed egli non li vide di nuovo fino a quando non tornarono un'altra notte ed egli percepì la loro presenza nel suo cuore. Gli occhi del Profeta (ﷺ) infatti erano chiusi quando dormiva, ma il suo cuore non era addormentato. Questa è la caratteristica propria di tutti i profeti: i loro occhi dormono ma non i loro cuori. Poi il Profeta (ﷺ) venne affidato a Jibrīl (pace su di lui) ed ascese insieme con lui al cielo>>.

(25) Capitolo. I segni della profezia nell'Islam

3571. 'Imrān bin Husain (che Dio si compiaccia di lui) ci ha tramandato che si trovavano in viaggio con il Profeta (ﷺ). Viaggiarono per tutta la notte e, quando arrivò l'alba, andarono a riposarsi, ma dormirono eccessivamente e si svegliarono solo quando il sole era alto nel cielo. Il primo ad alzarsi fu Abū Bakr. Solitamente il Profeta di Dio (ﷺ) non veniva svegliato dal suo sonno, ma si destava da solo. 'Umar si alzò e poi Abū Bakr si sedette al lato del capo del

---

vicino e si sfogò con Dio pregando nel modo seguente: "O Dio, mi lamento con Te della mia debolezza, della mia disperazione e dell'incapacità, che ho dimostrato di fronte a costoro. O Misericordioso, Tu sei il Signore del debole ed il mio Signore. In quali mani mi affiderai? A qualche straniero, da cui verrò maltrattato? O ad un nemico, cui darai il potere di nuocermi? Se però la Tua ira non è rivolta contro di me, non mi importa. Cerco il Tuo aiuto e cerco rifugio nella Tua luce, dove ogni tenebra viene illuminata e le cose di questo mondo e dell'Altro sono ordinate secondo giustizia, a meno che Tu non mi mostri la Tua collera. Non c'è potere né forza se non per mezzo Tuo, o Dio". Dio ascoltò la preghiera del Profeta (pbsl) e lo benedisse con la *Mi'raj* (Ascensione) e l'*Isra'* (Viaggio Notturno)">>. Cfr. A. L. Chalikandi, *L'Isra' e la Mi'raj del Profeta (pbsl)*, in *Muhammad, il Profeta dell'Islam*, a cura di S. Lei, Roma 2018, 33-34.
[69] Ossia la *Ka 'bah*.

Profeta (ﷺ) e cominciò a proclamare "Allāhu Akbar" alzando la voce fino a quando il Profeta (ﷺ) non si svegliò. (Dopo aver viaggiato per un poco), scese dalla sua cavalcatura e ci guidò nella preghiera del mattino. Una delle persone non riuscì ad unirsi a noi per la preghiera e, quando il Profeta (ﷺ) ebbe terminato di pregare, domandò (all'uomo): "Che cosa ti ha impedito di assolvere alla preghiera insieme con noi?"; rispose: "Sono in una condizione di *Janabāt*[70]". Il Profeta di Dio (ﷺ) gli ordinò di compiere il *Tayammum*[71] con della terra

---

[70] Cfr. V. Salierno, *Dizionario dell'Islam*, Roma 2018: <<*Janāba*, stato di impurità maggiore che si rimuove con l'abluzione di tutto il corpo (*ghusl*): v. voce>>. Solitamente si riferisce all'emissione di liquido seminale.

[71] Cfr. V. Salierno, *Dizionario dell'Islam*, Roma 2018: <<Abluzione, quella ordinaria (*wudhū'* o *wuzū'*) consiste nel lavarsi tre volte le mani, la bocca, il naso, la faccia, gli avambracci fino al gomito, la testa e il collo con la mano bagnata, la barba, le orecchie e i piedi; in mancanza d'acqua, si usa sabbia o polvere (*tayammum*), ossia abluzione secca. L'abluzione maggiore è quella del lavaggio di tutto il corpo (*ghusl*)>>; Il Sacro Corano 5:6: <<O voi che credete, quando vi preparate per la preghiera, lavatevi il volto, le mani e le braccia fino ai gomiti e bagnate con l'acqua anche la testa. Se invece vi trovate in una condizione d'impurità cerimoniale, lavate l'intero corpo. Però, se siete malati o in viaggio o avete risposto ad un bisogno naturale o avete avuto contatti con donne o non avete acqua, prendete sabbia o terra pulita e strofinatevi il volto e le mani. Dio non desidera porvi in difficoltà, ma rendervi puri e completare il Suo favore verso di voi, così che possiate esserGli grati>>. Le procedure per compiere in modo corretto il *Tayammum* sono le seguenti: 1-Recitare *Bismillah ar-Rahman ir-Rahim* 2-Formulare l'intenzione di compiere il *Ghusl* o il *Wudhū'* con il *Tayammum*: "O Allah, sto per compiere il *Tayammum* per il *Ghusl* o per il *Wudhū'* per assolvere alla preghiera o per recitare il Sacro Corano". 3-Strofinare entrambe le mani sulla sabbia pulita. Poi rimuovere la sabbia in eccesso soffiandoci sopra, 4-Sfregare le mani sul volto senza lasciare nessuno spazio tra le dita, 5-Porre di nuovo entrambe le mani sulla sabbia. Rimuovere la sabbia in eccesso soffiandoci sopra, 6-Strofinare la mano sinistra su quella destra fino al gomito, 6-Strofinare la mano destra su quella sinistra fino al gomito, 7-Compiere il *Khilāl* delle dita, dopo aver rimosso un eventuale anello. Costituisce una *Sunna* del Profeta (pbsl) compiere anche il *Khilāl* della barba. Il *Tayammum* è permesso su: 1-Terra pulita. 2-Sabbia 3-Pietra 4-Calce 5-Pentole di terra cotta 6-Mura di fango, pietra o mattoni 7-Argilla 8-Tutti quegli oggetti coperti da un sottile strato di polvere. Non è invece consentito: 1-Legno 2-Metallo 3-Vetro 4-Cibo 5-Oggetti ridotti in cenere, andati a male o maleodoranti.

pulita. Successivamente quell'uomo assolse alla preghiera. Il Profeta di Dio (ﷺ) ordinò a me e a pochi altri di procedere davanti a lui. Eravamo molto assetati e, mentre cercavano dell'acqua, incontrammo una donna (su di un animale da trasporto), al cui lato vi erano due pelli per l'acqua. Domandammo: "Dove possiamo trovare dell'acqua?"; lei rispose: "Oh, non vi è alcuna acqua!". Domandammo: "Quanto dista la tua casa dall'acqua?"; rispose: "Un giorno ed una notte di viaggio". Dicemmo: "Vieni dal Profeta di Dio (ﷺ)", ma lei disse: "Che cosa è il Profeta di Dio?". La conducemmo quindi contro il suo volere dal Profeta di Dio (ﷺ) e lei gli disse quello che aveva detto precedentemente a noi ed aggiunse che era la madre di orfani. Così il Profeta (ﷺ) ordinò che venissero condotte da lui le due borracce e lui toccò o sfregò le bocche delle borracce (con la propria mano). Dal momento che eravamo molto assetati, bevemmo fino a quando non calmammo la nostra sete. Eravamo quaranta uomini. Riempimmo anche le nostre borracce ed altri utensili, ma non abbeverammo i cammelli. La borraccia di pelle era così piena di acqua che sembrava stesse per scoppiare. Il Profeta (ﷺ) allora disse: "Portate il cibo che avete". Così vennero raccolti dei datteri e del pane per la donna e, quando costei tornò dalla sua gente, disse: "Ho incontrato un grande mago o un profeta come sostengono le persone". Così Dio ha guidato le persone di quel villaggio attraverso quella donna. Lei abbracciò l'Islam ed anche gli altri fecero lo stesso>>.

3572. Anas (che Dio si compiaccia di lui) ci ha tramandato: <<Venne portata al Profeta (ﷺ) una ciotola di acqua, mentre si trovava presso Az-Zaurā'. Egli vi pose le mani e l'acqua cominciò a scorrergli tra le dita. Tutte le persone compirono l'abluzione (con quell'acqua). Qatāda domandò ad Anas: "Quante persone eravate?"; Anas rispose: "Trecento o quasi">>.

3573. Anas bin Mālik (che Dio si compiaccia di lui) ci ha tramandato: <<Vidi il Profeta di Dio (ﷺ) al tempo in cui doveva essere assolta la preghiera dell'*Asr*. Le persone allora cercavano l'acqua per

l'abluzione, ma non riuscirono a trovarne nessuna. Allora venne portata dell'acqua al Profeta (ﷺ) ed egli pose le mani nel recipiente ed ordinò alle persone di compiere l'abluzione con quell'acqua. Vidi che l'acqua scorreva sotto le sue dita e le persone cominciarono a compiere l'abluzione fino a quando tutti l'ebbero completata>>.

3574. Anas bin Mālik (che Dio si compiaccia di lui) ci ha tramandato: <<Il Profeta (ﷺ) partì per alcuni dei suoi viaggi con alcuni dei suoi compagni. Procedettero fino a quando non giunse il tempo della preghiera e non riuscivano a trovare l'acqua per compiere l'abluzione. Uno di loro si allontanò e portò un poco di acqua in una ciotola. Il Profeta (ﷺ) la prese e con essa compì l'abluzione e poi allungò quattro dita sul recipiente e disse alle persone: "Venite a compiere l'abluzione". Costoro cominciarono a compiere l'abluzione fino a quando tutti l'ebbero completata ed erano circa 70 persone>>.

3575. Humaid ci ha tramandato: <<Anas bin Mālik (che Dio si compiaccia di lui) ha affermato: "Una volta giunse il tempo di assolvere alla *Salāt* e le persone, le cui abitazioni si trovavano vicino alla moschea, andarono a casa per compiere l'abluzione, mentre gli altri rimasero (seduti lì). Venne portato al Profeta (ﷺ) un recipiente di pietra pieno di acqua ed egli vi pose dentro la mano, ma era troppo piccolo per consentirgli distenderla e così dovette tenere insieme le dita prima di porla nel recipiente. Poi tutte le persone compirono l'abluzione (con quell'acqua)". Domandai ad Anas: "Quante persone erano?"; rispose: "Ottanta uomini">>.

3576. Sālim bin Abī Al-Ja'd ci ha tramandato: <<Jābir bin 'Abdullāh (che Dio si compiaccia di lui) ci ha tramandato: "Nel giorno di Al-Hudaibiyah[72], le persone divennero molto assetate. Venne condotto

---

[72] Ḥudaibiyah, località a metà strada tra Medina e Mecca dove nel 628 d.C. il Profeta concluse con i Quraysh un patto (*bay'a*) che molti seguaci considerarono umiliante, ossia la rinuncia ad entrare alla Mecca in cambio di un permesso di soli tre giorni, l'anno successivo, per compiere i riti del pellegrinaggio; nel patto si stabilì una tregua di dieci anni, che lasciò il Profeta libero di diffondere il messaggio dell'Islam nella penisola araba.

alla presenza del Profeta (ﷺ) un recipiente contenente dell'acqua e, quando egli ebbe completato l'abluzione, le persone si affrettarono verso di lui. Lui domandò: "Che cosa c'è che non va?"; risposero: "Non abbiamo l'acqua né per bere né per compiere l'abluzione. [L'unica acqua disponibile] è quella che si trova davanti a te. Così, egli pose la mano nel recipiente e l'acqua cominciò a scorre tra le sue dita come [se fossero] dei ruscelli. Noi bevemmo e compimmo l'abluzione". Domandai a Jābir: "Quanti eravate?"; rispose: "Anche se fossimo stati centomila, sarebbe stato sufficiente per noi, ma eravamo quindicimila">>.

3577. Al-Barā' (che Dio si compiaccia di lui) ci ha tramandato: <<Eravamo mille e quattrocento persone nel giorno di Hudaibiyah e presso la località di Hudaibiyah si trovava un pozzo. Attingemmo tutta l'acqua e non ne lasciammo nemmeno una singola goccia. Il Profeta (ﷺ) sedette al bordo del pozzo e domandò dell'acqua con cui si pulì la bocca e poi la gettò nel pozzo. Noi rimanemmo fermi per un poco e poi attingemmo l'acqua, con cui soddisfacemmo la nostra sete ed anche i nostri animali ne bevvero a sazietà>>.

3578. Anas bin Mālik (che Dio si compiaccia di lui) ci ha tramandato: <<Abū Talha disse ad Umm Sulaim: "Ho notato della debolezza nella voce del Profeta di Dio (ﷺ) che credo sia causata dalla fame. Hai del cibo?"; lei rispose affermativamente e portò alcuni pani d'orzo. Dopo prese uno dei suoi veli, vi avvolse il pane e pose una parte di esso sotto il mio braccio e la parte restante lo avvolse intorno a me e mi inviò dal Profeta di Dio (ﷺ). Andai e trovai il Profeta di Dio (ﷺ) seduto nella moschea in compagnia di alcune persone. Quando arrivai, il Profeta di Dio (ﷺ) mi domandò se mi avesse mandato Abū Talha e, quando risposi affermativamente, aggiunse: "Con del cibo?". Risposi ancora una volta affermativamente ed il Profeta di Dio (ﷺ) disse alle persone che lo circondavano: "Alzatevi!". Lui uscì (accompagnato da loro) ed io camminai davanti a loro fino a quando non giunsi presso Abū Talha e lo informai (della visita del Profeta ﷺ). Abū Talha disse: "O Umm Sulaim! Il Profeta di Dio (ﷺ) sta arrivando con delle persone e noi non abbiamo alcun cibo da offrire loro!". Lei disse: "Dio ed il Suo profeta

ne sanno di più". Allora Abū Talha uscì per andare incontro al Profeta (ﷺ) e quest'ultimo entrò insieme a lui. Il Profeta di Dio (ﷺ) disse: "O Umm Sulaim, porta quello che hai!". Lei portò del pane che venne diviso in pezzi su ordine del Profeta (ﷺ). Umm Sulaim poi vi versò del burro da una borraccia di pelle utilizzata per contenere l'olio. Poi il Profeta di Dio (ﷺ) recitò quello che Dio volle che recitasse e poi disse: "Che dieci persone giungano (per condividere il pasto)". Vennero fatte entrare dieci persone, che mangiarono a sazietà e poi uscirono. Poi lui disse di nuovo: "Che altre dieci persone facciano lo stesso!". Costoro vennero fatti entrare, mangiarono a sazietà e dopo uscirono. Poi lui disse di nuovo: "Che altre dieci persone facciano lo stesso!". Vennero fatte entrare, mangiarono a sazietà e dopo uscirono. Poi lui disse di nuovo: "Che entrino altre dieci persone". In breve, tutti costoro mangiarono a sazietà ed erano settanta o ottanta persone>>.

3579. ʿAbdullāh (che Dio si compiaccia di lui) ci ha tramandato: <<Eravamo soliti considerate i miracoli come benedizioni di Dio, ma voi li ritenete un avvertimento. Una volta eravamo in viaggio con il Profeta di Dio (ﷺ) e le scorte d'acqua stavano per terminare. Egli disse: "Portatemi l'acqua rimasta". Le persone gli portarono un utensile contenente un poco di acqua. Lui vi immerse la mano e disse: "Venite a quest'acqua benedetta, la cui benedizione proviene da Dio". Vidi l'acqua che scorreva tra le dita del Profeta di Dio (ﷺ) e, senza dubbio, eravamo soliti udire che il cibo veniva consumato glorificando Dio, quando lui lo mangiava>>.

3580. Jābir (che Dio si compiaccia di lui) ci ha tramandato: <<Mio padre era morto indebitato. Allora mi recai dal Profeta (ﷺ) e dissi: "Mio padre è morto lasciando dei debiti non saldati ed io non possiedo nulla tranne la produzione di queste palme. La loro produzione, anche se di molti anni, non può coprire il debito. Per favore, vieni con me in modo che i creditori non si comporteranno male con me". Il Profeta (ﷺ) girò intorno ad uno dei mucchi di datteri ed invocò Dio. Poi fece lo stesso con un altro mucchio e disse: "Contali". La persona pagò quanto dovuto ed il rimanente ammontava a quanto era già stato pagato>>.

3581. 'Abdur-Rahmān bin Abī Bakr (che Dio si compiaccia di lui) ci ha tramandato: <<I compagni della *Suffah*[73] erano persone povere. Il Profeta (ﷺ), una volta, disse: "Chiunque ha abbastanza cibo per due persone, dovrebbe invitarne tre. Chi ne ha invece per quattro, dovrebbe invitarne cinque o sei (o qualcosa di simile)". Abū Bakr prese tre persone ed il Profeta (ﷺ) dieci. Abū Bakr [abitava] con i tre membri della sua famiglia (che erano io, mio padre e mia madre). (Il sub-narratore è in dubbio se 'Abdur-Rahmān disse: "Mia moglie ed un mio servitore che lavorava sia per la mia casa che per quella di Abū Bakr"). Abū Bakr cenò in compagnia del Profeta (ﷺ) e rimase in sua compagnia fino a quando non assolse alla preghiera dell'*Ishā*. Poi ritornò e rimase fino a quando il Profeta di Dio (ﷺ) non cenò. Quando ormai parte della notte era trascorsa, ritornò a casa propria. Sua moglie gli disse: "Che cosa ti ha trattenuto dai tuoi ospiti?"; lui disse: "Hai servito loro la cena?"; lei rispose: "Si sono rifiutati di mangiare fino al tuo arrivo. Loro (alcuni membri della famiglia) hanno presentato loro il cibo, ma si sono rifiutati di mangiare". Io mi nascosi, ma egli disse: "O *Ghunthar!*[74]", poi invocò Dio che i miei orecchi fossero tagliati e mi rimproverò. Poi disse loro: "Per favore, mangiate!" ed aggiunse: "Io non mangerò di questo cibo!". Per Allah, ogni volta che prendevamo un boccone, quello rimasto cresceva più della manciata assunta fino a quando tutti non mangiarono a sazietà. Eppure il cibo rimasto era maggiore di quello che era nel piatto all'inizio. Abū Bakr vide che il cibo era maggiore della quantità originaria. Chiamò allora

---

[73] Riferimento agli *Ashab as-suffah*. Quest'espressione si riferisce a coloro che abitavano in un angolo della moschea a Medina. Costoro erano per la maggior parte poveri e celibi e non esercitavano alcuna professione né possedevano dei beni che potessero renderli indipendenti economicamente. Costoro si dedicavano alla memorizzazione del Corano e della *Sunna* del Profeta (ﷺ). Degno di una menzione speciale è Abū Hurairah che trascorse molto tempo in compagnia del Profeta (ﷺ) e sulla cui autorità sono state tramandante molteplici tradizioni. Successivamente alla morte del Profeta (ﷺ), Abū Hurairah si dedicò all'insegnamento degli *Hadīth* e, durante il califfato di 'Umar (634-644 d.C.), venne inviato come governatore della zona orientale della penisola arabica.

[74] Lett. "Ragazzo ignorante".

sua moglie: "O sorella dei Banī Firās!"; lei disse: "O piacere dei miei occhi. Il cibo è stato triplicato rispetto alla quantità originaria". Poi anche Abū Bakr cominciò a mangiare e disse: "Satana mi ha indotto (a pronunciare il giuramento secondo cui non avrei mangiato)". Lui ne prese una manciata e poi portò il resto al Profeta (ﷺ) e rimase con lui. Vi era un trattato tra noi ed alcune persone e, quando ormai il tempo del trattato era ormai trascorso, ci divise in dodici gruppi, ognuno dei quali aveva un leader. Il Profeta (ﷺ) mandò un leader con ogni gruppo e poi tutti loro presero parte a quel cibo">>.

3582. Anas (che Dio si compiaccia di lui) ci ha tramandato: <<Una volta, al tempo del Profeta di Dio (ﷺ), gli abitanti di Medina furono colti da una carestia. Mentre il Profeta (ﷺ) stava pronunciando una *Khutba*[75] nel giorno di venerdì, un uomo si alzò e disse: "O Profeta di Dio! I cavalli e le pecore sono morti. Invocherai Dio di benedirci con la pioggia?"; il Profeta (ﷺ) allora alzò entrambe le mani ed invocò Dio. A quel tempo il cielo era chiaro come il vetro, ma improvvisamente soffiò il vento, che alzò le nuvole che si riunirono e cominciò a piovere intensamente. Noi uscimmo (dalla moschea) camminando a stento tra l'acqua che scorreva fino a quando non raggiungemmo le nostre case. Continuò a piovere fino al venerdì successivo, quando lo stesso uomo o un altro si alzò e disse: "O Profeta di Dio! Le case sono crollate! Per favore, invoca Dio per far cessare la pioggia". Il Profeta (ﷺ) allora sorrise e disse: "O Dio, che piova intorno a noi e non su di noi". Rivolsi allora lo sguardo alle nuvole e vidi che si separavano formando una sorta di corona intorno a Medina>>.

---

[75] Cfr. V. Salierno, *Dizionario dell'Islam*, Roma 2018: <<*Khuṭba*, il sermone o predica dell'Imām che presiede la preghiera collettiva del venerdì; ha inizio con la lode di Allah (*hamdala*), con la menzione delle qualità del Profeta, con una preghiera di intercessione per i credenti, con la menzione del capo della comunità e con la recitazione di qualche passo coranico; e infine il sermone vero e proprio. Controversa è stata nei secoli la menzione del capo della comunità, ossia sovrani e califfi: in determinati periodi storici, l'omissione del nome è stato considerato un segno di ribellione all'autorità statale>>.

3583. Ibn 'Umar (che Dio si compiaccia di lui) ci ha tramandato: <<Il Profeta (ﷺ) era solito pronunciare la *Khutba* stando in piedi accanto ad un tronco di albero di palma. Quando invece costruimmo il pulpito, cominciò ad utilizzarlo (al posto del tronco). Il tronco allora cominciò a piangere ed il Profeta (ﷺ) andò da lui e strofinò la mano sulla sua superfice (per fermare il suo pianto)>>.

3584. Jābir bin 'Abdullāh (che Dio si compiaccia di lui) ci ha tramandato: <<Il Profeta (ﷺ) era solito porsi vicino al tronco di un albero o di una palma, nel giorno di venerdì. Allora un uomo o una donna degli Ansari disse: "O Profeta di Dio! Possiamo costruire un pulpito per te?", lui rispose: "Se lo desiderate!". Fecero così costruire un pulpito per lui e, quando arrivò il venerdì, avanzò verso il pulpito [per pronunciare la *Khutba*]. Il tronco dell'albero di palma pianse come un bambino! Il Profeta (ﷺ) discese (dal pulpito) e lo abbracciò, mentre il tronco continuava a lamentarsi come un bambino che veniva acquietato. Il Profeta (ﷺ) disse: "Stava piangendo perché gli mancava quanto era solito ascoltare dalla *Khutba*, che veniva pronunciata vicino a lui">>.

3585. Anas bin Mālik ci ha tramandato di aver udito Jābir bin 'Abdullāh (che Dio si compiaccia di lui) affermare: "Il tetto della moschea venne costruito sui tronchi di alberi di palma che servivano da pilastri. Quando il Profeta (ﷺ) pronunciava la sua *Khutba*, era solito porsi accanto ad uno di questi tronchi, fino a quando non gli venne costruito un pulpito ed egli lo utilizzò. Poi udimmo che il tronco emetteva un suono simile a quello di una femmina di cammello incinta fino a quando il Profeta (ﷺ) non gli si avvicinò e vi pose le mani; allora si acquietò".

3586. Hudhaifa ci ha tramandato: <<Una volta 'Umar bin Al-Khattāb (che Dio si compiaccia di lui) ha affermato: "Chi di voi ricorda le parole del Profeta di Dio (ﷺ) relativamente alla *Fitnah*?"; Hudhaifa rispose: "Ricordo esattamente quello che ha affermato!"; 'Umar disse: "Raccontacelo! Sei veramente un uomo audace!". Hudhaifa disse che il Profeta di Dio (ﷺ) aveva affermato: "La *Fitnah* di un uomo relativa

alla sua famiglia, proprietà e vicini può essere espiata attraverso la *Salāt*, la *Sadaqa* e dal consigliare il *Ma 'rūf*[76] e dal proibire il *Munkar*". 'Umar disse: "Non intendevo questo, ma la *Fitnah* che si alzerà ed abbasserà come le onde del mare". Hudhaifa rispose: "O principe dei credenti! Non devi temere perché tra te ed essa vi è una porta chiusa". 'Umar rispose: "Quella porta sarà aperta o sarà distrutta?". Quando Hudhaifa chiese: "Sarà distrutta", 'Umar osservò: "Quindi è molto probabile che non sarà chiusa di nuovo". Successivamente le persone domandarono ad Hudhaifa: "'Umar sapeva che cosa significasse quella porta?", rispose: "Sì, 'Umar lo sapeva così come ognuno sa che ci sarà la notte prima di domani mattina. Ho riportato ad 'Umar una tradizione autentica e non delle menzogne". Non avevamo il coraggio di domandare ad Hudhaifa ed allora domandammo a Masrūq che gli chiese: "Chi simboleggia la porta?"; rispose: "Umar">>.

3587. Abū Hurairah (che Dio si compiaccia di lui) ci ha tramandato che il Profeta (ﷺ) ha affermato: <<L'Ora[77] non sarà stabilita fino a quando

---

[76] Termine opposto ad *al-munkar*, che indica il politeismo e le azioni immorali che vi si accompagnano. *Al-Ma'rūf* invece indica il monoteismo islamico ed i suoi insegnamenti. *'Amr bi al-Ma'rūf wa'l-Nahy an al-Munkar*, espressione traducibile come "comandare e promuovere quanto è giusto e proibire tutto quello che è riprovevole", che compare nel Sacro Corano 9 volte. Cfr. Il Sacro Corano 31:17: "O figlio mio, stabilisci preghiere regolari, comanda ciò che buono e proibisci ciò che è riprovevole. Sopporta con paziente perseveranza qualsiasi cosa ti accada. Tutto ciò richiede coraggio".

[77] Cfr. Sahīh Muslim, *Kitāb al-Fitan wa Ashrāt as-Sa'āh*, 9, 8, [7272] 29 - (2894): Sull'autorità di Abū Hurairah (che Dio si compiaccia di lui) ci è stato tramandato che il Profeta di Dio (ﷺ) ha affermato: <<L'Ora non inizierà fino a quando l'Eufrate non scoprirà una montagna d'oro e le persone combatteranno per essa. Tra cento di loro, novantanove saranno uccisi ed ognuno di loro dirà: "Forse io sarò salvato! Forse io sarò salvato!">>; 13, [7285] 39 - (2901): Hudhaifa bin Asīd al-Ghifārī ha affermato: <<Il Profeta (ﷺ) volse lo sguardo verso di noi, quando stavamo parlando e disse: "Di che cosa state parlando?"; risposero: "Stiamo parlando dell'Ora". Disse: "Non giungerà fino a quando non vedrete dieci segni" e poi ha menzionato il Fumo, il *Dajjāl*, la Bestia, il sorgere del sole dal luogo del suo tramonto, la discesa di 'Eīsā bin Mariam, Ya'jūj e Ma'jūj e tre frane, una in oriente, una in occidente ed un'altra nella penisola araba. L'ultimo [segno] sarà un fuoco che emergerà

non combatterete contro un popolo che indossa calzature di pelo, e non combatterete contro un popolo (i Turchi) che ha degli occhi piccoli, il volto rosso ed il naso camuso. I loro volti assomiglieranno a piatti scudi>>.

---

dallo Yemen e condurrà le persone al luogo di raduno">>. Cfr. Il Sacro Corano 6:158: <<Stanno forse aspettando di vedere se gli angeli vengono da loro o il tuo Signore o alcuni dei Suoi segni! Il giorno, in cui giungeranno alcuni dei segni del tuo Signore, non saranno di beneficio ad un'anima che crederà in quel momento, se prima non aveva creduto e non aveva agito per il bene. Di': "Aspettate, anche noi stiamo aspettando">>; 7:187: <<Ti chiedono riguardo l'ultima Ora: "Quando giungerà?"; Di': "La conoscenza si trova presso il mio Signore; solo Lui può rivelare quando accadrà. Sarà pesante sui cieli e sulla terra e vi coglierà all'improvviso". Ti domanderanno se ne sei stato avvertito, rispondi: "La conoscenza appartiene solo a Dio, ma la maggior parte degli uomini non lo comprende">>; 10:53: <<Cercano di informarsi con te: "È forse vero?" Di': "Per il mio Signore, questa è la verità e non potete certo vanificarla">>; 12:107: <<Sono forse sicuri che non li coglierà il velo coprente del castigo di Dio, oppure che non giunga all'improvviso l'Ora Ultima, senza che se ne accorgano>>; 15:85: <<Abbiamo creato i cieli, la terra e tutto ciò che si trova nel frammezzo secondo verità. L'Ora si avvicina. Così perdona con misericordia>>; 16:1: <<Il giudizio di Dio si avvicina. Non cercate di affrettarlo. Gloria a Lui. Egli è ben al di sopra di quanto Gli attribuiscono>>; 18:35-36: <<Andò nel suo giardino e, peccando in questo modo contro l'anima sua, disse: "Non credo che questo debba mai perire né che mai arriverà l'Ora del Giudizio. Anche se sarò condotto di nuovo dal mio Signore, troverò sicuramente lì qualcosa di meglio in cambio">>; 20:15: <<In verità l'Ora si avvicina, il Mio piano è tenerla nascosta, al fine che ogni anima possa ricevere la propria ricompensa secondo la misura del suo comportamento>>; 19:75: <<Di': "Se gli uomini si perdono, il Compassionevole allunga loro la vita, fino a quando non vedono avverarsi l'avvertimento di Dio, sia nella punizione che nell'avvicinarsi dell'Ora. Costoro comprenderanno chi si trova nella posizione economica peggiore e chi in quella di maggior debolezza!">>; 21:48-49: <<In passato abbiamo garantito a Mosè e Aronne il Criterio per giudicare, una luce ed un messaggio per coloro che si mantengono nel ricordo di Dio, che temono il loro Signore, anche se non possono percepirLo e che paventano l'Ora del giudizio>>; 22:7: <<In verità, l'Ora verrà. Non c'è dubbio alcuno. Dio resusciterà quelli che sono nelle tombe>>; 22:55: <<Coloro che respingono la fede, non smetteranno di essere in dubbio relativamente alla rivelazione fino a quando l'Ora del giudizio non cadrà improvvisamente su di loro o giungerà la punizione di un giorno di disastro>>.

3588. (Il Profeta ﷺ ha aggiunto): "E troverete che le persone migliori sono quelle che odiano il comando fino a quando non saranno scelti come leader. Le persone sono di nature differenti proprio come i metalli. I migliori nel periodo pre-islamico della *Jāhiliyyah* sono i migliori nell'Islam".

3589. (Il Profeta ﷺ ha aggiunto): "Verrà un tempo in cui uno di voi amerà vedermi più di aver raddoppiata la sua famiglia e la sua proprietà".

3590. Abū Hurairah (che Dio si compiaccia di lui) ci ha tramandato che il Profeta (ﷺ) ha affermato: <<L'Ora non sarà stabilita fino a quando non combatterete contro i Khuza ed i Kirmān[78] tra i non arabi. Costoro avranno l'incarnato rossastro, i nasi camusi e gli occhi piccoli. I loro volti assomiglieranno a scudi piatti ed i loro calzari saranno fatti di pelle>>.

3591. Abū Hurairah (che Dio si compiaccia di lui) ci ha tramandato: <<Rimasi in compagnia del Profeta (ﷺ) per tre anni, e durante i restanti anni della mia vita, non sono mai stato così ansioso di comprendere i detti (del Profeta) come nel corso di quei (primi) tre anni. Lo ho udito affermare, facendo segno con la mano in questo modo: "Prima dell'Ora combatterete contro delle persone che indossano calzari di pelo e che vivono in Al-Bāzir". (Sufyān, il sub-narratore una volta ha affermato: "E costoro sono gli abitanti di Al-Bāzir").

3592. ʿUmar bin Taghlib ci ha tramandato: <<Ho udito il Profeta di Dio (ﷺ) affermare: "Al sopraggiungere dell'Ora, combatterete contro delle persone che indosseranno calzari di pelo e anche con persone i cui volti assomiglieranno a piatti scudi">>.

3593. ʿAbdullāh bin ʿUmar (che Dio si compiaccia di lui) ci ha tramandato: <<Ho udito il Profeta di Dio (ﷺ) affermare: "Gli ebrei

---

[78] I Persiani.

combatteranno contro di voi e vi sarà concessa la vittoria. Persino una pietra dirà: "O musulmani, qui vi è un ebreo! Uccidetelo!">>.

3594. Abū Sa'īd Al-Khudri (che Dio si compiaccia di lui) ci ha tramandato: <<Il Profeta di Dio (ﷺ) ha affermato: "Giungerà un tempo, in cui le persone combatteranno una battaglia santa. Sarà allora domandato: 'Ci sono tra voi persone che hanno goduto della compagnia del Profeta di Dio[79] (ﷺ)?'; risponderanno affermativamente e sarà loro concessa la vittoria. Poi combatteranno di nuovo una battaglia santa e sarà domandato: 'C'è qualcuno tra di voi che ha goduto della compagnia dei compagni del Profeta di Dio (ﷺ)?'. Risponderanno affermativamente e sarà loro concessa la vittoria>>[80].

---

[79] La questione relativa a chi possa effettivamente essere considerato un compagno -in arabo *sāhib*- del Profeta Muhammad (ﷺ) è stata presa in considerazione da molti studiosi che hanno proposto diverse opinioni a riguardo. Se facciamo riferimento al significato principale della parola, secondo la definizione data nel *Lisān al-'Arab* II, 7, un *sāhib* è "qualcuno che è associato ad un altro in modo piuttosto intimo" a causa della continua ed assidua frequentazione che conduce alla condivisione di determinate esperienze. Secondo questa definizione quindi possono essere considerati "compagni" del Profeta (ﷺ) solo coloro che hanno potuto vantare un'assidua frequentazione nella vita quotidiana secondo differenti gradi. Comunque, dal III secolo dell'*Hijrah* in poi sia i giuristi che i teologi hanno esteso il titolo di *sāhib* -in modo alquanto ingiustificato secondo l'opinione di alcuni studiosi- ad ogni musulmano che ha avuto l'occasione d'incontrare o solamente di vedere il Profeta (ﷺ) senza prendere in considerazione alcuna forma di amicizia o il grado di frequentazione. Cfr. Imam an-Nawawī, *Commentary on Sahīh Muslim*, XVI, 93: <<Some Traditionists maintain that this distinction [of Companionship] is limited to those who had kept company with him [i.e. the Prophet] for a long period, have spent [their possessions in his cause], and those who migrated [to Madinah] and actively helped [him]: and not those who saw him occasionally, as, for example, the deputations of the Bedouins; nor those who were in his company only after the conquest of Mecca, when Islam had become powerful>>. Trans. by M. Asad, *Sahīh Al-Bukhārī, The Early Years of Islam*, Malaysia 2002, 14.
[80] Quest'affermazione profetica indica la superiorità morale dei musulmani che seguono gli insegnamenti del Corano e la *Sunna* del Profeta Muhammad

3595. 'Adī bin Hātim (che Dio si compiaccia di lui) ci ha tramandato: <<Mentre mi trovavo nella città del Profeta (ﷺ), giunse un uomo che si lamentò con lui della destituzione e della povertà. Poi giunse un altro uomo che si lamentò dei furti. Il Profeta (ﷺ) disse: "Adī! Sei mai stato ad Al-Hīra?"; risposi: "Non ci sono stato, ma sono stato informato". Lui disse: "Se dovessi vivere per lungo tempo, certamente vedresti una donna che viaggia in una *Howdaj*[81] che, partita da Al-Hīra, (raggiungerà la Mecca) e compirà la *Tawāf*[82] della *Ka'bah*, temendo solo Dio". Mi dissi: "Che cosa accadrà ai predoni della tribù di Taī' che hanno diffuso il male per tutto il paese?"; il Profeta (ﷺ) aggiunse: "Se dovessi vivere abbastanza a lungo, i tesori di Khosrau saranno resi disponibili (e conquistati)"; domandai: "Intendi Khosrau, il figlio di Hurmiuz?", rispose: "Khosrau, il figlio di Hurmuz; se dovessi vivere abbastanza a lungo, vedrai qualcuno portare una manciata di oro o di argento andare in cerca di qualcuno che la possa accettare, ma non troverà nessuno. Ognuno si troverà davanti a Dio, nel giorno dell'incontro con Lui, e non vi sarà alcun traduttore tra lui e Dio, che gli dirà: 'Non ho forse inviato un messaggero per recarti il Nostro messaggio?', lui risponderà affermativamente. Dio allora dirà: 'Non ti ho concesso la ricchezza e ti ho preferito con le Mie benedizioni?', risponderà ancora una volta affermativamente. Poi volgerà lo sguardo alla sua destra ed alla sua sinistra e non vedrà altro che l'Inferno". 'Adī poi aggiunse di aver udito il Profeta (ﷺ) affermare: "Salvatevi dal Fuoco anche solo dando in carità mezzo dattero e, se non trovate nemmeno quello, allora con una parola buona". 'Adī aggiunse: "(Successivamente) vidi una donna in una *Howdaj* che viaggiava da Al-Hīra fino a quando non compì la *Tawāf* intorno alla *Ka 'bah* non temendo nessun altro che Dio. Io fui uno di coloro che

---

(ﷺ) indipendentemente dalla vittoria o dalla sconfitta. Questa tradizione non assume quindi la forma di una predizione in quanto nei primi secoli della storia islamica i musulmani hanno subito delle sconfitte anche se tra le loro fila erano presenti sia i compagni che i loro successori -in arabo *tābi'ūn*.

[81] Baldacchino coperto da tende posto sulla schiena dei dromedari.

[82] Cfr. V. Salierno, *Dizionario dell'Islam*, Roma 2018: <<*Tawāf*, il circuito della Mecca, il girare in senso antiorario attorno al santuario della *Ka'bah*, simbolo dell'unicità e dell'unità divina>>.

conquistarono i tesori di Khosrau, il figlio di Hurmuz. Se dovessi vivere abbastanza a lungo, vedresti quello che il Profeta Abul-Qāsim (ﷺ) ha affermato: "Una persona giungerà presso di te con una manciata di oro">>.

3596. 'Uqba bin 'Āmir (che Dio si compiaccia di lui) ci ha tramandato: <<Il Profeta (ﷺ) uscì ed offrì la preghiera funeraria per i martiri di Uhud. Poi si diresse verso il pulpito e disse: "Sarò il vostro predecessore ed un testimone per voi. Ora sto volgendo lo sguardo verso il mio *Haud*[83] (*al-Kauthar*) e, senza dubbio, mi sono state date le chiavi dei tesori del mondo. Per Allah, non temo che voi adoriate

---

[83] Cfr. Il Sacro Corano 108:1-3: <<Ti abbiamo garantito il bene in abbondanza, quindi prega il tuo Signore e offri sacrifici, colui che ti odia sarà tenuto lontano da ogni bene>>. Secondo Ibn Ishāq questa sura venne rivelata alla Mecca prima dell'*Isrā'* e della *Mi'rāj*. Il termine *Kauthar* deriva dalla radice araba *K-Th-R* che significa "abbondanza numerica, abbondanza di ricchezze e di progenie, plenitudine di benedizioni"; Sahīh al-Bukhārī, *Kitāb al-Fitan*, (Il libro delle prove), trad. a cura di S. Lei, Roma 2020; 1, 7048. Sull'autorità di Asmā' ci è stato tramandato che il Profeta (ﷺ) ha affermato: <<Mi troverò presso il mio *Haud* (*Al-Kauthar*) aspettando coloro che si avvicineranno a me. Poi alcune persone saranno allontanate da me ed allora io dirò: "I miei seguaci!" Mi sarà risposto: "Non sai che sono diventati apostati">>. Ibn Abī Mulaika ha affermato: "O Dio, cerchiamo rifugio presso di Te dal voltarsi indietro dalla religione e dall'essere sottoposti a delle prove"; 7049. 'Abdullāh (che Dio si compiaccia di lui) ci ha tramandato che il Profeta (ﷺ) ha affermato: <<Vi precederò presso lo *al-Haud* (*Al-Kauthar*) ed alcuni tra di voi saranno condotti a me e, quando cercherò di porgere loro dell'acqua, saranno allontanati da me con la forza. Allora dirò: "O Signore, i miei compagni!"; mi sarà risposto: "Non sai che cosa hanno fatto quando li hai lasciati. Dopo di te hanno introdotto nella religione una serie di eresie">>; 7050, 7051, Sahl bin Sa'd ci ha tramandato di aver udito il Profeta (ﷺ) affermare: "Vi precederò presso lo *Haud* (*Al-Kauthar*). Chiunque vi si avvicinerà, ne berrà. E, chi ne berrà, non avrà mai più sete. Poi verranno alcune persone che conosco e che mi conoscono, ma una barriera sarà posta tra me e loro". Abū Sa'īd al-Khudrī ha aggiunto che il Profeta (ﷺ) disse anche: "Io dirò che costoro sono i miei seguaci", ma mi sarà detto che non conosco quante novità e cambiamenti hanno introdotto dopo di me. Allora dirò: "Che siano condotti lontano (dalla misericordia), lontano (dalla misericordia) coloro che hanno introdotto mutamenti e cambiamenti nella religione dopo di me!".

qualcun altro diverso da Dio, ma che vi invidiate a vicenda e combattiate gli uni contro gli altri per i beni di questo mondo">>.

3597. Usāma (che Dio si compiaccia di lui) ci ha tramandato: <<Una volta, il Profeta (ﷺ) stette su uno degli edifici più alti (di Medina) e disse: "Vedete quello che vedo io? Vedo le prove e le tribolazioni che scrosciano sulle vostre case come gocce di pioggia!">>[84].

3598. Zainab bint Jahsh ci ha tramandato che il Profeta (ﷺ) giunse da lei in una condizione di timore esclamando: "Lā ilāha illallāh! Guai agli arabi a causa di un male che si sta avvicinando. Oggi è stata aperta una piccola crepa nel muro di Ya'jūj e Ma'jūj[85] ed è grande così" e con due dita disegnò un cerchio. Zainab disse: "O Profeta di Dio! Saremo

---

[84] Cfr. Sahīh al-Bukhārī, *Kitāb al-Fitan*, (Il libro delle prove), trad. italiana a cura di S. Lei, Roma 2020, 7060, Usāma bin Zaid (che Dio si compiaccia di lui) ci ha tramandato che una volta il Profeta (ﷺ) stette su uno dei più alti edifici di Medina e poi disse (rivolgendosi alle persone): "Vedete quello che vedo io?" Quando risposero negativamente, egli disse: "Vedo le tribolazioni e le afflizioni cadere sulle vostre case come la pioggia".

[85] Cfr. Il Sacro Corano 18:95-99: <<Dissero: "O Dhu al Qarnayn, i popoli di Gog e Magog hanno compiuto molta ingiustizia sulla terra. Possiamo pagarti un tributo al fine che tu possa erigere una barriera tra noi e loro?". Egli disse: "Il potere, che Dio mi ha concesso, è migliore del tributo. Aiutatemi, quindi, con il lavoro. Costruirò una barriera tra voi e loro. Portatemi dei blocchi di ferro". Poi, quando ebbe terminato di riempire lo spazio tra i due lati della montagna, disse: "Accendete il fuoco e soffiateci sopra". Poi quando divennero rossi incandescenti, disse: "Portatemi, affinché possa spargerlo, piombo fuso". Così il muro venne costruito e [Gog e Magog] divennero incapaci di attraversarlo e anche di scalfirlo. Egli disse: "Questa è una misericordia dal mio Signore. Quando la promessa del mio Signore si avvererà, trasformerà il muro in polvere. La promessa del Signore è verità". Quel giorno lasceremo che sorgano come onde, una sull'altra. La tromba suonerà e li raduneremo tutti insieme>>; 21:96: <<Nessuna comunità, che abbiamo distrutto, potrà ritornare, fino a quando Gog e Magog passeranno le barriere diffondendosi da ogni altura>>. Cfr. *Il significato del Sacro Corano*, 'Abdullāh Yusuf Ali, I-II, Roma 2019, I, nota 1288: <<Ci si riferisce a delle tribù selvagge e barbare che, dopo aver infranto le loro barriere, si diffonderanno sulla terra. Questo sarà uno dei segni dell'avvicinarsi del Giorno del Giudizio>>.

distrutti anche se tra di noi ci sono delle persone pie?"; rispose: "Sì, se aumenterà il *Khabath*[86]">>[87].

3599. Umm Salama (che Dio si compiaccia di lei) ci ha tramandato: <<Il Profeta (ﷺ) si destò e disse: "Che Dio sia glorificato! Quanti tesori sono stati inviati insieme a quante prove ed afflizioni!">>.

3600. Sa'sa'a ci ha tramandato che Abū Sa'īd Al-Khudrī (che Dio si compiaccia di lui) gli disse: <<Ho notato che ti piace allevare le pecore: prenditi allora cura di loro e del loro cibo perché ho udito il Profeta (ﷺ) affermare: "Arriverà un tempo, in cui la migliore proprietà di un musulmano saranno le pecore, che condurrà sulla cima delle montagne e dove cade la pioggia per sfuggire con la sua religione dalla *Fitan*">>.

3601. Abū Hurairah (che Dio si compiaccia di lui) ci ha tramandato che il Profeta di Dio (ﷺ) ha affermato: <<Ci saranno prove ed afflizioni ed una persona seduta sarà migliore di una in piedi, ed una in piedi di quella che cammina, e quella che cammina di qualcuno che corre.

---

[86] Questo termine indica adulterio e fornicazione e, in generale, ogni tipologia di azione malvagia. Nel testo coranico il termine *Khabath* indica tutto ciò che è impuro e riprovevole. Cfr. Il Sacro Corano 7:157: <<Coloro che seguono il Messaggero, il Profeta illetterato, che trovano menzionato nelle loro stesse [Scritture], nella Torah e nel Vangelo, che comanda loro ciò che è giusto e proibisce loro ciò che è riprovevole e concede loro come lecito ciò che è buono [e puro] e li induce ad astenersi da ciò che è male [ed impuro], Egli li libererà dai pesanti fardelli e dai gioghi che li opprimono. Coloro che crederanno in lui, lo onoreranno, lo aiuteranno e seguiranno la Luce che è scesa insieme a Lui, in verità prospereranno>>.

[87] Cfr. Sahīh Al-Bukhārī, *Kitāb al-Fitan*, (Il libro delle prove), trad. italiana a cura di S. Lei, Roma 2020, 3, 7059, Zainab bint Jahsh (che Dio si compiaccia di lei) ci ha tramandato che il Profeta (ﷺ) si svegliò con il volto arrossato e disse: "*Lā ilāha illallāh*. Guai agli Arabi per la grande calamità che si sta avvicinando loro. Oggi si è aperta una crepa nel muro di Ya'jūj e Ma'jūj di questo spessore". (Sufyān ne ha indicato la grandezza formando il numero 90 o 100 con le dita.) Gli venne domandato: "Saremo distrutti, anche se tra di noi ci sono delle persone rette?" Il Profeta (ﷺ) rispose: "Sì, se *al-Khabath* aumenterà".

Queste prove e tribolazioni distruggeranno tutti coloro che vi si esporranno. Chi può trovare un rifugio o un riparo, dovrebbe entrarvi>>.

3602. La medesima tradizione è riportata da Abū Bakr con l'aggiunta secondo cui il Profeta (ﷺ) disse: <<Tra le preghiere ve ne è una, la cui perdita equivale a quella sia della famiglia che della proprietà>>.

3603. Ibn Masʻūd (che Dio si compiaccia di lui) ci ha tramandato che il Profeta (ﷺ) ha affermato: "Presto altri saranno preferiti a voi e ci saranno cose che non vi piacciono"; i compagni del Profeta (ﷺ) domandarono: "O Profeta di Dio! Che cosa ci ordini di fare in questo caso?". Rispose: "Vi ordino di far fronte ai vostri doveri e di domandare quanto vi spetta a Dio">>.

3604. Abū Hurairah (che Dio si compiaccia di lui) ci ha tramandato che il Profeta di Dio (ﷺ) ha affermato: "Questo clan dei Quraysh condurrà le persone alla rovina!". Quando i compagni del Profeta (ﷺ) domandarono: "Che cosa ci ordini di fare allora?", lui disse: "Consiglio alle persone di stare lontano da loro".

3605. Saʻīd Al-Umawī ci ha tramandato: <<Mi trovavo con Marwān ed Abū Hurairah ed ho udito quest'ultimo affermare: "Ho udito il veritiero, colui che è stato ispirato con la verità dire: 'La distruzione dei miei seguaci sarà causata dalle mani di alcuni dei giovani Quraysh'. Quando Marwān domandò: "I più giovani?"; Abū Hurairah rispose: "Se lo desideri, potrei chiamarli per nome: costoro sono i figli di tali e tali">>.

3608. Hudhaifa bin Al-Yamān ci ha tramandato: <<Le persone erano solite domandare al Profeta di Dio (ﷺ) relativamente al bene, ma io invece preferivo domandare del male per il timore che avrebbe potuto sopraffarmi. Una volta dissi: "O Profeta di Dio! Dimoravamo nell'ignoranza e nel male e Dio ci ha concesso il bene presente. Dopo questo bene ci sarà forse qualche male?". Quando lui rispose affermativamente, domandai ancora: "Ci sarà di nuovo il bene dopo

quel male?"; rispose: "Sì, ma sarà contaminato dal *Dakhan*[88]". Domandai: "In che cosa consisterà il suo *Dakhan*?", rispose: "Ci saranno alcune persone che governeranno gli altri secondo principi diversi da quelli della mia *Sunna*. Vedrete le loro azioni e le disapproverete". Dissi: "Ci sarà ancora del male dopo quel bene?"; rispose: "Sì, ci saranno delle persone che inviteranno le altre alle porte dell'Inferno e tutti coloro che accetteranno il loro invito vi saranno gettati dentro". Domandai: "O Profeta di Dio, descrivi queste persone per noi!", rispose: "Costoro apparterranno a noi e parleranno la nostra lingua". Quando chiesi: "O Profeta di Dio! Che cosa mi ordini di fare se questo dovesse accadere quando sono ancora in vita?", rispose: "Mantenetevi vicini ai musulmani ed ai loro leader". Domandai: "Se non vi dovesse essere nessun gruppo (di musulmani) o nessun leader, (che cosa dovrei fare)?"; rispose: "Mantieniti lontano da tutte le sette, anche se dovessi mangiare le radici di un albero e dovessi incontrare Dio, quando ti trovi in questa condizione">>.

3607. Hudhaifa (che Dio si compiaccia di lui) ci ha tramandato: <<I miei compagni hanno imparato (qualcosa relativamente) al bene (domandando al Profeta ﷺ); io, invece, ho imparato qualcosa relativamente al male (domandando al Profeta ﷺ per preservarmi da esso)>>.

3608. Abū Hurairah (che Dio si compiaccia di lui) ci ha tramandato che il Profeta di Dio (ﷺ) ha affermato: "Il Giorno (del Giudizio) non sarà stabilito fino a quando ci sarà una guerra tra due gruppi, le cui rivendicazioni (relativamente alla religione) saranno le medesime".

3609. Abū Hurairah (che Dio si compiaccia di lui) ci ha tramandato che il Profeta (ﷺ) ha affermato: <<L'Ora non sarà stabilita fino a quando non ci sarà un conflitto tra due gruppi, tra i quali ci saranno moltissime vittime, sebbene le rivendicazioni di entrambi (relativamente alla religione) saranno le medesime. L'Ora non sarà

---

[88] Lett. "Una piccola quantità di male".

stabilita fino a quando non appariranno trenta mentitori, che affermeranno tutti di essere profeti di Dio">>.

3610. Abū Sa'īd Al-Khudrī (che Dio si compiaccia di lui) ci ha tramandato: <<Mentre eravamo con il Profeta di Dio (ﷺ), che stava distribuendo (della proprietà), giunse Dhul-Khuwaisira, un uomo appartenente alla tribù dei Banī Tamīm e disse: "O Profeta di Dio! Agisci secondo giustizia!"; il Profeta (ﷺ) gli disse: "Guai a te! Chi si comporta secondo giustizia se non io? Sarei un vero perdente se non mi comportassi secondo giustizia!"; 'Umar allora disse: "Profeta di Dio! Consentimi di giustiziarlo!"; il Profeta (ﷺ) disse: "Lascialo perché i suoi compagni assolvono alla preghiera in modo tale che considereresti la tua insignificante se paragonata alla loro, ed osservano il digiuno in modo che considereresti il tuo insignificante se paragonato al loro. Costoro recitano il Corano, ma non procede al di là delle loro gole (ossia non agiscono in conformità con esso). Costoro abbandoneranno l'Islam come una freccia trapassa il corpo di una preda in modo che il cacciatore, quando rivolge lo sguardo alla lama della freccia, non vede nulla su di essa; quando poi rivolge lo sguardo alla *Risāf*[89], non vede nulla e lo stesso accade quando guarda alla *Nadī*[90] ed alla *Qudhadh*[91] perché la freccia è stata troppo veloce ed il sangue e le secrezioni non vi sono rimaste impresse sopra. Li riconoscerete dal fatto che tra di loro ci sarà un uomo di colore, qualcuno le cui braccia assomiglieranno al seno di una donna o ad un ammasso di carne che si muove. Costoro appariranno, quando le persone cominceranno a differire". Abū Sa'īd ha aggiunto: "Testimonio di aver udito questa narrazione dal Profeta di Dio (ﷺ) e testimonio che 'Alī bin Abī Tālib si scontrò contro costoro ed io ero insieme con lui. Egli ordinò di cercare l'uomo (che era stato descritto

---

[89] Ossia la punta della freccia.
[90] Ossia la parte implume della freccia.
[91] Ossia la parte piumata della freccia.

dal Profeta ﷺ). Quando venne (trovato e) condotto, lo guardai e notai che il suo aspetto era esattamente quello descritto dal Profeta (ﷺ)"[92].

3611. 'Alī (che Dio si compiaccia di lui) ci ha tramandato: <<Vi ho riportato le tradizioni del Profeta di Dio (ﷺ) perché preferirei cadere dal cielo che attribuirgli qualcosa falsamente. Invece, quando vi dico una cosa tra voi e me, non vi è alcun dubbio che la guerra sia inganno. Ho udito il Profeta di Dio (ﷺ) affermare: "Negli ultimi giorni di questo mondo appariranno alcuni giovani folli che utilizzeranno (nelle loro rivendicazioni) il migliore tra i discorsi (ossia il Corano) ed abbandoneranno l'Islam come una freccia trapassa una preda. La loro fede non andrà al di là delle loro gole. Così, quando li incontrerete, uccideteli perché per colui che li uccide ci sarà una grande ricompensa nel Giorno della Resurrezione>>.

---

[92] Cfr. Sahīh al-Bukhārī, *Kitāb Ahadīth Al-Anbiyā'*, (Libro sulle storie dei profeti), trad. italiana a cura di S. Lei, Roma 2020, 6, 3344, Abū Sa 'īd (che Dio si compiaccia di lui) ci ha tramandato: <<'Alī inviò un pezzo d'oro al Profeta (ﷺ), che lo distribuì tra quattro persone: Al-Aqra bin Hābis Al-Hanzalī della tribù di Mujāshi 'ī, 'Uyaina bin Badr Al-Fazārī, Zaid At-Ta'ī che appartenevano alla tribù dei Banī Nabhān, ed 'Alqama bin Ulātha Al-'Āmiri che faceva parte della tribù dei Banī Kilāb. Così, i Quraysh e gli Ansari se ne risentirono e dissero: "Il Profeta (ﷺ) fa dei doni ai capi di Najd ma non a noi". Il Profeta (ﷺ) allora disse: "(Faccio loro dei doni) per avvicinare i loro cuori all'Islam". Poi un uomo con occhi incavati, le guance prominenti, una fronte alta, una barba spessa ed il capo rasato giunse (al cospetto del Profeta ﷺ) e disse: "Temi Dio, o Muhammad!". Il Profeta (ﷺ) rispose: "Chi obbedisce a Dio, se io disubbidisco? Dio mi ha affidato tutti gli abitanti della terra mentre tu non ti fidi di me?". Qualcuno, e credo che fosse Khālid bin Al-Walīd, domandò al Profeta (ﷺ) di dargli il permesso di giustiziarlo, ma lui glielo vietò. Quando l'uomo andò via, il Profeta (ﷺ) disse: "Tra i discendenti di costui ci saranno alcuni che reciteranno il Corano, ma il testo sacro non andrà al di là delle loro gole, ossia reciteranno come dei pappagalli (e non lo comprenderanno né agiranno in accordo con i suoi insegnamenti) e rinnegheranno la religione come una freccia trapassa il corpo di una preda. Uccideranno i musulmani, ma risparmieranno gli idolatri. Se sopravvivessi fino al loro tempo, li ucciderei così come furono uccisi gli appartenenti al popolo degli 'Ād">>.

3612. Khabbāb bin Al-Aratt ci ha tramandato: <<Ci lamentammo con il Profeta di Dio (ﷺ) (relativamente alla persecuzione cui ci sottoponevano i miscredenti), mentre era seduto all'ombra della Ka 'bah appoggiato al suo Burd[93]. Gli dicemmo: "Domanderai l'aiuto per noi? Pregherai Dio per noi?"; lui rispose: "Tra le nazioni che vi hanno preceduto, un credente veniva gettato in una fossa che era stata scavata per lui, e una sega veniva posta sul suo capo, con la quale veniva tagliato in due parti, eppure quella tortura non lo aveva indotto ad abbandonare la sua religione. Il suo corpo veniva pettinato con dei pettini di ferro che gli rimuovevano la carne dalle ossa e dai nervi; eppure questo non lo induceva ad abbandonare la sua religione. Per Allah, questa religione prevarrà fino a quando un viaggiatore da San 'ā ad Hadramaut non temerà nessuno se non Dio ed il lupo per le sue pecore, ma voi mancate di pazienza".

3613. Anas bin Mālik (che Dio si compiaccia di lui) ci ha tramandato: <<Il Profeta (ﷺ) notò l'assenza di Thābit bin Qais ed un uomo disse: "O Profeta di Dio! Ti porterò sue notizie". Allora andò da lui e lo trovò seduto in casa sua con la testa abbassata per la tristezza. Gli domandò: "Che cosa ti è accaduto?"; Thābit rispose: "(Sono in) una brutta situazione. Un uomo era solito alzare la voce su quella del Profeta (ﷺ) ed ora tutte le sue buone azioni sono state cancellate ed egli

---

[93] Cfr. V. Salierno, *Dizionario dell'Islam*, Roma 2018: <<*Burda*, il mantello yemenita a strisce del Profeta, reliquia nel tesoro degli 'Abbasidi>>. Cfr. Saḥīḥ al-Bukhārī, *Kitāb Manāqib al-Ansar*, (I meriti degli Ansari), trad. italiana a cura di S. Lei, Roma 2020, 3852. Khabbāb ci ha tramandato: <<Giunsi dal Profeta (ﷺ) mentre lui stava appoggiato al suo *Burda* all'ombra della *Ka 'bah*. In quei giorni soffrivamo molto a causa dei miscredenti. Allora gli dissi: "Perché non invochi Dio per noi?"; lui si sedette con il volto rosso e disse: "(Un credente tra) quelli che vi hanno preceduto veniva torturato con un pettine di ferro fino a quando nessuna parte della sua carne o dei suoi nervi rimase attaccata alle ossa. Eppure questo non lo ha mai indotto ad abbandonare la sua religione. Una sega veniva posta nel mezzo del suo capo e lo divideva in due parti, ma questo non lo ha indotto ad abbandonare la sua religione. Dio sicuramente completerà questa religione di modo che un viaggiatore da San'a all'Hadramaut non temerà nessun altro che Dio. (Il sub-narratore, Bāyān: "O il lupo a meno che debba attaccare le sue pecore")>>.

appartiene al popolo dell'Inferno"[94]. L'uomo tornò dal Profeta (ﷺ) e gli riportò quello che Thābit aveva affermato. (Il sub-narratore, Mūsā bin Anas, disse: "L'uomo tornò di nuovo da Thābit con delle buone nuove"). Il Profeta (ﷺ) gli disse: "Vai e comunica a Thābit che non appartiene al popolo dell'Inferno bensì a quello del Paradiso">>[95].

---

[94] Cfr. Il Sacro Corano 49:2: <<O credenti, non alzate la voce su quella del Profeta, né parlategli ad alta voce, così come parlate gli uni con gli altri, a meno che desideriate che le vostre opere diventino vane senza che ne siate consapevoli>>. Cfr. Sahīh al-Bukhārī, *Kitāb al-Tafsīr al-Ku'rān* (Commentario del Sacro Corano), trad. italiana a cura di S. Lei, Roma 2020, 49, 4845, Ibn Abī Mulaika ci ha tramandato: "Due persone giuste stavano per cadere nella rovina. Costoro erano Abū Bakr ed 'Umar, che alzarono le loro voci alla presenza del Profeta (ﷺ), quando giunse presso di lui un'ambasciata dai Banī Tamīm. Uno dei due raccomandò Al-Aqra' bin Hābis, il fratello dei Banī Mujāshi' (per essere il loro governatore), mentre l'altro raccomandò un'altra persona. (Nāfi', il sub-narratore, disse di non ricordarne il nome). Abū Bakr disse ad 'Umar: "Tu vuoi solo opporti a me"; 'Umar disse: "Non intendevo oppormi a te". Durante la discussione, entrambi alzarono la voce e così Dio ha rivelato: "O credenti, non alzate la voce su quella del Profeta, né parlategli ad alta voce, così come parlate gli uni con gli altri, a meno che desideriate che le vostre opere diventino vane senza che ne siate consapevoli". Ibn Az-Zubair disse: "Dalla rivelazione di questo versetto, 'Umar cominciò a parlare a voce così bassa che il Profeta (ﷺ) era solito domandargli di ripetere quanto aveva affermato". Ibn Az-Zubair non ha menzionato la medesima cosa relativamente al suo nonno materno>>.

[95] Cfr. Sahīh al-Bukhārī, *Kitāb al-Tafsīral-Ku'rān*, (Commentario del Sacro Corano), trad. italiana a cura di S. Lei, Roma 2020, 1, 4846, Anas bin Mālik (che Dio si compiaccia di lui) ci ha tramandato: <<Il Profeta (ﷺ) non incontrò Thābit bin Qais per un periodo (e così domandò di lui). Un uomo disse: "O Profeta di Dio! Ti porterò sue notizie". Poi andò da Thābit e lo trovò seduto in casa con la testa bassa. L'uomo disse a Thābit: "Che cosa ti è accaduto?"; costui rispose che era una questione disastrosa perché era solito alzare la voce su quella del Profeta (ﷺ) e per questa ragione tutte le sue buone azioni erano andate perdute e lui si considerava condannato all'Inferno. Allora l'uomo tornò dal Profeta (ﷺ) e gli disse quanto gli aveva raccontato Thābit >>. Mūsā (bin Anas) disse: <<L'uomo tornò da Thābit con delle buone nuove in quanto il Profeta (ﷺ) gli disse di andare da lui e di comunicargli: "Tu non appartieni al popolo dell'Inferno ma a quello del Paradiso!">>.

3614. Al-Barā' bin 'Āzib (che Dio si compiaccia di lui) ci ha tramandato: <<Un uomo recitò nella sua preghiera la sura *Al-Kahf*[96], e nella sua casa si trovava un animale da cavalcatura che si spaventò ed iniziò a scalciare. L'uomo terminò la sua preghiera con il *Taslīm*[97] ed improvvisamente una nebbia o delle nuvole si ammassarono sopra di lui. Informò dell'accaduto il Profeta (ﷺ) che disse: "Continua a

---

[96] Della caverna di 110 versetti. Diciottesima sura del Corano rivelata alla Mecca tranne i versetti 28, 83-101.
[97] La preghiera si completa pronunciando, rivolgendo il volto verso destra: "Che su di voi sia la pace e la misericordia di Allah", Poi, rivolgendo il volto verso sinistra, si deve affermare: "Che su di voi sia la pace e la misericordia di Allah".

recitare! Questa è la *Sakinah*[98] che è discesa a causa della recitazione del Corano">>[99].

3615. Al-Barā' bin 'Āzib ci ha tramandato: <<Abū Bakr (ﷺ) giunse da mio padre che era a casa e comprò da lui una sella. Egli disse ad 'Āzib: "Dì a tuo figlio di portarlo con me". Così lo portai con me e mio padre ci seguì al fine di prendere il denaro della sella. Mio padre disse: "O

---

[98] Termine arabo traducibile come calma, tranquillità e pace interiore che hanno solo in Dio la loro fonte. Il termine è presente nel Sacro Corano in riferimento alla battaglia di Hunain nel 630 d.C., in occasione dell'*Hijrah* del Profeta (ﷺ), quando quest'ultimo ed Abū Bakr erano inseguiti dai miscredenti Quraysh, e della pace di Hudaibiyah tra i musulmani, i Quraysh ed il loro alleati (628 d.C.), che favorì la diffusione dell'Islam tra le tribù arabe. Cfr. Il Sacro Corano 9:26: <<Dio ha fatto scendere la Sua pace sul Messaggero e sui credenti e ha inviato forze che non siete capaci di percepire. Egli ha punito i miscredenti. Così Egli ricompensa coloro che mancano della fede>>; 9:40: <<Se non aiutate il Messaggero, invero Dio lo aiuterà. Quando i miscredenti lo costrinsero a partire, non aveva che un solo compagno. Si trovavano nella caverna ed egli disse al suo compagno: "Non provate alcun timore perché Dio è con noi". Poi Egli inviò su di lui la Sua pace, lo ha sostenuto con forze che non percepiva e ha umiliato nel profondo la parola dei miscredenti. La parola di Dio è eccelsa. Egli è l'Eccelso, il Saggio>>; 48:4: <<Egli è Colui che invia la pace nel cuore dei credenti affinché possano crescere nella fede. A Dio appartengono le forze del cielo e della terra. Egli è pieno di conoscenza e di saggezza>>; 48:18: <<Il compiacimento di Dio era con i credenti, quando ti hanno giurato fedeltà sotto l'albero. Egli conosce ciò che si trovava nei loro cuori ed Egli ha inviato loro la pace e li ha ricompensati con una veloce vittoria>>; 48:26: <<Mentre i miscredenti fomentavano nei loro cuori un ostinato sdegno -l'ostinato sdegno dell'ignoranza - Dio ha inviato la Sua pace al Suo Profeta e ai credenti e ha reso vincolante il comando all'autocontrollo, di cui avevano diritto e di cui erano degni. Dio ha piena conoscenza di tutte le cose>>.

[99] Cfr. Sahīh al-Bukhārī, *Kitāb Fadā'il al-Ku'rān*, (Le virtù del Sacro Corano), trad. italiana a cura di S. Lei, Roma 2020, [1857] 241 – (...) Ci è stato tramandato che Abū Ishāq ha affermato: <<Ho udito Al-Barā' affermare: "Un uomo ha recitato la sura *al-Kahf* ed in casa vi era un animale che divenne nervoso, come se fosse spaventato. Io guardai e vidi che una nuvola lo aveva coperto. Lui menzionò l'accaduto al Profeta (ﷺ) ed egli disse: "Recita, tale e tale, perché è la pace (*Sakinah*) che scende quando il Corano (viene recitato)" o "che è discesa a causa del Corano">>.

Abū Bakr! Dicci quello che ti è accaduto quando ti trovavi in viaggio con il Profeta (ﷺ) nel corso dell'*Hijrah*". Lui disse: "Sì, viaggiammo per l'intero corso della notte e del giorno successivo fino a mezzogiorno, quando non poteva essere visto nessuno sulla via (a causa del caldo intenso). Poi apparve una lunga roccia che aveva dell'ombra sotto di sé ed il sole non l'aveva ancora raggiunta. Allora smontammo (dalle nostre cavalcature) ed io spianai una parte del terreno e lo coprì con una pelle di animale o dell'erba secca affinché il Profeta (ﷺ) si riposasse per un poco. Poi dissi: "Dormi, o Profeta di Dio! Io veglierò su di te". Allora, lui si riposò ed io uscì per proteggerlo. Improvvisamente, vidi un pastore che giungeva con le sue pecore presso quella roccia con la nostra stessa intenzione. Quando vi giunse, gli domandai: "A chi appartieni, ragazzo?", rispose: "Appartengo ad un uomo da Medina o dalla Mecca". Dissi: "Le tue pecore hanno il latte?"; quando rispose affermativamente, gli domandai ancora: "Le mungeresti per noi?". Dopo aver detto: "Sì!", prese una pecora ed io gli domandai di pulire le sue mammelle dalla sabbia, dai peli e dallo sporco. (Il sub-narratore disse di aver veduto Al-Barā' sfregarsi le mani per dimostrare in che modo il pastore aveva rimosso la sabbia). Il pastore munse un poco di latte in un contenitore di legno ed io avevo una borraccia di pelle nella quale avevo riposto dell'acqua da bere per il Profeta (ﷺ) e per compiere le abluzioni. Mi diressi dal Profeta (ﷺ), anche se mi dispiaceva svegliarlo. Quando arrivai però, il Profeta (ﷺ) si era già svegliato. Allora versai dell'acqua nella parte mediana del contenitore del latte fino a quando la bevanda non divenne fresca. Poi gli dissi: "Bevi, o Profeta!" e lui ne bevve fino a sazietà. Poi domandò: "È arrivato il tempo di partire?"; risposi affermativamente ed allora partimmo dopo mezzogiorno. Surāqa bin Mālik [100] ci seguì ed io dissi: "Ci hanno scoperto, o Profeta di Dio!", ma lui rispose: "Non essere triste (o spaventato). Dio è con noi!". Il Profeta (ﷺ) invocò il male su di lui e così le zampe del suo cavallo

---

[100] Surāqa ibn Mālik ibn Ju'shum al-Mudliji era un beduino appartenente alla tribù dei Banū Mudliji. Era noto sia come poeta che come guerriero. Si convertì all'Islam dopo la conquista della Mecca e morì nel 24 a.H.

affondarono nel terreno fino all'addome[101]. (Il subnarratore, Zuhair, non è sicuro se Abū Bakr disse: "Affondò nel terreno solido". Surāqa

---

[101] Cfr. Sahīh al-Bukhārī, *Kitāb Manāqib al-Ansar*, (I meriti degli Ansari), trad. italiana a cura di S. Lei, Roma 2020, 3906. Il nipote di Surāqa bin Ju 'sham disse che suo padre lo aveva informato di aver udito Suraqa bin Ju 'sham affermare: "I messaggeri dei pagani Quraysh sono giunti da noi dichiarando che avrebbero assegnato alle persone che avrebbero ucciso o catturato il Profeta di Dio (ﷺ) o Abū Bakr, una ricompensa eguale al loro prezzo di sangue. Mentre ero seduto in una delle riunioni della mia tribù dei Banī Mudliji, uno dei loro uomini venne da noi e, mentre eravamo seduti, rimase in piedi e disse: "O Surāqa! Senza dubbio ho visto alcune persone da lontano lungo la spiaggia e penso che siano Muhammad (ﷺ) ed i suoi compagni". Surāqa aggiunse: "Anche io pensai che dovessero essere loro, ma dissi: 'No, non sono loro. Hai visto tali e tali e tali e tali che [noi stessi] abbiamo visto partire'. Rimasi nella riunione per un poco e poi mi alzai e mi diressi a casa. Ordinai alla mia schiava di prendere il mio cavallo che si trovava dietro una collina e di prepararlo per me. Poi presi la mia lancia ed uscì dalla porta posteriore di casa mia trascinando la parte inferiore della lancia sul terreno e mantenendola bassa. Poi arrivai presso il mio cavallo, vi montai e lo lanciai al galoppo. Quando mi avvicinai a loro, il mio cavallo inciampò ed io caddi. Quando mi rialzai, presi il mio arco ed estrassi le frecce divinatorie per sapere se avessi dovuto attaccarli o meno, ed il risultato fu negativo. Io però montai di nuovo sul mio cavallo e lo lanciai al galoppo, non dando alcuna importanza alle frecce divinatorie. Quando udì la recitazione del Corano da parte del Profeta di Dio (ﷺ), che non si guardava né indietro né intorno, mentre Abu Bakr lo faceva spesso, improvvisamente le zampe anteriori del mio cavallo affondarono nel terreno fino alle ginocchia ed io caddi di nuovo. Allora lo rimproverai, lo feci rialzare ma a mala pena riuscì a tirare fuori le zampe anteriori dal terreno e, quando stette di nuovo dritto, le sue zampe fecero alzare al cielo una polvere che sembrava fumo. Allora estrassi di nuovo le frecce divinatorie ed anche in questo caso il risultato fu negativo. Così per rassicurarmi li chiamai. Loro si fermarono ed io montai di nuovo sul mio cavallo e mi diressi verso di loro. Quando vidi in che modo mi era stato impedito di fare loro del male, pensai che la causa del Profeta di Dio (ﷺ) sarebbe stata vittoriosa. Così gli dissi: "Il tuo popolo ha stabilito una ricompensa equivalente al prezzo di sangue per la tua testa". Poi raccontai loro i piani che gli abitanti della Mecca avevano fatto relativamente a loro. Poi ho offerto loro del cibo per il viaggio e dei beni, ma si rifiutarono di prenderli e non domandarono nulla di particolare. Il Profeta (ﷺ) disse: "Non parlare a nessuno di noi". Poi gli domandai di scrivere per me una dichiarazione di sicurezza e pace. Egli ordinò ad Amr bin Fuhaira di scriverla per me su di una pergamena e poi il Profeta di Dio (ﷺ) procedette

per la sua strada". 'Urwa bin Az-Zubair ci ha tramandato: "Il Profeta di Dio (ﷺ) incontrò Az-Zubair in una carovana di mercanti musulmani che stavano ritornando dallo Sham. Az-Zubair diede al Profeta di Dio (ﷺ) e ad Abu Bakr degli abiti bianchi da indossare. Quando i musulmani di Medina ebbero notizia della partenza del Profeta di Dio (ﷺ) dalla Mecca, cominciarono a recarsi ad Harra ogni mattina. Lo aspettavano fino a quando la calura di mezzogiorno non li costringeva a tornare indietro. Un giorno, dopo aver atteso per lungo tempo, tornarono a casa e, quando ormai erano nelle loro abitazioni, un ebreo salì sul tetto di una delle fortezze del suo popolo per cercare qualcosa e vide il Profeta di Dio (ﷺ) ed i suoi compagni, che indossando dei vestiti bianchi emergevano dal miraggio del deserto. L' ebreo non poté evitare di gridare: "O Arabi! Questo è il vostro grande uomo che stavate aspettando!". Così, tutti i musulmani corsero alle loro armi e ricevettero il Profeta di Dio (ﷺ) sulla sommità di Harra. Il Profeta (ﷺ) si voltò insieme a loro verso destra e si diresse verso i quartieri dei Banū 'Amr bin Auf e questo avvenne un lunedì del mese di Rabi'-ul-Awwal. Abū Bakr si alzò in piedi e riceveva le persone mentre il Profeta di Dio (ﷺ) rimaneva seduto in silenzio. Alcuni degli Ansari, che erano giunti e che non avevano visto precedentemente il Profeta di Dio (ﷺ), cominciarono a salutare Abū Bakr ma, quando i raggi del sole caddero sul Profeta di Dio (ﷺ) ed Abū Bakr fece in passo avanti e gli fece ombra con il suo mantello, solo in quel momento le persone seppero che era il Profeta di Dio (ﷺ). Il Profeta di Dio (ﷺ) rimase con i Banū 'Amr bin Auf per dieci notti e fondò la moschea di Qubā che venne stabilita sulla pietà. Il Profeta di Dio (ﷺ) vi assolse alla preghiera e poi montò sulla sua femmina di cammello e procedette accompagnato dalle persone fino a quando l'animale non si sedette nel luogo [in cui in seguito venne costruita] la moschea del Profeta (ﷺ) a Medina. Alcuni musulmani erano soliti offrire la preghiera lì in quei giorni, dove si trovava un cortile utilizzato per seccare i datteri che apparteneva a Suhail ed a Sahl, due giovani orfani che si trovavano sotto la protezione di Sa 'd bin Zurara. Quando la sua femmina di cammello si sedette, il Profeta di Dio (ﷺ) disse: "Se Dio vuole, ci stabiliremo qui". Il Profeta di Dio (ﷺ) poi chiamò i due ragazzi e disse loro di suggerire il prezzo per quel cortile al fine che potesse essere trasformato in una moschea. I due ragazzi dissero: "Profeta di Dio (ﷺ), te lo daremo come dono" ed il Profeta (ﷺ) vi fece costruire la moschea e lui stesso cominciò a portare mattoni crudi per la sua costruzione e, mentre lo faceva, affermava: "Questo carico è migliore del carico di Khaibar, perché davanti a Dio è più pio, più puro e meglio degno di una ricompensa". Diceva anche: "O Dio, la migliore ricompensa è quella dell'Altra vita. Concedi la Tua misericordia agli Ansari ed ai *Muhajīrun*">>.

disse: "Vedo che hai invocato il male su di me. Per favore, invoca il bene e, per Allah, farò sì che coloro che ti seguono tornino indietro". Il Profeta (ﷺ) invocò il bene su di lui ed egli si salvò. Poi, ogni volta che incontrava qualcuno, affermava: "Lo ho cercato qui ma invano". In questo modo faceva desistere e tornare indietro tutti quelli che incontrava ed ottemperò alla sua promessa>>.

3616. Ibn 'Abbās (che Dio si compiaccia di lui) ci ha tramandato: <<Il Profeta (ﷺ) andò a visitare un beduino malato e, ogni volta che andava a far visita ad un infermo, diceva: "Se Dio vuole, non ti accadrà alcun male e questo sarà un'espiazione per i tuoi peccati". Così il Profeta (ﷺ) disse al beduino: "Non ti accadrà nulla di male, se Dio vuole, e questa sarà un'espiazione per i tuoi peccati". Il beduino rispose: "Dici un'espiazione? No, questa è solo una febbre che tormenta un vecchio e lo condurrà alla tomba". Il Profeta (ﷺ) allora disse: "Sì, allora che sia come tu affermi!">>.

3617. Anas (che Dio si compiaccia di lui) ci ha tramandato che vi era un cristiano che aveva abbracciato l'Islam ed aveva letto la sura *Al-Baqarah*[102] e *Al-'Imrān* [103] ed era solito scrivere la rivelazione per il Profeta (ﷺ). Successivamente tornò al Cristianesimo ed era solito affermare: "Muhammad non sa nulla tranne quello che ho scritto per lui". Poi Dio decretò per lui la morte e le persone lo seppellirono, ma al mattino si accorsero che la terra aveva espulso fuori il suo cadavere. Allora dissero: "Questa è opera di Muhammad (ﷺ) e dei suoi compagni. Costoro hanno scavato la tomba del nostro compagno e tirato fuori il cadavere perché li ha abbandonati". Scavarono di nuovo una fossa profonda (e lo seppellirono), ma al mattino si accorsero di nuovo che la terra aveva rigettato fuori il suo cadavere e dissero ancora: "Questa è opera di Muhammad (ﷺ) e dei suoi compagni. Hanno scavato la fossa e gettato fuori il suo cadavere perché li ha abbandonati". Allora scavarono di nuovo una tomba il più profonda

---

[102] Della giovenca, consta di 286 versetti. Seconda sura del Corano rivelata a Medina.
[103] Della famiglia di 'Imrān, consta di 200 versetti, rivelata a Medina.

possibile (e lo seppellirono), ma al mattino la terra aveva rigettato di nuovo il suo cadavere. Allora credettero che quello che era accaduto non fosse opera di esseri umani e dovettero lasciarlo (sul terreno)>>.

3618. Abū Hurairah (che Dio si compiaccia di lui) ci ha tramandato che il Profeta di Dio (ﷺ) disse: "Quando Khosrau morirà, non vi sarà più nessun Khosrau dopo di lui; quando Cesare morirà, non vi sarà più alcun Cesare dopo di lui. Per Colui, nelle Cui mani si trova l'anima di Muhammad, spenderete le ricchezze di entrambi per la causa di Dio".

3619. Jābir bin Samura ci ha tramandato che il Profeta (ﷺ) disse: "Quando Khosrau perirà non vi sarà più alcun Khosrau dopo di lui; quando Cesare perirà, non vi sarà più nessun Cesare dopo di lui". Il Profeta (ﷺ) disse anche: "Spenderete i tesori di entrambi per la causa di Dio".

3620. Ibn 'Abbās (che Dio si compiaccia di lui) ci ha tramandato: <<Musaylima Al-Kadhadhāb[104] giunse a Medina con molte persone, al tempo del Profeta (ﷺ), e disse; "Se Muhammad (ﷺ) mi nomina suo successore, lo seguirò"; il Profeta di Dio (ﷺ) andò da lui insieme a Thābit bin Qais bin Shammas e teneva in mano un pezzo di un gambo di un albero di palma. Si pose accanto a Musailima (ed i suoi compagni) e disse: "Se mi domandassi anche questo pezzo (di un gambo di albero di palma), non te lo darei. Non puoi evitare il fato cui Dio ti ha destinato; se rifiuterai l'Islam, Dio ti annienterà. Credo che tu sia la medesima persona che ho visto in un sogno">>.

3621. (Il narratore aggiunse): <<Abū Hurairah mi ha detto che il Profeta di Dio (ﷺ) ha affermato: "Mentre stavo dormendo, ho visto (in sogno) che intorno al mio braccio vi erano due bracciali d'oro e questo mi preoccupava molto. Allora, durante il sogno, venni ispirato divinamente a soffiarli via e, quando lo feci, questi volarono via. Ho interpretato i due bracciali come i simboli di due mentitori che

____

[104] Vedi nota 105.

appariranno dopo vi me. Uno di loro era Al-'Ansī e l'altro Musaylima Al-Kadhadhāb da Al-Yamāma[105]">>.

3622. Abū Mūsā (che Dio si compiaccia di lui) ci ha tramandato che il Profeta di Dio (ﷺ) ha affermato: "In sogno mi sono visto che emigravo dalla Mecca verso un luogo pieno di alberi di palma. Pensai che fosse Al-Yamāma o Hajar, ed invece era Medina, ossia Yathrib. Nel medesimo sogno mi sono visto muovere una spada, la cui lama si ruppe e che simboleggiava la sconfitta che i musulmani subirono nel giorno di Uhud[106]. Mossi di nuovo la spada e divenne normale e questo simboleggiava la vittoria che Dio ha concesso ai musulmani ed alle loro forze. In sogno vidi anche delle giovenche e, per Allah, questa era una benedizione, in quanto simboleggiano i credenti nel giorno di Uhud. La benedizione è stata il bene che Dio ci ha concesso e la ricompensa dei veri credenti che Dio ci ha dato dopo la battaglia di Badr[107]".

---

[105] Maslama ibn Habīb della tribù dei Banū Hanifah che, dopo la morte del Profeta (ﷺ), affermò di essere un messaggero di Dio e guidò i suoi seguaci alla ribellione contro l'autorità di Abū Bakr, che era stato scelto come successore del Profeta (ﷺ). Morì durante la Battaglia di Yamāma combattuta nel 632 d.C.

[106] Montagna nei pressi di Medina, sulla cui pianura nel 625 d.C. si svolse la battaglia tra i musulmani ed i Quraysh. Dopo una prima vittoria parziale delle truppe musulmane, la mancanza di disciplina dei soldati ed un'eccessiva sottovalutazione dell'avversario condussero ad un ribaltamento della situazione ed i musulmani subirono una parziale sconfitta. Durante la battaglia lo stesso Profeta (ﷺ) venne ferito e si diffuse la falsa notizia che fosse deceduto. Cfr. Il Sacro Corano 3:155: <<Satana ha fatto fallire coloro, tra di voi, che si sono voltati indietro, quando i due nemici si sono incontrati, a causa del male che hanno compiuto. Dio ha cancellato i loro peccati. Egli è Perdonatore, Misericordioso>>; 3:144: <<Muhammad è solo un messaggero. Molti sono i messaggeri che sono passati prima di lui. Se morisse o fosse ucciso, tornerete forse sui vostri passi? Se qualcuno di voi si voltasse indietro, non farebbe nessun danno a Dio. Però, Dio velocemente ripagherà coloro che Lo servono con gratitudine>>.

[107] Battaglia svoltasi nel marzo del 624 d.C. (mese del Ramadān del secondo anno dell'*Hijrah*) tra i musulmani ed i pagani Quraysh che, pur potendo vantare una netta maggioranza numerica rispetto ai musulmani, subirono

3623. ʿĀishah (che Dio si compiaccia di lei) ci ha tramandato: <<Una volta Fatima giunse camminando e la sua andatura assomigliava a quella del Profeta (ﷺ), che le disse: "Benvenuta, figlia mia!". Poi la fece sedere alla sua destra o alla sua sinistra e le disse un segreto per cui iniziò a piangere. Le domandai: "Perché stai piangendo?"; poi lui le disse un altro segreto e lei cominciò a ridere. Dissi: "Non ho mai visto la tristezza così vicina alla felicità come in questo giorno". Le domandai che cosa il Profeta (ﷺ) le avesse detto e lei rispose: "Non svelerò mai un segreto del Profeta di Dio (ﷺ)". Quando il Profeta (ﷺ) morì, glielo domandai>>.

---

una cocente sconfitta in cui perirono i più importanti leader della Mecca pagana. Cfr. Il Sacro Corano 3:123-125: <<Dio vi ha aiutato a Badr, quando eravate un'esigua forza. Allora temeteLo, affinché possiate mostrare la vostra gratitudine. Ricordate che avete detto ai credenti: "Non è abbastanza per voi che Dio vi abbia aiutato con tremila angeli, appositamente inviati?" Se rimarrete fermi ed agirete rettamente, anche se il nemico dovesse violentemente scagliarsi contro di voi, il vostro Signore vi aiuterà con cinquemila angeli guerrieri>>; 8:9: <<Ricordate quando avete implorato il soccorso del vostro Signore e Lui vi ha risposto: "Vi assisterò con mille angeli, schiera su schiera". Dio lo ha reso un messaggio di speranza e una rassicurazione per i vostri cuori. Non c'è alcun aiuto che non sia da Dio. Egli è Eccelso, Saggio>>; 8:7-8: <<Dio vi ha promesso che sarebbe stato vostro uno dei partiti nemici. Avete desiderato che fosse vostro quello disarmato, ma Dio ha voluto dimostrare la verità delle Sue parole e recidere le radici dei miscredenti, affinché Egli possa confermare la verità e provare la falsità di quanto è falso, anche se ciò non potrebbe piacere a coloro che si trovano nella colpa". Commenta Yusuf Alì: <<Prima della battaglia di Badr si trovavano di fronte ai musulmani due corsi di azione. Avrebbero potuto attaccare la ricca carovana proveniente dalla Siria e scortata da Abū Sufyān e quaranta uomini disarmati. Dal punto di vista terreno, questa sarebbe stata l'azione più semplice e vantaggiosa. Il secondo corso di azione, raccomandato dal Profeta (pbsl) secondo l'ispirazione ricevuta da Dio, era quello di andare incontro all'esercito di mille uomini ben equipaggiati che avanzavano dalla Mecca. I musulmani erano solo 300 e male equipaggiati, ma Dio garantì loro una magnifica vittoria>>. Cfr. *Il Significato del Sacro Corano tradotto da Abdullah Yusuf Alì*, edizione italiana a cura di S. Lei, I-II volumi, Roma 2018.

3624. Fatima (che Dio si compiaccia di lei) rispose che (il Profeta ﷺ le aveva detto): <<Ogni anno Jibrīl è solito ripassare l'intero Corano insieme con me solo una volta, mentre quest'anno lo ha fatto due volte. Credo che questo significhi che sto per morire e tu sarai la prima della mia famiglia a seguirmi"; allora cominciai a piangere ed egli mi disse: "Non vuoi essere la prima di tutte le signore del Paradiso o di tutte le credenti?"; e così ho riso>>.

3625. 'Āishah (che Dio si compiaccia di lei) ci ha tramandato: <<Il Profeta (ﷺ), durante la malattia che lo condusse alla morte, chiamò sua figlia Fatima e le confidò un segreto a causa del quale lei cominciò a piangere. Poi la chiamò di nuovo e le comunicò un altro segreto a causa del quale cominciò a ridere. Quando le domandai in merito a ciò.

3626. Lei (che Dio si compiaccia di lei) rispose: <<Il Profeta (ﷺ) mi disse che sarebbe morto nel corso di quella malattia fatale e così io piansi; poi in segreto mi disse che, tra i membri della sua famiglia, sarei stata la prima a seguirlo e così ho riso>>.

3627. Sa'īd bin Jubair ci ha tramandato relativamente a Ibn 'Abbās (che Dio si compiaccia di lui): <<'Umar bin Al-Khattāb (che Dio si compiaccia di lui) era solito trattare in modo molto favorevole Ibn 'Abbās. 'Abdur Rahmān bin 'Aūf gli disse: "Abbiamo dei figli che sono uguali a lui, (ma tu preferisci costui)". 'Umar rispose: "(Lo preferisco) a causa della sua conoscenza". Poi domandò ad Ibn 'Abbās l'interpretazione del versetto: "Quando giungerà il soccorso di Dio e la vittoria e vedrai i popoli entrare nella religione di Dio in massa, esalta la gloria del tuo Signore, celebra le Sue lodi e prega per il Suo perdono. Egli è Colui che accetta il pentimento"[108], e lui disse: "Si riferisce alla morte del Profeta (ﷺ), di cui Dio lo informò". 'Umar disse: "Conosco di questo versetto nulla di più di quanto tu sappia">>.

3628. Ibn 'Abbās (che Dio si compiaccia di lui) ci ha tramandato: <<Il Profeta di Dio (ﷺ), durante la malattia che lo ha condotto alla morte,

---

[108] Il Sacro Corano 110:1.

uscì fuori, avvolto in una coperta, mentre il suo capo era fasciato con una benda bagnata di unguento. Sedette sul pulpito e, dopo aver lodato e glorificato Dio, disse: "Ora le persone aumenteranno di numero, ma non gli Ansari che, rispetto agli altri, assomiglieranno al sale disciolto in una pietanza. Allora, se qualcuno di voi dovesse assumere il comando attraverso il quale può beneficare alcune persone e danneggiarne altre, dovrebbe accettare la bontà dei buoni tra di loro e scusare gli errori di coloro che si comportano ingiustamente". Quella fu l'ultimo raduno a cui il Profeta (ﷺ) ha preso parte>>.

3629. Abū Bakra (che Dio si compiaccia di lui) ci ha tramandato: <<Una volta, il Profeta (ﷺ) portò fuori al-Hasan e lo fece salire sul pulpito insieme con lui e disse: "Questo mio figlio è un *Sayyid*[109] e spero che Dio lo aiuterà a portare la riconciliazione tra due gruppi di musulmani>>.

3630. Anas bin Mālik (che Dio si compiaccia di lui) ci ha tramandato: <<Il Profeta (ﷺ) ci informò della dipartita di Ja 'far e di Zaid prima che le notizie della loro morte ci raggiunsero ed i suoi occhi erano pieni di lacrime>>.

3631. Jābir (che Dio si compiaccia di lui) ci ha tramandato: <<(Una volta) il Profeta (ﷺ) disse: "Avete dei tappeti?", risposi: "Da dove possiamo prenderli?"; egli disse: "Presto li avrete". Ero solito dire a mia moglie: "Rimuovi i tuoi tappeti dalla mia vista", ma lei rispondeva: "Il Profeta (ﷺ) non ti ha forse detto che avresti presto avuto dei tappeti?" ed allora abbandonavo la mia richiesta>>.

3632. 'Abdullāh bin Mas'ūd (che Dio si compiaccia di lui) ci ha tramandato: <<Sa 'd bin Mu 'ādh giunse alla Mecca con l'intenzione di compiere l'*Umra*[110] e rimase nell'abitazione di Umaiyya bin Khalaf Abī

---

[109] Cfr. V. Salierno, *Dizionario dell'Islam*, Roma 2018: <<Sayyid, titolo onorifico dei discendenti del Profeta; è sinonimo di *sharīf*, nobile, da cui il termine "sceriffo">>.
[110] Visitazione della *Ka 'bah*.

Safwān[111] perché lo stesso Umaiyya era solito rimanere in casa di Sa 'd ogni volta che passava per Medina sulla via verso lo Sham. Umaiyya disse a Sa 'd: "Attenderai fino a mezzogiorno, quando le persone si trovano nelle loro case, e poi andrai a compiere la *Tawāf* intorno alla *Ka 'bah*?" Mentre Sa'd stava compiendo *Tawāf* intorno alla *Ka 'bah*, Abū Jahl giunse e domando': "Chi sta compiendo *Tawāf* intorno alla *Ka 'bah*?", Sa 'd rispose: "Sono Sa'd". Abū Jahl disse: "Stai compiendo la *Tawāf* al sicuro sebbene tu abbia dato rifugio a Muhammad ed ai suoi compagni?"; Sa'd rispose affermativamente e così cominciarono a discutere. Umaiyya disse a Sa 'd: "Non alzare la voce (quando ti rivolgi) ad Abul-Hakam perché egli è il leader della valle (delle Mecca)". Allora Sa 'd disse (ad Abū Jahl): "Per Allah, se mi impedisci di compiere la *Tawāf* della *Ka 'bah*, danneggerò il tuo commercio con lo Sham". Umaiyya continuò a dire a Sa 'd: "Non alzare la voce" ed a trattenerlo. Sa 'd divenne furioso e disse (ad Umaiyya): "Stai lontano da me perché ho udito Muhammad affermare che ti ucciderà". Umaiyya disse: "Mi ucciderà?", Sa 'd rispose: "Sì". Umaiyya allora disse: "Per Allah! Quando Muhammad afferma qualcosa, non mente mai". Umaiyya si recò da sua moglie e le disse: "Non sai quello che mio fratello da Yathrib mi ha detto?"; lei chiese: "Che cosa ti ha detto?", egli le rispose: "Sostiene di aver udito Muhammad (ﷺ) affermare che mi ucciderà!". Lei disse: "Per Allah, Muhammad non pronuncia mia una menzogna". Così, quando i miscredenti cominciarono ad avanzare verso Badr e dichiararono guerra (ai musulmani), sua moglie gli disse: "Non ti ricordi che cosa tuo fratello da Yathrib ti ha detto?"; Umaiyya decise di non andare, ma Abū Jahl gli disse: "Tu sei uno dei nobili della Mecca. Dovresti quindi accompagnarci per un giorno o due". Egli andò con loro e così, per decreto di Dio, venne ucciso>>.

---

[111] Leader dei Banū Jumah, che era solito torturare atrocemente Bilāl, dopo che quest'ultimo si convertì all'Islam. Bilāl venne riscattato e liberato da Abū Bakr e Umayyah ibn Khalaf venne ucciso a Badr, mentre suo fratello Ubayy morì nella battaglia di Uhud.

3633. Abū 'Uthmān ci ha tramandato: <<Venni a sapere che Jibrīl (pace su di lui) giunse dal Profeta (ﷺ), quando Umm Salama era presente. Jibrīl (pace su di lui) cominciò a parlare con il Profeta (ﷺ) e poi se ne andò. Il Profeta (ﷺ) allora domandò ad Umm Salama: "Non sai chi era costui?", lei rispose: "Era Dihya (un compagno del Profeta dall'aspetto piuttosto piacente)". Successivamente Umm Salama disse: "Per Allah! Ho pensato che non fosse altro che Dihya fino a quando non ho udito il Profeta (ﷺ) parlare di Jibrīl nella sua *Khutba*". (Il sub narratore domandò ad Abī 'Uthmān: "Da dove hai sentito questa narrazione?"; egli rispose: "Da Usāma bin Zaid").

3634. 'Abdullāh bin 'Umar (che Dio si compiaccia di lui) ci ha tramandato che il Profeta di Dio (ﷺ) ha affermato: "Ho visto (in sogno) che le persone si riunirono ed Abū Bakr si alzò e attinse due o tre secchi di acqua (da un pozzo), ma nel suo attingere vi era della debolezza. Che Dio possa perdonarlo! Poi 'Umar prese il secchio nelle sue mani e lo trasformò in un ampio recipiente. Non ho mai visto nessuno più forte tra le persone, che potevano attingere l'acqua, di 'Umar, fino a quando tutte le persone bevvero a sazietà ed abbeverarono i loro cammelli che erano inginocchiati lì"[112].

---

[112] Cfr. M. Asad, *Sahīh Al-Bukhārī*, *The Early Years of Islam*, Malaysia 2002, 28, note 5: <<This prophetic dream describes in a symbolical way the roles of the three personalities with regard to Islam. The life of the Muslim community, symbolized by "water", was the first drawn to light by the Prophet (...). He was succeeded by Abu Bakr, during whose reign the realm of Islam grew in size: this is expressed by the words, "he drew a bucketful or two of water", contrasted with the *dawl* (small leather bucket) of the Prophet; but Abu Bakr was able to draw only "one or two bucketful", which indicates the shortness of his reign; and "there was some weakness in his drawing": that is, he was not able to consolidate and to pacify the Empire. But this was mainly due to his early death, and to any shortcoming in him: therefore, only immensely grew in size- which is symbolized by the "huge bucket" (*gharb*) of 'Umar, and the Prophet's admiration of his almost superhuman strength and skill- but was also established on solid administrative foundations, so that the Muslims obtained the largest possible measure of security and well-being and could fully utilise the benefits accruing to them ("the people's camels satisfied their thirst and then abode at rest"). This dream of the Prophet is extremely well

(26) Capitolo. Relativamente al versetto: "I popoli del libro sono a conoscenza di tutto questo così come conoscono i propri figli, ma alcuni di loro nascondono la verità, pur essendone a conoscenza"[113].

3635. 'Abdullāh bin 'Umar (che Dio si compiaccia di lui) ci ha tramandato: <<Gli ebrei giunsero dal Profeta di Dio (ﷺ) e gli dissero che un uomo ed una donna tra di loro avevano consumato un rapporto sessuale illecito. Il Profeta di Dio (ﷺ) disse loro: "Che cosa si trova nella *Taurat* relativamente alla punizione legale per l'*Ar-Rajm*[114] [lapidazione]?"; risposero: "Rendiamo pubblico il loro crimine e li frustiamo". 'Abdullāh bin Salām[115] ci disse: "Stai affermando una

---

authenticated and occurs in several -almost literally identical- versions in this work as well as in other prominent compilations of Traditions>>.

[113] Il Sacro Corano 2:146.

[114] Nel caso della legge islamica, l'accusa di adulterio può essere accettata e si dice provata solo quando quattro testimoni possono dire di aver assistito all'atto sessuale vero e proprio. Il Corano, inoltre, non prescrive la lapidazione come pena per gli adulteri. Cfr. Il Sacro Corano 4:15-16: <<Se qualcuna delle vostre donne è colpevole di indecenza, raccogliete la testimonianza di quattro testimoni attendibili. Se confessano, confinatele nelle case fino a quando non le coglierà la morte o Dio abbia ordinato per loro qualche altra via. Punite entrambi i colpevoli. Però, se si pentono e mutano la loro condotta, lasciateli andare. Dio è Perdonatore, Misericordioso>>; 24:2-3: <<La donna e l'uomo, che si sono macchiati del peccato dell'adulterio e della fornicazione, devono essere puniti con cento colpi di frusta. Che nel loro caso tu non sia mosso da compassione, che ti impedisce di obbedire alla legge di Dio, se credi in Lui e nell'ultimo giorno. Che un gruppo di credenti siano testimoni della loro punizione. Che un uomo, che si è macchiato della colpa dell'adulterio o della fornicazione, sposi o una donna, che si è macchiata della medesima colpa, o una miscredente. Che solo una donna di questo tipo o una miscredente lo sposino. Questo è proibito per i credenti>>.

[115] Cfr. Sahīh al-Bukhārī, *Kitāb Manāqib al-Ansari*, (I meriti degli Ansari), trad. italiana a cura di S. Lei, Roma 2020, 3938. Anas (che Dio si compiaccia di lui) ci ha tramandato: <<Quando la notizia dell'arrivo del Profeta (ﷺ) a Medina raggiunse 'Abdullāh bin Salām, quest'ultimo si recò dal Profeta (ﷺ) per domandargli alcune cose. Lui disse: "Sto per rivolgerti tre domande a cui solo un profeta può rispondere: Quale sarà il primo segno dell'Ora? Quale è il primo cibo che gli abitanti del Paradiso mangeranno? Perché un bambino assomiglia alla propria madre o al proprio padre?"; il Profeta (ﷺ) rispose: "Jibrīl mi ha appena adesso informato di questo". Ibn Salam disse: "Jibrīl è il

menzogna. Nella *Taurāt* si trova il comando di eseguire il *Rajm*". Portarono ed aprirono la *Taurāt* e uno di loro pose la mano sul passo del *Rajm* e lesse le linee che lo precedevano e lo seguivano. ʻAbdullāh bin Salām gli disse: "Solleva la mano". Quando sollevò la mano, [videro che] il comando relativo al *Rajm* era scritto proprio lì. Dissero: "Muhammad ha detto il vero. Nella *Taurāt* viene riportato il comando del *Rajm*". Il Profeta (ﷺ) allora ordinò che entrambi fossero condannati a morte. (ʻAbdullāh bin ʻUmar disse: "Vidi che l'uomo si era piegato sopra la donna per proteggerla dalle pietre").

---

nemico degli ebrei tra gli angeli". Il Profeta (ﷺ) disse: "Per quel che riguarda il primo segno dell'Ora, sarà un fuoco che raccoglierà o riunirà le persone dall'oriente all'occidente. Il primo cibo che gli abitanti del Paradiso mangeranno sarà il lobo caudato del fegato di pesce. Per quel che riguarda il bambino, se l'emissione dell'uomo precede quella della donna, il bambino assomiglia al padre, se invece l'emissione della donna precede quella dell'uomo, allora il bambino assomiglia alla donna". ʻAbdullāh bin Salām allora disse: "Testimonio che *Lā ilāha illallāh* e che tu sei il profeta di Dio" ed aggiunse: "O Profeta di Dio! Gli ebrei inventano tali bugie da far meraviglia. Così, per favore, domanda loro di me prima che vengano a sapere della mia conversione all'Islam". Gli ebrei giunsero ed il Profeta (ﷺ) chiese: "Che tipo di uomo è ʻAbdullāh bin Salām tra di voi?", risposero: "Il migliore di noi ed il figlio del migliore tra di noi. Il più illustre tra di noi ed il figlio del più illustre tra di noi". Il Profeta (ﷺ) disse: "Che cosa direste se ʻAbdullāh bin Salām abbracciasse l'Islam?", risposero: "Che Dio lo protegga dal farlo". Il Profeta (ﷺ) formulò di nuovo la domanda e loro diedero la medesima risposta. Poi ʻAbdullāh (bin Salām) uscì e disse: "Testimonio che *Lā ilāha illallāh* e che Muhammad (ﷺ) è il Profeta di Dio!". Gli ebrei allora dissero: "È il peggiore tra di noi ed il figlio del peggiore tra di noi!" e così lo degradarono. Allora egli (ʻAbdullāh bin Salām) disse: "Questo è quello che temevo, o Profeta di Dio (ﷺ)" >>.

(27) Capitolo. Le richieste dei pagani al Profeta (ﷺ) di mostrare loro un miracolo. Il Profeta (ﷺ) mostrò loro la divisione della luna[116].

3636. ʻAbdullāh bin Masʻūd (che Dio si compiaccia di lui) ci ha tramandato: <<Al tempo del Profeta (ﷺ) la luna venne divisa in due parti ed il Profeta (ﷺ) disse: "Siate testimoni (di questo evento)">>.

3637. Anas (che Dio si compiaccia di lui) ci ha tramandato che gli abitanti della Mecca domandarono al Profeta di Dio (ﷺ) di mostrare loro un miracolo e così lui mostrò loro la divisione della luna.

3638. Ibn ʻAbbās (che Dio si compiaccia di lui) ci ha tramandato: <<La divisione della luna in due parti avvenne al tempo del Profeta (ﷺ)>>.

(28) Capitolo.

3639. Anas (che Dio si compiaccia di lui) ci ha tramandato: <<Una volta due dei compagni del Profeta di Dio (ﷺ) uscirono dalla sua abitazione in una notte molto scura. Costoro erano accompagnati da qualcosa che assomigliava a due lampade che illuminavano la via davanti a loro e, quando si separarono, ognuno di loro venne accompagnato da una di queste luci fino a quando non raggiunsero le proprie abitazioni>>.

---

[116] Cfr. Sahīh al-Bukhārī, *Kitāb Manaāqib al-Ansari*, (I meriti degli Ansari), trad. italiana a cura di S. Lei, Roma 2020, 3868. Anas bin Mālik (che Dio si compiaccia di lui) ci ha tramandato: <<Gli abitanti della Mecca domandarono al Profeta di Dio (ﷺ) di mostrare loro un miracolo. Così, mostrò loro la luna divisa in due metà fino a quando non videro la montagna di *Hira* tra di esse>>; 3869. ʻAbdullāh (che Dio si compiaccia di lui) ci ha tramandato: <<La luna fu divisa (in due parti) mentre ci trovavamo insieme al Profeta (ﷺ) a Mina. Lui disse: "Sii testimone". Poi un pezzo della luna divenne visibile verso la montagna>>; 3870. ʻAbdullāh bin ʻAbbās (che Dio si compiaccia di lui) ci ha tramandato: <<Durante la vita del Profeta di Dio (ﷺ) la luna venne divisa (in due parti)>>; 3871. ʻAbdullāh (che Dio si compiaccia di lui) ci ha tramandato: <<La luna venne divisa (in due parti)>>.

3640. Al-Mughīra bin Shu'ba ci ha tramandato: <<Il Profeta (ﷺ) ha affermato: "Alcuni dei miei seguaci rimarranno vittoriosi (e sulla retta via) fino a quando non giungerà l'ordine di Dio (l'ultimo Giorno) e loro saranno ancora vittoriosi">>.

3641. Mu 'āwiya (che Dio si compiaccia di lui) ci ha tramandato di aver udito il Profeta (ﷺ) affermare: "Un gruppo di persone tra i miei seguaci rimarranno obbedienti agli ordini di Dio e non saranno danneggiati da nessuno che li abbandonerà o si opporrà loro, fino a quando non giungerà l'ordine di Dio su di loro mentre si trovano ancora sulla retta via".

3642. 'Urwa ci ha tramandato che il Profeta (ﷺ) gli diede un *Dīnār* per comperare una pecora. 'Urwa però con quella cifra ne acquistò due, ma una la vendette per un *Dīnār* che portò al Profeta (ﷺ) insieme alla pecora (che aveva domandato). Il Profeta (ﷺ) allora invocò la benedizione di Dio sui suoi affari e così 'Urwa era solito guadagnare anche se acquistava della sabbia.

3643. (In un'altra narrazione) 'Urwa disse: <<Ho udito il Profeta di Dio (ﷺ) affermare: "Vi sarà sempre del bene nei ciuffi dei cavalli fino al Giorno della Resurrezione". (Il sub narratore ha aggiunto: "Ho visto 70 cavalli nella casa di 'Urwa"). (Sufyān disse: "Il Profeta ﷺ domandò ad Urwa di comperare una pecora per il sacrificio").

3644. Ibn 'Umar (che Dio si compiaccia di lui) ci ha tramandato che il Profeta di Dio (ﷺ) ha affermato: "Vi sarà sempre del bene nei ciuffi dei cavalli (intendendo per l'impegno strenuo[117] sulla via di Dio) fino al Giorno della Resurrezione".

---

[117] Cfr. Il Sacro Corano 22:78: <<Impegnatevi per la Sua causa nel modo dovuto [con sincerità e disciplina]. Egli vi ha scelto e non vi ha posto in nessuna difficoltà nella religione. Questo è il culto del vostro padre Abramo. Egli vi ha chiamato musulmani nella precedente e in questa rivelazione. Che il Profeta possa essere un testimone per voi e voi possiate essere testimoni per l'umanità! Stabilite preghiere regolari, fate la carità in modo costante e mantenetevi vicini a Dio! Egli è il vostro protettore, il migliore patrono ed il

3645. Ibn ʿUmar (che Dio si compiaccia di lui) ci ha tramandato che il Profeta di Dio (ﷺ) ha affermato: "Vi è sempre del bene nei ciuffi dei cavalli (intendendo per l'impegno strenuo sulla via di Dio)".

3646. Abū Hurairah (che Dio si compiaccia di lui) ci ha tramandato: <<Il Profeta (ﷺ) ha affermato: "Un cavallo può essere allevato per tre motivazioni. Per un uomo può essere una fonte di ricompensa, per un altro un mezzo di sostentamento e per un altro un peso (ossia una fonte per commettere peccato). È una fonte di ricompensa per colui che alleva il suo cavallo per l'impegno strenuo sulla via di Dio e lo lega con una lunga corda in un giardino o in un pascolo. Così, tutto quello che la corda gli consente di mangiare, sarà annoverato come una buona azione degna di ricompensa (per il suo padrone). E, qualora dovesse rompere la corda e saltare per una o due colline, persino il suo sterco sarà considerato tra le buone azioni (del suo padrone). Se

---

migliore aiuto!>>; 4:95-96: <<Non sono uguali quei credenti che siedono in casa e non corrono alcun pericolo e coloro che invece s' impegnano e lottano per la causa di Dio con i loro beni e le loro persone. Egli ha garantito un grado più alto a coloro che s'impegnano e lottano con i loro beni e le loro persone rispetto a quelli che siedono in casa. A tutti comunque Dio ha promesso il bene. Però, Egli ha distinto quelli che si impegnano e lottano da coloro che siedono a casa e li ha resi degni di una speciale ricompensa: ranghi speciali da Lui concessi, il perdono e la misericordia. Dio è Perdonatore, Misericordioso>>; 61:11-12: <<Credete in Dio e nell'ultimo giorno ed impegnatevi strenuamente sulla via di Dio con i vostri beni e le vostre persone. Questo sarà meglio per voi, se solo sapeste! Egli perdonerà i vostri peccati e vi ammetterà in Giardini sotto i quali scorrono dei ruscelli e a splendide dimore nei Giardini dell'eternità. Questo è il successo finale>>; 29:69: <<Certamente guideremo sul retto cammino coloro che s'impegnano per la Nostra causa. In verità, Dio è con coloro che agiscono con rettitudine>>; 8:72: <<Coloro che credono e scelgono di emigrare e combattono per la fede con la loro proprietà e le loro persone nella causa di Dio, come coloro che danno loro asilo e aiuto, sono tutti amici e protettori gli uni degli altri. Per quanto riguarda i credenti che non sono emigrati, tu non hai alcun dovere di protezione verso di loro fino a quando non lo faranno. Però, se cercano il tuo aiuto in nome della religione, è tuo dovere aiutarli, eccetto contro coloro con cui avete stretto un trattato di reciproca alleanza. Dio osserva tutte le vostre azioni>>.

passa accanto ad un fiume e ne beve l'acqua, anche questo atto sarà considerato una buona azione (per il suo padrone), anche se non ha alcuna intenzione di abbeverarlo. Un cavallo è un rifugio per colui che lo alleva al fine di guadagnare onestamente quanto gli serve per vivere e lo mantiene come un rifugio per tenerlo lontano dal seguire vie disoneste e non dimentica i diritti di Dio (ossia pagare la *Zakāt* e consentire ad altri di impiegarlo sulla via di Dio). Un cavallo invece è un peso (ed una fonte di peccato) per colui che lo alleva come fonte di orgoglio e di vanto e con l'intenzione di nuocere ai musulmani">>. Venne domandato al Profeta (ﷺ) relativamente agli asini. Lui rispose: "Non mi è stato rivelato nulla relativamente a loro tranne i versetti (che concernono ogni cosa): "Colui che ha compiuto un atomo di bene, lo vedrà. Colui che ha compiuto un atomo di male, lo vedrà"[118].

3647. Anas bin Mālik (che Dio si compiaccia di lui) ci ha tramandato: <<Il Profeta di Dio (ﷺ) arrivò a Khaibar[119] al mattino e gli abitanti dell'oasi uscirono con le loro spade e, quando videro il Profeta (ﷺ), dissero: "Muhammad ed il suo esercito". Il Profeta (ﷺ) alzò le mani e disse: "*Allāhu Akbar!* Khaibar è rovinata! Quando ci avviciniamo ad una nazione, funesto sarà il mattino di coloro che sono stati avvertiti">>.

3648. Abū Hurairah (che Dio si compiaccia di lui) ci ha tramandato: <<O Profeta di Dio! Ho udito molte tradizioni da te, ma le ho dimenticate". Egli disse: "Stendi la tua coperta". Io la stesi ed egli mosse entrambe le mani su di essa come se stesse rimuovendo

---

[118] Il Sacro Corano 99:7-8.

[119] Cfr. V. Salierno, *Dizionario dell'Islam*, Roma 2018: <<Khaibar, roccaforte della tribù ebraica dei Banū Nadir nei pressi di Medina, conquistata dal Profeta nel 628: fu ʿAlī a sradicarne il portale. I capi della tribù complottarono con le altre tribù ebraiche residenti a Wadi Banū Qurra, Fadak e Taima, domandando persino l'ausilio dei Ghassanidi, per attaccare Medina. I Banū Nadir erano stati precedentemente esiliati per aver infranto i termini del Patto di Medina siglato con il Profeta (ﷺ) nel periodo immediatamente successivo all' *Hijrah* (622 d.C.), ed aver tentato di assassinare il Profeta (ﷺ)>>.

qualcosa e disse: "Avvolgila (intorno al corpo)". Io l'avvolsi intorno al corpo e da allora non ho dimenticato nemmeno un singolo *Hadīth*>>.